加拿大华侨移民史

文教卷 上

1858—2001

丁果 黎全恩 贾葆蘅 ◎著

华夏出版社
HUAXIA PUBLISHING HOUSE

图书在版编目（CIP）数据

加拿大华侨移民史：1858—2001. 文教卷. 上 / 丁果，黎全恩，贾葆蘅著. -- 北京：华夏出版社有限公司，2022.5
ISBN 978-7-5222-0308-9

Ⅰ. ①加… Ⅱ. ①丁… ②黎… ③贾… Ⅲ. ①华侨－移民－历史－加拿大－1858-2001 Ⅳ. ① D634.371.1

中国版本图书馆 CIP 数据核字（2022）第 037515 号

加拿大华侨移民史：1858—2001. 文教卷.

著　　者　丁　果　黎全恩　贾葆蘅
责任编辑　赵学静

出版发行　华夏出版社有限公司
经　　销　新华书店
印　　刷　三河市少明印务有限公司
装　　订　三河市少明印务有限公司
版　　次　2022 年 5 月北京第 1 版
　　　　　2022 年 5 月北京第 1 次印刷
开　　本　720mm×1000mm　1/16
印　　张　37.25
字　　数　660 千字
定　　价　128.00 元（全二册）

华夏出版社有限公司　　地址：北京市东直门外香河园北里 4 号　邮编：100028
　　　　　　　　　　　网址：www.hxph.com.cn　　电话：（010）64618981
若发现本版图书有印装质量问题，请与我社营销中心联系调换。

作者简介

丁果
（Ding Guo）

丁果照片

1982年毕业于上海师范大学历史系，留校担任教师，讲授世界史。1984年获得联合国提供的研究经费，应邀赴日本进行近现代史研究，担任国会图书馆所属东洋文库（日本亚洲研究最高学术机构）外国人高级研究员，在《东洋学报》《中国近代史研究》《中国研究季刊》等顶级学术杂志发表多篇学术论文。在日本几项重要奖学金的资助下，取得日本立教大学文学部硕士学位，并开始博士课程，研究国际关系、中日关系、东南亚移民史等课题，成为来自中国大陆的研究移民问题和亚洲问题的专家。

20世纪90年代移居加拿大，在卑诗大学维真学院进行西方文化、比较宗教哲学、现代化与伦理学等课题的进修研究，并担任加拿大文化更新研究中心高级研究员至今，专门研究中加关系。同时，在全球重要的新闻媒体担任高级编辑、社论主笔、制片人和主持人等。出版有关移民问题和新闻及文化评论集：《走上钓鱼台之路》《隔靴搔痒》《风云慧眼》《十年磨一剑》《切问与近思：当代公共知识人访谈录》《加拿大华侨移民史 1858—1966》（*History of Chinese Migration to Canada 1858—1966*）（合著）《加拿大的中国基因》（中、英文版，合著）《政见》，主编《危机》等。首次将华人历史、中医历史放在加拿大建国历史的大框架中进行论述，引发了重大反响，对近代加拿大史和华人移民史的定位具有重要意义。2017年率先提出要在卑诗省建立华人历史博物馆，获得省新民主党党领贺瑾的共鸣，后者在执政后履行竞选承诺，推动卑诗省华裔加拿大人博物馆的成立，创下北美地区的新纪录。

曾深入卑诗省北部、卡加利、蒙特利尔、多伦多华埠等实地调研考察。与黎全恩教授合作出版英文版加华史著作 *Great Fortune Dream-The Struggles and Triumphs of Chinese Settlers in Canada*。领衔与贾葆蘅合作论文《从江湖走向立法——中医药和针灸在加拿大的发展史简论》，2018年刊登在中国教育部区域和国别研究基地北京外国语大学加拿大研究中心组织编写的《2017 加拿大政策发展报告》中，被特别推荐。

近年来，担任上海师范大学等大专院校的客座教授、加拿大西三一大学客座讲师、加拿大皇家路大学学术顾问委员会成员，先后受邀在中国复旦大学、同济大学、上海师范大学、国际关系学院、中山大学、暨南大学等学府做关于中加关系发展、移民问题的相关报告，并在《新闻周刊》《南方人物周刊》《时代周报》等杂志撰写专栏以及担任特约撰稿人。目前还担任加拿大卑诗省中医针灸管理局董事、卑诗省华裔加拿大人博物馆创馆工作小组成员、首届卑诗省华裔加拿大人博物馆协会省协会董事。

2018年创建加拿大华裔百人会智库，与卑诗省政府合作推动加拿大司法教育，组织反歧视立法社区咨询，鼓励华裔参与加拿大各级政府的政策制定，开展与原住民社区的历史文化交流，产生广泛和积极的影响。

曾获加拿大杰克·韦伯斯特新闻奖、2013年英女王登基60周年勋章、2013年人民出版社年度十佳学术著作奖和经典中国国际出版基金、2015年"海外华文著述奖"学术类首奖、2021年和2022年获得卑诗多元文化主义与反种族主义奖（B.C. Multiculturalism and Anti-Racism Awards）之跨文化信赖奖（Intercultural Trust Awards）提名奖。

黎全恩

（David Chuenyan Lai，1937—2018）

1957年获奖学金，进入香港大学地理地质系就读。1960年获得第一级荣誉文学学士，在地理地质系任导师4年，并于1964年获得文学硕士学位。同年夏天，因成绩优异获英联邦奖学金，赴英国伦敦大学经济政治学院深造，1967年获哲学博士学位。同年返回香港大学，任地理地质系讲师，任教1年。1968年移民加拿大，在维多利亚大学地理系任教35年，其中1968年任讲师，1969年晋升为副教授（Assistant Professor），1973年晋升为教授（Associate Professor），1989年晋升为讲座教授（Professor）。2003年被维多利亚大学授予"荣休教授"（Professor Emeritus）荣衔。曾任维多利亚大学耆英中心加盟研究教授（Research Affiliate）及西门菲莎大学客座教授（Adjunct Professor）。

黎全恩照片

在过去的40年里，专门研究加拿大及美国的华埠发展，曾实地考察两国40多个华埠。此外，亦研究加拿大华侨社会及其历史，曾发表过300多篇文章、出版过 10 多本书籍。关于加拿大华埠及加侨历史的英文专著《加拿大华埠发展史》（*Chinatowns: Towns within Cities in Canada*）系华埠研究的权威著作，曾获卑斯省历史学会 1988 年书籍优良奖，1989 年被全美国图书学会列入最有权威性的著作之一。另一部英文专著《维多利亚之紫禁城》（*The Forbidden City within Victoria*），是 1991 年最畅销图书之一。其他英文专著还有 1982 年出版的《卑诗省牌楼》（*Arches in British Columbia*）、1997 年出版的《同济门兴建与重修》（*Building and Rebuilding Harmony: the Gateway to Victoria's Chinatown*）、1998 年出版的《枫骨中华魂》（*Canadian Steel, Chinese Grit*）、2010 年出版的《唐人街权力核心》（*Chinese Community Leadership: Case Study of Victoria in Canada*）。2011 年以中、英、法三国语言出版《加拿大华裔历史纪要：从隔离至融合》年表（*A Brief chronology of Chinese Canadian History*）。2013 年出版了《加拿大华侨移民史 1858—1966》（*History of Chinese Migration to Canada 1858—1966*）（合著）等。

曾义务担任三级政府公职，如联邦政府历史遗址及纪念碑委员会委员、公民入籍宣誓官；卑诗省政府耆英咨询委员会委员、多元文化咨询委员会委员；维多利亚市传遗咨询委员会委员、姊妹城结交咨询委员会委员、华埠发展委员会主席，参与制定唐人街的美化与发展规划。还曾担任温哥华、多伦多、渥太华市政府和美国砵伦市政府唐人街牌楼建设义务顾问。在众多中西学者中，为目前唯一走遍全加拿大华埠、实地考察和拜会各华埠侨领的学者，故被誉为加拿大杰出的华人学者和唐人街问题专家，还被誉为"唐人街之父"。

1988 年后，曾多次到中国讲学，被聘为华东师范大学顾问教授（2000—2004）、海南大学东南亚研究院顾问教授（2002—2005），并于 1988—1990 年担任广东华侨历史学会和广东华侨研究学会的顾问。

黎全恩热心侨社工作，历任维多利亚市中华会馆顾问、中华学校董事、华人耆英中心顾问、全加华人联合总会全加共同主席等职。

由于在学术研究与社会工作方面的杰出贡献，曾获 30 多项荣誉。1982 年获美国地理学会"实用地理引证奖"（Applied Geography Citation Award），1983 年获美国州及本地历史学会"功勋奖"（Award of Merit），1989 年获卑诗省历史学会"功勋奖"（Certificate of Merit），1999 年获华人职业（安省）教育基金会"特别 15 周年功勋奖"（The 1999 Special 15th Anniversary Award of Merit），维多利亚大学校友会 2002 年度"全大学最优良教学奖"（University of Victoria Alumni Award for Excellence in Teaching, 2002），2013 年获人民出版社年度十佳学术著作奖和经典中国国际出版基金，2015 年获"海外华文著述奖"学术类首奖等。

重要的非学术性荣誉名衔有：1983年被授予加国最高荣誉"加拿大员佐勋衔"（Member of Order of Canada），1998年获加拿大传遗基金会最高荣誉之李嘉奖（The Gabrielle Leger Award），1992年11月因多年的公共服务、专业成就和重大贡献获加拿大联邦成立125周年纪念奖章，2002年获伊丽莎白女王二世金禧纪念奖章，2012年获伊丽莎白女王二世钻禧纪念奖章。省市府方面的荣誉奖有：1982年获卑诗省和育空地区社会服务奖（B.C. and Yukon Regional Community Service Award），1998年获卑斯省传遗奖（1998 British Columbia Heritage Award），1980年获维多利亚市"荣誉市民"称号（Honorary Citizen of City of Victoria）。侨社方面，1982年获维多利亚华埠狮子会"显著服务奖"（Outstanding Service Award）和维多利亚中华会馆"功勋奖"等。2000年3月，为保护、恢复唐人街原貌和为维多利亚市做出的贡献，由广播电台CFAX 1070授予CFAX 1070社区勋功奖（该年的艺术领袖奖）。2000年3月，因对千禧年摄影展无私的奉献和卓越的贡献，由多伦多华人社区发展协会授予优胜奖。同年，维多利亚大学发展办公室创立黎全恩博士奖学金。2004年获总督奖。2013年获维多利亚大学社区领袖奖。2014年被评为加拿大红枫传奇人物和十大华裔新闻人物。

贾葆蘅
（Bobbie Jia）

1987年毕业于北京工商大学（原北京轻工学院），1999年移民加拿大。2005年在加拿大《环球华报》发表小说《人在温哥华》，2007年出版长篇历史小说《弘治皇帝》，2009年出版长篇历史小说《嘉靖王朝》，2011年出版长篇移民小说《移民梦》，2013年与黎全恩教授和丁果先生合作出版《加拿大华侨移民史1858—1966》（History of Chinese Migration to Canada 1858—1966）。小说《移民梦》出版后，被大温地区最权威的温哥华公共图书馆推荐为新移民生活必备书目，为唯一的小说类图书。《弘治皇帝》《嘉靖王朝》和《移民梦》均被中国现代文学馆馆藏。从2018年起，撰写年度加拿大移民政策论文，并刊登在年度《加拿大蓝皮书》中。

贾葆蘅照片

近十年来，在温哥华、维多利亚、蒙特利尔、多伦多、温尼伯、埃德蒙顿、渥太华、卡尔加里唐人街调研，参观采访当地侨社，取得不少第一手资料。还先后在中国加拿大研究会第 15 届年会暨国际学术研讨会、"华侨与中外关系史"国际学术研讨会暨 2015 年中国中外关系史学会年会、北京外国语大学、广东外语外贸大学、中国社会科学院、北京大学、南开大学、北京科技大学、埃德蒙顿市孔子学院、菲沙文化讲坛、卡尔加里市华人社区服务中心、加拿大华裔作家协会、大温地区素里市读书人沙龙、魁北克省满城华人服务中心、多伦多老人茶室等演讲,介绍加拿大华侨华人历史。曾被北京外国语大学加拿大研究中心聘请为客座研究员(2017—2020)。现任广东外语外贸大学加拿大研究中心兼职研究员、加拿大华侨文化保护和发展协会顾问。

曾获 2013 年人民出版社年度十佳学术著作奖和经典中国国际出版基金、2015 年"海外华文著述奖"学术类首奖、2016 年由新时代电视及城市电视主办的"加拿大邮务公司之新风采"之艺术风采大奖。

目 录

总　序　开拓华人移民当代史研究的意义 ⋯⋯⋯⋯⋯⋯⋯⋯⋯⋯⋯⋯ 1
序　一　为百年移民史留下见证 ⋯⋯⋯⋯⋯⋯⋯⋯⋯⋯⋯⋯⋯⋯⋯⋯ 1
序　二　移民史与耕耘 ⋯⋯⋯⋯⋯⋯⋯⋯⋯⋯⋯⋯⋯⋯⋯⋯⋯⋯⋯⋯ 1

第一编　自由出入时期（1858—1884年）和
　　　　管制入境时期（1885—1922年）

第一章　华文教育 ⋯⋯⋯⋯⋯⋯⋯⋯⋯⋯⋯⋯⋯⋯⋯⋯⋯⋯⋯⋯⋯ 3

第二章　华文报刊和华文文学 ⋯⋯⋯⋯⋯⋯⋯⋯⋯⋯⋯⋯⋯⋯⋯ 13
　　第一节　华文报刊 ⋯⋯⋯⋯⋯⋯⋯⋯⋯⋯⋯⋯⋯⋯⋯⋯⋯⋯⋯ 13
　　第二节　华文文学 ⋯⋯⋯⋯⋯⋯⋯⋯⋯⋯⋯⋯⋯⋯⋯⋯⋯⋯⋯ 19

第三章　戏剧和建筑 ⋯⋯⋯⋯⋯⋯⋯⋯⋯⋯⋯⋯⋯⋯⋯⋯⋯⋯⋯ 37
　　第一节　戏剧 ⋯⋯⋯⋯⋯⋯⋯⋯⋯⋯⋯⋯⋯⋯⋯⋯⋯⋯⋯⋯⋯ 37
　　第二节　建筑 ⋯⋯⋯⋯⋯⋯⋯⋯⋯⋯⋯⋯⋯⋯⋯⋯⋯⋯⋯⋯⋯ 39

第四章　宗教、医疗卫生、华人墓葬及其他 ⋯⋯⋯⋯⋯⋯⋯⋯⋯ 44
　　第一节　宗教 ⋯⋯⋯⋯⋯⋯⋯⋯⋯⋯⋯⋯⋯⋯⋯⋯⋯⋯⋯⋯⋯ 44
　　第二节　医疗卫生 ⋯⋯⋯⋯⋯⋯⋯⋯⋯⋯⋯⋯⋯⋯⋯⋯⋯⋯⋯ 57
　　第三节　墓葬 ⋯⋯⋯⋯⋯⋯⋯⋯⋯⋯⋯⋯⋯⋯⋯⋯⋯⋯⋯⋯⋯ 62
　　第四节　葬礼上的贫富差距 ⋯⋯⋯⋯⋯⋯⋯⋯⋯⋯⋯⋯⋯⋯⋯ 72
　　第五节　拾骨重捡 ⋯⋯⋯⋯⋯⋯⋯⋯⋯⋯⋯⋯⋯⋯⋯⋯⋯⋯⋯ 74

第二编 禁止入境时期（1923—1946年）

第五章 华文教育 ··· 81

第六章 华文报刊和华文文学 ··· 94
第一节 华文报刊 ·· 94
第二节 华文文学 ·· 98

第七章 戏剧、音乐 ·· 103
第一节 戏剧、戏班与剧社 ·· 103
第二节 现代音乐 ·· 108

第八章 宗教、医疗卫生、华人墓葬 ··· 112
第一节 宗教 ··· 112
第二节 医疗卫生 ·· 118

第三编 选择入境时期（1947—1966年）

第九章 华人参政的先声 ··· 131
第一节 郑天华当选国会议员 ·· 132
第二节 郑天华当选的意义 ·· 134
第三节 郑天华落选的影响 ·· 138
第四节 其他华人政客 ·· 140

第十章 华文教育 ·· 142

第十一章 华文报刊和华文文学 ··· 150
第一节 华文报刊 ·· 150
第二节 阅书报社和书店 ··· 154
第三节 华文文学 ·· 155

第十二章　戏剧、音乐舞蹈、电影、选美……………………………………160
　　第一节　戏剧与音乐……………………………………160
　　第二节　戏院与电影……………………………………168
　　第三节　选美……………………………………………169

附录………………………………………………………………172

总序
开拓华人移民当代史研究的意义

2020—2021年是一个注定要被历史记住的年份。从年初开始，新冠肺炎病毒全球肆虐。令人意想不到的是，疫情触发了战后罕见的排斥亚裔，尤其是华人的浪潮，让新一代华人感受到华人先辈在早年遭受歧视的阴影。而这种突发事件的出现，让我们正在进行的《加拿大华侨移民史 1967—2001》的写作具有了更加紧迫的现实意义。

我们在2013年年底出版了《加拿大华侨移民史1958—1966》（人民出版社）之后，即刻投入了下册的资料收集、提纲准备等工作，其间也经历了合作者黎全恩教授去世的不幸。不过，对于完成此书的写作，我们不敢有一分的懈怠。其中华夏出版社赶在黎教授去世前及时准备好出版合同，由贾葆蘅带到维多利亚岛请黎教授过目签字。黎教授在去世前一晚致电给我，拜托我无论如何要完成此书。这些都成为重要的激励，让我们排除万难，完成此书的写作，不负出版社的信任和黎教授的遗愿。而华人社区在战后的努力奋斗以及对加拿大做出的巨大贡献，则是我们耗费10年时间完成此书的最主要动力。这本书是我们献给华人社区的历史见证。

在此必须指出的是，卑诗省省长贺瑾在2017年呼应我在《星岛日报》上提出的建议，上任后即刻开始了建设卑诗省华裔加拿大人博物馆的工作，2020年，省府又拨款1000万加元推进此项工作的进展。由省务厅厅长周炯华牵头组成的建馆工作小组（我是成员之一），也顺利将接力棒交给博物馆协会首任理事会，我再度参与其中。这是北美地区第一个由政府推动建设的华人历史博物馆，可谓意义重大。经过150年的历史风云，华人作为加拿大人的历史定位以及对加国的贡献，终于获得了"历史博物馆"级别的认可，这对从历史根源上扫除歧视华人的种族主义偏见，将会起到决定性的作用。顺便一提的是，在2020年的省选中，贺瑾政府获得连任，且组成多数政府，而在他组阁邀请的24位内阁成员中有4位华人，创造了加拿大华人参政的历史新纪录。这充分表明，华人参政者已经告别了"政治花瓶"的时代，在参政议政的路上将会走得更远。这种政治形态的发展，也间接证明了我们在撰写这部分华人历史时所做的分析和展望。更令人惊喜的是，省府将在2022年农历春节后，宣布拨出数以千万加元的款项，为华人博物馆的实体建馆和后续营运，奠定扎实的基础。毫无疑问，这是卑诗省政府在华人社区投入的历史性拨款，其意义不仅是肯定华人150多年来的贡献，也是努力突破"殖民主义历史观"的长期负面影响，为整个卑诗省确立符合历史真实的全新集体记忆。一如贺瑾省长所定位的，卑诗省华人历史博物馆将是他和这届政府值得骄傲的政治遗产。

幸运的是，2020年和2021年，也是我们完成修订加华移民通史上卷、撰写加华移民通史下卷的年份。这不是历史的巧合，而是历史的必然。因为加拿大华人正在走出百年历史的悲情，走出被歧视、排挤的边缘，作为加拿大国家和省的建设者之一，回归到应有的历史定位。这套加拿大华侨通史，从历史发展的脉络和事实的演进上，充分证明了这一点。从这个意义上说，四卷本华人华侨通史的出版，也是我们献给卑诗省华人博物馆的最佳礼物。

作为在中国、日本接受过10多年史学训练，且在海外从事华人移民史研究和移民事务新闻报道30多年的近现代史研究者，我和我的合作者深知书写当代史的困难和风险。这不但因为1966年至2001年的历史离我们太近，许多人和事依然在发展变化的过程中，并没有达到"盖棺事乃了"（韩愈）的地步，同时也因为这一阶段的历史变化纷繁复杂，华人社区气象万千，要在有限的篇幅中，不偏不倚地勾画出加拿大华人当代史的概貌，殊不容易。不过，我们有黎全恩教授40年研究唐人街和华人社会的积累做扎实基础，有贾葆蘅女士丰富的信息搜寻技术以及锲而不舍的韧劲来钩沉历史资料，我对我们这个合作团队、对这套探索性的当代移民史充满信心。我不敢奢望这套历史著作被称为"博大精深""千古流传"，但作为全书的学术撰写者和定稿者，我坚信这套著作是华人海外移民史的一本"拓荒性"著作，填补了全球当代华人移民史研究的空白。虽然它有各种不足和缺陷，但却以开创的勇气和求真的研究，为后续此类当代史的研究，踏出了实验性的一步，或可称为抛砖引玉。

说其开创的勇气，那就是本书的论述，将史料和史论融为一体，将全景式的叙述和局部的细节交代有机穿插，将历史学、地理学、社会学、文学、心理学、哲学等文史理论浇筑到全球化的统一基座上，真实、动态地为加拿大华人移民群体生涯建立起一座丰碑，为历史留存照，为今天做见证，为未来立坐标。说其求真，那是本书的论证、论据大都建立在第一手史料的基础上，无论是政府的政策、社区的大事、社团的演进，都以当时的政府资料、新闻报道、当事人见证、社团史料为依据，经过符合历史发展逻辑的筛选与组合，做到人和事都有"当时的第一手出处"，而非道听途说、无证推理，可谓符合标准化的学术以及突出典型案例的要求。当然，由于本套书展现的这35年,是华人移民加拿大历史过程中最丰富的一段时间,移民潮可谓一波接着一波,亚洲、北美乃至全球的局势瞬息万变,我们在收集、筛选、综合、论证历史资料的时候,难免会出现挂一漏万的遗憾。

值得一提的是,我们依然秉持尊重历史、尊重生活的原则,绝不扬善隐恶,而是实事求是地展现华人社区在这个关键历史阶段的真实面貌,好就是好,差就是差。一如加拿大其他族裔,华人在对加国做出正面贡献的时候,也面临着挑战自己、改善自己的责任。换句话说,面对百年历史变局,读者通过阅读本书,可以清楚地看到加拿大华人社群在150年历史纵向坐标上的进步脚踪,以及加拿大华人社群在全球化以及全球移民潮横向坐标上存在的问题。

特别需要指出的是,因为时间跨度的限制,有些在2001年之前发生,却又延续到2001年之后的人和事,我们大都在注释中做了简单的说明。唯有关于"人头税"道歉以及中医立法两节,我们超出了本书规定的2001年的限制,以一个更为广阔的历史跨度,在文本中做了较为完整的叙述。这是因为这两件事情,贯穿在加拿大华人150年的历史过程之中,具有拨乱反正、承前启后的重要意义。

在本书即将出版之际,我要向已经故去的合作者黎全恩教授致敬,没有他精彩的学术研究做基础,没有他对加华历史研究至死方休的精神感召,我们恐怕要多走许多弯路。同样,我要感谢合作者贾葆蘅,作为一个史学后进,她不但用电脑、用实地走访的形式查寻、搜索及核实宝贵的资料,更难能可贵的是,她面对我苛刻的学术标准以及对史料筛选整合的挑剔要求,几乎做到了即时回馈、有求必应的程度,甚至有些搜寻和查证需要熬夜进行,十分枯燥与单调,贾葆蘅却甘之如饴。没有她的努力,此书的出版会遥遥无期。我之所以要在此做出说明,乃是希望读者和专家在阅读本书的时候,如果发现任何的错误和不成熟之处,由我负全部的责任;如果获得读者和专家的赞赏,那是整个团队精诚合作所致。

二

在我们第一次出版《加拿大华人华侨移民史》的时候,全球化仍然处于如火如荼的时代,全球治理也是大国处理多边关系的关键词。为此,我写下了"移民史需要全球视野"的序言。随着新冠疫情的大流行以及大国博弈的激烈化,全球化遭遇了全面的挑战,"关闭边境"成了防控疫情的重要手段,全球化遭遇严重挑战,出现了"弱全球化"的形势特征。

然而,我强烈认为,全球化虽然碰到了困难,但全球化的趋势不会由此逆转,这不但因为地球面临的环保议题、人口议题、经济议题等,都需要全球携手才能解决,更重要的是,全球移民的大趋势也不会停止。作为全球移民人口最大的华人华侨,也会继续在全球化的进程中,发挥其独特的影响力。因此,在总序的第二部分,我对原序言做了一些删改,保留主旨,为我们的通史,也为历史的发展,留下一个今天和未来的见证。

改革开放以后,中国走向世界。在这个过程中,移民问题再度受到关注,而移民史的研究也逐渐成为显学。中国在全球化时代的快速崛起,让世界惊艳,同时也出现了"中国威胁论"的杂音。因此,中国人走向世界的历史,就成为观察中国未来的一个坐标。目前,世界各地有6000万华人,他们当中的一部分就生活在加拿大。从这个意义上说,书写加拿大华人百年历史,不但具有史学意义,也具有当代学和未来学的意义。与以往的移民史截然不同,我们试图从全球化和中国崛起与世界接轨的崭新角度,全面叙述加拿大华人的百年历史。这就迫使我们不是用静态的视角,而是用动态的视角来书写这部百年移民史,与此相关联,在本书中,老华侨和新移民不再是割裂的,而是承上启下的;加拿大视野与中国视野不是对立的,而是相互交叉的,由此来如实反映中华文化与加国文化在华人移民群体生活中的冲突、理解、接纳、转化、融合,为全球化过程中的移民生态提供历史与现实的双重观照。

在本书的写作过程中,我们得到了加拿大政界、加拿大侨界、中国领事馆、华工和华商后代、华工和原住民同居者的后代、华裔军人、侨界领袖、华裔学者、华裔历史学家、华裔作家、华裔艺术家、著名先侨后裔、华人社团的大力支持。由此,这段历史超越了地域的局限、人群的局限、政治团体的局限,可以直接进入全球华人的阅读视野。加拿大华人移民在国家事务中扮演的角色,远远超过美国和西方国家的华人社群。仅华人议员在人口中的比例,就超过其他西方国家的华裔政客。1997年后,中国成为加拿大最大的移民来源国,几乎每年都有几万华人进入加拿大。据2006年加拿大统计局调查报告显示,加拿大华人为164万人,目前预估在未来的20年内将达到300万人,华人已经成为加拿大最大的少数民族。由此可见,研究加拿大华人移民史不但是一个学术课题,更具有重大而现实的战略意义。

由于本书采用包括史学、地理考证、人类学、统计学、国际关系学,以及全球化理论等多学科的交叉方法进行研究,从而使这本移民通史具有多面向、立体化的优势,既填补了以往移民史研究的一些空白,又纠正了以往移民史中以讹传讹的"常识性"错误。

在理论架构上,这本书改变了以往华人移民史的两个弊端,要么成为中国对外关系交流史的"边角",要么成为加拿大史当中的"配角",而是将华人移民史视为加拿大主流历史和中国对外交流史的一部分,这个定位,将使本书对加拿大社会重新省视其历史脉络,产生很大的影响力。也因为这个定位,本书运用的史料,打破了以往移民史只讲"华人见证",只讲"华人苦难",只讲"华人冤屈"的狭窄路径,而是在使用华人方面史料的同时,大胆使用过去存封在国会档案库,或者刻画在白人历史记忆中的史料,让真实的历史在两种对立的史料中回归它应有的位置。正因为这个定位,本书在信史的基础上,演绎了加拿大华人"从失根的兰花(或者漂浮的浮萍)转变为扎根的枫树",从"落叶归根转变为落地生根"的历史过程,归纳出"加拿大华人是第三种文化(既不是全盘西化,又非死守中华传统)代表"的重要理论,为全球移民现象带来的全球化发展,树立一个活生生的典范,也为解决全球化发展过程中出现的文明冲突和文化冲突提供范例。本书的出版让我们再度体认到,海外华人是全球化建设最早的生力军,也是沟通东西方文化的和平使者,为此,我们愿意继续努力,为历史留下见证。

三

再度回到本书的出版。由于我们的这套通史有四卷本、百余万字,可说是一个出版的大工程。因此,华夏出版社陈振宇副社长对我们而言,可谓是加拿大华人移民史的知音。他以独特的眼光和出版家的气魄,在这个学术书并非是热门项目的大时代,拍板及时出版这套通史,可谓是功在华人移民史、功在150多年来衣衫褴褛奋斗不息的海外华人,值得我们敬礼鸣谢。

我们幸运的是,陈社长指定赵学静副编审作为本书的责任编辑。实话实说,赵学静是我20年来遇到的最佳编辑。她不但编辑功力深厚,而且文化和历史知识也相当齐备,逻辑思维堪称一流,更重要的是她谦虚、刻苦的人格特征,在整个编辑过程中,让我们学到很多东西。可以这样说,今天读者看到的这本通史,已经倾注了赵学静的很多心血,她非但找出了本书图表、注释中不少的不妥之处,更因着其严格的把关和叩问,使我们在出版前有了及时修订的机遇,从而使本书在学术质量和文本阅读的通畅上,都有了显著的提升,可谓功不可没。

此外,我们特别要指出的是,我们将注解的最后查找、更新时间一直延续到2021年8月。因为排版、印刷等过程的需要,无法再进一步更正网上资讯的变化。如果读者在阅读中对比资料出处时发现差异,亦请谅解。同时,因为百年来华人社区、社团变化频繁,我们在罗列相关表格时,力求各方面都有代表性,但难免有遗漏,也望谅解。

关于地名和人名部分,除了遵循基本学术规范的要求之外,也有例外。在上卷部分,有些加拿大地名是按照先侨和早期华文媒体的惯例来称呼,比如卑诗省首府维多利亚，在当时称为域多利。而在下卷部分，则完全按照现有的地名称呼。当然，因为历史的原因，一些先侨的名字，有的是姓氏在先，有的是名字在先，还望读者注意。

这里特别声明的是，书中有极少数几个章节的部分内容，已经在北外加拿大研究中心出版的刊物上刊登过，为此已经告知和感谢相关人士。

最后，感谢未来的读者，你们是此书的最后评审者，期待你们喜欢这本通史，并坦率指出我们的不足之处。

丁果

2021年12月

序一
为百年移民史留下见证

散居在中国以外的中华民族的子孙后代，现有许多名称：华侨、华人、华裔、华族、海外华人、海外同胞、外籍华人等。在加拿大，侨居的中国人称加籍华人、加侨、华裔加拿大人、华族加拿大人等。

以往凡是在海外有中华民族（或中国人）血统的居民，不论已入了当地国家的国籍与否，皆称为"华侨"。1950年代中叶，中国为了促进与华侨居住国的友好关系，采用单一国籍法。1980年9月10日颁布的《中华人民共和国国籍法》，不承认公民双重国籍。因此，"华侨"的定义就变得简单明了了，即指居住在国外的中国公民，仍保留中国国籍。而"华人"则是指居住在国外的中国公民，取得外国国籍后，即丧失中国国籍，但仍然保持中华民族特性，例如，在家庭生活中还用中国语言对话、阅读中文报纸及书籍、庆祝中国传统节日、收听听看中文广播电视等。但很多老华侨的子孙，不懂中国语言，没有中国文化的传统，生活习惯已是全部外国化，所以，他们便是"华裔"，指"含有中华民族血统的外国人"。

根据这些定义，"华人"及"华裔"即是"外籍华人"，所以我们入了加拿大籍的中国人，便不算是"华侨"。在中国国内，我们被称为加侨或加籍华人（Canadian Chinese），强调与中华民族的认同感。但在加拿大，我们自称华裔加拿大人（Chinese Canadian），强调与加拿大的认同感。

本书研究华族人居住在加拿大的历史，为简单起见，我们便用以往通用的"华侨"称呼，包括"华人"及"华裔"。根据加拿大卑诗省历史文献所存的真迹文献，英国船长（John Mears）于1788年和1789年，在香港和澳门聘请了120名华工，将他们带到加拿大西岸的温哥华岛奴加港（Nootka Sound）地区工作，以后再没有华人到加拿大的文献记录，直到1858年华人去往卑诗殖民地淘金，为华人移民加拿大之开始。

1858年至1966年百余年间，华人的遭遇发生了不少变化，比如在1875年，卑诗省政府开始剥夺华人投票权；1885年，联邦政府要求华人移民缴纳入境"人头税";1923年又施行排华法案,禁止华人移民入境。总体而言,华侨在加拿大一直被当地白人歧视和隔离,直至1967年,加拿大政府取消排华法案,并推行多元文化的政策,华人和其他有色人种移民才被接纳,并逐渐融入主流社会。因此,加拿大华侨移民史可分为两部分,上半部是《加拿大华侨移民史:歧视和隔离时期,1858—1966》,下半部是《加拿大华侨移民史:接纳和融合时期,1967—2001》。

黎全恩教授在出版社合同签名照片

最后特别要指出的是,这本书尽可能使用了在加拿大迄今为止可以找到的有关华人的原本中英文文献和可信资料,并采用口述历史的方式,实地采访了早期华人的后代,为这段风雨飘摇的百年移民史留下活的见证。本着严肃的学术钩沉,在以前有关加拿大华侨历史的各类中英文著作和论文中的不少错误和谬传乃至空白,也得到了纠正和补充。

将英文地名、姓名等翻译为中文,并没有规定方式,为最困难之处。本套书采用黄秀莲和沈文轩主编的《最新世界地图集》(中国地图出版社,1992年版)第70、71页所用的中文翻译。例如:"Victoria"翻译为"维多利亚",但本地老华侨翻译为"域多利"。地图集内的"Montreal"译为"蒙特利尔",但本地老华侨及中文报章多称为"满地可"。因此,本书首次所用的英文地名,其后面将有地图集和本地常用译名，例如：Victoria（维多利亚，本地称域多利）、Edmonton（埃德蒙顿，本地称爱民顿或点问顿）。本书不用"不列颠哥伦比亚省"（Province of British Columbia），而用当地华人简译的卑诗省（Province of BC）、用"缅省"而不用"马尼托巴省"来翻译 Province of Manitoba。微小乡镇，地图集及本地华侨没有中文翻译的话，本书则只写其英文名称，不用中文翻译。本书的附录在英文名字后，抄下黄秀莲和沈文轩主编的《最新世界地图集》及本地华侨不同的翻译作为参考。

黎全恩
2012 年 12 月

序二
移民史与耕耘

加拿大国土广袤无垠，是一个以移民为主的国家，在种族和文化等方面呈现多元化。作为加拿大的少数族裔之一，加拿大华侨的移民历史不太遥远，始于1858年的淘金潮。从淘金潮到今天，已经过去100多年了。在这百年沧桑岁月里，华侨、华人从饱受欺凌、衣衫褴褛奋力打拼，到反对种族歧视、努力争取族裔权益，走过了艰辛的历程。随着生存环境的改善，华侨、华人逐渐在商业、科技和文化，甚至于社会、政治等方面取得卓著成绩，日渐融入当地社会。

《加拿大华侨移民史1858—2001》一书就是从政治、经济、文化、教育、传媒等方面书写华侨华人的历史风貌。由于这是一项挖掘历史和推陈出新的工作，因此需要搜集分散在加拿大各地的珍贵史料，并对各种口述历史、文献等进行甄别、比较、筛选、分类、统计和研究，进而形成一个前后对应且完整的论证体系，过程可谓极其艰辛。

这套学术著作中多次引用《大汉公报》《醒华日报》《洪钟时报》《快报》《世界日报》《加京华报》《加华侨报》《华埠通讯》《明报》《时代周报》和 Chinatown News 等报刊资料，但是要翔实描述加拿大华侨华人在歧视时期移民原因的复杂性以及从1967年至2001年间加拿大华侨华人历史的全貌，并在此基础上进行分析和总结，还欠缺不少第一手权威资料。比如，报刊报道的某些事件必须在找到原始文献之后才能予以佐证。还有些事件，当事人已经离世，而相关人员由于不了解事件全部经过，无法提供完整的资料。针对这样的案例，我们从逻辑上对事件发展的走向加以分析，通过多渠道的联系查找，将散落在各地的信息汇总在一起加以交叉验证，最后得出合理的结论。

如同科技领域的研究，在移民史这个研究领域，同样没有捷径可走，需要长期的积累。在调研中寻找并联系上恰当的当事人、先侨后代以及亚洲原居地相关人士后，要取得他们的信任，只有历经一段良性的互动才能实现，而这只是获得准确翔实资料的开端。为了确认所述事件的真实度，既要联系其他熟悉这段历史的人员加以证实，还要根据自己准确掌握的真实历史信息加以判断。我们在建立一个可信的信息源网络方面投入了相当大的精力。幸运的是，信息化时代科技的发展大大提高了调研的效率。异地实时对话和电子邮件等快捷通信方式有助于迅速与当事人取得联系，并对其提供的档案文件、图片以及文字叙述进行筛选和确认。加拿大各级政府和学术机构现代化的数据组织和存储，加上灵活的搜索查询方式，使我们更容易从资料库深层结构中查到原始文献、政府的法律法规、移民部和国家统计部门的相关数据，以及华文教育、华文传媒、华文艺术、华人社团、华人参政等各类的文献和资料。

另一方面，得益于生活在加拿大，我们多次前往加拿大各埠主要华人历史遗址进行实地考察，与主要社团、侨界人士、先侨后代和参加过二战的华裔军人等探讨历史问题，采访搜集了一些鲜为人知的史料和口述材料，再加上黎教授赠予我的一些珍贵资料，一并纳入本套书中。这些成果既填补了以往移民史研究的一些史料空缺，也纠正了其中一些以讹传讹的错误。

在《加拿大华侨移民史 1858—2001》这套书中，展现了在国际社会倡导人类平等的大环境下，更多华侨华人增强了政治意识和族群表达意识。他们造福桑梓及加拿大，兴办各种公益事业的行动，在赢得了大多数人的尊重的同时也取得了一定的政治地位。然而，自新冠肺炎疫情暴发以来，加拿大温哥华、多伦多、卡尔加里等地多次发生的歧视华人事件，引起了很多华人的担忧，其根本原因值得深思。可以看到，虽然政府所倡导的人人平等的法案已执行了数十年，但对亚裔尤其是华裔的歧视依然存在于某些白人心里，只是碍于加拿大多元文化政策的执行和广泛的社会监督而没有彰显出来。由此提醒我们，华侨来到加拿大后，在辛勤建造新家园的同时，除了和其他少数族裔一道积极敦促政府制定宪法等以人人平等为宗旨的各项政策法规，更重要的是，在文化、社交等方面，必须取得各族裔发自内心的认同。历史是一面镜子，《加拿大华侨移民史 1858—2001》既帮助大家了解华侨华人在加拿大饱受歧视及奋争的历史，了解他们在加拿大建国和建设的过程中所做的贡献，同时也指出华人的一些必须摒除的弊病。在当今全球一体化的大环境下，我们需要用更深刻、更广泛的视角来评价和总结华人社群的历史和今天，遵守加拿大法律法规，反对种族歧视，保持和其他族裔良好的互动，一起为加拿大的社会平等和经济发展、为中加长远的友好往来做出贡献。

贾葆蘅

2021 年 12 月

第一编

自由出入时期（1858—1884年）和管制入境时期（1885—1922年）

第一章
华文教育

俗话说，世界上凡有华人的地方，就有中餐馆。同样，世界上凡有一定数量华人的地方，就有唐人街。有唐人街的地方，就有像样的华人社会，其中当然包括学校、医疗机构以及宗教活动。而在加拿大这样的西方社会，早期唐人街的教育、医疗和宗教，充满了东西方文化传统交流、融合、互补等特征，而鲜少有其他文化传统相遇时出现的对立，更遑论流血冲突。

不论是淘金时期还是修太平洋铁路时期，华人来到加拿大后，虽然是在追寻"金山梦"，希望赚取更多的钱来改善生活，但是，华人在唐人街依然维持着中华文化的传统，讲中文、吃中国菜、穿唐装。随着生活逐渐稳定，华人社群产生了兴学的念头。理由大概有三点：一是因为科举制度的影响，华人不管贫富，都重视兴学办教育，以继承传统，传授知识，教化大众；二是大部分华工均来自农村，是文盲或者半文盲，办学兴教可以扫盲，提升华人素质；三是随着时间的推移，华人移民的第二代开始出现，兴学当可对孩子们施教，让他们知道文化传统之根，不至于在文化上变成全盘西化之人。

无独有偶，在这期间，晚清政府为了争取海外华人的支持，委派使臣劝侨兴学。康有为和梁启超流亡到加拿大后，一方面宣传保皇，一方面也鼓吹兴学。到后来，孙中山为了给革命培养人才，也鼓励华侨办学校。可以这样说，不管是华商还是华工，不管是革命派还是保皇派，不管是中国政府还是民间，在办学兴教上保持着高度一致。

加拿大华人兴学的发端，也是在卑诗省，始于淘金潮的中后期，开始只是为了让富商子弟能够读书，所以办学的模式类似原居地的家庭私塾。1870年代，域多利的华人富商开始从中国请来教师，在其商号教导其子女。如泰巽号的董基聘、陈逊仪，泰源号李鸿洽、李奕卫和李仁祐所设立的私塾，由李梓周任教。[1]

---

〔1〕黎全恩：《域多利华侨教育的回顾》，《华埠通讯》，域多利，2004年4月第7卷第7期，第23页。

不问身份、有教无类兴学的真正萌芽是在教会产生的。这并不奇怪，因为在近代中国，新潮学校大抵也是由进入中国的传教士开办的。教会兴学的目的是为了传福音，但起到的教育作用却与传统学校并无不同。从目前的史料来看，教会兴学要早于华人富商的家庭私塾。举例而言，1860年，伍地曼（Woodman）女士，婚后称为托马斯·坎宁安（Thomas Cunningham）夫人，在新西敏开了一所面向华人的教会学校，不过只持续了一段时间。[1] 1874年3月18日，美以美教会（Methodist Mission，现称循道会）在域多利唐人街附近为成年华人和孩子创办了一所华人学校，教授华人英语及向华人传道。[2] 1883年，牧师埃比尼泽·罗布森（Ebenezer Robson）在师母和女儿的帮助下，在其住所内正式开办了一所面向华人的夜校。[3] 尽管这些华人更加渴望学习英文，而不是想成为基督徒，但主日学校还是给华人带来了学习的机会。

到了19世纪80年代，唐人街上能请得起老师供孩子读书的仅仅是几家富商。当时的私塾一般设在大的商号之内，而一般华工家庭的孩子是没有机会上学读书的。1884年，卑诗省共有8位华人教师，4位在域多利，其他4位分居在新西敏、乃磨等埠。[4]

1885年，美以美教会开办的华人学校，得到卢卓凡和一些华商的支持。牧师约翰·恩迪科特·贾甸立（John Endicott Gardiner）就在盖莫伦街上租了一层楼作为校舍。1885年2月3号，华人教会学校举行了开幕典礼，当时有25名华人学生，他们的年龄从8岁到40岁不等。[5] 域多利中华会馆成立后，同意贾甸立在其三层圣贤宫旁边的房间里开设教会学校。华人教会学校就开始在中华会馆上课。[6] 后来美以美教会在域多利唐人街建立新教会，1891年3月13日举行了开幕仪式。华人教会学校也随之搬了过去。[7]

这里特别要提出的是，清政府曾经主动介入过唐人街的兴学。1890年代，域

---

[1] Rev. E. Robson, D.D., *How Methodism came to British Columbia*, The Methodist Young People's Forward Movement for Missions, 1904, p.26.

[2] "The Chinese Mission School", Victoria Daily British Colonist, Mar. 20, 1874.

[3] Rev. E. Robson, D.D., *How Methodism came to British Columbia*, The Methodist Young People's Forward Movement for Missions, 1904, p.27.

[4] Canada, *Royal Commission on Chinese Immigration: Report and Evidence* (Ottawa: Printed by Order of the Commission, 1885), pp.363-365.

[5] "The Chinese Mission School", Victoria Daily Colonist, Feb. 4, 1885.

[6] "The Chinese Meeting House", Victoria Daily Colonist, Jan. 6, 1886.

[7] "The Chinese Mission Church", Victoria Daily Colonist, Mar. 15, 1891.

多利唐人街有100多名华童,他们当中有些人上公立学校,有些人因为种种原因不能上学。1899年,李梦九(Lee Mong Kow)等人觉得有必要向孩子们提供华文教育,就在中华会馆旧址设立乐群义塾(Le Qun)。此时正逢清政府派内阁侍读梁庆桂赴加、美劝华侨办学,梁庆桂认为,乐群义塾完全为旧式私塾性质,不适应时代潮流,而且中华会馆旧址狭小,建议改建学校。由李梦九、卢椿年、林礼斌等侨商负责筹划,筹款建立新的中华会馆,并附设学校。[1]

图1.1　乐群义塾值理(1899年)
资料来源:黎全恩拍摄

"乐群"是取"敬业乐群"之意。当时规定:凡七岁以上华童,均可免费上学。中华会馆从中国请了李杨光和黄介石来加拿大任教,并分派了劝捐启事。不出数月,就募到了3000多加元。[2] 1899年7月1日举行开幕仪式,校址在维多利亚中华会馆三楼,首任校长是李梦九。[3] 1899年9月30日,域多利唐人街华人举行活动庆

---

[1] "A Chinese School", Victoria Daily Colonist, Jan. 18, 1899;《本校校史》,《加拿大域多利中华会馆75周年、华侨学校60周年纪念特刊》,加拿大域多利中华会馆印,1960年,第54页。

[2] CCBA, Annual Report, 1899, minutes of meeting, Jan. 8, 1899(CCBA Archives)。

[3] "Open on Saturday", Victoria Daily Colonist, Jun. 30, 1899; "An Oriental School", Victoria Daily Colonist, Jul.2, 1899; "Chinatown Is En Fete Today", Victoria Daily Colonist, Aug. 7, 1909;《本校校史》,《加拿大域多利中华会馆75周年、华侨学校60周年纪念特刊》,加拿大域多利中华会馆印,1960年,第54页。

祝孔子诞辰，乐群义塾还举行了特别仪式。到了夜间，整个唐人街被中国灯笼照亮。[1] 从此之后，域多利唐人街的华人每年都举行庆祝孔子诞辰活动，一直延续很多年。[2]

1903年，维新人士在温哥华保皇会倡议创办"爱国学堂"，只教授中文，不教授英文，但可以对愿意学习中国语言和文学的西人开放。[3]

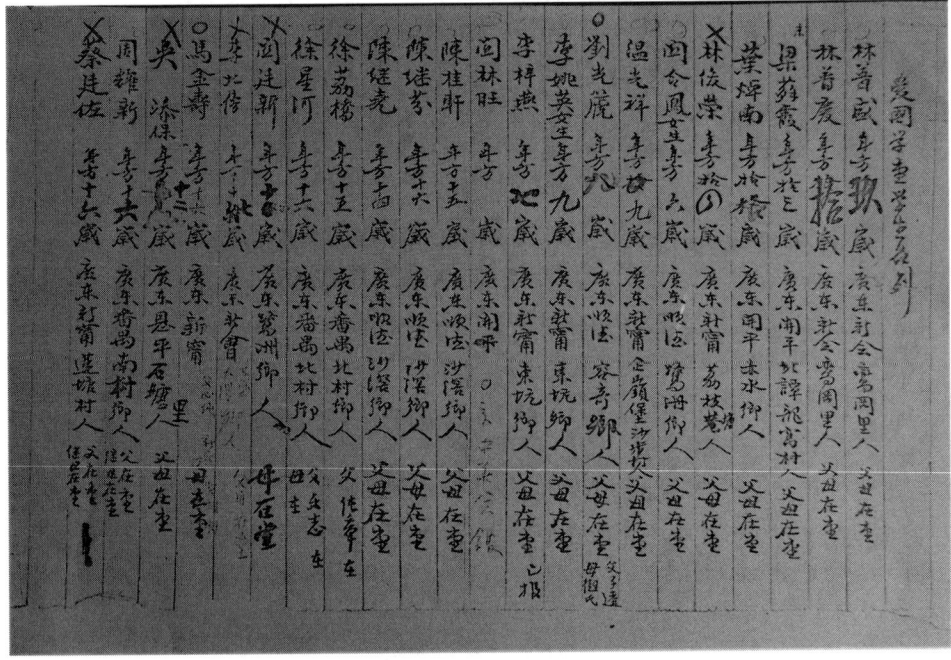

图1.2　1909年爱国学堂华人学生名录
资料来源：黎全恩收集资料复印件

1907年8月，域多利学校管理局召开会议，决定立例不准华童进入公立学校，直到他们学会英语、懂得校规时，方准进校。[4] 1908年9月，54名土生华人孩子

---

[1] "The Local News", Victoria Daily Colonist, Oct. 1, 1899.
[2] "Confucius Day", Victoria Daily Colonist, Sep. 20, 1900; "Confucius Day", Victoria Daily Colonist, Oct. 17, 1903; "Chinatown Celebrates Confucius Day", Victoria Daily Colonist, Oct. 14, 1906; "Saturday Was the Birthday of Confucius the Sage", Victoria Daily Colonist, Oct. 12, 1909.
[3] "Chance to Learn Chinese", The Saint Paul Globe, Mar. 14, 1903.
[4] "School board Will not Admit Chinese", Victoria Daily Colonist, Aug. 31, 1907.

通过了英文考试，但35名华人孩子则被拒之门外。[1] 失学华童只得去乐群义塾读书，这就使得乐群义塾学童大增，校舍紧张。为了让华人孩子能够受到基本的教育，中华会馆的同仁一方面请律师与校管理局和法院交涉，一方面积极筹款。1908年2月，中华会馆正董李锦周，副董林礼斌，学务总理李梦九、李卓明，书记吴紫垣、司徒庑和协办值理卢仰乔等，议决筹办一所更加完善的新式学堂，教授华童中文和英文。[2] 华人林礼斌与父亲商议，希望将其父经营的一块地转让给中华会馆建筑楼宇，其父因见是公益事业，慷慨应许，并于1908年8月24日将该地以3500加元的价格转让给中华会馆。[3] 中华会馆在半年内筹集到7000多加元后，购买了菲斯格街（Fisgard Street）636号地段，准备新建中华会馆和学校。[4] 1909年3月8日，李梦九又将住宅之地的一半以2000加元相让，为学校修建学童游戏场。[5] 梁庆桂给学校取名为：公立学校。1909年8月7日，旧金山总领事许秉榛来到域多利，主持了学校揭幕仪式。[6]

该校后来改名为"中华学堂"。1909年，中华学堂正董事是蓝翎五品衔候选县丞国学生李鉴涛，副董事是林礼斌，还有1名中文书记员、1名西文书记员和39名协理员。[7]

---

[1] "Chinese Question Is Knotty Proposition", Victoria Daily Colonist, Sep. 11, 1908.

[2] 《本校校史》，《加拿大域多利中华会馆75周年、华侨学校60周年纪念特刊》，加拿大域多利中华会馆印，1960年，第54页。

[3] "Chinese To Have School Building", Victoria Daily Colonist, Aug. 27, 1908；林礼斌：《域埠中华会馆之沿革及华侨学校创立之源起——著述》，《加拿大域多利中华会馆75周年、华侨学校60周年纪念特刊》，加拿大域多利中华会馆印，1960年，第1、2页；British Columbia, Land Registry Office, DD 505, DD10925.

[4] British Columbia, Land Registry Office, DD 505, DD10925; "Victoria Chinese Establish School", Victoria Daily Colonist, Dec. 8, 1908; David Chuenyan Lai, Chinatowns: Towns within Cities in Canada, Vancouver: University of British Columbia, 1988, p.215.

[5] 林礼斌：《域埠中华会馆之沿革及华侨学校创立之源起——著述》，《加拿大域多利中华会馆75周年、华侨学校60周年纪念特刊》，加拿大域多利中华会馆印，1960年，第1、2页；British Columbia, Land Registry Office, Documents Deposited Roll 505, Documents Deposited Roll 10925.

[6] "Chinatown Is En Fete Today", The Daily Colonist, Aug. 7, 1909; "At Opening of Chinese School Orator of Day Tells of Progress Made", The Daily Colonist, Aug. 8, 1909；《本校校史》，《域多利华侨学校40周年纪念及新旧同学联谊大会庆典程序表》，域多利华侨学校40周年纪念及新旧同学联谊大会筹备处印刷，1947年，第5、6页。

[7] 1909年中华学堂董事名单，来自黎全恩教授收藏资料；李东海：《加拿大华侨史》，加拿大自由出版社，1967年，第324页。

图1.3　大清侨民公立学校开幕式，1909年
资料来源：温哥华市档案馆

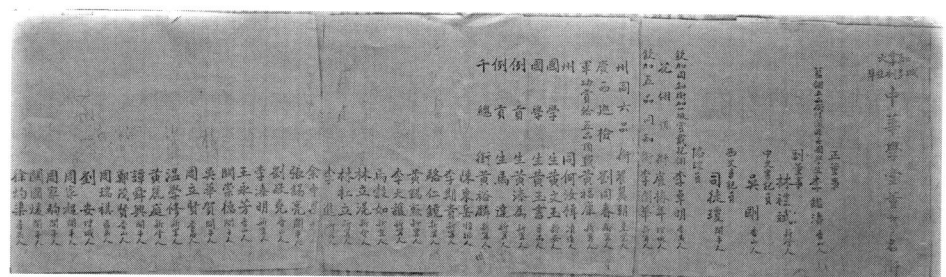

图1.4 1909年中华学堂董事名单

资料来源：黎全恩

图1.5 域多利华侨公立学校

资料来源：黎全恩

中华民国成立后，中华学堂又改名为华侨公立学校。1915年3月21日，华侨公立学校举行第一届高等学生毕业典礼，共有甲班10名男生和2名女生毕业，杨书文总领事及各界代表光临，《大汉公报》、致公堂及各界代表均有祝词。杨总领事亲自颁发文凭，校长李梦九在祝词中给毕业学生提出要求："稍有余暇，温习以前教科，及多看有益书报，于谋生做人，处事涉世，必能各有进步。"[1]

1916年，该校老师李澹愚与当地文人林仲坚和侨领李梦九的女儿李月华推出《广话国语一贯（未定稿）》，随1916年2月11日温哥华《大汉公报》附送。[2]这是一本粤音字书，读者可以在该书中看到广州话的早期面貌。作者编纂该书的目的，是教授学生和当地华人识字解字，通晓汉语。

1917年，华侨公立学校呈驻渥太华总领事馆转中国教育部立案。[3]自此以后，华侨公立学校陆续招过不少华人学生，还把学生考试名次登在《大汉公报》上。

早期教会在不少唐人街建立华侨学校。例如成立于1914年11月的多伦多华侨小学，最初由中华基督教长老会主办，当地商家及热心教育的侨胞多加以赞助。该校校址在教堂街（Church Street）187号，校长是麦造舟（T.C.Mark）。11月30日揭幕之时，中西人士均有参加，宪政党还送了一方祝匾。[4]

1916年9月，满地可无原罪圣母会的修女们，在华埠附近的安德逊街（Anderson Street）租了两间民房，请来一位名叫陈丽清的女士，开办了一所名为"满城华童义学堂"的华裔小学。当时有15名学生，多数为混血儿童。[5]

同样创办于1916年的卡加利华侨学校，初期也在教会附设，后由华埠的雷社

---

[1]《域多利毕业生名表》，《大汉日报》1915年3月23日；《李梦九校长训词照录》，《大汉日报》1915年3月24日；《域埠欢迎杨总领宪纪盛》，《大汉日报》1915年3月24日。

[2]《欢迎李澹愚与林仲坚两君李月华女士合撰之广话国语一贯新书》，《大汉公报》1916年2月11日。

[3]《本校校史》，《加拿大域多利中华会馆75周年、华侨学校60周年纪念特刊》，加拿大域多利中华会馆印，1960年，第54页。

[4]《都朗杜华侨学校开幕之情形》，《大汉日报》1914年12月11日；《都城华侨学校开幕教习麦造舟君演说词》，《大汉日报》1914年12月12、14日。

[5]杜宝田神父：《加拿大蒙特娄华人堂区小史》，加拿大蒙特娄华人天主堂，2007年，第7页。

安、何林、马储本等合力主持。[1]

温哥华中华会馆成立后，曾于1917年在中华会馆三楼创立公立华侨学校，主事者为曾石泉等人。该校在政府正式注册，并制定了章程，5月6日，华侨学校举行了开幕典礼。[2] 1922年，因曾石泉等人先后回国，校务松弛，学生锐减，再加上经费不足，屡办屡辍。[3]

1921年7月16日，域多利洪门致公堂开设的菁莪小学举行了开幕典礼，各界代表云聚学校，华侨公立学校教员和台山办学公所书记等人先后发表演讲，训示其会员子弟。[4] 随后，其他城市也出现了同类学校。比如，1923年3月，新西敏也成立了菁华学校。[5]

值得一提的是，在反华风潮期间，也有学校是因为抗争歧视而成立的。比如，1922年，鉴于域多利学校董事会决定把所有的华人学生放在被称为"鸡仔屋"的隔离学校，10月28日，"中华义学"发出启事，为抗争黄白学生分校，宣告义学正式成立，目的是使华裔学生暂时有地方学习。义学校长是陈礽梅，监学是黄夏声，董事是中华会馆全体值理，教员有李石泉等。学校设有高等级和国民级各一个班。高等级和国民级均开设国文、信札、数学和英文等科目。7至12岁学生编入国民级，13至18岁学生编入高等级，不收学费，校址在中华会馆楼上。[6] 1922年11月13日下午一点，"中华义学"举行了开幕仪式。校长陈礽梅讲述了创建义学的理由，大致是为了抗争黄白学生分校，使诸生补习中西文字，并激发诸生爱国雪耻观念。随后，书记罗小白介绍了校规，还有一些嘉宾争相发言。[7]

---

[1] 李东海：《加拿大华侨史》，加拿大自由出版社，1967年，第339页；我们是卡城历史最悠久的中文学校，卡加利华侨公立学校网站，https://ccpschool.ca/about-us/，检索时间：2021年9月21日；1939年3月，一群热心人士组成了卡加利华侨公立学校协会（Calgary Chinese Public School Society），帮助华侨学校正式注册，定学校名字为卡加利华侨学校（The Calgary Chinese Private School）；王立立，卡加利华侨中文学校的历史与发展沿革：《卡加利华侨中文学校80周年特刊》，2019年，第17页。

[2]《云埠公立华侨学校开学庆典》，《大汉公报》1917年5月7日；《创办云埠公立华侨学校小引》，《大汉公报》1917年5月14日。

[3] 曾石泉：《云埠华侨公立学校成立之起源与最近改组之经过》，《大汉公报》1932年8月20日；李东海：《加拿大华侨史》，加拿大自由出版社，1967年，第334页。

[4]《菁华学校开幕之盛典》，《大汉公报》1921年7月18日。

[5]《菁华学校已告成立》，《大汉公报》1923年3月9日。

[6] 域多利埠中华义学招生简章，1922年10月28日。

[7]《中华义学开学纪闻》，《大汉公报》1922年11月15日。

1922 年,域多利华人长老会（Victoria Chinese Presbyterian）的雷洁培夫人和梁梅舫夫人开办了中文下午班。这所中文学校发展很快，到了 1929 年已感人手不足，又聘请了李祖雨主持校务。开设的课程有阅读、习字、中国文学、文法和作文。1930 年组织了学生会，开办了中文辩论及各项益智活动。[1]

总之，华侨华人兴办华人学校，既有延续办学兴教的传统，也有向下一代华人传播中华文化、保持华人社会特征的苦心。此外，也是为了使华人子弟摆脱与主流教育体系脱节，受主流教育机制排斥的困境，让孩子们有书读，在未来有更好的选择工作的机会，从而能够摆脱贫穷加文盲的阶级宿命。在这次办学高潮中，不仅是有钱的华商、社会名流做出了很大的努力，基督教传教组织也扮演了重要的角色。

---

[1]《域多利中华基督教会长老会 1892—1983》，1983 年，第 28、31、32 页。

第二章
华文报刊和华文文学

第一节 华文报刊

华侨因为饱受歧视和欺压,希望有报纸能为华人出声。在早期华人社区,报纸扮演着重要角色,因为大多数华人不懂英文,只能看华文报刊。如果说粤剧等戏曲是解华人乡愁的良药,那么,报纸就是给华人指引方向的灯塔。不管报纸是谁办的,总离不开两个重大内容,一是指出东西文化的差异,潜移默化地影响了华人在海外的生活习惯和处世态度;二是及时传达中国的政治变迁,号召华人身在海外,心系神州,投入这些报刊推崇的政治运动。

当然,由于报纸并非是当时中国社会的传统媒介,而是舶来品,因此,海外华人的办报尝试和经验,对中国本土报业的兴起和发展,也起到了举足轻重的先锋作用。这些华文报刊在海外萌芽、发展之时,不光因推动了一系列政治运动,在海外有过较大的影响,就是对处于社会转型期的中国,也起到了传播西方先进知识和思想启蒙的作用。当然,因为是少数族裔,海外华文报刊经营不易,有些报刊因为没有读者,无声无息地就停刊了;有些报刊则是几起几落,经营颇为曲折和坎坷。

19世纪中叶到末期,加拿大华人社会并没有出版自己的中文报纸,想看报纸,主要订阅美国的《华美新报》《华洋日报》[1]等,借此了解家乡消息、国货行情和船期等。

在海外经营华文报刊极其不容易,再加上早期大多数华人识字不多,因此就算在排华浪潮迭起、征收高额华人人头税之际,甚至到了19世纪末期,也没有中文报纸出版。到了20世纪初,真正让加拿大华文报纸诞生的动力是政治因素。1899

---

[1] 1883年12月27日《华美新报》首刊,资料来自美国华人博物馆。1893年6月23日《华洋日报》,资料来自美国芝加哥历史博物馆。

年，康有为来到加拿大后，成立了保皇会。[1] 1903 年，梁启超访问温哥华，提出在温哥华发行一份中文报纸，倡导维新。5 月初，维多利亚要推出一份中文报纸，加拿大保皇会英文书记温金有为此接触了很多华商，提出未来将印刷 400 份报纸，希望华商能在这份报纸上刊登广告。[2] 1904 年，康有为再次来到温哥华。[3] 1905 年，由温哥华保皇会总部将发行报纸一事提到日程之上，遂有准备在温哥华创办《新报》(*Sun Bo*) 之议。[4]

真正在加拿大出版并有迹可查的第一份中文报纸《华英日报》(*Wa Ying Yat Po*)，是 1906 年由基督教会会友周天霖、周耀初等组织创办的，地址在温哥华喜士定街 100 号。[5] 他们聘请冯德文（Dickman Fong）牧师为报社编辑，其后又聘请崔通约为主笔，并于 1907 年年初出刊。[6] 该报内容涉及中国君主立宪等有关议题，还介绍了加国新闻和国际新闻，比如报道 1908 年印度水灾惨状等新闻，报纸还附有广告等，[7] 后于 1909 年停办。[8] 1910 年，华商李世璠、叶庭三以私人名义购买了印刷机器，创办了《新大陆报》，[9] 也因资金短缺，报纸寿命并不长。

加拿大比较著名也比较有规模的报纸是《大汉日报》(*The Chinese Daily News, Tai-Hon Yat-Bo*)，它自称始创于 1907 年，[10] 但以《大汉日报》的名义出刊是 1910 年 7 月，冯自由为主编。报社位于温哥华上海街 576—578（576-578 Shanghai Street,

---

[1]"M. W. Fiffe"，The Daily Colonist，Apr. 8，1899；Jul. 20，1899；李福基：《宪政会纪始事略》，1909 年，第 4 页；康有为著，楼宇烈整理：《康南海自编年谱》，中华书局，1992 年，第 72 页。

[2]"Mr. W. Cumyow"，Vancouver Daily World，May. 6，1903.

[3]"Kang Yu Wei Given a Great Reception at Montreal"，The Globe，Nov. 14，1904.

[4]"Convention of Chinese"，The Province，Nov. 29，1905.

[5]冯自由：《华侨革命开国史》，上海商务印书馆，1947 年，第 103、104 页。

[6]《本报八周年回顾小言》，《大汉日报》1915 年 1 月 1 日；Chinese Editor's View of Chinese Newspaper，Vancouver Daily World，Aug. 27，1906；《回唐请搭好船》，《华英日报》1908 年 10 月 3 日；冯自由：《华侨革命开国史》，上海商务印书馆，1947 年，第 103、104 页；崔通约，早期著名文人，1906 年 11 月到加拿大。先后在《华英日报》和《大汉日报》工作，也开班授课。课程有寻常班：国文、历史、地理、造句、信札等，每周六下午四点至七点开课。高等科有国文、历史、地理、国语、信札和作文，每周五晚八点至十点开课；《通约家塾授业时间》，《大汉日报》1914 年 8 月 15 日；崔通约于 1908 年 3 月 6 日写给中华会馆的信件。

[7]《华英日报》1908 年 10 月 5 日；《回唐请搭好船》，《华英日报》1908 年 10 月 3 日；崔通约于 1908 年 3 月 6 日写给中华会馆的信件。

[8]通约寄者：《予果何罪于坎拿大梓里乎?》，《大汉日报》1915 年 9 月 13 日。

[9]李世璠关于《大陆报》月租金记录信，1910 年；郑今后：《加拿大洪门与辛亥革命》，《大汉公报》1981 年 10 月 7 日；1911 City Directory of Vancouver，p. 316.

[10]《陈翼耀专员奉命调查全坎洪门事务报告书》，温哥华，驻云埠全加致公堂总干部、驻温哥华全坎洪门总干部印发，1945 年，第 103 页；《本报八周年回顾小言》，《大汉日报》1915 年 1 月 1 日。

Vancouver, B.C.),后搬至片打东街 1 号（1 East Pender Street, Vancouver, B.C., V6A 1S9）。[1] 它是由致公堂陈文锡集资创办的，版面内容有评论、新闻、戏曲、广告、医疗、华侨生活动态，甚至还有一个"诗界"版面，经常刊登古体诗。1915 年 11 月 6 日，《大汉日报》改称为《大汉公报》（*The Chinese Times*）。[2]

图 2.1 《大汉公报》一卷，一号

《大汉日报》的推出也与政治有关，虽由洪门组织创办，但早期的《大汉日报》为了加强宣传，聘请曾任孙中山临时大总统机要秘书的同盟会老将冯自由为主笔，鼓吹革命。《大汉日报》还刊登各种广告，介绍华人中的各种资讯，包括时事。比如，反对当时的中国政府屈从日本提出的二十一条，报纸特发时评，呼吁抵制日货："今日本人大肆其猖獗，妄议二十一条之要求，以图我中华民国，阳称保卫东亚和平，增进两国邦交，实则阴施残暴，割我土地，以我堂堂中国，转移为区区日本之藩属。同胞同胞，要知今日之事，政府虽有所抗议，其实不免退让。嗟我同胞，宁为断头鬼，不为亡国奴。速速团结团体，快快奋起精神，勿遭日本人之惨毒，勿步朝鲜之后尘，万众一心，唯有勿用日本货。"[3]

1907 年 12 月 30 日，保皇会的"新报有限公司"（Chinese Reform Gazette Sun Bo

---

[1] "Provincial Gazette", Victoria Daily Times, Mar. 11, 1910; 新闻第 286 号：《大汉日报》1911 年 8 月 16 日；《本报八周年回顾小言》，《大汉日报》1915 年 1 月 1 日；冯自由：《华侨革命开国史》，上海商务印书馆，1947 年，第 105 页。

[2] 《卷一，一号》，《大汉公报》，1915 年 11 月 6 日。

[3] 《请看亡国后之惨状》，《大汉公报》1919 年 8 月 1 日。

Company，Ltd.）在卑诗省正式注册。[1] 1908 年 1 月 7 日，正式出版《新报》，每星期二、四、六出版。[2] 1911 年，《新报》成为日报（Chinese Daily Reform Gazette，Sun Bo Company，Ltd.）。[3] 在这份报纸上，保皇会连篇累牍地发表文章，宣传康有为和梁启超的改良思想，俨然成了保皇会的机关报。当然也有些其他内容，包括文学作品，比如短篇小说等。[4]

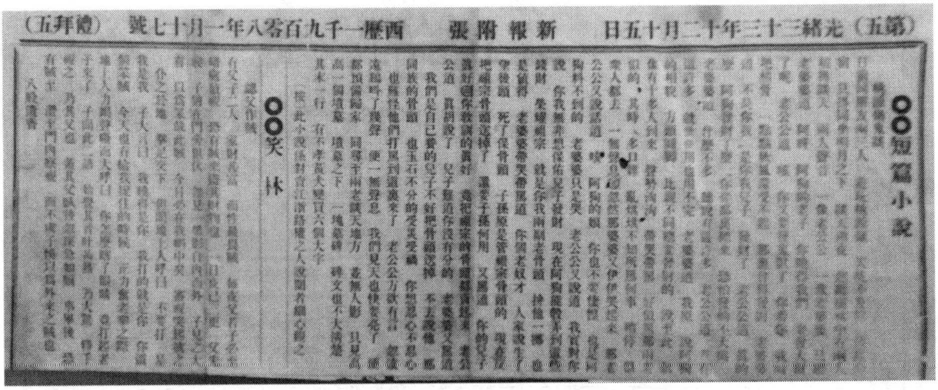
(第五) 光緒三十三年十二月十五日　新報附張　西曆一千九百零八年一月十七號 (禮拜五)

〇〇短篇小說

〇〇笑林

图 2.2　1908 年 1 月 17 日《新报》

1912 年 2 月，加拿大华人社区出版了《新民国报》（*The New Republic*），该报是由域多利同盟会会长黄伯度同高云山等一些同盟会会员创办的。报纸的前身是击楫社于 1911 年开始印行的不定期油印刊物，《新民国报》则是周报。1914 年，《新民国报》改为日报，在同保皇党论战中，猛烈抨击晚清政府的腐败无能，热情宣传孙中山和同盟会的纲领，在华侨中产生了一定的影响力。《新民国报》主要栏目有中国要闻、国际要闻、广东新闻和侨界新闻等，也有广告支持。[5]

1916 年，《醒华周刊》（*Hsing Jua Chou Pao*）于多伦多创刊，是加东出版历史最久的一份华文报纸，为中国国民党党报。初创时是周报，以侨社及国内新闻为主。

---

〔1〕*Henderson's B.C. Gazetteer and Directory Part I*，p.170.

〔2〕"New Chinese Paper Is Issued Today"，Vancouver Daily World，Jan. 7，1908；《本报广告》，《新报》1908 年 4 月 23 日；Volume1，Number：45.

〔3〕"Newly Incorporated Companies"，The Daily Colonist，Feb. 5，1911.

〔4〕《短篇小说》，《新报》1908 年 1 月 17 日。

〔5〕域多利分部简史，《党史简介》，域多利分部编印，1996 年，第 27 页；《新民国报举行双重庆典大会纪盛》，《醒华日报》1959 年 7 月 18 日；1912 年第 38 期的《新民国报》，上面刊登了英昌龙公司的广告。

1922 年改为日报，即《醒华日报》(Shing Wah Daily News)。[1] 该报是国民党海外的重要宣传工具。

《新民国报》和《醒华日报》都有强烈的党派色彩与政治观点。《新民国报》热情宣传孙中山和同盟会的纲领，《醒华日报》则为国民党海外的喉舌。

早期的华人办报，不论是保皇派还是革命派，都有宣传任务，都在宣传自己党派的主张，希望争取更多华侨的支持。早期革命党与保皇党之争，刺激了报业发展。人们常常可以看到，"笔战"和"文攻"客观上促进了加拿大华文报业的发展。

综上所述，早期华文报刊虽然没有像英文报纸那样，扮演着用舆论监督政府的角色，并且有着强烈的党派及政治立场，但因为它们是华人看得懂的报刊，提供了华人在加拿大生活所要获取的基本信息，其生活指引的特征相当浓厚。当然，最为重要的是，报刊让华人有机会了解和关注国内政治变革的动态，并提供渠道让华人在海外参与各种政治活动，用财力和人力援助中国革命，成为革命的重要组成部分，这也是为何孙中山一直强调华侨是革命成功之母的原因所在。

在那个历史时期，中国国内的报刊也有一定的自由度。尽管有时会有"封馆"事件的发生，但总体来说，国内报业还是蓬勃发展的。而华文报刊到了海外就更没有了制约。早期华人在本地融入程度不高，报刊刊登的大部分是关于"拾骨回乡""人头税""我们是否需要更多移民的到来"等内容的文章，还有一些本地生活资讯。华文报刊只要不引发社会动乱和各方斗争，政府基本上是眼开眼闭的。除非涉及外交方面的问题的时候，比如党争发展到了一定程度，由于中国政府给加拿大政府施加压力，会出现一些"禁报"事件。但这些"禁报"动作基本上是加拿大政府应付中国政府的表面行动，因为加国政府本身对报刊的管制是宽松的。袁世凯上台期间，他利用外交手段要求各国政府禁止国民党的活动，由此，加拿大采取过措施，封闭国民党各部的办公处，这就是"党禁"。"党禁"会影响报业的发展，但报纸换一个名字仍然可以出现。从这个角度讲，加拿大政府并不存在扼杀报业的做法，反而是华人社区内部斗争产生分歧，影响报业发展，但这并不是主流现象。

总之，加拿大华文媒体的发展与中国密切相关，无论是辛亥革命还是中国的抗日战争时期，都是如此。在中国向西方寻求救国之道的过程中，海外媒体扮演着重要的角色；再加上华人本身要在海外寻求生存之道，也需要媒体资讯的帮助。从加拿大华文媒体的发展轨迹来看，有一个非常明显的特征，即报刊发展的高潮与低潮

---

[1] Shing Wah Daily News,《醒华日报》1980 年 1 月 2 日；Shing Wah Daily News, SFU Digitized Newspapers, https://newspapers.lib.sfu.ca/swdn2-collection，检索时间：2021 年 9 月 21 日。

与当时中国内部的政治环境密不可分。比如党争较少时期,报刊发展进程就会减慢。

当然,华文报刊受语言的局限,虽然可以为华人的遭遇鸣不平,却无法把影响力扩大到华人的圈子以外。不过,在华人遭遇歧视的年代,英文报刊只是挑剔华人的"不是之处",而不会客观记录华人的痛苦历史,以及对社会的正面贡献。而华文报刊则为华人的移居生活留下了不少珍贵的第一手历史资料,再度证明了"昨天的新闻就是今天的历史"这一规律。

图2.3　口述者伍泽濂
资料来源:贾葆蘅拍摄

提起早期华人办报,曾任过《大汉公报》董事长、90多岁的洪门元老伍泽濂先生说道:

"《大汉公报》原称《大汉日报》,后改为《大汉公报》,它是洪门的喉舌,其宗旨也是洪门的宗旨:反清复明。当时是一位洪门大佬把洪门所有成员聚起来,叫大家捐出一笔钱,才创建《大汉日报》的。《大汉日报》刚出刊时,是在一个洪门成员家的地库里。很简单,因为人力财力问题,只出对开一张,每次也就印两三百份。创刊之初版面多以反清复明为主,也有一些其他资讯,但广告并不多,办报所需要的钱大多是洪门成员捐的。随着《大汉日报》越办越好,广告多起来,版面也扩充为两大张,最多时印过5000多份,派送到加拿大有洪门组织的地区。《大汉日报》总部在温哥华,可刊发的资讯很多来自中国或来自加拿大其他省份。中国的消息是由在中国聘的特约记者发来的，加拿大的消息则是各地区洪门分部通过电报发来的。

"《大汉日报》创刊之初就聘请冯自由为主笔，可是在20世纪初期，加拿大没有以办报人身份进入国境的条例，故冯自由是以教员身份进入加拿大的。冯自由主持报政后，鼓吹革命，因而宣传革命也就成了《大汉日报》的宗旨。

"《大汉公报》历经时代风雨，但资金一直是一个大问题。我在任《大汉公报》董事长时，最重要的工作之一就是找钱。曾经有一段时间，《大汉公报》缺钱，不得不向皇家银行借钱，可是皇家银行不肯借，我就用自己的信用去借钱。有一段时间没钱给员工发薪水，我就给银行打电话，叫银行先借钱给《大汉公报》，有了钱我们就给员工发薪水。后来《大汉公报》销量多了，平面印刷机不敷需求，就购买了滚筒机。1979年报纸增为三大张，之后再增为六大张。直至亚洲原居地的移民潮兴起来，《星岛日报》登陆加拿大，他们资金充足，信息量大，《大汉公报》难以与之抗衡，勉强支撑至1992年，因经济问题，《大汉公报》宣布停刊。"

唐人街上的书店是华侨华人享受中文精神食粮的园地。这一时期的华英书报公司、白羊楼书庄等，规模不同，但图书品种内容多样，充满了华语文化的风韵。从书店广告可以看出，图书种类很多，除了英语入门和医疗常识性书籍外，还有武侠小说、古典小说、诗词选集和历史演义等。因为华侨华人有读书的需要，因此时有新书店开张。比如，1932年夏历十一月初一，东方文化书印局宣布成立，并推荐赵美玉、江亢虎等为顾问。[1]

华侨华人在加拿大定居下来以后，改变了马虎度日、一味赚钱的"临时观念"，而是在唐人街开始建造具有中国特色的建筑物，让家乡的观念和感受渗透到日常的生活之中，使华人在异国他乡的打拼，有了更大的稳定感和文化心理的支撑。温哥华、满地可、多伦多和渥太华等城市的唐人街，保存着不少红墙绿瓦的中国式建筑。这些有历史感的老旧建筑物、匾额和文字，体现出浓厚的中华文化特色。

第二节 华文文学

加华文学的起源，是一个很复杂、很纠结的议题，原因无他，关键当然是文本的难寻。华人大批进入加拿大，当在1858年之后，或者说是淘金潮掀起之时。随后，就是修筑太平洋铁路，数以千计的华工加入西部路段的建设，该路段是太平洋铁路修建中最为险峻的一段，华工死亡人数不少。如此艰苦的生活场景，且是跨地

---

[1]《东方文化印书局成立》，《大汉公报》1932年12月29日。

域、跨文化的环境，理应有很好的加华文学作品出现。无奈，当时华工多数是广东四邑来的农家子弟，不要说文学，即使识字都可能是一个挑战，他们的家书都要请师爷代笔；而受过私塾或者其他教育的少数商人，大都要在加拿大开创事业，难以有闲情逸致进入文学创作的领域。

在这种大背景下，加华文学的缘起，只能在一些偶见的场合找到勉为其难的蛛丝马迹，比如，劳工被囚在边境移民检查设施中的壁诗、[1] 华人社团成立时的贺词对联、[2] 清朝外交官与华人社区体面人物的吟诗唱和、[3] 书写了华社或者华人内容的英文作品，[4] 勉强成为加华文学的起源。由于缺乏典型且有说服力的文学作品作证，这就令加华文学缘起的议题变得多歧，时间的确认也众说纷纭。因此，找到该时期可以形成专家共识的加华文学作品，是探讨加华文学缘起的关键。如今，一部具有浓厚文学色彩的私人日记，进入了学术界的视野。它在提供加拿大华工修铁路这样大时代的宏图的同时，也给加华文学的溯源带来了新的契机。这部由黄笃生（Dukesang Wong）写成的日记，[5] 历史跨度达 60 年，横跨两个世纪；而作为早期华工，黄笃生先后生活在中国和加拿大两个国家，从而使日记内容充满了中西文化碰撞的历史见证。

一、日记

按理说，作为记录性写作的日记，应该是史料的一部分。但是，在中国国内受过传统正规私塾教育且自己也曾经是私塾老师的黄笃生，则在自己的日记中载入了极其丰富的心理描述和人生感悟，还有细致入微的文化比较，以至于让自己的日记充满了"文艺的趣味"而更加引人入胜，甚至可以与"文以载道""吟咏性情"的正统文学一较高下。可以这样说，黄笃生的日记展现的文学意蕴，远超目前被列入加华早期文学作品之列的华工壁诗、传统文人唱和以及贺词楹联等。更为可贵的是，从加华文学的溯源来看，黄笃生来加拿大后的日记写作，将加华文学的源起时间，大大推前了不少。

---

〔1〕 资料来自黎全恩教授保留的壁诗记录。
〔2〕 域多利龙冈公所于 1911 年 3 月赠送域多利中山福善堂书法对联等实物。
〔3〕 岭海山人编著，安逸居士校阅：《金山联玉》，温哥华启新书林出版，1925 年。
〔4〕 最主要的作品是 1912 年在美国出版的《春香夫人》(*Mrs. Spring Fragrance*, Chicago: A.C. McClurg, 1912)。
〔5〕 David McIlwraith (Editor), Wanda Joy Hoe (Translator), *The Diary of Dukesang Wong: A Voice from Gold Mountain*, Talonbooks, 2020.

遗憾的是，延续六十年、总共七大本的黄笃生日记，也没有逃脱其他珍贵历史文献和文学史料经历过的厄运：遭遇火灾而被焚毁。[1]幸运的是，黄笃生的孙女在卑诗省西蒙菲沙大学求学期间，为写学术论文而将数十篇祖父日记翻译成英文，从而留下了部分宝贵的历史记录，也给早期加华文学留下了难得的痕迹。[2]纵观这些遗留下来的日记，在保持日记本身具备的记录性和实用功能的特征之外，从自己的历史认知背景和主观感受出发，记录了一个处于王朝崩溃之际，家庭遭遇突变、个人生存面临重大选择的青年，从一个传统东方文化国度，走向一个未知的加拿大"金山"之地的冒险和争取更自由生活的心路历程，从而让一本关乎自己和家庭小事的日记，与一种具备多元审美元素的非虚构文学写作相关联，从一种以个人见闻为叙事中心的私密性写作，自然演变成19世纪至20世纪华人劳工移民宏大迁徙之历史背景中的一道罕见的文学景观。

这里仅举几个黄笃生日记的片段，由于经过了从中文到英文再到中文的重复翻译，显然已经无法完全呈现黄笃生日记原文的阅读冲击，却给人们带来更多纪实日记之外的文学韵味。

> 我将于今天启程，踏上前往新大陆的征程。我的目的地据说是一座大城市，那里应该已有一些同乡，或许他们对我住的家乡也很了解，那我就一定不会太感孤单。今天早些时候，陈生告诉我，他也想远渡重洋去那个异国他乡，我多希望他现在就和我一起去，因为这样的冒险对我来说是全新的尝试，我感觉心神不定而且焦虑重重。我们乘的是一艘很小的船，是用于基督教传教的。它将颠簸漂荡在茫茫大海之中，以至于在摇晃中站稳会成为很多人要经受的考验。听说船上有大量上好的金器美玉，被运往法国和英国市场。这让我深感悲哀，这些珍宝就此要漂洋过海，神州子孙将无缘再一睹其风采。[3]

> 这些地方是野蛮的！就在今晚，我目睹一个白人遭到他的同类的痛殴，令我难以置信的是，一群白人围圈旁观，却无人出手制止。显然这里没有礼仪

---

[1] David McIlwraith (Editor), Wanda Joy Hoe (Translator), *The Diary of Dukesang Wong: A Voice from Gold Mountain*, Talonbooks, 2020.
[2] David McIlwraith (Editor), Wanda Joy Hoe (Translator), *The Diary of Dukesang Wong: A Voice from Gold Mountain*, Talonbooks, 2020, p.xv.
[3] David McIlwraith (Editor), Wanda Joy Hoe (Translator), *The Diary of Dukesang Wong: A Voice from Gold Mountain*, Talonbooks, 2020, pp.34-35.

文明，唯有惨不忍睹的愚昧荒蛮。要是我们华人一定会就分歧敞开对话，倾听彼此。然而，这些白人却选择在混战中决斗至死，这就是他们的律法和残暴的"正义"。站在我旁边的一个人解释说，这就是白人解决彼此纷争的唯一公平方式，也是他们传统的荣誉准则。[1]

我锥心泣喊，但愿不要经历如此悲苦的日子。我们很多人在病痛中挣扎如此之久，但因为良药匮乏美食难寻，即使原来拥有强壮体魄之人，也被迅速传播的疾病击倒，而虚弱异常。这是一幅多么悲凉的景象。白人曾告诉我们，这些疾病来自新鲜食物的缺乏，但所有人的居所都因铁路的不断延伸而漂泊不定，种植蔬菜断无可能。为了救治重病患者，有良心的医生尽力去附近更大的城镇寻找优质的食物，可我对栖身窝棚的可怜人能获得救命药品的念头已经绝望。我内心渴望陪伴病重的朋友，但身体精筋力尽且万念俱灰。[2]

对我们华人而言，当下可谓麻烦棘手。雇我们的铁路公司中已有流言蜚语，谓我们并非好劳工，没有按时间表尽力完成雇主的修路计划。其实，绝大多数人病已至此，还如何卖力？不少人因传言而饱受折磨，彼此之间如狗犬般相互撕咬。我告诸人行事谦卑期盼苦尽甘来，唯此等劝导苍白无力，只能感叹我这么渺小，很难帮助大家。[3]

仅从这里摘录的短短几节日记来看，就可以看到黄笃生日记文本中丰富的文学韵味：大时代里颠簸的特殊人生、太平洋两岸东西文化的撞击、复杂深层的心理纠结、苦难漂泊中的人性透视、悲天悯人的儒家情怀，如此宽泛的文学元素，自然地呈现在简单的纪实日记载体中，并有着珍贵的史料价值，不免让人惊叹。值得注意的是，黄笃生并非广东四邑人，而是从北京周边县城辗转来到南方，再进入北美的中国北方人士，这在当时的华工中是比较少见的。

---

[1] David McIlwraith (Editor), Wanda Joy Hoe (Translator), *The Diary of Dukesang Wong: A Voice from Gold Mountain*, Talonbooks, 2020, p.55.

[2] David McIlwraith (Editor), Wanda Joy Hoe (Translator), *The Diary of Dukesang Wong: A Voice from Gold Mountain*, Talonbooks, 2020, p.59.

[3] David McIlwraith (Editor), Wanda Joy Hoe (Translator), *The Diary of Dukesang Wong: A Voice from Gold Mountain*, Talonbooks, 2020, pp.59-60.

二、金山联玉与灯谜

俗话说，有华人的地方就有华人餐馆，就有中药铺，这是谋取生存的必需。同样，华人也有精神生活的需要，而文学就是满足华人精神生活的重要载体。早期华语文学，内容无非有两种。一种是抒发乡愁的传统中国文学的海外延伸和传承，一种是使用传统中国文学的形式，但注入了早期移民在加拿大生活的元素。这种文学作品的最早代表，除了黄笃生日记这一独特孤例之外，还有 1880 年代中期黄遵宪在旧金山用"金山联玉"的形式与当地文人墨客创作的联林佳作，以及北美文人的诗词、对联唱和、华人所建牌楼上的对联及维多利亚检疫所墙上的华人壁诗等。

从严格意义上说，黄遵宪作为大清国的外交官，他的文学创作理应不算北美华人社区的文学活动，而是中国本土文学在海外的延伸，但鉴于黄遵宪与北美华人社区的文人和商贾关系紧密，且发挥了重要的领袖作用，加上在他的一些文学作品中，有相当多的北美元素，因此，不少文学研究论文也将黄遵宪列入北美华语文学的范畴。不过，必须清楚地知道，鉴于黄遵宪的外交人员身份，他以及他的文学作品，都不能列入北美华人移民文学之中。

黄遵宪是中国近代著名的外交家，也是典型的传统文人，吟诗作诗、撰文著述，是他生活的一部分。每逢驻节海外，他的身边总聚集着当地的文人墨客，常有赋诗唱和等文学活动，这也成为他密切清政府与侨社关系、推动民间外交的一部分。举例而言，1880 年代中期，黄遵宪与刘云樵等人曾出题，要求北美文人所写两句对联必须选用所出题目规定之字，加拿大有一些文人墨客曾参与该活动。[1] 这里列出林赞卿和徐畏三等人的作品。

林纪卿老师评　辘轳格式　题目　武 ○○○○○○
　　　　　　　　　　　　　　　　文 ○○○○○○ [2]

林赞卿作
武侯六出劳征魏，文考三分笃事殷。[3]

---

[1] 黄遵宪在 1882—1885 年期间任美国旧金山总领事，他与加拿大文人往来，多在 1884 年之后，因为维多利亚中华会馆成立后，他才与加拿大侨界有更多往来。
[2] 岭海山人编著，安逸居士校阅：《金山联玉》，温哥华启新书林出版，1925 年，第 67 页。
[3] 岭海山人编著，安逸居士校阅：《金山联玉》，温哥华启新书林出版，1925 年，第 68 页。

林纪卿老师评　题目　远○○○○○○
　　　　　　　　　　○○○○○○山[1]

徐畏三作

远望长安心恋阙，高登太华目空山。[2]

黄雨邨老师评　题目　长○○○○○○
　　　　　　　　　　○○○○○○城

卢仁山作

长杨作雨凉生阁，折柳随风韵满城。[3]

　　1882年9月20日，华人社区为了欢迎加拿大第四任总督洛恩（Marquis of Lorne）和他的妻子路易丝（Louise）公主，在域多利唐人街中的盖莫伦街和士多街的南边建了一个大的牌楼。在朝向盖莫伦街的牌楼上方写有"大清国"三个大字。下面写有"上帝保佑女王"（God save the Queen）。再往下，从左到右分别写有诗句："就日瞻云，起凤腾蛟。"牌楼背面上方中间也写有"大清国"三个大字。下面写有"时和美景，绥夷崇夏"。牌楼前后柱子上左右两边分别写有对联诗句，可惜照片字迹看不清楚。[4]

　　1896年，李鸿章来到温哥华，加西华人为了欢迎他，在温哥华豪街（Howe street）建了牌楼，牌楼中间是一个大拱门，旁边有两个对称小拱门。牌楼上有三个旗杆，龙旗在中间高悬，两侧悬挂的是加拿大联邦旗和大清龙旗。[5] 牌楼前后各有两副短联和两副长楹联，牌楼内则高悬横幅"光昭四海"，以示欢迎。其中两副短联为："舟楫劳心泊巨川，轺车驻节安华夏。""望重邻邦迈富公，务成宗亲相姚祠。"

　　两副长楹联悬挂在牌楼前后两侧，是从中国新宁移民到加拿大的文人林赞卿所写：

---

[1] 岭海山人编著，安逸居士校阅：《金山联玉》，温哥华启新书林出版，1925年，第103页。

[2] 岭海山人编著，安逸居士校阅：《金山联玉》，温哥华启新书林出版，1925年，第103页。

[3] 岭海山人编著，安逸居士校阅：《金山联玉》，温哥华启新书林出版，1925年，第151页。

[4] "The State of the Preparations", Victoria Daily British Colonist, Sep. 17, 1882; 1882年，华人在域多利唐人街所建牌楼照片复印件，B.C. Archives Erected for the visit of the Governor General, The Marquess of Lorne, 1882, B.C. Archives; David Chuenyan Lai, *Arches in British Columbia*, Victoria, Sono Nis Press, 1982, pp.63–65.

[5] "The Chinese Viceroy", The Daily Colonist, Sep. 15, 1896.

"幸元老之遥临到处增光崇物望，奉上皇而远出睦邻修好定邦交。"

悬于牌楼另一侧的是：
"登鳌海而快乘风异地尚留元宰泽，返凤墀而欣觐日上皇应奖老臣功。"

林赞卿这副对联，对李鸿章称赞有加。李鸿章经过牌楼看到时，大为高兴，回京后特奖林赞卿七品京官。[1]

1911年，域多利中山福善堂（Hook Sin Tong Charity Association）在喜路街666号（666 Herald Street）新堂所开幕时，当地龙冈公所赠送了书法对联和开幕贺词。

开幕贺词为：

福善堂开幕大纪念，福寿无疆同来燕贺。

  福善堂开幕纪念
  福善之时义大矣哉。福由自致存诸己者，有可凭善贵，择从取人诸者为最乐。故福缘善庆善得福报是必然之势，亦当然之道也。堂以福善名，此意此旨耳。诸君子抱福民之心，筹善后之策，经之营之，而斯堂遂岿然耸峙于维多利亚之市上焉。夫斯堂大观也，开幕巨典也。（同人）等谊属梓未躬逢盛事而知其所以福履绥之，福履成之者，总不外乎惟善以为宝。近是爰额手而祝之曰：层楼叠阁，冠冕煌煌，美轮美奂，浸大浸昌，锡兹福祉，安此善良，名副其实，万载馨香。
        时中华民国二年三月吉日 龙冈公所同人谨颂

对联为：
善人是富聿箸驹声，龙冈公所同人额手。[2]

---

[1] 来自1896年华人欢迎李鸿章所建牌楼图片；《吴尚鹰先生每日专栏——李鸿章杂碎》，《大汉公报》1963年9月14日；《文献与专载》，《加拿大域多利中华会馆75周年，华侨学校60周年纪念特刊》，加拿大域多利中华会馆印，1960年，第21页；"Canadian Gossip of Li's Visit"，The Tacoma daily ledger, Sep. 16, 1896.

[2] 域多利龙冈公所于1911年3月赠送域多利中山福善堂书法对联实物，来自罗伯特·埃莫斯（Robert Amos）、黄吴紫云（Kileasea Wong），《域多利华埠》，2009年，第61页。

1911年10月13日,维多利亚女王(Queen Victoria)的儿子亚瑟(Arthur)王子就任加拿大第10任总督,第二年9月,他在卑诗省旅游。华人为了欢迎总督,在维多利亚加富民(Government)街和耶茨(Yates)街交叉口处建造了一个由两根支柱支撑的瓦屋顶的中国牌楼。两个支柱中有一副对联:幸有甘棠堪借荫,思求善果切攀辕。[1]

以上仅举出几例,便可窥见当时的文学风气,文字中虽然有"崇上"的传统,却也有身居海外的豁达之气。

虽然大部分劳工是文盲,但他们对中国传统文化的认同感以及由此形成的习惯仍然根深蒂固。因此,在异国他乡的艰苦生活中,还是有许多涉及传统文化的生活习俗伴随他们,猜灯谜就是其中之一,而这个最基层的传统文化娱乐,贯穿于加拿大华人社区的生活,是华人中的文化人士进行中华传统文化普及的一个手段,也构成了加华文学民间活动的一部分。

一脚横行千里。　　（字一,踵）
搭正六点。　　　　（俗语一句,指天指地）
见银动心。　　　　（字一,恨）
天高还有高过天,十女同耕半亩田。（字二,夫妻）
精良玉质水冰肌,贪钱误配老头儿,事事要奴来照顾,除非郎睡得闲时。（物一,眼镜）
横三三直三三,二人同齐上,二王住一国。（字一,田）[2]

这些灯谜作品均源于华侨的日常生活。

三、早期华人壁诗

1908年,联邦政府于域多利市(维多利亚)达拉斯街(Dallas Road)和安大略街(Ontario Street)交会处,地址为安大略街15号(15 Ontario Street),建起一座检

---

[1]"Display Will be Worthy of Victoria", The Daily Colonist, Sep. 10, 1912;"Expresses Satisfaction", The Daily Colonist, Oct. 3, 1912; Chinese arch erected on Government Street between Trounce Alley and Yates Street; In honour of the visit of Governor General the Duke of Connaught, B.C. Archives; Chinese Arch at Government and Yates Street, Victoria, 1912; David Chuenyan Lai, Arches in British Columbia, Victoria, Sono Nis Press, 1982, p.97.

[2] 1890年至1910年间,加拿大洪门编写的灯谜书,第1—5页。资料来自卑诗大学特别收藏品部。

疫所（Immigration Building），[1]负责检查刚抵达加拿大的华人移民的身体，没有携

图 2.4 移民局关押华人房间内景
资料来源：黎全恩拍摄于 1977 年

---

[1] 维多利亚市政府官方网，https://archives.victoria.ca/15-ontario-street，检索时间：2021 年 9 月 21 日；维多利亚市政府官方网，https://archives.victoria.ca/15-ontario-street-2，检索时间：2021 年 9 月 21 日；"New Immigration Building Here", Victoria Daily Times, Feb. 5, 1907; "Immigration Building is Now in Use", Victoria Daily Times, Nov. 15, 1909; Canadian Immigration Facilities at Victoria, B.C., https://pier21.ca/research/immigration-history/canadian-immigration-facilities-at-victoria-bc，检索时间：2021 年 9 月 21 日。

带传染疾病方可入境。检疫所于 1909 年 11 月 13 日在域多利市开业,[1] 当时所有华人抵达加西后,都要被带到这座检疫所,检查身体合格后再接受移民官的审问,并交纳 500 加元"人头税"。通常,登岸华人众多,他们多会被关在所内等候办手续。若检查出有传染病或回答问题不诚实,或没有交足 500 加元的"人头税",则被继续关在检疫所里,等再来船只时被遣返回中国,或等亲朋好友支付了"人头税"才能入境,这一过程可能要花上几天、几周或数月时间。在此期间,因为怕华人逃跑,所以将华人关在所内装有铁窗和铁闸的房间内,宛如监狱,与外界完全隔离,以至于有华人在墙上刻写壁诗,来发泄愤怒、彷徨、恐惧和思乡的心情。

现摘录其中二首:

一心只望来金山

谁知金山穷艰难

因入监房眼泪流成行

妻子在家望信番

谁知三冬二秋转回唐

告示

同胞快看

即日修得数百金

抛别乡间往番邦

谁知把我入监房

且看此地无路往

不见天地及高堂

自思自想泪成行

此等苦楚向谁讲

只达数言在此房[2]

---

[1] "Immigration Building Is Now in Use", Victoria Daily Times, Nov. 15, 1909; The writing on the wall, the Royal British Columbia Museum with Open School B.C., Ministry of Education, the Legacy Initiatives Advisory Council and B.C. teachers, p.5.

[2] 资料来自黎全恩教授保留壁诗记录。

1977年,这座检疫所将要拆毁时,[1] 黎全恩教授来到了现场。他在这座检疫所斑驳的墙上,发现了一首诗,只有首句,其他三行有两三个字:"人话外洋那样好,风霜捱×××。至今××××,辛×××××。"后来黎全恩教授在2000年《新宁》杂志第三期中,发现黄仲楫发表"想郎歌",内有一首客家山歌,与检疫所墙上残缺诗句吻合:人话外洋那样好,风霜捱尽四十秋。至今白发回故里,辛酸泪水随襟流。"这首诗证明了一位客家人被关押在域多利检疫所,十分思念家乡亲人,就把中国的客家山歌刻在了墙上。"[2]

图2.5 三位西人在华人壁诗"告示"边

资料来源:黎全恩拍摄于1977年

---

[1] 维多利亚市政府官方网,https://archives.victoria.ca/15-ontario-street,检索时间:2021年9月21日;维多利亚市政府官方网站,https://archives.victoria.ca/15-ontario-street-2,检索时间:2021年9月21日。

[2] 黎全恩:《"猪仔屋"内之客家山歌》,《华埠通讯》,2008年4月第1期,第18页。

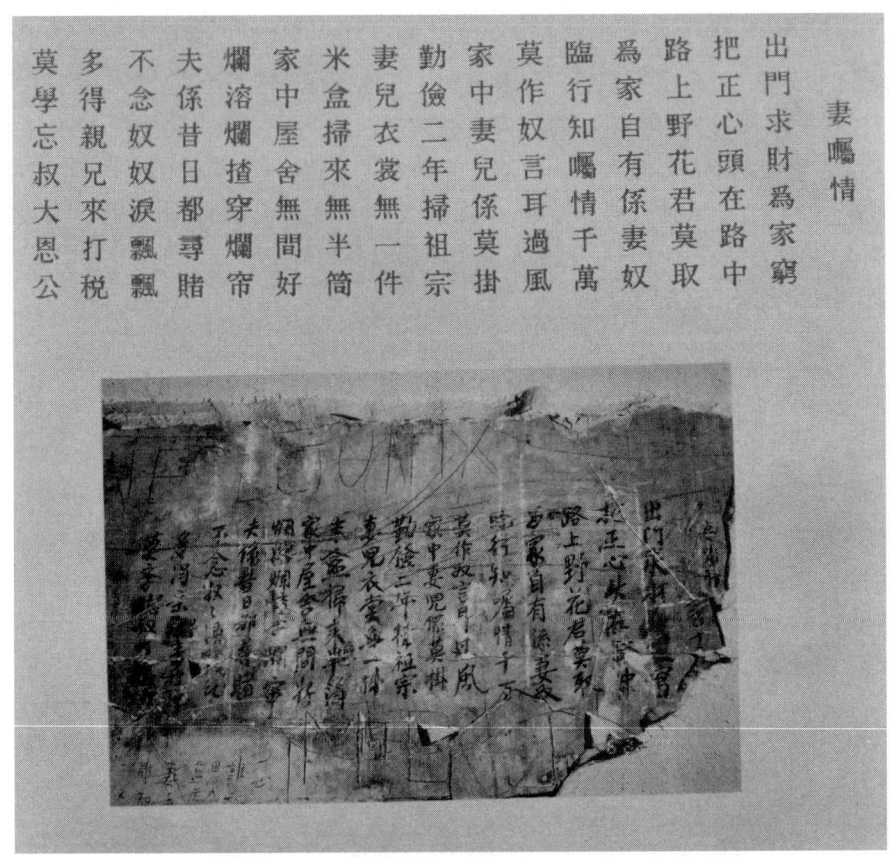

图 2.6 华人壁诗

资料来源：黎全恩拍摄于 1977 年

四、"北美华裔文学祖母"水仙花

早期的加华文学，依然是华文文学，但也有例外，那就是笔名为水仙花的伊迪丝·莫德·伊顿（Edith Maud Eaton）。1865 年 3 月 15 日，伊顿生于英国，1914 年 4 月 7 日卒于满地可。她的父亲是英国商人爱德华·伊顿（Edward Eaton），母亲是上海女子，婚后改名为格蕾丝·伊顿（Grace Eaton）。[1] 1873 年，伊顿随家人移民

---

[1] 资料来自皇家山公墓遗产部主任米丽娅姆·克卢捷（Myriam Cloutier）和皇家山公墓墓园图册；Annette White Parks, *Sui Sin Far/Edith Eaton: A literary Biography*, Urbana and Chicago: University of Illinois Press, 1995, pp.9-12.

到了加拿大东部。23岁以后，伊顿一边工作一边写作，逐渐走上了文学创作之路。[1] 1888年至1889年，伊顿有六篇短篇小说和两篇散文在加拿大《自治领插图》（*Dominion Illustrated*）上发表，均署名伊迪丝·伊顿。[2] 1896年，她以北美华人为

图 2.7　爱迪斯·莫德·伊顿（水仙花）墓
资料来源：贾葆蕻摄于 2015 年

---

[1] Annette White Parks, *Sui Sin Far/Edith Eaton: A Literary Biography*, Urbana and Chicago: University of Illinois Press, 1995, p.9.

[2] Edith Eaton, "A Trip in a Horse Car", Dominion Illustrated, Oct. 13, 1888, p.235.; "Misunderstood: The story of a Young Man", Dominion Illustrated, Nov. 17, 1888, p.314.; "A Fatal Tug of War," Dominion Illustrated, Dec. 8, 1888, pp.362–363.; "The Origin of a Broken Nose", Dominion Illustrated, May. 11, 1889, p.302.; "Robin", Dominion Illustrated, Jun. 22, 1889, p.394.; "Albemarle's Secret", Dominion Illustrated, Oct. 19, 1889, p.254.; "Spring Impressions: A Medley of Poetry and Prose", Dominion Illustrated, Jun. 7, 1890, pp.358–359.; "In Fairyland", Dominion Illustrated, Oct. 18, 1890, p.270.; Annette White Parks: *Sui Sin Far/Edith Eaton: A Literary Biography*, Urbana and Chicago: University of Illinois Press, 1995, p.27.

题材创作的短篇小说《赌徒》(*The Gamblers*)，发表在美国《飞叶》(*Fly Leaf*)杂志1896年2月号上。同年11月，《中国人的械斗》(*A Chinese Feud*)在美国《阳光之地》(*The Land of Sunshine*)上刊登。这些文章都署名"水仙花"(Sui Seen Far)。[1]

虽然"水仙花"是用英文写作，且将自己定位为加拿大英语作家，唯一的作品集又在美国出版，但是，她被誉为"北美华裔文学祖母"，首先她有华裔血统，其次她的作品以当时华工的生活为题材，[2] 再次是她用了粤语水仙花(Sui Sin Far)做笔名。

五、华人报刊开辟文学栏目

不少加华文学研究者认为，早期华语报刊中的文学作品，是加华文学的重要组成部分。在中国本土，副刊在20世纪初已露端倪，戴天仇主编的《民权报》刊发了很多笔记文学作品和长篇小说，鸳鸯蝴蝶派由此缘起。辛亥革命，尤其是"五四"新文学运动掀起后，带动了副刊的繁荣，到了《申报》和《大公报》大量发行时期，副刊已经起到文学先头部队的作用。但在海外，由于环境和读者群的局限，副刊范畴的文学作品，远非本土文学副刊中所呈现的景象，最多仅为具备阅读和书写能力的海外华人"慰藉文学乡愁"而已。刊登在这些副刊上的作品，或者是大陆作品的转载，或者是华人社区"文化人"的诗词、对联等应景唱和的小作品，并无新文学意义上的大作品，也难以归入严格学术概念上的加华文学范畴。

以文会友是中国文化传统中一种流行形式。1909年起就任"中华学堂"教员的林仲肩先生，业余时间爱写诗词，以下撷录他的遗墨诗之一：

游域多利大洋皮回至葛珠湖晚在礼武宗兄家便饭集东坡句

湖上青山翠作堆，风船解与月徘徊。
蓬头曳履君家去，快意雄风海上来。
卧雨幽花无限思，拒霜黄菊为谁开。
鲲鹏击水三千里，更看银山二十回。[3]

---

[1] Sui Seen Far, "The Gamblers", Fly Leaf, Feb. 1896: pp.14-18.; "A Chinese Feud", Land of Sunshine, Nov. 1896, pp.236-237.; Annette White Parks, *Sui Sin Far/Edith Eaton: A Literary Biography*, Urbana and Chicago: University of Illinois Press, 1995, p.56.

[2] 最主要的作品是1912年在美国出版的《春香夫人》(*Mrs. Spring Fragrance*, Chicago: A.C. McClurg & CO., 1912)。

[3]《先侨遗墨：著述》，《加拿大域多利中华会馆75周年，华侨学校60周年纪念特刊》，加拿大域多利中华会馆印，1960年，第35页；李淡愚：《挽林仲肩先生兼告邑人》，《大汉日报》1929年4月6日。

尽管早期华人报刊就刊登过文学作品，有很多人并不是为了成为作家而写作，只是借此表达思念家乡、思念亲人和孤独凄凉的感受。但随着中文报刊和其他社区杂志的面世，副刊陆续出现，给华人写作爱好者提供了发表作品的舞台。这些副刊介绍文化文学活动，发表小说、诗词、对联和粤讴等。1908年，《新报》就刊登了笔名为"冷"的作者创作的粤讴作品。[1]

闺谏衰君　龙舟歌

冷

忙敛衽，启言章，衰君在下听我端详，今晚夫妻亦都无别向，等我低声和泪呀把情商，只为处处皆谈我的冤孽账，亏我谏哥为善略问呀天良。人生原要多思想，睇话执埋一便不顾灾殃。你近日性情好似癫狗一样，究竟因何事干搅得你咁凄凉？重怕你神经不定真正啥成癫憨，个阵我孤儿寡妇越发慌张。今日你人性重有几分要听我讲，等我从头至尾略，谏你一场。……[2]

《大汉公报》是文学版面最丰富的华文报纸，1910年代开辟文学专版"大汉杂录"，1920年改为"汉声"，1917年还创办"文苑"版。[3] 这些文学版面设有"诗界""诗林""粤讴""吟坛""班本""小说""联语""寓言""歌谣"等栏目，发表古诗词和其他类型的文学作品。[4] 例如，1914年11月"诗界"栏目发表了一位名叫"达羞"的作者创作的歌谣作品：

南音龙舟歌

愁有万种，见实心烦。红毛地面挨苦辛，做乜使我夫妇分离迷望眼。四时怀念妹你守孤单，亏我孤枕自嗟情何限，我夜中魂梦好似与妹你谈陈。想起往日呢番情

---

[1]《短篇小说》,《新报》1908年1月17日；"歌谣",《新报》1908年3月17日。
[2]《闺谏衰君》,《新报》1908年3月17日。
[3]《文苑》,《大汉公报》1917年9月4日。
[4] "吟坛",《大汉日报》1914年8月5日；"粤讴",《大汉日报》1914年8月5日；"班本",《大汉日报》1914年8月6日；"小说",《大汉日报》1914年8月7日；"诗界",《大汉日报》1914年8月13日；"联语",《大汉日报》1914年9月1日；"寓言",《大汉日报》1914年10月20日；"歌谣",《大汉日报》1914年11月2日；"诗界",《大汉公报》1920年5月14日；"诗界",《大汉公报》1922年7月9日；"粤讴",《大汉公报》1929年2月21日。

尤更惨切，亏我日久相思难得见。唉，心着紧，咁就天各一方难见面。我想起番来啫，咁我就眼泪涟涟。我重记得妹你话好花自古香唔久。我因贫穷无奈飘落他乡，临行你重使我莫恋残花柳。但逢郎便早买归舟。我古话三年一转见妹你。总系言词去恨附水东洋。妹呀我想起昵的离情肠寸断，几得霎时一阵与妹参详。唉我叹罢呢番何恨苦，伤心留落做人奴。古话走在金山离别苦，点知光阴去了手艺全无。……[1]

六、业余文学赛事

华人延续在中国本土的传统，在维持艰苦生活的同时，仍然喜欢舞文弄墨，甚至开同仁诗社，以丰富海外漫长而单调的生活。20 世纪早期，华人社区还有文学团体广吟社、联吟社、联骚社和大汉诗社等，民国前后域多利有黄梅诗社等，[2] 都拥有一批经常投古典诗稿的文学爱好者。这些诗社还举办征诗、征联比赛，甚至还在美、加侨社同时进行。比如《大汉日报》1915 年 6 月 16 日登载启事，征求好诗，标明首期的题目是"中国现象"，第二期的题目是"华侨苦况"，由《大汉日报》前编辑冯自由评阅。这次征诗的冠军奖金是 15 加元。这则征稿启事由美国华芝馆发起，通过加拿大报纸，向加、美两国华侨征求好诗。[3]

对联本来就是中国从皇家到庶民都喜欢的文学形式。华人来加拿大后，沿袭了这一文化传统，经常举办征联活动，吸引了侨社的文人雅士。这种征联活动的消息，在《大汉日报》和之后的《大汉公报》上经常可以看到。比如 1914 年 8 月 1 日，温哥华广吟社在《大汉日报》上就以传统修辞对格辘轳格式征求对联：

月云　海天　梦情

云月　天海　情梦

单比：月赏正宜联雅咏

冠军谢银 20 加元，由李春华先生评阅。最后，温哥华、域多利和乃磨等埠均有华人获奖。其中对联冠军为温哥华的李以五，他的对联为："汉土重开新日月，欧洲剧拥恶风云。"单联冠军为温哥华的蒋寿石，他的单联为："汉兴否念锡麟亡。"[4]

---

[1]达羞：《南音龙舟歌》，《大汉日报》1914 年 11 月 2 日。
[2]李东海：《加拿大华侨史》，加拿大自由出版社，1967 年，第 213 页；《联骚社出世广告》《大汉日报》1915 年 2 月 8 日；《注意云高华埠广吟社特别第八会对题求》，《大汉日报》1914 年 12 月 11 日。
[3]《请看征诗》，《大汉日报》1915 年 6 月 16 日。
[4]《兹将李春华先生评定第四会前列之联先布》，《大汉日报》1914 年 9 月 4 日。

1914年12月,由赵宗壇先生评阅的第七辘轳格式会联:
马牛 古今 敌雄 雨风
牛马 今古 雄敌 风雨

冠军谢银20加元,冠军为域多利的张节山,他的对联为:"温公司马悲慈佛,老子骑牛道德仙。"[1]

由此可见,加拿大华侨华人对征联这种文学活动非常喜爱。

早期报纸不光刊登诗词,为了吸引读者,也刊登一些小说、粤讴和班本等。1914年9月,《大汉日报》刊登了名叫"三郎"的作者创作的粤讴:《赈灾》。[2] 1914年10月,《大汉日报》刊登了名叫"砺廷"的作者创作的班本:"灾民惨受苦,托儿带女呼,倡办善后路,七级胜浮屠……"。[3] 1917年刊登了义侠小说《绿林大侠》、1917—1918年刊登了讽刺小说《鸿儒谈笑录》等。[4] 1919年1月,《大汉公报》刊登了名叫"淑述"的作者创作的粤讴:《人老去》。[5] 读者在文字阅读中感受到原乡情结。

除了征文、征诗、征对联之外,比较有规模的一些吟诗作赋活动,常常发生在新的堂所或者生意落成、开张庆贺之际。举例而言,1922年,马紫金总堂堂所落成举行开幕典礼,加拿大不同地方的马姓族人均发出祝词。例如:扶风起点,汴水发源。宦游东粤,渡自南雄。仕冈州而留堂荫,住会邑而始麻园。地灵人杰,分居马洞之乡。祖武孙谋,大衍马流之族,直北祖开基忠厚,落籍当年……[6]

1926年,全加陈颍川总堂新址大厦落成,很多侨社发去贺词,也有对联。

其中对联有:"松茂竹苞克昌厥后,派绵椒衍长发其祥。"[7]

贺词有:

云城致公堂同仁鞠躬:

嘉贵宾之幕庆兮花萼满楼,

---

[1]《云高华广吟社第七会对题求》,《大汉日报》1914年11月6日;《赵宗壇先生评阅的第七会联前列十名内并殿军先布》,《大汉日报》1914年12月18日。
[2] 三郎:《赈灾》,《大汉日报》1914年9月5日。
[3]《班本》,《大汉日报》1914年10月5日。
[4]《义侠小说》,《大汉公报》1917年1月17日。
[5] 淑述:《人老去》,《大汉公报》1919年1月20日。
[6] 域多利金紫堂支堂同人敬祝,祝词四:《加拿大马紫金堂总堂成立记》,1922年,第46页。
[7] 1926年,全加陈颍川总堂新址大厦落成所得对联。

> 美家声之丕振兮绩著太丘，
> 结宗族之团体兮声应气求，
> 开自治于云城兮策励箕裘，
> 合侨情而竞业兮工商占优，
> 广殖民于加属兮天地同休。[1]

早期甚至有商号通过征联来打响名号，吸引文人雅士光临。比如1921年，温哥华唐人街的西湖酒楼，就在《大汉公报》上刊登征联广告，以"西湖"为联题，并由培正中学校长黄启明先生评阅，类似活动成为当时的雅人乐事。[2]可见，即使在早期华工时代，华人社区仍有浓浓的文学儒雅的氛围。

七、阅书报社

这一时期，华人成立了很多"书报社"和"阅报社"。这些报社是20世纪上半叶华人社区以文会友的一种聚会方式，因此，这一时期不断有新书报社诞生。1915年，温哥华华埠成立"国大同阅书报社"。[3] 1916年3月，域多利致公堂总堂成立"阅书报社"。[4] 1919年，"岂巴伦联英社"成立。[5] 1920年，为适应时代需要，加拿大龙岗亲义公所成立"阅书报社"。[6] 1923年，"乃磨博爱阅书报社"正式成立。[7]

1911年至1922年成立的书报社，兼有小型图书馆和演讲沙龙的双重作用。就前者而言，它备有图书和报纸，社址可作为社团处理日常事务的场所；就后者而言，它可以为人们就有关中国或加拿大问题发表演说提供场所。不仅如此，一些书报社还具有政治色彩，或者索性就是政党的"护身符"。

---

[1] 1926年，总堂落成之祝词。
[2] 《西湖酒楼征联广告》，《大汉公报》1921年3月16日。
[3] 《旅加大云高华埠国大同阅书报社开幕布告》，《大汉日报》1915年2月23日。
[4] 《域埠致公总堂阅书报社开幕纪盛》，《大汉公报》1916年3月21日。
[5] 《岂巴伦联英社开幕祝词》，《大汉公报》1919年1月20日。
[6] 关达仁，《加拿大龙岗亲义公所成立六十五周年回顾与前瞻》，《加拿大龙冈亲义公所成立六十五周年暨第一届全加恳亲代表大会开幕纪念特刊》，1967年，维多利亚，第46页。
[7] 《纪念预告》，《大汉公报》1924年6月17日。

第三章
戏剧和建筑

第一节 戏 剧

像唐人街这样的华人社区,在某种程度上就是加拿大这个国家中一个小的"特区"。"麻雀虽小,五脏俱全。"它不单有经济活动和衣食住行,也有文化生活,比如,在庆祝节日或举行特殊活动时,华人会举办舞龙舞狮、游街等活动。尽管在早期,这些文化娱乐活动少得可怜,根本无法与华人吸食鸦片、赌博等的影响力相比。可以这样说,限制入境时期的唐人街,有正面的文化生活,但很贫乏。

早期来加的华侨华人大多不识字,生活非常单调,为了得到精神慰藉,空闲时,他们喜欢听戏唱戏。因为他们大多是珠江三角洲各县人氏,所以文化娱乐多以唱粤剧、粤曲为多,当然后来也有白话剧。粤剧又称广东大戏,是融合唱念做打、乐师配乐、戏台服饰、抽象形体等的表演艺术,一直流行在两广和东南亚等地。随着华人来到加拿大,广东戏曲也传播到了海外。

域多利唐人街建成后,就有戏曲班从旧金山来到加拿大公演。19世纪70年代,域多利已有均天乐、尧天乐、丹凤山等戏班常驻公演。[1] 当时华商每逢结婚、生子、祝寿、祭祀,还有侨团庆会等,都会请戏班演出,热闹非凡。

当时的演出,从演员表演到服装行头,丝毫都不马虎。1882年11月,从"G.W.艾多(G.W.Eldor)号"邮轮上卸下不少于18个装满中国戏服的箱子,这些箱子最后被送到域多利盖莫伦街(Cormorant Street)的中国戏院,另外还有一些包裹也是戏院要用的。货主为这一批货物付了900美元的税款,据说进口到旧金山之前,其中一套戏服在中国购买时就花费了1600美元。[2] 可见,在1882年,粤剧就在加拿大西部华人中受到重视和欢迎。

---

[1] 李东海:《加拿大华侨史》,加拿大自由出版社,1967年,第106页。
[2] "Chinese Theatrical Costumes", Victoria Daily British Colonist, Nov. 4, 1882.

粤剧为加拿大华侨华人带来聆听乡音、慰藉乡愁的"文化及时雨",让华侨华人饱受谋生的艰辛、在异域孤单愁苦的身体和心灵,得到了某种程度的浇灌,让其获得了精神上的愉悦。粤剧和其他地方戏在海外的演出,也让这些优秀的民间文化,有了发扬光大的新渠道,甚至进入了西方人的视野。

当然,加拿大华侨华人不是清王朝的遗老遗少,也不是传统文化的被动受众,他们的欣赏习惯也在与祖国的文化变迁互动,海外华人乐于接受时代演进带给传统剧的革新。1915年7月,在温哥华喜士定街135号的片地珠市戏院(Pantages Theatre)上演了中国粤剧,也出现了男女同演的情况。[1]

华人戏班虽然挣钱不多,可也不乏爱同胞、爱国之人。1915年1月31日,温哥华国太平班子弟怜惜华人失业甚多,就发起义演活动,日夜两场,共得166.75加元,全部交给中国总领事馆,听候配发。[2] 1915年,日军围攻中国胶州,有艺人义演展现爱国热情。4月5日,醒群社到卩巴伦同庆戏院义演。演的是《武昌起义》,所得收入尽捐给卩巴伦救亡会。[3] 1917年3月17、18日,现象剧社应中华会馆之邀,在温哥华缅街的皇家戏院举行义演,筹款562.3加元,用来赞助华侨公立学校。[4]

这个时候的温哥华,已经开始在升平戏院上演粤剧及白话剧。醒群社演出戏目很多是白话剧,[5]另外,祝升平剧班经常在《大汉公报》上登广告,介绍其剧班在片打街122号生平戏院所要演出的节目和演出时间,演出的节目有《十粒金丹和盲哑结拜》等。[6]

由于传统戏剧在华侨华人中有市场也有需要,当时即有大舞台班、祝升平剧班,后来还有国丰年班、祝民安班和乐千秋班等活跃在唐人街。1917年,多伦多成立世界镜剧社。[7] 1921年,警魂白话戏剧社(Chinese Dramatic Society)在温尼伯诞生,该社社名有"白话"二字,不光反映其建社动机在于欣赏戏剧和音乐,也反映

---

[1]《片地珠市戏棚新戏广告》,《大汉日报》1915年7月24日。
[2]《林领事致云侨惠济困函》,《大汉日报》1915年2月6日。
[3]《醒群钟演剧捐助救亡会之可嘉》,《大汉日报》1915年4月16日。
[4]《云埠中华会馆办学 演白话新戏筹款定期开演》,《大汉公报》1917年3月14日;《中华会馆筹办学经费,演剧诸君之特色,阅戏诸君之热诚》,《大汉公报》1917年3月17日;《中华会馆宣布演剧入场券款之实数》,《大汉公报》1917年3月21日。
[5]《救亡会演剧筹款长红照录》,《大汉日报》1915年4月17日。
[6]《云高华埠升平戏院》,《大汉公报》1918年12月11日。
[7]《中国国民党多城分部设世界镜剧社纪念通告》,《醒华日报》1958年5月5日。

出当年组会青年的理念是与中国社会的进步息息相关。[1] 1922年，列必珠联警剧社正式成立。[2] 与此同时，还出现了一些并不出名的戏剧班子，虽然没有著名演员，但仍可生存。有些华人投身梨园，也许就是为了谋一条活路。

由此可见，在排华风潮一浪高过一浪的日子里，华人的生存空间很窄，但他们通过唱家乡戏、演家乡戏、看家乡戏，来排忧解难，可以说，粤剧等岭南文化色彩浓厚的文学形式，是早期不少加拿大华侨华人的精神食粮。

第二节 建 筑

在加拿大西部地区和东部城市，较大唐人街上的建筑多数是在19世纪80年代后期至20世纪20年代建成的。值得关注的是，这些充满中国传统建筑风味的楼宇，却都是由西方建筑师设计的，大都有西方特点的凸出窗台。这样的设计既体现了中国特色，又与加拿大社会的整体大环境相吻合，表达了华人融入主流社会的善意和愿望，也体现了加拿大多元文化的特色。

早期华侨华人主要居住在唐人街，空间狭窄，西人设计师的凸出窗台设计，增加了室内面积，具有很大的实用性。因此，这种凸出窗台的建筑结构在唐人街较为常见，最好的例子是温哥华唐人街的"三记"（Sam Kee Building，也称为"森记楼"）楼宇。该建筑坐落在温哥华片打西街8号，1913年建成，业主是温哥华唐人街的华商陈才（Chang Toy）。这个狭长的建筑，进深为1.8米，窗台凸出，是当时最窄的建筑物。之所以有此窄楼，是因为1912年温哥华市政府征用土地用于拓宽街道，征用了"三记"大楼前面的一部分土地。[3] 此建筑叫"三记楼"，是因为陈才的公司叫"三记号"（Sam Kee Company）。[4]

---

[1]《警魂社的源起》，《警魂剧社九十周年特刊》，2011年，第12页。

[2]《列必珠联警剧社纪念讯》，《大汉公报》1939年3月24日。

[3] Item：Bu N90 -[Sam Kee Building, Pender Street at Carrall]，维多利亚市政府官方网，https://searcharchives.vancouver.ca/sam-kee-building-pender-street-at-carrall，检索时间：2021年9月11日；Sam Kee Building, https://www.historicplaces.ca/en/rep-reg/place-lieu.aspx?id=2814，检索时间：2021年9月11日；Vancouver Chinatown Intangible Heritage Values Report, Heritage B.C., British Columbia, 2015, p.68.；Ashley Moliere：Built on a bet, https://newsinteractives.cbc.ca/longform/sam-kee-building-legacy-chow-family，检索时间：2021年9月11日。

[4] Dictionary of Canadian Biography, http://www.biographi.ca/en/bio/chang_toy_15E.html，检索时间：2021年9月11日；Paul Yee, Sam Kee: A Chinese Business in Early, BG STUDIES, nos. 69-70, Spring-Summer 1986, p.70.

图 3.1　温哥华三记公司的窄楼
资料来源：黎全恩拍摄

加拿大政府早期征收楼宇物业税时，税额是根据楼宇的层数来评估的。由此，俗称"骗税楼层"（Cheater Floor）的建筑就成为唐人街上的一道风景。它是在地下和二楼之间加上大约六尺高的阁楼，向街道的一边被木板遮蔽，所以收税人由街外面难以发现它的存在，只能见到地下和二楼。华人加多了一层矮阁仔，又可以瞒税，后来收税人发现了这些阁楼，称之为"骗税楼层"。

图 3.2　域多利一座有骗税楼的楼宇
资料来源：黎全恩拍摄

虽然唐人街上的建筑物具有西方风格，但中式风味的装饰细节也显示了中式建筑的影响力，并在加拿大社区造就出独特的街景。最具中式建筑特色的有飞檐、翘角、瓦顶、格子窗、月形门以及中国南方的缩进式阳台等。

唐人街街景显著的特征，是将以龙、凤、狮子为主题的装饰雕刻或者用多种色彩、可以保持长久的油漆漆到柱、墙、商店的招牌上，且大多数建筑都有两个或三个重檐。

牌楼在中国有着悠久的历史，是中国标志性的传统风格建筑之一，在中国古代是朝廷用来表彰节孝的。华人来到加拿大后，就把这种习惯带到了北美。

昔日，卑诗省的华人居民用木板、树枝、树叶等搭建临时的牌坊，迎接到省访问的总督、皇室或其他皇族贵人。待他们访问完后，这些临时的牌坊便被拆了（参见表3.1）。

表3.1　早期华人搭建的牌楼

时间	简介
1869年	安东尼·马斯格雷夫（Antony Musgrave）被任命为殖民地总督。华人得知总督要来卡里布，便建造了一座牌楼。它是用常绿植物建造的，上面悬挂着大量的烟花，有中文"欢迎"二字，中文下面是英文"欢迎来到卡里布"（Welcome to Cariboo）。9月18日，当总督通过拱门时，烟花绽放开来。
1876年8月16日	为了欢迎加拿大第三任总督达厄尔·弗林（Earl Dufferin）夫妇，域多利的华人在盖莫伦街建了三个中国牌楼，牌楼上用常绿植物装饰，并挂有中国灯笼。第一个牌楼在维多利亚加富民（Government）街和盖莫伦（Cormorant）街交会处，第二个牌楼跨越盖莫伦街，第三个牌楼在盖莫伦街尽头。 同年9月，也是为了欢迎第三任总督，华人在耶鲁（Yale）镇又建了一个牌楼。广利公司的代表用中文致欢迎词，弗林总督表示：无论走到哪里，都能感受到华人居民的热情。
1882年	华人社区为了欢迎洛恩（Marquis of Lorne）侯爵，即加拿大第四任总督和他的妻子露易丝（Princess Louise）公主，在士多街建了一个大的牌楼。9月20日，洛恩夫妇来到域多利。 同年，乃磨华人社区为了欢迎洛恩一行，华商在乃磨的洪航（Hong Hang）公司对面建了一个牌楼，正下方用汉字写有"大清国"字样。10月20日，洛恩夫妇来到乃磨。
1896年9月	李鸿章来到温哥华，加西华人为了欢迎他，在太平洋铁路码头的温哥华豪街（Howe Street）建了一个牌楼。
1901年9月30日	爱德华国王（King Edward）的儿子康沃尔公爵（Duke of Cornwall）和约克（York）来到温哥华，华人在卡罗（Carrall）街和喜士定（Hastings）街的拐角处模仿伦敦圣殿关（Temple Bar）建造了一个三层牌楼。拱的两面都写着"欢迎"（Welcome）一词和用中文写的问候。拱顶上飘扬着清朝旗帜、加拿大联邦旗帜，上面正中间是英国皇家联合旗（The Union Jack）。

续表

时间	简介
1906年9月14日	加拿大第九任总督厄尔·格雷（Earl Grey）来到域多利，华人们在耶茨（Yates）街和风景（View）街之间建了一个大的中国牌楼，牌楼横穿加富民街。拱门被一个大的英国王冠和英国国旗所覆盖，两侧是两面中国龙旗。拱门上有"欢迎"（welcome）一词，并被彩旗装饰，傍晚有电灯点亮。牌楼上布满了彩色的布，中国灯笼挂在牌楼内。
1912年9月	加拿大第十任总督亚瑟与康沃尔公爵夫人（Duchess of Cornwall）及他们的女儿帕特里夏（Patricia）来卑诗省旅游。温哥华华人为了欢迎总督一行，在横跨卡罗街附近的片打街建造了色彩鲜艳的中国牌楼。牌楼上挂着英格兰、加拿大和新成立的中华民国的旗帜。在中文"欢迎"和英文"welcome"之间是公爵的画像。牌楼内悬挂着五颜六色的灯笼，到了晚上，整个牌楼都被彩色的电灯泡照亮。
1912年9月	域多利华人在唐人街上的加富民街和耶茨街交叉口处搭建了一个由两根柱子支撑、瓦屋顶的中国牌楼，支柱的底部被小平台围起来。到了晚上，整个牌楼都被灯泡照亮。

资料来源："Preparation for the Governor's Reception", The Cariboo Sentinel, Sep. 18, 1869; "Cariboo New Enthusiastic Reception of the Governor", The Daily British Colonist, Sep. 30, 1869; "The Governor General's reception", Victoria Daily British Colonist, Aug. 18, 1876; "The Governor- General at Yale", Victoria Daily British Colonist, Sep. 10, 1876; "The Governor–General at Yale", Mainland Guardian, Sep. 13, 1876; "The State of the Preparations", Victoria Daily British Colonist, Sep. 17, 1882; Chinese arch on Store Street, Victoria; Erected for the visit of the Governor General, the Marques of Lorne, 1882, B.C. Archives; David Chuenyan Lai, *Arches in British Columbia*, Victoria, Sono Nis Press, 1982, pp.63-65.; "Lorne Reception", Nanaimo Free Press, Oct. 25, 1882; "Reception: Arrival of the Governor General," Nanaimo Free Press, Oct. 21, 1882; 1882年10月20日，华商在乃磨的洪航（Hong Hang）公司对面搭建牌楼照片, come from David Chuenyan Lai, *Arches in British Columbia*, 1982, p.73.; A Historic Timeline for Nanaimo; Nanaimo, Chinese Arch.; "Canadian Gossip of Li's Visit", The Tacoma daily ledger, Sep. 16, 1896; The Chinese Viceroy", The Daily Colonist, Sep. 15, 1896; 来自1896年华人欢迎李鸿章所建牌楼图片；"Revelstoke Is Right in Line", The Vancouver Daily Province, Sep. 5, 1901; "Revelstoke No Cheap City", The Province, Sep. 14, 1901; Chinese arch at Hastings and Carrall streets, erected for the visit of the Duke and Duchess of Cornwall and York, Sep. 30, 1901, City of Vancouver Archives; "A Patriotic Welcome", The Daily Colonist, Sep. 15, 1906; Photograph: Chinese arch erected on Government Street for the visit of Earl Grey, 1906, 维多利亚市政府官方网, https://archives.victoria.ca/chinese-arch-erected-on-government-street-for-the-visit-of-earl-grey, 检索时间：2021年9月12日；1912年华人在温哥华唐人街建造牌楼图片, come from David Chuenyan Lai, *Arches in British Columbia*, 1982, p.94.; "Expresses Satisfaction", The Daily Colonist, Oct.3, 1912; Chinese Arch 1912 Vancouver, City of Vancouver archives; "Display will be Worthy of Victoria", The Daily Colonist, Sep. 10, 1912; Chinese arch erected on Government Street between Trounce Alley and Yates Street; In honor of the visit of Governor General the Duke of Connaught, B.C. Archives; Chinese Arch, Royal visit Sep. 7, 1912, City of Victoria.

显然，华人将牌楼视为显示皇家身份的"华表"，以此表达对加拿大国家元首的尊崇。除此之外，温哥华和乃磨等地也有中国拱门。

总之，这些具有中国特色的建筑，在加拿大营造出东方的意境和气氛，既表达了加拿大华侨华人的文化身份，又与加拿大的西方大环境巧妙融和，不仅给这个年轻的国家带来悠远和古老的感觉，也给华人带来了文化心理安慰，受到了各方的欢迎。随着时间的推移和沉淀，不少幸存的建筑最终成为加拿大国家级文化遗产。

第四章
宗教、医疗卫生、华人墓葬及其他

第一节 宗 教

在早期加拿大华侨华人的生活中，宗教信仰和传统的迷信活动，占据着不可忽视的地位。这不但因为宗教信仰本来就是人类所具有的精神需要，同时，华侨华人在异国他乡的孤独生活，使他们对任何心灵安慰，都持有渴望的态度，甚至对他们本来并不熟悉的基督教等中国传统以外的宗教，也并不排斥。从某种意义上说，因为语言的不通和文化的差异，导致华人被隔离在主流社会之外的"孤岛"（唐人街）上，但是他们对于宗教信仰，反而敞开了心灵的大门。

一、中国传统宗教

在淘金潮和修铁路时期，华侨华人生活在自己的群体中。在淘金潮时期短时间内出现的唐人街社会中，进行着与中国原居地没有两样的宗教活动。

一如清朝晚期的农耕社会，加拿大的早期华人也崇拜诸多神灵，有的祈求观音保佑生育，有的祈求健康，有的祈求财神保佑财运亨通，有的祈求家庭幸福……不少华人也会去寺庙崇拜，并捐出一些钱财。当然，华人信奉佛教或某个神灵，一方面是延续在中国时的宗教生活习惯，另一方面则是在精神上应付所处新生活环境带来的挑战和困难。有意思的是，以往在中国信奉的神灵，在新的环境中被赋予了现实意义。比如关公崇拜就给予华人一种信念：要有勇气过五关斩六将，渡过移居加拿大时遭遇的困境；只有忠诚、有正义感，才能凝聚华人弟兄，抱团对付社会歧视。宗亲侨团成立的时候，组织者为了把族人、乡人团结在一起，就崇拜许多历史人物或被神化的祖师神，用这些历史偶像来提升社团成员的自豪感，使他们认祖归宗，并将人为的社团"神圣化"。

1875年，中国客家华人在域多利的加富民街（Government Street）1713号租了一间木屋，供奉谭公神像。1876年1月21日，开始接受香火。[1] 1877年，域多利两位客家移民蔡青（Tsay Ching）和董生（Dong Sang）以753加元购买了谭公庙的产权。这座一层小庙于20世纪10年代被毁，后又重建成一座四层建筑，最顶层是谭公庙。[2]

图4.1 域多利中华会馆神座
资料来源：黎全恩拍摄

1885年，域多利中华会馆旧址落成。列圣宫庙在域多利中华会馆三层祀奉关公、天后和财帛三神，庙宇两边是乐群义塾和东斋、西斋。每年农历八月二十七日孔圣人的诞辰日，学童的父母都会带着儿女向孔子灵位跪拜；其他四圣诞辰日，常有梨园演戏等活动。[3] 1908年前后，中华会馆新址落成，列圣宫庙被封闭，并慢

---

[1] "Chinese Temple of Worship: Victoria", Victoria Daily British Colonist, Jan. 23, 1876；谭公庙资料。
[2] British Columbia, Land Registry office, Absolute Fees Book, Vol. 5, Fol.324, NO. 182A-20581.The legal description of the lot is Subdivision Lot 7 of Lots 602 and 603, City Block M.; David Chuenyan Lai, *The Forbidden City Within Victoria*, Victoria: Orca Books Publishers, 1991, pp.60-61.；谭公庙资料。
[3] "本馆统计资料、杂文与诗句"，《加拿大域多利中华会馆成立75周年、华侨学校成立60周年纪念特刊》，1960年，加拿大域多利中华会馆印，第13页；"题辞与图片"，《加拿大域多利中华会馆成立75周年、华侨学校成立60周年纪念特刊》，1960年，加拿大域多利中华会馆印，第7页；黎全恩：《由卑贱贫民窟至旅游景点》，《华埠通讯》，域多利，2003年12月第7卷第5期，第25页。

慢被人们遗忘。[1]

值得一提的是，当时致公堂为关公立了神龛，也为洪门组织的一些人立了神龛，其他宗亲组织纷纷效仿。白人社会把这些庙宇和神龛叫作"Joss House"。不过当时的圣人庙很多设在华人学校里，主要是教育小学生尊敬中国的圣人孔子、华佗和关公等。

早期华人信奉佛教和儒教的占绝大多数（参见表4.1）。

表4.1　按宗教信仰划分的加拿大华人人口百分比

宗教	1901年	1911年	1921年
儒家徒（又称孔教徒）及佛教徒	70.4[a]	66.8[a]	69.6[a]
其他信徒[b]	29.6	33.2	30.4

资料来源：1922-1923 Canada Year Book：Record of Chinese Immigration，1886-1923, p.159.，p.163.

a. 包括比华人少很多的日本人（Included Japanese population which was much smaller than the Chinese）.
b. 包括所有其他非基督徒和没有信仰者（Includes all other non-Christian religions and no-religion）.

由上表可见，早期加拿大华侨华人绝大多数是信奉中国本土宗教的。在一些传统而特殊的日子里，大多数华人社团都会举行活动，届时，社团领袖会讲些敦促华人保持中华古老传统的话语。华人学校也会举行特别的礼拜仪式，报纸上也会刊登一些纪念文章。1916年9月19日，满地可中华会馆的黄良滋等人甚至给当时中国的黎元洪大总统写信，要求尊孔教。[2] 1918年，在孔子诞辰日，渥太华孔教会邀请侨界同仁在永安楼宣讲孔教，很多华人相继演说，颂扬孔圣。[3]

华侨华人到了异国他乡，生活充满了漂泊感和孤独感，像浮萍一样没有扎实感，从而对祖先祭祀崇拜更为重视，以求得稳定和坚实的心理支撑。因此，祭祖成了华人社团和家庭每年必须举行的活动，目的依然是坚固自己作为华人子孙的信心和自

---

[1] "Chinatown Is En Fete Today"，The Daily Colonist，Aug. 7，1909；"At Opening of Chinese School Orator of Day Tells of Progress Made"，The Daily Colonist，Aug. 8，1909；《本校校史》，《域多利华侨学校40周年纪念及新旧同学联谊大会庆典程序表》，域多利华侨学校40周年纪念及新旧同学联谊大会筹备处印刷，1947年，第5、6页；李东海：《加拿大华侨史》，加拿大自由出版社，1967年，第226页。

[2]《满地可中华会馆函》，《大汉公报》1916年10月2日。

[3]《坎京孔圣纪盛》，《大汉公报》1918年11月7日。

豪感。当然，海外华人社会格外相信，通过祭祀去世的祖先，会得到祖先的祝福，保佑自己和后代健康、快乐、家庭和睦等。

图 4.2　口述者黄景洋

资料来源：贾葆蕻拍摄

加拿大几乎所有的宗亲侨团，都会在一个特定的日子祭祀祖先，温哥华黄氏宗亲总会就是如此。原总会主席黄景洋这样解释："早年来加的黄氏族人，几乎都是单身，做客异乡，形单影孤，为了适应环境，就组织起来成立了宗亲侨团。温哥华第一个黄氏宗亲会，是黄云山总公所，成立于 1913 年冬季。其宗旨是联络宗人，崇尚侠义。随后，宗人又组织了黄江夏总堂，并于 1920 年开始招募会员，后来又筹措款项，在唐人街的片打东街 121 号购置了四层小楼。1922 年 10 月 10 日，正式成立黄江夏总堂，恭奉东汉尚书文疆公为太祖，所以我们的宗亲堂上供奉着文疆公的画像。每年我们有两次祭拜，一次在春季三月，一次在秋季十月，届时，敬备金猪三牲酒礼、鲜花、生果、糕点等祭品，所有黄氏族人都会来到堂里，有专人在太祖像前宣读祭祖文，上香后，族人一齐在文疆太祖像前行礼，表示崇高敬意。我们这样做，既是提倡孝道，也是为了纪念缅怀先人，并借此促进宗人团结。"

二、华人参加基督教活动

虽然基督教传教士在中国大陆的传教远远早于华工来加拿大淘金修铁路，但是，绝大部分早期来加华人，并没有接触过基督教，再加上他们除了劳作就是待在唐人街华人生活圈子内，也不会说英语，因此一般不会主动联系基督教会，也没有意识寻求基督教福音作为精神寄托。尽管如此，仍然有极少数的华人，通过传教士或者其他原因，参与加拿大美以美教会的活动。

1. 新西敏的华人参加基督教活动

1858 年，加拿大美以美教会派爱德华·怀特（Edward White）和另外三个神职人员前往刚刚成立的不列颠哥伦比亚殖民地，建立第一个美以美教会。1859 年 2 月，怀特一行刚刚抵达域多利就被派到了新西敏。[1]

有关怀特在教会中如何向华人传道的记录并不多，但从他已经公开的日记、信件和传教记录中看得出，他确实和华人有过接触，而且他的教会也在华人中做了些工作。怀特在 1859 年 12 月 11 日（星期日）的日记中写道："今天的主日学有两个华人。" 12 月 21 日的日记记录了他与其他几个人参加了华人举办的"非常有趣"的社交聚会，并与这些华人共进晚餐。另外，在《基督教卫报》（*The Christian Guardian*）中记载的怀特的信件里，提到了更多与华人有关的传教活动。在这些信件里他提到，他曾于一周中几次参观华人社区，还教华人学英文。

19 世纪 60 年代初，并不是怀特一个人从事向华人传教的事业。艾米莉·伍德曼（Emily Woodman）——怀特的嫂嫂，也和华人有过密切接触。1860 年，她开了一所夜校，教华人英语和一些基督教的知识。[2]

太平洋铁路完工前后，很多华人来到新西敏三文鱼罐头厂做工，由此带动信教人数一再增加。1890 年代初，新西敏的华人事工成立，驻温哥华的宣道士经常参加活动。[3] 新西敏教会的华人成员从 1890 年的 9 名增加到 1893 年的 48 名。[4]

2. 域多利的华人参加基督教活动

域多利建立了加拿大第一个唐人街，它是早期大多数华人居住的地方，自然也就吸引了有兴趣向中国人传教的教会和传教士。大约在 1868 年至 1869 年间，美以

---

[1] Jiwu Wang, *His Dominion and the Yellow Peril*, Waterloo Laurier University Press, 2006, p.34.

[2] Jiwu Wang, *His Dominion and the Yellow Peril*, Waterloo Laurier University Press, 2006, p.35.

[3] Rev. Chan Sing Kal, Methodist Recorder, Victoria, B.C., Jul. 1901, p.15.

[4] Annual report of the Missionary Society, Methodist Church of Canada, 1892–1893, xxxviii. Quoted from Jiwu Wang, *His Dominion and the Yellow Peril*, Waterloo Laurier University Press, 2006, p.52.

美教会一名叫阿摩司（Amos E.Russ）的牧师，在唐人街附近的一个空置酒吧间里开始传教，阿摩司的妻子及一些志愿者承担起大部分教学任务。[1]

其实，是否要在华人中传教，白人教会是有争议的。比如，1876年之后，域多利加富门街上出现了两个重要的基督教组织——美以美教会和长老会。随着华人人数的增加，美以美教会中的一些基督徒提出要在华人中传教。刚一开始，一些白人是很不愿意接纳华人为基督徒的。有人在公共会议上提醒说，华人有朝一日可能会成为基督徒，人群中马上有人喊道："不，不！"而在另一次会议上，一位发言人批评教会学校教华人英文，使华人与白人产生竞争。[2]

尽管惹得一些白人不满，美以美教会中的有些成员还是想在华人中传教，而且教会的某些成员和慈善家支持这些宣教活动。1885年，曾在唐人街开办华人教会学校的贾甸立，就开始扩大他的传教工作。1887年，他辞去政府部门的工作，做了美以美教会的牧师。后来，他觉得应该使更多的华人受益，就想在唐人街建一所教会。这时，美以美教会支持了他，他花了大约1万加元，在菲斯格街526号买了块地，在唐人街成立了美以美教会及中华救援之家（The Chinese Rescue Home），又名英华女馆（Oriental Home），成立的主要目的之一就是打击偷运及贩卖华裔女孩。1891年3月13日，美以美教会在域多利唐人街举行了开幕仪式。[3]这之后，每天都有人来中华救援之家为这里的女孩提供服务，美以美教会每周还有一次查经班和星期日学校。在1890年代和1900年代，一直是陈圣阶（Chan Sing Kai）牧师传道。[4] 1912年，陈圣阶回了香港，之后是陈耀坛（Chan Yu Tan）牧师任职。[5] 在

---

[1] Methoodist recorder, Victoria, B.C., Dec. 1900, p.5.

[2] "Meeting of the Anti-Chinese Association", Victoria Daily British Colonist, Jul. 8, 1882; "Politics and Schools", Victoria Daily British Colonist, Jun. 16, 1885.

[3] British Columbia, Land Registry Office, Absolute fees Book, Vol. 10.Fol.504. The property at Lot 454 was bought for $3,500; "The Chinese home", Victoria Daily Colonist, Jul. 13, 1888; "Chinese Mission Church", Victoria Daily Colonist, Mar. 15, 1891; *Methoodist recorder*, Victoria, B.C., Dec. 1900, p.5.; Rev. E. Robson, D.D., *How Methodism came to British Columbia*, The Methodist Young People's Forward Movement for Missions, 1904, pp.27-28.

[4] 陈圣阶：1888年来到温哥华，帮助发展第一所中华美以美教会。他还是被任命为基督教传教士的第一位加拿大华裔；Chan Sing Kai（1854—1952），https://chinatown.library.uvic.ca/index.html%3Fq=chan_sing_kai.html，检索时间：2021年9月20日；https://chinatown.library.uvic.ca/index.html%3Fq=chronology.html，检索时间：2021年9月20日。

[5] Methoodist recorder, Victoria, B.C., Dec. 1900, p.5.; "Are Ordained After 25 Years of Mission Work", Vancouver Daily World, May 26, 1923; David Chuenyan Lai, *Chinese Community Leadership*, Singapore World Scientific Publishing Co. Pte. Ltd., 2010, p.105.; Chung Collection archives has a picture of my grandmother, http://www.gunghaggis.com/category/rev-chan-legacy-project/，检索时间：2021年10月20日。

贾甸立的努力下，来教会的华人逐渐增多，1888 年有 25 名华人，到了 1889 年，就有了 50 多名华人。参加夜校宗教活动的华人超过 100 人。[1]

在唐人街美以美教会里，有一些华人受洗，成了基督徒。其中比较著名的是张肖白（Victoria Cheung），她是第二代华人基督徒，当她还是十几岁的孩子时，就成了虔诚的基督徒，并立志今后要在华人中从事传教工作。高中毕业后，她收到了长老妇女传教协会的奖学金，后来以优异的成绩毕业于多伦多大学医学院，并成为第一个女性华人实习医生。1923 年，她来到中国，在中国江门市仁济妇幼医院工作。[2]

华人长老福音会（Chinese Presbyterian Church）是唐人街上的另一个基督教组织。1892 年 4 月，亚历山大·布朗·温彻斯特（Alexander Brown Winchester）牧师在加富民街和盖莫伦街之间的一角租了一个单元房，成立了一个组织，[3] 并于 6 月 25 日举行第一次主日礼拜。温彻斯特牧师在一位能讲广东话和上海话、名叫科尔曼（CA Coleman）的人的帮助下，开办了间夜校，还开有主日学，之后又开了一所男孩学校。[4] 这些学校主要服务唐人街周边的华人。1899 年 1 月 22 日，这里变成了第一个长老教会，即域多利华人长老会。1908 年，长老教会搬到加富民街和潘多拉（Pandora）街之间的一座楼里。1922 年，新堂址落成。整个 20 世纪 10 年代都是梁梅舫牧师（Reverent Leung Moi Fong）在传教。[5]

20 世纪 10 年代，卑诗省华人长老福音会的人数有所增长。1915 年，域多利参加夜校的华人增至 90 人，最多时有 107 人。晚上参加服务的华人有 120 人，在一些特殊的场合，来的人会达到 350~400 人。这一时期域多利的华人基督教徒有 57

---

[1] Annual report of the Missionary Society, Methodist Church of Canada, 1888–1889, xxxviii., xxxix., Quoted from Jiwu Wang, *His Dominion and the Yellow Peril*, Waterloo Laurier University Press, 2006, p.50.

[2] Memorial bust of Victoria Chung in reception area of Jiangmen Central Hospital, http://contentdm.library.uvic.ca/cdm/singleitem/collection/collection20/id/47, 检索时间：2021 年 8 月 11 日；Deborah Shulman, From the pages of three ladies: Canadian women missionaries in Republican China, Thesis (Masters), Concordia University Library, 1996, pp.120–123.; Jiwu Wang, *His Dominion and the Yellow Peril*, Waterloo Laurier University Press, 2006, pp.49–50.

[3] *The Chinese Presbyterian Church, Victoria, B.C. 1892–1983*（Victoria: Chinese Presbyterian Church 90th Anniversary Celebration Committee, 1983）, p.15., p.18.

[4] 《域多利中华基督教会长老会 1892—1983》，1983 年，第 13 页；David Chuenyan Lai, *Chinatowns: Towns within Cities in Canada*, Vancouver: University of British Columbia, 1988, p.209.

[5] 《域多中华基督教会长老会 1892—1983》，1983 年，第 15 页；David Chuenyan Lai, *Chinese Community Leadership*, Singapore, World Scientific Publishing Co. Pte. Ltd., p.105.

名。[1] 同样的变化也发生在温哥华和卑诗省的其他城市。例如，温哥华教会的管理者罗伯特·邓肯森（Robert Duncanson）在他的年度报告中介绍，1915 年在温哥华唐人街举行的有些布道会，曾吸引超过上千华人。[2] 教会里的华人基督徒由 1909 年的 17 名增加至 1915 年的 72 名。[3]

自 1900 年以来，加拿大长老教会的妇女传教组织，一直在加拿大主要城市的华人中进行传教工作。第一个女性工作者是卡丽·冈恩（Carrie Gunn），她于 1900 年开始在域多利的华人妇女中工作。[4] 在华人传教士妻子的帮助下，冈恩学会了广东话，开始访问华人家庭，试图向华人妇女传道。然而，她最初的努力没有成功，华人妇女往往拒绝打开大门。她曾于 1902 年指出过，华人妇女经常把她拒之门外。[5] 可是到了 1922 年，她已经开有两个妇女班，平均出席人数有 17 名，还开有一个男孩和女孩的初级班，平均出席人数有 24 名。[6]

3. 温哥华的华人参加基督教活动

1888 年，陈圣阶牧师在温哥华卡路（Carrall）街一所建筑物内传道。1891 年，陈牧师前往域多利，温哥华事工由一位平信徒承担，1895 年由贾甸立担任，1896 年由陈耀坛接任。1906 年，华人美以美教会在贝蒂（Beatty）街建立了新教堂。然而到了 1926 年，教会出售了贝蒂街的教堂，并搬到片打街夹邓利维（Dunlevy）街。1929 年建了新教堂。[7]

1890 年，温哥华圣公会就设有华人洗礼班。[8] 华人宣教工作逐步成为善牧传道所（中华圣公会），后成为圣公会牧爱堂。1903 年 1 月 22 日，在霍默（Homer）

---

[1] Acts and proceedings of the Presbyterian Church in Canada, 1915, p.141., Quoted from Jiwu Wang, *His Dominion and the Yellow Peril*, Waterloo Laurier University Press, 2006, p.61.

[2] Acts and proceedings of the Presbyterian Church in Canada, 1917, p.118., Quoted from Jiwu Wang, *His Dominion and the Yellow Peril*, Waterloo Laurier University Press, 2006, p.61.

[3] Acts and proceedings of the Presbyterian Church in Canada, 1916, p.142., Quoted from Jiwu Wang, *His Dominion and the Yellow Peril*, Waterloo Laurier University Press, 2006, p.61.

[4] Acts and proceedings of the Presbyterian Church in Canada, 1901, p.165., Quoted from Jiwu Wang, *His Dominion and the Yellow Peril*, Waterloo Laurier University Press, 2006, p.63.

[5] Acts and proceedings of the Presbyterian Church in Canada, 1902, p.192., Quoted from Jiwu Wang, *His Dominion and the Yellow Peril*, Waterloo Laurier University Press, 2006, p.63.

[6] Acts and proceedings of the Presbyterian Church in Canada, 1922, p.126., Quoted from Jiwu Wang, *His Dominion and the Yellow Peril*, Waterloo Laurier University Press, 2006, p.63.

[7] 《加拿大云高华华人协和教会 93 周年纪念特刊》，1981 年，第 6、8 页；*Methodist recorder*, Victoria, B.C., Dec. 1900, p.5.

[8] 圣公会温哥华基督教会坐堂的牧师 H.p. Hobson 与洗礼班成员合照，1890 年；来自陈颂恩牧师：《早期加国华人基督徒历史》，加拿大中国信徒布道会出版，2013 年，第 53 页复印照片。

街的华人传道所开始使用。但因为没有能说流利中文的传道人,宣教工作受到影响。尽管有很多困难,但还是有一些华人来到教堂听道。[1] 1907 年,因来教会的人不多,华裔传道士林佐然(Rev.George Yuen Lim)被派来负责外展工作。在他的努力下,来教会的人数有所增加。20 世纪 10 年代,教会搬到片打东街 653 号,并附设有幼儿园。[2]

1895 年,温哥华华人长老会(Chinese Presbyterian Church)在温哥华唐人街成立。[3] 同年,科尔曼被长老会派到温哥华市传教。[4]

1911 年,加拿大云高华中国基督教会借中华会馆举行会议。1912 年,在温哥华唐人街片打东街 143 号正式成立教会,称为"加拿大云高华中国基督教会"(Chinese Christian Church),后易名为"加拿大云高华中华基督教会"(The Christ Church of China)。[5] 这个组织不光向华人传播基督教,还举行筹款活动。比如 1916 年,唐人街华人子弟较多,国文教育欠缺,中华基督教会不希望华人的第二代忘记故土,就义演白话剧筹款。2 月 26 日,中华基督教会的人员义演白话剧《猛回头》,用收到的门票款聘请教员,在侨界推行教育。[6]

4. 温尼伯市(Winnipeg)的华人参加基督教活动

在温尼伯,1877 年 11 月,任查利(Charley Yam)等人从美国乘马车来加拿大,开始了早期华人传教的工作。随后,浸信会、美以美教会、长老会的教会人士也来到唐人街,探访华埠洗衣店和餐馆。从此以后,很多华人,特别是男性,经常受邀参加主日学和星期六举办的查经班。[7]

---

[1] J.R. Seymour and C.C. Owen: Report on Chinese Mission Work,1907 年新西敏市教区会议记录。

[2] Paul T.K. Lin, Eileen Chen Lin, *In the Eye of the China Storm: A Life Between East and West*, McGill-Queen's University Press, 2011, p.4.; The General Synod of the Church of England in Canada – Journal of Proceedings of the Ninth Session, Toronto, Printed at the Bryanr Press, 1922, p.275.; 陈颂恩牧师:《早期加国华人基督徒历史》,加拿大中国信徒布道会出版,2013 年,第 58、59 页。

[3] History, Chinese Presbyterian Church web site, http://www.vancpc.ca/about4.html, 检索时间:2021 年 9 月 21 日。

[4] Mervyn Ewart Kennedy, The History of Presbyterianism in British Columbia, 1861–1935, The University of British Columbia, 1938, p.84.

[5] 《中华基督教会简史》,《中华基督教会 100 周年纪念刊物》,2012 年,第 11、12 页;《中华基督教会之报告》,《大汉公报》1916 年 3 月 8 日;《中华基督教会筹办常年经费》,《大汉公报》1916 年 7 月 29 日。

[6] 《今日白话剧》,《大汉公报》1916 年 2 月 26 日。

[7] Alison R. Marshall, "Winnipeg Chinese Organizations from 1910 to 1949", *Celebrating 100 years, Winnipeg's Chinatown Centennial: A Remarkable Achievement 1909–2009*, Winnipeg Chinese Cultural and Community Centre, 2011, p.28.

图 4.3 自立中华基督教会
资料来源：黎全恩

　　1886 年，一位当地长老会牧师的妹妹，在温尼伯的外国妇女教会协会（The Women's Foreign Missionary Society of Winnipeg）的赞助下，为华人洗衣工开办了主日学校。刚开始只有 5 个学生，但教会成员一直努力教华人学英文。到了 19 世纪 90 年代，参加的人数超过 30 人。尽管大多数华人是来学英文的，但其中也有 7 名华人加入了基督教。[1]

　　1913 年年初，温尼伯已经有华人基督教青年会（Young Men's Christian Association，YMCA）了，地点就在亚历山大街（Alexander Avenue）与喷泉（Fountain）街附近。青年会有客厅、食堂以及上层的睡房，以每月 6—7 加元租予单身华人，厨房公用。青年会还拥有一个足球队，常常跟国民党及中华会馆的球队比赛。1917 年，长老会和美以美教会成立了华人少年基督教协会，协会坐落在洛根大道（Logan Avenue）415—420 号。1917—1924 年，协会活动由马湘（Mar Sheung）牧师负责安排。[2]

---

[1] Jiwu Wang, *His Dominion and the Yellow Peril*, Waterloo Laurier University Press, 2006, p.40.
[2] Jiwu Wang, *His Dominion and the Yellow Peril*, Waterloo Laurier University Press, 2006, p.40.

5. 穆斯乔（Moose Jaw，舞市阻）的华人参加基督教活动

1912 年，在华人社区知名人士和其他教堂的支持下，穆斯乔市成立了教会。1950 年代，教会被命名为"舞市阻华人联合教会"（Moose Jaw Chinese United Church）。[1]

6. 卡加利的华人参加基督教活动

长老会华人宣传事工不断把宣教工作扩展到加拿大各大主要城市。1891 年，托马斯·佩顿（Thomas Paton）负责卡加利的华人事工，但当时许多白人反对将基督教传给华人。因此，直到 1903 年，跨宗派的宣教组织卡加利华人事工才正式成立。[2]

7. 多伦多的华人参加基督教活动

早在 1880 年代，也就是西部华人开始向东部迁徙的时候，新教教徒已经开始在多伦多的华人中传教了。1882 年，多伦多基督教青年会每周公告中提到，在多伦多居住的 16 名华人中，有 9 人参加了皇后街西（Queen Street West）的圣经班。1910 年，库克长老会（Cooke's Presbyterian Church）在一份报告中指出，周日晚间礼拜结束后，各班级有 100 多名华人学生学习英文字母和简单的单词以及赞美诗和经文等内容。[3]

1920 年，在多伦多和马尼托巴以东地区工作的传教士组成了东加拿大布道会，总部设在多伦多，由一些像诺伊斯（W.D.Noyes）和阿姆斯壮（A.E.Armstrong）一样热情传教的人组成。[4] 正因为如此，多伦多新一代的华人比其他地方的华人较有机会接触一些阅历丰富、有声望、有影响力的教会领导。

这期间，加拿大著名的传教士有多伦多的马镜湖（Ma T.K.Wou）和先后在卬巴伦与温尼伯传教的马湘，年轻的龚耀邦（Edward Gung）在安大略省的大学里学医，后来被派到卑诗省当行医传道士，[5] 还有在阿尔伯塔省和卑诗省活动很多年的冯德

---

[1] Description, The Chinese United Church web site, https://moosejaw.ca/heritage_properties/chinese-united-church/，检索时间：2021 年 9 月 21 日。

[2] *Acts and Proceedings of the Presbyterian Church in Canada*, 1903, p.113., Quoted from Jiwu Wang, *His Dominion and the Yellow Peril*, Waterloo Laurier University Press 2006, pp.61-62., p.706.

[3] Chinese History in Toronto, 多伦多市政府官方网，https://www.toronto.ca/city-government/accountability-operations-customer-service/access-city-information-or-records/city-of-toronto-archives/using-the-archives/research-by-topic/chinese-history-in-toronto/，检索时间：2021 年 9 月 21 日。

[4] Edgar Wickberg et al., *From China to Canada*, Toronto, McClelland and Stewart Ltd., 1982, p.97.

[5] Edgar Wickberg et al., *From China to Canada*, Toronto, McClelland and Stewart Ltd., 1982, pp.123-124.

文牧师。[1]

当然，还有一些从中国教会学校毕业的青年，他们来加拿大不是为了求学，而是为了在加拿大华人中进行传教工作。这些人懂英文，具备在加拿大华人中充当领袖所需要的文化技能。1914年来到多伦多的麦造舟（Mak Tso Chow–T.C.Mark）就是一个极好的例子。他与几年前从中国来的马镜湖牧师一起创办了多伦多华侨学校。[2]

8. 满地可的华人参加基督教活动

早期华人在满地可的虽然不多，但并没有缺席基督教的宣教工作。1897年，讲广东话的医生传教士陈南星牧师（Rev.Nam Sing Chan）从中国返回加拿大，他和约瑟夫·汤普森博士（Dr.Joseph Thompson）在满地可比佛山（Beaver Hall）的一栋大楼里用中文进行主日崇拜。在随后的20年里，教会有过几次迁移。1923年，排华法案通过，来崇拜的人数逐渐减少，因此1937—1940年间，教会活动暂时停止。[3]

天主教在满地可是最大的基督教宗派，他们在满地可也展开了福音工作。1902年，英裔神父马丁·嘉拉肯（Martin Gallagham）到华人居住的地方教授英语，两年间为50多个华人洗礼。这些华人都是男性，年龄在18—49岁之间，受洗后登记在圣柏翠克堂区的洗礼册上。1904年，有35名华人签署了一份法文申请书，请求满地可总主教布盖席（Bruchesi）派一位讲中国话的神父来传道。8年后，也就是1912年，布盖席总主教从纽约请来能讲广东话的法籍人士孟达纳（H.Montanar）来传道。孟达纳还带来一位姓胡的教师。9月15日，孟达纳在天使圣母堂举行了弥撒。1915年10月，贾耶修士（Romeo Caille）毛遂自荐来到华人中间。12月24日，贾耶修士在主教堂给4位华人洗礼，总主教参礼，华人受洗者有李延、谭迪棋、黄堂和吴盛。1917年7月1日，贾耶修士被任命为华人教务负责人。1917年12月23日，总主教布盖席在商业学院为9名华人洗礼。1918年4月26日，市政府第一次发出的洗礼、婚姻注册簿只用无名"华人社团"来注册。直到1926年1月29日，贾耶神父首次在市政府注册教堂为"华人准堂区"。1927年2月7日，政府发出的注册

---

[1] B.C. Conference minutes, 1946, p.956.

[2]《都朗杜华侨学校开幕之情形》，《大汉日报》1914年12月11日；《都城华侨学校开幕教习麦造舟君演说词》，《大汉日报》1914年12月12、14日；Edgar Wickberg et al., *From Chinese to Canada*, Toronto, McClelland and Stewart Ltd., 1982, p.95.

[3] Our History, Montreal Chinese Presbyterian Church web site, https://www.mtlcpc.org/our-history/，检索时间：2021年9月21日。

簿上加了"圣神"两个字。而在之前的1922年1月31日，教区收购了中华医院隔壁的楼房，专为华人堂区使用。[1]

另外，温哥华还有善撒玛利人传道所（The Good Samaritan Mission Vancouver），其位于片打东街311号，林佐然牧师主要负责讲道；域多利市善望传道所（Good Hope Mission in Victoria），位于Johnson街523号；维农善天使传道所（Good Angel Mission）位于维侬市（Vernon）。[2]

值得一提的是，中国近代教育家张伯苓（Chang Po-Ling）在其创立私立南开大学的前一年曾经来过加拿大，与魁北克的教会等进行过交流活动（参见表4.2）。

表4.2 张伯苓来加记录

时间	地点	内容
1918年4月5日	魁北克省蒙特利尔市	加拿大俱乐部在该市的温莎旅馆举办活动，张伯苓发表英文演讲，题目为：《中国，过去、现在和未来》（China, the past, present and future）。演讲从4000年前的中国历史，讲到距当时2500年左右的孔子时代，最后回到现代，指出孙中山先生可能仍将继续领导现代革命，随着现代化的发展，中国人正在学习如何在国际大家庭中占有席位。
1918年4月7日	魁北克省蒙特利尔市	在该市唐人街的北美长老会（The American Presbyterian Church），张伯苓用普通话做了演讲，现场有翻译。他认为中国的宗教改革方式要开放，不必拘泥于某种特定形式。

资料来源："Spoke of Notable Changes in China", The Gazette Montreal, Apr.6, 1918; "Young Chinamen met Chang Po-Ling", The Gazette Montreal, Apr.8, 1918.

综上所述，尽管在限制时期，加拿大尤其是西部省份的反华风潮愈演愈烈，但是，白人教会本着基督教劝人信主向善的原则，排除了教派内的杂音，仍然在唐人街和华人人群中，开展传教活动，他们的传教方式并非是强迫拉人入教，而是从社区服务着手，办晚上英语班以及其他小组活动，同时举行星期日的主日学。这种宣教模式与19世纪西方教会在中国内地的宣教模式类同。不仅如此，这些教会所属的宗派为了更好地传教，亦让中国内地的华人传道士和牧师到加拿大来工作。

而在加拿大华人社区，华人对基督教的传播并没有反感和抵触。同时，免费学英文等服务，对华人还是有吸引力的，因为尽早掌握好英文，有利于华人在加拿大

[1]《杜宝田神父》，《加拿大蒙特娄华人堂区小史》，加拿大蒙特娄华人天主堂，2007年，第4—10页。
[2] Missions to Orientals in Canada, No.14, Missionary Society Church of England in Canada, 1927.

找工作谋生存，也有助于他们在华人社区出人头地，以至于有些华人去教会，不是因为信仰基督教，而是为了学习英文。

当然，不少人也因此信教，他们不但解决了自己的信仰问题，还让自己的子女进入教会，与主流社会快速融合，并成为济贫救难、服务华人社区的一股新生力量。

到了20世纪20年代初，受中国"五四运动"的影响，反基督教的浪潮席卷整个中国，加上"排华法案"，导致了很多华人回避基督教，再加上不少华人返回了中国，华人走进基督教会的人数逐渐减少。

第二节　医疗卫生

生老病死是所有人都要面临的问题，但对早期加拿大华人来说，这些本应顺其自然的人生境遇，却遭遇了新的挑战。在中国乡下，生病时最多就是找一下乡里的郎中看一下，配一些中药就可以了。而在西医为主的加拿大，仅仅依靠中医自然不够，而看西医贵不说，语言不通更是一个大难题，于是，看病就成了早期加拿大华人生活中的严峻挑战。同样，病死异国他乡，入土为安更是棘手问题。因为加拿大的华侨华人以及他们在中国的亲人，都不希望他们客死他乡，变成孤魂野鬼，而是要将他们的尸骨迁回故乡安葬。各地中华会馆率先担当起处理这些问题的先锋。

1. 域多利的华人医院

域多利是华侨华人最早来的地方，也最先遭遇看病难的问题。

华人一旦生病，大都习惯使用中草药，这些药品也容易搞到手。有些华人来加拿大时，随身携带了一些中草药，而一些雇佣华人的公司也进口中草药，而且，唐人街上一些杂货店里也出售中药材，供华人购买使用。

华侨华人之所以不看西医，除了英语不好难以沟通外，西医贵、看不起也是一个因素。此外，在西人的医院里，只准服用有认证资格医生开的处方药，禁止使用任何东方的药，导致华人很是困惑。对于生病需要住院的华人来说，还有一个习惯性差异，华人喜欢带一些传统食物去医院，认为这些食物有助于病人恢复健康，但西人医院是禁止带这些食物进病房的。在这种情况下，一些华人医院应运而生。

中华会馆成立后，为了帮助年老及生病的华人，就在唐人街上租了一间小木屋作为简单的医院，称为"太平房"。

域多利中华会馆于1885年开办的"太平房"，严格意义上说，并非是医院，而是临时收容所或者"临终设施"，因为它专门收留一些没有亲戚朋友、无家可归的贫病独身华人，目的是使这些人恢复健康或在平静中死去。[1] 1888年，"太平房"还特别制定了新的章程，并设立惩罚规定。例如，服侍人员要时刻待在"太平房"，如果病人需要在床上大小便，服侍人员务要照顾周全，不使病人满身污秽。如果服侍人员向病人索取银两方能服侍左右，如此即被革除等。[2]

"太平房"里有一位昼夜值班的看护者，他要做所有的事务，如清洁和整理"医院"，为病人准备食物和中草药。如果需要的话，还要给床上的病人喂饭以及把死去病人的尸体送往太平间。1893年2月，一位记者参观完"太平房"后，在报上这样描述亲眼看到的场景：不知名的华人尸体被摆放在肮脏的寓所地板上，死尸的嘴张得很大，舌头吐出来，眼睛瞪着。房屋的一角躺着另一具死尸，上面盖着令人恶心的破布。死者是生前前些天刚转到这家医院的。另外两具尸体放在台上，同样盖着肮脏的破布。一个可怜的瘫痪病人蜷缩在一片草席上，在身心的折磨下痛苦地呻吟着。他的身躯由于缺少遮盖而不停地颤抖着。房间里极其寒冷。[3] 毫无疑问，这让已知自己身处停尸房、本来就极度悲惨的人更加痛苦不堪。

尽管记者把"太平房"描绘得很恐怖，但对那些孤苦伶仃的贫困华人来说，它仍然是"医院"。因为没有"太平房"，那些贫病的、无家可归的华人，很可能病死、饿死在街道上，那就真的成为"孤魂野鬼"了。

"太平房"所需的一切费用，都是中华会馆自筹自给的，没有任何当地政府的资助。会馆规定，凡是华人返回中国的，每人必须交出口费2元，以作"太平房"的经费。不过贫困和年老的华人可以免交。[4] 因此，"太平房"可以视为加拿大华人社群第一个集体筹资办成的"慈善设施"。

当然，"太平房"不可能满足华人日益增加的求医需要，中华会馆经过15年的筹款，1899年6月，终于筹到一笔钱，以2500加元在喜报街555号买了一块地，建了一座两层的砖房，取名为中华医院，该年冬天正式开业。[5]

---

[1] CCBA Archives, University of Victoria Library, "The Proposal for the Establishment of Taipingfang", 1884, (In Chinese Text).
[2] 1888年中华医院施医及改定章程详情。资料来自维多利亚中华会馆。
[3] "The Chinese Dead House", Victoria Daily Colonist, Feb. 19, 1893.
[4] 域多利中华会馆章程，1884年（光绪十年岁次甲申六月吉日）；域多利各埠众议驳除抽税苛例设立中华会馆劝捐公启，1884年4月9日。资料来自维多利亚大学图书馆。
[5] British Columbia, Land Registry Office, Conveyance from W.H.liver to Wong Soon Lim and Lee Mong Kow, Jun. 27, 1899; Conveyance from Wong Soon Lim and Lee Mong Kow to CCBA, Sep. 27, 1899, Documents Deposited Roll, 109B-987; David Chuenyan Lai, From Self-segregation to Integration: The Vicissitudes of Victoria Chinese Hospital, *B.C. Studies Toronto*, No.80 Winter 1988–1989, p.54.

医院开张后，因为域多利中华会馆和中华医院并没有固定收入来维持日常开销，不得不依赖自愿捐款和强制性供款。1891年至1910年间，共有35882名华人离加回国，每人必须向中华医院交纳2加元出口费，[1] 这些强制性供款平均每年会给中华医院带来3600加元的收入，这笔收入成为支撑中华医院营运的主要财源。[2]

随着其他城市的华人社区也建立起自己的医院，中华医院的收入大为减少，因为它不再是唯一能够发出"离境许可证"的医院。另外，域多利中华会馆为中华医院征收强制性捐款的惯例，也遭到其他华人社团和组织的强烈反对，加上华人离开加拿大已经不再依靠域多利这个唯一口岸，中华会馆实际收到的出口费也就自然减少。域多利中华医院运作22年后，已经破旧不堪需要翻修了。1922年4月，域多利中华会馆举行了第一次大型筹款活动。有4组志愿者负责收集唐人街上所有商店的捐款，第5组负责寻找唐人街以外的华人洗衣店和杂货店进行募捐，第6组由妇女组成，前往华人主妇处筹款。8天共筹得5000多加元。[3] 之后，中华会馆又成立了一支有13名队员的小组，到温哥华岛的囯巴伦、乃磨和其他华人社区筹款，筹得2500加元。[4] 资金到位后，于8月开始翻修，两个月后完工，11月11日举行了盛大的庆祝活动。[5]

尽管人们做出了很多努力，财政问题依然困扰着域多利中华会馆，加上20世纪20年代以后，大部分华人改从温哥华回国，而不是从域多利离开，域多利中华会馆所能收到的出口费已经大为减少，在频繁呼吁回国人员把钱捐给医院无效的情况下，中华会馆转而请求华人赌场的支持，尽管以前中华会馆一直避免与赌场接触。[6]

2. 温哥华的华人医院

与域多利相比，温哥华的华人社区总是追随前者发展的脚步，但最后一定超过域多利。在华人医院项目上亦是如此，体现其后来居上的特征。

1897年3月27日，温哥华15间商家联名给域多利中华医院写信，请求协助

---

[1] Compiled from *Annual Reports of Superintendent of immigration, Department of the Interior*, 1891-1910.

[2] Compiled from *Annual Reports of Superintendent of immigration, Department of the Interior, 1891-1910*; David Chuenyan Lai, "From Self-segregation to Integration: The Vicissitudes of Victoria Chinese Hospital", *B.C. Studies Toronto*, No.80 Winter 1988-1989, p.54.

[3] *CCBA Annual Report*, Minutes of meeting on Apr. 17, 1922.

[4] *CCBA Annual Report*, Minutes of meeting on Apr. 25, 1922.

[5] *CCBA Annual Report*, Minutes of meeting on Apr. 5 and Apr. 11, 1922.

[6] CCBA, Nov. 13, 1927, Land Registry Office, Series Roll 3748B Indefeasible Fees, 82499-82999.

兴建温哥华"太平房"。[1]

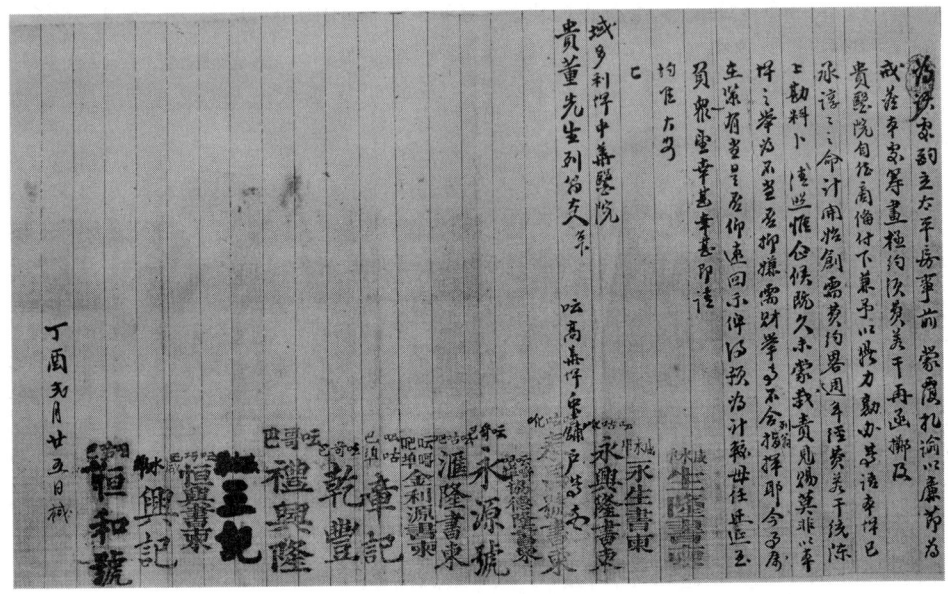

图 4.4　1897 年，由温哥华 15 间商家联名请域多利中华医院指导兴建
温哥华"太平房"信件
资料来源：黎全恩收藏资料复印件

由于当时还没有"温哥华"的译名，这些商家分别用"云哥巴""云巧巴""咸水埠"及"云高华"等来署名，他们之所以没有用中华会馆的名义发信，可能是因为当时温哥华中华会馆尚有名无实，侨社工作多由数间商号来办理。

1908 年，温哥华中华会馆着手创建中华医院。1910 年大楼落成后，首先以底层和二楼为医院院址，收容老弱无依的病侨。1919 年，因为该医院通气不足、阴暗，被卫生厅要求改建。[2] 其后，中华会馆号召侨胞侨团踊跃捐款，与天主教圣约瑟医院一起建立了圣约瑟医院（Saint Joseph's House），并将中华医院及其病侨归并给圣约瑟医院，但华人延续惯例，仍旧把圣约瑟医院叫作"唐人医院"。[3]

---

［1］1897 年，由温哥华 15 间商家联名请域多利中华医院指导兴建温哥华"太平房"信件。
［2］《中华会馆医院告白》，《大汉公报》1919 年 12 月 3 日；《本会馆简史》，《加拿大云高华中华会馆举行重修典礼开幕典礼特刊》，1952 年，第 1 页。
［3］《创办中华医院和华侨学校》，*The 100th Anniversary 1906–2006 of Chinese Benevolent Association of Vancouver*, 2006, p.61.;《本会馆简史》，《加拿大云高华中华会馆举行重修落成开幕典礼特刊》，1952 年，第 1 页。

1945年，圣约瑟医院扩建。1946年，圣约瑟医院新院举行开幕典礼，侨社纷纷祝贺。其中维多利亚中华会馆赠送了贺具，10月14日，圣约瑟华人医院院长以中文署名"玛加利大"给维多利亚中华会馆写了谢函。[1] 圣约瑟医院无论在规模上还是管理水平上，都远远超过域多利中华医院。

3. 满地可的华人医院

虽然早期就有华人零零星星散落在满地可，但比较大规模的华人定居，是在20世纪初，因此，当地华人对医院的需求也晚得多。值得注意的是，满地可华人医院的建院模式与西部没有什么不同，但建院的契机则比较特殊。1918年10月，一场西班牙流感突然袭击加拿大，流行病毒波及唐人街，造成很大伤害。马利亚（Mary of the Holy Spirit）为满足华人社区的医疗服务需要，开办了满地可中华医院。尽管医院只是临时设施，但是可以满足流感流行期间华人社区的医疗需求。[2] 疫情之后，华侨华人深感华人社区医疗设备不足，这就促使一些社区华人领袖在卡拉尔街（Clark Dr.）租了两套房子作为临时医院，随后他们在华人中集资，圣母无原罪修女会也给了了很多协助，于1920年购买了拉瓜切蒂尔街（Laguachetiere Street）112号房产，建立了满地可中华医院。[3]

除了上述大城市的中华医院以外，还有新西敏中华医院、纳尔森中华医院等。

4. 华人中医

当然，尽管华侨华人入乡随俗，在大环境的驱使下，也开始使用西医院；但是，无论是因为西医院的规模有限，还是华侨华人固执的传统习惯，从华人社区的实际情况来看，到西医院就医的华人仍占少数，中医在医治疾病，尤其是在医治常见病和慢性病上，依然占据主导地位。因此，在限制时期，不管是否挂牌，唐人街上都有许多华人中医在行医，例如域多利的李灼如中医师，他开有中药店，并开诊给华侨华人治病。有些中医生会在《大汉公报》上刊登广告。当然，一如在中国本土，中医也是良莠不齐，有悬壶济世的好中医，也有混饭吃的江湖郎中，他们的好坏，

---

[1]《本会馆简史》，《加拿大云高华中华会馆举行重修落成开幕典礼特刊》，1952年，第1页；圣约瑟华人医院院长玛加利大于1946年10月14日给域多利中华会馆的信件，资料来自域多利中华会馆。

[2] History, http://www.montrealchinesehospital.ca/history.html，检索时间：2021年11月1日。

[3] *Montreal City Directory 1921-1923*；《杜宝田神父》，《蒙特楼天主教华人堂区小史》，加拿大蒙特娄华人天主堂，2007年，第9页；David Chuenyan Lai, *Chinatowns: Towns within Cities in Canada*, Vancouver: University of British Columbia, 1988, p.101.

加拿大医疗体制管不着，也不想管，一切任其自然。病人间口碑流传决定了中医生意的好坏，有些华人看过这些中医后，会在《大汉公报》登致谢广告。[1]

第三节 墓 葬

在早期加拿大华侨华人的生活中，困难的不光是找工作求生存、生病求医，更棘手的问题是因各种原因客死他乡，如何将遗骨送回故乡入土为安。当时很多贫穷单身的华人撒手西去后，没有亲人来安葬，需要靠外人"办后事"，对此，华人社团起到了关键性的援助作用。这个过程并不简单，主要有两个环节，一是中华会馆及一些侨团出面购置了一些坟场，先暂时安葬死去的华人；二是7年之后，将安葬的遗骸挖出来，并妥善运送回国，好让故乡的亲人将其正式安葬，以了死者生前回故乡的夙愿。

由于淘金潮和修铁路的艰苦卓绝、从南方来到北方的气候变化，以及抽大烟等不良嗜好，华侨华人的死亡率不低，就地埋葬的事情比比皆是。因此，早期华人坟场除域多利外，在当近（Duncan）、乃磨（Nanaimo）、冚巴伦（Cumberland）、片市佐治（Prince George）、锦碌（Kamloops）、稳宁（Vernon）、新西敏（New Westminster）、野马溪（Wild Horse Creek）、干尼路（Quesnel）、卡加利（Calgary）、爱民顿（Edmonton）、穆斯乔（Moose Jaw，舞市阻）、里贾纳（Regina）、土役汗（Swift）、萨斯卡通（Saskatoon）、渥太华（Ottawa）、多伦多（Toronto）、温尼伯（Winnipeg）、满地可（Montreal）等埠，均有华人坟墓。这里特别要指出，在加拉補等地的淘金区，也有零星的华人坟墓，基本无人过问。[2] 值得注意的是，华侨华人生前受到种族歧视，去世后也无法"人死为大"，在某些城市和地区，华人找安葬的地方也受到排斥。

1. 域多利华人墓场

域多利的第一个公墓建在奎德拉街（Quadra Street）上，1855年至1873年投入使用。墓地的东北角是专门留给华人的，这样一来，奎德拉公墓的一小部分也就变成了域多利的第一个华人墓地。[3] 当奎德拉公墓变得很拥挤时，面对罗斯湾的

---

[1] 例如1914年12月，刘贞顿在《大汉日报》刊登致谢广告，感谢黄基先生的膏药，治好他的风湿骨痛病；《恭颂良医》，《大汉日报》1914年12月26日。

[2] 李东海：《加拿大华侨移民史》，加拿大自由出版社，1967年，第223、224页。

[3] Pioneer Square Management Plan, City of Victoria, 2013, p.3.

罗斯湾公墓，在1872年10月被规划出来，并于1873年投入使用。[1] 罗斯湾公墓建在一个高坡上，东面地势高，向西斜下到西南角时，几乎与海面平齐。由于种族歧视的原因，华人的墓地被设置在地势低洼的西南角的L和N地段。根据罗斯湾公墓埋葬记录，1873年3月18日，该墓地埋葬了第一个华人，被称为"中国佬一号"，以后又有"中国佬二号""中国佬三号"……直到1880年10月4日，才开始使用华人的名字登记入葬的华人。1873年至1909年，共有1178名华人葬在罗斯湾公墓，这些人死时都很年轻，[2] 他们大都是历经苦难的单身年轻华工。

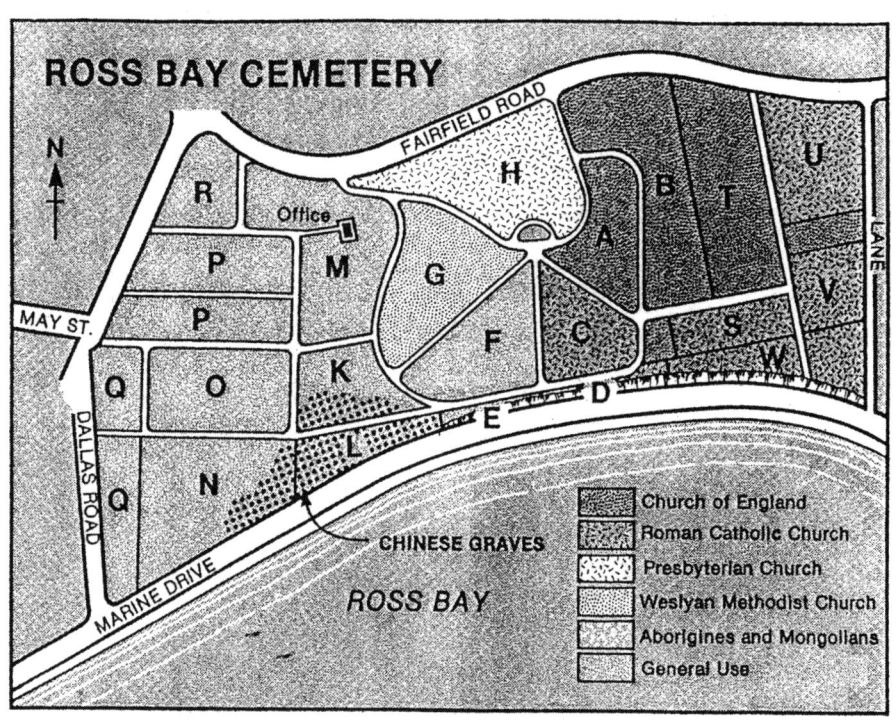

图4.5 罗斯湖湾墓地分布图

资料来源：黎全恩

1884年，域多利中华会馆成立后，在罗斯湾公墓的西南角，建了一座中国式祭坛，用以拜祭在异国他乡过世的先侨。

---

[1] *Burial Records, Ross bay Cemetery*, Victoria; David Chuenyan Lai, The Chinese Cemetery in Victoria, *B.C. Studies Toronto*, No.75 Autumn 1987, p.24.

[2] *Burial Records, Ross bay Cemetery*, Victoria.

如前所述，华人安葬的 L 和 N 地段，是罗斯湾公墓最差的地方，每当暴雨袭来，海面波涛汹涌，海水常常淹没和浸湿华人坟墓，有些坟墓还被冲走，有些棺木因泥土被水冲走后而突显出来，有的甚至连遗骸都露了出来。在这种情况下，中华会馆决定在他处购买一块墓地，专门用作华人坟场。

由于中国人在安葬过世之先人时有讲究风水的传统，认为阴宅风水不但具有丧葬的实用效果，更关乎子孙的福祉，所以对墓地的选取非常讲究，多选择向阳、利水，特别是风水好的地方为墓地。中华会馆经过考察，发现了一块"风水宝地"，就是山汝市（Saanich）湖山（现称圣诞山）以南、天鹅湖以北的地方，附近有一个湖和两条小溪，侧面有两个山脊。[1]

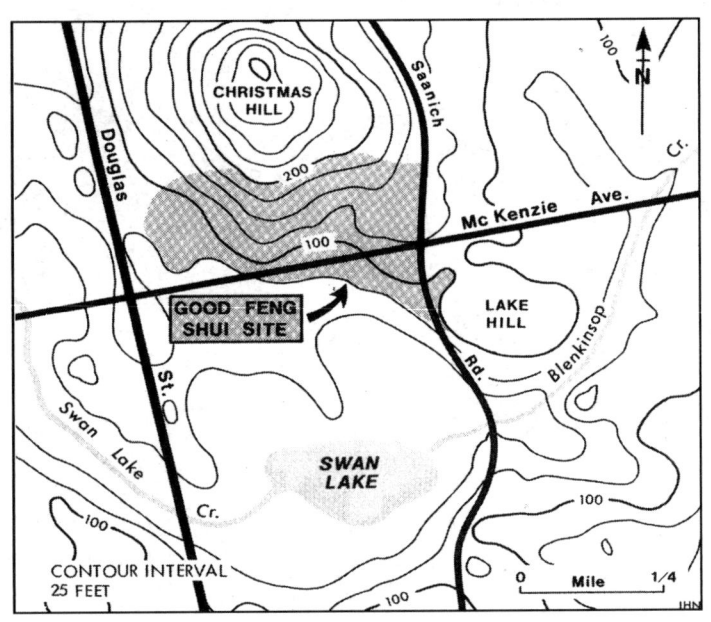

图 4.6　域多利天鹅湖的好风水墓地
资料来源：黎全恩

根据中国传统的风水概念，水象征着财富，层峦叠嶂则会赋予生命自然气息。中华会馆选中的墓地可以说符合中国人的好风水理念，与大自然和谐一致。[2] 左

---

[1] Land Registry Office, Victoria, Conveyance from Alfred Williams to the CCBA, Oct. 30, 1891, Register of Absolute Fees, Vol. 9, pp. 165–166., no 5405a, and Vol.13. p.144., no 13036a.

[2] David Chuenyan Lai, "A Feng Shui Model as a Location Index", *Annals of Association of American Geographers*, Vol. 64, No. 4, Dec.1974, p. 507.

边被称为"青龙"的地势隆起,与右边被称为"白虎"的较低地势相对应,最后聚集到一起,是个吉利的地方。在风水术语中,"青龙"代表东方的灵兽,"青龙"的方位是东和左,代表的是春季;白虎的方位是西和右,代表的是秋季。"青龙"和"白虎"显示阴阳的自然交汇和互动。

中华会馆遂于1891年10月30日在天鹅湖附近购买了一块大约8英亩的荒地,准备用作华人坟场。[1] 19世纪90年代,天鹅湖还是一片荒地,只有几户人家住在那里,从来没有葬过华人。就在华人准备安葬时,引起公墓附近白人农民的敌意。中华会馆为了避免意外,就取消了在此地安葬去世华人的计划,死去的华人不得不依然葬在罗斯湾公墓。天鹅湖墓地空置了十多年后,即1902年5月30日,域多利华人召开会议,中华会馆最后决定将该地售出,然后另购别处。[2]

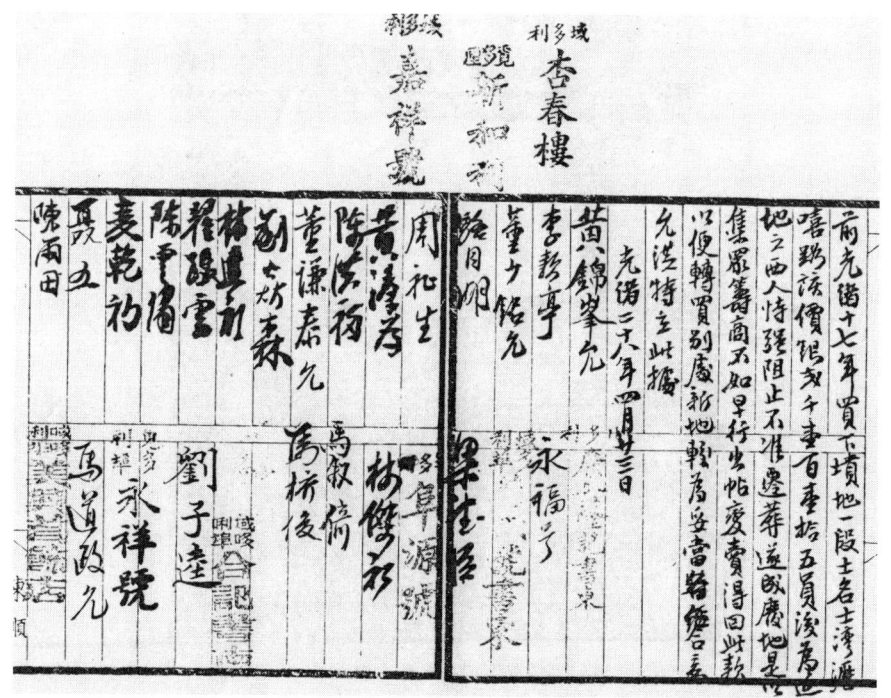

图4.7 1902年5月30日,域多利华人就天鹅湖华人墓地举行会议的记录
资料来源:黎全恩教授收藏复印件

---

[1] 1902年5月30日,域多利华人就天鹅湖华人墓地举行会议记录。资料来自维多利亚中华会馆;黎全恩:《天鹅湖华人坟场之谜》,《加华新闻》,多伦多,2007年6月16日。

[2] *CCBA Annual Report*, 1902; Minutes of meeting on May 30, 1902.

1902年6月4日,中华会馆将地售出,所以天鹅湖华人墓地从来没有被使用过。[1]

同年,中华会馆又找到了另外一块"风水宝地",就是哈宁角(Harling Point)墓地。这里左边有小山丘(左青龙),右边有低石块(右白虎),面对德富加海峡(Juan de Fuca Strait),被冈沙利湾(Gonzales Bay)和麦利湾(McNeil Bay)环抱,面对遥远的奥林匹克山(Olympic Mts),背靠冈沙利山。从风水的角度看,这里是一块福地。1903年4月3日,在获得域多利市政府的批准后,中华会馆购置了位于哈宁角海边3.5英亩的土地,建起了华人墓地。[2]

图4.8　哈宁角华人墓地

资料来源:贾葆蘅拍摄于2016年

---

[1] *CCBA Annual Report*, 1902; Minutes of meeting on May 30, 1902 ; Land Registry Office, Victoria, Conveyance, CCBA to George, Jun. 4, 1902, D.D. Pocket 25482;黎全恩:《天鹅湖华人坟场之谜》,《加华新闻》,多伦多,2007年。

[2] Conveyance from Mary Williams to the CCBA, Apr. 3, British Columbia, Land Registry Office, 1903, D.D. pocket 987.

尽管得到市政府的批准，华人们还是担心哈宁角墓地附近的居民，会像天鹅湖墓地附近的居民一样反对华人在此建墓。因此，为了检验一下哈宁角墓地附近的居民，华人们决定在1903年秋天举行一场模拟葬礼。正如华人所顾虑的，果然有一名白人冲出房子，用猎枪射击，打乱了葬礼，并威胁说不希望与华人为邻。华人即刻报警，警察赶到后逮捕了这位白人男子。这之后，华人才开始放心地使用墓地并不再受到附近白人居民的骚扰。[1]

1906年，橡树湾市成立，华人墓地被划在橡树湾市。[2] 1909年3月，中华会馆将安葬在罗斯湾公墓的华人墓冢掘起，转葬在哈宁角华人墓地。[3]故1909年之后，很少有华人葬在罗斯湾公墓了。

2. 卡里布华人墓场

在淘金时代，就有华侨华人来到卡里布淘金地区。1866年，华人在罗马天主教里奇菲尔德公墓建了墓地。同年，这里埋葬了第一个华人。[4] 由于百加委路是淘金潮时期的重镇，唐人街也在这里兴衰过，因此，这个华人墓地安葬了一些参与淘金的年轻华工。

3. 锦碌市华人墓场

太平洋铁路修建时，经过了锦碌市，很多铁路工人曾在此处的营地居住过。在建铁路期间，铁路局将所有死去的工人葬在铁路南边的山腰上。铁路完工以后，一些华工留了下来，并建了一个小小的唐人街。1887年，《内陆哨兵》(*The Inland Sentinel*) 报第一次报道说，华人于19世纪80年代中期建了墓地。哈德逊 (Hudson Bay) 公司拥有华人所居住小镇的大部分土地，但公司允许华人选择镇南边一块地修建墓地。[5] 按理说，这里的华人选择墓地一般也是要看风水的，希望墓地西边

---

[1] 林礼斌口述，David Chuenyan Lai, The Chinese Cemetery in Victoria, *B.C. Studies*, No.75: Autumn 1987, p.30.；黎全恩：《域多利华人坟场简史及美化建议》，《华埠通讯》，域多利，2001年4月第49期，第31页。

[2] https://www.oakbay.ca/sites/default/files/archives/ResearchGuide-HouseHistory.pdf，检索时间：2021年10月12日。

[3] "Chinese Wish to Move Bodies", Victoria Daily Times, Mar. 30, 1909; Chinese and Cemetery, Victoria Daily Times, Apr. 20, 1909；黎全恩：《域多利华人坟场简史及美化建议》，《华埠通讯》，域多利，2001年4月第49期，第31页。

[4] Laura J. Pasacreta, *White Tigers and Azure Dragons: Overseas Chinese Burial Practices in the Canadian and American West (1850s–1910s)*., Simon Fraser University, 2005, p.142.

[5] Laura J. Pasacreta, *White Tigers and Azure Dragons: Overseas Chinese Burial Practices in the Canadian and American West (1850s–1910s)*., Simon Fraser University, 2005, p.150.

有高山（青龙），东边有低山（白虎），可是这里东西两山的高度是相反的，显然不符合风水要求，华人同意选这里为墓地，可见是无奈之举。但从另一个方面来看，这也更加促使华人不畏烦琐，最终将遗骸迁回故国，真正"落土为安"。

20 世纪 20 年代前，没有人太多注意过锦碌市华人坟墓。1923 年"排华法案"出台后，一些华人决定永久定居在加拿大，他们就用栅栏围住墓地，并在斜坡的地基上安置了祭坛和炉子。[1]

4. 野马溪华人墓场

在淘金时代，华人也曾来野马溪淘金，有些华人去世后，就葬在了野马溪。野马溪源于落基山脉的西面，在福特斯蒂尔（Fort Steele）汇入曲利内河。这里的华人墓地是单独的，在福特斯蒂尔东北方向。[2]

当时，所有在野马溪附近地区，包括岤补碌（Cranbrook）、福特斯蒂尔（Fort Steele）、莫伊尔（Moyie）、马里斯维尔（Marysville）和金伯利（Kimberley）去世的华人，都被埋在野马溪墓地，主要是因为这个地方处于东曲利内地区的中部，便于以后的收殓（参见表 4.3）[3]。

表 4.3 葬在野马溪墓地的华人

姓名	去世时间	去世年龄	去世原因	职业	居住地
盘贵（Pang Gue）	1896 年 4 月 14 日	64	自杀	体力工作者	野马溪
龙孔（Long Kong）	1897 年 5 月 7 日	40	死于爆炸	矿工	野马溪
敖炽（Chee Our）	1898 年 5 月 16 日	87	未知	餐馆业者	福特斯蒂尔
船长	1898 年 5 月	未知	老死	矿工/旅馆业主	野马溪或福特斯蒂尔
杰克	1901 年 2 月 2 日	43	瘫痪	矿工	福特斯蒂尔

[1] Laura J. Pasacreta, *White Tigers and Azure Dragons: Overseas Chinese Burial Practices in the Canadian and American West（1850s–1910s）*, Simon Fraser University, 2005, p.150.

[2] Laura J. Pasacreta, *White Tigers and Azure Dragons: Overseas Chinese Burial Practices in the Canadian and American West（1850s–1910s）*, Simon Fraser University, 2005, p.101.

[3] Laura J. Pasacreta, *White Tigers and Azure Dragons: Overseas Chinese Burial Practices in the Canadian and American West（1850s–1910s）*, Simon Fraser University, 2005, pp.86–87.

续表

姓名	去世时间	去世年龄	去世原因	职业	居住地
阿伟（Ah Wye）	未知	未知	未知	小店店主	野马溪
未知	1902年2月	未知	肺结核	未知	岜补碌

资料来源：BCA GR 2951；The prospector May 21, 1898；The Marysville Tribune Mar.1, 1902, Quote from Laura J.Pasacreta, *White Tigers and Azure Dragons: Overseas Chinese Burial Practices in the Canadian and American West (1850s–1910s)*, p.88.

从表中可以看到，华人死于非命的不在少数，这揭示出当时华工生存状况的恶劣。另外，也有人至死身份不明，其遗骸之后是否被送回中国，也不清楚。

20世纪10年代，因为一些华人返回中国，或者迁到岜补碌和福特斯蒂尔等华人较为集中的地方，就远离了野马溪华人墓地；另一方面，1910年代初，华人在岜补碌公墓分得一块地，因此，附近的华人开始把死者葬在离家不远的地方。就这样，野马溪华人墓地逐渐被废弃。从保留的资料来看，第一个被埋葬在岜补碌公墓的华人死者是谭茂（Tom Mouth），他于1913年5月26日被葬在这里。[1] 换句话说，野马溪华人墓地在1913年之后就被"冷落"了。

5. 温哥华华人墓场

温哥华华人墓场无论从规模还是埋葬人数来看，在当时都是数一数二的。这就说明，19世纪末到20世纪初，定居在温哥华的华人不但人数越来越多，也越来越稳定，致使唐人街的规模也越来越大，逝去的人数及对墓场的需求也相应增加。

华人墓场位于温哥华市东区菲沙街（Fraser Street）西侧、介于东31街至东43街间的山景墓园（Mountain View Cemetery）内，它建于1887年，是温哥华市内历史最悠久的坟场，这个坟场曾埋葬过数以百计的华人。根据现存墓园资料记载，第一个葬在这里的华人，其安葬日是1888年7月26日，逝者是一位名叫阿余（Ah Yee）的已婚男性华人，因肺病而死，年仅37岁，安葬在3—01地段。[2]

值得注意的是，早期大多数安葬在这里的华人，在登记表上登记的名字是"中国佬"（Chinaman）或者"阿（Ah）"什么的。[3] 据墓园现任经理说，可能是因为

---

[1] Laura J. Pasacreta, *White Tigers and Azure Dragons: Overseas Chinese Burial Practices in the Canadian and American West (1850s–1910s)*., Simon Fraser University, 2005, pp.88–90.

[2] City of Vancouver old cemetery register book.

[3] City of Vancouver old cemetery register book.

图 4.9　温哥华山景墓园安葬第一个华人的地方
资料来源：贾葆蘅拍摄于 2016 年

华人的名字很难写，所以才以此称呼华人。其实，这里面仍然隐含着歧视的成分。很显然，如果之后的拾骨迁葬仅依靠登记的名字，就搞不清楚谁和谁了，山景墓地的登记表只对逝者安葬的人数统计有意义，但对确认死者的身份没有太大意义。华人侨团或者死者的亲人同乡，根据安葬的地段，应有一些死者名单，或者了解死者的情况。此外，坟地上所立的墓碑也是辨认死者身份的一个依据。

华侨华人素来有踏青扫墓的传统，这里的华人公共祭坛始建于 1901 年，[1] 是温哥华市规模最大、历史最悠久的祭坛之一。

6. 渥太华华人墓场

位于比奇伍德（Beechwood，当地华人称为必治活）大街 280 号的渥太华比奇伍德墓场，始建于 1873 年。[2] 早期华人在这里的墓地很简陋，几乎都是地碑，祭坛也很粗糙。第一个在这里安葬的男性华人名叫程根福（Ching Kan Fook），原住在渥太华 622 皇帝街（King Street），是名厨师，1903 年 2 月 24 日去世，死时 30 岁，

---

［1］温哥华中华会馆网站，中华会馆修缮安魂亭祭奠先侨，加拿大温哥华中华会馆，Chinese Benevolent Association of Vancouver（cbavancouver.com），检索时间：2021 年 12 月 1 日。

［2］About us，Beechwood Cemetery website，https://www.beechwoodottawa.ca/en/about-us，检索时间：2021 年 9 月 21 日；Canada's Historic Places web site，https://www.historicplaces.ca/en/rep-reg/place-lieu.aspx?id=1210，检索时间：2021 年 9 月 21 日。

因肺结核而死，死后不到一周，即 3 月 2 日葬在了比奇伍德墓场 A 区 14 地段的 19 号墓。而另一个很早葬在这里的男性华人叫钟隆（Chung Lung），原住在渥太华银行街（Bank Street）41 号，1905 年 8 月 2 日去世，死时 41 岁，是名洗衣工，死后翌日，即 8 月 3 日葬在了 A 区 14 地段的 20 号墓，1916 年 7 月 20 日，他的遗骨被运回中国。[1] 由此可见，早期居住在渥太华的华人不多，歧视情况也不太严重，华裔死者有名有姓，因地理因素，拾骨回乡迁葬的周期较长。

7. 温尼伯华人墓地

温尼伯早期华人人数不多，华人社区有组织的墓葬史迹难考，资料缺乏。不排除早期华人病死异乡后在附近找地安葬的可能性。但据该市公墓网站介绍，1878 年开始启用的布鲁克赛德（Brookside）公墓中现存一小块华人墓地，或许是早期华人移民较为集中安葬的地方。至少在该墓地中，仍存有早期移民的墓碑，[2] 但无法

图 4.10 温尼伯布鲁克赛德公墓里的华人墓地

资料来源：贾葆蕴摄于 2016 年

---

［1］ City of Ottawa old cemetery register from Raymond beechwood cemetery, information come from Raymond Lam, the manager of beechwood cemetery.

［2］ The Municipal Cemeteries Branch，温尼伯市政府官方网，https://winnipeg.ca/cemeteries/Brookside/default.stm，检索时间：2021 年 9 月 21 日；这里有一小块华人墓地，自我独立在整个公墓一角。年代久远的墓碑一般不是很大，其中一块布满裂痕与青苔的地碑上面刻有"余炳鳌，开平，民三"等几个繁体字。也有 20 世纪五六十年代的华人墓碑，其中 1959 年葬在此地的有广东台山李仁依；2016 年 7 月贾葆蕴到温尼伯调研，在布鲁克赛德（Brookside）公墓现场拍摄图片资料。

人移民较为集中安葬的地方。至少在该墓地中，仍存有早期移民的墓碑，[1]但无法确认是当时就葬在这里的还是死后迁葬至此的。

8. 卡尔加里华人墓地

与温尼伯一样，卡尔加里也是早期华人踏足的地方。但与域多利和温哥华不同，这里因为华人人数不多，没有卑诗省那样有组织力和影响力的社团组织出面料理华人的生老病死。就地安葬，可能是不少单身华工不得已的选择。

值得关注的是，在白人官方经营的公墓中，有一座华人公墓，位于卡尔加里埃尔顿街（Erlton Street）和麦克劳德小径西南（Macleod Trail S.W.），该墓地现在的实际面积是1.4公顷（约3.5英亩）。根据该公墓的官方资料介绍，自1908年起，这里埋葬了1048名早期来到卡尔加里的华人先驱。[2]在这座墓地的旁边是伯恩斯公墓（Burnsland Cemetery），就在麦克劳德山道旁边。[3]可以猜测到当地的白人并没有像卑诗省的白人那样，在墓地安葬上强烈排斥华人。华人墓地被放置在朝东的斜坡上，以使离去的人可以面对冉冉升起的太阳。[4]很多华人在加拿大当地没有直系亲属或亲戚，也没有后代维护墓地，以致华人公墓中许多墓碑遭到毁坏。1935年，卡尔加里市政府接管了这座华人公墓。[5]

第四节　葬礼上的贫富差距

在加拿大华人社会内部，华工和华商之间的贫富差距和等级差距是十分明显的，这不但体现在华人衣食住行的日常生活中，也体现在华人死后的丧葬上。早期

---

〔1〕 The Municipal Cemeteries Branch，温尼伯市政府官方网，https://winnipeg.ca/cemeteries/Brookside/default.stm，检索时间：2021年9月21日；这里有一小块华人墓地，自我独立在整个公墓一角。年代久远的墓碑一般不是很大，其中一块布满裂痕与青苔的地碑上面刻有"余炳鳌，开平，民三"等几个繁体字。也有20世纪五六十年代的华人墓群，其中1959年葬在此地的有广东台山李仁依；2016年7月贾葆蕻到温尼伯调研，在布鲁克赛德（Brookside）公墓现场拍摄图片资料。

〔2〕 City of Calgary, The Chinese Cemetery history, https://www.calgary.ca/csps/parks/cemeteries/chinese-cemetery.html，检索时间：2021年9月20日。

〔3〕 History of Calgary Cemeteries，卡尔加里市政府官方网，https://www.calgary.ca/CSPS/Parks/Pages/Cemeteries/History.aspx，检索时间：2021年9月18日。

〔4〕 Chinatown Historical Context Paper, Commissioned by The City of Calgary, The City of Calgary Records & Information Management（RIM） Inspection & Permit Services, p.45.

〔5〕 The Chinese Cemetery, https://www.calgary.ca/csps/parks/cemeteries/chinese-cemetery.html，检索时间：2021年9月21日。

加拿大华商的葬礼与华工大不一样，中国富人的葬礼也是炫耀财富和权力的机会，往往吸引很多人观看。19世纪70年代，域多利的盖莫伦街出现过一次规格极高的葬礼，死者是富商，名叫叶杰克（Yip Jack），上千华人参加了他的葬礼。当时，死者的灵车在穿着白色和黄色丧服、举着招魂幡的一众人的护送下，沿着主要街道行进。人们用烤猪、羊、鸡给叶杰克上供，最后在华人墓地安葬。[1] 1879年1月5日，《殖民地报》报道了酒楼老板叶杰克的葬礼，说他隶属于有300—400人的一个华人社团，并有英文媒体称该团体为共济会（Freemasons），洪门（Chinese Freemasonry）虽有采用共济会图像标志的案例，却与欧美共济会没有太大关系。[2] 而在华人社会早期，只有洪门致公堂大佬的葬礼才有这么隆重。

而大部分贫穷的华工，葬礼简单至极，安葬的墓也仅仅是一个土堆，墓碑上只刻有死者的名字、籍贯和死亡时间。当然，有些墓地会有祭坛，供亲人、朋友祭奠。唯一打破贫富差距和等级差距、让死者得到平等祭奠的，当然就是社团的祭奠。几乎每个宗亲侨团、中华会馆及地方侨团，都会在清明节和重阳节祭拜先侨，其过程是整理华人墓地，燃上香烛，烧纸钱、银锭和金色箔锭，并供上水果、酒、烧猪、清蒸鸡等。[3]

提起侨社侨团公祭一事，温哥华侨领、前任温哥华中华会馆理事长（2012—2016）朱展伦先生这样叙述："温哥华的山景墓园就葬有很多先侨，那里的华人公共祭坛建于1901年。每年的清明节和重阳节，我们中华会馆的成员都会到山景墓园拜祭先侨。届时会在祭坛上摆放金猪、三牲酒礼、糕点和水果鲜花等祭品，由理事长主祭，副理事长陪祭，然后大家排队到祭坛前鞠躬，分批上香，点燃纸钱，并将纸钱放进两旁的焚宝炉内，以此祭拜先侨。中华会馆这样做，是想表达对先人的尊敬和怀念，以慰先侨在天之灵。"

---

[1] Laura J. Pasacreta, *White Tigers and Azure Dragons: Overseas Chinese Burial Practices in the Canadian and American West（1850s-1910s）*., Simon Fraser University, 2005, pp.145-147.；1914年，域多利南生隆东主黄葆臣去世后，送葬队伍有音乐队为前导，31辆观音车送行；《大商出殡盛况》，《大汉日报》1914年10月6日。

[2] "Chee Kung Tong", Victoria Daily British Colonist, Sep. 26, 1886.

[3] David Chuenyan Lai, The Chinese Cemetery in Victoria, Vancouver: University of British Columbia, 1988, p.28.

图 4.11 口述者朱展伦
资料来源：朱展伦

第五节 拾骨重捡

　　拾骨重捡也就是跨洋迁葬，是一个复杂的工程，体现了早期海外华人客死异乡，却又要尸魂还乡的无奈心境，这在全球移民史上是极为罕见的现象。

　　早期华侨华人把已故 7 年的同胞重新迁葬，主要是传统文化的心理驱使。如前所述，很多客死他乡的华侨，生前都希望能落叶归根，他们以及亲友都固执地相信，葬在客乡，灵魂将无家可归，永远不会安宁，直到死者尸骨回到故土，才不会成为异国游魂。这种让遗骨回归故乡的做法，在美加华人社会慢慢就发展成拾骨重捡的迁葬传统。

　　在加拿大华人社区，除了很少一部分有钱人自己处理亲人丧葬事宜外，大部分华侨死者的遗骨，都由中华会馆等侨团负责运送回乡安葬，因此，拾骨重捡是早期侨社侨团的一件大事。中华会馆及地方侨团、宗亲侨团会在死者下葬 7 年后，将墓穴掘开，把尸骨挖出来，彻底清洗，在太阳下晒干后，再装进木箱，箱子上清楚标明死者的姓名和出生地以及死亡时间。然后，加拿大各地的华人社区把木箱运到域多利，存放在唐人街木制骨房子中，等到数量足够多时，就用船把这些木箱运到香港的东华医院义庄,并通知各县邑代表,来港领取尸骨,运回家乡安葬。域多利中华会馆从1891年开始办理运骨,于1907年在华人公墓处建了个砖房,用来存放木箱,还在砖房旁边建了一间小屋给管理这些木箱的看守住。[1]

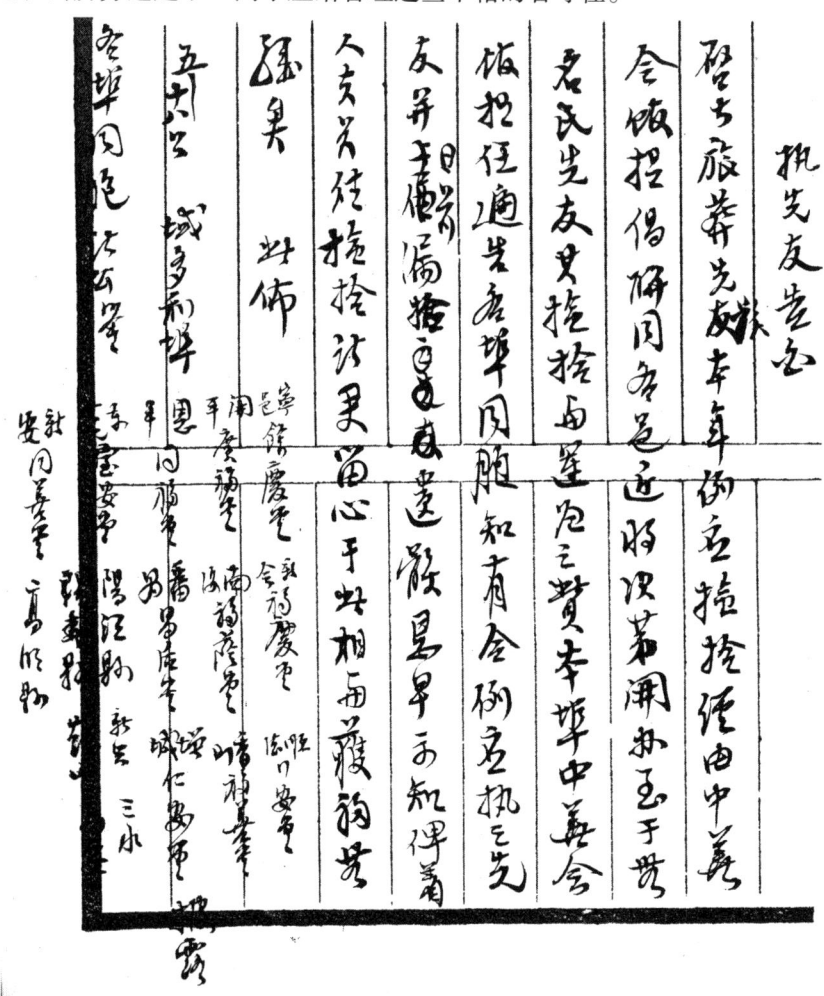

图 4.12　1916 年 5 月 18 日,域多利部分堂所发布执先友公告
资料来源:黎全恩收藏资料复印件

---

[1] *CCBA Annual Report*, 1907, Minutes of meeting on Jul. 1 and Jul. 30, 1907;《友先遗骸候安置:著述》,《加拿大域多利中华会馆 75 周年、华侨学校 60 周年纪念特刊》,加拿大域多利中华会馆印,1960 年,第 10 页。

至今仍有很多华人不知道，为何拾骨重捡需要在下葬7年后进行。其实，这里没有任何文化或者宗教的因素掺杂其中，而是单纯为了容易"拾骨"，因为人的尸体在浅土层中埋葬，经过5—7年的自然风化，就会"肉化筋消"，拾骨工人不用费太大周折，就可将残存尸身与尸骨分开，经冲洗后，即可完成任务。从医学角度来讲，5年即可风化，但因各地气候不同，这个过程所需的时间也不尽相同，在北美华人社区，除了7年一次的拾骨重捡，有的地区是三五年，有的地区甚至10年进行一次。

在加拿大，虽然域多利（后来是温哥华）中华会馆负责运骨事务，但其他侨团，比如恩邑同福堂、昌后堂等也曾负责挖尸骨、运柩回乡。温哥华山景墓园曾先后把500多名华人的尸骨挖出来运走。[1] 1919年，恩平同福堂拾先友遗骨，所有死者名字都记录在案。[2]

拾骨迁葬毕竟路途遥远，费时较长，加之加拿大华人社区与侨乡通信不畅，人名、地名混淆，以及故乡人事在社会动乱中多有变迁，有时也会发生尸骨无人认领的情况，以至于收骨的香港东华医院去函要求中华会馆找华商担保，让医院处理无人认领的尸骨。同时也要求中华会馆广登祭报，让加拿大和广东两地的死者亲属和乡人及时得知信息。[3] 尸骨无人认领的情况，大多发生在单独来加的华工或者辗转而来的妓女身上。[4]

1937年，日本全面侵华战争爆发，运送移骨的事暂时停止，但挖骨情况还存在。1945年，域多利宁阳余庆堂写信给中华会馆表示，该年曾挖6具先侨遗骨，每具所花人工费13.4加元。其中有人和公司帮助60加元，中华会馆帮助20.4加元。[5] 域多利中华会馆将各地运来的尸骨木箱及本地的尸骨木箱，一齐存放在公墓的砖房里，[6] 准备在战事完后，再进行运送工作。

---

[1] City of Vancouver old cemetery register book.
[2]《恩邑同福堂布告》，《大汉公报》1919年10月15日；分别是温哥华的朱希宏等、域多利的李义等、乃磨的黄金子等、新西敏的林有宏等、锦碌的陈彦昌等、满地可的梁佐等76具遗骨。同年10月，由域多利运到香港东华医院。
[3]《东华医院致中华会馆函》，《大汉公报》1925年1月30日；1925年年初，东华医院曾给温哥华中华会馆写信，希望有殷实商店担保，并希望温哥华华埠广登祭报，以便传递消息。
[4] 李东海：《域多利华娟沧桑史——杂文与诗句》，《加拿大域多利中华会馆75周年、华侨学校60周年纪念特刊》，加拿大域多利中华会馆印，1960年，第7、8页。
[5] 中华会馆值班列翁：域多利宁阳余庆堂，1945年11月6日。
[6]《友先遗骸候安置：著述》，《加拿大域多利中华会馆75周年、华侨学校60周年纪念特刊》，加拿大域多利中华会馆印，1960年，第10页。

综上所述，随着华人社区的壮大，尤其是人数的增多，华人在医疗服务等方面的需求也越来越多。由于语言等诸方面的影响，华人并没有占用太多的西医资源，中医在华人社区扮演着救死扶伤的重要角色，成为主流医疗之外的另外一种医疗资源，丰富了加拿大医疗资源的版图，对加拿大贡献良多。

图 4.13　加拿大华侨联邑执运先友委员会开投检章程
资料来源：黎全恩收藏资料复印件

不能否认，在建医院、买墓地和迁葬等方面，华商领导的华人社团侨团，尤其是中华会馆，发挥了不可替代的领导作用，在华人移民史上，留下诸多贡献。不过，这里也必须指出，华商领导的侨团如此努力，一方面是要向主流社会显示，华人社群是自强不息的，不会成为加拿大的累赘，白人社会种族歧视的理由根本站不住脚；另一方面，华商和侨团领袖们深深知道，他们的生意命脉在华社，只有让华人感到，生老病死都有帮助和解决的办法，他们才愿意在加拿大生存发展，并鼓励更多的人从中国出来。而社区的稳定、壮大和发展，才是华商本身发展的生命线。这就说明，华商的私心与社会发展的大环境吻合，用利他来达成利己，是华商侨团与一般华人华工争取双赢的最佳办法。

第二编

禁止入境时期

（1923—1946年）

在禁止入境时期，由于很难有从祖国来的华侨新鲜血液补充到侨社，唐人街人口在减少，本土生的华裔第二代、第三代又纷纷搬离唐人街，去寻求与第一代华人不同的生活方式和社区联系，以至于各侨团和宗亲会产生了很大的忧虑，即华人社区能否继续保持中华文化的传统，能否继续延续列祖列宗的香火，能否在融入主流社会的同时，还保持华人社区的"血脉"？不仅如此，由于抗日战争和世界大战的爆发，华侨华人与祖国的联系也因战事而遭到某种程度的隔离，来往愈发不便，以至于华人的乡愁日益严重。在这种社会大背景和危机意识下，华人社群在华文教育、办报办刊、推动中华传统戏剧文艺发展诸方面，投入了更大的热情；另一方面，随着落叶归根的不易，华人在修建医院、墓地，以及推广各种宗教以解决人生疑问等方面，也愈来愈努力投入。因此，限制入境时期限制了新的移民进入加拿大，但中华文化与传统反而在唐人街获得了发扬光大。

第五章
华文教育

如果说加拿大唐人街上的生意和侨社侨团是华人赖以在异国他乡生存的经济基础和社会组织基础，那么华文教育、报刊和戏曲等，则是华人在大洋彼岸立足发展的精神支柱。在限制入境时期，出现了新华文学校及新华文报刊诞生的一波热潮，而演出传统剧的戏班子，也有了长足的发展，这给处于排华黑暗时期的唐人街，奠定了屹立不倒和逆境发展的文化底蕴，也给华人社区新生代的文化定位，创造了良好的条件。

一、建立华校

在唐人街的发展史上，华文教育一直充当着保持中华传统、传承文化香火的主要角色。在限制入境时期，各地唐人街不断涌现由各侨团或社团创办的华文学校，并形成了华人来加拿大后，中华文化教育的一个高峰。

1923年3月，也就是"排华法案"生效的前夕，新西敏成立了菁莪学校，由致公堂筹建。从学校名字就可以看出其办学宗旨，乃是培育华裔精英。[1] 致公堂对此所学校的重视程度，从学校的祝圣诞礼就可以窥见一斑。学校当日聚会，已是"排华法案"生效之后的10月10日，参加典礼的学生有20余名，但其余赴会者达百人左右，其中包括致公堂议长、书记，美以美牧师等重要人士。[2]

不过，由于华校是致公堂所建，自然对国内政情也相当关注。菁莪学校就经常纪念日本辱华的国耻日。[3] 1925年1月11日，由温哥华黄江夏堂建立的附设文疆学校（Mon Keang School）正式开学，典礼相当隆重，中华会馆、国民党总支部等十数家侨团出席致贺，中华民国林领事及见习领事陈维敏等官方代表亦出席讲

---

[1]《菁华学校已告成立》，《大汉公报》1923年3月9日。
[2]《菁莪学校祝圣诞之盛况》，《大汉公报》1923年10月11日。
[3]《菁华学校纪念国耻》，《大汉公报》1928年5月12日。

话。[1] 文强（彊）学校是温哥华唐人街历史最悠久的学校之一，也是当时北美唯一一所由单一宗亲氏族创办的华校，故校舍就建在总堂建筑的三楼。

图 5.1 文强（彊）学校 资料
资料来源：贾葆蘅摄于 2016 年

文强学校开学后，因"教授管理，多照新制，男女教师，极有精神"，故入学的华侨子女非常踊跃，但因教室有限，前半年学生只有 75 人，不过，成绩都不错。大考结束后，举行了学生暑期游艺会。[2] 本来该校只有高小部以及补习班，战后学生人数剧增，1946 年，学校组织募捐委员会，筹款扩建校舍并筹办中学部。[3]

1927 年 1 月，由旅居温哥华 20 年的华侨黄孔昭牵头，创办明伦学校中文函授科，为已经从事工商事业的华人，提供"学习国粹"的机会，分论说、杂文、信札和诗歌四方面，教授学生中国的经史子集等传统文化。国民政府领事馆特为中文函

---

[1]《文强学校开学纪盛》，《大汉公报》1925 年 1 月 12 日。
[2]《文强学校开游艺会》，《大汉公报》1925 年 6 月 27 日。
[3]《温哥华文强学校扩充校舍兼筹办中学募捐委员会启事》，《大汉公报》1946 年 10 月 26 日。

授科开科招生背书。[1]

温哥华华侨公立学校，前身是 1917 年以全侨名义创办的"温哥华华侨学校"。到 1922 年，因负责校务的相关人员回国，中华会馆又无主要社团接手经营，以至于校务发展步履维艰，经费不足，办办停停，学生也日渐稀少，终致停办。1932 年，创办人之一曾石泉和叶求钦等人重新改组，选出委员 9 人，制定校规，将校舍从中华会馆三楼迁到国民党总支部会馆三楼（免收租金），于 1932 年 8 月 1 日举行了开学典礼。[2] 1933 年，从中国聘请了朱英三为教员，并向渥太华移民部为其申请了入境护照。[3] 12 月，朱英三到达学校，学校为之举行了欢迎大会。[4] 1941 年，该校向国民政府侨务委员会登记立案，定名为"温哥华华侨公立学校"。翌年，学生人数达到 200 多人。由于该校以普及教育为理念，不收学费，只收堂费，故营运经费始终拮据，要向侨社募款以维持营运。[5]

1935 年 8 月，本来停办经年的育人学校，因为教育家徐子乐回到温哥华，特聘其主持校务，重新开办招生。设有高小班，学费每月 2 加元；初小班，学费每月 1.5 加元。[6]

中华学校由商人朱广炜一人于 1936 年年初创办，只有一间教室，朱广炜自任教师，课程主要有国文、历史、地理、尺牍和习字等科。学校设日夜两堂，以文言文为主。日堂教年幼学童，兼教白话文；夜堂教授失学青年，不拘年龄。可见，这一时期的兴学热已经扩及对教育事业有心的华裔个人，以一人之力，承受一校之重，且不为赚钱，更有回馈社会之志向，实乃华文教育蓬勃的草根基础。[7]

同年，国学函授书院发出招生通知，由侨界著名教育家徐子乐担任特聘教师，

---

[1]《明伦学校中文函授科广告》，《大汉公报》1927 年 1 月 7 日。
[2]《云埠公立华侨学校开学庆典》，《大汉公报》1917 年 5 月 7 日；李东海：《加拿大华侨史》，加拿大自由出版社，1967 年，第 334 页；《华侨学校迁地开学》，《大汉公报》1932 年 8 月 2 日；曾石泉：《云埠华侨公立学校成立之起源与最近改组之经过》，《大汉公报》1932 年 8 月 20 日。
[3]《华侨公校新聘教员到埠》，《大汉公报》1933 年 11 月 24 日；曾石泉：《云埠华侨公立学校成立之起源与最近改组之经过》《大汉公报》1932 年 8 月 20 日；朱英三为台山人，台山县教育会会长，代理台山县师范学校校长。
[4]《华侨公校欢迎朱教员盛会》，《大汉公报》1933 年 12 月 4 日；曾石泉：《云埠华侨公立学校成立之起源与最近改组之经过》，《大汉公报》1932 年 8 月 20 日。
[5] 曾石泉：《云埠华侨公立学校成立之起源与最近改组之经过》，《大汉公报》1932 年 8 月 20 日；李东海：《加拿大华侨史》，加拿大自由出版社，1967 年，第 334 页。
[6]《育人学校重新办讯》，《大汉公报》1935 年 7 月 18 日。
[7]《朱广炜创办中华学校》，《大汉公报》1936 年 1 月 15 日。

每月授课3次，每周发讲义1次，每月学费3加元。[1] 除了正式的华文学校之外，唐人街的一些侨团也着手筹款建义学、中英文夜义学（夜校），帮助华人熟悉和融入加拿大的生活。

1939年3月，卡技（加）利华侨学校正式向政府立案注册，时名为卡技（加）利华侨公立学校（Calgary Chinese Public School）。[2]

1941年，在温哥华唐人街建立的大公义学，规模可观，招生3日，即有70余人报名，不到一周，预定百名招生名额全满，还有人为报不上名而沮丧。[3]

义学自然收费不多，全仰仗社会各界慷慨支持，温哥华育英社就曾经多次演剧筹款，筹得款项不少。[4] 不仅如此，育英义学还请到国民政府领事担任义务教授，为同学讲授商业学以及经商之道。[5] 可见，中国政府对侨社义学也相当支持。

这一时期，规模较大、经营较完善的华文学校，还有恩平同福总堂附设的广智学校，校长徐悦如也是华社中的著名人士。该校分设高小各年级以及国民一至三年级，并有英文夜学班，校长徐悦如亲自承担卫生一科的教学，学务委员吴玉书担任体育、唱歌两科的教师。[6]

此外，还有众多规模不一的学校，比如乃磨华侨学校、域多利禺山学校、育英社中英文夜校、锦碌华侨学校、宏人学校、圣公小学、温哥华云林学校、教会沛德学校、当近尚智学校、爱伦学校、温尼伯华侨学校、多伦多教会附设协和小学、舞市阻华侨学校等。[7]

在禁止华人入境时期，全加拿大各个华埠在华文学校建设上呈现出百花齐放、各自为政、各显神通的特征，各侨社也曾努力整合华文教育。1926年7月23日，温哥华华侨教育界清游联合会假座育人学社开会，研商统一教育问题，到会者全是华文教育界的耆宿和专家，来自各大华文学校，会上多有争论，并决定柬请各校职

---

[1]《国学函授书院招生》，《大汉公报》1936年6月23日。
[2]《卡技利华侨公立学校简史》，《卡城华人社区百周年纪念特刊》，卡城中华协会刊行，1993年，第81页。
[3]《大公义学招生情形》，《大汉公报》1941年7月3、5日。
[4]《育英义学演剧余闻》，《大汉公报》1928年6月28日。
[5]《育英义学欢送保领事》，《大汉公报》1929年4月25日。
[6]《广智学校大加刷新》，《大汉公报》1928年8月10日。
[7] 关其逸：《加拿大华侨教育史略著述》，《加拿大域多利中华会馆75周年、华侨学校60周年纪念特刊》，加拿大域多利中华会馆印，1960年，第18页；《育英社义学演剧余闻》，《大汉公报》1928年6月28日；《宏人学校恭祝孔子圣诞》，《大汉公报》1936年10月14日；《锦碌华侨学校开学讯》，《大汉公报》1937年4月7日。

员,再度开会。但也有会议观察者认为,"办学者大抵皆怀畛域私见,缺乏公正合作的精神。教育统一云云,只是纸上谈兵"。[1]

华社整合教育的努力持续了很长时间。这表现在两个方面,一是侨社内部寻求整合的努力,一是当时国民政府企图整合的努力。

就前者而言,温哥华侨团龙头老大中华会馆,就举行过多次统一侨教的茶话会或其他会议,较大规模的学校以及总领事馆都派人参加。[2] 尽管众人都同意会议宗旨,但还是因为侨社本身太复杂,利益冲突多,整合也就流于形式。就后者而言,不能否认,加拿大唐人街乐于建立华校,祖籍国政府的支持和鼓励也是一个重要原因。1928年,国民政府为奖励及倡导华侨教育,筹备特设华侨教育委员会,使领馆特公布侨校立案条例:凡立案者,均须符合营运资金充足,学校设备齐全,专任教员一人以上,校长是中国人的条件。该条例一出,要求立案的学校真有不少。[3]

问题是,国民政府对侨社华文学校的立案以及管理常常是有名无实,战争中这种情况尤甚。主要的弊端是登记的学校未必是华文学校中最佳的,却自视高于别人,以至于侨社教育界颇有怨言。1945年年底,资深教育工作者颜志炎在《大汉公报》上发表长篇社论,以美国旧金山华埠学校为例,痛陈华侨学校立案之弊端,要求政府师资培训本地化,教科书内容割弃国民党党义之名词字句,派遣无党派但明了学校行政之人,与总领事馆、中华会馆接洽,组成一个机构,专责主管美洲各地区华侨教育。[4]

二、捐学成风

尽管禁止入境时期正逢经济萧条,唐人街也非常不景气,但是,对于捐钱办学,侨社一向不吝啬,因为他们深知,华文教育旨在向年轻一代灌输中华传统文化,确立其华人定位,延续华人历史香火,不让唐人街发展后继无人。尤其是在新的华人无法入境的情况下,华人对下一代的华文教育尤为着力,因此,捐钱助学蔚然成风,而且超越地区侨团的限制,甚至对祖国家乡的捐学也不遗余力。

仅从卡加利一带的华侨助学情况来看,1924年,广东开平中学开展募捐活动,

---

[1]《教育统一纸上空谈》,《大汉公报》1926年7月24日。
[2]《召集各侨校教员茶话志》,《大汉公报》1938年6月8日。
[3]《领馆公布侨校立案条例》,《大汉公报》1928年8月24日。
[4]《华侨学校立案问题》,《大汉公报》1945年12月20、22、26日。

在卡城设立捐务分处，劝捐者往属于该分处的小埠劝捐，在很短的时间里跑了数十处地方，捐款者来自41个埠，卡城就捐了5100余金，各小埠捐款7100余金，共达12000余金。其中个人捐款者居多，数额从数金到数百金不等，连小童也有捐10金以上者。[1] 这种慷慨捐学之精神，乃是唐人街办学传统绵延不断的主要支柱。

对故乡学校捐钱如此慷慨，对本地华侨学校捐款当然更是不落人后。卡城华侨公立学校的情况即是一例。1927年，该校因为购置校舍，债约未清，故派员在卡城和附近小埠募捐，很短时间，捐款涌入，"债项亦已清偿，本校产业从此永为我华侨教育之机构，是皆我侨胞诸公爱国爱群、乐育青年有以成之也"。[2] 从该校鸣谢中就可以窥知，在劝捐助学上，唐人街没有党派之争、乡土之争和宗亲之争，而以国家社群为主要考量。当然，在捐学的过程中，学校也会注意不要扩大捐助范围，引发社会反感。在此仅举一例。1926年6月11日，温哥华华侨教育界人士，包括校董及教职员等，假座育人学社，召开第三次联席会议，讨论募捐清游款项，结论是发给每校劝捐册一本，分担募捐，但强调不得沿门向侨界募捐。[3] 而这次募捐所得，可以支撑起侨界最大的一次清游盛事，参加者达1500多人。[4] 学校的清游即校外游艺会，可谓是当时华人组织的最大社团活动形式。比如1928年的文强学校郊外游艺会，有700余人参加，各界捐助达200余加元。广智学校也在同日举行郊外清游，参加者数百人，可谓盛况。[5]

值得注意的是，当时华人的捐款助学还没有上升到市民社会的"捐款自由，乐捐第一"的境界。因为在报道捐款的情况时，不但把捐款者名字公布予以表扬，同时还把不捐者的名字公之于众。《卡城一带侨胞之助学热》一文中指出："开侨中除张××、邓××二人，有工可操，已劝而亦不捐……"由此形成很大的公众舆论压力。[6] 不能否认，捐助者中应该也有一些是因为不堪这样的压力而捐款的，不属乐捐。这是华人捐款助学中的美中不足之处。这种情况同样出现在域多利菁莪学校的款项筹集上。由于致公堂规定，各分堂要出钱捐输学校，维城致公总堂就会出公

---

[1]《卡城一代侨胞之助学热》，《大汉公报》1924年7月18日。
[2]《卡城华侨学校鸣谢》，《大汉公报》1927年8月9日。
[3]《华侨教育界会议记》，《大汉公报》1926年6月12日。
[4]《教育界清游余闻》，《大汉公报》1926年6月29日。
[5]《两校郊外游艺会盛况》，《大汉公报》1928年6月25日。
[6]《卡城一代侨胞之助学热》，《大汉公报》1924年7月18日。

告，将已付款分堂和未付款分堂的名字公布在报上，形成舆论的褒扬和压力。[1]

学校募款最有特色之处，就是让学生通过演出，向社会募捐。举例而言，域多利致公总堂创办的菁莪学校，为了补充经费，特让学生排练演出四幕白话剧，"并杂以女生各种跳舞柔软体操"，精彩非常，在唐人街角西人戏院隆重开演。[2] 这种典型的以学养学捐款形式，最受学生、家长和社会的支持。

值得注意的是，在筹款捐学的过程中，华人社团也采用西人社会常用的方式，即以"奖义券"（类似博彩形式）来募款。其分成方法为，两成五收益归代理沽券人，三成七五收益归学校当作办学经费，三成七五用来颁奖，其中第一名奖银可达数千加元，[3] 以此刺激社区人士捐学。

三、学生捐款

由于唐人街处于相对独立的状态，因此，在学校管理上仍然有加拿大体制外的一些做法，让华文学校学生捐钱或许就是一个例子。温哥华文华学校就从1925年8月起，要求学生开始定期月捐。根据报章报道，文华学校要求学生月捐的理由有二，一是培养"国家观念，深求国粹之化"；二是因为"沪汉粤此惨杀案发生以后，工人失业，妇孺流离无依"，需要学生月捐，彰显爱国爱群之心。"自动的规定月捐办法"是，高小班每名二毛，国民班每名一毛。[4]

由此可见，学生捐款虽然数额不多，但每月累积，一年之后也是一笔可观的数目。学校要求月捐，出发点或想培养第二代华人尽国民之责任，增强他们与中国本土的感情联系，但所捐之钱，显然成为家长的负担，而效果如何，也难以考察。但此事影响社会，则不言自明。因为舆论基调是，连孩子们都努力捐款，不输人后，那大人们应该如何表现呢？由此可见，唐人街的回馈社会教育，虽然方法和形式上有可议之处，但从孩子抓起却是相当明智的，也是有远见的。

除学生直接捐钱外，大部分华文学校通过让学生排剧演剧来筹款。例如，1931年6月6日，域多利菁莪学校演剧筹款，共收到700多加元。[5] 这种做法既丰富

---

[1]《维城致公堂菁莪学校通知》，《大汉公报》1928年7月28日。
[2]《维城致公堂菁莪学校学生串演白话剧之先声》，《大汉公报》1930年5月19日。
[3]《加拿大温哥华黄江夏总堂附设文强学校发行奖义券启事》，《大汉公报》1933年6月13日。
[4]《文华学生继起月捐》，《大汉公报》1925年8月26日。
[5]《菁莪学校演剧筹款》，《大汉公报》1931年5月26日；《菁莪学校演剧筹款详纪》，《大汉公报》1931年6月12日。

了学生的文艺生活,又培养了学生的社会责任,更通过大量款项的获得,使学生拥有极大的成就感。除了演剧,学生在筹款活动中,还集思广益,各出奇招,效果不凡。比如菁莪学校学生在1938年1月1、2日两天,两次卖茶筹款,支援祖国的难民和伤兵,[1] 中西人士踊跃参加,中西儿童载歌载舞,从早到晚,人流不息,可谓是中外卖茶史上罕见的一页,纯善款收入达1300余加元。[2]

四、崇尚尊孔

在唐人街的华文学校,其教育目标当然是培养未来对家庭、社会和国家可以做出贡献的华人后代,除此之外,就是要教育第二代华人饮水思源,不要数典忘祖,不要忘了自己的根。为了达成这样的教化目的,华文学校在祭奠孔夫子仪式一事上,相当隆重,决不马虎。而且,一些学校学生的毕业典礼,也是祭拜孔子先圣诞日的大典。这与"五四运动"后,中国大陆批孔而尊新文化确实有很大的不同。因为在海外尊孔不会产生儒教政治化带来的负面影响,相反,对于海外华人社群保持中华文化传统,延续孔子"有教无类"的办学理念,有着很正面的积极作用。

举例而言,1925年10月14日,温尼伯培英学校庆祝孔子圣诞。仪式大致是向孔圣像行三鞠躬大礼,而后唱颂歌。在培英学校的典礼上,由林氏演讲孔圣人历史,由黎氏讲孔圣人一生道德文章发挥,听者动容。[3] 其实,加拿大华人对孔子的尊重,还不只在学校举行祭孔仪式,对孔子的热诚还体现在对孔教大学的捐助上。举例而言,1929年4月9日,孔教总会会长陈重远博士在华埠劝捐孔教大学经费,响应者踊跃,公司捐5元、10元不等,个人捐1元到3元不等,总数不菲。[4]

在满地可,庆祝孔子圣诞相当隆重。满城孔教会假座中华会馆举行仪式,华侨公立学校学生全数出席,加上各界来宾,人数达200多人。各界来宾均颂扬孔子之道,谓其"如日月之经天,如江河之泻地,更历万世而不可变易"。[5]

当然,在尊孔教育中,有时候也会充斥国内政治斗争的火药味。比如洪门所办菁莪学校增加经学一科,学校开宗名义表明:"今日(国民政府)为一党专政,淫词跛行,混淆道德,尤以学界之趋势炫异,废灭国粹,三德十伦,弃如粪土,为可

---

[1]《菁莪学生将卖茶筹款》,《大汉公报》1937年12月15日和1938年1月6日。

[2]《菁莪学生卖茶之热闹》,《大汉公报》1938年1月10日。

[3]《培英学校祝圣盛况》,《大汉公报》1925年10月20日。

[4]《捐助孔教大学之热诚》,《大汉公报》1929年4月10日。

[5]《满城庆祝圣诞盛况》,《大汉公报》1931年10月20日。

惊心,故要增讲经学以明伦,葆正四维。"[1] 菁莪学校的尊孔立场,当然来自办学者洪门。洪门总机关,即驻温哥华之全加致公堂总办事处,更是不讳言地指出:"孔子之学说,与洪门之忠义信条暗合,是以年年纪念圣诞……(中国)近更以党治腐败,人心不古,道德沦丧,廉耻道丧,以致人祸天灾,层出不穷,内忧外患,相迫而至,非阐扬圣道,无以正人心而止乱御辱,故近数年来,领导全加侨众,提倡圣道,不遗余力,于年年孔子诞辰,举行纪念。"[2] 可见,孔教伦理,即使在大洋彼岸的唐人街,也难以摆脱宣讲者的政治倾向。在华文学校,庆祝国庆(中国)典礼、开学礼、结业礼都是相当隆重的仪式,社区各界的领袖都会出席,训话鼓励学生,或者颁发奖学金给学生,甚至请戏团到场犒劳学生,显示在教育问题上,整个唐人街和侨社一条心,高度重视,高度参与,华文媒体也是事无巨细地加以报道。这种重视对华人社区传承中华文化传统,培养对华社有高度认同感的年轻人才,可谓意义非凡。在加拿大反华排华的大环境里,华侨子弟无论在对中华文化的知识了解,还是在具体的生活方式上继承中华文化的礼仪谦让,非但不亚于第一代华人,与亚洲本土华人青年相比也不遑多让,这也体现出华侨先辈克服万难,坚持办学方向的正确性。

五、华校师资

办学成功与否,一在于行政组织上是否系统化;二在于师资力量是否强大。在唐人街,不缺商人,也不缺华工,但教师力量并不雄厚,原因在于教师或教育管理者,漂洋过海来加拿大的并不多。有的是因为国内政治变迁而流亡海外者,或者到海外宣扬某种理念,或者到海外求学者,机缘巧合受聘于华校担任教授,但是,随着唐人街办学的兴旺,师资需求愈发多,也愈发成为关键。因此,华文学校办学,除了从本地聘任师资以外,也会从国内聘请专才,前来担任教员进行教学,或者担任教务长等职管理学校。国民政府或者洪门会党等组织,在这方面也是尽斡旋或者介绍之力。在禁止华人入境时期,这种情况并没有中止。举例而言,文华学校在1928年,聘用唐山的李君石做教员。李君石曾在域多利菁莪学校、温哥华华侨公立学校、满地可圣神学校教过书,他于8月30号坐"皇后号"轮船抵埠。[3] 曾在

---

[1]《菁莪学校典礼盛况》,《大汉公报》1929年8月17日。
[2]《洪门总机关纪念孔子》,《大汉公报》1934年10月6日。
[3]《文化新教员抵埠》,《大汉公报》1928年8月31日。

文华多年，后回国的教务主任朱硕存先生，于1929年8月10日，由亚洲搭法国"皇后号"轮船抵达温哥华履新。该校校董及全体学生专程在当晚6时举行欢迎大会，请朱先生训勉学生。[1]

当然，国内聘请的教师或者学校管理者，任职并非是永久性的，乃是有时间限制的，到期就要回国。而回国的欢送仪式，也是相当隆重。比如文华学校的监学蔡雁南先生于1926年11月回国，学校开大会欢送，会上师生依依惜别，蔡先生携子锦瑶致谢。[2] 卡加利华侨学校于1929年11月17日欢送文书雷先生回国，各界来宾致辞欢送，赞扬雷君贡献，亦有学生演讲。整个仪式从4时至7时，达3小时之久。[3]

值得注意的是，由于签证问题，有些资深教师和校务管理者，常常在加拿大华文学校做了几年老师就必须回国，过段时间后，再从唐山（旧指中国）而来接受续聘，比如文华的朱硕存，就是如此。同时，从唐山聘来的老师，可以携带家眷，显然，他们在华文学校任教的待遇不低。

当有的教师因从国内而来，常有误期情况出现；抑或有的本地教师生大病，无法教书，在这种情况下，请社会贤达或其他人担任临时义务教师的情况也不鲜见。比如，卡城华侨学校于1930年元旦庆祝辛亥革命及南京政府成立纪念日的会上，宣布元月6日开学，请林姓人士暂当教职三个月，纯为义务，不取薪资。[4]

六、技校教育

在禁止华人入境时期，虽然唐人街和华社以办华文学校为主，华社教会等组织办的义学则以英文教育为主，但在参与主流教育方面，华社除了让华人子弟在卑诗大学等正规高校与白人孩子同校学习，一拼高下之外，并不排斥子弟接受实用工科类的培训。这类实用技术学校在中华文化或教育观念中是新的东西，而对在歧视环境里争取同等技术工作的华人子弟而言，获得这样的文凭，却是相当好的晋升途径。更何况，技工所需英文水平相对较低，更注重动手能力，在这方面，华人一点不落人后。

---

[1]《文华学校欢迎朱教员纪盛》，《大汉公报》1929年8月20日。
[2]《文华学校欢送纪盛》，《大汉公报》1926年11月11日。
[3]《卡城侨校之欢送会》，《大汉公报》1929年11月22日。
[4]《卡城侨校之元旦庆祝会》，《大汉公报》1930年1月9日。

举例而言，在经济大萧条时期，无论主流社会还是唐人街，都遭遇生意低落、失业频繁的困境。而这时如有再培训的机会，不啻绝路逢生。当时，在《大汉公报》等华人报章上，就有不少技校招生的信息。卑诗（贸易）机械工业学校（B.C. Trade and Engineering School）就刊登过这样的中文招生广告，谓本校招收学习自由车及飞机机器的特别班，并能教导生徒使其成为柴油（Diesel）机器师，有志研习此项机械者，请早来报名。[1] 其实，这样的技校教育可以使劳动者在劳动力市场的竞争中有一技之长，而这种工作机会还延伸到祖国。上述学校在1930年春天开设一个短期毕业科，供急于达成者。而毕业者可以"随同该校一名司理教员五月份到上海，在沪开设同样的学堂，整修各样自由车"。[2]

七、大学中文教育

在禁止华人入境时期，华人社区不但在唐人街推动华文学校的发展，还借着加拿大学术机构，尤其是著名大学，推动中国文化的传承和华文教育，从而扩大中国文化的影响力。华社和唐人街充分利用这些大学课程，来提升华裔第二代对中国文化的尊重和学习中华文化的热情。举例而言，满地可著名的麦基罗（McGill University，今译麦吉尔）大学就在1930年10月2日发出通告，特聘著名学者，也是著名政客江亢虎博士为华文总教授（主任教授），在该大学文科系开设中国文化和语言研究课程。该课程分为三部分，第一部分讲授中国文化，均以英文演讲为先导，首学期内容涉及中国历史、地理、政治及社会制度；次学期内容涉及中国宗教哲学、经史及文艺等。这部分是为西人或只懂英语人士而设的。第二部分讲授中国文字，分为写汉字和学讲中国话，前者目标是学写一千个汉字，后者目标是精通会话。这部分是为西人、日本人和中国南方人而开设的。第三部分则为研究科，需考试入学，学生要交纳课题论文。[3] 麦吉尔大学在北美声名卓著，该大学华文图书馆藏书丰富，当时拥有11万套中文书籍，其中包括古今经史及历代名人著作，为北美华文图书馆之翘楚。

江亢虎早期因参加新文化运动和组建左翼政党而闻名，后在不同历史阶段因暗

---

[1]《工业机械学校招生广告》，《大汉公报》1929年4月5日。
[2]《卑诗教整自由车机艺学校》，《大汉公报》1930年3月27日。
[3]《大学华文图书馆之完备》，《大汉公报》1930年10月2日；《麦纪路大学汉文科之课程》，《大汉公报》1930年10月13日。

中晋见清废帝溥仪及之后参加汪伪政府而臭名远播，并以汉奸罪判刑入狱，病死狱中。但在 1927 年至 1933 年间，他在加拿大推广汉学，开汉学研究之先声，对加拿大的汉学发展起到了促进作用。

八、国粹新学

无论是规模大的华校，还是一人单挑的私学，抑或义校，办学的时候都强调如今纲纪不振，国粹难继，传统失落，因此，在课程设置上都会有圣人之学、唐诗宋词、典章制度。但这不是说，唐人街的办学者都是老古董，都是守旧者，都是清王朝的遗老遗少。恰恰相反，在办学和经营校务上，都是西学或者说新学的模式。但凡大的华文学校，比如菁莪、文强等校，均有篮球队、乒乓球队，参加校内校外各种比赛，[1] 甚至与主流学校对垒，体现的是德智体全面发展的办学理念。不仅如此，学校大都有自治的学生会，培养学生领导力以及主动关心社会、影响社会的精神。此外，学校还组建各种剧团，有演古典传统戏剧的也有演话剧等白话新戏的，用来为学校筹款或者为公益筹款，更为中国的抗战、救灾出力，展现了取之社会、回馈社会的理念。当然，学校也会组织舞会、春游，实践一张一弛的文武之道，扩大学生社交圈子的多元办学方式。

凡此种种，俱表明加拿大唐人街的华文教育，突破了中国旧传统教育的藩篱，在与西方教育碰撞的过程中，融汇出一套东西结合、传授学问、培养品格的新型教育模式。

综上所述，在这一时期，华人社区形成华校建立或者扩大的高潮，是有多种因素的。首先自然是禁止华人入境造成华社的危机感，他们生怕中华文化传承后继无人，故要全力以赴，建校育人。二是抗战兴起，支援祖国抗战，避免国家民族危亡，成为侨社头等大事，年轻人对中国的认同感大幅提升，造成华校生源在短时间里迅猛增加。三是国民政府的大力推动，除鼓励侨校立案登记以外，还在海外普遍设立华侨教育分会，隶属华侨教育委员会（总会）。比如在温哥华，就由中华会馆牵头，在 1940 年筹建华侨教育分会，促进华文教育的普及，支援政府抗战。该会有会员数百人，遍及加拿大各唐人街。1945 年 1 月 4 日，加拿大华侨教育分会在温哥华召开第 5 届理事会第 1 次常委会，并设茶点欢迎多伦多华侨公立小学总务主任刘壁先生。从接收的上届理事会存款 1200 多加元的数额来看，这个委员会的真正实力

---

[1]《文强校学生乒乓球赛》，《大汉公报》1937 年 6 月 14 日。

并非很大,但关心的问题却涵盖整个加拿大华人社区,而当时最大的问题有两个,一个是各侨校的教科书缺乏,第二个是温尼伯及卡加利两侨校师资缺乏。[1] 由此可见,当时祖国处于战乱之中,对海外华文教育的扶持已经力不从心。

加拿大华文教育在抗战结束之后,进入了一个转折时期。

---

[1]《华侨教育会首次常会志》,《大汉公报》1945年1月8日。

第六章
华文报刊和华文文学

第一节　华文报刊

在禁止华人入境时期，华文报纸发挥了华社喉舌的作用，但因为全国范围内华人人口减少的状况，造成新报刊的出现却很少，反而不像19世纪末20世纪初有那么多的新报诞生。

这一时期，《大汉公报》（温哥华）、《新民国日报》（域多利）、《醒华日报》（多伦多）等老报，依然扮演着报界中流砥柱的角色。值得一提的新报有，1928年2月21日在多伦多创办的《洪钟报》。[1] 该报由洪门致公堂与宪政党联合主办，后来宪政党瓦解，则由洪门独立支撑，[2] 与加东中国国民党党报《醒华日报》分庭抗礼，两者在加东各领风骚。1926年协议创办该报时，原定为周报，每星期六发行。[3] 因为主办者及多伦多侨界反应热烈，认股者极为踊跃，几个月就达8000余金，故相关人士决议改成日报，并派人专责在加西招股。[4] 由此可见，社区对华文报纸的扩大和良性竞争，持相当肯定的态度。经过一年多的筹备，《洪钟报》在1928年2月21日出版第1期，并聘请国民政府驻渥太华副领事叶可樟先生暂主笔政。[5]

值得一提的是，加华早期的华文报刊常有起伏不定甚或突然变化的特征，其原因不外乎三种：一是政党政治的抗争，二是资金的问题，三是报社内部的人事争斗。举例而言，《洪钟报》乃是洪门支撑的报纸，且有国民政府襄助，可谓"实力不菲"，但随着时间的推移，报纸也出现了资金缺乏、入不敷出的窘况，甚至被业

---

[1]《洪钟报今天出版》，《大汉公报》1928年2月21日。
[2] 李东海：《加拿大华侨史》，加拿大自由出版社，1967年，第351页。
[3]《洪门倡办星期报》，《大汉公报》1926年6月10日。
[4]《洪钟报招股员出发》，《大汉公报》1926年11月22日。
[5]《洪钟报今天出版》，《大汉公报》1928年2月21日。

主下逐客令。无奈之下，1941 年，在满地可举行全加洪门第 10 届恳亲大会时，该报派罗景耀出席大会求助。后改为董事制，同时发行公债，经营状况才有所好转。[1]

其中两份很短命的报纸是北伐期间在温哥华创办的《加拿大晨报》以及抗战最高潮期间在温尼伯创办的《三民日报》。[2]《三民日报》因财力不济，只出版数月就停刊了。《加拿大晨报》则因为曾撰文抨击蒋介石、赞成汉口政府，而激怒南京派系。国民党党员黄五盛[3]假装支持雷鸣夏，得到雷鸣夏信任后，得以接近雷，并在 1927 年 8 月 8 日开枪杀人，黄五盛随后自戕。惨案发生后，加拿大警察搜查了国民党总支部。[4] 1929 年 2 月，国民党以业主名义将《加拿大晨报》报馆封闭拍卖，晨报至此停刊。[5]

除了上述这些正规的报刊之外，各社团的会刊以及各团体在组织反排华、拒日本、援中国、筹善款等大型活动中分发的印刷宣传品，也起到了巨大的舆论作用。其中较为著名的有域多利的《茅岗月报》，在停刊多年后于 1938 年复刊，理由就是"时至今日，局势一变，国事严重，本报职责为侨胞喉舌，专司传达国内时事"。[6]

时事刊物之外，也有综合性刊物。比如 1936 年 5 月 9 日创刊的《太平洋星期刊》，为每周六出版的周刊。内容包罗万象，有时事、政论、珍闻、医事、掌故、杂文、小说、文苑、剧评和译丛等栏目。[7] 1936 年 8 月 21 日，《加拿大云埠中华英文周报》(*Chinese News Weekly*) 创刊。[8]

值得一提的是，中国的抗日战争爆发，华人的党争和派系之争停了下来，华文报刊成为支持中国抗战的号角。这些报刊想方设法全面报道中国抗战的进程，号召加拿大华人与中国共患难。

---

[1]《陈翼耀专员奉命调查全坎洪门事务报告书》，温哥华，驻云埠全加致公堂总干部、驻温哥华全坎洪门总干部印发，1945 年，第 104 页；林普庆，洪门史略：《中国洪门民治党多伦多支部 95 周年纪念暨欢迎全国代表大会》，多伦多洪门，1989 年，第 56 页。
[2] 李东海：《加拿大华侨史》，加拿大自由出版社，1967 年，第 352 页。
[3] 黄五盛，台山白沙人，时年 20 岁，曾在温哥华西纽约餐馆做工，后去锦碌，国民党右派人物；《加拿大晨报内之惨杀案》，《大汉公报》1927 年 8 月 9 日。
[4]《加拿大晨报内之惨杀案》，《大汉公报》1927 年 8 月 9 日；《晨报惨案续讯》，《大汉公报》1927 年 8 月 10 日。
[5]《加拿大晨报已矣》，《大汉公报》1929 年 2 月 7 日。
[6]《<茅岗月报>复刊启事》，《大汉公报》1938 年 6 月 24 日。
[7]《<太平洋>期刊问世》，《大汉公报》1936 年 5 月 2 日。
[8] Chinese News Weekly No. 1; Paul Yee, *Saltwater City: Story of Vancouver's Chinese Community*, Douglas & McIntyre, Revised ed. Edition, 2006, p.92.

华文报刊揭露日本侵略者的面目，号召侨社起来支援祖国抗战，加拿大的华人学生在另一个舆论战场上，与当地日侨社会故意扭曲事实、误导主流社会的行为进行了斗争。他们在艰苦的条件下，出版英文刊物，揭露日本侵华真相，而侨社对此大力支持。1932年，针对日本占领东北，轰炸上海闸北的暴行，"已无人道与公义可言。唯在美洲之倭侨，仍到处满布谣言，大作宣传功夫，以图掩护其凶蛮之野心。惟本埠土产之倭奴，亦刊有英文报纸，向西人方面宣传，西人中因此被愚者亦有之。惟加属华侨方面，除略著言论于报章，及向西人团体演讲外，并无别等对外之宣传"。因此，满地可的中华学生特向侨界募捐，制作并刊出英文袖珍杂志一册，将中日冲突的历史、前因后果，以及未来发展，加以真实论述，并向华人再度募款以便多多印刷，向西人广泛散发。[1] 这是报刊舆论战的另外一条战线，虽说是英文印刷，却也起到华文报刊无法起到的作用。1932年，温哥华的云高华华侨拒日救国会（Vancouver's Oppose Japan and Save China Association）也推出拒日特刊，宣传抗日。[2] 1936年，首份英文版《中华英文周报》（Chinese News Weekly）在温哥华出版，这也是为了让西人和华人的第二代、第三代可以更多地了解唐人街的情况。[3]

在林林总总的中文报刊中，由洪门创办的《大汉公报》依然扮演着龙头老大的角色。其特点一是信息全。无论加西、加东，还是美国，无论中国还是亚洲，其信息涵盖华人社区、主流社会、中国大事及世界潮流，可谓一报在手，尽知天下。二是舆论宣导能力强。无论是反歧视，还是支持中国抗战，该报社论、评论以及读者声音，观点鲜明，立场清楚，措辞铿锵，毫不含糊。三是社会运动组织力佳。华人社区由于宗派多、宗亲杂，一盘散沙，《大汉公报》常常能收到登高一呼、万众响应的效果。难能可贵的是，从反排华到抗战，该报的党派立场越来越低调，华人社区立场越来越强烈，党同伐异越来越少，国家民族定位越来越明显。四是信息资料齐全。《大汉公报》版面充裕，华人社区举凡政治、历史、教育、生意、娱乐、消遣、喜事和丧葬等，事无巨细，都有报道抑或广告，简直是了解禁止华人入境时期的"百科全书"和历史资料库。

除了全面报道祖国抗战过程和加国华人共体时艰、援助祖国的活动之外，《大汉公报》对1933年在阿尔伯塔省召开的太平洋国际学会大会的连续报道，也为当

---

[1]《华学生会努力宣传救国工作》，《大汉公报》1932年4月21日。
[2]《拒日特刊》，云高华华侨拒日救国会，1933年1月第2期。
[3] *Chinese News Weekly*, Aug. 21, 1936, Vol1, No. 2, Quoted from *Saltwater City: An Illustrated History of the Chinese in Vancouver*, Douglas & McIntyre, 2006, p.83.

时的中加交流史留下宝贵的历史资料。该连续报道大致涵盖三个方面。一是侨社热情欢迎以胡适博士为领袖的中国代表团与会，并对代表团作"秦庭之哭"，详述排华恶法10年来对华人的束缚和华人妻离子散的惨状，吁请代表团在会议上对加国通过的"排华法案"代鸣不平，并向加拿大代表团进行申诉。[1] 二是报道中日两国代表团在对待加国移民苛例上，倒是口径一致，并和加拿大代表团进行了争论。中日代表团要求加国放松对中日移民进入加国的限制，并谓东亚人难以融入加拿大人之社会，且其所获薪金太低，被迫降低生活水平。加拿大代表则辩称，如今加国人民都"无工作栖身"，故难以再放东亚人入境。即使未来情况改变，仍会优先"增召英属国民人口"。[2] 三是详细报道胡适博士的演讲，以及他对日本满蒙政策的批判。胡适强调，由于日本准备让清废帝溥仪"登龙位"，故以"现状而观，中日两国极难恢复和平之邦交，盖须先修改日本之武力态度，方可设立东亚永久和平"。[3] 从这些报道就可以知道，《大汉公报》在"不以人废言"的客观报道的基础上，积极为加拿大华人代言，也为中国的正义立场代言。

华文报刊在禁止华人入境时期的发展和舆论工作，可以分为三个组成部分。

第一部分是对加拿大"排华法"的全面批判。各家华文报纸纷纷发表社论、评论，指出"恶法"的不公正，继而号召华人社区组织起来进行抗议，并游说政府要求撤销和修改排华条例。可以这样说，华文报纸的舆论是华人社区反抗"恶法"的先锋。

第二部分是对日本侵华战争的全面批判和及时报道。纵观各华文报刊，它们通过社论、评论等舆论工具，义正词严地抨击日本的侵华行径，同时又详细报道中日冲突和战争进程，从1925年上海的"五卅惨案"、1928年的"济南惨案"到1931年的"满洲事变"；从东北抗战到1937年"卢沟桥事变"，直到抗战结束，可以说，加拿大的华文报纸事无巨细，全面报道，而这一波又一波的报道，也成为加拿大华人发起声援抗议，组织拒日活动，筹款援助难民和支持抗战，甚至影响不少华人回国参战的最重要的鼓动者。在抗战的报道和评论上，加拿大华文报纸就是中国抗战舆论的一个组成部分，也是中国争取国际社会支持中国抗日的舆论的一个组成部分。浩瀚的太平洋阻隔不了加拿大华文报纸和华人社区与祖国同声共气、共赴国难的决心与行动。

第三部分则是对加拿大加入盟国、参与太平洋战争的全面支持与报道。华文报

---

[1]《欢迎我国代表团纪略》，《大汉公报》1933年8月14日。
[2]《提论华移民苛例》，《大汉公报》1933年8月18日。
[3]《胡适对中倭关系之论调》，《大汉公报》1933年8月17日。

纸通过这方面的报道和评论，强化了华人对加拿大的认同，也传递了华人要求消除歧视、改善地位的正面要求。

表现在这三部分的内容上，尤以对中日战争的报道时间跨度最长，报道最为详尽，评论数量最多，参与组织的活动也居于首位。

由此可见，在抗战兴起后，国内局势瞬息万变，各地情况又错综复杂，加拿大华人社区急于知道战况，迫切希望了解战况对其家乡的影响，这给华文报刊的发展提供了最直接的需求；而处于战争大后方的华人民众，对华文资讯的浏览需求也与日俱增。不仅如此，由于抗战和太平洋战争的爆发，这一时期的华文报刊，夹杂着一些英文刊物，发挥了动员民众支持抗战的重大作用，舆论带动全社会团结一心，对华人年轻一代当兵参军、父母全力支持，起到了重要的鼓舞作用。

这并不是说，在这个时期，华文报纸都以大局为重，不再进行党派、宗派之间的争斗，彼此攻击，而是因为面对大形势的挑战，华文报纸之间的"殊死争斗"得不到社区的支持。举例而言，在1929年至1931年间，加拿大东部致公党的《洪钟报》与国民党的《醒华日报》历经了近两年的笔战，最后在《醒华日报》主笔王冠英辞职回国之际，由满地可中华会馆出面调停，《洪钟报》主笔洪少植接受了调停，双方的笔战旋即告终。[1] 因为双方都知道，面对日本侵华步伐的加快，全中国人民和全球海外华人无心关注党派之争以及文人报人的私下恩怨，而是呼吁一致对外，谁逆此大势而动，不接受第三方的好心调停，必然就"失道寡助"，受到大众舆论的谴责以及读者的抛弃。

值得一提的是，在禁止华人入境时期的末期，也就是在抗战结束到内战全面爆发的一段时间里，加拿大华人社区能够看到的报刊，已经远远不止加、美两地的华文报刊，亚洲的中文报刊源源不断地涌进来，计有《循环日报》《工商日报》《华侨日报》《成报》《新生报》《国民日报》《华商报》等日报，还有《春秋》《扫荡》《中华》《民声》等小报。[2]

第二节　华文文学

禁止华人入境时期，加华社区的乡愁更加浓厚，而华文报刊上呈现的"文学活动"也就有了更多的读者和呼应，内容也相应丰富。一如既往，传统诗词的创作依

---

[1]《〈洪钟时报〉文战奏凯》，《大汉公报》1931年5月5日。
[2]《香港报纸现已运到》，《大汉公报》1946年5月6日。

然是加拿大华人文人骚客的最爱。《大汉公报》常常开设"诗界""吟坛""诗林"和"风雅坛"等栏目发表这方面的作品。从作品的内容来看，有怀念故土、有忧伤感怀、有记录朋友离别、有支持中国抗战等，还包含加拿大华人生活的点滴。这些诗歌有着中国传统文化内容，但也揉进了加拿大元素。

由于副刊版栏目繁多，各类作品琳琅满目，无法详细列举。1924年6月21日，《大汉公报》文学版"诗界"刊登了四郎所写的诗词，这里列举其中一首。

七一前二星期席中偶咏二绝[1]（其一）

国耻由来纪念多，重逢七一辱如何？
把杯痛饮卿将醉，拔剑狂吟作浩歌。

1929年4月12日，《大汉公报》文学版"风雅坛"刊登了石侬所写的诗词。

送仍弟归国[2]

同是天涯暂别离，东归告我一书驰。
十年去国沧桑感，万里乘舟妇子随。
且喜椿萱荣向日，莫愁杨柳怅多时。
重洋浪静平安过，故旧相逢酒满卮。

其 二

几时云埠又人间，秋日风高舟自来。
未必轻离偏重利，本教善贾为多财。
市门混迹群情洽，珂里荣归众妙该。
曲谱骊歌游子惯，江干置酒吐徘徊。

以上两例可以说明早期华语文学的一些特征。一是作品以旧体诗词为多，显示华人社区文人骚客中受过传统私塾教育者占多数，受"五四"新文学影响反而较少。二是作品多表达乡愁，充满了离愁别绪，可谓是早期的"离散文学"。三是作品大都是文人之间的唱和，这也是旧文学传统的重要特征，而鲜少"大众的文学"，这

---

[1] 四郎：《七一前二星期席中偶咏二绝》，《大汉公报》1924年6月21日。
[2] 石侬：《送仍弟归国》，《大汉公报》1929年4月12日。

与早期华工大都不识字或者少识字的情况有关。值得注意的是，这些文学作品中，并不缺少鲜明的反歧视倾向。从《七一前二星期席中偶咏二绝（其一）》来看，作者对加拿大国庆节（7月1日）的来临非但没有喜悦之情，反而被触发了极大的不满与忧郁，以至于抒发"拔剑狂饮作浩歌"的悲情。由于"排华法案"的出现，华人不但不愿意庆祝加拿大的国庆日，而且视其为"国耻日"。

值得注意的是，在报纸副刊上出现的文学作品，除少数外，大都用的是笔名，且都是小作品，故而当时的加华文学并没有有影响力的作家出现。

这一时期，新的堂所时常举办庆贺活动，侨社之间也会有吟诗作词的文学创作活动。1939年，禺山总公所落成后，加拿大很多侨社发来祝词，有上百首是四句贺词，也有其他贺词，例如：

温哥华冈州总会同人敬祝
开幕之庆，人才荟萃，济济一堂，典礼辉煌，会务发展，禺山之光，发达无疆。[1]

群生公司同仁恭祝

惟癸未之畅月兮，其良辰与吉日。
庆大厦之宏开兮，遂夏现而光出。
仰一堂之怡怡兮，式歌舞以咸秩。
尔其雍容和乐兮，乃鼓琴而挟瑟。
集莺笑以燕喜兮，惟桑梓之稠密。
迨丝诵而雅歌兮，直风同于道一。
祝千秋之盛鼎兮，媲泰山而无匹。[2]

诗歌之外，征联在这一时期也相当多见。例如，1929年3月26日，《大汉公报》刊登对题求教。

梅 兰 云 国 文
菊 竹 雪 家 武

这个征联以梅菊、兰竹、云雪、国家、文武为引，用辘轳格式做七言联，并于1929年5月15日送请加拿大总领事保皞先生评阅。按照以往惯例，前100名有赏

---

[1]《禺山总公所落成纪念册》，1949年，第53页。
[2]《禺山总公所落成纪念册》，1949年，第35页。

格，每份送交的对联收费两毛五。[1]

在加拿大华人社团早期文学活动中，具有广东岭南特色的粤讴创作引人注目。《大汉公报》文学版也多有刊登这方面的作品。

例如：《大汉公报》在1924年6月21日，刊登了名印的粤讴作品《七一纪念》。[2]

七一纪念，确实心伤。我未开言，就先已断肠，呢个纪念问题，非比别样，讲起番嚟，想共各位参商。第一先要合群，把民气涨，二要文字鼓吹，法子最良，三要演说会大开，讲多几账，激起人心振奋咯，怕乜虎势方张，讲起佢苛例待我嘅情形，真系令我地心怅怅，哎，有乜想，为人须向上，但愿同胞此咯，发奋去图强。

该作品显然有鼓动民意坐而起行、团结起来反对排华恶法的政治含义，宛如民间政治动员令。

另外，报纸刊登小说数量有所增加。例如《大汉公报》"汉声"文学版专门刊登的文学作品中，不少是连载亚洲的作家所写的作品。《大汉公报》文学副刊1929年连载小说《非衣令》，[3] 1931年连载小说《再回头》，[4] 1937年刊登作家豹翁所写近事小说《鸣呼恋爱》。[5]

这一时期，虽然唐人街走向衰落，华侨华人人数减少，但是他们依然有文娱活动，其中之一就是撰写诗句和对联。1936年，华侨为庆祝云埠成立50周年特写门联："聊逢海若谈秋水，笑剪湘天吸彩云。"还有社团在赠送的礼品中写着富有诗意的句子：升平富贵、三阳启泰、喜溢眉梢等。[6]

侨社举办的文艺活动内容多种多样，有诗乐活动、文学征联，还出版刊物。《禺声月刊》是1939年由番禺华人创办的，刊登了一些以抗战为题材的剧本，它的读者遍及北美、中南美、澳大利亚和亚洲等。[7]

阅读书报是20世纪上半叶华人社区的一种聚会方式，是华人关心加拿大和祖

---

[1]《联榜送阅》，《大汉公报》1929年3月25日。
[2] 名印：《七一纪念》，《大汉公报》1924年6月21日。
[3]《非衣令》，《大汉公报》1929年3月25日。
[4] 哀蝉：《再回头》，《大汉公报》1931年7月30日、8月12日。
[5] 豹翁：《鸣呼恋爱》，《大汉公报》1937年7月13日。
[6]《本会馆现貌》，《加拿大云高华中华会馆举行重修开幕典礼特刊》，1952年，第10页。
[7]《禺声月刊》1939年第1、2期；转引自梁丽芳、马佳等：《中外文学交流史·中国—加拿大卷》，山东教育出版社，2015年，第119页。

国新闻的一个途径,也是社团给自己成员提供的一个休闲去处。这一时期,一些大社团陆续建有阅书报社,如温哥华有民星总社的民星阅书报社、[1]阿尔伯塔省庇里磨有觉民阅书报社[2]、域多利有致公堂阅书报社[3]等。

除阅读书报外,华人社区还出现了习诗作文以及了解祖国近况的需求,有些文人开始从事相关的教学工作。1927年1月,由旅居温哥华20年的著名文人黄孔昭牵头,创办明伦学校中文函授科。温哥华的国学函授书院,由诗人徐子乐担任教授,学习课目有诗、词、对联等。1927年2月,温哥华洪门宣讲社宣布成立,每周六晚,邀请社区有知识之人和从中国来的名人演讲,曾请过黄孔昭等人。[4]

---

[1]《启者》,《大汉公报》1948年2月5日。
[2]《加属又多一致公堂》,《大汉公报》1929年2月11日。
[3]《菁莪校学生演说成绩》,《大汉公报》1929年5月25日。
[4]《洪门宣讲社成立会盛况》,《大汉公报》1927年2月28日;《洪门演说社纪盛》,《大汉公报》1927年3月7日;《国学函授学院招生》,《大汉公报》1936年7月15日。

第七章
戏剧、音乐

第一节　戏剧、戏班与剧社

在禁止华人入境时期，加拿大华人社区或者说唐人街的主要文化生活，依然是演出和观赏中华传统戏剧，其中以粤剧为主。这一时期，传统戏剧比较流行，因为华侨华人比以往任何时候都需要听到、看到来自故乡的传统戏剧，因此，一些新戏社应运而升。1925年，域多利中华基督教长老会成立青年剧艺社，梁梅舫牧师负责编导，何志教授剧艺，陈炳光负责灯光布置。该戏社维持运营20多年，每年的演出全部支付教堂所需经费。[1] 1938年12月17日，文强话剧研究社成立。[2]

中国抗战的爆发，关乎民族的生死存亡，非但没有中断和减少戏剧的演出，削弱其在华侨华人文化生活中的重要性，相反，戏剧的发展和成长获得了一个特殊的环境，并催生了许多与大时代相结合的新的戏剧形式与内容。太平洋战争的爆发，中国与西方成为盟国，某种程度上让华人和白人克服了种族歧视造成的文化和心理上的隔阂，在戏剧电影和其他文化形式上，产生了中西融合的契机。

在20世纪20年代至30年代初期，唐人街戏曲演出的曲目仍然以传统情爱剧为主，并在温哥华唐人街形成各戏班子"八仙过海"打擂台的状态，可见观看者之踊跃。

举例而言，在纽约和温哥华唐人街活跃的祝民安班，以及温哥华的国丰年班就打出了广告，说从唐山聘到全班名角演出"琵琶抱恨""奶妈陆夫人"等，并于1923年6月13日7点在两家唐人街同时开演，颇有对垒的味道。[3]

在加拿大华人社区，温哥华唐人街是粤剧等中国传统戏剧演出最受欢迎的地方，可谓是当时的戏曲重镇。仅20世纪20年代期间，在温哥华连续演出的正式剧

---

[1]《域多利中华基督教会长老会1892—1983》，1983年，第31页。
[2]《文强话剧研究社谢启》，《大汉公报》1938年12月20日。
[3]《祝安民班开演》，《大汉公报》1923年6月13日。

团，除了祝民安班和国丰年班之外，还有国中兴班、大舞台班、侨声剧团，演出的剧目有《私下三关》[1]《夺嫡奇冤》[2]《醉斩平西王》《狡妇疴鞋 强僧戏玉》《三气周瑜》[3] 等。

值得一提的是，1934年4月成立的振华声剧社具有很大的影响力，成立演出假座远东戏院举行，"场场大戏，节节传神，声色艺俱佳……虽祖国名班，亦不多让"。[4] 该戏班除了社长少波、少棠两人，还设交际科、训练科、文事科、会计科四科，编剧、监督、评剧、议员诸等首届职员，达数十人。[5] 演出的剧目众多，有《华丽缘》《原来真兄妹》《三战黄婆洞》《醉打金枝》《豆腐西施》和《大审水冰心》等，[6] 其中《泣荆花》一剧极受欢迎，"观众极形挤拥，后至者无座位可坐，迫得立于两旁"。[7] 振华声剧社相当急公好义，常常为社区大活动筹款而举行义演，除演出传统剧目外，还创作新戏，以应时局和活动需要。比如，1934年11月，剧社听闻蔡廷锴将军要到温哥华，特别出心裁，串编新锣鼓京剧一出，名《平地一声雷》，将其收入所得之款项尽数拨归本埠华侨联合欢迎蔡廷锴将军筹备会。[8]

于1935年同期成立的醒侨剧社，专门研究粤剧锣鼓，成立演出的两出戏是《蝴蝶美人》和《佳藕兵戎》，前者乃"哀艳情剧"，后者是"庄谐妙剧"，演出剧目众多，有成套的《梨花罪子》，也有讽刺生活的现代剧，比如《拉车被辱演说警夫》《满天神佛》和《洪福齐天》等。[9]

此外，温哥华还有侨声剧团，除排演《西厢待月 红娘递柬》等古装戏外，[10] 经常演出现代剧，诸如《斗气姑爷》《香港血案》等，[11] 也有抗战新剧《国破家何

---

[1]《本院祖国新聘到全班名角》，《大汉公报》1923年6月7日。
[2]《新办到全班男女上等角式开演》，《大汉公报》1924年12月3日。
[3]《云高华埠中国兴班哥伦比亚》，《大汉公报》1925年7月2日；《升平戏院大舞台班》，《大汉公报》1927年2月4日。
[4]《振华声剧社成立演剧》，《大汉公报》1935年4月15日。
[5]《振华声剧社鸣谢》，《大汉公报》1935年4月20日。
[6]《振华声班助中大筹款》，《大汉公报》1935年6月6日；《本埠两剧团演戏之消息》，《大汉公报》1942年2月14日；《振华声与醒侨演戏消息》，《大汉公报》1942年4月9日。
[7]《振华声剧社演戏余》，《大汉公报》1935年10月21日。
[8]《昨演剧筹款迎蔡盛况》，《大汉公报》1934年11月19日。
[9]《又有一锣鼓剧社出世》，《大汉公报》1935年4月18日；《本埠两剧团演戏之消息》，《大汉公报》1942年2月14日。
[10]《侨声剧团点演名剧消息》，《大汉公报》1943年11月20日。
[11]《侨声剧团》，《大汉公报》1942年12月30日。

在》等。[1]

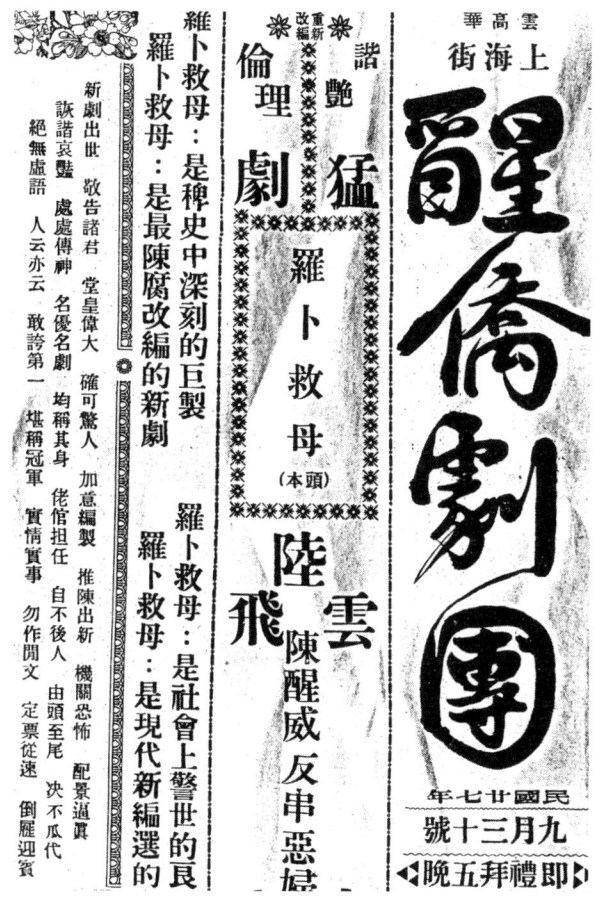

图 7.1　醒侨剧团演出节目单（1938 年）
资料来源：黎全恩收藏并赠予贾葆蕤的资料

在温哥华这些剧社中，国中兴班因为明星四散或者回国等原因，于 1926 年 5 月散伙，[2] 社区票友颇感惋惜。

而在多伦多，虽然唐人街兴起较晚，但在组团演剧等方面，一点也不逊色。其中较为著名的戏班，成立于 20 世纪二三十年代，即有洪门背景的振洪声剧社。演出的剧目既有自己编的新剧《红花发》，也有国内外戏班子惯演的《牡丹被贬江南》

---

[1]《侨声剧团》，《大汉公报》1943 年 11 月 13 日。
[2]《国中兴班星散》，《大汉公报》1926 年 5 月 28 日。

《金莲戏叔武松杀嫂》等艳情剧，且颇受欢迎。[1]

之后，振洪声剧社演出的传统剧目有《孝儿救祖》和《水浸金山寺》等，该剧团曾经花费很多钱，在祖国购得大量戏服头盔，故而以"戏服之华丽"著称。[2] 1941年11月9日，该剧团举行成立八周年纪念庆典，全国各地都有代表参加并发言，庆典历时数小时。至晚上8点，还大摆宴席，可见其影响之大。[3] 多伦多还有成立于1932年的涉趣园剧社和成立于1933年的联侨剧社。二战期间，涉趣园剧社演戏协助筹款，支持抗战。[4] 联侨剧社的前身是多伦多第一个中国音乐组织——世界剧社，1933年联侨剧社成立后，进行了三方面的工作。一是组织粤剧等的演出，二是邀请中国各地的粤剧家和音乐家来多伦多，对本地票友及粤剧爱好者提供训练指导；三是为失业和贫困华人提供廉价住宿和膳食。为此，剧社在1940年向市政府申请修建一所联谊会大楼。[5]

当时戏曲受欢迎的程度，可以从票房上窥见一斑。比如，为开平中学演戏筹款，请到祝民安戏班演出《仕林聚塔》，剧院座位有1060位，竟售出1300余张票，收票款1300加元，成绩惊人。[6]

戏班搭建也是应社区需要，比如，1926年5月，国中兴班解散后，温哥华华人戏迷颇感失望，盼望影寂声沉的舞台歌榭可以歌声再起。因此，有林姓商人集资创办一间同利公司，从大埠大舞台及纽约的祝民安班聘来名角，再汇款到亚洲聘请演员，搭建成班子后，在林比戏院再度登台献技。为了能够让戏迷们饱眼福耳福，各地戏班互相借用主角，进行资源的整合分配。[7] 在禁止华人入境时期，粤剧艺人可以申请临时签证进入加拿大，比如粤剧名伶谭李翠屏（Tuey Ping Lee-Hum）就是在1936年跟随粤剧团来到加拿大，在加美两地的华埠巡回演出，最后留在了加

---

[1]《振洪声演剧续志》，《大汉公报》1933年7月17日；《都城梨园近讯》，《大汉公报》1933年8月14日。

[2]《振洪声在兰顿演戏讯》，《大汉公报》1936年5月8日。

[3]《振洪声剧社纪念之盛况》，《大汉公报》1941年11月22日。

[4] 多伦多市政府官方网，https://www.toronto.ca/wp-content/uploads/2017/09/90b0-chinese_chi_web.pdf，检索时间：2021年9月21日；涉趣园提供的资料；《涉趣园纪念举行成立36周年纪念》，《醒华日报》1968年6月12日；吴剑声：《涉趣园之改建风波》，《醒华日报》1983年2月28日。

[5] 多伦多市政府官方网，https://www.toronto.ca/wp-content/uploads/2017/09/90b0-chinese_chi_web.pdf，检索时间：2021年9月21日；《多城联侨剧社同人谨谢》，《醒华日报》1961年10月24日；《都城联侨社纪念通告》，《醒华日报》1976年5月13日。

[6]《开中演戏筹款之面面观》，《大汉公报》1924年4月29日。

[7]《华戏开演消息》，《大汉公报》1926年11月13日。

拿大。醒侨剧团就是在 1941 年战乱之中，聘请到在广州、佛山等地区等地活跃的"文武生桂名扬，艳旦皇后文华妹，优秀艳旦桂丁香等名伶"来加拿大演出，让华人能够领略名伶风采。1930 年代，加拿大诗卑亚公司属下有"亚洲皇后号""俄国皇后号"和"加拿大皇后号"，均有粤剧演出，但因为移民法所限，这些轮船上的华人抵埠也不准上岸。后经温哥华振华声执事努力奔走，最后以担保形式请主角演员上岸献演数次。初试牛刀，侨胞热烈捧场，以后每隔两三星期，这些主演便来献艺一次，此举维持了数年。[1]

除了专业的班子之外，华人社区大凡学校和社团，也常常成立剧社剧团排练演出，参加演出的有退休演员、资深票友和青年学生。规模较大的学校，如菁莪学校，都有学生剧团，有时候也排演大戏，为学校筹款并答谢社会各界。

学生剧团的一个特点是，他们敢于老戏新唱，甚至将传统故事编成白话剧，借古讽今，以古鉴今，提倡新文化，让老侨也能与时俱进，跟上社会的步伐。举例而言，1930 年年底，菁莪学校学生剧团在温哥华环球戏院演出白话八幕大戏《玉龙案》，故事叙述的是一个腐败私塾中出现的离奇故事，讽刺金陵儒者甄胡图所办的私塾宛如一个赌场，随后演绎出一连串同学、父母、兄妹、师生和情人之间的复杂关系，最后还是恶者良心发现，无辜者冤情得到昭雪，忠义得到嘉奖，失窃的玉龙完璧归赵。[2] 该戏在侨社广受欢迎。社团如育英书报社，就在 1928 年创办了育英剧社，开展各种文艺活动。[3]

此外，于 1936 年成立的清韵音乐社规模较大，光列名的职员干部就有 40 人以上，在唐人街颇具影响力。[4] 他们的创会目的就是支持抗战，推广国乐，既演粤剧也编写歌曲。他们曾经排练抗日剧《傀儡风云》，在华埠演出筹款，获得热烈响应。[5] 域多利的洋洋音乐社，也是积极演戏筹款支援抗日，[6] 仅一次筹款就达 112800 元，寄交国民政府财政部孔祥熙先生。[7]

除了上述这些创办比较长时间的专业和业余剧社之外，还有一些临时拼凑、为

---

[1]《醒侨剧团聘请新伶抵埠》，《大汉公报》1941 年 10 月 2 日；简国安：《振华声经过纪要录》，《加拿大振华声艺术研究庆祝 60 周年特刊 1934—1994》，温哥华，1994 年，第 11 页。
[2]《菁莪学生演戏纪要》，《大汉公报》1930 年 12 月 26 日。
[3]《又有新剧社出现》，《大汉公报》1928 年 7 月 13 日。
[4]《谢启》，《大汉公报》1941 年 1 月 30 日和 1951 年 7 月 4 日。
[5]《清韵社演戏之庆闹》，《大汉公报》1945 年 4 月 9 日。
[6]《域埠洋洋音乐社演剧筹款宣言》，《大汉公报》1943 年 2 月 18 日。
[7]《域埠洋洋音乐社演剧筹款启事》，《大汉公报》1943 年 4 月 6 日。

一些大型社团活动筹款的剧社，机动性很强，"招之即来，来之能战，战后即去"。比如，1925 年，中华会馆为了筹款支援祖国的失业工人，请来现象剧社"日夜报效演剧"，"又得铁城崇义会借出新丽之暮景，各商店捐出瓜子食物，各酒楼派出侍女，代为发卖"，演剧总指挥是社区名人朱广炜。该会演一晚得现银600 余元。[1] 1929 年，中国五省灾荒，3 月 27 日，锦碌晨钟剧社就在当地国民党机构里演出白话剧，筹得款项，支援中国赈灾。[2]

唐人街戏剧兴盛的主要原因，是因为华侨华人借着看戏听戏，给自己枯燥的海外生活增添了些许乐趣，解除怀乡思乡的苦楚；而学校及社会的筹款、开学放假、公司开张、宗亲社团的年度活动、祭孔祭祖，凡社区仪式，均需戏班子演出助兴，故此，唐人街每年大戏不断，戏迷也十分满意。特别要指出的是，作为华人社区娱乐休闲传统的戏剧欣赏，到了抗战时期，则成了华人社区唤起民意支持抗战的利器，粤剧、粤曲在为抗战筹款上厥功至伟。全加拿大华社各剧团，几乎是有求必应，活跃在各个唐人街及华人居住的城镇，进行义演，写下戏剧为时代服务、为祖国救亡图存出力的崭新篇章，为抗战成立演剧团体也成为当时唐人街社团的一个重要特色。

另外，国内来的大师、名伶的演出，也对戏剧在加拿大唐人街的普及和发展起到刺激作用。比如，戏剧大师、优界泰斗梅兰芳，1930 年 1 月到美国参加总统大典演出，从亚洲赴美途经域多利，中华会馆邀请其小坐，从下船到再上船赴纽约，中间仅两个多小时的时间，梅兰芳与各方人士见面，其为弘扬祖国文化而不辞辛劳的精神，让华社受到激励。[3]

在禁止华人入境时期，传统戏剧成为华人社区持守和延续中华文化传统的心灵之灯。最令人印象深刻的是，在中国面临国破家亡的危机时，这些才子佳人的情爱之戏，没有成为"商女不知亡国恨，隔江犹唱后庭花"的靡靡之音，相反，却转化成华人慷慨解囊，从大后方支援祖国前线抗战的"激越战歌"和"吸金之音"，这是中国戏剧史上罕见的现象。

第二节　现代音乐

禁止华人入境时期，音乐演唱会也在华人社区时兴起来，而且因为音乐无国界，

---

[1]《演剧筹赈盛况》,《大汉公报》1925 年 7 月 6 日。
[2]《演戏筹款赈祖国灾荒》,《大汉公报》1929 年 4 月 5 日。
[3]《华侨团体欢迎梅兰芳》,《大汉公报》1930 年 2 月 1 日。

尤其是流行音乐可以打破种族藩篱，营造华人、西人共同欣赏的局面。举例而言，在喜士定街西端的片秩治戏院就曾举办歌舞会，特邀华人周如学演唱，打出了"本戏院不分界限，欢迎华友来观"的广告，并声称西人观者也为周君动听的雅曲大鼓掌。[1] 这种中西艺术表演的形式越来越多。1937年，中西艺术旅行团在远东戏院演出，票售罄。演出中，龚月乔女士的演出最为精彩。[2] 由此可见，由于华裔年轻一代的成长，在文艺方面，出现了与西人共处一地观赏音乐的新景象。

其实，社区也有比较大的音乐团体，除清韵音乐社外，温哥华在1938年成立了华侨歌咏团，首次在远东戏院演出，有500余人参与演唱，几乎涵盖所有华文学校的学生，"首唱国歌，其次唱《义勇军进行曲》《新凤阳歌》《锄头歌》《合力抗战歌》……",[3] 如今想起当年的咏歌场景，依然会让人热血澎湃。音乐救国，在当时唐人街得到最佳展示。

随着时代的发展，电影开始进入加拿大华侨华人的娱乐生活，业者选的国产电影还颇有社会学的眼光。比如新汉影片公司就在1926年年末，给温哥华华人社区带来一个描述中国社会家庭悲剧的影片《醉乡遗恨》，在唐人街边上的喜士定街林比戏院连放三日，从早上11点放至深夜11点，12小时循环放映。其广告词直截了当，谓"有父母之责者不可不看，有子女之责者不可不看，青年男女更不可不看"。像这样的特殊放映，票价一般比较贵，大人楼下票价五毛，楼上三毛五，儿童楼上则需二毛。[4] 1941年，远东戏院（即振华声剧场）放映粤语有声电影《华侨之光》，通场加映"旧金山一碗饭运动"新闻片，入场票价也是大人三毛五，小孩二毛整。[5] 平时放映的电影，则便宜很多。比如在温哥华缅街士打戏院放电影，大人只要一毛，儿童则需五分。[6] 这是一般华工也负担得起的娱乐活动。

除此之外，通过放映抗日电影来为音乐团体筹款，在当时成为一种流行方式，尤其是在战争的后期，这种现象更为突出，因为描写抗战及反法西斯的电影源源不断上市。

例如，清韵音乐社就通过放映《克复台儿庄》和《国路十万里》这两部抗日影

---

[1]《片秩治戏院好戏好歌曲》，《大汉公报》1928年6月5日。
[2]《中西艺术表演之情形》，《大汉公报》1935年7月8日。
[3]《歌咏团昨日歌咏情形》，《大汉公报》1938年6月3日。
[4]《林比戏院开影》，《大汉公报》1926年11月27日。
[5]《粤语有声电影》，《大汉公报》1941年11月14日。
[6]《最好电影书戏》，《大汉公报》1928年3月22日。

片来筹款。[1] 斯藻兰（Strand）戏院也在温哥华华埠首次放映描写在滇缅公路上冒着日军枪林弹雨运送军需品的驾驶员的影片《滇缅路上的美国人》。[2] 柯芬戏院（Orpheum Theatre）更是连续放映一周，招待中西观众看各类中国抗战影片。[3] 可见，随着太平洋战争的爆发，加拿大主流社会对中国的抗战已经倍加关注，因为它已经成为世界反法西斯战争的重要一环。

为了筹款，中加协会在远东戏院放映两部电影，即比较封建时代与今天中国生活的影片《中国的生活》，以及描写中国军民抗战的影片《祖国继续抗战》。特设名誉票，票价每张一元以上。[4]

放映电影之外，华人社区还开办了艺术展览，推动加拿大民众对中国的了解。最著名的是1936年7月8日起，为参与庆祝温哥华建埠50周年，在温哥华举行的加拿大华侨中国文化艺术展览会。该展览会规模宏大，内容繁多，除展示艺术珍品外，还展现了中国农村建筑之大美，比如花牌楼之壮观、富家屋之华丽、农家屋之布置、庙场之装饰。还有京剧表演、中国武术表演、中国时装表演，选美活动和花车大巡游等，其中温哥华有数十处举行竞选金禧皇后初选活动，有5名华裔女子参加。7月15日揭晓竞选结果，华人关秀兰得票最高，当选为金禧皇后。[5] 另外，上海荣荣武剧团在卑诗省7个市镇剧院连演14天，表演出神入化，引发轰动。[6] 展览持续两周多，中西人士参观者踊跃，每日均有新闻上报。[7] 这次文化展览，让华人大饱眼福，大解乡愁，"俨然到中国名胜地方，忘形其身在海外"[8]，而对从未涉足中国的加拿大西人而言，是对中国的一次全面了解，有助于他们解除对华偏见，这对于后来加拿大倾向支持中国抵抗日本侵略，也产生了积极作用。

由于华侨华人在娱乐等方面的消费越来越多，西人马戏团和舞蹈团，也开始聘用华人演员来招揽观众，并在华文报纸上打广告。当时著名的宾尼士大马戏班，就

---

[1]《清韵音乐社为推进国乐影戏筹款宣言》，《大汉公报》1943年3月10日。

[2]《斯藻兰戏院》，《大汉公报》1942年3月10日。

[3]《柯芬戏院》，《大汉公报》1943年6月11日。

[4]《中加协会为筹款救济祖国伤难，放映两套新巨片》，《大汉公报》1944年8月25日。

[5]《金禧皇后竞选昨揭晓》，《大汉公报》1936年7月16日；《文艺展会开幕第十日》，《大汉公报》1936年7月20日。

[6]《文艺展会开幕第十日》，《大汉公报》1936年7月20日、11月8日。

[7]《加拿大华侨中国文化艺术展览会广告》，《大汉公报》1936年7月27日；《文艺展会开幕第十三志》，《大汉公报》1936年8月3日。

[8]《加拿大华侨中国文化艺术展览会广告》，《大汉公报》1936年7月27日。

用了号称世界最高者"北京高佬刘玉清"及"华人美女卢拉李昌"参与演出。[1] 华洋结合的表演方式，对西人娱乐团体扩大唐人市场，具有很好的效果。同时，华人也借此更加熟悉西人的表演文化，这对华人融入主流社会，起到了"润物细无声"的作用。

除了华洋表演之外，华人社区也开始参与主流社会的娱乐活动。这一时期较为有名的是 1936 年夏天在温哥华举行的吉尔登喜庆典（Vancouver's Gilden Jubilee Celebration）时，华人在卡罗街附近的片打街上架建起了一座中式牌楼，同时还建起了华人狂欢节村，村中有一座佛教寺庙、一座中式宝塔、一座官邸，一座农舍和一个中国集市。数以千计的文物从中国运到该村庄进行展示。宝塔上有各种中国花瓶、象牙雕刻和挂毯等展览，来自上海的 20 名工匠展示了中国的挂毯艺术；官邸陈列着雕刻家具和国画；寺庙里展示着中国乐器；农舍里摆放着织机、犁和其他农具；集市上有中国功夫、杂技、魔术和歌剧表演，向西人全面介绍中国的传统文化和生活样貌。当然，庆祝活动结束后，建筑物就被拆掉了。[2]

总体而言，在禁止华人入境时期，尤其是在中日战争前后，加拿大华人社区的文化娱乐生活没有停止，反而有了更加多元、中西结合以及雅俗共存的发展，这为唐人街的文化传承和气质培养、对唐人街的文化底蕴的建设、对唐人街的未来发展，奠定了文化基础。

---

[1]《请看大马戏》，《大汉公报》1927 年 6 月 3 日。

[2] "The Chinese Village", The Vancouver Sun, Jul. 13, 1936; "Chinese Royal Arch Nears Completion", The Vancouver Sun, Jul. 11, 1936; "Chinese Parade", The Sunday Sun, Jul. 18, 1936; Chinese Arch to celebrate Vancouver's Golden Jubilee, erected at Pender near Carrall Street, 1936, City of Vancouver Archives.

第八章
宗教、医疗卫生、华人墓葬

第一节 宗 教

在禁止华人入境时期，由于"排华法案"的施行，华人社区面临很严重的歧视，而从家乡新来加拿大的亲朋好友又寥寥无几，华侨华人在心理和社会关系两个层面，都极为孤独苦闷。这种情况就给加拿大主流教会在华人中的发展，带来了很好的机遇。1925 年，全加美以美教会（Methodist Mission）、公理会（Congregational Church）和加拿大三分之二的长老会组成了联合教会（也称作协和教会。同年，温哥华唐人街上的美以美教会也改名为温哥华华人协和教会）。协和教会和罗马天主教会、长老会、圣公会和浸信会等主要宗派的西人教会，采取了积极和灵活的传教策略，从帮助华人日常生活、办英文华文学校，到参与华人的抗战筹款，来吸引华人了解基督教，参加教会活动。而华人目睹了基督教会中西人教友的爱心以及那些免费且实用的帮助，也不会固执地因为中国文化或宗教传统而拒绝接触基督教。这期间受洗成为虔诚教徒、会友的人数依然有限，但参加教会活动，并接受教会帮助的华人人数有很大增长。

在近代联邦架构建立的过程中，基督教对加拿大的主流价值观和制度建设的形成产生了很大的影响。因此，无法排除有些华人接触基督教，乃至加入基督教，心灵深处是为了获得主流社会，尤其是白人的认同，以摆脱"排华法案"施行期间族裔歧视给他们带来的压力与痛苦。值得关注的是，在华人社会的上层，包括华商以及侨团领袖，并不排斥与西人教会的互动，在子女的婚礼或长者逝世后的葬礼上，也多采用基督教形式，对于庆祝圣诞也没有太大抵触。至于在加拿大出生的第二代、第三代华人，加入基督教的人数更多。他们成立的组织，比如中华基督教青年会，也积极参加各地华埠的社会公益活动，并凭借在本地出生和成长的优势，为华人争取公平公正的地位。

当然，在大部分华侨华人的日常生活中，儒家的传统依然是主流，孔子圣道和儒家礼仪在教育层面、在宗亲长幼的层面，受到绝对的尊崇；而面对艰苦的环境与生活的磨炼，道家老庄哲学依然渗透在华人传统意识和智慧中。至于佛教，信者众多，但在那个时期，社会环境和华人经济状况都不满足宏大的佛教庙堂出现的条件，除了以前就建成的谭公庙之外，一般的佛龛依然设在各社团的公所里。

在禁止华人入境时期，华人教会快速增长，西人教派在传教和硬件投入上更是不计成本，在唐人街颇起示范作用。以温哥华华人长老会为例，1930年春天建成新的会所——聚会会堂之外，还有宿舍、体育场、阅书报社和淋浴室等，设施相当完备。至于暖气和抽气机，尤合卫生要求，又附设中文学校、幼稚园、英文夜校，建筑费用总计26000余加元，从华人中只筹得2000加元，且真正到位的钱只有1300余加元。为此，华人教友排练了白话剧《双血泪》演出筹款。[1]

在华人信奉基督教方面，除中华基督教会是由华人独立成立的教会，牧会者（牧师、传道人）由中国大陆派遣来加拿大，期满就会回国，[2] 其余华人教会大都属于西人宗派的分支，在华人中进行传教，然后建立华人分会。因此，在华人教会具体管理方面，尤其是教会附属的社会设施管理方面，均以西人为主，因为无论在语言还是社会关系，抑或专业管理上，西人管理都比较容易。

1934年，温哥华华人协和教会举行迎送会，因为该会附设之女馆总理马丁女士，已任职27年，要退休回加东，继任的波朗女士已经到达，因此，教会华人教牧与会友90多人举行迎送会。[3] 协和教会不但在唐人街传教，也送信徒到中国服务。1938年夏，协和教会就欢送戴爱莲女士到广东江门北街医院当护士。[4]

华人教会并没有以"洋教"为自己定位，与中国的关系亦相当密切，经常邀请中国宗教界人士来加拿大教会演讲，并借此向西人社会介绍中国宗教的现状。1930年年底，中国宗教与教育界人士郑和甫到英国参加世界圣公会大会，转道来加拿大访问，接受加国大学荣誉博士学位，温哥华各华人教会联合起来，邀请郑博士演讲，介绍国内基督教发展情况，[5] 受到中西人士的欢迎。

华人教会积极提供社区服务。中华基督教会专设中文学校，周一至周五下午4点至6点半，给放学后的学生辅导中文。在日学名额招满后，又开设汉文夜学班，每晚8点至10点半，辅导青年男女学习中文，幼童则免费，中文教师由牧师亲自

---

[1]《华人长老会演剧预闻》，《大汉公报》1930年11月20日。
[2]《中华基督教会讲道与欢送纪盛》，《大汉公报》1931年7月14日。
[3]《温哥华协和教会欢送会纪盛》，《大汉公报》1934年8月9日。
[4]《华人协和教会之欢送会》，《大汉公报》1938年8月27日。
[5]《华教会欢迎郑和甫》，《大汉公报》1930年12月6日。

担任。[1] 教会中文学校的活动，也不是一味地只有宗教氛围，与唐人街其他中文学校一样，他们也组织学生和家长举行郊外清游活动，有时候还会去靠近美加边境的公园游玩，人数会达到 200 多人。[2]

协和（联合）教会附属中文学校协和学校，则专门招收高初小国文专科学生，每名学生收加元一元五毛，略低于其他学校，兄弟姐妹一起读书费用更低。同时也招收国文专修科，所读内容也是论说、尺牍、白话文、应用文、作文方法和诗联等，与其他学校并无不同。当年的老师朱英三，是广东高等师范第一届毕业生，在中国及海外任教 20 余年。[3] 由此可见，教会办中文学校，并非仅是传教手段，而是用中国传统方法，真正为华人社区服务。

长老会也有附属学校，学校还组建有篮球队，实力很强。1930 年，菁莪学校女子篮球队与长老会篮球队进行了一场激烈的比赛，"长老会学校女子篮球队以 12 对 7 优胜"。[4] 可见，教会学校非但没有与华人社区疏离，相反，他们融合在华人社区中，这是相当难能可贵的。

除基督教新教以外，天主教会也积极在唐人街和华人中传教。天主教会的活动丰富多彩，像域多利华人天主教会和 1933 年成立的温哥华华人天主教会，[5] 除了主日的敬拜仪式之外，也都在平常日子展开各种社区亲善活动。这些并不是教条式的宗教生活，目的仍是吸引华人参与。举例而言，温哥华唐人街的佐治街华人天主教堂，于 1937 年 6 月 17 日及 19 日晚，为信徒和其他华人表演名为《灯儿节》的小歌剧，观众很多。剧演完后，还进行摸彩，中彩者得教会赠款，可去美国阿拉斯加游览。有趣的是，教堂还邀请国民政府驻温哥华领事保君瑝出席观剧，并向众人训话，还给教会幼稚园毕业生颁奖状。[6]

值得一提的是，华人教会，不管什么宗派，对中国的抗战和对太平洋战争的支持，和唐人街的社团一样，可谓不遗余力。

在此仅举几例。抗战全面爆发后，中国出现了难民潮。温哥华华人基督教联合会举办救济中国难民会，征集衣物，并向西人各大商店及银行富户征求助款，中西牧师还沿门劝捐。仅 1938 年元月，就先后两次由"皇后轮"送回国内各种衣服等

---

[1]《中华基督教会汉文夜校招生》，《大汉公报》1930 年 4 月 30 日。
[2]《中华基督教会学校清游》，《大汉公报》1935 年 7 月 18 日。
[3]《协和学校招生广告》，《大汉公报》1938 年 8 月 19 日。
[4]《华生篮球队比赛》，《大汉公报》1930 年 5 月 5 日。
[5]《华人天主教会将举行 20 周年纪念》，《大汉公报》1953 年 11 月 30 日。
[6]《华人天主教堂之庆会》，《大汉公报》1937 年 6 月 18 日。

达25吨。[1] 1938年7月，隶属于协和教会的温哥华协和妇女会，专门进行卖茶募捐，得款700多加元，后汇总到协和教会总会，由其寄往中国河南省4000美金（合大洋2万余元），救援中国难民。[2] 有教徒因病去世举行追思会，逝者家属都会将亲友送的奠仪和花圈银，折合成国币，汇给中国支援抗战。域多利协和教会会友梁惠和君，1943年12月24日去世。其子梁润好将所收奠仪费167多加元，委托该会周灵牧师换成国币2800元，寄给国民政府财政部部长，以救济伤兵难民。[3]

由此可见，在禁止华人入境时期，天主教以及基督教各宗派组织展现了与其他白人组织歧视华人全然不同的一面，他们秉持着对华人的爱心，以华人社区需要的方式，做了大量的服务性工作，赢得了华人的信任，使华人参与教会的人数有很大的增长，这在加拿大统计局1931年和1941年的人口统计中有相对完整的数据证明。但是加拿大统计局把儒（教）家信徒和佛教徒混在一起统计，在学术上并不精确（参见表8.1、8.2）。这也说明，当时佛教组织并没有在华人社区举办重要和明显的宗教活动，佛教和儒家传统一起，成为华人社区集体宗教意识的主要部分。其所谓宗教含义，主要体现在具体的生活形态上，比如开店，无论拜财神还是拜关公，都要有供奉的神龛；公共的敬拜仪式，主要是尊孔，也就是以纪念孔圣诞为主。

表8.1 加拿大及各省华人参加宗教组织人数（1931年）

宗派	加拿大	卑诗省	安大略省	新斯科舍省	纽宾士域省	魁北克省	缅省	沙省	阿尔伯塔省	爱德华王子岛省	育空	西北地区
联合教会（协和）	4638	978	1356	61	43	285	321	840	748	6	—	—
长老会	2289	315	1343	70	31	134	77	184	135	—	—	—
圣公会	1329	357	466	71	18	64	75	162	96	20	—	—
浸信会	228	20	134	5	20	3	8	15	23	—	—	—
罗马天主教会	803	93	145	25	15	380	47	51	46	1	—	—
其他基督教[1]	530	206	137	2	2	60	18	71	34	—	—	—

---

[1]《华教会筹赈济难民之近讯》，《大汉公报》1938年1月13、25日。
[2]《华协和女会捐款已接复函》，《大汉公报》1938年7月23日。
[3]《域埠华人协会教会启事》，《大汉公报》1944年1月18日。

续表

宗派	加拿大	卑诗省	安大略省	新斯科舍省	纽宾士域省	魁北克省	缅省	沙省	阿尔伯塔省	爱德华王子岛省	育空	西北地区
儒教与佛教	24693	17860	1639	46	64	1188	777	1282	1834	3	—	—
其他	648	249	112	4	—	54	32	63	134	—	—	—
无宗教	3238	2503	168	9	5	155	101	185	111	—	1	—
没有填写宗教背景	8123	4558	1419	47	33	427	276	648	714	1	—	—
总计	46519	27139	6919	340	231	2750	1732	3501	3875	31	1	—

资料来源：Seventh Census of Canada，1931，Volume IV，pp.772–795。

1. 包括基督复临安息日会（Adventists）、弟兄会和联合弟兄会（Brethren and United Brethren）、基督教徒（Christians）、基督教会（Church of Christ）、基督科学教会（Christian Science）、福音协会（Evangelical Association）、希腊东正教会（Greek Orthodox）、国际圣经学生协会（International Bible Students）、路德宗（Lutherans）、五旬节（Pentecostal）、基督新教（Protestants）和救世军（Salvation Army）。

表8.2　加拿大及各省华人信奉宗教的人数统计（1941年）

宗派	加拿大	卑诗省	安大略省	新斯科舍省	纽宾士域省	魁北克省	缅省	沙省	阿尔伯塔省	爱德华王子岛省	育空	西北地区
联合教会（协和）	4721	1591	1443	98	9	136	270	521	641	12	—	—
长老会	2420	733	1109	78	32	161	53	116	130	8	—	—
圣公会	1091	440	264	46	8	82	56	123	67	5	—	—
浸信会	233	42	126	13	9	13	4	9	16	1	—	—
罗马天主教会	1007	274	177	17	38	368	39	42	39	13	—	—
其他基督教[1]	358	55	47	8	—	27	27	90	104	—	—	—
儒教与佛教	22744	14638	2603	100	41	1382	740	1433	1798	6	—	3
摩门教	11	—	—	—	—	1	—	2	8	—	—	—
其他[2]	1843	814	305	9	4	185	47	183	296	—	—	—

续表

宗派	加拿大	卑诗省	安大略省	新斯科舍省	纽宾士域省	魁北克省	缅省	沙省	阿尔伯塔省	爱德华王子岛省	育空	西北地区
没有填写宗教背景	199	32	69	3	11	23	12	26	23	—	—	—
总计	34627	18619	6143	372	152	2278	1248	2545	3122	45	—	3

资料来源：Eighth Census of Canada, 1941, Volume IV, pp.56–73.

1. 包括基督复临安息日会（Adventists）、弟兄会和联合弟兄会（Brethren and United Brethren）、基督教徒（Christians）、基督教会（Church of Christ）、基督科学教会（Christian Science）、福音协会（Evangelical Association）、希腊东正教会（Greek Orthodox）、国际圣经学生协会（International Bible Students）、路德宗（Lutherans）、五旬节（Pentecostal）、基督新教（Protestants）和救世军（Salvation Army）。

2. 包括无宗教信仰。

值得关注的是，根据上面两个表格提供的数据，如果我们把信仰基督教和天主教的人数合起来计算，那么华人中近五分之一的人口，都具有基督教信仰或者自认为与基督教宗教信仰有联系。这也不奇怪，一方面，加拿大是基督教国家，基督教对新来者的宣教工作当然十分积极；另一方面，在中国人的传统文化背景中，也有"入乡随俗"的观念，不少华人将信教和加入基督教团体作为融入这个新国家、受到主流社区尊重的重要途径。不过，最重要的还是基督教组织或教会，在当时加拿大歧视亚洲人，尤其是华侨华人的大环境中，对华人尤其是弱势华人的关爱，在离乡背井的华人中，引发了巨大的共鸣和感动。从表中可以看到，在华人信众中，又以联合教会、长老会、圣公会三大宗派和罗马天主教所属人数最多。而这几个宗派恰恰又是为唐人街和华人社区提供最多服务、与华人联系最为广泛的宗教组织。可以这样说，这些宗派或许还没有做到基督教神学的中国化，但是在社区服务，尤其是在办华文学校、援助华人支持中国抗战等方面，呈现出中国化的鲜明特征，由此打破了华人"不接受洋教"的传统，使华人敞开胸怀，接受了基督教。而在西方教育体系中成长起来的华裔第二代和第三代，更是容易接受基督教的洗礼。

另外一个值得关注的现象是，1931年，东部安大略省的华人基督教信教人数，在华人人口比例上大幅度超过卑诗省。仅以联合教会、长老会和圣公会三个宗派的信众来看，安大略省是3165人，而卑诗省是1650人。而卑诗省的儒教和佛教徒人数是17860人，安大略省只有1639人。换句话说，1931年，安大略省的基督教信教华人人数远远超过秉持传统儒家和佛教信仰的华人人数，而卑诗省基督教信教人数，则不到持传统信仰的华人人数的十分之一。1941年人口调查时，这种情况有了一些变化，比如卑诗省的华人信基督教人数增加很多，安大略省则变化不大；反之，安大略省持儒家佛教传统的华人增加很多，但卑诗省则有所减少，但总体的信仰人数比例上，安大略省的华人基督徒仍然超过卑诗省甚多，这对华人社区在战后的发展，还是有很大影响的。

第二节 医疗卫生

在禁止华人入境时期，尤其是战争年代，所谓"老死还乡""落叶归根"的传统受到了严峻的挑战，越来越多的人客死他乡。这种现实，一方面迫使第一代华人慢慢改变自己在加拿大的定位，逐渐确立起虽然生在中国故乡，却要在加拿大迎接人生最后时刻的观念；另一方面也促使华人社区在医疗保健方面投入更多的心力，解决"有病不看"和"有病不知道怎么看"的困境。在医院建设方面，华人也重视清洁卫生之事。例如，1925年4月26日，新西敏中华会馆特为该埠中华医院设立规则，要求医院厨房、厕所等处，均要整洁，合乎卫生要求；服侍病人不得急躁等等。[1] 这一时期的中华医院条件有所改善，建设医院的筹款方法也越来越多元。

一、为医院博彩筹款

在加拿大主流社区的影响下，加拿大华人社区医院也逐渐采用开彩票的方式来进行筹款，这种慈善性博彩方式受到华侨华人的欢迎，因为在华人的传统性格中，有吃苦耐劳的一面，也有想用碰运气的方法，一举改变生活状态的一面。用参与博彩的方式来做一件有益社会、有益民生的事情，是一种新的尝试，既在一些方面改变了华人以往消极赌博、贻害家庭的恶习，同时也培养起华人积极贡献社会的心态。

1931年，满地可中华医院用开彩票来筹款，布告开宗明义，表示将按照西人模式开彩，华人无论本埠外埠，均可自由购买。彩票有4名大彩，4名小彩，另设200名不同奖项。中头彩者可获银12000元。除去奖项开支，余款则全数交给中华医院营运使用。彩票开奖在中华会馆公开举行，有中西人士监督，"当众将票捞匀，用西官四名轮拈彩票明开，以昭大公"。[2] 1933年，满地可中华医院因为财政短缺，

---

[1] 1925年4月26日，新西敏中华会馆选举司理医院职务人员会议记录。
[2]《满地可中华医院开彩票筹款》，《大汉公报》1931年7月9日。

再次发行类似彩票筹款。[1] 同年 11 月，温哥华中华会馆财政支拙，在还欠地税千余元而新的地税又将交纳的情况下，会馆召开会议，决定筹款。议决名目为"云高华中华会馆筹款医院慈善有奖义捐会"。议决采用委员制，执行委员会设 11 人，监察委员会设 5 人。[2] 温哥华中华会馆正式发出有奖义捐布告，指明以维持医院费用，因此决定售卖义券 30000 条，每条 1 元。奖格第一名 5000 加元，第二名 3000 加元。[3]

同年 11 月，维多利亚中华会馆在《大汉公报》上发布启事，指出该会馆所设中华医院每年平均义务收容贫苦无依的病侨数百人，会馆还创建学校、安葬死者，因此决定发行有奖捐券，并恳请侨胞购买。[4]

从彩票筹款方式可以看到这样几个特点。一是华人经营医院，已经从强制华人支付某种形式（如归国华人须缴纳离境时的出口票捐款）的筹款，改为自由捐款，这是很大的进步，也是华人融入加拿大社会，采纳加拿大主流社会方式经营社区的见证；二是华人内部，虽有权威性机构，如中华会馆以及权威性社区人士，但在公共信用度上仍不及西人。华人虽然受到主流社会歧视，但在社会福利慈善等层面上，还是相信西人的公正性的。

这种福利慈善彩票形式，也扩及唐人街中华会馆扩建等事项上。比如域多利中华会馆为了重修会馆楼宇、清缴医院地税以及改造义地坟场，就举行了有奖筹款活动，规模当然没有满地可中华医院大，首奖是得银 3000 元。[5]

当然，并非所有中华医院都采用彩票捐款方式。1922 年 11 月 11 日，域多利中华会馆华埠中医院举行落成典礼。1923 年 8 月 27 日，华埠中医院就为经费举行筹款，其中一项来源是"出口票"，10 月 9 日就收到"出口票"。1926 年 9 月 10 日、1927 年 10 月 29 日，学生均为华埠中医院筹款，其中一次是演白话剧筹款。1939 年 3 月，华人篮球队球员也曾为医院捐款。[6] 1944 年，温哥华唐人街中华医院因为经费不足，再加上侨社全力捐款支持祖国抗战，无暇顾及本地，所以向本地华人和全国华埠发起募款活动，采用的就是在华文报章呼吁及向外发信的传统形式。信中措辞恳切，谓"活国（抗日救亡）之事虽重，而活人之事亦非轻，祖国同胞之疮

---

[1]《加拿大满地可中华医院第三期开彩票筹款布告》，《大汉公报》1933 年 5 月 6 日。
[2]《中华会馆集议纪》，《大汉公报》1933 年 2 月 27 日。
[3]《加拿大云高华中华会馆举办慈善筹款》，《大汉公报》1933 年 11 月 27 日。
[4]《域埠中华会馆有奖义捐券》，《大汉公报》1933 年 11 月 27 日。
[5]《请购域埠中华会馆有奖义捐券》，《大汉公报》1931 年 8 月 11 日。
[6] 医院：华埠中医院，域多利中华会馆目录。

痍，固宜拯救，而旅地侨胞之疾苦，亦应顾及……"。[1]这样的传统筹款方式效果亦不错。仅6月26日，中华会馆就将捐款写成一张1200加元的支票，交给中华医院。而当天，中华会馆又收到另外近200加元的捐款。为彰显信用，中华会馆将捐款者姓名和数目编印成征信录，分寄各埠侨胞阅览。[2]

二、西医院与西医师

在禁止华人入境时期，一方面，华侨华人受到的歧视前所未有，另一方面，华人在医疗方面与主流社会关系越来越密切，懂英语而求助于西人医院的情况也越来越普遍。因此，侨社对西人医院的筹款也采取积极支持的态度。1924年2月，温哥华中华会馆专门发布布告，要求属下各侨团积极认购人寿保险，并将该款捐赠给医院，来帮助温哥华西人公医院。中华会馆提出了三个理由，一是西人公医院主动函请中华会馆，劝华人认购；二是华人在该医院看病者甚众，也积欠了该医院近20000加元的医疗费；三是日本人态度积极，已经认购50000加元，华人不能落后。[3]

中华会馆布告发布后，即有大小团体积极响应认购，其中包括宁阳余庆堂2000加元、龙冈公所1000加元。[4]一个月后，华人团体认购总数达18500加元。中华会馆特发告示，要在3月30日召开集体会议，讨论帮助西人公医院之事，并痛陈"华人方面认购不及两万元，较日本人大为逊色"，要求尚未捐助的团体，派代表出席会议并把握最后机会，在截止日前认购人寿保险。[5]这表明，在与西人社会合作方面，亚裔之间，尤其是华人和日人之间，是有无形竞争的。

当然，必须指出的是，并非所有的西医院都像温哥华公医院那样接受亚裔病人。在卑诗省的车梨役，华埠的中华医院在1934年夏天遭焚毁，由于该城西人医院不接纳华人，华埠只能召开全侨会议，成立筹委会，向各方劝捐，筹款重建中华医院。[6]

除赞助西医院之外，华人中的西医也在这个时期增多。因为第二代华人已经开始接受加拿大完整的教育，能够进入名牌大学读书，选择医科的大有人在。到了20世纪20年代中后期，经过长期医科培训的华人西医开始出来开业。举例而言，在温哥华唐人街片打东街夹缅街行医的徐如悦西医师，多伦多大学医科毕业后，前

---

[1]《中华医院筹捐经费》，《大汉公报》1944年2月25日。
[2]《会馆昨日拨款中华医院》，《大汉公报》1944年6月27日。
[3]《请捐助本部公医院》，《大汉公报》1924年2月27日。
[4]《助公医院者又有两团体》，《大汉公报》1924年3月19日。
[5]《助西人公医院十之集议》，《大汉公报》1924年3月29日。
[6]《车城筹重建中华医院》，《大汉公报》1934年10月13日。

往美国纽约医学研究院，获医学博士学位，通过渥太华国家考试领取文凭，后得到卑诗省医学会发的行医执照，于1926年年初在华埠开业问诊。[1] 徐医师在唐人街行医八载后，于1935年回到中国，任广州军医学校分校主任教官，并在第四路军兼任一等军医等职务。他在告假回温哥华时，仍会在唐人街"悬壶济世"，[2] 后又转往多伦多行医数载，1944年年初因病去世，享年仅40余岁，可谓英年早逝，中西报章对此均有报道。[3] 可见当时华人西医在社会上是颇受尊重的。

距徐医师诊所不到一条街，即喜士定东夹缅街的华埠地段，还有从美国医科大学毕业、在加拿大考取行医执照的黄大卫医生，于1926年11月开诊看病。[4]

除了西医师以外，温哥华唐人街还有华人开办的西医诊验室。如位于片打东街195号的华人诊验室。据1940年9月报告，到该诊室初诊者有4名大人，复诊者39人，大人23人，小孩16名。体格检查4人，看病施药者38人，包扎伤口13人，防病治疗5人。[5] 从1944年全年报告来看，到该诊室初诊病人有52位，其中大人42人、小孩10位；复诊病人596人，其中大人528人、小孩68人。有74人做体格检查，看病施药者357人，治疗158人，种痘10人。[6] 从该数字可知，加拿大华人在医病上，已经不只依赖中医，接受西医者愈来愈多。

有的西医也打出了义诊广告。比如在温哥华喜士定东街开诊的龚邦耀医生，就规定每星期二上午10点到下午2点，看病不收分文。[7]

华侨华人除了看西医以外，也有不看医生只通过购买不用处方的所谓西医名药来治病的。比如域多利信源号就以加拿大总发行处之名来销售和邮寄德国新药"洒西莲"，专治"房劳阳痿""子宫寒冷"等病。[8] 这是西药中用的典型。

三、中医还是主流

对广大华侨华人来说，日常生活中的小病、慢性病，还是依赖传统的中医。这

---

[1]《西医徐如悦》，《大汉公报》1927年7月18日；《徐如悦西医逝世之续讯》，《大汉公报》1944年1月20日。
[2]《徐如悦西医回埠悬壶》，《大汉公报》1937年7月17日。
[3]《徐如悦西医逝世之续讯》，《大汉公报》1944年1月20日。
[4]《华区西医之明星》，《大汉公报》1926年11月20日。
[5]《华人诊室九月份工作》，《大汉公报》1940年11月15日。
[6]《华人诊验室旧年之工作》，《大汉公报》1945年1月8日。
[7]《西医》，《大汉公报》1938年3月7日。
[8]《还童术有》，《大汉公报》1924年6月9日。

不但是因为他们对中医的治疗有信心，同时也因为看中医不需要翻译，中药费用也低，随抓（药）随煎（药），需时不多，方便省事。在禁止华人入境时期，靠亲友同乡入境时带常用药品的机会少之又少，因此，唐人街的中药买卖大有兴盛的趋势，中（西）药房数量也有增加，中文报章上的广告越来越多，广告的篇幅越来越大。尤其是治疗西医难治的常见病的药物，比如止痛药和咳嗽药等，更是大做广告，而且生意兴隆。而专治难以启齿的花柳病等性病的药，也大行其道，可见嫖妓等问题在加拿大华人社区还是相当常见。而中医药房，尤以温哥华为多。

位于温哥华华埠片打东街的生隆栈大药房，是较大的药行，其创制的"花柳扶元搜毒酒"及外敷药，起内攻外应的疗效，颇受花柳病患者的青睐；[1] 而其创制的狮标"万应活灵油"也是远近驰名的"万能药"，可以外用也可以食用。[2] 这种大药房还兼具杂货店的功能，打出了"新到唐山鲜明各种瓜仁菜米"的招牌，使中药的调理医治成为日常生活中的一环。而这样的杂货铺兼药店，在温哥华华埠片打东街上还有很多，诸如广裕隆等店。[3]

同样在温哥华华埠片打街上的永安药房，也是颇具规模，它打出了"选办各省地道药材，自制各省膏丹丸散"的广告，同时出售自制中西送礼麻糖。该店还打出"格外欢迎邮费贵客"，[4] 许多华人常常采用邮购的方式，来获取中药。

温哥华缅街上的极乐氏药房，于1923年开业，生意一直不错，在开业16周年时，举行了大减价，所有药品一律八折。[5]

美国旧金山的药房也通过温哥华的代理药房，来售卖或者邮寄药丸，华埠片打街的活生药行，就是一个典型。[6] 洛杉矶的曹统新药房和波士顿的黄廉士药房，也都通过代理在温哥华售药或邮寄药丸。[7] 而旧金山的郑寿民医生则在温哥华满地可代为推销"各种经验丸散"。[8] 当然，也有多伦多的医生在温哥华通过代理售药。[9] 卡加利的张景宪医生于1932年在卡加利开了中华药房，精工配制百余种膏

---

[1]《花柳幸逢仙术》，《大汉公报》1928年3月19日。

[2]《生隆栈大药房创制》，《大汉公报》1945年10月15日。

[3]《新到唐山鲜明各种瓜仁菜米发客》，《大汉公报》1928年3月19日；《由唐山新办来大宗杂货发行》，《大汉公报》1924年6月9日。

[4]《云哥永安药房》，《大汉公报》1928年3月19日。

[5]《极乐氏药房十六周年纪念大减价》，《大汉公报》1939年5月3日。

[6]《存心轩曹统新》，《大汉公报》1928年3月19日。

[7]《曹统新药行》，《大汉公报》1944年11月13日；《代理处》，《大汉公报》1937年4月20日。

[8]《郑寿民大医生》，《大汉公报》1924年6月9日。

[9]《专科》，《大汉公报》1933年10月16日。

丹丸散药油方剂，在加拿大9个城市请代理代为销售，其中包括温哥华、多伦多和满地可等大都会华埠。[1]

还有一些专卖成人药的中药店，坐落在华埠另一端的凯洛街街上。比如天生堂，专卖"壮阳续斗丸""大还助战丸""种子灵丹""爱情花露"和"梅毒一扫光"等药。[2]

杂货店兼药店并特聘中医驻店的案例也是越来越多。比如，域多利联兴公司就在1924年6月打出广告，"特邀著名医生刘孟义先生寓内诊脉"，以此招揽顾客。[3]而裕昌隆商号更有"容月池、林翰元两先生寓内方脉"。[4]

除药店外，还有不少挂牌的中医。在温哥华片打东街挂牌的中医钟樾生，行医的同时还兼卖中药。[5] 可见中医不能光看病，还要卖药才能维持生计。不过，也有名医只列出拿手诊治的病名，而不列出丸散，内外全科医生黄慎余就是其中之一，[6]但这样打广告的医生并不多见。

有意思的是，常常会有患者用登报感谢的方式，来为药店或者药品打广告，[7]可见当时中药销售的手法可谓五花八门，"托"很多。这种情况也不仅限于药丸，也涉及中医医生。[8] 更有患者用广告推荐美国的中医生进行邮诊，然后邮寄药物。[9]

综上所述，在禁止华人入境时期，华人求助西医的情况越来越普遍，但中医仍然是华人看病防病的最爱，尤其在治疗常见病方面。而在中医药方面，药店越来越多，药店之间的竞争也愈发激烈，其中包括美、加两地的中医药竞争。当然，中医始终存在良莠不齐的现象，但中药价钱便宜，使用方便，以至于中医看病还是以卖药为主。总括而言，这个时期，中医西医呈现出齐头并进的多元化发展态势。

四、华人墓葬

在禁止华人入境之初，大部分华侨华人仍然秉持落叶归根的传统想法，渴望年

---

[1]《中华药房新张大廉价》，《大汉公报》1932年10月15日。
[2]《天生堂》，《大汉公报》1936年2月3日。
[3]《域多利联兴公司广告》，《大汉公报》1924年6月9日。
[4]《裕昌隆广告》，《大汉公报》1924年6月9日。
[5]《中医钟樾生》，《大汉公报》1942年2月8日。
[6]《内外全科医生黄慎余》，《大汉公报》1931年7月15日。
[7]《错脚有幸》，《大汉公报》1929年3月19日。
[8]《医中扁鹊》，《大汉公报》1924年6月9日。
[9]《良医良相，再生之德》，《大汉公报》1925年11月17日。

老回乡，但又怕客死异域，便留下遗嘱，要求亲友将其"遗骸"，以"拾骨"的方式，送回故土安葬。一直到中日战争全面爆发，日军占领广东，拾骨迁葬就停了下来。之后，中国的政局发生了重大变化，拾骨迁葬就成了历史。

有一名来自广东新会的华人薛嗣本，定于1923年11月29日坐"亚洲皇后轮"回国，在27日的《大汉公报》登出鸣谢，"久客他邦，年老多病，晚景不堪，蒙兄弟朋友见怜，捐助舟赀"，感谢华人助其返乡。足见其对亲友助其叶落归根的感激，以及华人社区对同胞年老还乡所抱持的高度怜悯之心。[1]

实际上，像薛君那样年老得以回乡者愈来愈少，这不但是因为中国本土战乱频仍，告老还乡、养病送终相当不易，此外，还乡费用不薄，家庭条件不好的支付不起回国的费用；无人相伴，一个人拖着残老病躯，更是路难行。至于中年操劳或得病而死，殊难预料，只得在加拿大办好葬礼，暂作安葬，再择时"运柩旋乡"。总体而言，在加拿大死亡的华人日渐增多。

抗日战争爆发之前，拾骨迁葬依然定期举行，一般7年进行一次，只有禹山会堂等10年举行一次。各华埠善堂仍然在华文报纸上打广告"招工投充捡拾先友遗骸"。[2] 不过，由于经费等原因，不能如期执运的情况依然会出现，以至于"延宕经年"。举例而言，原本在1926年要运遗骸回乡，但经费严重缺乏，一直到1927年春天之后，才开始"拾骨"。仅在温哥华一地，等待拾骨的"先友遗骸"就有600多具，而每具遗骸，由坟场掘起，需要人工银4元，地方政府尚征收税项银两元多，方许开工挖掘。因此，由李世璠君连同余庆总堂跟地方政府交涉，取得"特别人情"，免去税银，省下千余元。为了争取社区更多的支持，相关组织将运送先友遗骸定位成"慈善之举"。[3] 这是华人社区对拾骨迁葬的传统，在认识上的一个重大变化。

不过，因为拾骨带来的经济负担已经浮上水面，社区也出现了罕见的批评拾骨迁葬的声音，并呼吁停止这个传统。一篇署名祖德的文章发表在1928年5月29日的《大汉公报》上，列举拾骨迁葬的六大弊端，其中包括给在加拿大和故乡的亲友带来太大的经济负担，因为横跨太平洋的遗骨送接，花费不少；还有就是挖掘"洗骨"包装以及漂洋过海，然后再度安葬，死者被折腾而不得安宁；再有就是坟墓太多，破坏农田的生产力，继而阻碍中国的经济发展；最后，故乡因为重新安葬问题引发宗亲之间不少官司，副作用极大。[4] 其实，祖德的批评并非没有道理，就在这一时

---

[1]《鸣谢》，《大汉公报》1923年11月27日。
[2]《招工投充捡拾先友遗骸》，《大汉公报》1925年12月28日。
[3]《执运遗骸慈善在》，《大汉公报》1927年5月6日。
[4] 祖德：《以执拾先友为慈善之我见》，《大汉公报》1928年5月29日。

期，处理遗骸的东华医院曾写信给旧金山的宁阳会馆余庆堂，抱怨该处可能因为节约费用，结果用纸箱装骸骨，导致箱子破损，骸骨混淆，名字丢失，以至于逝者家乡亲人无法领取安葬，许多无名遗骸只能葬在义冢，这显然是让死者"无法安宁"。当然，加拿大域多利在处理遗骸上极为谨慎，基本都用木箱，避免出现混淆及名字对不上号。

不管怎样，祖德这一挑战禁区的文章可以刊载在《大汉公报》上，一方面显示报纸的宽容度，一方面也显示侨社中一些人，已经具有比较现代的丧葬观。当然，在那个时代，批评归批评，社区的基本共识还是要实现老侨"魂回故里"的遗愿，那是社区和活着的亲友兄弟的道义责任。

1937年，加拿大华侨联邑执运先友委员会在7月3日发出启事，"招人捡执先友骸骨，运回祖国以慰幽魂""每具限坐底银2元，从少不从多"。[1] 可能因为报名拾骨者不多，该委员会又在7月24日发出启事，继续招工，"每具限定底银4元，从少不从多"，显然把工价提高了一倍。该启事透露，各埠呈报，此次共有1500余具遗骸要处理。[2]

而在这之前，个别宗亲会，比如禹山昌后堂，早在1936年10月已经发出启事，谓"为通告捡运先友事，查本邑成例，10年举行，今岁已届斯期，允宜率章捡执"。启事规定，先友以1928年年底以前所葬者为合期。[3] 由此可见，华人在加死亡者人数越来越多，拾骨迁葬要等超过7年至10年的时间。

不幸的是，1937年之后，抗日战争全面爆发，1941年，太平洋战争爆发，海上的民间航运几乎成为不可能，拾骨迁葬也就自然中止了。从此以后，华人在加拿大去世，大都埋葬在居住地，比如骆广仁夫妇就在这一时期葬于多伦多快活山（the Mount Pleasant）墓园。

在禁止华人入境时期，另外一个值得关注的现象是，在加拿大华人丧葬问题上，除了富商，仍然以洪门的丧葬最为引人瞩目，其特点是规模大，场面豪华，参加者众，嘉宾背景广泛，可谓备极哀荣。这不但显示洪门在加拿大华人社区的影响力以及洪门本身的实力，同时也彰显了洪门通过对死者的尊崇，来凝聚社团的向心力。

在卑诗省冚补硦埠居住的马本兆于1924年1月22日晚因病去世，享年53岁。因其生前为洪门热心会员、致公堂英文学校教员，故其丧礼在致公堂门首举行。洪

---

[1]《加拿大华侨联邑执运先友委员会启事》，《大汉公报》1937年7月3日。
[2]《加拿大华侨联邑执运先友委员会启事》，《大汉公报》1937年7月24日。
[3]《禹山昌后堂启事》，《大汉公报》1936年10月14日。

门各有关团体都来参加，其他社团也派来代表，"执绋者有致公堂、金紫堂、达权社、禺山公会、陇西堂、西人义兴会和家庭西医生，共 300 余人，自由车 40 辆""殡仪之盛，斯为罕见"。[1] 同样，居住在冚巴伦埠的致公堂正会长林立本去世，执绋送殡者亦有 200 多人，车 40 多辆，还有中西鼓乐队、花圈与挽联，场面悲壮，不能出席者亦打来唁电致哀。[2] 在洪门，如果逝者身居高位，还有公祭的待遇。1946 年年底，"中国致公党老叔父马立绥翁去世……该党以其历任洪门要职，勇于任事，遂议决为之公祭"，采用基督教仪式，各界致祭后由牧师祝福。最后由亲友六人扶柩上车，送往华人坟场安葬。[3] 当然，洪门之外，富商，尤其是担任过侨领的富商葬礼，以及宗亲会大家长出殡，也常常是加拿大华人社区关注的大事情。

在禁止华人入境时期，最为著名的富商去世，当数李梦九与叶春田。

李梦九在域多利华埠经商近 30 年，参与创设最早的华人医院以及中文学校，对域多利中华会馆贡献良多。他被委任为加拿大诗丕亚船务公司香港分公司总办。[4] 1924 年 5 月 9 日在香港病逝，享年 62 岁。域多利华埠各界，包括李陇西堂、适适轩、华侨公立学校、禺山昌后堂等社团，竟然筹备数月，在 7 月登报，公开在社区征求挽联诗文，[5] 并决定在 8 月 24 号，于中华会馆为其开追悼会。[6] 由此可见，加拿大华人社区是有"感恩情怀"的，对李梦九等侨领的破格纪念，形成了社区和社团"饮水不忘掘井人"的优良传统。这对华人社区和唐人街在遭遇社会歧视的大背景中，前赴后继，坚持耕耘，努力求变，是有积极且激励作用的。

至于富商叶春田，则因其经商有方，教子有术，回馈社会良多而备受尊敬。他于 1927 年虚岁 85 高龄去世，生前担任诗丕亚铁路公司船票代理人，于修筑太平洋铁路时就任职该公司，[7] 为早期华人社会中极少数跨越美加两地的著名华人。其几个儿子均入读卑诗大学等名校，主攻医学等专业，儿子叶求钧更是当时华人足球队

---

[1]《马本兆君殡仪之盛》，《大汉公报》1924 年 1 月 30 日。

[2]《林立本君殡仪之盛》，《大汉公报》1924 年 5 月 8 日。

[3]《马立绥出殡情况》，《大汉公报》1946 年 11 月 23 日。

[4] British Columbia, Land Registry Office Documents Deposited Roll, 109B-987；林礼斌：《域埠中华会馆之沿革及华侨学校创立之源起——著述》，《加拿大域多利中华会馆 75 周年、华侨学校 60 周年纪念特刊》，加拿大域多利中华会馆印，1960 年，第 1、2 页；资料自李梦九外孙女杨多萝西（Dorothy Yung）。

[5]《为故人李梦九先生追悼征求挽联诗文启》，《大汉公报》1924 年 7 月 14 日。

[6]《发起追悼李梦九》，《大汉公报》1924 年 7 月 12 日。

[7] With the Compliments of Yip Sang Family, 1972, p.5., p.11.；Yip Sang business card：Chinese agent for the C.P.R. and the Canadian Pacific Steamship Line.

中的名将。叶家以家族庞大在温哥华出名，在叶春田的讣闻上，竟有亲属 50 余人署名。[1] 叶春田出殡的规模被称为"华埠空前未有之大丧仪"，有自由车 150 辆，华人扶柩人员 6 名，西人名誉扶柩人员亦有 6 名，祭文约 300 张，有 4 辆自由车运送花圈去坟场。整个丧礼采用基督教模式，由关耀南牧师主领。[2] 叶春田之后，叶家在北美各地开枝散叶，到 20 世纪末，叶家已成千人以上的大家族。

在丧葬仪式的规模上，可以与叶春田等华商望族比肩的，当属宗亲会大佬。1946 年 10 月 11 日，黄族大家长黄洽昌去世，黄江夏堂总堂黄云山总公所组织治丧处，处理一切事宜，11 月 10 日举行出殡仪式。中西亲友及黄族人士，到场致祭者达六七百人。也采用基督教仪式，由牧师带领祈祷。名誉扶柩者均是中西名人，其中包括国民政府侨务委员会委员长陈树人、加拿大驻华大使奥德林等人。其灵柩车和数十辆送殡车在唐人街一带经过，沿街观者众多，甚是壮观，随后到墓地行归土礼，可谓"生荣死哀"。[3]

由上述轰动的丧仪可知，以基督教仪式举行葬礼，也开始成为加拿大华人社会的出殡模式之一，足见在丧葬问题上，华人固有的儒释道传统已经不是"独家为大"，基督教模式也逐渐成为主要形式之一。而在满地可，致公堂等团体成员去世后，直接就安葬在天主教坟场。[4] 可见，华人社会的多元化发展，即使在丧葬仪式上，也出现向加拿大主流社会生活形态靠拢的趋势。而战争的爆发和时局的改变，让拾骨迁葬终止后，新的丧葬方式在加拿大华人中流行起来。

当然，一些小城镇，尤其是华侨华人最早进入的卑诗省内陆，还是留下了一些早期移民与当地居民葬在一个墓地的历史遗迹，因为那里的居民实在太少，华人与当地加人共存互助乃是生活的必需，种族歧视之类的纷争也就无从发生。鲜为人知的干尼路镇就留有先期移民的墓地，华人葬于此处，有的遗骸被迁往中国故乡，有的则长眠于此。其中一个名叫陈鲍伯（Bob Chen）的华人，1879 年刚刚 15 岁时就来到加拿大，卒于 1931 年，享年 61 岁。[5] 一如陈鲍伯，许多华侨华人把自己最美好的人生岁月留在了加拿大，直至生命的最后一刻，体现了"青山处处埋忠骨"的人生境界，值得华裔新老移民、他们的后代以及所有的加拿大人，向他们脱帽致敬。

---

[1]《讣闻》，《大汉公报》1927 年 7 月 23 日。
[2]《叶春田翁生荣死哀》，《大汉公报》1927 年 8 月 1 日。
[3]《黄洽昌翁昨出殡之仪式》，《大汉公报》1946 年 11 月 12 日。
[4]《满城堂社联同省墓》，《大汉公报》1944 年 6 月 20 日。
[5] Lorna Townsend & Mary Lust, *Quesnel Pioneer Cemetery Chinese Memorial Cairn*, p.5.

第三编

选择入境时期

（1947—1966年）

第九章
华人参政的先声

华人来加之初至 1875 年之前，其实是有选举权的。但是，早期的华人除了极少数的商人对加拿大的政治现实有所了解，大部分华工连中文水平都有限，更不用说去了解加拿大的政治体制了，参加投票选举根本就是"天方夜谭"。当然，这也并不排除有些人操纵华人的选票谋取利益。

随着排华风起，卑诗省于 1875 年获英女王批准通过取消华人选举权的法律条款后，其他省市先后效法跟进。在半个多世纪的漫长岁月里，加拿大华人在政治上绝对是"三等公民"，没有任何参政议政的权利。除了在唐人街进行集体的抗争之外，华人在加拿大的命运完全掌握在别人的手里。不仅如此，因为"排华法"的通过，华人还成为加拿大受歧视最严重的少数族裔之一。一直到了 1947 年，加拿大政府取消"排华法"后，华人才有了投票权和参选权。

加拿大华侨华人经过漫长时间的抗争，尤其是在太平洋战争时期，华人子弟"以德报怨"的参战奉献，终于赢得了选举权。但是，这并不表明华人由此就踏上了参政议政的平坦之路。事实上，从 1947 年至 1956 年近十年间，没有一个华人通过参选进入加拿大三级民意机构和政府。

之所以出现这样的情况，除了社会大环境的改变，尤其是对华人的隐性歧视和偏见的改变需要时间，从华人本身来说，第一代华人无论在语言水平、受教育程度，乃至社会地位，仍然毫无参政的本钱可言，对加拿大政党运作也全然陌生，因此参选的可能性几乎为零，可以说是有心无力；而第二、第三代华人，由于从小在唐人街的环境成长，以及受父母和祖父母辈的影响，对政治有热情的人不多，远离政治的人则不少，因此，出面参加政党活动的人并不踊跃。但是，华人在历史上的遭遇以及在赢回公民投票权方面的艰辛，让一些人逐渐认识到，华人在政治上没有代言人，华人的地位仍然不稳定，融入主流社会的速度会很慢，许多不公平的待遇也难以改善。因此，郑天华在加拿大联邦政坛的出现，给华人参政带来了零的突破和崭新的企盼。

第一节　郑天华当选国会议员

1957 年是华人参政史上具有里程碑意义的一年。这一年，加拿大土生华裔潘协华（Harry Poon）和郑天华（Douglas Jung）先后当选为阿尔伯塔省士达拿（Stettler）市市议员和加拿大国会议员，[1] 掀开了华人参政的序幕，其中又以郑天华的当选意义最为重大。

如前所述，郑天华在太平洋战争中曾加入过加拿大陆军，并获得官衔。战后，郑天华入读卑诗大学，1953 年获得法学学士学位。1954 年，郑天华取得卑诗省律师牌照。[2] 从其履历来看，他具有不亚于白人的参政背景。

1956 年 1 月，在卑诗省云中区（即温哥华中央区，Vancouver Centre，British Columbia）举行省议员补选之际，郑天华成功成为进步保守党候选人。作为首位华裔参加省选的候选人，郑天华不但在华人参政上开了先河，同时也宣告了华人在政治上经历了沉默的时代、抗争的时代，如今开启了参政的时代。

郑天华知道华人的参政权得来不易，因此，在竞选的过程中，他给选民发信，在中西报章上发表公函，除了陈述党纲和从政立场之外，特别期待加拿大华人好好运用手中的选票。[3]

虽然侨社在许多事情上有纷争，但在郑天华宣布参选一事上，则在第一时间表达了支持的态度。1955 年 12 月 13 日，在郑天华宣布参选之际，全加中华会馆召开侨团代表大会，全体代表一致拥护郑天华参选。全加中华会馆还为此专门发布了告示，鼓励华人充分运用千辛万苦得来的选举权，投票支持郑天华。[4] 不仅如此，全加中华会馆还在 1956 年 1 月 7 日，也就是选举的前两日，为郑天华举办了一场政见会，请郑天华演讲，清韵音乐社还派人到场演奏助庆。会场上，郑天华以中英文演讲，陈述其政见，比如争取提高华侨地位、争取各民族一律平等，为此得到众

---

[1] "Mr. and Mrs. Harry Poon Mark Anniversary", "Stettler Independent", Mar.1, 1967.

[2] Douglas Jung, Chinese Canadian Military Museum web site, https://www.ccmms.ca/veteran-stories/army/douglas-jung/，检索时间：2021 年 9 月 21 日；Douglas Jung, https://web.archive.org/web/20171207020959/http://chinatown.library.uvic.ca/douglas_jung，检索时间：2021 年 9 月 21 日；Order of British Columbia, https://orderofbc.gov.bc.ca/members/obc-1997/1997-douglas-jung/，检索时间：2021 年 9 月 21 日。

[3]《郑天华竞选告选民公函》，《大汉公报》1956 年 1 月 7 日。

[4]《全加中华会馆通告》，《大汉公报》1956 年 1 月 6 日。

人热烈的掌声。[1]

可惜的是,由于是补选,郑天华准备时间较短,再加上其代表的进步保守党在这个选区支持率不高,因此以第二高票落选,可谓虽败犹荣。[2] 第一次参选大大提高了郑天华在社区的声望,也为他继续参选奠定了基础。

不过,从华人整体投票的倾向来看,他们虽然支持郑天华参选,但并没有因此多投比较右翼的进步保守党的票。在唐人街,华人的票大半投向了左翼的社会党。[3] 可见政党的背景和在华人社区的耕耘程度,仍然是华裔候选人能否胜选的重大因素。

如果说1956年临时参加省议员补选对郑天华来说是一次政治练兵,那么,1957年参加联邦选举就是一次完美出击了。

这一年,郑天华代表进步保守党再一次在温哥华云中区参加联邦大选。有了上一次失败的教训,郑天华及其竞选团队精心准备了竞选政纲,提出一旦当选,将改革养老金制度,使凡符合享受津贴者,无论居住何处,都可以领取养老金。郑天华特别提出,将尽力请求修改现有移民政策,使华人享受平等的法律保护。[4] 郑天华批评联邦自由党政府对欧洲难民优待,而对华人另眼相看。这两个诉求,显然是要吸引普罗大众的目光和华人等少数族裔选民的选票。

郑天华知道得很清楚,华人获得投票权时间不长,有资格投票的选民亦不多,单靠"华人选华人"是不现实的,必须在主流社区开拓票源,获得白人选民的支持才能胜选。更何况这次选举,他的竞争对手是实力雄厚的联邦自由党内阁国防部长拉尔夫·坎普尼(Ralph Campney),竞争很激烈。因此,他在西人社区积极奔走,开拓票源,甚至专程到西人开的酒店去演讲,获得了热烈的欢迎和良好的回应。[5]

郑天华转战联邦政坛,也是华人社区的第一次,自然受到侨社的高度重视。全加中华会馆为了让华裔选民了解郑天华所在选区的具体情况,特地在《大汉公报》上发出通告,介绍该选区各政党候选人的姓名以及办事处,期待华人关注这场重要选举,并积极出来投票。[6]

由于选举投票全程都使用英文,为了让华裔选民不至于投错票,中华会馆还发

---

[1]《郑天华律师在华埠作竞选演讲》,《大汉公报》1956年1月9日。
[2]《中区省议员竞选结果,社会党代表获大胜利》,《大汉公报》1956年1月10日。
[3]《中区省议员竞选结果,社会党代表获大胜利》,《大汉公报》1956年1月10日。
[4]《请华人选举华人,云埠中区国会议员候选人郑天华竞选政纲》,《大汉公报》1957年6月6日。
[5]《西人热烈拥护郑天华竞选》,《大汉公报》1957年6月8日。
[6]《全加中华总会馆通告》,《大汉公报》1957年6月7日。

出通知,指导华裔选民如何投票,并提醒民众要在各候选人的英文名字边上的方格内打×,免得投错人。

1957年6月10日,即加拿大联邦选举投票日,对加拿大华人来说,这是一个里程碑式的日子,也是加拿大华人移民史上具有重要历史意义的一天。因为在这场选举中,第一位参加联邦大选的华裔候选人郑天华律师,以9087票当选为加拿大下议院国会议员,而主要竞争对手、选前担任国防部长的坎普尼只得了5357票,双方相差3700多票,郑天华可谓赢得漂亮。[1]

郑天华的胜出使加拿大国会中首次出现了华裔的面孔,这个史无前例的胜利,让在历史上倍受歧视,并在当时的现实生活中仍然遭遇各种不公平对待的华人,感到扬眉吐气,而整个华人社团也沸腾起来,全加中华会馆和华裔海陆空三军协会等,纷纷设宴庆贺郑天华当选。[2] 当然,英文媒体也纷纷报道这一具有里程碑意义的突破性事件,一时间,郑天华成了聚光灯下的焦点人物。

历史的戏剧性在于,温哥华曾经是加拿大历史上歧视华人最重的地方,但华人第一个国会议员也在这块土地上诞生,这又再次见证了华人不屈不挠、奋进向上的民族特性。

第二节 郑天华当选的意义

郑天华的当选是加拿大华人移民史上的重要转折点,正式吹响了华裔向加拿大政坛进军的号角。

但是,郑天华的当选并不表明华人参政的意识已经很强,华人参选的实力已经成熟,华人的选票已经举足轻重。从某种角度来看,郑天华的当选,除了他个人的特质很强外,当时的政治大环境也是一个主因。

从个人特质和履历来看,本地出生的郑天华拥有二战参战者的背景,学历高,同时又是律师,在保守党中的地位不低,是那届国会中最为年轻的国会议员,并在

---

[1]《郑天华票数》,《大汉公报》1957年6月11日;Douglas Jung, C.M., C.D., 加拿大国会官方网, https://lop.parl.ca/sites/ParlInfo/default/en_CA/People/Profile?personId=13202, 检索时间:2021年9月21日; https://lop.parl.ca/sites/ParlInfo/default/en_CA/People/Profile?personId=4729, 检索时间:2021年9月21日。

[2]《全加中华总会馆设宴庆祝国会议员郑天华》,《大汉公报》1957年6月21日;《华裔海陆空三军回兵会设宴庆贺郑天华》,《大汉公报》1957年6月22日。

当选后成为全加保守党青年会主席。[1] 这样的参政背景，不要说在当时政治人才匮乏的华人社区中可谓凤毛麟角，就是放到当今时代，华人参政者中可以与其比肩的，也绝对不多。

从政治大环境来说，联邦自由党已经执政 22 年，政治人物老化不说，民众要求"革新"的呼声也已经高涨，这对想要夺回执政权的进步保守党，当然是天赐良机。几个月之前，郑天华在省选补选中还只拿到 3000 多票，而在联邦大选中，则一举攻下 8000 多票，除了郑天华努力开拓票源之外，大环境对保守党有利，是一个不争的事实。

在这次大选中，由于保守党仅以 7 个议席领先自由党，少数席位执政极不稳定，因此 9 个月以后，即 1958 年 3 月 31 日，又进行了全国大选。进步保守党在这次选举中获得大胜，赢得 200 多个席位，郑天华也轻松连任，并且获得超纪录的 14044 票，其主要对手、联邦自由党的候选人莱昂·沃德（Lyon Ward）仅得 3927 票。从整体来说，联邦自由党的席次则下挫至 50 席以下。[2] 不仅如此，在大选中，三大反对党领袖均落选。大选后，进步保守党组成绝对多数政府，进入执政上的黄金时期，郑天华也相应获得重用。[3]

事实上，郑天华当选，绝非是被当时进步保守党政府当拉拢华人选票的"花瓶"使用，郑天华自己也拒绝当好看的"族裔花瓶"。1960 年 6 月，郑天华被选为国会卫生与幸福小组主席，这是国会有史以来首次有华人担任国会跨党派小组主席。[4] 在国会工作期间，郑天华没有忘记自己是首位华裔议员，在帮助政府推动养老金改革的同时，努力参与移民法例的修改完善工作，"大赦"的推展让数以千计的非法移民获得合法移民资格，其中当然包括华裔。[5] 郑天华等执政党议员促进政府放宽华人移民法例，让华人取得平等权利，使得华人有更多类别的家庭成员得以申请来加拿大团聚。值得肯定的是，郑天华并没有受到自己族裔背景的任何羁绊，而是站在加拿大人的立场上、站在加拿大国家利益的立场上，提出了在当时引发争议，

---

[1]《国会闭会再行大选，郑天华获选青年主席》，《大汉公报》1958 年 2 月 3 日。
[2] 加拿大国会官方网，https://lop.parl.ca/sites/ParlInfo/default/en_CA/People/Profile?personId=13202，检索时间：2021 年 9 月 21 日；https://en.wikipedia.org/wiki/Vancouver_Centre，检索时间：2021 年 9 月 21 日。
[3]《华区热烈庆祝，郑天华再获选》，《大汉公报》1958 年 4 月 1 日。
[4]《黄文甫抗议痛切陈词，首相引民权案为保障》，《大汉公报》1960 年 7 月 14 日。
[5] Order of British Columbia，https://orderofbc.gov.bc.ca/members/obc-1997/1997-douglas-jung/，检索时间：2021 年 9 月 21 日。

但却具有相当前瞻性的外交主张,那就是对新中国的立场。郑天华虽然拒绝对其所属的进步保守党政府之对华政策作出批评,但却公然表示,计划于 1958 年以私人身份前往中国进行访问考察,他和赞成同中国建交的其他国会议员均认为,"外交上之承认,可发展加拿大对外贸易"。[1] 当时西方反共浪潮汹涌,各种未经证实的信息满天飞,但郑天华坦言,"并不忧虑没有(安全)保障,因我种族背景关系,我可作东西两方联络之桥梁"。[2]

郑天华在率领加拿大代表团出席北大西洋公约国家青年会议时,在巴黎的记者招待会上,不改率直本性,直接批评政府。有报道说,郑天华对西方国家与苏联的往来模式多有指责。郑天华在巴黎还直言,他以加拿大人身份为第一,华裔次之,并谓以自己的律师眼光判断,加拿大反对承认中国共产党,在法律上不成为理由。此番言论,被在野党议员在国会提起,引发重大政治风波,并有加国白人资深政客、同样来自卑诗省的自由党国会议员化里士将其称为"中国佬"(ChinaMan),质疑政府为何派他这样的中国人参加加国代表团。[3] 这番侮辱华人的言语招致华人社区和主流社会的多方批评,以至于联邦自由党党领皮尔逊(Pearson)也出来说明,化里士议员之言论并非是自由党的本旨,国会议员不分种族、阶级、宗教信仰和称谓,一律平等,同为加拿大人服务。[4] 郑天华则高风亮节地表示,他在巴黎讲话的全文,已经报告总理,舆论不应该再误解化里士议员。[5]

郑天华本可以借助进步保守党多数执政的地位,安稳地做他的国会议员,既可以在华人社区一团和气,又可以在政府中等待更好的高位。但是,这位当时最为年轻的国会议员,并没有在华人社会和主流社会两头捞好处,而是秉持着一个曾经为加拿大而战的加拿大人的定位,为国家利益敢说真话,这为华人参政树立了一个很高的标杆,但在现实的政治中,却又遭遇无情的对待。郑天华所属的进步保守党政府总理约翰·笛芬贝克(John Diefenbaker,当地称第芬碧架)强调,郑天华发表的要去大陆作私人访问的言论,绝非是政府立场,也非政府所准许。[6] 而当时台湾当局驻温哥华总领事刘毓棠也会见记者,虽然对联邦自由党国会议员的歧视性语言

---

[1]《郑天华抵云谓,决往访中共区》,《大汉公报》1957 年 10 月 1 日;《郑天华计划于明年访中共区》,《大汉公报》1957 年 10 月 19 日。
[2]《郑天华往共区,不忧没有保障》,《大汉公报》1957 年 11 月 4 日。
[3]《对于差那文,义理之解释》,《大汉公报》1958 年 7 月 11 日。
[4]《郑天华事件还辩论纷纷》,《大汉公报》1958 年 7 月 14 日。
[5]《郑天华请各界勿误解化里土》,《大汉公报》1958 年 7 月 14 日。
[6]《加贸易团访毛,郑天华最快慰》,《大汉公报》1957 年 10 月 30 日。

表示了批评，但也指责郑天华有关与大陆建交的发言太过分。[1] 其实，当时的华人社区对中国大陆的误解很深，郑天华的发言，即使在华人社区也并不讨好。可见，郑天华进入国会后，既不是政府的花瓶，也不做投机的政客，而是秉持着他自己认为的是非标准和良知行事，这给他带来了非议和争论，也让他在以后的选举中吃到苦头。

特别要指出的是，郑天华在为华人社区争取利益时，也依循着法律的逻辑行事，而不是在华人社区说一套，在主流社会说另外一套。在华人难民问题上，郑天华一直敦促政府以对待欧洲难民的标准对待华人难民。1962 年 5 月 22 日，保守党政府总理笛芬贝克宣布加拿大将收容百家华人难民来加。[2] 6 月 9 日，郑天华在中华总会馆代表总理宣布新难民条例七则。[3] 此举为华埠历史第一遭，深受华人社区关注。而在这之前，加国因为有不少华人持"假（移民）纸"入境，而引发"假纸案"风波。郑天华对华人持"假纸"入境，原则上抱同情态度，谓加国移民法对华人不公，导致华人家庭二三十年无法团聚，而子女一旦过了依亲团聚年龄，又被拒之门外，实乃事出有因。郑天华亦游说政府，给予违法者一年多的"恩赦"时间，让华人自首自白，改正身份，"然而郑天华也警告华社，称政府给予彼等之机会，而不紧握之，则政府不能永远给予彼等此种自白之机会，而实行严格之法律。该法律系加骑警一旦怀疑系有非法入境者，可以逮捕之。而加骑警之现在不做大量之逮捕，系政府之恩惠及体谅中国人之家庭团聚之苦心"。郑天华的结论是："我本人认为恩赦时间已经过久，而应该终结之。"[4] 从国家管理以及法治角度出发，郑天华的立场符合情理法的原则，本应得到赞同，但就因为他主张结束恩赦，华人中自然有不少人大为不满。这种情况延续到 1963 年大选，温哥华华埠出现无署名传单，指责郑天华任职国会议员期间，并无实际帮助华人之举动，实为"徒托空言者"，由此引发郑天华的"辩明"。[5] 可见，对于郑天华对华人社区的贡献问题，当时社区就有很大争议，其中不乏党派立场的背景。但实事求是而言，作为加拿大国会第一位华裔国会议员，郑天华的所作所为可圈可点，对加拿大主流社会和华人社区，都有卓著的贡献，历史应该给予公正评价。

---

[1]《郑天华请各界勿误解化里土》，《大汉公报》1958 年 7 月 15 日。
[2] Ryan M. Touhey, *Dealing in Black and White:"The Diefenbaker Government and the Cold War in South Asia 1957–1963", Canadian Historical Review 92*, No. 3（2011），p.438., accessed Feb. 19, 2012.
[3]《郑天华在中华总会馆代表首相宣布难民例》，《大汉公报》1962 年 6 月 13 日。
[4]《郑天华对于终结恩赦非法入境华人之言论》，《大汉公报》1961 年 6 月 7 日。
[5]《天华对匿名传单辩明》，《大汉公报》1963 年 4 月 6 日。

第三节　郑天华落选的影响

不容否认，虽然郑天华在担任国会议员期间，没有受到华人社区的一致拥戴，并且在国会引发不少风波和争议，但他在任期间的表现以及展现的能量，已经让加拿大主流政党在政治上对华人社区刮目相看。在 1962 年新的联邦选举中，朝野政党领袖都积极到华埠演讲拉票。进步保守党领袖、加拿大总理笛芬贝克携夫人于 5 月 30 日到温哥华华埠中华会馆演讲；第二天，华埠又迎来了联邦自由党党领皮尔逊的走访演讲，华埠以燃放鞭炮、乐队演奏和舞狮等欢迎他们夫妇，场面非常热闹。[1] 这样的阵仗，在华埠极为少见，《大汉公报》甚至用了几天的版面做了连续报道，来描述这次演讲的盛况，标题是《自由党党领访华区演讲，华侨热烈欢迎创历史》。[2]

郑天华当然要争取第三次连任。他的主要对手是联邦自由党候选人杰克·尼科尔森（John Robert "Jack" Nicholson，当地称匿古臣）。匿古臣也是一位律师，[3] 很懂得宣传和鼓动，在华人社区有着强大的支持群体。从联邦自由党党领来华埠受到的欢迎程度超过执政党总理，就可以知道郑天华的这次选战前景并不乐观，至少在华人社区，他竟然没有优势。联邦自由党还特地在华埠开办办事处，希望选民登记选举，一个星期之内就有 540 多名华人前来登记。[4]

在这次选举中，包括社会信托党候选人哈恩·乔治（Hahn George）在内，郑天华、匿古臣等温哥华中区各党候选人，都在《大汉公报》上发布了个人竞选政纲，赞扬华人对加国的贡献，承诺要让华人获得平等权利，[5] 1962 年 6 月 13 日下午，新民党党领也来到华埠演讲，感谢华人对加国的贡献，认为华人是加国的良好公民，应取得平等待遇。[6] 一时间，温哥华中区成了超级战区，华埠则成了选举竞技场。有如此局面，郑天华功不可没。

但是，从加拿大整体政治环境来看，1962 年的联邦大选对执政保守党相当不

---

[1]《自由党首领访华埠，中华总会馆派员欢迎》，《大汉公报》1962 年 6 月 1 日。
[2]《自由党党领访华区演讲，华侨热烈欢迎创历史》，《大汉公报》1962 年 6 月 2、4 日。
[3] John Robert "Jack" Nicholson, P.C., Q.C., O.B.E., M.P., 加拿大国会官方网，https://lop.parl.ca/sites/ParlInfo/default/en_CA/People/Profile?personId=11373，检索时间：2021 年 9 月 21 日。
[4]《请华裔公民再登记》，《大汉公报》1962 年 6 月 5 日。
[5]《请投进步保守党候选人郑天华君一票》，《大汉公报》1962 年 6 月 8 日。
[6]《新党首领临华埠，中华总会馆欢迎》，《大汉公报》1962 年 6 月 15 日。

利，而联邦自由党则出现强力反弹的态势，两党党领在华埠演讲受到欢迎程度的不同，就是两党大势优劣的一个缩影。在此特别要提出的是，当时还发生了是否有华人选举权被取消的争议。联邦自由党中区候选人、郑天华的对手匿古臣的支持者发难，谓507名华人声称，他们没有发现自己的名字在选举名单上，并由此告上法庭。进步保守党则称联邦自由党提出的人数有技术上的错误，仅有41名华人应该拿到选举权。双方在法庭上的争执持续发酵，而当时华人社区的望族叶富荣一家，也有人因为身份证明文件不齐而没有选举权，导致叶家发出强烈抗议，并宣布在投票日拒绝投票。[1] 这个在选举前两周发生的风波，给华人投票的方向带来了重大的影响，进步保守党明显处于不利地位。

6月18日，大选结果出炉，尽管保守党仍然获得组阁权，却有4名部长落选，但联邦自由党在全国卷土重来，该党候选人匿古臣也在温哥华中区选区击败唯一的华裔国会议员郑天华，双方相差仅800多票。[2] 这个数字竟然与选前引发选举权利之争的华裔人数很相近，可谓巧合。

落选后，郑天华非常失望，起初并不愿意与记者交谈，后来又表示，他对败选"甚感愤怒，因为我系为我自己之同胞所击败"。具体而言，他认为是"政府此次发动皇家骑警搜查非法入境华人之行动，令到他在云中区之失败"。[3] 郑天华的观察如果没有错，他对华人选民的不满是有道理的。因为在"假纸案"风波中，他站在立法者以及律师的角度，支持政府的搜查行动，并非没有道理。但是，民主制度下的选举投票，有时候就是大势和选民感觉发挥重要作用。华人社区在这次大选中弃进步保守党而支持自由党的态势十分明显，尤其在郑天华的选区，投票前发生的华人选举权风波，对选举大势又起了推波助澜、临门一脚的重大作用。

从表面上看，郑天华之败选，仅差800多票，可谓输得很少，但实际上，郑天华在这一战上，输得相当惨烈。因为在上一次联邦大选中，郑天华取得超级胜利，比联邦自由党的对手赢出整整11000票，而在这次选举中，这一万票消失殆尽。从宏观上而言，无论郑天华的胜选还是败选，政治大环境都起到了最大的作用；从微观上看，鉴于华人人口少，投票率低，郑天华的大赢，并不单靠华裔的选票，但郑

---

[1]《选举中之种种纠纷，叶氏一家将不投票》，《大汉公报》1962年6月7日。

[2] Douglas Jung, C.M., C.D., 加拿大国会官方网，https://lop.parl.ca/sites/ParlInfo/default/en_CA/People/Profile?personId=13202，检索时间：2021年9月21日；The Hon. John Robert (Jack) Nicholson, P.C., Q.C., O.B.E., M.P., https://lop.parl.ca/sites/ParlInfo/default/en_CA/People/Profile?personId=11373，检索时间：2021年9月21日。

[3]《郑天华自认为查华人被害者》，《大汉公报》1962年6月19日。

天华输的那 800 多票，华人选票确实起到了关键作用。

这一次联邦大选，不但让国会中的唯一一名华裔国会议员夭折，同时也给华人社区的联邦参政模式带来了两个变化。第一，在这次投票后的近 40 年时间里，加拿大华人社区对联邦自由党的支持度一直超过进步保守党和其他政党，这种情况到了世纪交替后有所改变。第二，华人社区尽管有着"华人投华人"的情结，但在具体选举中，华人的选票未必就一定投给特定的华裔候选人，而是跟着政治大势走，华人候选人所属政党热门，那么该候选人就能在华裔选民比较集中的选区得到传统政党的支持票和华裔选票的双重支持，反之则不然。

郑天华因为这次败选，与华人社区产生了一些嫌隙。有华文评论分析其失败原因，除了对手太强之外，还有他轻视华人选票，太过"自重"，以及华人内部的嫉妒等原因。[1] 之后，郑天华在 1962 年 6 月 18 日、1963 年 4 月 8 日和 1965 年 11 月 8 日三次参选，均以失败告终。[2]

郑天华在国会服务只有 5 年左右，但他的参政贡献，在加拿大华人历史上，却有着难以磨灭的印记。华人社区的选票不一定都投向他，但华人社区一致肯定他在改变华人政治地位、鼓励华人参政议政上的开创性历史意义。

郑天华之后，华人在联邦国会里的代表挂零了好几年，但是郑天华的成功，影响了更多的华人在地方上投身政治，甚至开始有女性出来参政。1962 年，温哥华市政府大选，张继夫人竞选市公园管理局委员，开了华裔女性参政的先河，尽管最后落选，但却成了女性华人参与政坛的楷模。[3]

第四节　其他华人政客

在这段时间里，先后在加拿大各地参选的华裔也有好几人。1959 年，何荣禧（George Ho Lem）在阿尔伯塔省卡加利市当选市议员。[4] 1965 年，林福来（Ed Lum）当选卑诗省山汝市市议员。1966 年，吴荣添（Peter Wing）当选锦碌市市长，他既

---

[1]《郑天华此次大选当中被落选之可惜》，《大汉公报》1962 年 7 月 11 日。

[2] 加拿大国会官方网，https://lop.parl.ca/sites/ParlInfo/default/en_CA/People/Profile?personId=13202，检索时间：2021 年 9 月 21 日。

[3]《张继夫人竞选市政员》，《大汉公报》1962 年 11 月 19 日。

[4] George Ho Lem, https://calgaryherald.remembering.ca/obituary/george-ho-lem-1065554958，检索时间：2021 年 9 月 21 日；《何荣禧当选市议员，翟总领事致电欣贺》，《大汉公报》1959 年 10 月 26 日。

是北美第一位华裔市长，也是锦碌市的第一位土生土长的华裔市长。[1]

总而言之，在加拿大华人获得公民权之后，他们积极行使手中一票的权利，而主流政党也从以往排华反华、鄙视华埠的传统中走出来，逐渐开始关注和重视华人的声音，并期待获得华人选票的支持。华人中的精英，主要是土生的华裔，也迈出了参政议政的第一步，而当选国会议员的郑天华，正是其中最为著名的开拓者和实践者。值得注意的是，华裔移民历史最为悠久、遭受反华歧视最为严重的卑诗省，尤其是温哥华，再度成为华人参政议政的发祥地。历史教育了华人，华人也从历史中吸取教训，加拿大华裔走进了华人参政议政的历史发展新阶段，这第一步走得很辛苦，但也走出了辉煌。

---

[1] 黎全恩：《1957—2002年华裔参政入选者之分析》，《华埠通讯》，域多利，2008年12月第6卷9期；Peter Wing-Vancouver, order of British Columbia, https: //orderofbc.gov.bc.ca/members/obc-1990/1990-peter-wing/，检索时间：2021年9月21日；《第一个华人市长》，《大汉公报》1965年12月13日。

第十章
华文教育

在战后很长一段时间里,随着加拿大全国大环境的改变,华人社区也发生了重大的变化。一方面,"排华法"被取消,华人获得了久盼的公民权利,并开始申请亲属来加团聚,社区人口开始增加;另一方面,因为排华的限制被取消,原来华人凝聚在一起的外部压力消除,华人得以向唐人街以外的社区发展,并将其视为华人在加拿大成功的重要标志,而留在华埠变成了停滞不前的象征,这不但导致原来的华埠呈现出衰退的症状,华埠商号减少,还连带让依赖华埠凝聚力而兴旺起来的华文学校和华文教育,也出现了走下坡路的迹象。最明显的特征就是,在选择入境时期的前期和中期,新的华文学校出现得不多,而老牌的华文学校则无论在师资还是学生的规模上,都有普遍缩小的趋向,不少学校甚至关门大吉。这不是说战后的新环境不利于华文教育的生长,而是说华人社区在新环境下需要时间重新整合,同样,华文教育也需要在新的环境下重新浇灌培土,而在这个新旧交替的过渡期,华文教育出现了暂时的低落,但也出现了一些前所未有的新变化,并受到华人社区和主流社会的高度重视。

一、新校少,经费紧

战后加拿大华文教育,一个最显著的特点就是新学校开办得少。[1] 除了基督教会不定时开办的一些规模很小的英文夜校国语补习班,[2] 如稍具规模的温哥华长老教会学校、温哥华天主教会学校、圣方济中英文义学、域多利华人协和教会汉文夜班、爱民顿协和学校、多伦多协和中文学校、多伦多浸信会中文学校以外,[3] 主

---

[1]《坎城华侨学校行将开学》,《醒华日报》1965年9月13日;《坎城侨胞重视侨教》,《醒华日报》1965年10月1日;《1967年坎城华侨学校全年进支数》,《醒华日报》1968年1月8日;《坎问顿中华会馆华侨学校郑重声明启事》,《醒华日报》1968年4月22日。

[2]《中华基督教会开设英文夜校国语补习》,《大汉公报》1963年6月26日。

[3]《汉文夜班复课预告》,《大汉公报》1949年1月8日;《中文男女补习班开课》,《大汉公报》1951年4月2日;华人天主教学校招生:1952年8月16日;《天主教学校将复课》,《大汉公报》1954年8月12日。

要还是靠原有规模较大、历史较悠久的华文学校支撑整个华文教育的大局面,这些学校包括黄江夏总堂主办的文强学校、域多利华侨学校、民治党(洪门)主办的大公义学、[1]广智学校、温哥华中华会馆主办的温哥华华侨公立学校、乃磨华文学校、二埠侨校、里贾纳华侨学校、卡加利华侨公立学校、当近华侨公立学校、列必珠大同义学、穆斯乔中华学校、萨斯卡通华侨公校、多伦多华侨公立学校、满地可华侨公立学校、温尼伯华侨小学、多伦多加籍华人联合会夜校等。

不少学校都面临着很大的经费问题,不管是大的华文学校还是规模较小的学校,都需要不断捐款,才能达成既定目标。举例而言,大公义学校长颜志炎,在战后利用暑假两个月时间,竟然遍游全加,为学校筹得12000余加元的善款,受到学校校董会致赠金牌感谢。[2]该校在1951年年底举行募捐,竟达一个多月,跨了两个年头,几乎每天都在《大汉公报》发布募捐消息,以助捐款。[3]此后几年,莫不如此,这在过往相当少见。

1951年10月,域多利华侨学校因经费奇缺,向旧金山租用粤语《锦绣天堂》《双凤求凤》《金粉霓裳》等片,在域多利、当近等埠播放,筹得经费全部用于助学。[4] 而列必珠大同义学更是展开全加拿大范围的募捐,方能维持学校运营。[5]

战后,一些著名的华文学校应市政建设的要求,以及学生向规模较大学校集中,旧有校舍不敷使用而要建立新的校舍,其中包括文强学校、温哥华华侨公立学校和卡城侨校等。在这个过程中,学校筹款也遭遇瓶颈,许多项目都因为经费问题而有比原计划晚实施的情况出现。比如,即使像温哥华华侨公立学校这样的有实力的学校,在改建校舍过程中,内部工程竣工后,校舍外围的修饰工程,也因为"工程浩大,除已经收到募捐之款项应支外,不敷尚巨,非借重我侨胞诸君,鼎力助捐不可"。[6] 至于像温尼伯华侨公立学校,只能借国民党分部捐出大礼堂及供给水

---

[1]《民治党附设大公义学预告》,《洪钟时报》1954年3月25日。
[2]《大公赠金佩与颜君》,《大汉公报》1947年6月23日。
[3]《大公义学募捐消息》,《大汉公报》1951年12月4日;《大公义学募捐消息》,《大汉公报》1952年1月14日。
[4]《本校校史》,《加拿大域多利中华会馆成立75周年、华侨学校成立60周年纪念特刊——文献与专载》,加拿大域多利中华会馆,1960年,第56页。
[5]《列必珠大同义学》,《大汉公报》1953年1月5日。
[6]《侨校筹建为会近讯》,《大汉公报》1953年4月7日。

电,才能复课。[1]

更有意思的是,除了以往演戏、放电影等传统方式筹款之外,有的学校甚至得到菜铺食肆等的赞助,用"义卖炒面"的方式筹款。举例而言,当近侨校曾得到华侨赞助的芽菜、豉油、炸面、火鸡、肥鹅和食盐等。[2] 这种五花八门的筹款方式,也从另外一个侧面显示华文学校经费吃紧。

除大公义学这种组织长时间的捐款的方式以外,华文学校的捐款方式也出现了新招,目的无非就是推动捐助。比如温哥华公立学校筹建新校舍,募捐委员会提出新的奖励案,即:一、凡团体或个人捐款 3000 加元以上,学校大礼堂题其团体名称或个人姓名以留纪念;二、凡团体或个人捐款 2000 加元以上者,以学校课室题其团体或个人姓名以留纪念;三、凡团体捐款 1000 加元以上者,以其团体每届当年主席为学校董事;四、凡个人捐款 1000 加元以上者,当为学校永久董事,并以其个人 12 寸照片悬于学校礼堂以留纪念;五、凡捐款 500 加元以上者,以其个人 8 寸照片悬于学校礼堂以留纪念;六、凡捐款 250 加元以上者,以其个人 6 寸照片悬于学校礼堂;七、凡捐款 100 加元以上者,以其个人 4 寸照片悬于学校礼堂;八、凡捐款 50 加元以上者,一律题名悬于本校礼堂。[3] 这种方式以后就成为侨社各类募款的标准模式。

规模大的学校尚且如此,小学校的经济状况更是捉襟见肘。比如域多利禹山学校,由禹山昌后总堂主办,也有十余年的历史了,战后就面临着经费问题,需要禹山总公所来推动捐款。[4]

当然,除了一些临时的班级以外,偶尔也有新的学校创办。比如温哥华协和教会中文学校就是在 1961 年年初开办的。随后继续扩展,在该年暑期中,更将所有房舍连同原有教室,都当成中文教室使用。[5] 1965 年,咸美顿开设华侨学校。[6] 可见华人社区对中文教育的需求仍然很盛。

战前,华文学校清游,动辄千人,场面浩大;战后,不少学校虽然继续保持清游传统,但规模大大缩小,华社捐助也减了很多,最多也就数百人而已。[7] 这也

---

[1]《宛埠华侨学校近讯》,《大汉公报》1954 年 10 月 28 日。
[2]《党近侨校义卖炒面》,《大汉公报》1964 年 10 月 2 日。
[3]《侨校筹建会会议讯》,《大汉公报》1952 年 8 月 9 日。
[4]《禹山学校筹捐经费》,《大汉公报》1949 年 7 月 4 日。
[5]《协和教会中文学校扩充教室九月上课》,《大汉公报》1961 年 8 月 26 日。
[6]《坎城设立华侨学校》,《醒华日报》1965 年 8 月 7 日。
[7]《广智学校清游会志》,《大汉公报》1948 年 7 月 7 日。

从另外一个侧面表明，中文学校的经费确实相当紧张，影响了后续的大规模发展。这倒并非是华人不再乐捐，而是战后华人地位的提升，带动了华人后代可以有更多的受教育机会，尤其是在主流教育机制中，华人不再受到战前那样的种族歧视，这自然就减少了华人对华文学校的倾囊相助。

二、三大新的特征

选择入境时期，华文学校的数量虽然没有增长甚至有所减少，经费的不足又增添了筹款的次数和运营的压力，但是，也是在这个时期，加拿大华文教育呈现出三个新的特征，显示出华文教育与时俱进，并在主流社会产生很大的影响力。

第一个特征就是随着亚洲的形势变化，加拿大华文教育开始重视"国语"（普通话）的教学，而不再局限于使用粤语或台山话。1949年，中华人民共和国成立，原来的国民党退守台湾，虽然国共双方在政治上势不两立，但是在教育上却有一个共同之处，那就是推动在公立教育体系中使用普通话和"国语"进行教学。这种情况自然也影响到海外华人社区的华文教育。

举例而言，温哥华文强学校从1951年开始加设"国语"课程，老师是黄雄申[1]，及至黄雄申赴港省亲，该校也没有停止该课程，而是改请黄澄清继续授课。[2]到了1953年，该校又聘请黄月葵女士担任老师，教授中文，兼授常识、唱游等科。[3] 显然，中文课程已经成了文强学校的品牌。有趣的是，上述三位老师都是在上海长大或者读书的，其普通话当属中国南方语言，方便粤语学生学习。

温哥华中华基督教会也从1963年7月1日起，开办"国语"补习班，每星期二、四两天的晚上，各开有一个小时的课程。[4]

尽管"国语"课程在整个加拿大的华文教育中，仍然属于星星之火，尚没有燃起燎原之势，但是，这一课程的出现，表明加拿大华文教育是有眼光的，加拿大的侨界也不是封闭落后的。

除了学习课程外，为了强化中文教育，温哥华各校中文老师发起组织中文教师联谊会，以"联络感情，互励互助，研究学术，促进侨教"。[5]之后，教师们又扩

---

[1]《文强加强国语课程》，《大汉公报》1951年2月21日。
[2]《文强改请国音教员》，《大汉公报》1951年8月14日。
[3]《文强校添聘女教员》，《大汉公报》1953年8月6日。
[4]《中华基督教会开设英文夜校国语补习》，《大汉公报》1963年6月26日。
[5]《中文教师定期座谈》，《大汉公报》1951年6月30日。

大范围，改为"加拿大华侨文教协会"。[1] 由此可见，华人社区的华文教育，已经超越同乡会、宗亲会的藩篱，在学术的基础上，进行老师之间的合作切磋，这对华文教育水平的提升至为重要。

第二个特征就是华文学校和华文教育向主流文化靠拢，并得到主流社会的认同。在选择入境时期，华文学校在礼仪和规程等方面，还是沿袭了战前的传统。比如纪念孔子诞辰兼庆祝教师节、举办开学与修学典礼、每年例行的清游节目等等，这些都是为了让学生在海外能够了解中华文化的礼仪习俗，培养传承中华文化的习惯和心志。值得关注的是，随着战后"排华法"的消除、华人政治地位的提升，之前为了抵御外人欺辱而向内凝聚的受迫害心理得到很大的释放，华人社区开始更有信心地向外开放，接纳主流社会的价值文化，华文学校也"入乡随俗"，逐渐重视当地的一些文化传统。

举例而言，大公义学在20世纪60年代开始举行庆祝圣诞节活动，并与学期结束的放学礼一并举行。学校特别举行宗教祝圣仪式，"请林佐然牧师向众人祈祷及祝福，同唱圣诗颂赞主恩，由林牧师夫人颁发本学期学生奖状"。更为重要的是，邀请刚刚从中国回来、接聘担任卑诗大学教授的林达光向学生致训，"以'德学礼'三字勉励学生，让其认识做中国人之伟大"。[2] 这种中西合璧的新型仪式，颇受学生和家长的欢迎，也让华文学校走向主流社区。

华文学校的出现除了华人重视文化传承之外，也是"黄白分校"等歧视政策的副产品，但是在战后，主流社会也开始慢慢认同与接受华文学校，主动要求华文学校参与活动。举例而言，1954年，联合国假座卑诗大学召开第二届加西中学生夏令大会，联合国温哥华分支机构致函中华总会馆，谓华人侨团可以派学生参加，"借此联络中西感情，而消弭许多误会之争"，该机构还与华裔领袖黄文甫商定，使用中华总会馆大礼堂，在开幕式那天欢迎与会的所有学生，晚上还有华人酒楼东主设宴款待与会者。[3]

属于加拿大政府管辖的国家影片厂拍摄电视片《华埠》，介绍华裔如何在加拿大发扬中国固有的文化传统，特地到大公义学拍摄华文学校上课的情形。该校创办人演讲大威至圣孔子的生平及其儒教道理，同步英文翻译，学生们仔细聆听，从晚上7点一直拍到10点。[4] 可见，华文学校的教育方式和内容，已经引发了主流社

---

[1]《各侨校教员发起组织文教协会》，《大汉公报》1951年7月13日。
[2]《大公义学祝圣诞》，《大汉公报》1964年12月22日。
[3]《联合国中学生大会侨团有权派生参加》，《大汉公报》1954年8月19日。
[4]《国家影片摄影，大公义学上课情形》，《大汉公报》1954年6月29日。

会舆论的关注。

在加拿大立国百周年之际，由温哥华国会议员、时任劳工部长的匿古臣，自渥太华寄交温哥华华商简建平接收的有关加拿大立国百周年纪念旗帜三枝，分赠华人社区 3 个侨校：华侨公立学校、文强学校以及大公义学。[1] 几天后，匿古臣部长亲自来到温哥华，参观了文强学校，并与学生高歌一曲。[2] 由此可见，在政府眼里，华文学校已经成了华埠的形象代表，受到了高度的肯定，这种情况在战前的排华、反华时代，是难以想象的。

第三个特征就是华文学校成了中华文化传播的集散地。战前，由于高压的排华政策和反华势力的肆虐，唐人街变成华人避祸求存的中心，孤立无援不说，遭人抹黑、妖魔化也是常态，更遑论向外传播中华文化。战后，华人地位提升，唐人街也从封闭中走出来，原本可以承担起向外部世界传播中华文化的重任。但是，由于大环境的变化，不但富裕优秀的华人群体向唐人街外迁徙，而且唐人街也因为人口减少、生意下降而呈现出衰退的情景。不仅如此，由于唐人街地处市中心的边缘，以至于战后城市化造成的种种弊病，很快传染到唐人街，导致吸毒者、酒鬼、妓女，乃至无家可归者，常常在唐人街空旷的后巷内街游荡，致使唐人街的形象受到阴影笼罩。

如前所述，华文学校的管理层汇集了侨社的领袖精英，华文学校的老师则是社区的文化精英，学生则是充满朝气、积极向上的一代。不仅如此，虽然华文学校总体数字下降，但是现存的华文学校，尤其是历史悠久的华文学校，比如被加拿大政府视为温哥华"三大名校"的华侨公立学校、文强学校以及大公义学，大都进行了新校舍的建设，成为唐人街中的文化教育"新地标"。这些学校不但受到侨社的看重，也在主流社会中赢得名声。在这种情况下，中华文化的各种资源开始向华文学校聚拢，无论是来自故国政府的图书文献，还是来自侨社家庭的捐献，都源源不断地进入华文学校，其中最为典型的例子就是文强学校成立文化室、举办定期的专题演讲，规模与影响堪称专业级别。

文强学校从 1953 年开始筹划设立文化室，目的是"陈列中华古今文物，实施环境教育，以加强侨生对于祖国之认识，而引起其爱护宗邦之观念及德性之修养"。[3] 经过长时间的筹备，1954 年 4 月 4 日，文强学校中华文化室正式成立，成立典礼

---

[1]《加劳工部长匿古臣赠加国百年旗帜与侨校》，《大汉公报》1966 年 5 月 18 日。
[2]《匿古臣部长昨参观，文强学校开会欢迎》，《大汉公报》1966 年 5 月 31 日。
[3]《文强学校新设施之种种》，《大汉公报》1953 年 7 月 24 日。

场面盛大。有学生自治会表演白话剧《没有登记的同志》以及初中同学社表演的《面子问题》，后者是改编自老舍名著的三幕剧。[1] 中华文化室收到各界人士捐赠的款物，名人字画、瓷器雕刻、陶器漆器、中堂对联、图书照片等，不计其数，其中珍贵的文物有康有为手书奏折一幅，长丈余。[2]

赠的文化室在某种程度上就是中华文化的博物馆，是向外传播中国文化的舞台。举例而言，在文化室成立仅一年多时间里，就有西人三次集体到校参观，总人数达1100余人。[3]

除文化室之外，文强学校开设的专题讲座也广受社会欢迎，比如美国砵仑埠中华学校教员马若川主讲的"从中国历史看中国社会"、[4] 司徒英石先生主讲的"史前至今古之中国民族及其环境"、[5] 罗马教廷派来的罗马法学专家周若渔博士主讲的"中国新文化运动之思潮"等，[6] 这些讲座学术性很强，启发性很高，受到侨界和学生的高度评价，也提升了华人社区的学术文化水平。

三、校友会的出现

由于不少华文学校已成立数十年之久，培养了不少华裔精英，这些华人对学校有认同感，而学校也期待利用这些毕业生的各种优势，来帮助学校发展壮大，因此，战后时期，出现了华文学校新旧同学联谊活动并成立了校友会。

最早开展新旧同学联谊活动的是域多利华侨学校。这个盛大的同学会，是1947年6月举行的域多利华侨学校40周年庆祝活动的主要内容，光活动的筹备人员就有近百人之多。[7] 因为这个学校位于加拿大最早的唐人街，自然引发很多关注。

1951年，文强学校校友怀国珍、黄堃侠、梅赐恩和黄寿柏等人，发起组织校友会，宗旨是"联络感情，互励互助，协助母校发展也促进华侨教育的发展"。会址设在母校内，凡在文强毕业，已出校之同学，皆可以成为会员。[8] 1951年7月8日，校友会正式成立，在召开庆祝会的大礼堂门口，悬挂一副对联："从困学中

---

[1]《文强学校中华文化室成立盛况》，《大汉公报》1954年4月7日。
[2]《文强学校文化室成立，各界纷赠经费品物》，《大汉公报》1954年5月10日。
[3]《文强文化室又收到侨委会赠图书一批》，《大汉公报》1955年6月2日。
[4]《文强定期专题演讲》，《大汉公报》1954年4月26、27日。
[5]《文强讲座热烈情况》，《大汉公报》1954年4月29、30日。
[6]《文强定期专题讲座，请周若渔博士主讲》，《大汉公报》1954年5月22、27日。
[7]《域埠华侨学校四十周年纪念及新旧同学联谊大会筹备处职员表》，《大汉公报》1947年5月16日。
[8]《文强校友组会近讯》，《大汉公报》1951年6月15日。

造智仁勇,在力行中(奉)清慎勤。"展现了在艰难时代兴学育才的艰辛。校友会会长为林国珍,副会长则由黄堃侠等人担任。[1] 此外,东部还有多伦多真光校友会等。校友会的出现,体现出华文学校除了培养人才,其广泛的社会效应和人脉效应,也开始显现。

总之,随着唐人街人口和生意的减少,华文学校在选择入境时期,也处于数量上减少、新学校难以增加的状态。但是,由于华人社区将传统教育和文化传承视为天然的使命,因此,侨社侨团依旧全力以赴,努力提升现有的华文学校的条件和水平,无论校舍建设的"硬件",还是课程设置的"软件",在这个时期反而有长足的发展。更为重要的是,华文学校走出了以往封闭的唐人街,主动与主流社会和西方文化互动,改变了他们对华人文化的偏见和无知,传播了中华文化的优良传统,这对未来加拿大跨越英、法语独尊,确立多元文化国策,起到了某种奠基作用。

---

[1]《文强学校校友会成立盛况》,《大汉公报》1951年7月10、11日。

第十一章
华文报刊和华文文学

第一节　华文报刊

无论战前还是战后，华人社区最大的凝聚力还是中国传统文化，其中尤以中文文字扮演着最为重要的角色。华侨华人的乡愁、华侨华人的苦闷、华侨华人的呐喊、华侨华人的抗争、华侨华人的愿景、华侨华人的期盼，都靠文字的表述，才能表达和发泄，而华文报刊正是传递华人心声的最佳喉舌。

值得一提的是，在选择入境时期，华文报刊的作用和重要性远远超出战前。理由有三。

首先，战后华人移民呈现出多元化的趋势，亚洲原居地和其他地方来的华侨华人，在语言习俗等方面，都有差距，华文报刊成了彼此沟通和了解的最佳途径，因此，对华文报刊的依赖和需求更有大幅度的增加。

其次，"排华法"的废除以及移民政策的不断改变，华人社区和政府都需要通过华文报刊来了解对方的政策和呼吁，华文报刊不再是排华时期华人遭遇孤立需要乡愁安慰的文字孤岛，而是把华人合理诉求上达国会和政府、把政府政策下传至社区的舆论桥梁。

再次，随着华人公民权的获得，加拿大主流政党对华人的重视增加，而华人参政意识的提高以及战后加拿大政党政治竞争的加剧，也使得各政党对华人社区的工作越做越多，而华文报刊自然是他们最要争取的舆论渠道，这使得华文报刊的重要性和能见度日渐提高。

华人的多元性使得报刊、特刊、短时刊物等多元报刊纷纷面世，呈现出百花齐放的现象。但这并不表明原来早期报刊的党争色彩就消失了。

当然，华人社区的发展以及华文报刊的成长，也推动了加拿大华语文学的进步，使其逐渐成为海外华语文学发展的一个重要组成部分。

战后初期，加拿大华文报刊的主力有政治团体，也有民间华侨团体。如洪门和民党继续经营《大汉公报》《新民国报》和《醒华日报》。1949年以后，蒋介石败退台湾，国共纷争导致侨社出现较大的分歧，一些新的报刊立场十分鲜明，倾向于共产主义和红色中国。

举例而言，1959年5月10日在满地可创办的《华侨论坛》，1961年改名为《东风》（East Wind）月刊。在这份非卖品的月刊里，可以读到有关共产主义的理论，也有华侨社会的现实问题，后因经济原因而停办。《东风》月刊创始人之一陈超万，因为宣传共产主义曾被加拿大骑警搜查一次、两次打电话调查。[1]

图30　东风月刊，来源：陈超万

1960年，温哥华左倾青年创办了半月刊《大众报》，其言论以抨击现实为主，立场倾向于中国大陆。1961年，满地可国民党分部创办了《广智业刊》，[2]这份刊物虽以报道侨社动态为宗旨，但也有着强烈的亲国民党的政治倾向。

不过，因为处于大洋此岸而非故土，华人办报的主流，依旧以侨社的发展和文化的传承为主，因故地政党政治而激发华人热血的时代逐渐淡出。此外，由于战后移民人口的分布发生了重大变化，华人向经济重镇的大城市移动十分明显，老的报

---

[1] 1959年5月10日《华侨论坛》创刊号；资料来自《东风》月刊创始人之一陈超万；《东风》，加拿大蒙特利尔东风出版社，1959年10月。

[2] 同李东海：《加拿大华侨史》，第353页；满城讯：《醒华日报》1961年11月15日。

化的传承为主，因故地政党政治而激发华人热血的时代逐渐远去。此外，由于战后移民人口的分布发生了重大变化，华人向经济重镇的大城市移动十分明显，老的报刊因生存需要也会做出搬迁的决定。举例而言，《新民国报》鉴于在域多利维持艰难，于1958年迁往温哥华。[1]

很多年轻华人是移民的第三代和第四代，他们的英文水平要高于中文，且有向其他族裔展现华人风貌的强烈愿望，一些华人创办的英文报刊开始出现，其中温哥华的二战老兵马国冠（Roy Mah）是其中的佼佼者。他从1948年至1952年，在温哥华创办双语报纸《新公民》(The New Citizen)。1953年，马国冠又创办英文半月刊《唐人街》(Chinatown)，1956年改为《华埠新闻》(Chinatown News)杂志。《华埠新闻》是无政治色彩的刊物，以报道侨社动态、发扬中国文化为宗旨。[2]

1954年，来自中国安徽的吴立民和一些维多利亚及温哥华的侨领，在温哥华创办了《侨声日报》。其宗旨为在民主自由原则下，宣扬祖国文化，倡导侨社兴革，发扬民族精神，为侨社服务。它的版面活泼，题材广泛，很受读者喜爱，销量不错。1955年春，《中兴日报》创刊于温哥华，由侨商林昭森独资经营，聘黄荫余、吴立民、梁缉光等主持笔政，因办理不善，仅及数月即告停版。后改出月报，数月后，终因业务不振而停版。[3]

而由中加出版公司出版的《华侨导报》，是不定期出版的中英文报纸，其宗旨是立场中立，无政治背景，发展和平贸易，为华侨谋福利，争取平等待遇，促进中加友好。[4] 另外还有由雷啸岑主编的《自由报》等，均是侨胞喉舌。[5]

除此之外，也有华人出版的纯粹娱乐侨民的杂志周报，虽然没有太大的政治影响力，但在信息传播上仍然起到了很大的作用。

1953年，《侨商半月刊》在爱民顿出版，上面不仅有中国大陆消息，还有港澳长篇小说，每期均配有漫画。[6] 1955年在温哥华正式出版的《风月谈》，其内容有零星生活、美容讲座、香艳小说、奇风异俗、生理卫生、地方掌故、医学常识、科

---

[1]《域多利分部简史》，《党史简介》，域多利分部编印，1996年，第32页。
[2] 李东海：《加拿大华侨史》，加拿大自由出版社，1967年，第353页；Chinatown News, Simon Fraser University, https://newspapers.lib.sfu.ca/ubcctn-collection，检索时间：2021年9月21日；Roy Mah, Chinese Canadian Military Museum web site, https://www.ccmms.ca/veteran-stories/army/roy-mah/，检索时间：2021年9月21日。
[3] 李东海：《加拿大华侨史》，加拿大自由出版社，1967年，第352页。
[4]《华侨导报近讯》，《大汉公报》1961年6月19日。
[5] 雷啸岑主编《自由报》，《大汉公报》1961年12月5日。
[6]《侨商半月刊》，《大汉公报》1953年3月10日。

学知识、家庭食谱、恋爱艺术和长篇小说等。[1]《人生漫谈》是由中华文化事业公司在1955年创办的。该刊物登载不少武侠、传奇等中长篇小说，有一定的读者，销路很广。[2]

这一时期满地可文心出版社出版了一些刊物，刊登了一些华文小说、诗歌和论文，满足了一些读者的需求。[3] 同样，爱民顿华人青年文娱社创办的《华青月刊》，登有青年人生活问题和反映华侨现实生活的文章，有一定新意。[4]

宗亲侨团和其他社团也会出一些一次性或多次性的特刊，来介绍社团历史以及社团动态。1950年7月，温哥华全加开平总会馆推出一期特刊。内容有该邑会馆情况，加插各种图片。[5] 1953年，温哥华龙冈亲义公所青年部，为使青年在学识及事业上互相帮助，特编《温哥华龙冈亲义公所青年部特刊》。[6] 1954年5月，温哥华振华声艺术研究社文艺组，为了扩大宣传，于17日出版《华风》。[7] 1964年，埃德蒙顿一群年轻人成立先驱文娱通讯社，为《大汉公报》《侨声日报》和《新民国报》撰写通讯。[8] 1964年，萨斯卡通华侨青年会为庆祝成立一周年，特编印了周年纪念特刊，于3月全面问世，此刊物是16开本，内容有短篇小说、特写、周年工作报告、文体活动消息、慈善工作记录和本地新闻等。[9] 1966年，温哥华中外指南社为促进经济发展，创印了《华侨经济特刊》，内容有加国移民与经济政策、工商界人物简介、介绍投资公司等。[10] 另外，各地侨社还有一些宗亲会的刊物，如《李族月刊》等。

值得一提的是，在新移民日渐增多的时候，一些资料性的杂志起到了移民生活指南的作用。比如，1950年6月出版的《温哥华华埠工商录》[11]、1955年出版的《温哥华华侨指南》，有华侨商业情况、华侨户口、华侨姓名、现任职务、住址、电

---

[1]《小姐主编之"风月谈"创刊号昨已出版》，《大汉公报》1955年4月16日；《风月谈杂志》，《大汉公报》1955年5月11日。
[2]《人谈人评姊妹刊之人人小说微小说迷》，《大汉公报》1965年8月9日。
[3]《满城文心三期出版》，《大汉公报》1962年8月23日。
[4]《〈华青月刊〉致读者公开信》，《大汉公报》1956年1月17日。
[5]《开平会馆特刊出版》，《大汉公报》1950年7月17日。
[6]《龙冈青年编印特刊》，《大汉公报》1953年6月4日。
[7]《振华声演剧续闻，〈华风〉创刊面世》，《大汉公报》1954年5月21日。
[8] 甄炳沾：《永远的荣誉会长》，《点问顿警世钟耆英剧社100周年纪念特刊》，第9页。
[9]《沙城侨声周年，纪念特刊出版》，《大汉公报》1964年3月28日。
[10]《中外指南社发赠华侨经济特刊讯》，《大汉公报》1966年8月5日。
[11]《云埠温哥华华埠工商录》，《大汉公报》1950年6月22日。

话等，这些都为华人提供了不少有用的资讯。[1]

除了加拿大华人社区的本地报纸杂志之外，有更多中国大陆的报刊涌入了加拿大。比如江门出版的《新宁杂志》和《六邑侨通杂志》、上海出版的《环球画报》《新闻画报》、南京出版的《今日画报》以及《四邑侨报》《人民画报》《亚洲画报》等，这些刊物及时传递了中国大陆侨乡的最新信息，对加拿大华人了解祖国动态作用不小。

这一时期，印刷技术在改革，有些油印报纸发展到打字刊发。当年报刊大都是竖排繁体字版，只有《东风》有些版面采取双面印的横排排版。

第二节 阅书报社和书店

在选择入境时期，虽然唐人街日见衰落，华人人口在减少，但是，因为时代的变化，华人对信息量的需求还是很大，再加上唐人街的人口相对还是不少，书报社和书店还是能够维持，并有新的阅书报社诞生。比如1959年5月24日，卡加利黄氏阅书报社正式成立，其目的是希望黄氏宗亲能在业余时间有个平静而又安逸的读书空间。[2]

另外，人气较旺的高阳阅书报社、三德书社、民星阅书报社、育英书社、洪门致公堂阅书报社等，也依旧吸引了不少华人读者。

因为有市场需求，所以华人经营的书店有所增加。1956年4月，多伦多的长城书店开张，售卖周刊、旬刊、月刊和画报等。[3] 1962年11月，位于温哥华缅街536号的华民书店开张售书，经营小说、杂志、美术等图书。[4] 其他书店如华新书店、乐观杂志社、温哥华义泰公司书庄、域多利和公寺书庄、温哥华人民书店、温哥华增群益书店以及一些公司，像中国公司、坚利公司、侨联图书公司等，均发行和出售一些中文书籍。这些书店和公司发行的中文书籍品种繁多，包罗万象。有各类小说、诗词、论文、历史记录、史话、散文、地图、医疗、中英文字典、算命、新文学选集、书报、杂志、国学、大众电影、科学技术和毛泽东选集、音乐、美术、婚姻指导等，这些书籍的发行几乎与中国书市同步，可见加拿大华人在了解新中国方面还是很及时的，当然，这种了解也只局限在书籍等印刷品上。

---

[1]《中华出版社温哥华华侨指南》，《大汉公报》1955年3月24日。
[2]《卡城黄氏阅书报社举行成立礼志》，《大汉公报》1959年6月4日。
[3]《加拿大长城书局》，《洪钟时报》1956年4月24日。
[4]《华民书店新张消息》，《大汉公报》1962年11月13日。

第三节 华文文学

战后初期，随着"排华法"的被取缔，华人社区迎来了和平发展时期。从文学的角度来看，苦难和压迫往往会激发文学呐喊的激情，即所谓的"愤怒出诗人"。但在华人社区，因为移民机构中以华工和商人为主，鲜少文学家，加华文学除了抗议歧视法的一些作品之外，大部分还是华人社区少数文人的唱和、对联，以及广东地方戏剧的一些创作，根本没有大规模的文学作品或专业作家问世。而在和平时期，生活的繁荣刚刚开始，文学虽然有了很好的发展空间，但仍然处于蓄势待发的酝酿期。值得关注的是，战后，中文报刊和社区杂志有所增加，副刊版面增加很多，这些带来了两方面的变化。一是华人业余文学爱好者有了更多的发表作品的空间，社区文学的氛围加浓；二是战后加拿大与亚洲恢复密切的联系，华人社区对亚洲文化和文学的输入抱持着巨大的热情，通俗作家的作品在加拿大华人社区十分流行，像灵萧生的《沉醉软红裙》、程小青的《霍桑探案》和金庸的《射雕英雄传》等，也在加拿大华人中流传。这些新时代的白话文学，取代了战前的半白话小说，对加拿大华裔作家和文学爱好者的写作风格也产生了影响。[1]

一、征诗活动

延续战前的文学活动形式，征诗（大都是旧体诗词）和征对联仍然是文学副刊版面呈现华人社区文学作品的主要方式，《大汉公报》在这方面扮演着重要的角色。

举例而言，1951 年 7 月 26 日，《大汉公报》刊登回应征诗八首，其中一首是来自温尼伯的曹禺斗的作品。[2]

赠征诗社孤风词长与吟友

> 唱酬大雅集群雄，化育痴聋竹锦功。
> 研究书林窥学海，开通文艺美孤风。
> 刘郎好句骊珠得，商隐无题獭祭工。
> 编就见闻新耳目，朝朝暮暮阅匆匆。

---

[1] 例如，1953 年 12 月 5 日，《大汉公报》刊登炯宽的短篇小说《重逢》，写作手法已经有新时代风格；炯宽：《重逢》，《大汉公报》1953 年 12 月 5 日。
[2] 《赠征诗社孤风词长与吟友》，《大汉公报》1951 年 7 月 26 日。

1963 年 1 月 2 日，在《大汉公报》诗界发表了马立邦所写的诗词。

中秋赏月请树农兄赐和

同是天涯作客身，中秋谢月每伤神。
何实衣锦凯旋日，直赴香江访美人。[1]

侨居卡加利的黄宽达经常向《大汉公报》投稿。他于 1956 年 6 月 26 日在《大汉公报》上发表诗、词各一首。

送黄文甫君复归云城（调寄浣溪沙）

明月横空景色清，依依折柳送君行，分携惆怅不胜情。
欢聚倾尊犹记昨，厚蒙直到倍恩荣，骊歌忽唱感零丁。

寄赠黄文甫君

劳苦不辞远赴京，精神壮侨播名声。
移民苛例如修改，造福侨胞更进程。[2]

这些介绍加拿大风物人情、怀念亲朋好友、记述侨社活动等的诗作，均纳入了加华文学的范畴。

二、征文活动

在选择入境时期，加华文学常常在报刊和公司社团主办的一系列征文活动中展现，这些活动为加华文学的成长提供了肥沃的土壤。举例而言，1952 年，爱民顿华人协和教会扩建教堂，为筹款而举行了征联活动。[3]《大汉公报》在创刊 50 周年之际，也曾征集与该报相关的小短文。[4] 1960 年 8 月，温哥华第 11 届国庆筹委会为庆祝中华人民共和国成立 11 周年，举行了征文活动。[5] 1964 年，中国洪门民

---

[1] 马立邦：《中秋赏月》，《大汉公报》1963 年 1 月 2 日。
[2] 黄宽达：《送黄文甫君复归云城》，《大汉公报》1956 年 6 月 26 日；黄宽达，《寄赠黄文甫君》，《大汉公报》1956 年 6 月 26 日。
[3]《加拿大点问顿华人协和家辉扩建教堂校征联》，《大汉公报》1952 年 12 月 13 日。
[4]《大汉公报创刊五十周年纪念庆典征求作品小启》，《大汉公报》1958 年 10 月 10 日。
[5]《征稿启事》，《大汉公报》1960 年 8 月 26 日。

治党驻美洲总部、加总支部和温哥华支部联合举行征文。[1] 尽管这些活动规模较小，纯文学意义不大，但毕竟开阔了华人视野，起到了推动华文文学发展的作用。

这一时期并没有出现新的华文作家，主流华文作家还是战前或者战中的老面孔，如黄孔昭、徐子乐和司徒树浓等。其中徐子乐生于加拿大维多利亚市，6岁随父回中国，受到中华文化的熏陶，后回到加拿大。他善于诗词，除了创办国学讲座，还经常主持征诗和对联比赛，并任评判。黄孔昭曾任教员，文学造诣很高。司徒树浓居住在渥太华，经常与徐子乐在《大汉公报》的文学专栏唱和。[2]

三、文学作品

与文学在今天现实生活中的衰落截然不同，虽然战后华人社区的平均受教育水准仍然不高，但文学却是加拿大华人社区生活的重要色彩，这在学校刊物和社团刊物中能够体现出来。这些刊物中发表的文学作品，虽然不是鸿篇巨制，却也反映出华人生活中的喜怒哀乐。华人在文字中抒发乡愁，也在文字中传承文化，强化自己的华人定位。举例而言，1948年4月，《禹山校刊》刊登了小故事、小词坛、诗、粤讴、赋、粤曲和幽默小说等文学作品，其中有学生的作品也有成人作品。例如徐丽葵同学写的《白马》、秉章同学写的《聪明的鼠》，徐秉童写的童话故事《奸猾市长》，[3]一个个文学小故事，言简意赅，充满趣味。

而在成人作品中，旧体诗词和地方曲赋仍然是主流。这里且举出署名为禹山老民的两个作品和署名为流浪者的粤曲。

除夕偶感

游子天涯秋复秋，悠悠往事上心头。
除旧难除除夕恨，新岁新添万履愁。

得家书有感

烹茶客寂对寒梅，喜得家书慢剪开。
细诵云笺烽火急，千钧烦恼压金梭。[4]

---

[1]《中国洪门民治党驻美洲总部、加总支部、云埠支部联合征文启事》，《大汉公报》1964年8月7日。
[2] 黄孔昭：《七一侨耻》，《大汉公报》1928年7月7日；征联揭晓，《大汉公报》1957年1月25日；司徒树浓：《村居》，《大汉公报》1964年1月30日。
[3]《文艺》，《禹山校刊》，1948年4月4日出版，第16—40页。
[4]《诗》，《禹山校刊》，1948年4月4日出版，第43页。

粤曲（中板）

望长安，云淡风轻，顿楚旅愁，莫解。愧客途，几番惆怅，费愁，安排。屡接家书，俱说频频。举债。更兼道，戈干烽火，难保庐舍，废阶。（上云梯）阶上苔青春又到，枝上嫩叶多，细柳絮疏疏，野草渐婆娑……[1]

值得关注的是，在该期校刊中，竟然出现了充满幽默感的"小小说"，作者是徐秉汉。

一个小孩到一间戏院做招待员，院主答应雇他，但是不到一小时久，就面见院主请辞工。院主觉得正在开影映，临时找人是不易，就问："你为什么不做呢？"小童说："没神魔。"院主又问："是时间和工资不合适你要求？"小孩答："不，各种都合，只有一件，就是我已经看过那套片。"[2]

一如旧例，在华人社团的特刊中，常常有美文佳作出现。举例而言，1951年，温哥华中华会馆重修落成，黄江夏堂送来白绢贺词，长约两丈多，上面写着"国会之基"，下面写出贺词，是黄寄生所作。这篇作品也刊载在中华会馆的《加拿大云高华中华会馆举行重修落成开幕典礼特刊》上。

美轮美奂，鸟革翚飞。念兹团体，侨民所依。济济董值，为公驰驱。尽而天职，敬而咸仪。昌言谔谔，大局是谁，排难解纷，有难兴之。无畏强御，无淆是非。嗟我华旅，势涣力微。外侮纷来，无往不蠘。何以安内，亲爱勿离，何以对外，公理是持。全心全得，使可庶几。凡百君子，其鉴于兹。[3]

四、文学团体

值得关注的是，从20世纪50年代末期到20世纪60年代初期，华文文学出现了接近专业文学创作水准的萌芽，而培植这种文学萌芽的平台，就是华裔第二代、第三代创立的文学团体。举例而言，1957年在温哥华成立的海峰会（Hai Fung）是

---

[1]《异地思乡》，《禺山校刊》，1948年4月4日出版，第52页。
[2] 徐秉汉：《我看过了》，《禺山校刊》，1948年4月4日出版，第56页。
[3]《本会馆现貌》，《加拿大云高华中华会馆举行重修落成开幕典礼特刊》，1952年，第10页。

一个集文学、体育和艺术于一身的团体。[1] 1958 年，卡加利成立新潮文艺社，除该埠有会员，外埠还有一些通信会员。该社于当年 10 月刊发一份刊物《新潮文艺（双月刊）》，作品有小说、诗歌和散文等。[2]

如果说上述文学团体的主干是土生土长的新生代华裔，那么移民作家或因移民而成为作家，则从"外来输入"的途径，加入当时的加华文学的大家庭中。他们有些在故乡已经具有独特的写作风格，来到加拿大后，创作出来的作品，与先侨作家的广东文风，无论从形式和内容上都不太一样。这些作者有对中西文化的感知、有挥之不去的乡愁，再加上渴望倾诉的心情，写出了一部部东西融合的作品，但是这些作品大都没有在加拿大出版。比如 1965 年来到加拿大的著名作家葛逸凡，在加拿大安定下来后，就拿起笔写起了儿童故事、淘金故事，但当时她创作出来的作品有些是在亚洲出版的。[3]

华人的历史遭遇、政治地位的升降、族裔关系的复杂、政治立场的差异，都是文学素材的最佳土壤，而华人对中华文化和文字的执着，又是加华文学产生的内在动因，兴盛的华文报刊是加华文学产生的丰富园地，由此，加华文学在这一时期开始生根发芽。

---

[1]《海丰会庆节目新颖》，《大汉公报》1972 年 11 月 4 日；Paul Yee, *Saltwater City: Story of Vancouver's Chinese Community*, Douglas & McIntyre; Revised ed. Edition, 2006, p.147.

[2]《新潮文艺社近讯》，《大汉公报》1961 年 11 月 24 日。

[3] 葛逸凡：《加拿大的花果山》，高雄：金苹企业有限公司出版，1991 年。

第十二章
戏剧、音乐舞蹈、电影、选美

战前，传统戏剧尤其是粤剧，是陪伴华侨华人度过漫长思乡年代的最佳"艺术伙伴"，也是华人社区筹款办学、筹款支援抗战的"最佳利器"，是华侨华人文化生活中的最主要娱乐元素。除此之外，白话剧和现代音乐也随着"五四运动"的激荡，逐渐进入加拿大华人社区。这种情况到了战后就有了一些改变。在20世纪40年代晚期至50年代初期，唐人街呈现出衰退的迹象，人口外移等造成华人数量减少，尤其是最喜欢传统粤剧的老侨相继去世，而新进入加拿大的年轻新移民和逐渐增加的土生第二代华裔，对传统戏剧的热衷程度逊于老侨，或者干脆说，他们逐渐对传统的戏剧不感兴趣，难以欣赏，而更喜欢看现代电影、听流行歌曲，以至于在唐人街兴盛的粤剧演出时演时辍，一度沉寂。到了20世纪50年代中后期，随着亚洲原居地的移民和其他地区移民的增加，尤其是老年父母可以来加团聚，使得喜欢看粤剧的人又开始增多，粤剧又重新繁荣，但已经不再是一枝独秀。华人社区人口结构的变化以及移民人口的年轻化、多样化，使粤剧之外，电影、流行歌曲、白话剧等，拥有了比战前更多的观众，京剧和舞蹈等也拥有了一批观众，以至于在粤剧团和原来的一些音乐社之外，新的华人戏曲团体、音乐、舞蹈和电影等艺术团体竞相成立。这些团体的规模和组成，呈现出多样性的特征。而在这个热潮中，振华声粤剧团的全国性扩散，成为一个不容忽视的现象。

第一节　戏剧与音乐

一、新剧团的建立

1951年，一部分从中国不同省份来到温哥华的青年，因志趣相投共同组成了温哥华白云话剧团。[1]

---

[1]《白云话剧社选举讯》，《大汉公报》1951年7月9日。

与温哥华类似的是，卡加利华人移民的增多也振兴了卡加利粤剧的演出。1952年12月8日，一帮热血青年和戏剧爱好者在卡加利成立了振华声学术剧务研究社，其宗旨是研究学术，弘扬祖国文化，联络感情，团结青年力量，为社会谋福利。[1]这一举动，得到了卡加利侨社洪门组织及其他侨团的支持。[2]

1953年，满地可洪门民治党成员黄祐旋和陈公侠两人创办了闲园音乐社，地址就在民治党礼堂，很多从中国来的青年报名加入了此组织。[3]

1957年，鉴于爱民顿爱好粤剧和音乐的青年增多，爱民顿振华声艺术研究社在5月19日成立第二支社，并于该日在社礼堂举行了成立仪式，这一天不光侨胞来了数百人，还有不少西人到场观看。[4]

1959年，温哥华振华声学术剧务研究社为了跟上时代的脚步，联合各界人士创办了振华声影片社。[5] 1960年1月3日，振华声影片社在麦者士大戏院举行了首次隆重献映，受到了热爱娱乐的侨胞们的大力欢迎。[6]

1960年4月12日，温哥华华人成立了艺林音乐社。[7] 同年，卡加利华侨音乐社（Chinese Musical Association）开始活动，1961年正式定名并成立。并参加了牛仔节，代表华人参加世界兄弟民族群菁节等的演出。[8]

1961年，华侨音乐社（The Wah Kiu Musical Society）在卡尔利正式成立，总部设在广州街区（The Canton Block），不仅使用中国传统乐器，还使用西方乐器，并举办粤语音乐会和戏剧演出。[9]

1963年5月，温哥华戏艺名流和部分华商成立了中华影片戏剧会。[10] 同年，多伦多成立粤海音乐社。[11] 1964年7月26日，温哥华华民社正式成立。[12]

---

[1]《卡城振华声社成立》，《大汉公报》1952年12月16日。
[2]《卡尔加里洪门民治党100周年纪念特刊1911—2011》，2011年，第8页。
[3]《满城民治党同志，创设闲园音乐社》，《大汉公报》1953年12月4日。
[4]《振华声艺术研究社第二支社成立盛况》，《大汉公报》1957年6月6日。
[5]《振华声影片社隆重献映两套新片》，《大汉公报》1959年12月30日。
[6]《振华声影片社开幕献映盛况》，《大汉公报》1960年1月5日。
[7]《云埠艺林音乐研究社成立三周年纪念盛况》，《大汉公报》1963年4月17日。
[8]《卡技利华侨音乐社》，《卡城华人社区百周年纪念特刊》，卡城中华协会刊行，1993年，第88页。
[9] Changing Social Organizations: Cultural and Intellectual Life, *Chinatown Historical Context Paper*, Commissioned by The City of Calgary, The City of Calgary Records & Information Management (RIM) Inspection & Permit Services, p.47.
[10]《中华影片社戏剧会成立》，《大汉公报》1963年5月9日。
[11]《粤海音乐社成立纪盛》，《醒华日报》1963年10月22日。
[12]《华民社古装歌唱滴滴慈母血伦理片》，《大汉公报》1964年8月4日；《华民影片社成立宣言》，《大汉公报》1964年7月20日。

一些较早时期成立的文艺社团和娱乐剧社，如温哥华的微云歌剧团，温尼伯的警魂剧社，爱民顿的警世钟剧社、文化社、声光社和多伦多的联侨剧社、多伦多中华文艺社、多伦多华民央艺社、多伦多加盛文艺事业社等，仍然扮演着华人社区文化生活的重要角色。

二、传统粤剧

传统戏剧团在战后经历了很大的波折，艺人的生活处境相当不易。如前所述，20世纪40年代末，加拿大华人社区的传统戏团都陷入低谷，连粤剧最为兴盛的温哥华也不例外。

举例而言，曾经笙歌不辍的振华声剧团，因为观众减少导致营业不佳，很多艺员只能转往多伦多和美国纽约等埠谋生，社员日渐减少，再加上社址改拆成停车场，振华声剧团被迫在片打西街9号地下室寄存戏箱道具，相当于停业了。[1] 20世纪50年代中期，由于移民的增加，一些爱好戏剧的华人加入剧团，增加了一些新鲜血液，振华声剧团又有了生机。1954年，振华声剧团重组，为了适应时代的需要，定名为振华声艺术研究社，内分音乐组、文艺组、戏剧组、游艺组和体育组。[2] 1954年4月23日，温哥华振华声艺术研究社在喜士定戏院举行了开幕庆祝活动，并公演了名剧《月底西厢》。[3] 由于地方有限，1957年12月，振华声艺术研究社迁往片打东街88号，并于12月8日举行了开幕式。[4] 1961年，该戏团聘请香港八合音乐剧组秘书黄滔来加任教。[5] 在黄滔的带动下，社务有了起色，先后有十多名青年入社，社团为此添了戏服和乐具，香港白花油公司还赠送了黄色台口幕，正中书写"重振华声"四个大字。[6]

提起20世纪60年代来加演戏的经历，加拿大已故著名粤剧师傅黄滔先生生前曾感慨道：

---

[1] 简国安：《振华声经过纪要录》，《加拿大振华声艺术研究社庆祝六十周年特刊，1934—1994》，温哥华，第11页。
[2]《振华声旗鼓重张讯》，《大汉公报》1954年4月8日。
[3]《云埠振华声艺术研究社改组成立暨纪念盛况》，《大汉公报》1954年5月27日。
[4]《振华声艺术研究社乔迁开幕盛况》，《大汉公报》1957年12月12日。
[5] 黄滔：《振华声近四十年史》，《加拿大振华声艺术研究社庆祝六十周年特刊，1934—1994》，温哥华，第13页。
[6]《振华声添置戏服乐具，白花油公司送台口幕》，《大汉公报》1961年4月1日。

图 31　口述者黄滔，来源：贾葆蘅拍摄

提起 20 世纪 60 年代来加演戏的经历，加拿大已故著名粤剧师傅黄滔先生生前曾感慨道："1954 年，'振华声'重新组成后，一群热爱粤剧的华人，如吕颂韶、吕定国、简国安和郑炯光等人先后加盟戏班并出钱出力，'振华声'又重振旗鼓。1960 年，'振华声'邀请我做该社广东音乐队戏曲教师。1961 年，我单身一人从香港来加拿大，在'振华声'任教，总共做了一年半，一个月薪水是 125 加元。那个时候'振华声'会从香港请几个老倌来加拿大演出，其他演员则是本地的，戏班一般在皇家大戏院和华侨学校等处演出，票价才几毛钱，看戏之人多是本地的老华侨。1963 年，我一家人都来了，为了生存我做过五份工，渔场、板厂等工作都做过，但是星期六和星期一我还是会到'振华声'义务教课，我一共教了 37 年，辅导和培养了很多华人粤剧演员。

"20 世纪四五十年代，一些从美国和中国香港来加拿大的轮船上均有戏曲演出，振华声会请船上几个老倌临时上岸演出，有些老倌演完后就留了下来，也有些老倌偷渡去了美国。偷渡是不能带服装的，这些人把贵重的衣服带走，其余的全都留下来了。这些留下的服装全是 20 世纪 20 年代的，上面绣有花纹。我来到加拿大后，就收管了这些衣服，共有几百件，当时曾想送到古董店里，店家连 5 块钱都不肯给，后来卑诗大学人类学博物馆把这些衣服收藏了。"

从黄滔先生的回忆就可以知道，当时要靠演戏或者教戏养活全家已经不可能，兴趣爱好或对传统粤剧传承的责任感，成了这些戏剧带领者的最大动力。

一如战前，在选择入境时期，戏团演出的主要还是传统剧目，但也上演过一些适应时代潮流的新剧目。1962年2月11日，温哥华振华声艺术研究社在麦者士大戏院上演《十年一觉扬州梦》《金兰结拜》等，该社许多名角登台献艺，盛况空前。[1]

当然，除了专场演出，传统戏团还有很多演出是为其他社团举行庆祝活动时助兴，或为其他社团筹款。举例而言，1954年11月6日，温哥华振华声艺术研究社应域多利达权社的邀请，在域多利大戏院举行庆祝会演，演出了《多情姑嫂》。[2] 1955年，在卡加利达权社成立36周年之际，卡加利振华声受邀在加兰戏院演出了《才子佳人》。是日，雪花纷飞，天气虽很寒冷，仍有很多观众前来观看，[3]可见粤剧在卡加利受欢迎的程度。1956年4月，卡加利青年体育会举行筹款活动，卡加利振华声鼎力相助，特编《梁祝恨史》，还请了温哥华名角紫荆香和李月娥前来助阵。[4]

值得一提的是，战后"排华法"的取消，使华侨在加拿大的进出变得相当便捷，这就给加拿大华人戏剧社团与国际同行的交流互动提供了条件。这些交流也为传统戏剧在加拿大华人社区的复兴，起到了促进作用，也提升了传统戏剧团的业务水平。

1956年，区楚翘、黄金龙、梁少平等名伶来温哥华演出。[5] 1958年4月，古筝表演者梁铭时女士途经加拿大温哥华，清韵音乐社特为她举行了欢迎招待会。梁铭时女士首先陈述从艺心得，随后即兴表演了《百鸟朝凤》等曲目，引起了广泛共鸣。[6] 同年6月，美国檀香山华人剧团应温哥华华人狮子会之请，来加献演。美国檀香山华人剧团到加后，特拜访了温哥华振华声艺术研究社，双方在相互切磋艺术的同时，共同献艺，既加深了彼此之间的了解，也在相互的借鉴中得到提高。[7]清韵音乐社同样珍惜这个取长补短的机会，也和美国檀香山华人剧团举行了联欢活动，他们演出了《一日似三秋》《一江春水向东流》等曲目，共同点燃了华社热爱

---

[1]《振华声演戏盛况》，《大汉公报》1962年2月15、17日。

[2]《振华声往域多利演戏讯》，《大汉公报》1954年11月3日。

[3]《卡城振华声演剧献盛》，《大汉公报》1955年2月16日。

[4]《卡城青体会演剧筹款，振华声剧社编演名剧》，《大汉公报》1956年4月4日。

[5] 黄滔：《振华声近四十年史》，《加拿大振华声艺术研究社庆祝六十周年特刊，1934—1994》，温哥华，第13页。

[6]《古筝演奏倾倒云城》，《大汉公报》1958年5月1日。

[7]《振华声艺术研究社茶会欢迎檀岛剧团》，《大汉公报》1958年6月23日。

戏剧的火焰。[1] 1961年11月26日，国乐大师尹自重及其两名高足应卡加利华侨的邀请，前来公演粤剧。[2] 1965年10月，振华声艺术研究社在喜士定街西20号麦者士大戏院举行演出，汇集了四位留美红伶，可谓阵容强大。一连数天演出的戏目有《花开富贵》《八仙贺寿》等，优美欢快的唱腔、情景逼真的舞台演出，博得了观众的一致好评。[3]

为了使粤剧能够发扬光大，加深友邦人士对中华民族艺术的了解，华人戏剧社团也积极参加西人组织的活动。1958年5月1日的卑诗省国际贸易会展，振华声也参加了，高水平的表演引起了西人观众的强烈反响。[4]

由于影视的发展极大地冲击了戏剧演出，华人戏剧社团为了生存，不时需要举行筹款活动，侨社侨团对此也竭力支持。

举例而言，1953年8月13日，温哥华振华声戏社为了扩充业务，特在喜士定街西力士戏院放映粤语片《戏迷情人》，以筹经费。[5] 1956年4月，温哥华清韵音乐社举行筹款演出，得到了各界人士的支持。华人和华社及商家等有捐5元的、6元的，也有捐15元的，甚至连西人的瓜菜生果发行所（Slate and Stewart Co.）也慷慨解囊，捐出25元。[6] 1958年，温哥华振华声戏社再一次举行筹款活动时，得到了不少支持，甚至有华人在报上写文章呼吁大家进行帮助和支持。1958年10月16日，《大汉公报》刊登了韩聪的文章，他特地提到在1958年5月卑诗省省庆中，振华声戏社曾在喜士定公园表演中国古装戏曲，博得了西人舆论的一致好评。他指出，振华声戏社对国家和侨社贡献很大，捐助振华声戏社是大家义不容辞的责任。[7] 当然，这样的筹款活动也从另一方面证明，传统戏剧团靠演出已经难以生存，从事戏剧演出的艺人要靠其他途径才能维持生计，这就让戏剧团不断朝"业余"的方向转变。

除了专业班子之外，其他华人社团也成立了一些剧团或举行粤剧演出。比如，温哥华汉升青年部就有青联剧团。1953年1月4日，青联剧团在麦者士大戏院演

---

[1]《清韵社欢迎檀岛艺员盛会》，《大汉公报》1958年6月25日。
[2]《卡城开演粤剧详志》，《大汉公报》1961年12月8日。
[3]《振华声粤剧团》，《大汉公报》1965年10月2日。
[4]《国际展览中国之夜，侨团筹备才艺表演》，《大汉公报》1958年4月19日。
[5]《振华声剧社放映影片筹经费》，《大汉公报》1953年8月22日。
[6]《清韵音乐社演剧筹款三志》，《大汉公报》1956年4月6日。
[7]《为振华声社演剧筹款，吁请各界侨胞鼎力赞助》，《大汉公报》1958年10月16日。

出三幕白话剧《裙带风》，演出大约三小时，受到了观众热烈的欢迎。[1]

当然，在演出不多的情况下，一些老侨和热心戏剧的人，也可以在唐人街的商店里买唱片来听歌过瘾。比如，开在温哥华片打东街141号的同裕安公司，经常出售一些情歌艳曲的粤剧唱片，诸如《黄金与爱情》《夜来香》和《冤枉相思》等。[2] 1952年，开在缅街450号的南声公司，出售的最新唱片既有反映中国历史的《汉宫残梦》《司马相如》，也有反映时代特色的《雷雨》等。[3]

总之，这一时期，传统粤剧团的命运虽然一波三折，但仍然在华人社区中扮演着慰藉乡情、传承文化的角色。

三、其他艺术形式的冲击

战后，虽然华人社区的主要传统艺术仍然是粤剧，但是随着加拿大与外部社会的艺术交流日渐扩大，华人社区也迎来了多元艺术冲击的时代，一些新的艺术剧种在华人社区惊鸿一瞥，但有可能就此埋下发芽的种子，等待日后华人人口增加的大环境形成之后，就会出土成长。

举例而言，战后很长一段时间，华人社区并没有轰动的京剧演出，少数喜欢京剧的华人，只能在私下场合自娱自乐一番，而一些京剧演员只能以教粤剧演员武功为生。1960年8月1日，北京京剧团95名成员来到了温哥华，准备作北美洲首次演出。他们一到温哥华，就受到了百余华人的欢迎。[4] 两天之后，北京京剧团在伊丽莎白戏院作北美首场演出，取得了绝对的成功。戏院座无虚席，观众反响极为强烈，"再来一次"的喊声不绝于耳。由于观众的热情要求，北京京剧团原定在温哥华演出四场，后又增演了《白蛇传》，戏票被一抢而空。对这次演出，西人报纸，如渥太华《公民报》等纷纷报道，并加以赞赏。[5] 北京京剧团在温哥华演出结束后，又前往卡加利等埠巡演，均获得成功。[6]

这些京剧演出，可以说做到了传承国粹，弘扬中华传统；而对于加拿大华人社

---

[1]《汉升青年部青联剧团演剧纪详》，《大汉公报》1953年1月7日。
[2]《同裕安公司新唱片》，《大汉公报》1947年12月2日。
[3]《南声公司最新唱片》，《大汉公报》1952年5月27日。
[4]《京剧团将到云》，《大汉公报》1960年8月2日；《京剧团昨抵云，受到热烈欢迎》，《大汉公报》1960年8月9日。
[5]《京剧到云演出，大受观众欢迎》，《大汉公报》1960年8月11日；《京剧团星期日破例演白蛇传》，《大汉公报》1960年8月13日。
[6]《美国人在加参观京剧，美领事要考虑》，《大汉公报》1960年8月17日。

区来说，则发现了一个庞大的"京剧潜在市场"，这就为京剧在华人社区的成长起到了催化剂的作用。

歌舞艺术也是如此。在以往，不管是社区还是华文学校，都有应酬性质的中国舞蹈的演出，以在主流社会彰显东方文化元素。

举例而言，1952年是稳宁开埠60周年纪念，温哥华微云歌舞队前去贺演，赢得了观众的好评。[1] 1958年10月，加拿大民族会主办卑诗省百年庆祝大会，华裔女子表演了中国舞蹈。[2] 卡加利埠有一个华侨歌舞团，是一班爱好艺术的人士自行组建的。他们排练的舞蹈有《渔光曲》《友谊舞》《青春舞》等，曾应邀外出表演，深受中西媒体的赞扬。[3] 1966年，为庆祝不列颠哥伦比亚殖民地和温哥华岛殖民地合并100年，卑诗大学学生举行古式印第安舞会，华裔女生还跳起了红绸舞。[4]

当故乡的舞蹈家来加拿大献演，华人了解到歌舞艺术像粤剧、京剧一样，可以达到殿堂级水平。1964年10月25日，主演过《龙祥凤舞》的张仲文女士在温哥华麦者士戏院举行演唱会，演出《绣荷包》等歌曲，舞蹈家黄梅芳女士同时登台，表演了泰国舞蹈及民族土风舞。不同地域的歌舞吸引了现场观众，反响极为热烈。[5] 11月1日，张仲文及黄梅芳女士来到域多利亚力士戏院演出时，精彩纷呈的表演再一次迷倒了现场观众。[6] 这样的艺术冲击自然给温哥华华人社区带来了震撼性的启发，为专业级音乐舞蹈学校或者剧团的出现，做了最佳、最自然的预热。

这一时期，绘画交流逐渐出现。其中比较典型的是，"排华法"被废止的第二年，即1948年，广东新会出生的岭南派画家黄幻吾应邀到温哥华开办画展，受到洪门等不少侨团的欢迎。4月17日，黄幻吾在温哥华唐人街片打东街149号、华侨林焕廷的新铺开办画展。[7] 1965年，加拿大华人画家马子平被温哥华美术学院聘请授课，教授中国画。[8]

总之，选择入境时期的国际艺术交流的增加，开了华人的眼界，激发起华人推

---

[1]《稳宁六十周年纪念，微云歌队载誉而归》，《大汉公报》1952年7月21日。
[2]《华裔女子参加民族会大庆典》，《大汉公报》1958年10月18日。
[3]《卡技利华侨歌舞团，定期排练免费招生》，《大汉公报》1964年8月29日。
[4]《卑大学生参加秋展，女生绸舞宣扬文化》，《大汉公报》1966年10月28日。
[5]《张仲文热爆云埠》，《大汉公报》1964年10月26日。
[6]《张仲文域埠获称誉》，《大汉公报》1964年11月6日。
[7]《黄幻吾君定期画展》，《大汉公报》1948年4月12日；《民治党欢迎大画家》，《大汉公报》1948年4月12日；《名画展览今日开幕》，《大汉公报》1948年4月17日。
[8]《马子平任教云学院，欢迎侨胞报名上课》，《大汉公报》1965年10月1日。

动各种新艺术形式发展的兴趣,为加拿大华人社区艺术多元繁荣造了声势,奠定了基础。

第二节　戏院与电影

由于排华时期爆发了中国抗日战争以及太平洋战争,因此,华人社区掀起了援助抗战的热潮。在这个过程中,表现中国抗战的影片或介绍中国的影片进入加国,成为社区为抗日募捐的利器,而观赏性的艺术电影反而没有占据优势。战后,加拿大社会生活进入和平建设时期,看电影作为人们娱乐生活的重要部分,堪与看戏平分秋色,为此,各种新的影片社诞生。其中包括1963年和1964年在温哥华成立的中华影片戏剧会和华民影片社。[1]与此同时,电影院的增加自不待言,许多传统的戏院也开始放映电影招揽看客,或者将电影短片作为"前菜",吸引看客买票看戏。

20世纪五六十年代,电影有故事片、戏剧片、舞台戏、歌唱片、歌舞剧、卡通片等,相当多元。当时较大的戏院、影院有温哥华达云戏院、京华戏院、皇后大戏院、乐观戏院、温哥华明星电影院(Star Theatre)、麦者士的戏院等,这些戏院都通过放映电影和宣传广告来吸引观众。[2]为了让电影和演戏互相配合,有些戏院还邀请影片主角登台献艺,刺激人们来观赏电影。比如1964年8月2日,麦者士戏院放映电影《蛇女飞舞》,当天,片中女主角雪艳梅女士登台献艺,载歌载舞,汉升音乐社客串演奏国乐名曲。一时间新疆舞曲,影雪追月,国乐配奏,使整个舞台充满了民族情调。[3]

华人社区的文艺爱好者还将电影当作艺术训练和艺术观赏的手段,来培养人们对传统文化和戏剧的热爱。一些专门研究粤剧等传统艺术的文艺社团和综合性社团,常常租借戏院放映影视娱乐片,演出文艺节目。这些社团有乐观社、温哥华文化影片社、华民社、中华映片文艺社、文化社、域多利青年联谊会、温哥华青年联谊会、温哥华华声录音社筹备处、域多利乐观分社等。比如,温哥华文化影片社长期租用皇后大戏院,并把中国等地的文化片运到加拿大放映。1951年1月7日,温

---

[1]《中华影片戏剧会成立》,《大汉公报》1963年5月9日;《华民影片社成立宣言》,《大汉公报》1964年7月20日;《华民社古装歌唱,滴滴慈母血伦理片》,《大汉公报》1964年8月4日。

[2]《大汉公报》1963年5月9日:达云戏院将于5月12日放映"妙善公主"和"糊涂福星贺新春",凡是在12日携带此告白入场者,只需付费五毫。

[3]《雪艳梅演出爆场》,《大汉公报》1964年8月3日。

哥华文化影片社将在皇后大戏院放映唱情俱佳的《孟丽君》和《暴雨寒梅》。[1] 1955年10月22及23日，温哥华青年会在其礼堂隆重放映了中国优秀影片《白毛女》，受到了侨胞热烈欢迎，很多侨胞要求重映。[2]

总之，电影在流行的同时也成为华人社区了解传统戏剧、了解中国新貌、了解世界动态的重要渠道。

第三节 选 美

在选择入境时期，华人社会地位的提升和社区多元文化娱乐生活提升的另一个标志，就是选美活动的出现。在加拿大主流社会很早就有选美了，"排华法"取消之后，就有不少华裔青年参加西人举行的各类选美活动，而西人选美活动也因为有华人的参加，而更具国际化色彩。值得一提的是，在这些选美活动中，华人非但没有遭遇歧视，反而受到很大的尊崇，这对扫清"排华法"在加拿大社会的残余影响、提升华人的形象和能见度，产生了积极的作用，这是选美这个时尚活动的意外收获。

举例而言，在1948年7月吉施兰奴（Kitsilano）市的青年巡游及选举美丽女皇的活动中，脱颖而出的是住在温哥华12街西956号的19岁女生叶美美，开创了加拿大华人首次被西人评为女皇的记录。[3]

1949年，暗市党（Armstrong）埠西人妇女会，为庆祝"七一"国庆日，决定挑选一名女中学生为女皇，被挑选者有白女两名，华女一名，最后华女李秀银被评为女皇。[4]

1958年，徐嘉莉荣膺卑诗大学校花。[5] 同年，新西敏西人公立学校选"五月后"，当选者是11岁的华裔学生叶美莲。[6] 同年，为庆祝卑诗省建省100周年，温哥华洪门联合大公义学、洪门体育会举办"华区女皇"选美活动，简美梅获第一名。[7]

1958年，卡加利埠也有华人被选为女皇。一年一届的卡加利埠展览会，活动

---

[1]《文化影片社其事》，《大汉公报》1951年1月5日。
[2]《〈白毛女〉极受欢迎，侨胞要求今晚重映》，《大汉公报》1955年10月24日。
[3]《叶美美荣登女皇座》，《大汉公报》1948年7月26日。
[4]《李银秀被选为女皇》，《大汉公报》1949年8月3日。
[5]《徐嘉莉小姐荣膺卑大校花》，《大汉公报》1958年4月7日。
[6]《叶美莲小姐荣膺二埠花女》，《大汉公报》1958年4月21日。
[7]《华区女皇宝座简美梅小姐荣获》，《大汉公报》1958年5月12日。

之一就是选举女皇。这一年由卡加利华侨公立学校推荐，再由该埠消防队提名的22岁的周月桂小姐，在女皇竞选中压倒群芳，以得票最多而荣登女皇宝座。[1] 周月桂当选女皇后，卡加利华人社区沸腾了，7月3日下午，由华侨学校主办、妇女会布置，卡加利华人社区在华人青年体育会场举行了隆重的庆祝大会。[2]

华裔女性参加西人选美活动的成功，以及社区对此的正面反映，也鼓励了华裔社区开始筹划自己的选美活动。在当时，能够操办选美活动的都是比较大的社团或者学校，它们与社会各界有广泛的联络，尤其是与西人社区有较多的互动。当时华人社区举办选美活动的一个特点就是中西合璧，既吸收了西方世界的时尚风格，也展现了中国文化的风采。

1950年5月，域多利中华会馆主办华埠女皇竞选，有将近20000人参加了投票，人气旺盛的徐冠葵，以12000票荣登榜首。[3] 与此同时，温哥华金凤俱乐部发起选举华裔青年女子王后的活动，5月30日，有500多名华侨女青年将相片交到评委会手中，黄玉珠女士被选为王后。[4]

1951年5月，域多利中华会馆再度举行选美活动，这次活动的规模也较大。17日晚上，域多利中华会馆礼堂里人潮涌动，连走廊都挤满了人。9时，选举活动正式开始，筹备委员会以投票的方式决定，最后选举出黄梅秀为女皇。[5] 19日，域多利中华会馆举行女皇加冕仪式，现场气氛热烈但秩序井然，域多利市长夫妇、域多利大学校长及几位西人名流光临现场。[6]

1954年、1955年和1958年，温哥华华侨公立学校均举行了竞选女皇活动，当选女皇分别是林金丽温、李月娴、余如璧和马爱珍。[7]

1958年是卑诗省成立100周年，加拿大各侨社侨团纷纷参加并举行了庆祝活动。洪门民治党早在1957年9月就成立了筹备处，并决议和大公义学、洪门体育会联合举办女皇竞选活动。[8]《大汉公报》为了配合竞选，一连几天均使用醒目

---

[1]《卡技利展览会女皇周月桂小姐》，《大汉公报》1958年7月10日。
[2]《卡城大庆会，祝女皇竞胜》，《大汉公报》1958年7月9日。
[3]《华埠女皇选票揭晓》，《大汉公报》1950年5月20日。
[4]《黄玉珠被选为王后》，《大汉公报》1950年5月30日。
[5]《域埠华区女皇揭晓》，《大汉公报》1951年5月18日。
[6]《域埠华后加冕庆典》，《大汉公报》1951年5月23日。
[7]《侨校新址落成开幕，女皇加冕仪式隆重》，《大汉公报》1954年4月23日；《侨校竞选女皇揭晓，李余两小姐膺宝座》，《大汉公报》1955年11月1日；《华侨公校女皇揭晓，马爱珍小姐膺宝座》，《大汉公报》1958年7月29日。
[8]《云埠洪门参加省庆，决议举办女皇竞选》，《大汉公报》1958年1月22日。

的标题，比如《谭家有女颜如玉》《名门闺秀郑如美》《至德堂支持吴朝英小姐竞选女皇》《简美梅小姐参加竞选华区女皇》等报道有关消息，还介绍了各个参选人的履历、特点，并配上照片。这些参选女士大都活跃在社区，经常参加各项公益活动。[1] 5 月 10 日，15 岁的简美梅以 3329 票荣获华区女皇。[2]

1960 年，由温哥华中华总商会举办的女皇竞选活动，是另外一次较大的选美活动，选美标准是美貌、天才、智慧、品性和学识，参加竞选者有 12 人，竞选活动中有西人歌唱家献演，西人奏中西音乐。[3] 1960 年 1 月 31 日下午 1 时，在喜士定街西 20 号麦者士大戏院举行了公开竞选。竞选过程中，中华女子体操团表演舞蹈和唱歌，还有剑舞和粤剧，各参选者纷纷展现自身的高超技艺，最后，余从准女士被选为女皇。[4]

总之，华人社区的选美活动，丰富了侨社的生活，加深了中西社区的互动，提升了华裔女性的地位，唤起了华人对公益事业的认知，也让中西文化的交流进入新的层面，有利于华人全面融入加拿大社会。

---

[1]《省庆华区女皇讯》，《大汉公报》1958 年 2 月 6 日；《名门闺秀郑如美，竞选华区女皇讯》，《大汉公报》1958 年 2 月 10 日；《简美梅小姐参加竞选华区女皇讯》，《大汉公报》1958 年 2 月 11 日。
[2]《华区女皇宝座，简美梅小姐荣获，岑崇端君得头奖》，《大汉公报》1958 年 5 月 12 日。
[3]《总商会竞选女皇，入场券畅销》，《大汉公报》1960 年 1 月 28 日。
[4]《云高华中华总商会竞选华埠女皇》，《大汉公报》1960 年 1 月 29 日；《中华总商会选美侧写》，《大汉公报》1960 年 2 月 1 日。

附录

一、主要地名和省市名中英文对照表

主要地名和省市名（英文）	主要地名和省市名（中文）
Anderson Street	安德逊街
Albert Head	阿尔伯特半岛
Alberta	爱伯塔省（阿尔伯塔省、亚省）
Alexandria	亚历山大
Armstrong	暗市党
Bainbridge Island	班布里奇岛
Baltur	巴尔图
Barkerville	百加委路
British Columbia Province	卑诗省
Beechwood Street	比奇伍德（当地华人称必治活）
Bank Street	银行街
Brookside	布鲁克赛德
Bevan	贝文
Bow River	鲍河
Brighouse Estate	布里格豪斯
Calgary	卡加利（卡尔加里）
Church Street	教堂街

续表

主要地名和省市名（英文）	主要地名和省市名（中文）
Carrall Street	卡罗街
Columbia	哥伦比亚
Cormorant	盖莫伦
Cumberland	冚巴伦
Canton Alley	广州巷
Cariboo	卡里布
Center Street	中心街
Clark Driver	卡拉尔街
Cranbrook	冚补碌
Chinatown	唐人街（华埠）
Dallas Road	达拉斯街
Dorchester Street	多切斯特街
Duncan	当近
East Pender St.	片打东街
Edmonton	爱民顿（埃德蒙顿、点问顿）
Erlton	埃尔顿
False Creek	福溪
Fisgard Street	菲斯格街
Fort Steele	福特斯蒂尔
Gonzales Bay	冈沙利湾
Gore Street	戈尔街
Government Street	加富民街
Grande Prairie	大草原城
Granite Creek	花岗岩溪
Hamilton	咸美顿（台山人称为坎问顿）

续表

主要地名和省市名（英文）	主要地名和省市名（中文）
Howe Street	豪街
Harling Point	哈宁角
Hastings Street	喜士定街
Hell's Gate	鬼门关
Herald Street	喜报街（喜路街）
Johnson Street	约翰逊街
Juan de Fuca Strait	德富加海峡
John Hart	哈庄
King Street	皇帝街
Kimberley	金伯利
Kamloops	锦碌（甘露市、坎卢普斯）
Kitsilano	吉施兰奴青年市
Laguachetiere Street	拉瓜切蒂尔街
Lethbridge	列必珠
Lyon Ward	莱昂·沃德
Main	缅街
Manitoba	缅省（马尼托巴）
McNeely	麦柯尼利
McNeil Bay	麦利湾
Montreal	满地可（蒙特利尔）
Macleod Trail	麦克劳德山道
Moose Jaw	穆斯乔（舞市阻）
Marysville	马里斯维尔
Nanaimo	乃磨（纳奈莫）
New Brunswick	纽宾士域省

续表

主要地名和省市名（英文）	主要地名和省市名（中文）
New Westminster	新西敏（二埠）
Newfoundland	纽芬兰
Nova Scotia	新斯科舍省
NW Territories	西北地区
Ontario	安大略省（安省）
Ontario Street	安大略街
Ottawa	渥太华（柯京）
Fraser Street	菲沙街
Pandora	潘多拉街
Prince Edward Island	爱德华王子岛省
Prince George	片市佐治
Quebec	魁北克省（魁省，台山人称为古壁省）
Quadra Street	奎德拉街
Quesnel	干尼路
Regina	里贾纳（雷振打）
Rossland	罗士兰市（老士仑）
Richfield	里奇菲尔德
Saint John	塞因特约翰
San Francisco	旧金山（三藩市）
Sandon	山顿
Saskatchewan	沙省（萨省、萨斯喀彻温省）
Saskatoon	萨斯卡通（沙士加寸）
Saanich	山汝市
Sham Shui Po	深水埗

续表

主要地名和省市名（英文）	主要地名和省市名（中文）
Stettler	士达拿
Store Street	士多街
Swift	士役汗
The Quadra Street	奎德拉街
The Canton Block	广州街区
Toronto	多伦多（台山人称都郎度）
Vernon	稳宁
Victoria	域多利（维多利亚）
View Street	风景街
Vancouver	温哥华（云哥巴、云巧巴、咸水埠、云高华）
Vancouver Centre，British Columbia	温哥华中央区（云中区）
Wild Horse Creek	野马溪
Winnipeg	温尼伯（宛地辟）
Yates Street	耶茨街
York Street	约克街
Yukon	育空

二、主要人名中英文对照表

人名（英文）	人名（中文）
Ah Wye	阿伟
Arthur	亚瑟
Amos E.Russ	阿摩司
Alexander Brown Winchester	亚历山大·布朗·温彻斯特
A.E.Armstrong	阿姆斯壮
Antony Musgrave	安东尼·马斯格雷夫

续表

人名（英文）	人名（中文）
Brown	布朗
Bruchesi	盖席
CA Coleman	科尔曼
Ching Kan Fook	程根福
Cornwall	康沃尔
Chung Lung	钟隆
Chan ing Kai	陈圣阶
Charley Yam	任查利
Chee Our	敖炽
Chan Yu Tan	陈耀坛
Douglas Jung	郑天华
Dickman Fong	冯德文
Edward White	爱德华·怀特
Emily Woodman	艾米莉·伍德曼
Elsie Wong	王埃希
Ed Lum	林福来
Earl Grey	厄尔·格雷
Earl Dufferin	厄尔·弗林
Edith Maud Eaton	伊迪丝·莫德·伊顿（笔名水仙花）
Edward Eaton	爱德华·伊顿
Ebenezer Robson	埃比尼泽·罗布森
Edward Gung	龚耀邦
F.M.MacLeod	麦克劳德
Fong Dickman	冯德文
Grace Eaton	格蕾丝·伊顿

续表

人名（英文）	人名（中文）
Gillam	吉拉姆
George Hick	乔治·希克（克佐）
George Ho Lem	何荣禧
George Yuen Lim	林佐然
H.Montanar	孟达纳
Harry Poon	潘协华
John Endicott Gardiner	约翰·恩迪科特·贾甸立
Janet Grant	珍妮·特格兰
John Diefenbaker	约翰·笛芬贝克（当地称第芬碧架）
John Robert "Jack" Nicholson	杰克·尼科尔森（当地称匿古臣）
Johu Thomson	约翰·汤姆森
Lee Mong Kow	李梦九
Lorne	洛恩
Long Kong	龙孔
Reverent Leung Moi Fong	梁梅舫牧师
Martin Gallagham	马丁·嘉拉肯
Mary of the Holy Spirit	马利亚
Ma T.K.Wou	马镜湖
Mak Tso Chow–T.C.Mark	麦造舟
Princess Louise	露易丝公主
Pearson	皮尔逊
Pang Gue	盘贵
Patricia	帕特里夏
Peter Wing	吴荣添
Romeo Caille	贾耶

续表

人名（英文）	人名（中文）
Ralph Campney	拉尔夫·坎普尼
Roy Mah	马国冠
Tuey Ping Lee-Hum	谭李翠屏
Thomas Paton	托马斯·佩顿
W.D.Noyes	诺伊斯
Victoria Cheung	张肖白
York	约克
Yip Jack	叶杰克

三、学校、报刊、戏院和剧社中英文对照表

学校、报刊、戏院和剧社名（英文）	学校、报刊、戏院和剧社名（中文）
B. C. Trade and Engineering School	卑诗（贸易）机械工业学校
Le Qun	乐群学校
Mon Keang School	文强（疆）学校
McGill University	麦基罗（麦吉尔）大学
Rock Bay Elementary	洛克湾小学
The Calgary Chinese Private School	卡技利华侨学校
Chinese News Weekly	加拿大云埠《中华英文周报》
Sun Bo	《新报》
Chinatown News	《华埠新闻》
Chinese Dailly Reform Gazette, Jih Hsin Pao	《日新报》
Shing Wah Daily	《醒华日报》
The Chinese Times	《大汉日报》
The New Republic	《新民国报》
The New Citizen	《新公民报》

续表

学校、报刊、戏院和剧社名（英文）	学校、报刊、戏院和剧社名（中文）
Wa Ying Yat Po	《华英日报》
Chinese Dramatic Society	警魂白话戏剧社
Orpheum Theatre	柯芬戏院
Pantages Theatre	片地珠市戏院
Strand Theatre	斯藻兰戏院

加拿大华侨移民史

文教卷 下

1858-2001

丁果　黎全恩　贾葆蘅 ◎ 著

图书在版编目（CIP）数据

加拿大华侨移民史：1858—2001. 文教卷. 下／丁果，黎全恩，贾葆蘅著. -- 北京：华夏出版社有限公司, 2022.5
ISBN 978-7-5222-0308-9

Ⅰ. ①加… Ⅱ. ①丁… ②黎… ③贾… Ⅲ. ①华侨－移民－历史－加拿大－1858—2001 Ⅳ. ① D634.371.1

中国版本图书馆 CIP 数据核字（2022）第 037519 号

目 录

第一章 华文报刊 ·· 1
    第一节 新报刊 ·· 1
    第二节 华文报刊的特点 ·· 13
    第三节 华文报刊面临的困境和机遇 ·· 16

第二章 华人电台和电视台 ·· 20
    第一节 新的电台 ·· 20
    第二节 新的电视台 ·· 29
    第三节 电台、电视台申请和运营中出现的一些问题 ···················· 37
    第四节 华人电台和电视台的特点 ··· 38
    第五节 与主流媒体互动 ··· 41

第三章 加华文学 ·· 43
    第一节 作家来源地和居住地 ·· 44
    第二节 创作语言与加华作家 ·· 46
    第三节 副刊文学、出版物、社团刊物和网络小说 ······················· 66
    第四节 加华文学的名著与获奖情况 ·· 71
    第五节 加华文学的特点 ··· 75
    第六节 新的文学社团及其文化活动 ·· 76

第四章 加华史学 ·· 80
    第一节 学术研究的多样性 ··· 80
    第二节 华侨华人的历史学会、博物馆和社团保留的先侨历史文物 ····· 92

第三节　华侨华人历史电影和戏剧 …………………………………… 98

第五章　中文教育以及文化研究机构 ………………………………………… 101
　　第一节　中文学校不断增加 …………………………………………… 101
　　第二节　中文教育组织相继成立 ……………………………………… 125
　　第三节　加拿大中文教育的长处与短板 ……………………………… 131
　　第四节　大学、专科及研究中国文化的学术机构 …………………… 135

第六章　文化艺术与牌楼和纪念碑 …………………………………………… 139
　　第一节　中国传统艺术的传承与弘扬 ………………………………… 139
　　第二节　音乐、舞蹈、戏剧、杂技、曲艺、电影和选美 …………… 165
　　第三节　唐人街牌楼和华人纪念碑等 ………………………………… 197

第七章　中医中药和针灸的发展 ……………………………………………… 210
　　第一节　针灸的发展、立法与现状 …………………………………… 212
　　第二节　加拿大中医药的发展和现状 ………………………………… 233
　　第三节　成立各种中医药、针灸学院和协会 ………………………… 242
　　第四节　问题与前景 …………………………………………………… 253

第八章　多元文化政策和华人参政 …………………………………………… 255
　　第一节　多元文化政策的背景和推行 ………………………………… 255
　　第二节　华人在参政议政上的进步 …………………………………… 274
　　第三节　当选者的背景分析 …………………………………………… 290

第九章　宗教与墓葬 …………………………………………………………… 304
　　第一节　佛教和道教等 ………………………………………………… 305
　　第二节　基督教 ………………………………………………………… 319
　　第三节　华人墓葬 ……………………………………………………… 337

第十章　华侨华人在科技和经贸领域的状况 ………………………………… 345
　　第一节　华裔科技人员 ………………………………………………… 345

第二节　科技社团和科技活动 …………………………………… 349
　　第三节　经贸社团和活动 ………………………………………… 351

附录 ……………………………………………………………………… 354

鸣谢 ……………………………………………………………………… 375

后记 ……………………………………………………………………… 381

第一章
华文报刊

1967年之后,加拿大政府实行了摒除歧视性元素的新移民政策,这对华人移民人数的增加、移民身份结构的改变、华人社区生活的变化,带来了重大及正面的影响,可谓开启了移民新时代。时代的变化也带来了华文报刊市场的新旧转变,这种转变在1967年到2001年间特别明显。一方面,陪伴华人走过数十年历史风雨和艰辛的《大汉公报》和《新民国报》先后因为经济和读者群的变化而停刊;另一方面,以亚洲为基地的华文报刊,随着新移民的浪潮在加拿大抢滩登陆,为新移民带来了时代变迁的重要信息,也为亚洲原居地与北美新大陆建起了信息桥梁,相当程度地影响了新移民和华人社区的生存模式。

华人移民人口的激增,不但给每日出版的大报提供了生存的基础,同时也给服务于各种特定读者群的周报和小报等,带来了发展的契机。

第一节 新报刊

这一时期华文报刊的最大特征是,大报陆续上市,小报出现得更快,党争减弱,甚至消失。报纸之间陷入激烈的商业竞争,亚洲原居地的信息大规模呈现,出现了专门服务不同移民来源地读者的报纸,而免费的周报也开始进入市场,呈现出更加灵活和娱乐化的倾向。

一、新的日报

20世纪七八十年代,亚洲经济飞速发展,给新闻媒体的发展创造了经济条件,而加拿大华人移民潮的出现,则给亚洲华文媒体到北美发展和生存提供了商业市场和读者群。从历史上看,中国香港媒体在战后与加拿大华人社区有着密切的联系,战后不少香港报纸、杂志等输往加拿大,为华人社群提供了及时的时事和影视娱乐信息。因此,香港的报纸在北美大展拳脚,服务新老移民,也是顺理成章的事情。

香港的知名大报《星岛日报》(Sing Tao Daily)和《明报》(Ming Pao)先后落户加东和加西，给来自中国香港的移民提供信息支撑和融入加拿大的生活指南，并在信息上让中国香港移民与祖籍地依然保持着紧密的联系，为他们在加拿大、中国香港两地的自由发展，在信息资讯上提供无缝接轨。可以这样说，《星岛日报》和《明报》的出现，既服务了接踵而至的中国香港移民潮，也给日后大批港人回流提供了信息渠道。

当然，在解禁前后迅速发展的中国台湾的大报，也不让中国香港媒体专美于前，它们也随着中国台湾移民的迅速增加而进军北美。其中《世界日报》(World Journal)在美国扎根后，北上加拿大，与《星岛日报》和《明报》形成三大日报鼎足而立的局面，开创了华文媒体在加拿大发展的新时代。

1.《星岛日报》与《明报》

《星岛日报》和《明报》都是中国香港的品牌日报，它们先后来到加拿大发展，并把其在中国香港的媒体竞争气氛也延伸到加拿大，这对移民读者是有益的。

值得关注的是，无论是1978年落户加拿大的《星岛日报》，还是1993年登陆加拿大的《明报》，它们的发展轨迹都是先加东后加西，这表明加拿大华人社区的重镇已经是多伦多排名在前，温哥华紧随其后，因此香港报业集团大多是从加拿大东部进入市场。其实，除了读者规模以外，移民的构成也让多伦多比温哥华更适合华文报纸的生存。多伦多是加拿大的经济中心和制造业中心，华人就业人口远远超过被华人视为退休者的天堂的温哥华，他们对信息的渴求程度也超过在温哥华定居的移民。换句话说，一个定居在多伦多的中国香港移民，每天在工作间隙粗看两份报纸是常态，而居住在温哥华的中国香港移民，则会有充足的时间仔细阅读一份报纸的每个栏目。

《星岛日报》比《明报》早15年来加拿大，前者的读者定位比较倾向于"老华侨"，而20世纪90年代跟随中国香港专业人士移民潮来加拿大发展的《明报》，读者定位就锁定在教育程度较高的"新移民"上。20世纪90年代中期以后，这两份综合性日报的竞争可谓十分激烈，这对华人读者当然是件好事。

2.《世界日报》

与中国香港的《星岛日报》和《明报》截然不同，来自中国台湾联合报系的北美《世界日报》，是因为岛内政治生态的限制而无法在本地继续扩张，报纸经营者随着中国台湾留学和移民潮将报纸发展到北美。1976年，《世界日报》在纽约和旧金山创刊，温哥华也有几百份的发行量。1987年，《世界日报》加拿大版在加东创办。1991年《世界日报》在温哥华创建分社。该报的读者主要是中国台湾移民和能够阅读中文繁体字的中国大陆读者，与《星岛日报》和《明报》的读者群有较大的区别。

上述三家主要的综合性日报可谓占据了加拿大华文报刊的半壁江山，他们凭借着亚洲母报在资讯、版面和编辑等方面的优势，在当地的华文媒体中承担着重要的舆论作用，也获取了最多的广告市场。

其实，仅从新闻版来看，这些综合性日报有这样的特色：亚洲新闻、国际新闻都是从亚洲母报搬过来的，再加上在加拿大采访编辑的加拿大全国新闻和本地社区新闻，构成了华人社区和读者所需要的多方面资讯（参见表1.1）。

娱乐版、体育版和其他版面，也是照搬母报，除了印刷费用外，无需额外的开支。副刊（包括文学）版大部分也是照搬，小部分栏目则邀请华人社区的名人、作家加盟，以最少的资源获取最大的本地效应。

表1.1 新的综合性日报（1967—2001年）

创办时间	报刊名称	简介
1978年8月1日	《星岛日报》	1978年8月1日，《星岛日报》海外版之一加东版创刊于多伦多。版面内容包括"加国""世界""当地"和"社区要闻及财经""娱乐"和"生活"等。《星岛日报》（加西版）创刊于1983年，总部设于温哥华。《星岛日报》的亚省版创办于1988年，社址在卡尔加里的好运广场。
1987年	《世界日报》	1976年，美国《世界日报》开始在温哥华代理发行。1987年，加东版在多伦多成立分社。该报版面内容包括"新闻""财经""休闲"和"文艺"等。内容包括当天的全球重大新闻、美加要闻、经济、政治新闻，还有最新的亚洲新闻以及地方华人社区新闻。此外，还提供体坛焦点、影艺动态、金融、艺文、论坛、儿童世界、家园、科技资讯、医药保健、消费、工商等报道。1987年，《世界日报》温哥华办事处设在唐人街片打东街150号的世界书局新址。1991年，在温哥华正式创办分社，并在克拉克街2288号设厂。1994年3月28日，为了介绍各项移民服务，温哥华《世界日报》开辟"中侨天地"版。
1993年5月28日	《明报》	1993年5月，《明报》加东版在多伦多创办，同年10月，加西版在温哥华创办。《明报》加东版和加西版版面包括"加国""世界各地"以及"社区""经济""影视""娱乐""生活副刊"等。

续表

创办时间	报刊名称	简介
1988 年	《成报》	在多伦多创刊，1995 年停刊。
2000 年 2 月	《台湾日报》	加拿大星岛传媒集团创办于温哥华。到了 2001 年 7 月，收支方面始终无法达成预期目标，被迫退出市场。

资料来源：《加拿大星岛传媒集团主席吴友安：开拓传媒新景象》，《星岛日报卑诗版 36 周年报庆特刊》，2019 年 8 月 25 日；Changing Social Organizations: Cultural and Intellectual Life: *Chinatown Historical Context Paper*, Commissioned By The City of Calgary, The City of Calgary Records & Information Management（RIM）Inspection & Permit Services, p.47.；徐新汉：《父亲画像》，EHG Books 公司，2013 年，第 25—28 页；《本报今起辟中侨天地版》，《世界日报》1994 年 3 月 28 日；蔡念中等：《大众传播概论》，五南图书出版有限公司，1998 年，第 275 页；《温市台湾日报面世》，《明报》2000 年 2 月 16 日；《亏蚀过度，〈台湾日报〉明停刊》，《明报》2001 年 7 月 18 日。

如果是大型的综合性日报，必须依赖亚洲本土报业集团的投资才能生存发展，那么，华文媒体市场出现的周报（参见表 1.2）大都是加拿大本土出生的"媒体"。周报出现的背景主要有三个，一是华人移民的多元化，带来资讯需求的多元化，综合性大报不可能满足这方面的所有要求，比如医疗健康、投资贸易等，这就给《健康时报》《华商报》和娱乐类的周报带来了成长发展的机遇；二是华人在加拿大大都是做些小生意，而周报恰恰是这种类型的报纸生意，具有投资少、广告市场专业对口等特征，有的周报就是"夫妻老婆店"，而网络的发展又给资讯的提供（文摘）创造了条件；三是大陆移民对资讯的需求。

"专业周报"、综合性大报衍生出来的"娱乐周报"（《星岛日报》《明报》《世界日报》都有附属的周报）、综合性周报，构成了琳琅满目的周报市场。虽然周报的广告市场竞争激烈，但因为周报成本低、灵活性强，因此，投入周报市场的人仍然前赴后继，呈现出上升的势头。

当然，在周报市场上，还有一类是文摘类的免费周报，其资讯来自中国大陆的报刊，比如《今日中国文汇报》（2000 年创刊）[1]，其前身是 1994 年 6 月创办的《新经济周报》及 1998 年 6 月创办的《今日中国》。该报的宗旨是为加拿大华人社区传播中国的信息，服务对象为在加定居的华人。该报免费赠送，在加拿大全国发行。

---

[1] 2005 年第 3 届世界华文传媒论坛，http://www.chinanews.com/focus_site/hwlt-4/mtjj-jianada.htm，检索时间：2021 年 10 月 11 日。

表 1.2　新的综合性周报和双周报

创办时间	报刊名称	简介
1971 年	《快报》(Chinese Express，双周报)	从 1971 年到 1989 年,《快报》刊登的新闻涵盖中国、美国及加拿大等国的大事件,也有小说连载、戏剧和社团活动简介。因为经费和资源等问题,广告占据很大版面。
1981 年	《华侨时报》(Chinese Press of Montreal，初创时为双周刊,两个月后改为周报)	最初每期 12 版,逢周六在加东发行。该报的版面内容侧重当地政经社会及侨社动态,同时多方面报道世界及亚洲原居地的消息。
1981 年	《加华报》(The Canadian Chinese Times)	落户在卡尔加里,是免费报纸。社长雷煜植于 1982 年在埃德蒙顿开设分社。《加华报》周刊综合了加拿大及国际新闻、娱乐、健康、生活时尚、商业广告及社团消息。1997 年,李惠琦成为该报负责人。报纸刊登有社论、加拿大和当地新闻、亚洲新闻、实事、读者来函、埃德蒙顿华埠团体的活动公告、文娱演出、汉语教育、科技新知、饮食健康、娱乐旅游、人才招聘、婚丧嫁娶等。采用繁体字,分彩色和黑白两种版面。
1983 年	《爱华报》(Edmaton Chinese News，周刊)	创刊于埃德蒙顿。内容包括加拿大、国际、亚洲的新闻及文艺、医疗、运动、家庭康乐、名胜风光、名人传记、耆英园地等内容。
1983 年	《东方报》(Oriental Weekly)	在加拿大卡尔加里创刊。版面内容有本地社团、侨社新闻、地方消息、国际消息,还有"副刊""娱乐""医药"和"文艺"版等。逢周五出版,免费赠阅。
1984 年 6 月	卡城《爱华报》(Chinese News，周刊)	内容包括加拿大、国际、亚洲的新闻及文艺、医疗、运动、家庭康乐、名胜风光、名人传记、耆英园地等。每份报纸 10 张或 12 张。逢周五出版,免费赠阅,经费靠广告收入维持。
1985 年 5 月 3 日	《时代周报》(Modern Times Weekly)	在多伦多创刊,逢周五出报。该周报涵盖了中国、加拿大全国和地方新闻,还包括社区评论和唐人街一些大事件等。该周报还有特稿、专栏和小品等版面,也有一些中英文摘要。1990 年停刊。
1985 年	《加中报》(Alberta Chinese Times)	创刊于埃德蒙顿。《加中报》社长是焦根基,《加中报》被转让,焦根基依然担任社长。1996 年《加中报》再次被卖,新老板把报纸改名为《华声报》。20 世纪 90 年代末《华声报》停刊。

续表

创办时间	报刊名称	简介
1990年	《亚讯》	创刊于蒙特利尔，双周出版，1993年停刊。
1991年	《华侨新报》（Les Nouvelles Chinoises）	在蒙特利尔问世。创刊号共计20版，套红印刷。1991年7月6日，《华侨新报》改为彩色印刷。
1991年	《中华导报》（Canada China News）	创刊于渥太华。
1992年10月10日	《路比华讯》（Luby Chinese Weekly News）	创刊于蒙特利尔，双周刊，单色印刷，共12版。1993年改为周刊，单色印刷，增至16版。1995年5月26日，《路比华讯》以加元25分的价格出售，版面同时增至24版。1997年改为彩色印刷，版面除了加国、魁省、国际、亚洲的新闻、经济、娱乐、家居、房产、健康、美食等多元化资讯以外，更开辟了法律、移民等特色专版。
1994年	《莎省华报》（Overseas Chinese Times，双周刊）	以服务本省侨胞为目的，版面有加美新闻、华侨活动、财经传快讯等。
1994年	《渥京周末》（The Ottawa Weekend）	在渥太华创刊。作为一份综合性报纸，涵盖了新闻、财经、投资理财、法律讲堂、科学探索、文化、影视、体育、娱乐、情感、美食、健康等内容。
1995年	《满华报》和《华报》（周刊）	在蒙特利尔创刊。《华报》于1996年年初停刊。
1997年	《神州时报》（China Journal，周刊）	版面有新闻时事报道和社会新闻、娱乐新闻、日常生活、故事专访、生活指南、工商信息、科技文化等。
1997年	《中华时报》（原名中华导报）（Canada Chinese Times）	在温哥华创刊。其版面包括重要新闻、加拿大新闻、国际新闻、中国新闻、本地消息、财经漫步、科技时代、专题报道、移民专版、教育专版、工商报道以及大千世界、健康生活、中华文化、旅游休闲、影视娱乐、体坛纵横、小说连载、人物等众多副刊。
1999年	《加华新闻》（The Chinese Canadian Post，周报）	于多伦多创刊。主要报道加拿大国家大事、社会新闻、华人社团动态以及生活常识等。特色栏目包括社评、人物专访、读者言论等，人物专访专栏报道加拿大政坛人物、华人企业家、社团侨领等的事迹。
2000年11月3日	《环球华报》（Global Chinese Press）	是一份由中国大陆移民创办的华文报刊，每周两刊。《环球华报》加西版逢周三、五出版。
2000年	《北美华报》	由中国大陆华人霍文翔创办的大开彩色版中文周报。

续表

创办时间	报刊名称	简介
2001年	《星星生活周报》（New Star Times）	
2001年	《蒙城华人报》（Sinoquebec Chinese Newspaper）	

资料来源：《快报创刊》，《快报》1971年1月9日；《试版前言》，《快报》1971年1月9日；《华侨时报》2011年7月1日；中国侨网，http://www.chinaqw.com/node2/node116/node117/node163/node820/node835/node937/userobject6ai49540.html，检索时间：2020年2月27日；加拿报网，http://www.tcctnews.com/sample-page/，检索时间：2020年2月27日；资料来自《加华报》创始人雷煜植和《光华报》社长李惠琦；《爱华报》专栏作者焦根基口述；蔡念中等：《大众传播概论》，五南图书出版有限公司，1998年，第275页；东方报网，About us，http://orientalweekly.net/pages/about/，检索时间：2020年2月27日；罗锵鸣：《发刊词》，Modern Times Weekly，May. 3，1985；谷音：《多伦多中文报业》，Modern Times Weekly，Aug. 22，1986；资料来自《加中报》社长焦根基；《华侨新报创刊20周年纪念册》，2011年，第11、38页和社长张健口述；关于我们，http://canadachinanews.com/about-ch/，检索时间：2020年2月27日；《创刊号》，《路比华讯》，1992年10月10日；《路比华讯一千期特刊》；莎省华报网站，关于莎省华报：http://www.overseaschinesetimes.com/about_us.html，检索时间：2020年2月27日；《莎省华报》2012年11月号；资料来自《渥京周末》社长陈诗嵜；关于渥京，渥京周末网，http://www.wojing.ca/main/about-ottawa-weekend/，检索时间：2020年2月27日；白宁：《你也成功》，北京广播学院出版社，2004年，第24—26页；《加华新闻》开创者林君口述；《〈环球华报〉今出版》，《明报》2000年11月3日；白水：商海儒生，北美在线网，http://www.naol.ca/news/na/0807/0727-6.html，检索时间：2020年2月27日；徐长安：加拿大华文传媒发展综述（下），http://newstar.superlife.ca/2015/09/01/%E5%8A%A0%E6%8B%BF%E5%A4%A7%E5%8D%8E%E6%96%87%E4%BC%A0%E5%AA%92%E5%8F%91%E5%B1%95%E7%BB%BC%E8%BF%B0%E4%B8%8B/，检索时间：2021年10月11日；蒙城华人网：https://www.sinoquebec.com/portal.php?mod=view&aid=5166，检索时间：2021年10月11日。

另外，还有一些专业性周报和月报（参见表1.3）。

表1.3 新的专业性周报和月报

创办时间	报刊名称	简介
1967年	《多伦多商报》	是一份小型双周刊，每期印数千份，主要靠报费、广告和读者捐款维持。1987年停刊。
1985年	《城居周刊》	创刊于多伦多，以报道房地产动态居多，例如教人买房、市内装修等，20世纪90年代末停刊。
1994年	《娱乐生活》（Popular Lifestyle & Entertainment）	该杂志是新时代传媒集团创办的加西版，是以中文提供新时代传媒集团旗下电子媒体的节目资讯（包括节目表）、本地娱乐资讯、饮食情报和介绍社区活动的刊物。

续表

创办时间	报刊名称	简介
1997 年	《健康时报》(*Health Times*)	创刊于多伦多，内容涵盖新闻、保健、健身、养生、饮食、房地产、投资理财、心理健康、人生感悟、移民生活、休闲娱乐、生儿育女、居家生活、医疗咨询、男人世界、女性时尚、情感园地、大千世界、幽默笑话、性与健康和原创文苑天地等栏目。
1999 年 1 月	《健康时报》	创刊于温哥华。内容主要分为重大新闻：及时报道最新的医疗、医药方面的科研成果，重要的研究发明和发现、医药纵横、社会广角、养生之道、专家指导、心灵之窗、生活百科、运动休闲、性与健康、妇幼保健、饮食天地、营养世界等。
2001 年	《大华商报》(*Dawa Business Press*)	初创时共 16 版，周六发行。《大华商报》社长马在新表示，之所以定为商报，是因为当时还没有此类报纸，该报综合全面，突出经贸，兼顾文体娱乐和科教社会。

资料来源：《多伦多商报》创刊人之一林君口述；《城居周刊》，*Modern Times Weekly*, Sep. 6, 1985；《多伦多中文报业》，*Modern Times Weekly*, Aug. 22, 1986；温哥华《健康时报》社长何丽娜提供史料；《本报发刊词》，《大华商报》2001 年 11 月 10 日；资料来自《大华商报》社长马在新。

与日报和周报不同，月刊、旬刊、季刊和特刊印刷频率和成本低，对资讯的及时性要求不高，却可以容纳更多历史方面的内容，以及多方面的分析评论。因此，社区的不少专业同行以及社团，出版了各种专业的杂志，成为加拿大华人社区报纸和杂志的重要组成部分。月刊中的不少文章，还成为研究加拿大华人历史的珍贵资料。

除月刊之外，特刊也是值得一提的。凡选举、大事庆祝、社团周年庆等重大节庆日，不少社团或者专业报刊都会出版特刊，这些特刊篇幅长、内容丰富、历史经纬清晰，是重要的社区发展史资料，也是历史传承的文字见证。当然，由于在短时间内组稿、发行，缺少专业人士把关，难免会出现以讹传讹的问题和日期的误差，资料使用者必须做基本的考据和修正。月刊、旬刊、季刊和特刊（参见表 1.4、1.5）。

表 1.4　新诞生的综合性月刊和双月刊

创办时间	报刊名称	简介
1961 年	《东风》(*East Wind*，月刊)	1967 年改为以报纸形式出版。1968 年《东风》采用钢笔刻板油印出版，每月出版 500 份，每份 5—8 张，10—16 页。《东风》改月刊后，改为中文打字，印刷出版，4 张 8 版。与众不同的是，当年报刊大都是竖排繁体字排版，《东风》则是双面印刷的横排报纸。1973 年 12 月停刊。

续表

创办时间	报刊名称	简介
1977年7月4日	《加京华报》（Ottawa Chinese Community Newsletter）	每月月初出版。内容包括要闻、中国新闻、加拿大新闻、国际新闻、社区消息、综合新闻、副刊等。该报主要介绍与分析加拿大政治、经济及风土人情、华裔社区活动等。1987年停刊。
1978年	《缅省华报》（Manitoba Chinese Post，月刊）	在温尼伯创刊。该报以加拿大新闻为主，也报道中国和世界上一些重大新闻，还有集文艺性和知识性于一身的副刊。创刊初期只有10页，到1982年，版面已扩至24页。
1979年	《加华侨报》（Chinese Canadian Community News，月刊）	在渥太华创刊。每期12版。主要内容有渥太华社区新闻、加拿大新闻、亚洲新闻、国际新闻和副刊等，还介绍当地社区的艺术和文化活动。有些栏目是英文版本。1987年停刊。
1979年	《华声华视》月刊，1983年改为《华声报》	在蒙特利尔创刊。除了介绍华侨之声中文电台和中华之声电视台的节目，副刊还登了一些小品、文艺、医药、体育、家政等作品及记者采访的新闻和唐人街动态。
1979年	《华侨之夜》	1981年11月1日由半月刊改为月刊。
1979年	《中流》	温哥华中华文化中心创办，双月刊，以促进中西文化交流。该刊物介绍了文化中心和社区的一些活动。
1982年	《足迹报》（U of Toronto Footprint Publication，月刊）	由一些留学生在多伦多大学创办。《足迹报》是从宋朝苏轼的《和子由渑池怀旧》诗中的"雪泥鸿爪"演变而来。即留学生需要奋斗，这一鸿爪留痕是不能忘记的。旨在以文字记载华人学生走过的路，并为多伦多大学的同学提供校园及城市生活的资讯。
1983年	《越棉寮华报》（月刊）	安省越棉寮华侨协会为增强居住在加拿大各地的越棉寮侨胞的联系，沟通全球越棉寮华侨协会的信息，创办了该刊。《越棉寮华报》有短评、国际问题探讨、时事综合报道、越棉寮华裔难民史料、社会服务、会务报道、诗坛、文艺创作、棋坛和全球越棉寮侨胞通信录等。

续表

创办时间	报刊名称	简介
1983年	《会员通讯》。1984年改为《缅省越棉寮华报》（Manitoba Indochina Chinese news，月刊）	由马尼托巴省温尼伯越棉寮华侨创办，不定期出版。向会员提供政府有关难民及移民政策、社团活动、加拿大生活常识等方面的通讯。《缅省越棉寮华报》办刊宗旨是把温尼伯越棉寮华侨资讯发向世界。刚开始，该报由人工刻板，油墨出报。1985和1986年是中文打字，人工把打印出来的纸张粘贴在一个模板上，然后印刷。该报每个月的第一天在温尼伯华人社区发行。
1985年	《松鹤天地》（Evergreen News Club，月刊）	每月第一个星期一出刊。内容有社会资讯、中侨互助会的服务及活动、加国生活及文化、人物专访、著名作家每月专栏、小说、诗词、文艺创作、漫画等、税务及财务指南、中西医疗保健常识、饮食新知、旅游见闻、儿童园地。经费由中侨基金会、读者捐助，外加广告收入。
1986年	《中原侨报》（Prairie Chinese News，月刊）	由温尼伯华人侨领李杏源先生创办，因缅省位于加拿大中部平原，故定为《中原侨报》。以旅居加拿大华人为对象，每月中旬出版对开32至48页，免费赠阅。主要内容有：加拿大新闻、各埠华侨动态，国际综合新闻，本省社区消息，娱乐，体育，财经及各类小品文章等。
1989年	《海外华联》（月刊）	主要介绍一些越棉寮侨社动态、越南历史和难民逃难故事等，还有一些文学作品。由已故旅加越南华侨蓝树河创办。
1992年	《联谊通讯》（月刊）	渥太华中国同学联谊会主办，截至1996年年底，一共发行了56期。《联谊通讯》记载了渥太华中国学生、学者及其家人的学习、工作与生活历程，也记载了华人社区的重要事件。
1993年	《华埠通讯》（Chinatown Newsletter）	在维多利亚创刊。主要介绍侨社动态和华侨心声，以及有建设性的议论，还有一些文学论坛。创刊时为双月刊，由维多利亚中华会馆支持。
1993年	中英文报纸《瞻》（Perspectives，月刊）	卑诗大学出刊，由大学生创办。之所以取名为《瞻》，是取高瞻远瞩之意。《瞻》的主题是移民和种族问题，还包括介绍中国文化、英文俗语、亚洲消息和名人访谈等。

续表

创办时间	报刊名称	简介
1997年	《多伦多文艺季》(Toronto Season)	由黎炳昭先生创办。每3个月出一期。版面有艺文篇、生活圈。艺文篇有散文、诗歌、音乐、戏曲,生活圈有健康、医疗、投资、插花艺术、饮食天地、理财、心理常识,还有青年天地、儿童书画等。
2000年	《中华天下》	于温尼伯创刊,在温尼伯华人社区发行。创刊人是裴云和解文斗。该刊物有综合资讯,也有一些连载的小说和励志文选。
2001年10月	《枫华家庭》(Maple Family,月刊)	是以家庭、教育、文化、时尚为主题的全彩色中文月刊,16开,主要栏目有枫华描写、枫华人物、百年树人、华夏风貌、锦绣中华、民以食为天、生活百科等。

资料来源:《东风》创办人之一陈超万;报纸第一版;《创刊词》,《加京华报》1977年7月4日;资料来自《缅省华报》创刊人兼主编蔡衍泰和《缅省华报》专栏"枫林心语"作者王虹;《缅省华报四周年》,《加京华报》1982年12月1日;《二年来中华会馆理事会工作报告》,《加华侨报》1980年5月1日;《多伦多中文报业》,Modern Times Weekly, Aug. 22, 1986;《启事》,《大汉公报》1979年10月4日;《华侨之夜半月刊迈入第二年征求订户》,《大汉公报》1980年8月15日;《卷首语》,《中流》(Mainstream) 1979年8月, Volume 1 Number 1,第4页;足迹报社网,https://utfootprint.wordpress.com/about/,检索时间:2020年2月27日;《越棉寮报一日出版》,《醒华日报》1983年1月1日;资料来源:《缅省越棉寮华报》编辑部;缅省越棉寮华报网,http://www.indochinanews.ca/companyresult.asp?spass=5&website=http://www.indochinanews.ca,检索时间:2020年2月27日;中侨互助会网,http://www.successbc.ca/chn/our-services/publications/evergreen-news,检索时间:2020年2月27日;《中侨松鹤之友》,《中侨群贤汇:中侨互助会35周年纪念1973—2008》,2008年,第36页;《松鹤之友成立志庆暨圣诞联欢,欢迎各会员齐来参与共度佳节》,《大汉公报》1991年12月3日;《松鹤之友会正式成立,华侨之声概捐一万元》,《大汉公报》1991年12月17日;《创刊词》,《中原侨报》1986年8月;蔡念中等:《大众传播概论》,五南图书出版有限公司,1998年,第275页;《海外华联》月刊,1989年8月,第2期;蓝树河生前口述;笑言:渥太华华人史略,https://cfcnews.com/8007/%E6%B8%A5%E5%A4%AA%E5%8D%8E%E4%B8%AD%E5%9B%BD%E5%90%8C%E5%AD%A6%E8%81%94,检索时间:2020年2月27日;笑言:《渥太华中国同学联谊会》;陈炽:《发刊词》,《华埠通讯》第1卷第1期,1993年4月,第1页;《编者的话》,《瞻》1993年1月29日,第2页;黎炳昭:《卷首语》,《多伦多文艺季》第72期,2015年10月,第2页;资料来源:《中华天下》创刊人之一解文斗;《中华天下》,2004年2月,温尼伯,第50期;2007年第四届世界华文传媒论坛,http://www.chinanews.com/focus_site/hwlt-4/mtjj-jianada.htm,检索时间:2021年10月11日。

表1.5 综合性旬刊和季刊

创刊时间	报刊名称	简介
1989年	《满地可导报》(旬刊)	影响力不大,后来悄无声息地停刊了。

续表

创刊时间	报刊名称	简介
1994 年	《文化中国》（学术季刊）	刊登过很多海内外学者在文、史、哲领域的研究成果，也推动宗教界间的和平对话，是一份阐述、交流、对话、反思的学术刊物。

资料来源：蔡念中等：《大众传播概论》，五南图书出版有限公司，1998 年，第 275 页；详细说明，文化更新协会网，https://crrs.org/chinashop/ product/cultural-china/cultural-china/，检索时间：2021 年 10 月 11 日。

表 1.6　电子报和网络媒体

创办时间	媒体名称	简介
1993 年	《枫华园》（*Feng Hua Yuan*）	由一批海外学子创办。是在加拿大的中国学生学者联合会和多伦多大学联谊会合办的季刊《天南海北》的基础上，吸收《联谊通讯》和窗口的力量发展而来的。
1994 年	《红河谷》（*Red River Valley*，月刊，也有电子版）	是温尼伯中国留学生创办的。
1996 年 5 月 1 日	《无聊派》（中文电子网络月刊）	综合性月刊，每月 1 号在网络上推出。包括十多个单元，谈情说爱的内容最受欢迎。

资料来源：《发刊词》，《枫华园》1993 年 9 月 20 日，第 1 期；百花齐放的环球电网中文杂志，陆丙甫，http://archives.cnd.org/HXWK/column/Info-Exchange/ cm9501d3-2.gb.html，检索时间：2021 年 10 月 11 日；欧阳友权、袁星洁：《中国网络文学编年史（Chinese Edition）》，中国文联出版社，2015 年，第 16 页；《无聊派中文电子网络月刊，互动性加强与读者的联络》，《世界日报》1996 年 7 月 20 日。

二、亚洲原居地和其他国家报刊

这期间，还有来自亚洲原居地和其他国家的报纸、刊物登陆加拿大。随着中加关系日益密切，中国大陆的一些大报和侨乡刊物，比如《文汇报》《羊城晚报》《瞭望周刊》海外版和《新会侨刊》等纷纷运抵加拿大。1982 年，《人民日报》还在渥太华设立记者站。[1] 年底，《中报》每天都有一两百份运抵多伦多。1984 年，《中报》在多伦多成立分社。以美国洛杉矶为大本营的《国际日报》一度在多伦多销量不错。[2]

---

[1]《人民日报设渥太华记者站》，《加华侨报》1983 年 4 月 1 日。

[2]《多伦多的中文报业》，*Modern Times Weekly*，Aug. 22，1986.

1997年，《新民晚报》登陆温哥华。该报主要报道中国大陆的消息。当时温哥华的《明报》及《星岛日报》较侧重中国香港的新闻，《世界日报》偏重中国台湾新闻，《新民晚报》侧重中国大陆新闻，各家报纸先后进入温哥华后，华人得到信息的渠道更全面了。[1]

第二节 华文报刊的特点

1967年之后，华文报刊数量随着移民人口的增加而增多，读者人数在不断增加，广告市场在逐渐扩大，形成雁行状态，综合性日报领头，周报和月刊、特刊两翼随行，呈现出多层次、多元化、专业化、本地化的趋势。概括而言，这一时期加拿大的华文报刊有几大特点。

首先，华文媒体生存不易，除了像《星岛日报》《明报》《世界日报》等大型日报和读者群稳定的几份周刊能够存活数十年，其余的报纸也是创刊容易，倒闭极快，其原因不外乎读者有限，广告市场规模小。

举例而言，《星岛日报》集团创办的《台湾日报》虽然也是日报，但因为报纸瞄准的是特定读者市场，故而读者群难以扩大，创办一年多就"寿终正寝"了。至于小报，像早期出版的几份华文报刊，《东风》[2]《华侨经济特刊》《亚讯周刊》《先锋杂志》《经济周刊》《诚实周报》[3]《中报（多伦多）》《城居周刊（多伦多）》《双周报（多伦多）》《电脑报》《时代周报（多伦多）》《满地可导报（旬刊）》等，由于各种原因，有的办了两年，有的只发行了三四期就停刊了。而在20世纪八九十年代，《快报》《加京华报》《加华侨报》《中国时报》《加中报》《成报》《华报（蒙特利尔）》等报刊也先后停刊。这种情况，有点像华人社区的小生意，来得快，去得也快。尽管如此，一份报刊的短期存在，也给华人社区在资讯上提供了帮助，应给予充分肯定。

其次，华人报刊虽然在新时代有长足的进步，新闻的质量和对社区的影响力也有大幅提升，但仍因为市场有限，印数大都在数千到一万左右，利润微薄。而在新闻人员的待遇和培训上比主流英文或者法文媒体差很多，这就导致中文报刊缺乏深

---

[1]《侨界认为有定位空间，与本地三报取向不同》，《明报》1997年6月21日。
[2] 汪立波：《十月忆旧》，《满地可各埠华人庆祝中华人民共和国成立50周年国庆特刊》，第9页；陈超万口述。
[3]《云埠佐治〈诚实周报〉办四届圣诞联欢会》，《大汉公报》1990年12月11日。

度调查新闻，缺乏高质量的新闻工作者，从业人员流动性大，影响了新闻采访报道的质量。此外，由于资金的缺乏，有些报刊的印刷质量也难以保证。[1]

最令人感到惋惜的是，有着80多年历史的《大汉公报》，曾在华人社区独领风骚，可最终因抵不住亚洲新来的综合性日报的竞争，于1992年10月黯然退出了加拿大华文传媒。[2]而在这前后，温哥华的《新民国报》和多伦多的《醒华日报》先后在1984年和1990年代末关门歇业，成为历史。[3]

图1.1 《大汉公报》停刊启事
资料来源：《大汉公报》1992年10月3日

---

[1] 举例而言，比如1967年推出的《东风》报，当时是手摇油印出版的报纸，创报元老陈超万等都是打工仔。出报之前，陈超万等报社人员都要在下班后，跑去报社手摇印报。又比如老牌报纸《新民国报》，20世纪70年代在温哥华只雇有三个编辑。他们每天的工作不光要查询国际和加拿大的新闻，还要帮助挑拣生僻字、看大样、倒纸型和洗照片。如果遇到工房工人有事，编辑还要自己拼版和印报。20世纪80年代，《加华报》使用铅字打字机器，铅字用久会崩掉，工作人员要维修打字机、换机油等。《赤子心犹在，白首话东风》，《七天》2007年7月27日第54期；资料来自陈超万；徐新汉：《父亲画像》，EHG Books公司，2013年，第24页；资料来自曾经在《加华报》工作，但现任《光华报》社长的李惠琦。

[2]《停刊启事》，《大汉公报》1992年10月3日。

[3] 加拿大多元文化中心资讯网，http://subrangs.blogspot.ca/2012/07/blog-post.html，检索时间：2021年9月10日；原《新民国报》总编辑徐新汉口述；《本报重要启事》，《醒华报》1990年9月29日；1990年9月27日，加东联谊会召开会第十二次大会，议决将《醒华日报》改为月刊《醒华报》，1990年11月开始，每月刊发；《醒华报》，1997年1月1日，Vol. VIII, No.1.

再次，华文报刊在华人社区出现了百花斗艳的竞争局面，但由于华人人口数量有限，导致报刊越多，广告市场越拥挤，甚至经常出现杀价竞争或者免费送报的局面。如此一来，大报的利润逐渐下降，小报几乎是苟延残喘，无法提升新闻的质量，更无法对新闻工作者进行培训，以至于人员流动频繁，深度新闻难以挖掘，从英文报纸上翻译的文章的影响力常常远远超过中文媒体自己采写的新闻。尽管如此，华人移民数量的增加和华文报纸的发展，仍然对加拿大主流社会，尤其是需要华裔选票的各级政府产生了重要的影响，关注华文报刊的舆论导向，或者引导华文报刊的舆论方向，成为政府和政客重要的工作之一。

举例来说，温哥华市政府在1990年代初，接受华裔市议员陈志动的建议，聘请专业人士翻译华文报刊的头条新闻，供市议会和市政府作为施政的参考。1992年到1993年间，温哥华市政府接受了他的提议，开始聘请专业人士把华人报刊头条翻译出来，并逐步翻译华文报刊，供市政府参考。[1] 1997年《温哥华太阳报》与《明报》（加西版）合作，刊出双语论坛版，由时任《明报》高级编辑丁果[2]组稿编辑，每周再从《明报》刊出的文章中精选三篇文章，翻译后在《温哥华太阳报》的社论版刊出，刊头直接用"论坛"两个繁体汉字，[3]使非华裔社会能进一步了解华人社区的所思所想。[4]

---

[1] 资料来自陈志动。
[2] 丁果：《明报》"明笔"主编。有"加拿大华裔第一名嘴"之称。
[3] 1997年，陈志动曾向《温哥华太阳报》建议，刊登一些华文报刊，如《星岛日报》《明报》等报纸的资讯。《温哥华太阳报》接受了这一建议，很快就和《明报》合作，相互分别以英文和中文刊登彼此的部分文章，使非华裔社会进一步了解华人社区所思所想，并使华人社区知道非华裔社会的看法。比如，1997年10月23日的《明报》以大标题介绍《温哥华太阳报》报纸内容和版面将有所改变：为加强对本地新闻经济消息的报道，《温哥华太阳报》今起改版。这一天的《明报》详细介绍了《温哥华太阳报》头版的内容将会增加至七条新闻，而且将集中对每日最重要的新闻做深入分析。经济版会有一版专门报道亚太区的经济消息，因为现有很多本地企业及投资者希望得到更多有关资讯。除了经济消息外，他们亦顾及政治和各个社区的消息。版面改动的目的是希望吸引更多读者，同时亦会增加人手。
[4] 可惜的是，由于这种跨文化、多语言翻译的人才相当匮乏，1999年《明报》和《温哥华太阳报》的合作中断；孔书玉：《可能性的空间：加拿大华语电视节目中的公民对话与多元文化身份认同》，《全球传媒学刊》，2013年6期，总第14期，第39页；1997年，卑诗省新民主党政府也设立了"内阁政策及传播事务秘书处传播事务顾问"一职，该职位起到省政府与中文媒体间的联络作用，屈洁冰担任了此职。与此同时，卑诗省多元文化厅因为其事务涉及各少数族裔，特设一个与中文传媒沟通的单位。除了一般例行性的新闻发布联络外，也负责为各省府厅长取一个统一的中国名字，以免混淆；《卑诗省重视与中文传媒打交道》，《世界日报》1998年5月5日。

华文媒体的发展潜力,引发了主流英文媒体的关注。1998年,托尔斯塔(Torstar Corporation)称多伦多《星报》集团收购了《星岛》新闻集团旗下的加拿大华人报纸《星岛日报》55%的股权,创下全球海外华文媒体被当地主流媒体控股的先河,当然收购符合多伦多星报集团从事多元族裔出版业务的策略。[1] 温哥华当地主流媒体著名的新闻专业奖杰克·韦伯斯特(Jack Webster Award)新闻奖,从1995年开始增设"最佳中文报道"奖项,1995年度获奖者是新时代电视(Fairchild TV)的贺明禹(Winnie Hwo)。[2] 1996年、1997年和1998年年度获奖者是《明报》。[3]

再者,20世纪70年代开始,华文报刊在量多的同时,也趋向多元化,不但在资讯上服务了不同背景的华人读者,还将亚洲原居地的丰富资讯带到了加拿大。不仅如此,由于亚洲原居地不同的社会机制,报刊舆论看问题的角度也不尽相同,这样就可以让华人社区通过不同的舆论切入点观察亚洲和母居地,使华人社区得以更加深度地了解亚洲,了解亚洲原居地,这在某种程度上进一步加深了彼此的了解,有助于华人融入加拿大,更有效地承担起加拿大和亚洲友好桥梁的角色。

华文媒体因人口市场的限制导致广告战激烈,有的报纸为了抢客户不惜进行广告"割喉战",另外,华人移民的消费习惯也让报纸的零售没有太大的市场。在多伦多,华人社区上班族居多,综合性日报的报纸零售尚不错,而温哥华因为退休或者"空中飞人"家庭居多,报纸的零售比较差,这种情况带来了两个后果,一是报纸的印数减少,二是免费报纸(主要是周报)的数量增加。20世纪90年代,除了极个别的周报有部分投放零售市场,大部分都是免费报纸。免费报纸的增加,当然可以带来读者人数的增加,但报纸的生存则更加艰辛,新闻从业者的待遇也愈加不稳定,质量更难以保证。

第三节 华文报刊面临的困境和机遇

作为少数族裔媒体,华文媒体在加拿大国内的发展有市场和读者两个瓶颈,再加上同行竞争激烈,要把报纸做成有影响力的品牌,几乎不太可能。从未来的发展

---

[1] Torstar Corporation-Company Profile, Information, Business Description, History, Background Information on Torstar Corporation, https://www.referenceforbusiness.com/history2/32/Torstar-Corporation.html,检索时间:2021年10月11日;Torstar Corporation Annual 2010 report, p.12.

[2] The Jack Webster Foundation web site: https://jackwebster.com/about-us/,检索时间:2021年10月11日; http://jackwebsterarchive.com/awards/search-results.php,检索时间:2021年10月11日。

[3] http://jackwebsterarchive.com/awards/search-results.php,检索时间:2021年10月11日。

前景看,加拿大华文媒体面临以下几个困境。

首先,新媒体和互联网严重冲击传统的报纸杂志。在 2000 年之前,新媒体和互联网就呈现出传统媒体难以企及的优势。

举例而言,1998 年 4 月,万维读者网(creaders.net/bbsland.com)开始创建,即刻就吸引了众多读者的关注,其辐射度立马超越了加拿大的区域限制,读者人数是《星岛日报》等综合性日报相加起来都无法相比的。万维读者网成立初始,就成为海外最具代表性的综合性中文网站之一,它集新闻时事、娱乐生活、信息服务为一体。[1] 1999 年,温哥华天空网(Vansky.com)成立,涵盖新闻、生活信息、留言板、专栏博客和活动等版块,是温哥华华人移民的生活类网站。[2] 如果说万维读者网和温哥华天空网相当于"综合性日报",那么笑言文学创作网(1998.9)就相当于"专业周报",它在 2001 年 11 月扩容改版,逐渐成为知名的文学原创出版网站,聚集了众多专业作家与数以千计的文学爱好者。[3] 2000 年以后,加拿大的华文互联网媒体呈现快速上升的趋势(参见表 1.7)。

表 1.7 网站

创办时间	网站	简介
2000 年	CFC 中文网	公司旗下拥有 CFC 论坛、CFC 黄页、CFC 百科,以及 CFC 社交网络等四个业务单元。
2001 年	加国无忧	设立服务黄页、跳蚤市场和无忧论坛三大频道及新闻版块。

资料来源:About us,CFC 中文网,https://comefromchina.com/,检索时间:2021 年 10 月 11 日;关于我们,加国无忧网,https://about.51.ca/,检索时间:2021 年 10 月 11 日。

不容否认,互联网媒体的出现,不但开始分薄传统媒体的广告,甚至逐渐改变了传统媒体的操作模式。

其次,华文媒体在 20 世纪 80 年代后,出现了数量的增加,这对活跃社区的言论和信息大有助益,但也形成恶性竞争,形成"媒体大饼"做不大的现状,其直接的结果就是无法产生媒体的话语权威,故而对华人社区和英、法语社区都形成不了舆论的权威导向作用。究其原因,无非有这些:文化因素,大家都是"天下第一剑",

---

[1]万维读者网,http://www.creaders.net/about_us.html,检索时间:2021 年 10 月 11 日。
[2]关于温哥华天空,温哥华天空网,https://www.vansky.com/legal/aboutus.html,检索时间:2021 年 11 月 11 日。
[3]笑言世界网,http://www.xiaoyan.com/about.php?lang=c,检索时间:2020 年月 28 日。

都想说了算，都是宁为鸡头，不做凤尾，以至于各立山头，无法整合；诉求利益不同，办报人没有从报业发展的高度看问题，都是利用最低的成本来办"夫妻老婆报"，一些广告被资源分割；官本位传统思维的制约，办报者容易跟着权力走，报刊高瞻性不够，由于华人定位有分歧，华人扮演的角色分离，加之地域分歧，这些使得华人报刊没法与主流报纸《环球邮报》《多伦多星报》《温哥华太阳报》等相比；报刊战斗力不高，导致华文媒体工资低，工作时间长，专业性不够，新闻第四权发挥微弱、对权力制约性差。说得严重些，华文媒体的整体影响力与30年前华人报刊反对排华发出呼吁的影响力相比，差别不大。这种情况到2001年之后，才有些微改变。

再次，华文媒体在双语的发展上有很大欠缺，缺资源，缺人才，这对华文媒体的地位提升非常不利。其实，无论是综合性日报还是周刊，华文媒体对本地事务的评论及报道并不缺乏好内容，但这些内容无法传递给非华裔社区，以至于英文媒体等非华文媒体上，充斥着对华人社区的偏见。华文媒体不突破双语障碍，很难建立媒体的权威和品牌，就无法继续在华人世界的"江湖"里混战，也找不到既影响华人社区又影响主流社会的舆论出路。

危机就是转机，困境蕴含出路。加拿大华文报刊从长远的角度来看，仍然有相当大的机遇。加拿大华文媒体的发展有两个得天独厚的条件。一是，使用中文的亚洲原居地在国际上的影响力越来越大，尤其在中国成为世界第二大经济体之后，中文的传播以及国际社会对中文的关注，上升到一个新高点；二是随着中国大陆的富裕强大，有条件移民和留学的人越来越多，这就为加拿大华文报刊提供了源源不断的潜在读者。

除此之外，加拿大华文报刊的长远发展还有来自华人社区的重要动力。

首先是华人参政议政的需要。从20世纪90年代到2000年之间，华人社区逐渐形成共识，放下移民来源地的分歧，都认为华人参政议政对社区发展和华人地位的提升具有重要意义，而华文媒体在提供大选和政党信息、候选人信息、政纲讨论、选民投票指南上，扮演着别人或者其他组织无法替代的角色；其次，历史平反和教育的需要。华人社区在社会发展的过程中，认识到对历史的重新审视乃至平反、对下一代进行历史传承的教育，是华人得到平等地位的必经之路，而华文媒体在凝聚社区力量、向三级政府呼吁、动员华人施加政治压力上，发挥着重要的作用。事实也证明，在"人头税"和"排华法"平反问题上，华文媒体不但起到了团结社区的作用，也让不同的意见得以表达，促使政府正确对待，以回到正确的历史轨道上。

再有，信息交流扩大的需要。在全球化的时代，加拿大与亚洲的交流愈来愈多，而华人社区在这方面扮演着不可替代的桥梁作用。华文报刊在全方位的交流中,发挥着提供及时的信息、准确的资讯等作用。

综上所述,在移民潮此起彼伏的全球化新时期,华文报刊的发展充满了战略性的机遇,也在不断满足社区发展的多种需要。

总之,在平等入境到新世纪开始期间,加拿大华人社区的结构发了很大变化,也使得加拿大华文传媒进入了百花齐放和多元发展时期,这对推广和弘扬中华文化意义重大。只要华文媒体站稳多元文化的立场,在多元发展中克服一盘散沙的恶性竞争,创造出品牌产品,发挥品牌效应,那么华文媒体在加拿大的发展前途将相当广阔。

第二章
华人电台和电视台

如果说中文报刊是随着华人社区发展的脚步，一路走到今天，那么，中文电台和电视台就是新时期的产物，伴随着华人社区走进融合的新时代，拉开了媒体发展现代化的脚步。在加拿大联邦政府推行多元文化政策后，加拿大华文电台和电视台也应运而生，逐渐发展。20 世纪六七十年代，加拿大的电子媒体，主要是电台进入自由发展的繁荣时期，华人社区也随之"触电"，开始建立商业电台。随后，电视开始普及，成为大众生活中最有影响力的信息来源，中文电视台也随之进入市场。这表明，华人社区即使有某些不懂英文或者法文的人群，但在资讯的接受上，也开始与非华裔社区同步。值得注意的是，由于资金和市场的限制，中文电台和电视台大都集中在华人集聚的大城市，在广告上与中文报刊也形成了某种竞争。

第一节 新的电台

由于华人社区资源和人口等方面的限制，华文电台先于电视台在加拿大华人社区诞生。从时间上来看，西部的中文电台开了先声。这些电台的节目大都在英语电台旗下的中文时段播出，或者租赁一个电台的时间段播出中文节目。在电台发展的早期，西部最有影响力的电台人是刘光锐（Harvey Lowe）。[1]尽管他最早的中国呼叫（Call of China）节目是英文的，但也成功地把华人的信息带给电台的草根听众。

---

[1] 刘光锐（1918—2009），1918 年生于维多利亚，20 世纪 30 年代曾到中国学习北京话，1949 年返回加拿大。1951 年在 CJOR 英文电台工作，播出"中国呼叫"节目。Lowe Harvey，https://www.bcradiohistory.com/Biographies/Lowe.htm，检索时间：2021 年 10 月 11 日；The Grand Martial of the 2000 World Yo-Yo Contest，http://www.worldyoyocontest.com/2000worlds/guest.html，检索时间：2021 年 10 月 11 日；Nancy Macdonald May 21, 2009: Harvey Lowe 1918-2009，https://www.macleans.ca/society/harvey-lowe-1918-2009/，检索时间：2021 年 10 月 11 日；Paul Yee, Saltwater City, *An Illustrated History of the Chinese Vancouver*, Douglas & McLntyre Ltd., 1988, p.115.

早期华人参与或者主持的这些电台节目，其主要特点是，没有正点或者黄金时间的新闻，以软性的娱乐节目为主，租借的时间段也是下午或者晚上至凌晨的时间段，主要是因为这些时间段容易租到且费用便宜。[1]

东部的华文电台出现较晚，西部电台在时间、内容、规模上都超过东部华文电台，这当然也是由听众市场的需要和资金的支持能力所决定的，因为西部有较多华人资本家和投资者。

一、"华侨之声"

西部第一家有影响力的华文电台是由荷兰移民简·范·布鲁赫姆（Jan Van Bruchem）催生的。[2]他于1972年从多伦多来到温哥华，创办了呼号为"CJVB"的多元文化电台，使用AM1470频道在1972年启播，以18种不同语言进行播音。由于温哥华少数族裔多，但每一个族裔的听众市场都不足以支撑一个24小时的频道，因此创办人邀请各族裔的领袖为顾问委员会委员，探讨发展族裔语言节目的途径。[3]该台最早的中文（广东台山话）播出是由刘光锐负责，但仅一两个星期后，就改由刘伯纳（刘天均，Bernard T.C.Liu）负责。[4]刘伯纳的节目是每周一到周六晚上用粤语播音，时长为一小时。周日下午2点到6点则是由郑永福主持的《欢乐

---

[1] 当时有些华人是夜里上班，因此从夜里到凌晨有听众。

[2] Great Pacific Broadcasters Ltd.的拥有者布鲁赫姆于1971年11月26日获得许可证，可以在温哥华以1470kHz的频率运行10000瓦定向功率的新型多文化AM电台。布鲁赫姆于1952年从荷兰移民到加拿大，并主持了每周一次的节目《荷兰呼叫》（Holland Calling），该节目于1950年代末至1970年代初在加拿大许多市场播出了15年。布鲁赫姆后来担任加拿大民族广播电台协会副主席（vice-president of the Canadian Association of Ethnic Radio Broadcasters）；CJVB-AM, http://www.broadcasting-history.ca/listing_and_histories/radio/cjvb-am，检索时间：2021年10月11日。

[3] 华人委员只有一位，是叶吴美琪。资料来自叶吴美琪。

[4] 1972年，刘伯纳毕业于卑诗大学，取得哲学硕士学位。同年来到"CJVB"多元文化电台做中文节目主持人，1973年离开。曾与妹妹刘天梅主持广播节目《海外之音》（Overseas Chinese Voice）。刘伯纳创办了中文电视节目《华侨之夜》，还曾申请创办世界电视（World View Television）。《刘伯纳（天均，Bernard Liu）、律师》，《大汉公报》1991年8月30日；CJVB-AM, http://www.broadcasting-history.ca/listing_and_histories/radio/cjvb-am，检索时间：2021年10月12日；《华侨之夜十号电台，八月份粤语节目》，《大汉公报》1973年7月27日；《情真二十五载，愈见精彩，华侨之声好电台》，《光辉印记二十五年》，汇声华侨之声，1998年，第110页；《海外知音，服务之音》，《大汉公报》1973年12月6日；《海外之音，日内开播》，《大汉公报》1973年12月7日；加拿大联邦政府官方网：Archived-Decision CRTC 85-628，https://crtc.gc.ca/eng/archive/1985/db85-628.htm，检索时间：2021年10月11日。

今宵》节目。[1]

1973年，刘恒信（Hanson Lau）接手主理。[2]刘恒信将中文节目在卑诗省注册为"华侨之声"（Overseas Chinese Voice broadcasting AM1470，OVC）传媒公司，他自己担任"华侨之声"总监兼节目主持和时事评论员，合作者廖永腾、伊玲和李雅伦等都是业余爱好者，没有薪水。初创时，"华侨之声"只是一小时的粤语广播，从星期一到星期六，内容包括新闻、天气、音乐及专访等，随后广播时段增加到每天2个小时、3个小时。到了1974年，每晚广播4个小时，内容有法律普及、脱口秀、教育、税务、地产、保险、儿童节目等娱乐和资讯，并有本地制作的广播剧。[3]这些节目成为沟通华人移民和主流社会的桥梁。1977年，"华侨之声"举行了征集华侨歌词比赛活动，优胜的歌词成为"华侨之声"台歌，后由20世纪70年代出道的中国香港著名女歌手甄秀仪演唱。[4]

1985年，母台CJVB与"华侨之声"在节目制作方针和广告分成上出现严重分歧，双方中止合同。1986年2月1日，"华侨之声"在CJUP电台周波800继续广播。而CJVB电台自行组成班底，也开办了"华人之声"，每周一到周五，每天播出3个小时。不过到了1987年，CJVB电台希望继续与"华侨之声"合作，"华侨之声"要求制作独立，还要求延长广播时间，由每晚4个小时延至晚上8点到第二天早上8点，连续12个小时广播。双方签下5年合约。1989年3月，"华侨之声"开始播出节目《夜半小语》，内容包括人生哲理等。[5]1993年，"华侨之声"粤语播音时长一周是42至44小时30分钟，普通话时长为5小时。[6]

对"华侨之声"来说，发展的里程碑出现在1993年。早在20世纪90年代初

---

[1]《开台往事细说从头：华侨之声银禧纪念特刊》，《光辉印记二十五年》，汇声华侨之声，1998年，第109页；资料来自刘恒信。

[2] 1966年刘恒信从中国香港移民到加拿大温哥华，1970年取得卑诗大学英国文学学士学位。1973年担任"华侨之声"总监，后离开"华侨之声"，从事旅游业。

[3]《新苗年代，电台出现》，《光辉印记二十五年》，汇声华侨之声，1998年，第37页；资料来自刘恒信；About Us，华侨之声网，https://am1320.com/about-us-%e9%97%9c%e6%96%bc%e9%9b%bb%e5%8f%b0/，检索时间：2021年10月11日。

[4]《华侨之声演讲比赛，举办颁奖情况热烈》，《大汉公报》1977年5月17、18日；《华侨之声台歌》，《光辉印记二十五年》，汇声华侨之声，1998年，第108页。

[5]《华侨之声增加国语节目》，《世界日报》1989年3月11日；《情真二十五载，愈见精彩，华侨之声好电台》，《光辉印记二十五年》，汇声华侨之声，1998年，第110页。

[6] Decision CRTC 93-746, Ottawa, Dec. 14, 1993.

期，刘恒信希望与贺鸣笙（James Ho）[1]合作，贺鸣笙觉得媒体能够在各族裔之间架起沟通了解的桥梁，促进多元文化发展，是未来的发展方向，于是同意合作，但提出必须申请电台牌照。最后双方达成协议，准备一起申请牌照，而不是租赁电台时段。1993年，贺鸣笙与刘恒信等人共同创建编号为438080 B.C.Ltd.的控股公司，贺鸣笙持有80%的股份，OVC公司，即刘恒信的公司持有10%的股份。B.C.Ltd.公司全资拥有华侨之声（Mainstream Broadcasting Corporation）广播公司。[2]1993年10月4日在温哥华举行公听会后，加拿大电子传媒监管机构，即加拿大电台电视电讯委员会（Canadian Radio-Television and Telecommunications Commission，CRTC）批准了申请授权从丘姆有限公司（CHUM Ltd.）手中收购CHQM Vancouver的资产，并批准了广播许可证，可以继续进行广播事业。买方由438080 B.C.Ltd.全资拥有。[3]

1994年2月9日晚上9点钟，CHQM的英语节目播放完毕后，AM1320的呼号随即改为"CHMB汇声广播华侨之声"。当中的"MB"即汇声广播英文名（Mainstream Broadcasting）的简写。[4]重组成的"汇声广播华侨之声"（CHMB AM 1320）因为牌照要求和商业营运需要，用12个语种播音，有越南之声、日本之声和瑞典之声等，周一至周五全天以粤语节目为主。[5]

1998年，贺鸣笙完全收购了刘恒信等人手中的股份，独自拥有了"汇声广播华侨之声"。[6]

值得一提的是，"汇声广播华侨之声"是最具有本土优势的华文电台，也在资讯的多元化和国际化上寻求合作，将华人社区听众期待的亚洲信息带进了电台节目。"华侨之声"和"汇声广播华侨之声"在发展过程中，先后播放亚洲原居地的新闻，20世纪70年代，就与中国香港传媒机构合作，播放中国香港新闻。1993

---

[1] 贺鸣笙，著名企业家。1972年从中国台湾来到加拿大，1973年成为加拿大移民。"汇声广播华侨之声"现任总裁。
[2] #110 Ownership-Broadcasting-CRTC 2012-03-29 Appendix；Decision CRTC 93-745, Ottawa, Dec. 14, 1993.
[3] Decision CRTC 93-745, Ottawa, Dec. 14, 1993.
[4] CHMB-AM, The Canadian Communications Foundation web site, CHMB-AM, http://www.broadcasting-history.ca/ listing_and_histories/radio/chmb-am, 检索时间：2021年10月11日。
[5] 《华侨之声国语节目》，《光辉印记二十五年》，汇声华侨之声，1998年，第112页。
[6] 资料来自贺鸣笙、刘恒信。

图 2.1　"华侨之声"举办第一届全卑诗省业余 DJ 大赛（1996 年）
资料来源：汇声广播华侨之声

年，"华侨之声"与中国台湾的主流广播电台合作，播出当地新闻。[1] 1987 年 1 月 1 日起，中国国际广播电台每天向加拿大温哥华"华侨之声"传送新闻节目，每次 6 分钟。[2] 听众在一个频道就满足了"全知天下事"的需求。"华侨之声"和"汇声广播华侨之声"还举办了多项社会公益活动。比如从 1973 年起，每年都为卑诗省中侨互助会基金会赞助并宣传中侨百万行和筹款晚宴活动。1994 年为方便华裔人士查询，特设粤语天气专线。1995 年参与支持中文成为大学入学语言科目之一。1998 年，为中国希望工程和蒙特利尔水灾举行筹款活动。[3]

"华侨之声"和"汇声广播华侨之声"在发展过程中，得到亚洲原居地、加拿大影艺界和文化界的支持，陆续有岳华、恬妮、李安求、亦舒等亚洲影视界、广播

---

[1] https://www.rti.org.tw/index/content/id/17，检索时间：2021 年 10 月 11 日；资料来自"汇声广播华侨之声"。

[2] 曾平：1987 年中国国际广播电台发展概况，中国社会科学年鉴数据库，http://www.beijingjtc.net/yearbooks/articleInfo?zid=c003005&bookcode=ZGXWNJ1988，检索时间：2021 年 10 月 11 日；辉煌 60 周年，回顾我国关播电视发展巨史(1936—2009)，https://m.asiaott.com/m/39027，检索时间：2021 年 10 月 11 日。

[3]《重温一些走过的日子》,《光辉印记二十五年》，汇声华侨之声，1998 年，第 134—139 页；资料来自汇声广播华侨之声。

界、文学界名人加盟。[1]该电台也先后培育出不少本地广播人才，并获得杰克·韦伯斯特最佳中文报道奖。[2]这些使得华文广播在加拿大多元文化的广播领域占据一席之地。

二、加拿大中文电台（Fairchild Radio）

在中文电台中，"华侨之声"一枝独秀的局面在20世纪90年代被打破，随着具有规模的新电台的出现，西部出现了两雄对擂的局面。1992年，新时代传媒集团收购AM1470频率，使之成为旗下的温哥华中文电台，也成为加拿大第一个由华人拥有、运营并以中文广播为主的广播电台。1997年年初，该传媒集团又收购了多伦多AM1430频率，并在1997年3月1日正式成立加拿大中文电台AM1430/FM88.9，以商业营运的模式在多伦多地区提供粤语等18种语言的广播服务。包括坦米尔语、韩语、印度语、俄语、泰语、越南语、阿富汗语等，其中以中文广播时间最长，每星期长达100小时。[3]随后西部两台并入"加拿大中文电台"。

值得关注的是，作为新移民的投资集团，新时代传媒集团的焦点在全加华人集中居住的各大城市。举例而言，新时代传媒1996年起与阿尔伯塔省主流传媒公司合作申请到FM94.7电台牌照，并获得一半的股权，以及FM94.7电台的全部行政管理权限，该台在1998年启播。在筹备阿尔伯塔短波电台的同时，新时代传媒集团同罗杰·查尔斯特（Roger Charest）等人合作，在温哥华申请创办FM96.1频道，用普通话进行广播，该台在1997年9月6日启播。[4]

加拿大中文电台是商业经营的多元化文化电台，既有粤语广播，也有其他族裔的语种，每年还举办"加拿大中文歌曲创作大赛"。[5]这里特别值得一提的是，上

---

[1]《点指星星》，《光辉印记二十五年》，汇声华侨之声，1998年，第120页。

[2] http://jackwebsterarchive.com/awards/search-results.php，检索时间：2021年10月11日。

[3] 加拿大中文电台网，http://www.am1430.com/page_about.php，检索时间：2021年10月27日；资料来自新时代集团主席冯永发。

[4]《FM频道庆一周年与众同乐》，《明报》1998年9月7日；https://www.fairchildgroup.com/pdf/1997_09_10-EL%20MUNDOY%20LATINO%20AMERICA.pdf，检索时间：2021年10月11日；https://www.am1470.com/content/?query=entertainmentnews&id=4376&fbclid=IwAR046t3UaXE3dpvguX3ZAbtDZe5ZVWs89im520qEYTEEOvo_EcRI8lk4td0，检索时间：2021年10月11日；关于电台，https://www.fm947.com/page_about.php，检索时间：2021年10月11日；直至Roger Charest 2006年退休，两个电台由新时代全面收购。

[5] 加拿大中文电台，http://www.am1470.com/page_about.php，检索时间：2021年10月11日；《中文电台"歌唱"入选"金丝带大奖"》，《明报》2001年10月11日；资料来自新时代集团主席冯永发。

述两大电台的粤语新闻均邀请中国香港著名媒体人直播时事新闻评论。

除了具有独立牌照的"华侨之声"和新时代传媒之外，在那段时间里，还有不少租借时间段的中文节目，或者是由主流英文台创设的中文节目，现列表如下，当然无法避免有遗漏的情况（参见表2.1）。

表2.1 华人电台及相关华人节目一览表

开播年代	华人电台及播放与华人有关节目的电台	节目名称和内容	备注
1951年	CJOR 英文电台	每周日下午 2:00～4:30，华人刘光锐播出"中国呼叫"。这个英文节目有音乐、社区活动及当地华人社区的新闻，像"纸儿子"等。	第一个中文节目，在温哥华运行了14年。在每个节目之间，会播放中国音乐。当时该台西人听众超过华人。刘光锐曾打算使用中国话播出，后来考虑听众来源，没能实现这一愿望。
1966年6月6日	CHIN-AM1540 电台是在安大略省成立的第一个多元文化、多种语言的广播电台。旗下有一中文电台"加国华声"（Chinese voice, Chin 100.7FM）	1967年在FM100.7推出CHIN FM。1985年6月14日，被批准将其营业时间从仅白天延长到昼夜24小时。平均每周延长到84个小时。	1985年，"加国华声"开设"影剧咖啡馆""漫步教经""各行各业""时事""艺坛600秒"等栏目。1988年，周一到周五开设"每周一事""新闻""社区消息""粤曲欣赏""中文教育和"大学生活"等。周日是"天气预报""社区消息""各行各业"和"点唱节目"等。
1972年	蒙特利尔"华侨之声"电台	每周播音6天，播出时间是晚上9:00到次日早上9:00。	电台开创时的主席是古凤英。
20世纪70年代初期	非商业性的西人电台FM102.7	一些华人移民到加拿大温哥华后，因为共同的爱好与理想，创办了"合众之音"，在FM102.7使用一些时段，每周六下午2:00～4:00，用粤语播出，主要是一些轻松话题的节目。	一位传媒人在FM102.7拥有4个小时的播音时间，他觉得时间有些宽裕，就与陈志动及本地出生的余兆昌等人商量，希望能与他们合作。陈志动等人就创立了Pender Guy节目。"Pender Guy"是粤语"片打街"的意思。该节目有散文、讽刺文、短诗和音乐等，还尝试播出"何为加国华人""我们的特性是否合宜"等，介绍当地土生华人的生活经验及华人如何自我定位等。每周五晚上7:00及周六下午12:30在温哥华CERO合众超短波102.7播出。一直到20世纪80年代初才停办。

续表

开播年代	华人电台及播放与华人有关节目的电台	节目名称和内容	备注
20世纪70年代初期	"欢乐一周"无线中文广播电台	"欢乐一周"的宗旨是希望借助播音,可以丰富侨社的文娱活动,提高侨民的地位,促进华埠商业的繁荣。	
1973年	《海外之音》	刘伯纳与其妹施明(刘天梅)一起主持该节目。播音时间为周一至周六,晚上7:00~8:00。刘伯纳的妹妹刘天兰也曾协助制作节目,节目内容有儿童故事、成语故事、厨艺心得及本地乐坛等。	频道是超短波 KERI,FM104.3 及 Lable 90-7。
1973年	卡尔加里华人广播电台	周末下午5:30~6:00以粤语开始播放新闻等,波长是910。播报的节目有流行歌曲、古典音乐及各地华埠新闻等。	
20世纪70年代	中文广播电台(Sinocast)	该电台一周七天播报气象新闻、粤曲、中外故事、流行歌曲、奇情小说、古今奇谈、长篇广播剧、多伦多市人物和英文教学等。	
1980年	FM102.7 早间节目《轻歌唤早晨》	每周5天,每天早上6:30~8:30播出粤语节目,后来延长到9:30。播出的节目有早间新闻、天气报告、财经、社区消息、音乐和访问等。1985年《轻歌唤早晨》改成《黎明之声》。曾连任15年温哥华学务委员的郑可达先生也于这个时期参与这个节目。1995年,因中文电台之间的激烈竞争,《黎明之声》停办了。	华裔移民邓强庆在温哥华创办的广播节目。FM102.7是个合作性质的电台组织,每个听众都可以加入这个组织成为会员。任何有兴趣的会员愿意做节目的话,都可以向理事会提出申请,得到批准后,就可以运作了。《轻歌唤早晨》节目是非营利的,电台所有的工作人员都是义务的,但租用频道需要经费。《轻歌唤早晨》能够运作下去,是得到了华人社区的支持,华人餐馆和杂货店等都会投入一些费用。《轻歌唤早晨》每年都会举办一些训练班,培训播音人才。

续表

开播年代	华人电台及播放与华人有关节目的电台	节目名称和内容	备注
1985 年	中华广播电台	每周日上午 10:00～11:00 播出，频道为 FM 90.9 MHZ。	卡城中加文教协会创办的电台。
1988 年	多伦多美加华语电台	介绍各种政治、经济、社会时事并加以分析、评论，同时还提供娱乐节目。	1990 年，多伦多美加中文电台为培养加拿大新一代中文节目主持人，还举办过广播技巧研习课程。
1990 年	华夏之声广播电台（Voice of Huaxia）	董守良（George S.Dong）等华人在埃德蒙顿创办的汉语普通话电台。	
1993 年	CIRV-FM 民族电台	创立于多伦多。每星期广播 126 小时的节目，其中有 121.5 个小时播出民族节目，主要针对希腊（Greek）人、华人、西班牙（Spanish）人、葡萄牙（Portuguese）人和南亚（South Asian）社区。	
1994 年 7 月	多伦多广播网络有限公司中文电台		很快就停播了。原因是 AM1320（CJMR）电台发射功率没有达到原来水平。
1995 年	多伦多商业电台	以副频道方式广播的中文电台，用粤语播音，每天有 2 小时的中文节目。但是听众需要购买解码器才能收听节目。	
1996 年	温哥华商业电台	每晚播出《悦心时间》及《就在今夜》两个节目。	

资料来源：Harvey Lowe, https://www.bcradiohistory.com/Biographies/Lowe.htm，检索时间：2021 年 10 月 11 日；The Grand Martial of the 2000 World Yo-Yo Contest, http://www.worldyoyocontest.com/2000worlds/guest.html，检索时间：2021 年 10 月 11 日；Nancy Macdonald, May 21, 2009: Harvey Lowe 1918-2009, https://www.macleans.ca/society/harvey-lowe-1918-2009/，检索时间：2021 年 10 月 12 日；Paul Yee, *Saltwater City : An Illustrated History of the Chinese Vancouver*, Douglas & McLntyre Ltd.,1988, p.115.；Chin Radio: https://www.chinradio.com/chin-radio-toronto，检索时间：2021 年 10 月 11 日；CHIN-AM, The Canadian Communications Foundation web site, http://www.broadcasting-history.ca/listing_and_histories/radio/chin-am，检索时间：2021 年 10 月 11 日；资料来自蒙特利尔"华侨之声"主席古凤英；《华声电台，诚征义工》，《醒华日报》1988 年 9 月 24 日；《加国华声接手周六节目》，*Modern Times Weekly*, Jul. 5, 1985；《加国华声中文电台每日播报华语节目》，《醒华日报》1988 年 6 月 18 日；《加国华声新频率新时间》，

Modern Times Weekly, Apr. 4, 1986；资料来自陈志动；《欢乐一周中文电台，母亲节亚洲园广播》，《大汉公报》1973年5月11日；《中文广播事业的兴起》，《大汉公报》1973年12月6日；《"海外之音"服务之音》，《大汉公报》1973年12月6日；《"海外之音"日内开播》，《大汉公报》1973年12月8日；《卡城华人广播电台定期播放粤语节目》，《大汉公报》1973年1月27日；《卡城华语广播节目深获亚省侨胞重视》，《大汉公报》1973年3月27、28日；《华裔青年组新电台》，《大汉公报》1976年11月19日；《华语广播电台》，《醒华日报》1978年1月27日；《华语广播》，《醒华日报》1978年4月1日；资料来自邓强庆和郑才达；《黎明之声》，《大汉公报》1987年4月20日；《中加文教协会及卡城中文学校简介》，《卡城华人社区百周年纪念特刊》，卡城中华协会刊行，1993年，第90页；多伦多华语电台网，https://easyca.ca/archives/acadp_listings/3599，检索时间：2021年10月11日；《美加华语电台举办广播技巧研习班》，《醒华日报》1990年1月6日；加拿大籍华人、国内外知名新闻专家董守良先生应邀到淇县座谈交流，http://www.rootinhenan.gov.cn/sitesources/rootinhenan/page_pc/gatqhw/articlef50870f6ee854d91a6f4fba8ae9041a0.html，检索时间：2021年10月11日；Archived – Decision CRTC 86-236，加拿大联邦政府官方网，https://crtc.gc.ca/eng/archive/1986/db86-236.htm，检索时间：2021年10月11日；SOR/86-194 dated, Feb. 6, 1986；Archived–Decision CRTC 93-77，加拿大联邦政府官方网，https://crtc.gc.ca/eng/archive/1993/db93-77.htm，检索时间：2021年10月11日；《中文电台停播将购新频道播音》，《世界日报》1994年8月3、19日；多伦多商业电台，http://book.lvezhun.com/huaqiaobk/568922.html，检索时间：2021年10月11日；《商业电台下旬双龙出海，"悦心出海""就在今夜"》：《明报》1997年1月18日。

第二节　新的电视台

与中文电台相比，中文电视台出现得稍晚一些。理由也很简单，电视本身出现得较晚，再加上申请和投资的难度都比电台大，营运成本也相对极大。

这一历史时期，加拿大主要的中文电视台有：国泰电视、加拿大中文电视、新时代电视和城市电视。

一、国泰电视（Cathay Television）

1982年3月18日，加拿大电台电视电讯委员会（The Canadian Radio-Television and Telecommunications Commission，CRTC）批出多元文化地区性收费电视牌照给世界电视（中文）台（World View Television），申请创办人为刘天均。[1] 世界电视总部设于温哥华市甘比街，只能在卑诗省收看。1982年开播时，分别以粤语和旁遮普语等9种语言节目服务省内少数族裔社群。由于CRTC批出该电视台牌照的时

---

[1] Decision CRTC 82-240；Archived-Decision CRTC 85-628，加拿大联邦政府官方网，https://crtc.gc.ca/eng/archive/1985/db85-628.htm，检索时间：2021年10月11日。

候规定不能播放广告，因此营运收入只能来自订户收费。这种规定10年后才被取消。[1]

为了增加订户，服务整个加拿大华人社区，世界电视（中文）台于1983年向CRTC申请全国性中文收费电视牌照未果。[2]世界电视（中文）台运营不久，众股东就因公司管理等问题出现分歧。1984年，董事局决定自愿申请破产。几名股东及其家人另组成国泰国际电视公司（Cathay International Television Inc.），竞投世界电视（中文）台的资产。他们提出通过汉语、日语、意大利语和东印度语等多样化的节目组合，以满足温哥华社区各种语言的需求。[3]加拿大电台电视电讯委员会经过讨论后，批准国泰竞投，该项交易于1985年获批准，世界电视（中文）台遂易名成国泰电视台。[4]1988年2月5日，CRTC发给国泰电视台长期牌照。[5]1992年3月11日，加拿大电台电视电讯委员会宣布，以广播中文为主及其他语言类节目，可正式播放商业广告后，国泰电视台开始正式播放商业广告。[6]

二、加拿大中文电视（Chinavision Canada Corporation）

就在世界电视（中文）台申请之后两年，1984年，加拿大中文电视有限公司（Chinavision Canada Corporation，简称中文电视）在多伦多成立，章建国（Francis K.K.Cheung）任总裁。[7]根据1984年5月24日由CRTC发出编号为CRTC 84-445的文件，批准"加拿大中文电视有限公司"申请中文语言节目牌照许可，用户付费

---

[1]《鸣谢启事》，《大汉公报》1992年3月31日；加拿大电台电视电讯委员会宣布从1992年3月1日起，"该台（已改名国泰电视）正式获得特别牌照，以广播中文为主及其他语言的节目，可正式播放商业广告；获发新牌照可播映广告，国泰电视强调用诸社会"：《大汉公报》1992年3月12日；Archived-Decision CRTC 85-628，加拿大联邦政府官方网，https://crtc.gc.ca/eng/archive/1985/db85-628.htm，检索时间：2021年10月11日。

[2]《世界收费电视申请全国执照》，《大汉公报》1983年8月25日。

[3] Decision CRTC 82-240；Archived-Decision CRTC 85-628，加拿大联邦政府官方网，https://crtc.gc.ca/eng/archive/1985/db85-628.htm，检索时间：2021年10月11日。

[4] Archived-Decision CRTC 85-628，加拿大联邦政府官方网，https://crtc.gc.ca/eng/archive/1985/db85-628.htm，检索时间：2021年10月11日。

[5]《长期牌照策励齐精进，节目丰富年年日日播》，《大汉公报》1988年2月9日。

[6]《获发新牌照可播映广告，国泰电视强调用诸社会》，《大汉公报》1992年3月12日；《国泰电视台鸣谢启事》，《大汉公报》1992年3月31日。

[7] 章建国，男，1976年从中国香港来加拿大，开设加拿大中文电视有限公司，任总裁；《章建国总裁访问侨团表示，中文电视保证公平立场》，《大汉公报》1987年5月11日；《卡技利中文电视开幕盛况，章建国透露多项业务计划》，《大汉公报》1986年2月12日。

收看。但规定中文电视不能在卑诗落地,除非委员会另有授权。该许可证于1989年3月31日到期。[1]

1984年11月21日,中文电视在多伦多开始试播,并定于24日正式播出,时间是周一到周五下午5:00至凌晨1:00。周末两天为下午2:30到深夜0:30。[2] 1985年11月23日,该台在卡尔加里启播,有新闻时事、儿童节目等,大部分用粤语播出,普通话占少数。[3] 1986年4月26日,该台在埃得蒙顿举行了启播仪式。[4]

1986年6月13日,也就是在经营牌照到期前三年,CRTC发给加拿大中文电视台持续经营的新执照,许可其经营期从1989年4月1日到1993年8月31日。[5] 1987年1月30日,CRTC 87-74号决定中,加拿大中文电视台从1987年5月1日起,服务范围可以延伸到卑诗省。[6] 因此1987年5月3日,加拿大中文电视台在卑诗省启播。[7] 这样一来,中文电视台形成了从东到西全加拿大播放的电视网络。到了1988年,中文电视台每天下午1:00至凌晨播出11个小时的节目,已经有《每日新闻》《城市故事》《周日特辑》等15个节目,[8] 并为多伦多、卡尔加里、埃德蒙顿和温哥华的订户提供服务。[9]

---

[1] Archived-Decision CRTC 84-445,加拿大联邦政府官方网,https://crtc.gc.ca/eng/archive/1984/db84-445.htm,检索时间:2021年10月11日。

[2]《中文电视明正式开播》,《醒华日报》1984年11月23日。

[3]《加拿大中文电视有限公司卡城分台》,《卡城华人社区百周年纪念特刊》,卡城中华协会刊行,1993年,第113页;《中文电视卡加利启播》,*Modern Times Weekly*,Dec. 6, 1985;《卡技利中文电视开幕盛况,章建国透露多项业务计划》,《大汉公报》1986年2月12日;《鸣谢启事》,《大汉公报》1992年3月31日。

[4]《中文电视扩展服务在爱市举行开幕礼》,《醒华日报》1986年5月2日。

[5] Archived-Decision CRTC 88-775,加拿大联邦政府官方网,https://crtc.gc.ca/eng/archive/1988/db88-775.htm,检索时间:2021年10月11日。

[6] Archived-Decision CRTC 87-74,加拿大联邦政府官方网,https://crtc.gc.ca/eng/archive/1987/db87-74.htm,检索时间:2021年10月11日;《恭贺加拿大中文电视公司温哥华埠启播开幕志庆》,《大汉公报》1987年5月2日。

[7]《章建国总裁访问侨团表示,中文电视保证公平立场》,《大汉公报》1987年5月11日;《中文电视送大礼》,《大汉公报》1987年5月13日;《鸣谢启事》,《大汉公报》1987年7月13日。

[8]《中文电视天天播》,《大汉公报》1988年7月22日。

[9] Archived-Decision CRTC 88-775,加拿大联邦政府官方网,https://crtc.gc.ca/eng/archive/1988/db88-775.htm,检索时间:2021年10月11日。

中文电视台在几个城市启播后，为了扩大影响，增加订户，采取了各种方式与社区建立联系，提升电视台的曝光率。[1]

根据1993年7月一次公听会的记录，20世纪90年代初期，加拿大中文电视台在温哥华、多伦多、埃德蒙顿和卡尔卡加里有17700名收费订户，这些订户以独立或与其他节目合并成套餐的形式接受该服务。[2]

三、中文电视台的整合

电视经营成本巨大，若没有充足的广告收入和大量的订户，持续的经营殊不容易。再加上作为少数族裔的华人人口数量毕竟有限，因此市场开拓也有局限，如果没有多元化的收入来源，将会使电视台陷入难以为继的状态。1992年，加拿大中文电视台因财政困难宣布破产，被安大略省法院接管并强制出售。[3]

在这种情势之下，对加拿大华文电视媒体素有兴趣且有拓展雄心的温哥华著名企业家冯永发[4]出面进行整合。冯永发有两个资源优势，一是自己有雄厚的财力，二是与香港电视广播国际有限公司（Television Broadcasts Ltd.，简称TVB）有紧密的联系。

1993年，冯氏旗下的新时代集团（Fairchild Communication Ltd.），连同TVB斥资1300万加元一举收购加拿大中文电视有限公司和国泰电视台。冯永发认为收购行动除了使两家电视台从长期亏损转为财政稳健外，新时代集团与香港无线电视

---

〔1〕1987年7月3日，中文电视台在PNE体育馆举行了盛大的"星光灿烂温哥华"演唱晚会。《鸣谢启事》，《大汉公报》1987年7月13日；中文电视台为了加强与社区的联系，于该年在唐人街缅街629号增设了华埠办事处；《中文电视增设华埠办事处》，《大汉公报》1987年9月5日；1990年，中文电视公司还在多伦多兴建电视商业中心，1月3日举行动土仪式；《中文电视商业中心动土仪式昨日举行》，《醒华日报》1990年1月5日。

〔2〕Archived-Decision CRTC 93-644，加拿大联邦政府官方网，https://crtc.gc.ca/eng/archive/1993/db93-644.htm，检索时间：2021年10月11日。

〔3〕《中文电视被债权人接管，运作如常观众未受影响》，《大汉公报》1992年1月22日；《中文电视欠债近千万，新管理层正逐步整顿》，《大汉公报》1992年3月4日；《中文电视财务纠纷新发展，章建国就凌铿索债作反诉》，《大汉公报》1992年3月11日。

〔4〕冯永发（Thomas Fung Wing Fat），1967年随家人移民加拿大温哥华，1970年进入卑诗大学修读商科，1973年毕业，其后进入纽约大学深造。是加拿大著名的企业家和传媒大亨，加拿大新时代集团主席，卑诗省列治文市时代坊购物中心的东主。

更会加强本地节目的制作，如新闻及时事，使观众有更多的选择。[1]两项交易分别于 1993 年 10 月[2]和 12 月[3]经由 CRTC 批准。两台随后进行改组：具有地方性牌照的国泰电视台易名为城市电视台（Talentvision），而具有全国性牌照的加拿大中文电视台则易名为新时代电视台（Fairchild Television）。

四、城市电视台（Talentvision）

城市电视台是一家收费电视台，于 1993 年在加拿大温哥华开播，节目仅限在卑诗省内播放。[4]

城市电视台起初也是一个多元文化频道，大部分时段用普通话和粤语进行广播，但也有越南语和韩语等节目。从 1998 年 6 月 1 日起，城市电视台成为加拿大第一个以普通话广播为主的全国电视台，以配合亚洲移民增多的变化趋势。城市电视台向电台电视电讯委员会申请将牌照转为全国性的，所以于 2001 年秋季起，其信号覆盖各主要有线网络，从卑诗省大温哥华地区扩展至全加华人集聚的大城市，涵盖全国主要省份。[5]城市电视台的各项节目类型涵盖新闻、资讯、娱乐、戏剧四大范畴，并兼顾妇女、儿童及耆英观众。城市电视台除了采购来自中国大陆和中国台湾的节目外，亦投资本地的制作节目，制作方针完全视本地移民的实际生活需要而设计，包括投资理财、生活教育、休闲娱乐、健身运动、时事座谈等。[6]值得一提的是，由当时城市电视新闻总监谢志峰和温哥华政论家丁果协商提议创立，并在 1999 年 6 月 4 日开播的华文媒体第一个政论节目（逢周五晚上播出），迅速成为大

---

[1] Archived-Decision CRTC 93-644，加拿大联邦政府官方网，https://crtc.gc.ca/eng/archive/1993/db93-644.htm，检索时间：2021 年 10 月 11 日；Archived-Decision CRTC 93-730, Government of Canada, https://crtc.gc.ca/eng/archive/1993/db93-730.htm，检索时间：2020 年 3 月 26 日；《现与温哥华集团斥巨资一举收购两间中文电视台》，《星岛日报》1992 年 12 月 30 日；Rising Fortunes, *BC Business*, 1993 年 3 月；"Media baron rides a human wave", The Globe and mail, Feb.19, 1994.

[2] Archived-Decision CRTC 93-644，加拿大联邦政府官方网，https://crtc.gc.ca/eng/archive/1993/db93-644.htm，检索时间：2021 年 10 月 11 日。

[3] Archived-Decision CRTC 93-730，加拿大联邦政府官方网，https://crtc.gc.ca/eng/archive/1993/db93-730.htm，检索时间：2021 年 10 月 11 日。

[4] 关于城市电视，城市电视网，https://www.talentvisiontv.com/ch/aboutus.php，检索时间：2021 年 10 月 11 日。

[5] Archived-Decision CRTC 2001-270，加拿大联邦政府官方网，https://crtc.gc.ca/eng/archive/2001/db2001-270.htm，检索时间：2021 年 10 月 11 日；关于城市电视，城市电视网，https://www.talentvisiontv.com/ch/aboutus.php，检索时间：2021 年 10 月 11 日。

[6] 关于城市电视，城市电视网，https://www.talentvisiontv.com/ch/aboutus.php，检索时间：2021 年 10 月 11 日。

温哥华地区中文电视的品牌节目,并在数月后发展成北美地区华语电视第一个现场叩应节目,深受观众欢迎,改变了华文电视节目的传统生态。

五、新时代电视台(Fairchild Television)

新时代电视台创立于1993年,也是一个多元化媒体,总部设于温哥华,分别在多伦多及卡尔加里设有分部,以广东话进行广播,是商业收费台。随着移民数量的日益增加,新时代电视台不断在亚洲搜罗及播出最新及最受欢迎的剧集、资讯娱乐、时事档案及大型综艺节目。新时代电视台的时事节目《26分钟见证实录》,在1995年、1998年均获得杰克·韦伯斯特新闻奖最佳中文报道奖。[1]

新时代传媒集团的电台、电视节目属于传统媒体,但它们很早就与网络"挂钩",跟上科技发展的脚步,争取更多的受众。2000年,领先网络公司(eSeeNet.com)加盟了新时代传媒集团,为其提供网站支援及电子商贸服务。[2]

当然,除了新时代电视台和城市电视台,在中文电视刚起步时,就出现了很多家小型华人电视台,大多是租借多元文化电视频道播放与华人有关的节目(参见表2.2)。

表2.2 华人电视台及相关华人节目一览表

开播年代	华人电视台及播放与华人有关节目的电视台	节目名称和内容	备注
1971年	华人俱乐部(Chinese Cheers)	每月播出两次,每次半小时。第一次开播时,既有古筝表演,也有民族舞蹈,还采访了餐馆老板。	在大多市有线12频道和1号频道播出。
1972年	中华之声电视台(la voix de chine)在蒙特利尔开播	每天凌晨3:00播出半个小时,晚上10:00播出两个小时。采用中、英、法三种语言播出。	播出频道为有线14台、无线62台和Bell ExpressVu台。

---

[1] http://jackwebsterarchive.com/awards/search-results.php,检索时间:2021年10月11日;新时代电视简介,新时代电视网,http://www.fairchildtv.com/aboutFTV.php,检索时间:2021年10月11日;资料来自新时代传媒集团副主席陈国雄。

[2] 资料来自新时代集团主席冯永发。

续表

开播年代	华人电视台及播放与华人有关节目的电视台	节目名称和内容	备注
1973 年	温哥华有线电视 10 频道"华侨之夜"。1979 年 10 月 3 日，华侨之夜传播有限公司又把服务扩展到有线电视 19 台	"华侨之夜"是每周日晚间播出，主持人是刘伯纳，常常播出故事片和纪录片，还有社区报道、歌舞、武术和音乐等。该节目曾于中国春节期间，录制华埠春节庆会。1979 年 10 月后，播放彩色歌舞、戏剧、风光、儿童节目、中文电影故事片。	华侨之夜传播有限公司坐落在温哥华唐人街缅街 243 号。
20 世纪 70 年代	温哥华社区电视 4 台，有"华埠天地"中文电视节目，这是罗渣士通讯集团（Rogers Communications Inc.）专为华人制作的免费节目	播放时间一般是每个月最后一个周日的晚上 9:00，时长为一小时。主要讲解华人最关注的问题，并请专家接受访问。节目曾有：法律援助服务、移民条例、买卖房屋须知等。还报道华人社区消息。	
1974 年	中华传媒公司之"中华之声"在多伦多开播	1974 年，第一次中文节目播出，其中有三位华人律师就最近移民条例的更改发表意见，还有国语时代乐曲等。 1975 年，每晚播出时间为 7:30～10:00。周日为下午 4:00。	"中华之声"于 1975 年 10 月停播，1976 年 2 月又恢复播出。时间是每周日上午 8:00～9:00，在 City 79 电视频道播出。
1976 年	埃德蒙顿中文电视台	由洪金福与几个朋友在埃德蒙顿成立，后来成为亚省华人毕业生协会中文电视台。该社团制作了 *Chinese Horizon* 电视专辑。	
1977 年	加华电视台	1977 年，渥太华中华会馆监制"华侨有线电视节目"，宣传会馆，报道华人社团活动。1982 年，中华会馆理事会将其改名为"加华电视"。	播放中文学校、中华会馆新年迎新春活动，介绍中国点心、国画和粤曲等。宣传会馆宗旨，报道华人社团活动。后来这个电视节目成为罗渣士有线电视的多元文化栏目。
1983 年	华声电视有限公司（Wah Shing Television Ltd.）	在多伦多成立，1989 年结束播出。	

续表

开播年代	华人电视台及播放与华人有关节目的电视台	节目名称和内容	备注
1984年	多伦多日月影视制作公司为增加免费中文节目，与无线47台（有线4台）及罗渣士通讯集团33台合作	周一到周五晚上5:30~6:00播出新闻等。	
1990年	卡尔加里亚洲电视台		为该社区免费提供中文节目和社区资讯。
1997年9月	温哥华电视台（Vancouver Television）	温哥华电视台在有线9台播出，时间为周一至周日，每日凌晨6:00至次日凌晨2:00。	该电视台设中文报道组，注重报道与大温地区华人相关的事务。该电视台也与中国北京电视台签订了合作计划，交换两地新闻节目。
2001年	以普通话为主的电视节目《蒙城华苑》	在14频道（Ch-Horizon）播出，该电视节目在这一年曾经请一些蒙城社区名人谈对华人社区及东西方文化艺术的见解和看法，还有华人网站是如何建立的、华人参政问题、中国京剧和中国戏剧等话题。	

资料来源：《华人电视台今日开始播出》，《醒华日报》1971年5月15日；《华语电视节目，联桥社演出》，《醒华日报》1971年5月17日；资料来自"中华之声"电视台开台主持人古凤英；"中华之声"电视台度过第36个春秋，蒙城在线网站，http://www.mtl163.com/modules/news/article.php?storyid=15022，检索时间：2021年10月11日；《海外之音，服务之音》，《大汉公报》1973年12月6日；《华侨之夜扩张之喜》，《大汉公报》1979年10月3日；《华侨之夜访东区，各候选人及李侨栋》，《大汉公报》1976年5月11日；《华侨之夜本周播映春节庆会纪录特辑》，《大汉公报》1975年2月14日；《电视四台华埠天地热诚服务华人社区》，《大汉公报》1988年7月22日；《中华之声广播成功》，《快报》1974年11月4日；《中华之声二次广播》，《快报》1974年11月9日；《中华之声访问狮子会》，《快报》1975年5月17日；《中华之声，暂停广播》，《快报》1975年1月1日；《中华之声明日开播》，《快报》1975年3月31日；《中华之声，恢复广播》，《快报》1976年1月17日；《中华之声周日开播》，《醒华日报》1976年1月30日；《中华之声播人人俱乐部》，《快报》1976年2月20日；弹思竭虑服务侨社：访洪金福先生》，《点问顿华人社区华埠100周年纪念特刊》，2013年，第180页；《亚省华人毕业生协会》，《点问顿华人社区华埠100周年纪念特刊》，2013年，第38页；《华语电视节目九月底播两次》，《加华侨报》1979年10月1日；《加华电视》，《加华侨报》1982年8月1日；笑言：创办《加华侨报》和"加华电视"：渥太华华人史略；Wah Shing Television Ltd.，公司号：1536630；Archived-Decision CRTC 97-39，加拿大联邦政府官方网，https://crtc.gc.ca/eng/archive/1997/db97-39.htm，检索时间：2021年10月11日；Archived-Decision CRTC 84-446，加拿大联邦政府官方网，https://crtc.gc.ca/eng/archive/1984/db84-446.htm，检索时间：2021年10月11日；《星辰闪烁呈欢乐，日月投影银银河》，《醒华日报》1984年11月15日；中华人民共和国驻卡尔加里总领馆网，http://calgary.china-consulate.org/chn/xwdt/t305672.htm，检索时间：2021年10月11日；《温哥华电视台正式开播》，《世界日报》1997年9月22日；《社区资信为主，第九频道传送，温哥华电视台本月22日启播》，《明报》1997年9月5日；蒙城华人网，http://www.sinoquebec.com/portal.php?mod=view&aid=64，检索时间：2021年10月11日。

第三节 电台、电视台申请和运营中出现的一些问题

加拿大对电台、电视台牌照的颁发和广告费的收取采取较为严格的监管措施，以防止资本雄厚的美国媒体进入，从而阻碍加拿大本土媒体的发展。同时，这种监管措施也是为了平衡本地的广告市场，防止加拿大本土媒体垄断情况的出现。在对待少数族裔申请方面，监管机构也是秉持这样几个原则：一是有利于维护加拿大的多元文化；二是有利于媒体良性竞争，使民众获得最大知情权；三是防止媒体之间恶性竞争，最后伤害媒体的生存发展。有鉴于此，华人社区在申请私人电台和电视台牌照时，难免出现"较为拥挤"的现象，由此也会出现一些纷争。同样，由于华人市场有限，电台、电视媒体围绕着经营问题，也会出现一些矛盾纠纷，有的甚至会打上法庭。

当然，不太习惯"法庭上见"的华人社会，对于这些纷争难免有"袖手旁观看热闹"的倾向，但实际上，中文电台、电视媒体在这些矛盾纷争中获取了经验，成为发展壮大的养料，在这个过程中，也更加了解加拿大的法规法制，使媒体的运营更符合法治社会的要求。

"申请拥挤"是常见的现象。举例而言，1984 年，华人社区共有三家公司向加拿大 CRTC 提出付费中文电视牌照开放申请。一家是已经拥有牌照的世界电视公司（刘伯纳代表），第二家是加拿大中文电视有限公司（章建国代表），第三家是华声电视有限公司（梁春田代表）。三家分别提出了详细的计划书，CRTC 为此举行了公听会，提出了很多问题与众多中西方媒体和华人社团讨论。[1] 公听会上，华人社区比较一致的意见是，加拿大需要中文电视，因为随着来自亚洲原居地华人的增多，很多英文不太好之人需要中文的电视资讯，助其融入这个新的家园。当然，在听证会上，三家申请者各自阐述自己的优势，指出竞争者的劣势，以争取上垒资格。[2]

---

[1] Archived-Decision CRTC 84-446；郑伟志：《中文电视牌照公听会旁听》，《醒华日报》1984 年 2 月 11、13、14、16 日。

[2] 他们希望申请到将服务发展到全加拿大的多语言电视牌照。刘伯纳先生批评华声电视有限公司有五个弱点：该公司工作人员，比如负责人梁春田，都没有加拿大广播经验等。对此华声电视有限公司的律师进行了五点回复，指出梁春田虽没有加拿大广播经验，但他有一班好帮手，很多都曾在加拿大电视台工作过。刘伯纳先生批评加拿大中文电视有限公司董事长章建国没有任何广播经验，中文电视的全套计划对世界电视不公平。对于刘伯纳先生的批评，章建国解释道：章先生在中国香港和远东有多年影片及电视制作经验。中文电视愿意与世界电视合作。中文电视可安排适当互惠的电视节目。中文电视财政安排甚为健全等；郑伟志：《中文电视牌照公听会花絮及预测》，《醒华日报》1984 年 3 月 19、20 日。

而加拿大华文报纸也相当关注听证会，使各位申请者的陈述见诸报端。在一般民众看来，这是华人媒体公司之间的"纷争"，但实际上这是各家申请者争取中标的常态，主流媒体竞争牌照的时候也会出现相似的矛盾纷争。

听证会之后，经过内部专业讨论，CRTC将牌照批予了加拿大中文电视台。但同时附加了一个条件，就是获得这个全国性牌照的中文电视台启播后不能在卑诗省落地。理由很简单，由于加拿大中文电视广播业正处于起步阶段，温哥华地区两间存在竞争关系的中文电视台很难在市场上生存。[1]这样一来，已经营运两年的世界中文电视台得以维持其在卑诗省内唯一中文电视台的地位。

结果刚刚出来，华声电视有限公司就向联邦法院提出了诉讼，以申请者有顾问，涉及利益冲突为理由，请求取消发给加拿大中文电视有限公司的播放牌照。[2]安省高级法院于1984年9月19日颁发了禁制令，规定在有关问题得到司法机构进一步解决及澄清之前，限制中文电视台如期播出节目。[3]

有趣的是，涉事双方虽然有纷争，但都一致认为华人社区需要中文电视。经过一段时间的法庭争执之后，法庭撤销了禁制令，中文电视台得以正式开播。[4]

一场官司，实际上也让有兴趣投资媒体的华裔相关人士，上了一堂司法程序课。

第四节　华人电台和电视台的特点

这一时期华人电台和电视台的出现，既是媒体发展的时代需求，也是华人社区"走出唐人街传统"，与主流社会在资讯需求上逐渐看齐，积极融入加拿大的一个重要表现。另外一个方面则可以看到加拿大多元文化的国策，在媒体经营和资讯传播领域也发挥了影响力。当然，中文电台和电视台与英语传媒相比，无论在规模、市场、听众和观众人数上，都差很多，但在有色人种的少数族裔社区，已经取得领先地位，在电视传媒上表现相当明显。

不过，中文电台与电视台与其说跟英文媒体一样，积极发挥制衡政府的"独立媒体"的"第四权"影响力，不如说它们作为媒体，在扮演"提供资讯"的新闻媒

---

[1] Archived-Decision CRTC 84-445，加拿大联邦政府官方网，https://crtc.gc.ca/eng/archive/1984/db84-445.htm，检索时间：2021年10月11日。

[2]《华声电视公司请求宣判中立》，《醒华日报》1984年6月28日。

[3]《华声电视有限公司声明启事》，《醒华日报》1984年9月24日。

[4] The Joint Public Review Panel Report，1997，pp.130–131.；《文化艺术娱乐节目缤纷，中文电视播放指日可期》，《醒华日报》1984年10月19日。

体角色的同时,也扮演着凝聚社区、为社区合作提供平台,甚至其本身也组织社区活动的角色。这种与主流传媒稍有不同的角色呈现,主要原因有这些:一是作为私营媒体,受限于市场和听众观众人数不多的现状,在宣传广告、营运资金和传媒工作者的待遇上,都与主流媒体相差甚远。因此,需要通过社区活动,有时候甚至是商业性的活动,来为自己寻找资源和经费,同时把自己"推销"给社区,这就使中文电台和电视台的节目内容相当多元。二是作为中文电台、电视台,其主要目的不是监督政府政策,揭露政府政策漏洞,而是将自己定位成"社区的声音",起到"上传下达"的桥梁作用。换句话说,中文电台、电视台一方面会快速将政府政策的要点传递给社区民众,另一方面也把社区对政府的诉求和不满,传递给政府或者相关决策机构。三是充当信息快速传递的平台,中文电台和电视台也成为加拿大本地和亚洲新闻资讯的"交汇点",同时也节约了制作成本。

在此,列表举出中文电台和电视台符合上述特征的一些内容和活动(参见表 2.3)。

表 2.3 中文电台和电视台举办的活动

时间	电台和电视台	活动
1975 年	华侨之声	开办广播艺员训练班。
1976 年	华侨之声	举办敬老游艺大会,有歌唱、话剧、国乐演奏和功夫表演等。
1987 年	加拿大中文电视有限公司	举办祖裔教学论坛,并邀请了安省三大党华人代表出席,发表意见和回答询问。
1987 年	华侨之声	与温哥华警察局合作,开设 911 中文紧急热线。当不懂英文的华人打 911 时,只要说 Chinese,警察局的接线生就会转到华侨之声,由值班的义工负责即时传译。
1989 年	多伦多美加华语电台	每周日上午 10:00 播出《港加新闻天地》节目。
1991 年	新时代传媒集团	中国华东多省市遭遇水灾,旗下电视台、电台举行筹款活动。
1994 年	由加拿大中文电台主办,新时代电视及加拿大救世军协办,城市电讯赞助	从 1994 年开始,每年举办"寒衣送暖流"活动,帮助贫困家庭。
1995 年至今	汇声广播华侨之声	"AM1320 心情金曲歌唱大赛"成为华侨之声的重要年度活动之一。该歌唱比赛已经发掘和推广了许多本地的歌唱新秀。

续表

时间	电台和电视台	活动
1996年	汇声广播华侨之声	与加拿大联邦环境部、温哥华公园局及加拿大林业植树活动产品公司合办"十年树木,百年树人"活动,以保护自然生态。
1996年至今	汇声广播华侨之声	一直为北美最大的由《温哥华太阳报》(*Vancouver Sun*)组织的10公里"温哥华太阳长跑"活动(Vancouver Sun Run)提供赞助。
1999年	汇声广播华侨之声与慈济基金会合作	为中国台湾9·21地震中死难者募款,累计筹款超过100多万加元。
2000年	加拿大中文电台正式与中国广东电台达成交流协议	加拿大中文电台与中国广东电台在音乐交流、节目交换、新闻支援、活动参与等方面展开多项合作。
2001年	加拿大中文电台、新时代电视及城市电视	共同成立"省选特别新闻组",从不同角度即时报道省选实况,分析各党派的政纲。

资料来源:《社区活动》,《光辉印记二十五年》,汇声华侨之声,1998年,第135—136页;《华侨之声敬老运动》,《大汉公报》1976年2月25日;《中文电视举办族裔教学座谈》,《醒华日报》1987年4月11日;《华语广播"港加新闻天地",每逢星期日上午十时播出》,《醒华日报》1989年3月9日;资料来自新时代传媒集团副主席陈国雄;《寒衣送暖流破纪录 共筹得成吨旧衣物》,《明报》2000年1月2日;资料来自汇声广播华侨之声;《重温一些走过的日子》,《光辉印记二十五年》,汇声华侨之声,1998年,第134—139页;《华侨之声,呼吁赈济台湾灾民》,《世界日报》1999年10月2日;《中文电台广东电台达成交流合作协议》,《明报》2000年6月2日;《新时代集团省选贴身追》,《明报》2001年4月23日。

图2.2 佛教慈济基金会加拿大分会颁给华侨之声的证书

资料来源:汇声广播华侨之声

第五节　与主流媒体互动

在战后很长一段时间里，华文媒体与主流媒体是"不相往来"甚至是"对立"的。这主要表现在英文媒体常常会出现"种族歧视"的报道，引发华人社区的不满。而华文媒体自然成为华人社区批评这种种族歧视的最重要载体和平台，这在华文报刊上表现得最为明显。然而，到了中文电台和电视台出现的时代，华人社区的重要性已受到主流媒体的关注，连带着中文媒体，尤其是中文电台和电视台也受到了重视。如前所述，CRTC已经从加拿大媒体更全面发展的战略高度，不断批出中文电台和电视台的牌照，那些申请牌照的听证会，在某种程度上成了中文媒体重要的阐述平台，受到了英、法语媒体的高度关注。主流电台、电视台在增加华人生活内容节目的同时，[1]也在学术上与中文媒体进行互动，探讨彼此合作发展的可能性。

例如，1987年在多伦多假日酒店举行了一定规模的主题为"少数族裔与传媒的关系"的全国性讨论会，来自加拿大的200多个少数族裔代表、少数族裔媒体和主流媒体代表以及政府相关人员参会，其中包括多元文化电视47台总裁、《多伦多星报》国际总编辑及CRTC副主席里尔·塞里恩（Real Therrien）、安省检察总长及联邦国务部长兼多元文化部部长等。该会议由"种族关系联盟（Urban Alliance on Race Relation）"赞助。[2]会议召开了3天，与会人员从不同角度审视这一主题，包括"种族关系与电视""种族关系与广告""种族关系与电台"等等。塞里恩分析了CRTC有关多元文化特色的广播政策。会上有很多人进行提问，有几个问题引发关注：应该对少数族裔广播有一个更清楚及统一的定义、CRTC发牌照给少数族裔传媒应有更正确的方针等。在研讨会结束前，所有参会者都赞同成立一个监察全国传

---

[1] 1994年至2000年，华裔剧作家陈泽桓在CBC Radio每周一次向全国播放《点心日记》（Dim Sum Diaries），介绍加拿大小镇上唯一一个华人家庭的生活趣闻。陈泽桓个人网，http://martychan.com/works-awards/，检索时间：2021年10月11日。

[2] History, Urban Alliance on Race Relation web site, https://urbanalliance.ca/about-us/history/，检索时间：2021年10月11日；《少数族裔与传播媒介的关系》，Modern Times Weekly，Jul. 3, 1987；种族关系联盟于1975年9月正式启动，其任务是维护大多伦多社区各个种族和族裔群体之间的稳定、和平与和谐关系。

媒界的机构，以改善少数族裔的"形象"。[1]

不能否认，在很长一段时间里，围绕"种族歧视""华人社区的形象"等敏感议题，中文电台、电视台与主流媒体难免有不同声音出现，而处于弱势的中文电台和电视台常常会替华人社区发出不平之鸣。

---

[1]《少数族裔与传播媒介的关系》，*Modern Times Weekly*，Jul. 3，1987.

第三章
加华文学

1967年新的移民政策推出之后，专业移民和技术移民越来越多，他们的教育背景和文化素养也不是早期移民可以相比的，从而为加华文学在20世纪70年代之后的发展奠定了相当深厚的基础。自华人来到加拿大后，文学就一直伴随着社区成长，其中华文文学成为作家和读者慰藉绵绵乡愁的心灵食粮。

加华文学的定义向来宽泛，加上移民社群有"落叶归根"的思维定式，以至于游子文学、离散文学在很长一段时间里成为华人文学的主流，作家和作品在中西文化的碰撞中兜转，移民生活素材常常演变成"西方探秘"之类的东西，无法展现对华人融入加拿大的深度探索，甚至迷失在自我定位困惑的陷阱之中。

20世纪70年代至千禧年的加华文学大致分为两类：一是平民文学，一是专业文学。前者体现的是"提起笔就是作家"的现状，作品描写的是移民生活的方方面面，以随笔、散文、游记、诗歌、短篇小说、小话剧、报告文学等为主。后者则是专业作家的深度文学经营，作品透过移民生活的表象，展现深度的人性和人间万象，以中篇小说、长篇小说、长篇诗歌、多幕戏剧等为主。

从作家身份来看，则有亚洲来的移民作家和土生第二代、第三代的作家，以及移民之后摇身成为作家的那些人。从作品的语言来区分，则有华文、英语、法语和双语作家（参见表3.1）。

表3.1　20世纪八九十年代和千禧年初具有代表性的作家

各类作家	80年代	90年代	千禧年之后
华文作家		亦舒，原名倪亦舒，笔名衣莎贝，生于上海。1996年出版长篇小说《不易居》。	洛夫，2001年出版《漂木》
英、法语作家	余兆昌（Paul Yee），1986年出版《三叔的诅咒》（*The Curses of Third Uncle*）	应晨（Ying Chen），1995年出版《水的记忆》（*La Mémoire de l'eau*）。	

续表

各类作家	80年代	90年代	千禧年之后
双语作家		李彦（Yan Li），1995年出版英文长篇小说《红浮萍》（*Daughters of the Red Land*）。1999年，繁体版小说《嫁得西风》由加拿大明镜出版社出版。2000年，该书简体版在文化艺术出版社出版。	

资料来源：天地图书网，https://www.cosmosbooks.com.hk/%e4%bd%9c%e5%ae%b6%e6%aa%94%e6%a1%88/%e4%ba%a6%e8%88%92，检索时间：2021年10月12日；梁丽芳、马佳主编：《新诗：洛夫、痖弦及其他诗人》，《中外文学交流史·中国—加拿大卷》，山东教育出版社，2015年，第194、195、196、255、256页，洛夫，《漂木》，联合文学出版社股份有限公司，2001年；Paul Yee, https://www.paulyee.ca/bio.php，检索时间：2021年10月12日；章文君：《论加拿大华裔作家余兆昌的儿童文学创作》，浙江师范大学学报，2011年第3期第36卷；Paul Yee, Ryerson University Library web site, http://library.ryerson.ca/asianheritage/authors/yee/，检索时间：2021年10月12日；Ying Chen, Ryerson University Library web site, https://library.ryerson.ca/asianheritage/authors/chen_ying/，检索时间：2021年10月12日；张裕禾：《应晨——现代小说艺术家的探索者》，郑南川和绍云主编：《岁月在漂泊》，第660—674页，魁北克华人作家协会，2012年；资料来自应晨；梁丽芳、马佳主编：《长篇小说第二波——李彦》，《中外文学交流史·中国—加拿大卷》，山东教育出版社，2015年，第175、176页；资料来自李彦。

第一节 作家来源地和居住地

加拿大华裔作家群中，加拿大本土出生的作家，作品内容仍以移民生活为主的是少数，反而以英文写作者居多。更多的华裔作家有的移民时已经是当地颇负盛名的作家、诗人、评论家，移民后只是继续写作，且作品内容向移民文学倾斜，有的则是到了加拿大后才开始进行有规模的创作，并不断出成绩。双语作家也以移民为主，他们具有外语专业的背景，或以英文写作为先，然后转为英语、汉语双语写作，或者以汉语写作为主，英语写作为辅。

本土出生的华裔作家，其作品有着浓厚的地理和社区背景，"出生地"和"居住地"的色彩很浓，而移民作家这些特点则相对淡一些，他们顺应华人集聚于大城市的习惯，一般都居住在加拿大几个主要大城市。之所以选择这些城市居住，原因比较多元，有移民时的方便，有跟随子女、工作的需要，有气候及居住环境的考量。同时，移民作家因为上述一些原因，回流再回流的现象也很常见，因此，华裔作家的居住地，也是根据他/她相对长期居住的城市以及主要作品写作的地点来确定的。

华文作家和评论家很多（参见表3.2）。

表3.2 华文作家和评论家（姓名按字母排序，1967—2001年）

加拿大居住城市	来自中国香港	来自中国台湾	来自中国大陆	来自菲律宾	来自新加坡	来自越南	来自泰国
温哥华	阿浓、阿乐、陈浩泉、陈华英、丐心（萧幸添）、韩牧、胡菊人、金刀、劳美玉、梁丽芳、梁锡华、梁燕城、林真、刘国藩、卢因、罗锵鸣、麦冬青、秋子、施淑仪、石贝、苏绍兴、王洁心、王敬羲、谢琰、徐明耀、许行、杨裕平、也斯（梁秉钧）、亦舒、余玉书、圆圆、潘铭燊等，其中金刀、罗锵鸣、苏绍兴、王敬羲、也斯和麦冬青等已逝世。	葛逸凡、胡守芳、李可铭、洛夫、马森、谈卫娜、徐新汉、瘂弦、叶嘉莹、余玉书、朱小燕等	曹小莉、陈丽芬、丁果、凡凡、古华、梁兆元、廖中坚、林楠、刘慧琴、刘慧心、申慧辉、沈漓、施慧卿、汪文勤、文野长弓和宇秀等	林婷婷	王祥麟		
多伦多	陈孟贤、池元泰、杜渐、戴天、方余淑华、冯湘湘、羔羊、郭丽娥、黄启樟、黄擎天、金炳兴、金依、梁枫、刘金艳、陆沛如、绿野、潘国键、石人（梁小中）、苏赓哲、苏绍兴、王亭之（谈锡永）、伍秀芳、伍子明、姚汉梁、余缘治、余柏琛等。其中金依、梁枫、石人、余缘治、余柏琛等已去世。	黄美玲、刘全艳、许之远	陈霆、川沙、何锦添、洪天国、李初乔、李彦、马绍娴、诗恒、思华、孙白梅、孙博、王兆军（现已回国）、吴华、吴小燕、徐学清、姚船、余曦、原志、曾晓文、张翎和赵廉等			黄应泉、余满华	
蒙特利尔		杨兰	董森（冬苗）、马新云、陆蔚青、张芷美、郑南川等。				白墨

续表

加拿大居住城市	来自中国香港	来自中国台湾	来自中国大陆	来自菲律宾	来自新加坡	来自越南	来自泰国
卡尔加里	李怡和、黄珮玉等		董守良、朱瑞等				
埃德蒙顿		东方白	焦根基等				
渥太华			笑言等				
温尼伯		蔡衍泰	王虹、王玉玲等				

还有一些用英语写作的第一代或在加拿大成长起来的第二、三代华裔作家，他们用英语撰写与华裔有关的文学作品，并开始涌进加拿大的文学主流。像温哥华的朱霭信（Jim Wong-Chu）、崔维新（Wayson Choy）和刘绮芬（Evelyn Lau）等，埃德蒙顿的陈泽桓（Marty Chan）等、多伦多的余兆昌（Paul Yee）、李群英（Sky Lee）、丹尼斯·钟（Denise Chong）、郑霭玲和方曼俏（Judy Fong Bates）等。

第二节 创作语言与加华作家

语言与文学的关系密不可分。语言是符号系统，而文学则是以语言为工具形象化地反映生活的艺术，因此，文学也就成了语言的艺术。加华文学在某种程度上比中国文学（或者华文文学）要丰富很多，乃是因为加华文学的作家是由三部分人组成。一类是用母语——英语来进行创作的华裔作家，一类是用母语——中文来创作的华裔作家，另外一类则是驾驭中文和另外一种加拿大官方语言，即英文或者法文来进行创作的作家。

由于文学创作是个人的脑力劳动，用英语或者其他非中文语言进行创作的华裔作家，如果他/她个人并没有将自己归为华裔，我们很难贸然将其列入加拿大华裔作家的行列，他们自然也不应该被强行拉进加华作家群。

一、英、法语华裔作家

活跃在加拿大英语文学领域的华人作家，大致由两部分人组成，一部分是土生的华裔，他们的母语是英语，其中有的人还不懂中文，有的人虽懂中文，但中文是他们的第二或者第三语言；另一部分是不同时期的第一代移民，他们的母语是汉语，但也精通英语和法语，可以用两种语言来进行复杂的文学创作。此外或许还有很少的人拥有英语和中文两种母语。在比较有成就的加拿大华裔英语作家当中，除了朱霭信、方曼俏等极少数人生于中国香港、广东开平等，大多数生于北美，比如弗雷德·华（Frederick Lames Wah）、余兆昌、李群英、郑霭玲、拉利沙·黎（黎熹年 Larissa Lai）、陈泽桓、崔维新和伊芙琳·刘（Evenlyn Lau，刘绮芬）等。

在以往的研究中，对加华文学和作家的定义都比较宽泛和多歧义，没有相对统一的文学学术标准。其缘由之一是将加华文学视为中国文学的边缘（边陲），故而以弱势群体自居，拉进来的人越多越觉得人多势众，越有"价值"，以至于中国的外交官、来加拿大参加会议的著名学者，只要在加拿大写了一些文字，就被拉入了"加华作家"的行列。其实，从全球化的角度来看，中心和边缘都是相对的。同样，加华文学中的英语、法语作品，也可视为加拿大英法语文学的一部分，因为加国华人不仅是外来的劳工，也是加拿大建国者、建省者的一部分。他们在欧洲中心论的时代，遭遇了不公平的对待，华人群居的唐人街，也成了西人眼里的"东洋景"，他们的历史从来不能登上加拿大主流历史的殿堂，故而也无缘成为加拿大人集体的历史记忆和文学记忆。

正因为如此，加拿大华裔英语作家们的许多作品，详细叙述了加拿大唐人街、华裔家族、华裔家庭的方方面面，而给加拿大历史补上了宝贵的一章。他们书中的文学细节，填补了加拿大华人生活史的许多空白。

文学史上有一个常见的现象，有时候在一个特殊的时代，并非只有零星作家写出好的作品，而是先后有一群作家，写出了记录该时代和生活于这个时代的人的好作品，形成了群星闪烁的文学景观。20 世纪 70 年代到 90 年代间，就有这样一群华裔作家，用英语或法语写作，记录了近百年被湮没的加拿大华人社区的生活，让唐人街的故事走出了封存的历史。我们按照他们文学生活的时间轨迹，列出一些主要作家。

1. 朱霭信[1]

这个 1949 年生于中国香港，但成长于加拿大的诗人作家，虽然没有惊天动地的作品呈现，却是 20 世纪 70 年代加拿大"亚裔文学"的倡导者之一。他在 20 世纪 60 年代后期至 70 年代初，与一群华裔、日裔文学青年组建了加拿大亚裔作家工

---

[1] 朱霭信，男，1983 年朱霭信出版英文诗集 *Inspection of a house paid in full*。1986 年在 Pulp Press 出版社出版诗集《唐人街幽灵》（*Chinatown Ghosts*）。1991 年与作家李孟平（Bennett Lee）联合出版选集《多嘴鸟》（*Many Mouthed Birds*），书中收入了 20 位华裔作家的 30 篇作品。http://www.asiancanadianwriters.ca/p/mission.html，检索时间：2021 年 10 月 12 日；卑诗大学网,http://ikblc.ubc.ca/terrywatada/，检索时间：2021 年 10 月 12 日。

作坊（Asian Canadian Writers Workshop），[1] 并于1979年出版了作品集《不可剥夺的稻米——加拿大华裔日裔文学选集》(*Inalienable Rice-A Chinese & Japanese Canadian Anthology*)。他在前言中将该书称为"史诗性的奋斗"。[2] 因为在此之前，加拿大包括华裔在内的亚裔作家发表的文学作品并不多。一个东方人受到歧视的时代刚刚结束，受屈辱的亚裔需要呐喊，文学便成为历史呐喊和追求身份认定的最重要表现形式，而政治和社会对亚裔的真正认定，要比文学滞后很多。

朱霭信对"亚裔文学"的开拓性贡献，还包括如下几个案例：

1994年，加拿大亚裔作家工作坊创办了一本名为《米纸》(*Rice paper Magazine*) 的内部通讯。《米纸》是一本亚洲文学杂志，季刊，包括诗歌、小说、剧本、图画小说、翻译作品和来自加拿大各地作家的其他类型的创意作品，该刊物图文并茂，是加拿大亚裔文艺动态的窗口。[3]

1995年至1996年期间，朱霭信参与创立亚洲加拿大表演艺术资源中心（The Asian Canadian Performing Arts Resource ACPAR）。[4]

1996年，朱霭信等人组成了温哥华亚洲遗产月协会（The Vancouver Asian Heritage Month Society），作为一个致力于探索加拿大亚裔生活和文化多样性的组织，其目的自然是通过讨论加拿大亚裔的相关问题来提升社会关注度。[5]

这一时期华裔英语作家群有一个非常显著的特征，那就是不少人拥有大学学历，甚至研究生学历，而卑诗省不列颠哥伦比亚大学，是这些人就读最多的一个大学。换句话说，在战后土生华人身份定位大变化的时代，不列颠哥伦比亚大学扮演着重要角色。这再度证明，卑诗省作为加拿大华人社区的发源地，经历了歧视、抗争、参战、教育提升、政治参与、文学发扬等丰富的过程，而不列颠哥伦比亚大学则在战后成为华人各类精英成长的"摇篮"（参见表3.3）。

---

[1] University of British Columbia Library Rare Books and Special Collections-Finding Aid-Jim Wong-Chu fonds（RBSC-ARC-1710），p.4.；卑诗大学网，http://ikblc.ubc.ca/terrywatada/，检索时间：2021年10月12日。

[2] 加拿大亚裔作家工作坊网，http://www.asiancanadianwriters.ca/p/mission.html；检索时间：2021年10月12日。http://www.asiancanadian writers.ca/p/board-of-directors.html，检索时间：2021年10月12日。

[3] ricepapermagazine：https://ricepapermagazine.ca/about/，检索时间：2021年10月12日；加拿大亚裔作家工作坊网，http://www.asiancanadianwriters.ca/p/mission.html，检索时间：2021年10月12日。

[4] 卑诗大学网，http://ikblc.ubc.ca/terrywatada/，检索时间：2021年10月12日。

[5] The Vancouver Asian Heritage Month Society，https://explorasian.org/about-us/，检索时间：2021年10月12日。

表 3.3　从卑诗大学毕业的政治家、文学评论家、作家、艺术家

姓名	政治家	文学评论家	作家	艺术家	在卑诗大学所读专业
郑天华	国会议员（1957—1962年）				1954年毕业。取得文学学士和法律学学士学位。
余兆昌			著名作家		1978年取得学士学位，1983年取得历史专业硕士学位。
弗雷德·华			著名作家		1963年获得文学学士学位。
崔维新			著名作家		1963年毕业，主要学习写作。1977年又返回卑诗大学，参加了创作性写作短期课程，受到卡罗尔·希尔兹（Carol Shields）教授的指导。
李群英			著名作家		1975年取得美术学学士学位。
郑霭龄			著名作家		1975年取得经济学学士学位。
梁丽芳		著名文学评论家			1976年取得哲学硕士学位，1986年取得哲学博士学位。
林荫庭（Ken Lum）				著名艺术家	1985年获得美术硕士学位。

资料来源：Douglas Jung, C.M., C.D., 加拿大国会官方网，https://lop.parl.ca/sites/ParlInfo/default/en_CA/People/Profile?personId=13202，检索时间：2021年10月11日；Douglas Jung, the University of British Columbia web site, https://historyproject.allard.ubc.ca/law-history-project/profile/douglas-jung，检索时间：2021年10月11日；Haochen Li, Robert Matas, Yves Tiberghien：第一个一百年：UBC与中国交流纪实（1915—2015），UBC China Council,2005 年，第13页；Paul Yee, https://www.paulyee.ca/bio.php，检索时间：2021年10月12日；Paul Yee, Ryerson University web site，http://library.ryerson.ca/asianheritage/authors/yee/，检索时间：2021年10月11日；Finding Aid – Fred Wah fonds (MsC 17): Simon Fraser University Special Collections and Rare Books, p.3.; Wayson Choy,Ryerson University Library web site, https://library.ryerson.ca/asianheritage/authors/choy/，检索时间：2021年10月12日；A Long History of Creative Achievers, The University of British Columbia web site，https://news.ubc.ca/2007/12/06/archive-ubcreports-2007-07dec06-achievers/，检索时间：2021年10月12日；资料来自李群英，Sky Lee, Ryerson University Library web site，https://library.ryerson.ca/asianheritage/authors/lee_sky/，检索时间：2021年10月11日；Nelson, Emmanuel S, Asian American novelists: a bio-bibliographical critical sourcebook, Westport, Conn. : Greenwood Press,2000,p.196.; Published books，https://www.asiancanadianwiki.org/w/Denise_Chong，检索时间：2021年10月12日；Denise Chong, The Penguin Anthology of Stories of Canadian Women，Toronto: Penguin Books, 1998, pp. xii–xiii.；资料来自梁丽芳，http://id.loc.gov/authorities/names/n93098484.html，检索时间：2021年10月12日；Ken Lum, https://en.wikipedia.org/wiki/Ken_Lum，检索时间：2021年10月12日。

2. 余兆昌[1]

这一时期的华裔作家还有一个重要特点,他们在收集文学创作素材时,无论是唐人街的历史还是家族史,都会涉及华人移民史。由于受到早期排华和遭歧视的影响,唐人街和唐人的历史根本进不到主流历史的"殿堂",进去的一点点记载也充满了偏见。因此,这些作家在进行文学创作的同时,也出版了不少"民间唐人街史"方面的著作,与他们的文学作品交相辉映,承继了中国"文史不分家"的传统。在这些作家中,尤以余兆昌最为突出,因为他是卑诗大学历史系本科和硕士毕业的专业史学人才,又长期在温哥华城市档案馆(1979—1987年)和多伦多所在的安大略省立档案馆(1988—1991年)工作,且会说粤语,使他在收集文史资料和口头采访时,有很大的优势。[2]因此,他撰写了相当有分量的有关华人移民和唐人街史方面的著作。[3]更有趣的是,他用儿童文学的创作方式,来处理唐人街和华人的历史题材,开创了将华人历史传播给英语社会的阅读渠道,并产生很大的影响,在英语文学世界受到极大的赞誉,也获得了加拿大英语文学的最高奖项。[4]

3. 弗雷德·华

加华文学的英文创作在卑诗省得以发展,自然有其特殊的原因。一是不列颠哥伦比亚大学培育了华裔精英,二是卑诗省华人社区一个多世纪波澜壮阔的生活,给文学工作者提供了丰富而独特的创作素材。

著名诗人和作家弗雷德·华,是这一群作家中的一位,中文名叫关富烈,有华人血统。1939年出生在加拿大中西部萨省的斯威夫特卡伦特(Swift Current,

---

[1] 余兆昌,1956年出生于加拿大萨斯喀彻温省(Saskatchewan)的小城沙斯卡寸旺(Spalding),是第三代华裔。作品有《教我飞,空中勇士!以及其他故事》(*Teach Me to Fly Skyfighter! and Other Stories*,1983)、《三叔的诅咒》(*The Curses of Third Uncle*,1986)、《咸水城:温哥华的中国人》(*Saltwater City: An Illustrated History of the Chinese in Vancouver*,1988)、《金山的传说:华人在新世界的故事》(*Tales from Gold Mountain: Stories of the Chinese in the New World*,1989)、《玫瑰在雪地上歌唱:一个美丽的传说》(*Roses Sing on New Snow: A Delicious Tale*,1991)、《脱身》(*Breakaway*,1994)、《斗争和希望:华裔加拿大人的故事》(*Struggle and Hope: The Story of Chinese Canadians*,1996)、《鬼火车》(*Ghost Train*,1996)、《城邦里的男孩》(*The Boy in the Attic*,1998)。

[2] Paul Yee, https://www.paulyee.ca/bio.php,检索时间:2021年10月12日;Paul Yee, I Am Canada: Blood and Iron: Building the Railway. Toronto: Scholastic Canada, 2010. Print; Ryerson University Library & Archives, http://library.ryerson.ca/asianheritage/authors/yee/,检索时间:2021年10月12日。

[3] 《三叔的诅咒》《咸水城:温哥华的中国人》《金山的传说:华人在新世界的故事》等;《华裔余兆昌新著作"金山的故事"面世》,《大汉公报》1989年10月31日。

[4] 获得加拿大总督文学奖(Governor General's Literary Award)。

Saskatchewan）。进入不列颠哥伦比亚大学后，主修音乐和英语文学，他是诗歌杂志蒂什（《TISH》）的创始编辑。弗雷德·华还是新墨西哥大学和纽约州立大学文学和语言学专业的研究生，毕业后，他曾在卡尔加里大学（University of Calgary）等任教。[1]

弗雷德·华擅于写诗歌，曾出版过许多部诗集和大量的文学评论。[2]1985年出版的散文诗集《等待萨斯喀彻温》（*Waiting for Saskatchewan*）回顾了自己家庭的曲折经历和父辈在艰难环境中辛苦创业的精神，有一定的影响力。

4. 崔维新（1939—2019年）[3]

这一时期加拿大华裔英语作家群中最有成就、对加拿大英语文学贡献大、最会讲故事的作家是崔维新，这不但因为他历时18年写就的第一部长篇小说《玉牡丹》（*The Jade Peony*）（1995年）出版后惊动加国文坛，数个月长居畅销书榜，在美加获奖无数，也因为他长期执教于多伦多哈姆勃学院（Humber College），[4]从而可以将他的文学理念、他对唐人街的认识、作为一个土生移民如何冲出族裔歧视堡垒的亲身经历，传承给各族裔的文学青年。作为一个被领养的孩子，在唐人街长大，他没有唐人街几代人常有的那种苦涩，他坚信，唐人街的好故事，也是人类的故事，完全可以打破任何界限和种族壁垒。崔维新在1999年推出自传体小说《纸影：中国城的童年》（*Paper Shadows: A Chinatown Childhood*），被《环球邮报》列为1999年度推介作品。崔维新的散文、短篇小说，也是加拿大英语文学中的瑰宝。2001年后，鉴于他的文学成就，崔维新获得了加拿大最佳作家等荣誉。

5. 李群英[5]

如果说余兆昌和崔维新是华裔英语文学中的多产作家，那么，第4代加拿大本

---

[1] Finding Aid-Fred Wah fonds（MsC 17），Simon Fraser University Special Collections and Rare Books，pp.3-4.
[2] 1985年出版了散文诗集《等待萨斯喀彻温》（*Waiting for Saskatchewan*）。1996年推出小说《钻石烧烤店》（*Diamond Grill*），反映了华裔与其他族裔的复杂关系。2000年出版文学评论集《伪装：诗学和杂糅》（*Faking it: Poetics and Hybridity*）。
[3] 1995年崔维新出版小说《玉牡丹》（*The Jade Peony*）。1999年推出自传体小说《纸影：中国城的童年》（*Paper Shadows: A Chinatown Childhood*），被《环球邮报》列为1999年度推介作品。
[4] Wayson Choy Ryerson University Library web site，https://library.ryerson.ca/asianheritage/authors/choy/，检索时间：2021年10月12日。
[5] 1983年余兆昌出版的《教我飞，空中勇士！以及其他故事》，李群英为其配了插图。1990年李群英出版长篇小说《残月楼》。1994年出版短篇小说集《肚皮舞者》（*Bellydancer: Stories*）：Sky Lee，Ryerson University Library web site，https://library.ryerson.ca/asianheritage/authors/lee_sky/，检索时间：2021年10月12日。

土出生的华裔作家李群英，则是少产却获得文学评论界关注的重要作家。在卑诗大学获得美术学士的李群英，由于在一家杂志社工作而接触并浸淫到华裔文学的世界之中。[1] 1990 年，她一鸣惊人，出版了之后多次获得文学重要奖项的长篇小说《残月楼》(*Disappearing Moon Cafe*)，这本被视为虚构性自传体小说的作品，横跨百年历史空间，描述了温哥华唐人街王氏家族四代人的恩怨情仇，不但颠覆了主流社会对华人社区和华人的偏见，还罕见使用了西方社会学的理论，甚至是后现代的解构哲学，通过文学语言的叙述，深刻反省了华人和华人家庭内部的种种问题，包括男权主义的失落、纠葛不断的婆媳关系、女性被视为生育工具等等，来刻画移民群体在归化与抗争的交叉压力下的人性异化现象。更难能可贵的是，李群英在作品中触及了加拿大华人第一代移民与加人之间"剪不断、理还乱"的男女之情与复杂的不平等关系，受到了评论界的广泛好评。

1994 年，李群英出版短篇小说集《肚皮舞者》。这本书共有 15 个短篇故事，描写跳肚皮舞的佳人及一系列沉溺情色的女性，表现了一系列探索女性主义的主题。

6. 郑霭龄[2]

第三代华裔作家郑霭龄，1953 年出生于温哥华，但成长期却生活在乔治王子岛（Prince George）。1975 年在卑诗大学获得经济学士学位。1978 年获得多伦多大学硕士学位，1981 年到 1984 年，在加拿大前总理特鲁多任期内，被聘为高级顾问。从政府部门请辞之后，开始专职写作，1995 年出版处女作《妾的儿女》(*The Concubine's Children*)，也是其成名作。[3] 郑霭龄的作品，很多是反映女权主义的。

7. 陈泽桓[4]

与崔维新等"歧视时代"出生的作家不同，华裔剧作家陈泽桓是 20 世纪 60

---

[1] 资料来自李群英。

[2] 1995 年出版的《妾的儿女》为其处女作。1997 年出版的 *The Penguin Anthology of Stories by Canadian Women*，是 32 个故事的汇编本。*The Girl in the Picture: The Kim Phuc Story* 于 1999 年在多伦多 Viking Press 出版。

[3] Denise Chong, https://library.ryerson.ca/asianheritage/authors/chong_denise/，检索时间：2021 年 10 月 12 日；Denise Chong, ed. *The Penguin Anthology of Stories of Canadian Women*, Toronto: Penguin Books, 1997, pp. xii-xiii.

[4] 资料来自陈泽桓；1965 年出生于阿尔伯塔省埃德蒙顿北部的一个小城莫林维尔（Morinville）。1989 年毕业于阿尔伯塔大学，获得文学学士学位（英语专业）。1995 年出版《妈、爸，我和白人女孩同居了》(*Mom, Dad, I'm Living a White Girl*)。1995 年推出 *Maggie's Last Dance*，1997 年推出 *Weeping Moon: About Marty Chan*，陈泽桓个人网页：https://martychan.com/about/，检索时间：2021 年 10 月 12 日；Marty Chan, https://library.ryerson.ca/asianheritage/authors/chan_marty/，检索时间：2021 年 10 月 12 日。

年代中期出生的新锐作家，属于这个时期优秀华裔英语作家中较为年轻的一代。虽然在阿尔伯塔省小镇成长的过程中，也遭遇过同学的歧视，但作为第二代移民，且生长在多元文化已经萌芽且壮大的时代，很少体验过去华裔承受的重压，再加上他对英语戏剧文学的钟爱，故而养成了他文学创作中幽默、自嘲、善意讽刺的特点，也因此受到各族裔的欣赏认同，尤其是加拿大的年轻一代。

陈泽桓是华裔英语作家群中较为罕见的剧作家，且是最早"触电"（电视节目和广播节目）的多产作家。举例而言，他创作的长达250集的广播小品《点心日记》连续广播了6年，为他赢得了数以万计的听众，影响力远非一般作家可比。陈泽桓在阿省小镇读书时，由于是班里唯一的华裔学生，且在英法语学生的不同圈子里周旋，对他文学性格的形成产生了重要的影响。

首先，他避开了一般少年成长期所经历的"合群"阶段，培养了他"独来独往、天马行空"的思维模式，对他未来在戏剧写作中运用奇特的想象力，甚至是寓言式的想象力，奠定了基础，也使他的"神秘系列"成为加拿大英语文学中的奇葩。他在2004年推出的音乐剧《紫禁凤凰》（*Forbidden Phoenix*），就是用寓言的方式来探讨华裔淘金和铺铁路的历史，少了一般作家在表达这段历史时的沉重感和苦难感，更容易让观众敞开心门，去思考和反省这段"辱华历史"。

其次，由于少年时期成长的特殊经历，陈泽桓看到了英语学生和法语学生"互不往来"的矛盾局面，成功解构了华裔对"白人"刻板印象的束缚，反而让他可以站在超越"华白"对立的人性角度去思考族裔问题，并以独特的文学叙述，打破阅读中不同种族和不同文化的藩篱，让华人文学和历史渗透进北美年轻一代的阅读世界。

陈泽桓对文学的钟爱，也反映在他对第一代移民父母的"抗命"上。他违背父母之命，放弃大学所学的工程专业，转而进行文学创作，并以文学创作的成就，被母校延揽成为英语文学教授，创造出"文学成就人生"的道路，给文学爱好者带来极大的激励。他的自传式成名作《妈、爸，我和白人女孩同居了，1995》（*Mom, Dad, I'm Living with a White Girl*）就是他对加拿大华裔社区的"代沟"和东西方文化冲突进行的文学阐述，也奠定了他在加拿大英语文学中的地位。该剧一举夺得1998—1999年度伊丽莎白·斯特林·海恩斯最佳新作奖（Elizabeth Sterling Haynes），在多伦多、温哥华、列治文、坎卢普斯（Kamloops）、纳奈莫（Nanaimo）、萨斯卡通（Saskatoon）、温尼伯、埃德蒙顿等大城市巡回演出，反响热烈。1999年，哈佛大学授予陈泽桓亚当斯华人戏剧协会奖（Adams Chinese Theatre Society Award）和埃德蒙顿市艺术成就奖（City of Edmonton Arts Achievement Award）。2001年获得阿尔伯塔大学的地平线奖（Horizon Award）。[1]

8. 双语作家李彦[2]

在中国大陆掀起留学和移民潮之后，一群怀有文学理想的年轻人来到加拿大，在中西文化冲击下获得灵感，在加拿大成就了一番文学事业，应晨和李彦就是其中的佼佼者，成为加拿大华裔作家中为数不多的中英文双语作家的代表，且在两种语言创作上都取得了不小的成绩。从知识背景而言，应晨和李彦都来自中国大陆，母语均是中文，之后在大学学习并掌握了法语和英语。但是，从文学创作的实践来看，应晨是用法语开启她的文学生涯，虽然中文是其母语，但法语是其文学创作的"第一语言"，且延续十多年，直到2001年之后，才尝试用中文进行创作。[3]

而李彦则不同，她的中、英文功底都很好，到加拿大后一直用中英文双语进行写作。李彦的首部英文长篇小说《红浮萍》（*Daughters of the Red Land*）[4]刚问世就受到了关注。理由很简单，当时中国因为推行改革开放政策正在走向世界，世界也迫切需要了解中国封闭年代发生的事情，李彦的小说正是用英语书写那个红色时代的故事，一个家族三代女性，在20世纪70年的历史跨度中经历的种种变化和遭遇，阐述了时代与个体、家族之间的关系。该书在1996年获1995年度加拿大全国小说新书提名奖，李彦荣获1996年度滑铁卢地区文学艺术杰出女性奖。数年后，李彦出版中文小说《嫁得西风》，[5]同样是以女性为主角，但移民文学的色彩十分浓厚。

9. 法语作家应晨[6]

如果说1995年是加拿大华裔英、法语作家的里程碑年，并不为过。在英语文学界，崔维新的长篇小说《玉牡丹》和郑霭玲的小说《妾的儿女》问世，而陈泽桓的成名剧作《妈、爸，我和白人女孩同居了》也在同年隆重推出。然而，英语文学界或许没有注意到，在魁北克的法语文学界，一部加拿大当代最重要的法语小说

---

[1] About Marty Chan，陈泽桓个人网页，https://martychan.com/about/，检索时间：2021年10月12日。

[2] 英译中作品有《白宫生活》，1988年出版。英文中短篇小说、散文集有：《小城妇女会》《警告》《群魔出笼》，于1996—1998年发表。中文中短篇小说、散文集有：2001年的《故园》《回惶》《地久天长》《羊群》。小说类：1995年，英文长篇小说《红浮萍》（*Daughters of the Red Land*）在多伦多问世。1999年，李彦的繁体版小说《嫁得西风》由加拿大明镜出版社出版。2000年，该书简体版在文化艺术出版社出版；资料来自李彦。

[3] 本通史历史跨度截止于2001，应晨的第一本中文小说《翻译》在2002年出版。

[4] 1995年在多伦多问世，由Sister Vision Press出版发行；资料来自李彦。

[5] 2000年由文化文艺出版社出版；资料来自李彦。

[6] 应晨，女，有《水的记忆》（*La Mémoire de l'eau, 1992*）《自由的囚徒》（*Les Lettres chinoises, 1993*）、《再见，妈妈》（*L'Ingratitude, 1995*）、《磐石一般》（*Immobile, 1998*）等作品；资料来自应晨。

《*L'Ingratitude*》[1]也进入了法语读者的视野。作者应晨来自上海,在复旦大学法语专业毕业后,又到麦吉尔大学研习法语及法国文学。

这本以两代人的关系为题材的小说,出版后立刻风靡法语文学界,囊括了法国与加拿大几乎所有重要的文学奖项,是华裔加拿大作家用英、法官方语言进行文学创作所能获得的最高荣誉。应晨的成功,也表明中国大陆新移民作家进入了法语文学最优秀的行列。

应晨深受法国现代主义文学和哲学的影响,她的小说没有停留在讲具体的华人故事的范畴,也不是停留在族裔冲突和社会隔阂的层面来写移民生活,而是从更为深刻的每个人的人性差异来处理故事中的人物关系,表达一般人"讲不出来的东西",这种抽象小说的书写形式,在应晨发表《磐石一般》(1998年)之后,显得愈发明显。也因为如此,应晨的小说在法语文学评论界获得极高的评价,但读者并不众多。

值得一提的是,加拿大华裔英语作家大都有其他的职业,但应晨却是专职写作的少数人之一,她是拿到政府祖裔部(文化部)资助的少数族裔作家奖金最多的加拿大华裔作家之一。深受存在主义哲学影响的应晨,信奉文学是私人创作的原则,并不在乎别人说什么。鉴于她在文学上的成就,2001年,她应邀担任该年度加拿大文学最高奖"加拿大总督奖"的评委。尽管应晨的作品不多,但却是被译成最多外国文字的华裔作家之一。

还有一些用英语创作的华裔作家(参见表3.4)。

表3.4 用英语创作的华裔作家及其作品

姓名	时间	作品
应侃(Garry Engkent)	1950年代从中国广东移民到加拿大。	《为什么我的母亲不能说英语》(*Why My Mother Can't speak English*,1991)
黄明珍(Jan Wong)	1852年出生于加拿大魁北克省蒙特利尔。	20世纪90年代后期,黄明珍开始为《环球邮报》写专栏《与……共进午餐》。在这个专栏中,她通过共进午餐来描写名人,这使她在加拿大新闻界家喻户晓。2000年,推出新著《与黄明珍共进午餐》(*Lunch with Jan Wong*),该书记载了很多名人逸闻。

---

[1]中文译本书名为《再见,妈妈》(*L'Ingratitude*),2002年由浙江出版社出版;资料来自应晨。

续表

姓名	时间	作品
刘绮芬	1971年出生于温哥华。	1985年，14岁的刘绮芬曾离家出走两年，主要在避难所、朋友的家和街上过着流浪生活。1989年，她把自己的亲身经历记录下来，出版了《逃跑：流浪儿日记》（Runaway: Diary of a Street Kid），并入围加拿大定期市场营销奖（Periodical Marketers of Canada Award）。之后又出版过长篇小说、诗集和散文集等。
黎熹年（Larissa Lai）	1967年出生在美国加利福尼亚，长在加拿大纽芬兰省的首府圣约翰斯市。	《千年女狐》（When Fox Is a Thousand）（1995）等。《千年女狐》是穿超小说，现代、古代、长安和温哥华时空交错，将神话和现实结合在一起。
林婷婷（Susie L Tan）	1993年来到加拿大。	《大儿童故事》（Tales for big children: Chinese and Filipino Folk Stories, 1995）、《菲华文艺选集》《亚洲情缘——中菲民间文学比较研究》（Asian Hearts: A review of Filipino and Chinese Folktales, 1998）等。
吴宝星（Goh Poh Sen）	1936年在英属马来亚吉隆坡出生，1986年移民到加拿大。	《来自隐居处的女孩和诗选》（The Girl from Ermita & Selected Poems 1961—1998）。
黄俊雄（Harry J.Huang, 笔名 Freeman J.Wong）	出生于中国广东省揭阳市，1980年代末应加拿大政府邀请访加。1991年毕业于多伦多大学研究生院，之后定居加拿大。	《旅行——中国文化之旅》（Trans.A Cultural Tour Across China, 1993）《华盛顿新娘：北美短篇小说》（A Bride in Washington: North American Short Stories, 2000）等。
方曼俏（Judy Fong Bates）	1949年生于中国广东省开平市，1995年移民加拿大。	《中国狗和华人洗衣店的其他故事》（China Dog and Other Tales From a Chinese Laundry, 1997）。
赵廉（Chao Lien）	1950年在中国出生，1984年赴加拿大留学。	《不再沉默：加拿大华裔英语文学》（Beyond Silence: Chinese Canadian Literature in English, 1997）、《虎女》（Tiger Girl, 2001）等。
胡功勤（Terry Woo）	出生于加拿大。	《香蕉仔》（Banana Boys）等。
凯文·庄（Kevin Chong）	1975年出生于中国香港，1977年随家人来到温哥华。	《巴洛克新星》（Baroque-a-nova: A Novel, 2001）等。

资料来源：梁丽芳、马佳主编：《中外文学交流史·中国—加拿大卷》，山东教育出版社，2015年，第221、234、235、266、267页；Published books, https://www.asiancanadianwiki.org/w/Jan_Wong，检索时间：2021年10月12日；Jan Wong, https://www.janwong.ca/bio.html，检索时间：2021年10月12日；Jan Wong, Live and learn Jan Wong: Fabulous 50s, Updated Nov. 1, 2012, https://www.chatelaine.com/health/wellness/live-and-learn-jan-wong-fabulous-50s/，检索时间：2021年10月12日；Evelyn Lau :Regents of the University of Minnesota, 2009, p.2.; Larissa Lai Fonds-MsC 96, Simon Fraser University Special Collections and Rare Books, 2009, p.3.; Susie L Tan ,Tales for big children: Chinese and Filipino Folk Stories，Philippines：De La Salle University Press，1995；Susie L. Tan, Asian hearts: A review of Filipino and Chinese Folktales，Philippines：De La Salle University Press，1998；刘慧琴、林婷婷：《归雁：东南亚华文女作家选集》，中国致公出版社，2012年；陈浩泉编：《枫华正茂——加拿大华裔作家散文选》，加拿大华裔作家协会，2013年，第86页；Goh Poh Seng (1936－2010)：http://www.poetry.sg/goh-poh-seng-bio，检索时间：2021年10月12日；资料来自黄俊雄；Judy Fong Bates, Ryerson University Library，https://library.ryerson.ca/asianheritage/authors/bates/，检索时间：2021年10月12日；Judy Fong Bates personal web site, Judy Fong Bates ，http://www.judyfongbates.com/bio.html，检索时间：2021年10月12日；Lien Chao, Ryerson University Library web site, https://library.ryerson.ca/asianheritage/authors/chao/，检索时间：2021年10月12日；ACWW History, The Asian Canadian Writers' Workshop web site，http://www.asiancanadianwriters.ca/p/mission.html，检索时间：2021年10月12日；Chao，Lien ,Beyond Silence – Chinese Canadian Literature in English，Mawenzi House/TSAR， 1997；Terry Woo,https://library.ryerson.ca/asianheritage/authors/woo/，检索时间：2020年2月17日；Kevin Chong ,Ryerson University Library web site ,https://library.ryerson.ca/asianheritage/authors/chong_kevin/，检索时间：2021年10月12日。

二、华文作家

毫无疑问，加拿大华裔文学的主流仍然是华文作家。这些华文作家涵盖了小说家、诗人、剧作家、散文作家、专栏作家、文学研究专家、文学评论家、文学史研究专家等。他们最大的特点是用中文写作，或以中文为主的双语写作。由于移民大潮的出现、全球化的发展，以至于有时候用加拿大这个"地域"概念来给这些作家和研究家定位，已经显得力不从心。

其实，加华文学由两个主轴构成，第一个主轴是从大中国文学或者文学史的角度来看加华文学，其中最受关注的是"主流"和"边缘"的争议。所谓"主流"，就是亚洲的华文文学；所谓"边缘"，就是亚洲原居地之外其他国家的汉语文学创作。这种以区域来划分"中原"和"边陲"的文学史观点，正在受到越来越多的挑战。如果大家认同"作家以作品说话"的原则，那么，"主流"和"边缘"的划分应该是过时的说法。

第二个主轴是从加拿大的多元文化角度来看加华文学。显然，中文不是加拿大的官方语言，英、法语才是加拿大的官方语言。因此，英法语文学就成了"主流"文学，读者影响也大。但是，因为加拿大多元文化的政策，用中文创作的文学作品也不能算是"外国文学"，它也是加拿大文学百花园里的一株奇葩。这些文学作品的受众面，也不仅仅是加拿大的华人，甚至可以延伸到全球华人。因此，加华文学不是一个刻板的概念，而是一个流动的大概念，具有模糊的精彩；同样，加华作家也不是一个刻板的概念，而是一个包容性的大概念。中文则成了加华文学和作家的共同基础。

1. 叶嘉莹（Chia-ying Yeh）[1]、洛夫[2]、痖弦[3]

叶嘉莹、洛夫、痖弦三人，在全球华文文学界相当出名，他们的研究和创作涵盖诗歌、散文、评论等，其中叶嘉莹是研究中国唐诗宋词的世界翘楚。他们三人有一个共同点，那就是在加拿大居住很长时间，其中尤以叶嘉莹为最，直到退休，才选择中国大陆作为最后的居住地。

他们三人是加华作家吗？理论上是。虽然他们三人在定居加拿大之前已经在文坛驰名，但居住在加拿大期间，叶嘉莹教授创作出多部学术著作，写下数以百计的旧体诗，[4]是名副其实的加拿大华文学者、诗人、作家；同样，洛夫在移民前已经是享誉华文现代诗坛的"诗魔"，但他在加拿大期间，为作家和评论家丁果先生主编的《明报》《明笔》副刊写专栏，创作了数以百计的新诗，其中尤以三千行长诗《漂木》震惊华文诗坛，也算是名副其实的加华文学的一员；痖弦来加拿大定居最晚，但也是20世纪50年代和60年代全球闻名的新诗大家，在加拿大期间，他也在《明笔》副刊写专栏，且为不少作家的书写序，这些序均属于优秀散文的范畴，说他是加华作家也不会有错。

---

[1] 叶嘉莹，女，1969年来温哥华任教，为卑诗大学终身教授。1978年，叶嘉莹向中国政府提出回国讲学的申请，1979年得到批准后每年都利用假期回国讲学。1989年退休后，叶嘉莹一方面活跃在加拿大、美国及亚洲等地的古典诗词讲坛上，另一方面还抽出时间回到中国大陆进行讲学。1996年，叶嘉莹在加拿大得到蔡章阁先生捐助的资金，修建研究所办公大楼，并将研究所更名为"中华古典文化研究所"。叶嘉莹还为研究所捐出一半退休金（10万美元），设立了"驼庵奖学金"和"永言"学术活动基金。"驼庵"是叶嘉莹的老师顾随先生的别号，用"驼庵"命名奖学金，是为了纪念顾随先生。1991年，叶嘉莹当选为加拿大皇家学会院士；Chia-ying Yeh-Celebrating Life and Work, The University of British Columbia web site, https://ikblc.ubc.ca/chiayingyeh/，检索时间：2021年2月17日；《温哥华风物杂咏十首》，《大汉公报》1990年2月13日；梁丽芳、马佳主编：《新诗：洛夫、痖弦及其他诗人》,《中外文学交流史·中国—加拿大卷》，山东教育出版社，2015年，第73页。

[2] 莫洛夫，笔名洛夫，男，1996年移民加拿大。1998年，《洛夫小诗选》在台北小报文化公司出版。1999年，洛夫诗集《魔歌》被评为中国台湾文学经典之一。2000年，出版《雪楼随笔》。2001年，三千行长诗、新文学史上最长的诗《漂木》出版后，影响很大。同年被评选为中国台湾当代十大诗人之一，名列首位；陈浩泉编：《加拿大华裔作家散文选》，加拿大华裔作家协会，2013年，第7页。

[3] 王庆麟，笔名痖弦，男，出生于河南省南阳县，1949年到中国台湾，1998年来到加拿大温哥华，继续从事文学交流活动。来到加拿大后，曾在家里举办文学活动，与文友切磋文学，名叫"温哥华种诗"。资料来自痖弦和参加"温哥华种诗"的文友施淑仪；《痖弦谈文学"三霞工程"（上）》,《世界日报》1999年1月5日；《痖弦谈文学"三霞工程"（下）》,《世界日报》1999年1月7日。

[4] 1984年在中华书局出版《迦陵论诗丛稿》，1998年与哈佛大学教授海涛（James Robert Hightower）合作出版《中国诗研究》(Studies in Chinese Poetry)，是研究中国古典诗词的权威著作。2000年在河北教育出版社出版《迦陵诗词稿》等。

尽管如此，"加华作家"这个身份显然无法涵盖他们在华文文学史上的定位，而且他们自己也从未以"加华作家"这样的身份给自己定位。因此，加华文学的研究者或者加华作家，可以将他们视为"同道"或者"研究对象"而感到与有荣焉，但在学术上是否将他们定位为"加华作家"，仍然要严密论证。换句话说，叶嘉莹、洛夫、痖弦，给加华文学带来了荣耀，但也给加华文学研究带来了挑战。洛夫曾经说过，"我在哪里，中国文学就在哪里"，这就充分表明，我们提出的加华文学的两个主轴，仍然有许多学术的基础工程有待进行。

2. 亦舒、梁锡华[1]

中国香港是加拿大华人移民的重要来源地，1997年前后移民加拿大的香港人，有一个很重要的特点，那就是不断地回流和再回流，在亚洲和北美来回往返。这种特点反映在作家身上，就产生了身份定位的多元化。尤其是已经在中国香港成名的作家，移民加拿大后继续写作，有的还再度回流香港。他们是香港作家，还是加拿大华文作家，或者两者兼而有之？这是加华文学值得探讨的一个重要议题。在此，我们仅举几个典型的例子。

亦舒是中国香港著名的通俗言情小说家，也是相当多产的作家。20世纪90年代初移民温哥华之前，已经相当有名。移民后，她为加拿大《明报》加西版撰写连载小说，也出版了相当多以加拿大，尤其是温哥华为背景的小说，其中有加拿大移民题材的长篇小说《不易居》、加拿大华人历史题材的长篇小说《纵横四海》、早期中国香港女性移民故事《在那遥远的地方》等。尽管加华文学史的研究者将其列为加华作家，但她最主要的身份仍然是出生于上海的香港作家。

梁锡华教授与亦舒同年，是中国香港有名的学者小说家、散文家、翻译家。他于1967年来到加拿大，在卑诗大学获得硕士学位，后期在伦敦大学获得博士学位，毕业后在加拿大的圣玛利大学任教数年。梁锡华后到香港工作和写作多年，著有《独立苍茫》等各类题材的小说，也是香港著名的校园小说作家。梁锡华于1994年退休后来加拿大定居，在《明笔》等加拿大华文报刊上发表大量作品。由其个人发展来看，将其定位为加华作家肯定绰绰有余，但大部分文学史专论依然将其定位成中

---

[1] 亦舒，原名倪亦舒，笔名衣莎贝，女，生于上海，著名小说及散文女作家，她亦是作家倪匡的妹妹。亦舒年幼喜爱文学，很早就走上了文学创作之路。亦舒著作甚丰，出版小说有200多部，作品共有300多部。1991年，亦舒从中国香港移民加拿大后，开始书写身边的故事；梁丽芳、马佳主编：《新诗：洛夫、痖弦及其他诗人》，《中外文学交流史·中国—加拿大卷》，山东教育出版社，2015年，第194—196页；梁锡华，原名梁崔萝，1990年出版《还乡记：加拿大经验》，1997年，由华汉文化事业公司出版《爱恨移民曲》，2000年，由华汉文化出版公司出版散文集《放风筝》；资料来自陈浩泉和梁锡华。

国香港学者和作家。

其实，中国香港著名的作家、学者、文化人移居加拿大的人数很多，不少人拥有加拿大身份，但大部分时间仍在中国香港，或者大部分的文学生涯在香港度过，只是晚年却在加拿大定居，其中有戴天、胡菊人[1]等。因此，在定位加华文学作家的身份时，不可缺少的一个工作是要征询作家自己的意见，他们是否认同自己是加华作家，而不是硬把他们拉入加华作家的行列，以壮大加拿大华裔文学的声势。

3. 梁丽芳（Laifong leung）[2]、陈浩泉（William W.Y.Chan）[3]、孙博（Sun Bob）[4]、郑南川（Zheng Nan Chuan）[5]

在加华文学的发展过程中，文学团体发挥了重要的作用。一个好的文学团体，

---

[1] 胡菊人，男，1996年移民来到温哥华；陈浩泉编：《加拿大华裔作家散文选》，加拿大华裔作家协会，2013年，第72页。

[2] 梁丽芳博士，女，1968年移民到加拿大。曾就读于卡尔加里大学（University of Calgary）社会科学系，获文学士学位，1976年在卑诗大学获硕士学位，1986年取得哲学博士学位。1979年春经叶嘉莹教授推荐，为人民文学出版社编辑《台湾小说选》《台湾散文选》和《台湾新诗选》，该书首次向中国大陆读者介绍台湾文学。1985年，梁丽芳任教于加拿大阿尔伯塔大学（University of Alberta）东亚系，教授中国文学和语言。1994年，在美国出版了 *Morning Sun: Interviews with Chinese Writers of the Lost Generation*。该书由中国香港田园书屋和中国台湾万象图书出版公司共同出版中文版《从红卫兵到作家：觉醒一代的声音》。这是一本非常系统地向西方读者介绍中国当代知青作家的英文著作，获得20多个国际刊物的好评。汉语教学方面出版有《早春二月：电影导读课本》，1998年由剑桥出版社出版；资料来自梁丽芳。

[3] 陈浩泉，男，笔名夏洛桑、歌舒鹰。毕业于中国香港东亚大学新闻传播系，获社会科学学士学位。1992年以技术移民的身份来到加拿大温哥华。是加拿大华裔作家协会现任会长、世界华文文学联会副会长。1997年在中国香港华汉文化事业公司出版《紫荆·枫叶》，这是散文、随笔和诗的选集，分紫荆篇、枫叶篇、艺文篇和诗篇四辑，分别在亚洲和北美洲写成。1999年出版《天涯何处是吾家》（小说），中国友谊出版公司出版。1999年编著并出版《枫华文集》（加华作家文集），该文集由加拿大华裔作家协会出版，收集了近40位作家的作品，有散文、小说、诗和评论等；资料来自陈浩泉。

[4] 孙博，男，原名孙曰融。1990年移居加拿大多伦多。孙博是多伦多华人作家协会会员、加中笔会会长；散文集《您好！多伦多》1995年在中国台湾水牛出版社出版。纪实文学集《枫叶国里建家园》（与余月瑛合著），1996年在中国台湾水牛出版社出版。《男人三十》，2000年在文化艺术出版社出版。《小留学生闯世界》（与余月瑛合著），2001年在少年儿童出版社出版。《茶花泪》简体版，2001年在中国青年出版社出版；孙博的新浪博客，http://blog.sina.com.cn/bobsun，检索时间：2021年10月12日；陈浩泉编：《加拿大华裔作家散文选》，加拿大华裔作家协会，2013年，第207页。

[5] 郑南川，男，1988年定居加拿大蒙特利尔，加拿大魁北克华人作家协会现任主席，曾担任第五届和九届主席。国际华语作家协会终身理事。加拿大《华侨时报》"漂泊的梦"长期专栏作家。20世纪90年代，郑南川发表作品包括小说《两个男人的一周》《两个女人的一周》，中篇小说和长篇小说《那个漂亮女人为什么疯了》及散文、诗歌等200余万字；1998年，他的诗歌《漂泊——写给海外创业的朋友们》参加了中国"跨世纪九八和平、友谊、繁荣、进步"作品大联展，在中国美术馆和军事博物馆展出；资料来自郑南川。

有三个最基本的条件。一是这个文学团体的带领者，应该是一个好的作家、诗人、评论家或者现代文学研究者；二是这个文学团体要心无旁骛、专注于文学研究和创作，不受社会和政治的诱惑与纷扰，体现"文学与文学同仁"的核心价值，常有好的文学作品问世，促进文学的繁荣与发展；三是这个文学团体是一个开放、透明的团体，与其他地方、国家的作家们有广泛的交流，切磋文学，开阔视野，提升水平。三个条件中，带领者是最重要的元素。因为作家从事的文学创作是"私人的事业"，让一个有个性的作家去服务一个文学社团，除了具备组织能力之外，要有无私和包容的胸怀，唯文学马首是瞻，避免拉帮结派和搞小圈子。

在加华文学的文学结社上，从事英语创作的华裔作家人数较少，无太多的结社可能，况且又有英文文学大环境的存在，更需要团结才能有声音。因此，朱霭信发起的亚裔作家工作坊等社团，显得格外重要。用华文创作的华裔作家，情况就有很大不同。他们人多，来自不同的地区，身处不同的城市，随着移民潮的出现，作家、诗人人数也在增加，因此社团也很多。不过，成功的文学社团，还是要具备上述三个前提条件。

在众多的文学社团中，温哥华加拿大华裔作家协会、多伦多加中笔会、魁北克华人作家协会，是成立时间较长、举办活动频繁、会员出版作品较多的文学团体。

定居蒙特利尔的作家和诗人郑南川，不但是文学创作的多面手，在长中短篇小说和散文创作上均有建树，在诗歌创作上尤其出色。更值得一书的是，郑南川在魁北克华文作家群中颇具人缘，他为加华文学四处奔波，组织了很多有影响力的文学活动和评奖活动，也撰写了不少推荐加华文学作品的评论文字。[1]

多伦多在 20 世纪 90 年代之后，就成为加华文学的重镇，不但涌现出不少好作家、好作品，文学团体也组织了不少大型文学活动，而加中笔会则是其中的佼佼者。由作家王兆军担任首届会长的加中笔会，[2] 先后凝聚了不少著名作家、评论家，其中相当活跃的当数著名作家孙博。他在文学创作和媒体两栖活动，是多产作家，也是相当知名的记者。更难能可贵的是，他谦逊热情，广结善缘，长袖善舞，团结了作家，繁荣了文学，打出了名气。

尽管多伦多逐渐成为加华文学的重镇，但温哥华作为加拿大华人社区的发源地

---

[1] 2001 年，发起组织加拿大第一次全国性华文文学奖活动，王蒙担任名誉总评委，中国作家协会委派著名评论家何镇邦参加，郑南川亦担任评委；2001 年，全国詹锯辉文学奖：《2001 年全国詹锯辉文学奖，加拿大魁北克华人作家协会四周年志庆领奖晚会特刊》，2001 年；资料来自郑南川。

[2] 加拿大中国笔会的博客，http://blog.sina.com.cn/u/1748875110，检索时间：2021 年 10 月 12 日。

和亚洲门户，仍然扮演着与亚洲本土中国文学最紧密的沟通桥梁的角色。在温哥华众多文学团体中，加拿大华裔作家协会是相当重要的一个社团，而这个社团的领军人物则以中国香港作家和学者为主导，其中尤以梁丽芳和陈浩泉最为著名，他们与中国作家协会和中国香港文学团体的互动也最为频繁。

与加华协会创会会长卢因一同作为发起人，梁丽芳在学术层面支撑着一个文学社团，让加拿大华裔作家协会比加拿大其他文学社团多了一点厚度。师从叶嘉莹教授，梁丽芳以对中国传统文学的研究获得卑诗大学哲学硕士学位，又以对知青文学的研究获得卑诗大学博士学位。她在20世纪90年代中期就提出了"华人文学"的概念，将英语写作的华裔作家与加拿大华文作家做出区分。[1] 作为中国文学和语言的专职教授，梁丽芳在将中国现代文学作品和作家介绍到西方的同时，将加拿大华裔作家协会的文学社团活动与加华文学的学术交流相结合，与亚洲原居地作家和研究者互动，对中国现代文学走进加拿大、加华文学走进亚洲，做出了突出的贡献。

加拿大华裔作家协会的领导呈现出"两驾马车"的态势。来自中国香港的著名作家陈浩泉则是以中国作协会员、香港作家、加华作家的三重身份活跃于华文文坛，他将写作、出版和组织文学活动集于一身，推动了加拿大华裔作家协会成员的文学创作，丰富了协会作家与亚洲、美加以及世界各地同行的交流，扩展了加华作家的视野，可谓成绩卓著。

4. 张翎[2]

在中国大陆来的移民作家中，张翎处于比较重要的位置，尽管在2001年之前，她的小说创作尚没有受到文学评论界和读者的高度关注。张翎的早期创作具有三个重要的特征。第一，她的文学生涯是从加拿大起步的，也是在加拿大成就的。因此，她是名副其实的加华作家。第二，她创作的主要是小说，几乎是同时展开长篇小说、中篇小说以及短篇小说的创作，且显露出比较扎实的文学功底，尤其体现在文学语

---

[1] 梁丽芳：《扩大视野——从海外华文文学到海外华人文学》，发表于2002年11月28日至12月1日美国加州大学伯克利分校举行的"开花结果在海外：海外华人文学研讨会"（International Conference on Literatures of the Chinese Diaspora）；陈浩泉编：《枫华正茂·加华文学评论集》，加拿大华裔作家协会，2009年，第105—115页。

[2] 张翎，女，1986年赴加拿大留学，分别在加拿大卡尔加里大学（University of Calgary）及美国的辛辛那提大学（University of Cincinnati）获得英国文学硕士和听力康复学硕士，毕业后定居加拿大多伦多；资料来自张翎。

言的运用上。第三，她的作品大都是在中国大陆的主要文学杂志和出版社出版，[1]这也从另一个侧面说明，中国文学与加华文学的关系有时候密不可分。另外，由于张翎留学时间较早，且在美、加都生活过，因此她作品中的北美因素也是非常鲜明的。

由于加拿大存在着严重的移民回流和再回流现象，要对华文作家（或非华文作家）做严格的"加拿大作家"的定位，实在有困难。客观而言，只要有在加拿大创作的文学作品，或者发表的作品是加拿大题材，就会被纳入以下表格。而要言明的是，除了这些纳入表格的作家之外，自然会有一些作家，甚至是重要的作家未被收入，未来在修订本书的时候，将会随新找到的资料加以增补（参见表 3.5）。

表 3.5 华文作家、评论家及其作品

姓名	来加时间	作品及简介
吕慧	1960 年	作品有《欢游五十国》（1995 年）等。
冯冯（本名冯培德）	1965 年	20 世纪 70 年代，曾任温哥华《大汉公报》总编辑。长篇小说有《昨夜星辰》（1968 年）、《哭泣的紫枫》（1981 年）等，短篇小说集《柯飘湖》（*Lo Lac Qu' Appelle*）（1972 年）等。
葛逸凡	1965 年	作品有《加拿大的花果山》等。
东方白（本名林文德）	1965 年	作品有《露意湖》（1978 年）等。
朱小燕	1969 年	作品有《我的灵魂不在家》（1990 年）、《与上帝合作的人》（1994 年）等。2000 年获得台湾文艺写作协会海外文学工作奖。
文钊（本名刘敦仁）	1969 年	作品有《雁归行》（1980 年）等。
贾福相	1969 年	作品有《独饮也风流》（1991 年）等。
卢因（本名卢昭灵）	1973 年	20 世纪 80 年代与梁丽芳、胡意梅、陈丽芬等人发起成立拿大华裔作家协会，历任协会主席和理事。著作有《温哥华写真》《一指禅》等。

---

[1] 长篇小说《交错的彼岸》（百花文艺出版社，2001 年）、《望月》（作家出版社，1998 年）；中篇小说《花事了》（《小说家》2001 第 4 期）、《陪读爹娘》（《收获》2001 第 5 期）、《江南篇》（《收获》1999 第 4 期）、《寻》（《收获》1995 第 3 期）、《丁香街》（《清明》1994 第 3 期）、《梦里不知身是客》（《清明》1991 年第 5 期）；短篇小说《警察理查逊》（《钟山》1999 第 1 期）、《女人四十》（《十月》1998 第 5 期）、《盲约》（《上海文学》1998 第 5 期）、《团圆》（《十月》1997 第 5 期）；资料来自张翎。

续表

姓名	来加时间	作品及简介
阿木（本名刘慧琴）	1977年	作品有《胡蝶回忆录》（1987年）等。
苏绍兴	1985年	原任多伦多华人作家协会会长，著有《加拿大太平洋铁路华工建路史实》（1987年）等。
圆圆	1987年	作品有《赌情》（1989年）等。
王洁心	1988年	作品有《双女魂》（1994年）等。
刘全艳	1988年	作品有《灯火阑珊处：三十三位加拿大华裔移民的故事》等。
韩牧（本名何思扬）	1989年	作品有《待放的古莲花》（1997年）等。
潘铭燊	1989年	作品有《加华心声录》（1990年）等。
冯湘湘（本名冯穗芳）	20世纪80年代末从中国香港移居加拿大多伦多	作品有《加拿大移民众生相》（与林达敏共著，1990年）、《在水之湄》（1996年）等。
刘慧心	1987年访问加拿大，1990年旅居加拿大	作品有《话说好莱坞》（1998年）等。1996年与女作家谈卫那一起创办"雪楼诗书小集"活动。在诗人洛夫家每两周或每月举办一次来自亚洲原居地的加拿大作家文学交流活动。
梁燕城	1990年	作品有散文合集《让你窥透我的心》（与丁果合著，2001年）等。
徐学清	1990年	作品有《中外名人故事丛书——孔子》（合著，1996年）等。
阿浓（本名朱溥生）	1993年	作品有《伴你一情》（1993年）、《痴心留一角》（1999年）等。
余玉书	1993年	作品有《半生戎马足千秋》等。
董淼	1993年	作品有《断魂之旅》等。
杨树清	1996年	作品有报告文学《天堂之路——扫描新移民在温哥华的浮生现象》（2000年）等。
汪文勤	1996年	作品有《玄缘》等。
石贝（本名欧阳碧）	1997年	作品有《花开花落清风里》（1997年）等。
申慧辉	1998年	原是《世界文学》常务副主编。作品有《房中鸟》（蓝袜子丛书·加拿大卷）、《世界文坛潮汐录》等。

续表

姓名	来加时间	作品及简介
川沙	1999 年	作品有诗选集《拖着影子的人群》（2001 年）等。
林楠	2000 年	曾任加拿大《神州时报》总编辑、加拿大大华笔会会长，开办"海外华人作家、文艺家传略"副刊专栏等。林楠对海外文学有独到的看法，他认为应该把"海外作家作品"与"海外华文文学"加以区分。

资料来源：吕慧：《欢游五十国》，九歌出版社，1995 年；梁丽芳、马佳主编：《中外文学交流史·中国—加拿大卷》，山东教育出版社，2015 年，第 170、171、190 页；冯冯，http://slheng.com/history.html，检索时间：2021 年 10 月 21 日；冯冯：《昨夜星辰》，皇冠出版社，1968 年；冯冯：《哭泣的紫枫》，皇冠杂志社，1981 年；冯冯：《柯飘湖》，皇冠杂志社，1972 年；资料来自葛逸凡，《加拿大的花果山》，金苹企业有限公司，1991 年；东方白：《露意湖》，台北尔雅出版社，1978 年；东方白，https://zh.wikipedia.org/wiki/%E6%9D%B1%E6%96%B9%E7%99%BD，检索时间：2021 年 10 月 12 日；朱小燕：《我的灵魂不在家》，台北皇马出版社，1990 年；朱小燕：《与上帝合作的人》，台北皇马出版社，1994 年；资料来自朱小燕；文钊：《雁归行》，人民文学出版社，1980 年；贾福相：《独饮也风流》，林白出版社，1991 年；资料来自卢因；陈浩泉编：《枫华正茂——加拿大华裔作家散文选》，加拿大华裔作家协会，2013 年，第 8、21、183 页；卢因：《温哥华写真》，香港日月出版公司，1988 年 4 月；卢因：《一指禅》，香港华汉文化事业公司，1999 年；《梁锡华卢因陈浩泉三人新书抵温发行》，《明报》2000 年 2 月 24 日；刘慧琴：《胡蝶回忆录》，新华出版社，1987 年；《多伦多华人作家协会成立》，《世界日报》1994 年 1 月 23 日；苏绍兴：《加拿大太平洋铁路华工建路史实》，纪念加拿大铁路华工基金会，1987 年；阿浓：《能人苏绍兴》，《星岛日报》2018 年 9 月 3 日；黄维梁主编：《活泼纷繁的香港文学：一九九九年香港文学国际研讨会论文集》下，香港中文大学新亚书院和中文文学出版社，2000 年，第 739、801 页；《赌情》，华汉文化出版社，1989 年；王洁心：《双女魂》，八达出版社，1994 年；王洁心老师，http://www.pcms1974.org/memorial/teacher-wong-kit-sum，检索时间：2021 年 10 月 12 日；刘全艳：《灯火阑珊处：三十三位加拿大华裔移民的故事》，灵犀，1994 年；韩牧：《待放的古莲花》，澳门五月诗社，1997 年；韩牧：《韩牧散文选》，蓝天图书(红投资有限公司)，2008 年；资料来自韩牧；《创立枫桥出版社，推动侨社文艺活动》，《世界日报》1990 年 4 月 19 日；潘铭燊：《加华心声录》，枫桥出版社，1990 年；冯湘湘：《在水之湄》，河北教育出版社，1996 年；方舞阳简介：http://blog.sina.com.cn/s/blog_48c78b830102w49a.html，检索时间：2021 年 10 月 18 日； 林达敏、冯湘湘：《加拿大移民众生相》，明窗出版社，1990 年；刘慧心：《话说好莱坞》，中央民族大学出版社，1998 年；资料来自刘慧心和谈卫郎；梁燕城、丁果：《让你窥透我的心》(上、下)，文化更新研究中心，2001 年；徐学清、徐学安：《中外名人故事丛书——孔子》，中国和平出版社，1996 年；Xueqing Xu, the York Centre for Asian Research, https://ycar.apps01.yorku.ca/people/xueqing-xu/，检索时间：2021 年 10 月 12 日；徐学清：《漂鸟:加拿大华文女作家选集》，林婷婷，刘慧琴主编，台湾商务印书馆，第 XII 页；阿浓：《伴你一情》，山边出版社，1993 年；阿浓的话：《阿浓儿童文学作品精选集》，山边出版社，2017 年；阿浓：《痴心留一角》，获益出版事业有限公司，1999 年；立体阿浓：《瞻》，Volume 6, Issue 4, Jan., Feb.1998 年，第 7 页；《半生戎马足千秋——许崇智传》，美国《亚省时报》，1993 年；资料来自创会会长余玉书；郑南川和绍云主编：《魁北克华人作家协会十四年发展概述》，《岁月在漂泊》，加拿大魁北克华人作家协会编印，2012 年，第 692 页；冬苗：《断魂之旅（寻梦加拿大）》，上海远东出版社，1998 年；冬苗_文学城博客，https://blog.wenxuecity.com/myblog/25932/200908/，检索时间：2021 年 10 月 12 日；杨树清：《天堂之路——扫描台湾新移民在温哥华的浮生现象》，旺角出版社，2000 年；杨树清：台湾文学网，https://tln.nmtl.gov.tw/ch/m2/nmtl_w1_m2_c_2.aspx?person_number=M06063，检索时间：2021 年 10 月

12日；石贝文学城博客，http://blog.wenxuecity.com/myblog/69109/201701/9267.html，检索时间：2021年10月12日；汪文勤：《玄缘》，1997年在《明报》连载；申慧辉、孙桂荣选编：《房中鸟》，《蓝袜子丛书·加拿大卷》，河北教育出版社，1995年；申慧辉：《世界文坛潮汐录》，生活·读书·新知三联书店出版社，1996年；川沙文学工作室，http://www.chuanshastudio.com/，检索时间：2021年10月12日；川沙：《拖着影子的人群》，作家出版社，2001年；资料来自林楠。

第三节 副刊文学、出版物、社团刊物和网络小说

不能否认，加华英语文学除了在主流刊物和出版社刊登、出版以外，加华华文文学的主要作品也在亚洲的报刊以及出版社发表和出版，重要的华文文学奖也出现在亚洲。2001年以后，马来西亚等地才出现华文文学大奖，这也是由读者市场决定的。2001年以前，美加两地华文文学的读者也就100万人，难以支撑大规模的华文文学出版事业。不过，从文学的普及程度来看，北美也有相当丰富的发表园地。

最重要的发表园地当然是报纸的中文副刊。值得注意的是，来自中国香港和中国台湾的中文大报的副刊，依然是华文作家心向往之的"文学家园"，是华文作家"文学乡愁"的慰藉之地，也是众多新移民来到北美后成长为华文作家的"摇篮"。

在加拿大，主要有两类报纸。一类是涵盖全国的大报，如《大汉公报》等，20世纪七八十年代则有随着新移民潮而来的《星岛日报》[1]《明报》[2]《世界日报》[3]；一类是地方华文报纸，比如《路比华讯》《快报》《缅省华报》等。这些中文报刊依照华文报纸的传统，都先后设有副刊。[4]

有必要指出的是，港台地区报纸的副刊有明显的不同。来自中国香港的《星岛

---

[1]《加拿大星岛传媒集团主席吴友安，开拓传媒新景象》，《星岛日报卑诗版36周年报庆特刊》，2019年8月25日；Changing Social Organizations: Cultural and Intellectual Life, *Chinatown Historical Context Paper*, Commissioned By The City of Calgary, The City of Calgary Records & Information Management (RIM) Inspection & Permit Services, P.47.

[2]《明报》，https://www.mingpaocanada.com/tor/htm/Responsive/info.cfm?ty=about_ch，检索时间：2021年10月11日。

[3] 徐新汉：《父亲画像》，EhGBooks微出版公司，2013年，第25—28页；世界华文传媒论坛网：http://www.chinanews.com/focus_site/hwlt-3/jianada.htm，检索时间：2021年10月12日；《世界日报庆40周年专刊》2015年12月13日。

[4]《创刊号》，《路比华讯》1992年10月10日；《路比华讯一千期特刊》；《报纸第一版》，《快报》1971年1月9日；《快报创刊》，《快报》1971年1月9日；从1995年起，王虹在《缅省华报》专栏"枫林心语"撰写随笔、散文和诗歌等，资料来自王虹；王虹：《读书滋味》，《缅省华报》1996年2月1日。

日报》和《明报》的副刊维系"豆腐干专栏"的传统，三五百字的专栏划入"随笔"和"散文"类，《加东星岛报》和《加西星岛报》都设有副刊专栏，分别请作家和名人加盟。[1] 加东、加西明报亦是如此，形成两份报纸的另一种"竞争"。在"豆腐干方块"中演绎大千世界，形成华文文学中独特的"随笔"文学。从中国香港来的专栏作家，不少还是搞纯文学的小说家或文学评论学者，也会在专栏中一显身手，阿浓、胡菊人等都是个中高手。来自中国台湾的著名诗人作家，也下海写起"香港专栏"。20 世纪 90 年代中后期，罗锵铭（加西《明报》总编辑）、丁果（加西《明报》高级编辑）力邀洛夫、痖弦等作家和诗人"下海"写港式专栏，引发了读者的关注，洛夫曾将专栏文章结集成书出版发行，广受好评。

值得一提的是，中国香港的报纸一般都是通俗文学的世界，纯文学的版面相当少。但是，1996 年加西《明报》在罗锵铭的支持下，由丁果担纲主编，在余光中、梁锡华等文学大家的指点下，于 1996 年开辟《明笔》文学周刊版面，广邀亚洲原居地和加华文学作家参与，名家与新作家同版展现文学才华，大幅提升了温哥华乃至加拿大的文学氛围，也让中国文学和加华文学在一个文学版面上争奇斗艳，形成加华移民文学中一道亮丽的风景，并微妙地影响了中国文学和加华文学的界限划分。"明笔"坚持三年，影响甚至扩展至美国纽约的《明报》，直至 1999 年停版。丁果也在同年离开加西《明报》，前往电视台发展。

这里要补充指出的是，无论《星岛日报》还是《明报》，因为资源有限，极少能邀请当地华裔作家连载长篇小说。因此，加西《明报》在 20 世纪 90 年代后期同时连载亦舒和汪文勤的长篇小说，可谓罕见之举。[2]

如果说加拿大《明报》的《明笔》作为相对纯文学的文学周刊只有 3 年的生命周期，那么，《世界日报》的文学副刊《世副》，则可谓生命力旺盛。但必须看到的是，《世副》的资源充足，它是《联合报》副刊在北美的延伸，它的编辑室还在中国台湾，但约稿的范围却大很多。《世副》的文学版面涵盖长篇、中篇小说连载，以及散文、诗歌、随笔、征文比赛。在这个版面诞生了很多新的移民作家，其中美

---

[1] 1988 年《星岛日报》加西版开始设立两版专栏式的本地副刊，分别为《枫林》和《枫趣》，一直维持至千禧年后。两个版面的作者先后有金刀、刘国藩、麦冬青、圆圆、董培新、岳华等。后经多次改版，两版副刊合二为一，胡菊人、阿浓、陈浩泉、卢因、韩牧等人也加入作者行列。加东的《星岛日报》亦有当地的副刊；2020 年 2 月 19 日贾葆蕻电话咨询曾经在《星岛日报》工作过的黄展斌先生；陈浩泉：《加拿大华文传媒与加华文学》，《世界华文文学论坛》，江苏社会科学院，2010 年第 2 期。

[2] 1997 年，《明报》副刊刊登亦舒的原创小说《不羁的风》和汪文勤的原创小说《玄缘》。

国的华人作家居多,加拿大的较少,而获得专栏作家待遇的大陆新移民则少之又少,加拿大的丁果是其中之一(丁果的专栏名称是"枫叶传真")。值得一提的是,《世界日报》周末版《世界周刊》,是北美平民文学的园地,主要发表各类散文,还多次在《世界日报》周年纪念时主办"《世界日报》与我"征文比赛,美加两地的《世界日报》编辑部都会在当地组织征文比赛,设置奖金和奖品,鼓励读者参加,体验"拿起笔就是作家"的感受。有时候,加拿大《世界周刊》还会举办"我在枫叶国"的征文比赛,提升加国华人社区的文学温度。[1]

由于加拿大华文报纸的市场和读者群人数的限制,由报社出资推动华文文学,尤其是纯文学的创作与发表,成效相当有限,《明笔》和《世副》只能算是例外。因此,由地方上的作家协会与报刊合作,报纸提供免费版面,作协来负责组稿和编辑,成为加华文学作品发表的一种重要形式。举例来说,1990 年加拿大华裔作家协会在《大汉公报》推出"加华文学"双周刊。[2]"加华文学"前后一共出刊 10 期。2000 年 7 月,由加拿大华裔作家协会主编的每月一次的"加华文学"在《星岛日报》卑诗版创办,出版《加华作家》(*Chinese Canadian Writers Quarterly*)中英双语季刊。2001 年年初,加拿大华裔作家协会的网页正式运作。[3]

图 3.1 1990 年加拿大华裔作家协会在《大汉公报》推出"加华文学"双周刊
资料来源:《大汉公报》1990 年 1 月 15 日

---

[1]《我在枫叶国征文比赛》,《世界周刊》1999 年 10 月 31 日、11 月 7 日;《世界日报与我》,《世界周刊》2001 年 5 月 20 日、7 月 8 日。
[2] 卢因:《"关于加华作协"代创刊词》,《大汉公报》1990 年 1 月 15 日。
[3]《加华作协网页正式运作 今年续办文学研讨会》,《明报》2001 年 2 月 21 日;加拿大华裔作家协会网,http://www.ccwriters.ca/c_events.html,检索时间:2021 年 10 月 12 日。

《明报》加东版曾于1994年开办由多伦多华人作家协会供稿的文学专版,每逢星期日刊登会员作品。1995年8月《明报》改版后,每两周刊登一次会员作品。1998年1月停止。[1] 从2001年1月29日开始,该会在《星岛日报》每两周出一次会员作品专辑,《湖畔》。[2] 该专栏一共刊出51期,2003年1月13日结束。[3] 在魁北克华人协会宣告成立的同时,由作家协会与蒙特利尔华文报《路比华讯》签订协议,创办文学专版《笔缘》,魁北克华人作家协会主办,报社参与编辑工作,每周出版一期,两个版面。1997年3月21日,《笔缘》面世。[4] 1998年年末,《笔缘》又增设了新诗版面,以每周一篇的方式,连续发表诗歌,并对诗歌进行了点评。[5] 魁北克华人作家协会在《华侨时报》创办了文学园地《文苑》,但维持时间不长。[6]

除了全国性的中文报刊之外,地方报刊也随着华人移民潮的出现逐渐增多。这些小报大都有副刊,虽然以娱乐内容居多,但仍然会给文学留有一席之地。不少移民作家也借着这些有限的文学园地,用诗歌、散文、随笔、纪实文学乃至小说,来叙述自己的移民故事,展现出在两种文化冲击下的文学感受,为百年加华文学大厦添砖加瓦。[7]

在这些地方报刊中,《路比华讯》《神州时报》《中华导报》《华埠通讯》《加华侨报》《华侨新报》《瞻》《环球华报》和《缅省华报》等都在陆续刊登文学作品,

---

[1]《多伦多华人作家协会专辑之一"儿女债"》,《明报》1994年7月3日;郭丽娥:《作协历年重要活动一览》《雁声——25周年银禧纪念会员作品集》,多伦多华人作家协会,2019年,第121页。

[2]《〈湖畔〉第1期,多伦多华人作家协会专辑》,《星岛日报》2001年1月29日。

[3]《〈湖畔〉第51期,多伦多华人作家协会专辑启事》,《星岛日报》2003年1月13日;郭丽娥,作协历年重要活动一览:《雁声》,多伦多华人作家协会,2019年,第121页;怀念梁枫女士,http://www.chinesecanadianvoice.ca/96306/,检索时间:2021年10月12日。

[4]《创刊号》,《路比华讯》1997年3月21日。

[5] 郑南川、绍云主编:《魁北克华人作家协会十四年发展概述》,《岁月在漂泊》,加拿大魁北克华人作家协会,2012年,第685—692页。

[6] 郑南川、绍云主编:《魁北克华人作家协会十四年发展概述》,《岁月在漂泊》,加拿大魁北克华人作家协会,2012年,第685—692页。

[7]《大汉公报》副刊"加华文学"版,刊登过叶嘉莹的"温哥华风物杂咏十首";叶嘉莹:《温哥华风物杂咏十首》,《大汉公报》1990年2月13日;《路比华讯》《笔缘》一推出,首先发表了董森以难民真实生活为题材的报告文学《断魂之旅》。《笔缘》还发表留学生小尘的专题文章,真实地记录了20世纪90年代留学生读书、打工和奋斗的经历。夏莲则根据魁北克发生的特大冰灾创作纪实文学《无电的周末》,真实记录了冰灾下的华人生活故事;郑南川、绍云主编:《魁北克华人作家协会十四年发展概述》,《岁月在漂泊》,加拿大魁北克华人作家协会,2012年,第685—692页。

有时候还会举行征文（散文随笔为主）活动。[1]

华文作家喜欢将主要作品交由亚洲的文学刊物或者出版社来出版，主要是因为发行渠道和读者群的规模远远强于加拿大，影响力自然也完全不同。可以这么说，加拿大的中文文学出版，绝对不是商业的考量，而是作家对文学理想的追求，在加拿大出版的文学著作，很多都是自费的，目的是实现作者的文学理想。

典型的例子是，1990年，温哥华有6位文学爱好者，共同成立了枫桥出版社，他们当中有律师、医师、会计师，还有的在卑诗大学工作。枫桥出版社一经成立，就推出了徐明耀的专栏文章合集《三杂篇》和潘铭燊的名人访谈录《加华心声录》。[2]

华文文学出版大多是由作家协会同仁将作品集中起来结集出版，既展现作协的成果，也反映各成员文学创作的现状。如1999年，加拿大华裔作家协会首本会员作品集《枫华文集》面世，文集收录了近40位加国华裔作家的作品，分为评论、散文、诗及小说四类。[3]同年，多伦多华人作家协会出版了会员作品《多华文集：多伦多华人作家协会会员作品选》，收录了54位会员的作品。[4]

值得注意的是，华文文学作品的出版，有时候散见在不少宗亲会和社团的周年纪念特刊中。[5]一些诗词和对联，虽然没有特定的作者，却也随着特刊的发行存留下来。其中一些先侨的遗墨遗作，也会出现在20世纪七八十年代的刊物中，彰显出华人历史的沧桑感。比如，1985年，维多利亚中华会馆成立101年，会馆推出"三庆"特刊，既有诗词、对联，也有先侨遗墨。

---

[1] 1990年8月，中华文化中心、枫桥出版社、加拿大华裔作家协会、加华公协会等联合本地团体举办"我爱加拿大"征文比赛，余小鹤《打官司》取得第一名；《我爱加拿大征文揭晓，佳作纷呈再增额四名》，《大汉公报》1990年8月14日。

[2]《创立枫桥出版社，推动侨社文艺活动》，《世界日报》1990年4月19日。

[3]《加华作协〈枫华文集〉面世》，《明报》2000年2月11日；资料来自加拿大华裔作家协会会长陈浩泉。

[4]《多华文集：多伦多华人作家协会会员作品选》，多伦多华人作家协会，2000年；郭丽娥：《作协历年重要活动一览》，《雁声》，多伦多华人作家协会，2019年，第121页。

[5] 1985年，加拿大李氏总公所举行第三届恳亲大会，推出特刊登一些诗词。《祝词》，《全加李氏第三届恳亲大会纪念特刊》，1985年，第5页；1990年，加拿大林西河堂九牧公所举行合并60周年纪念活动，并推出特刊。林福荣：《西河宗势九牧殷传》，《加拿大林西河堂九牧公所合并60周年纪念特刊1930—1990》，1990年，第61页。

诸君入园存问

李澹愚遗作

谢李梦九、马瑞堂、李勉辰、温学修、关崇德、周家职、周家超、马道政

偶尔微驱忧采薪,闲中小住爱湖云。
别来几日秋风健,难得群公礼数殷。
树下移谈看水色,石边分坐带苔纹。
知予肺渴思甘露,搓手橙香正夕曛。[1]

当然,网络时代的到来,加华文学的传播手段也从报纸、刊物和图书扩展到电子刊物,其中不少电子文学刊物的点击率,远远超过报纸和图书的印数,也让加华文学的传播不再受加拿大甚至北美的地域限制,"加华作家"的人数也大幅度增加。在这些电子刊物中,《枫华园》《红河谷》《联谊通讯》《窗口》及笑言网站等都颇受瞩目。

第四节 加华文学的名著与获奖情况

加华文学其实是一个开放和包容的体系。说她开放,是因为从作者到作品,加华文学不受地域和文化限制,甚至不受文字的限制,与中国文学和世界文学交叉互动,可谓百花齐放;说她包容,乃是因为加华文学突破了"传统文学"或"纯文学"的窠臼,从精英文学到普罗文学、从历史文学到家族史文学、从离散文学到地方文学,可谓五花八门。

俗话说,万变不离其宗。文学就是论作品,讲作家。要摆脱加华文学"边缘文学"的标签,就要有作品和作家出来说话。加华文学有经得起历史和阅读考验的作家和作品,我们尚无法将其定为世界文学史中的瑰宝与经典,但至少可以将其定位为加拿大文学中可以登堂入室的一支,也是世界华文文学中艳丽的花朵。

当然,要列出所有作品并不容易,以下只是到 2001 年为止部分重要获奖作品(参见表 3.6)。

---

[1]《诗歌对联先侨遗墨》,《加拿大域多利中华会馆三庆纪念特刊》,1985 年,第 88 页。

表3.6 华裔作家历年来在加拿大获得的奖项（举例）

作家姓名	书名	出版时间和出版社	奖项
弗雷德·华（中文名关富烈）	《等待萨斯喀彻温》（Waiting for Saskatchewan）	1985年，Turnstone Press	1985年荣膺加拿大总督奖（Governor General Award for poetry）。
弗雷德·华	《如此遥远》（So Far）	1991年，Talonbooks	1992年获加拿大斯蒂芬森诗歌奖（Stephanson Award for Poetry）。
	《钻石烧烤店》（Diamond Grill）	1996年，NeWest Press	1996年获霍华德·奥哈根短篇小说奖（Writers Guild of Alberta–Howard O'Hagan Prize for Short Fiction）。
余兆昌	《三叔的诅咒》（The Curses of Third Uncle）	1986年，Toronto: Lorimer Press	获加拿大文化艺术委员会儿童文学荣誉提名奖（Canada Council Prizes Children's Literature–Honourable Mention）。1987年入围雪莉娅·伊戈夫儿童文学奖（Shelia A.Egoff Children's Literature Prize）。
	《咸水埠：温哥华的华人》（Saltwater City: The Chinese in Vancouver）	1988年，Vancouver: Douglas & McIntyre	1989年获得温哥华图书奖（Vancouver Book Award）、入围赫伯特·伊文思非小说类创作奖（Hubert Evans Non-fiction Prize）。
	《金山的传说：华人在新世界的故事》（Tales from Gold Mountain: Stories of the Chinese in the New World）	1989年，Vancouver: Douglas & McIntyre	1990年获雪莉娅·伊戈夫儿童文学奖（Sheila A.Egoff Children's Prize）、薇奥丽特·道尼奖（IODE Violet Downey Book Award）。
	《玫瑰在雪地上歌唱：一个美丽的传说》（Roses Sing on New Snow: A Delicious Tale）	1991年，Toronto: Douglas & McIntyre	1992年获史瓦兹儿童文学奖（Ruth Schwartz Children's Book Award）。
	《鬼火车》（Ghost Train）	1996年，Vancouver: Douglas & McIntyre	1996年获加拿大总督文学奖之儿童文学奖（Governor General's Literary Award, Children's Literature–English）。1997年获鲁斯·史切瓦斯儿童图书奖（Ruth Schwartz Children's Book Award）和Amelia Frances Howard–Gibbon Illustrator's Award。翻译版 Le Train Fantome 获1998年瑞士奖（Switzerland Prix Enfantasie）。

续表

作家姓名	书名	出版时间和出版社	奖项
余兆昌	《阁楼里的男孩》(The Boy in the Attic)	1998年,Toronto: Douglas & McIntyre	1999年获雪莉娅·伊戈夫儿童文学奖(Shelia A.Egoff Children's Literature Prize)。
李群英	《残月楼》(Disappearing Moon Cafe)	1990年,Vancouver: Douglas & McIntyre	1990年入围加拿大总督奖(Governor General Awards)提名,入选和获得"温哥华图书奖"。
应晨	《再见,妈妈》(L'ingratitude: roman)、《水的记忆》(La Mémoire de l'eau)	1995年,Montreal: Leméac	1995年获总督文学奖(Governor General Literary Awards, Fiction-French language)提名。 1995年荣膺巴黎-魁北克联合文学奖(Prix Québec-Paris)。 1996年获得魁北克书商奖(Prix des libraires du Québec)。 1996年获《伊人》杂志魁北克读者大奖(Grand Prix des lectrices de Elle Québec)。 1999年获得"艾尔弗雷德-德罗什文学奖"(Prix Alfred-Desrochers)。
李彦	《红浮萍》(Daughters of the Red Land)	1995年,Toronto: Sister Vision Press	1995年获加拿大全国小说新书提名奖(Books in Canada First Novel Award)。
崔维新	《玉牡丹》(The Jade Peony: A Novel)	1995年,Vancouver: Douglas & McIntyre	1995年获温哥华图书奖,并与女作家玛格丽特·阿特伍德(Margaret Atwood)分享当年的安省延龄草图书大奖三叶文学奖(Trillium Book Award)。
崔维新	《纸影:唐人街的童年》(Paper Shadows: A Chinatown Childhood)	1999年,Toronto: Viking Press	1999年获德莱尼·泰勒传记奖(Drainie-Taylor Biography Prize)和查尔斯·泰勒纪实文学作品奖(Charles Taylor Prize for Literary Non-fiction)双项提名。2000年获温哥华图书奖提名,并于同年获得埃德娜·斯代伯勒纪实作品奖(Edna Staebler Award for Creative Non-fiction)。
黎熹年	《千年女狐》(When Fox is a Thousand)	1996年,Vancouver: Press Gang Publishers	1995年获加拿大全国小说新书提名奖(Books in Canada First Novel Award)。

续表

作家姓名	书名	出版时间和出版社	奖项
赵廉	《不再沉默：加拿大华裔英语文学》（Beyond Silence–Chinese Canadian Literature in English）	1997年，Toronto：TSAR	1997年获加拿大文学最佳文学评论著作奖（Gabrielle Roy Award）。
陈泽桓	《妈、爸，我和白人女孩同居了》（Mom, Dad–I'm Living with a White Girl）	1995年，Cahoots Theatre Projects/Theatre Passe Muraille	1999年获伊丽莎白·斯特林·海恩斯最佳新作奖（Elizabeth Sterling Haynes Award for Best New Work）和亚当斯华人戏剧协会奖（Adams Chinese Theatre Award）。

资料来源：Finding Aid – Fred Wah fonds (MsC 17), Simon Fraser University Special Collections and Rare Books, pp.3–4.；1985 Governor General's Awards, https://en.wikipedia.org/wiki/1985_Governor_General%27s_Awards，检索时间：2021年10月12日；https://www.writerstrust.com/authors/fred-wah/，检索时间：2021年10月12日；Joyce Bainbridge, Sylvia Pantaleo, Sylvia Joyce Pantaleo, Learning with Literature in the Canadian Elementary Classroom, The University of Alberta Press, 1999, p.115.；Paul Yee, Ryerson University Library web site, https://library.ryerson.ca/asianheritage/authors/yee/，检索时间：2021年10月12日；Disappearing Moon Café, Vancouver Public Library web site, https://vpl.bibliocommons.com/item/show/531170038_disappearing_moon_cafe，检索时间：2021年10月12日；Fred Wah, Awards and Honours, https://canpoetry.library.utoronto.ca/wah/awards.htm，检索时间：2021年10月12日；Ying Chen, Ryerson University Library web site, https://library.ryerson.ca/asianheritage/authors/chen_ying/，检索时间：2021年10月12日；资料来自应晨；Yan Li, Ryerson University Library web site, https://library.ryerson.ca/asianheritage/authors/li_yan/，检索时间：2021年10月12日；资料来自李彦；Wayson Choy, https://library.ryerson.ca/asianheritage/authors/choy/，检索时间：2021年10月12日；Larissa Lai，https://library.ryerson.ca/asianheritage/authors/lai/，检索时间：2021年10月12日；Lien Chao, Ryerson University Library web site ,https://library.ryerson.ca/asianheritage/authors/chao/，检索时间：2021年10月12日；ACWW History, The Asian Canadian Writers' Workshop web site, http://www.asiancanadianwriters.ca/p/mission.html，检索时间：2021年10月12日；About Marty Chan, https://martychan.com/about/，检索时间：2021年10月12日；Marty Chan，Mom, Dad, I'm Living With A White Girl, Playwrights Canada Press, 2001；Wayson Choy, https://library.ryerson.ca/asianheritage/authors/choy/，检索时间：2021年10月12日；City of Vancouver Book Award, https://en.wikipedia.org/wiki/City_of_Vancouver_Book_Award，检索时间：2021年10月12日；Fred Wah, https://library.ryerson.ca/asianheritage/authors/wah/，检索时间：2021年10月12日；Paper Shadows, https://en.wikipedia.org/wiki/Paper_Shadows，检索时间：2021年10月12日。

从上述得奖作品可以看出，华裔使用加拿大官方语言（英语、法语）的文学作品，已经达到加拿大主流文学一流水准。而华文文学作品则因为加拿大读者市场有限，无法设立权威性的奖项，而华文文学的作家也会将一些重要的作品送去亚洲发表或者参加亚洲的文学奖评选活动。

第五节　加华文学的特点

加华文学的发展有必然性和特殊性。所谓必然性，即文学就是人学。全球有华人的地方，就有华人文学。华人进入加拿大之后，就有了文学活动，只是这些文学活动停留在华人生活的草根层次。在社团、寺庙举办的活动中呈现，对联、书信之类就属于这种文学范畴。所谓特殊性，就是说加华文学从通俗的市民（生活）文学上升到纯文学或者优秀通俗文学的层次，有大的作品，有好的作家。

从 20 世纪 60 年代到千禧年间，加华文学呈现出快速发展的势头，主要是因为发展的必然性和特殊性兼备。所谓必然性，指的就是加拿大移民政策变化后，移民潮加大，社会对华人的歧视减弱。移民潮带来华人人口的增加，这就是文学发展的基本土壤，而歧视减弱，有助于加华文学的"冒头"。所谓必然性，就是华人移民构成的变化，带来了文学创作人口的增加，许多已然是知名作家的文学人才进入加拿大，让加华文学出现了很多非华文和华文的好作品、大作家。换句话说，时代的变迁和加拿大移民环境的变化，成为这个时期加华文学发展最重要的特征。

"多元"是加拿大的文化特点之一，也是加拿大城市生活和个人生活方式的写照。基于此，加华文学第二个重要特征是多元性。体现在华人群体中，即形成了第一代移民、土生华裔、不同来源地移民和说不同方言的移民等等，这种移民群体的多元性呈现在文学创作上，就形成了创作语言上的不同。加华文学作品有英语、法语和中文三大语言，而在华文文学作品中，也有中国和亚洲各地的方言特征。因此，加华文学的阅读面相当广，远远超出加拿大的地域限制，是世界华人文学多元化的典型缩影。

历史上，华人在加拿大的遭遇、唐人街生活的"特殊环境"，以及全球化浪潮下移民面临的文化冲突，构成了加华文学（华文和非华文）作品的主要题材，也形成了加华文学第三个重要特征。如果从整体内容上观察加华文学的林林总总，鉴于其作品题材的多样性和广泛性，或可得出加华文学几乎就是（小型的）世界文学的一个缩影。还有一个特征，活跃在加拿大艺术领域里的一些华侨华人，是文学与艺术并举。[1]

---

[1] 例如著名书法家陈汉忠先生，不仅是艺术家，还是作家和诗词家，是诗书画集大成者。他通过长期艺术实践，意识到书法要写得诗笔含情，离不开文学和哲学造诣，因此他在热心推广书法的同时，尤其重视诗词创作。多年来，他在多伦多台商会、佛教湛山精舍、加拿大书画创作院设立书法班，传授书法技巧，教授诗文创作。温哥华擅长甲骨文的书法家何思捣（笔名韩牧），也是著名诗人，出版过不少文学作品。

加华文学的这些重要特征，拓宽了传统意义上的"中国文学"的外延范畴，并超越了华文的单一书写语范畴，将"文化中国"的文学语境，推展到全球的阅读世界，形成了加华文学对"中国文学"和"世界文学"的独特贡献。

第六节　新的文学社团及其文化活动

加华作家在从事创作时，不可避免地要进行交流和互动，由此先后成立了一个个文学团体（参见表3.7）。

表3.7　华裔文学团体

社团名称	成立时间	简介
亚裔作家工作室（Asian Canadian Writers' Workshop，ACWW）	20世纪60年代末、70年代初	负责人为朱霭信。是为培养加拿大环太平洋亚裔作家、发展文学团体而成立的。
湖枫诗社	1982年	曾经多次举办端阳诗人节雅集。
白云诗社	1983年	由一群中青年诗歌爱好者为推动新诗创作而组建的。社长是袁军。
枫叶文艺创作社	1984年	在多伦多成立。主旨是以文会友，提高写作水平。
加拿大华裔写作人协会（Chinese Canadian Writers' Association）。20世纪90年代初易名为加拿大华裔作家协会，英文名称不变。	1987年	成立于温哥华。主要工作包括举办文学活动，推动加华文学的创作与研究；通过与外地作家的互访，促进加国华裔作家与世界各国作家的交流；为作家提供作品发表与出版的机会。 2001年年初，协会网页正式运作。其文学活动有中英诗歌朗诵会、征文比赛、作品座谈会、电影放映会、新书发布会、书展，以及每月的文艺茶座等，还接待过亚洲的作家和学者，比如陆星儿和王蒙等。
加拿大华文作家协会（简称CWA）	1992年注册，1994年举行成立大会	是世界华文作家协会加拿大分会。2000年10月，与北美新浪网合作推出文学网站"希望文坊"，内容涵盖小说、旅行文学、作家小站、诗与篮球和美学五类。
多伦多华人作家协会	1994年	首任会长为伍秀芳。2000年7月设立网站，网址为www.Chinesewriters.ca。

续表

社团名称	成立时间	简介
加拿大中国笔会（Chinese Pen Society of Canada，前身是"天南海北笔会"）	1995年	成立于多伦多，会员在海内外发表了不少中英文小说、散文、诗歌和评论，其中不少作品获奖；出版了一些小说集、诗集、散文集、文学评论集和纪实文学集。
魁北克华人作家协会（法文为Association des Ecrivains Chinois du Quebec du Canada）	1997年3月7日注册	
加拿大魁北克中华诗词研究会（Quebec Chinese Poetry Study Association）	1999年	1999年11月6日，卢国才（笔名白墨、卢茵，Dr. Kok Chai Lu）和几个志同道合的文友在蒙特利尔创立魁北克中华诗词研究会。在《华侨新报》开设了诗坛专栏。
加拿大华人笔会（原名加港华人笔会，Canada and Hong Kong Chinese Writers Associations）	2000年	2001年，出版创刊号《笔荟》（*The Pen Galaxy*），执笔作者有叶嘉莹、余玉书、谢琰、林婷婷、卢干之、傅子超和廖显树等。

资料来源：亚裔作家工作室（Asian Canadian Writers' Workshop）网，http://www.asiancanadianwriters.ca/p/mission.html，检索时间：2021年10月12日；About us，http://www.asiancanadianwriters.ca/p/board-of-directors.html，检索时间：2021年10月12；《许之远文集》，http://www.xuzhiyuan.net/article.aspx?artid=3035，检索时间：2021年9月11日；《多伦多湖枫诗社端阳诗人节雅集》，《醒华日报》1988年6月29日；《温哥华白云诗社定期举行迎春诗歌朗诵会》，《大汉公报》1985年1月10日；《枫叶文艺创作社成立》，《醒华日报》1984年7月23日；《加华作协网页正式运作，今年续办文学研讨会》，《明报》2001年2月21日；"加华作家"创刊号出版，"文学双月"活动办座谈及朗诵，《明报》2000年9月5日；加拿大华裔作家协会网，http://www.ccwriters.ca/c_events.html，检索时间：2021年10月12日；林佛儿，http://tln.nmtl.gov.tw/ch/m2/nmtl_w1_m2_c_2.aspx?k=%E6%9E%97%E4%BD%9B%E5%85%92&person_number=H19019，检索时间：2021年10月12日；林佛儿，https://www.wikiwand.com/zh-cn/%E6%9E%97%E4%BD%9B%E5%85%92，检索时间：2021年10月12日；加拿大华文作家协会注册资料来自现任会长徐新汉；《"希望文坊"网上征文》，《明报》2000年10月17日；《多伦多华人作家协会成立》，《世界日报》1994年1月23日；《多伦多华人作家协会昨正式成立》，《星岛日报》1994年1月23日；郭丽娥：《作协历年重要活动一览》，《雁声——25周年银禧纪念会员作品集》，多伦多华人作家协会，2019年，第121页；加拿大中国笔会博客，http://blog.sina.com.cn/jiazhongbihui，检索时间：2021年10月12日；郑南川：《魁北克华人作家协会十四年发展概述》，《岁月在漂泊》，加拿大魁北克华人作家协会编印，2012年，第685—692页；资料来自白墨：加拿大魁北克中华诗词研究会网，http://www.quebecchinesepoetry.com/2009/08/blog-post_29.html，检索时间：2021年10月12日；资料来加港华人笔会创会会长余玉书；《加港华人笔会创刊号出版》，《明报》2001年5月5日；《笔荟》创刊号，加港华人笔会，2001年5月。

文学团体成立后，都竭尽全力，举办讲座、文学交流研讨会、征文和评奖活动，并出版了专刊和大批文学书籍（参见表3.8）。

表 3.8　华裔文学团体或其他团体举办的文学活动

社团	文学活动
温哥华中华文化中心	1989 年，协会为著名华裔作家余兆昌举行了《金山的故事》新书发布会，出版商协办。教育界、文化界及余兆昌的好友等中西人士 200 多人参会。本拿比（Burnaby）中学的学生把《金山的故事》读后所感用图片刻画出来，在会场上进行展示。
加拿大华裔作家协会	1994 年 6 月，与温哥华加中友好协会（Canada-China Friendship Association）合作，首次邀请北京作家刘恒和上海女作家陆星儿到加拿大访问两周。 1997 年 7 月，邀请中国著名作家陈建功和著名文学评论家陈骏涛出席"华人文学——海外与中国"座谈会。同年 8 月，加拿大华裔作家协会与中华文化中心联合主办"华人文学——海外与中国"座谈会，6 位著名作家陈建功、陈骏涛、洛夫、周肇玲、阿浓和梁锡华，分别就华人文学问题各抒己见。 1998 年，应中国作家协会邀请组团访问中国，其间分别与北京作家、中国社科院文学研究所学者和山东作家座谈，并在崂山列席青岛作家会议。 2001 年 11 月，应中国香港作家联会邀请，陈浩泉任团长、刘慧琴为副团长组团访问了香港中文大学、浸会大学、城市大学、澳门大学等。 曾应城市电视台邀请，协助制作节目《作家剪影》，由加华作协顾问、作家们对徐志摩、张爱玲、琼瑶和二月河等作家进行研讨，畅谈海外文学的写作发展等。
多伦多华人作家协会	1994 年，在士嘉堡政府大楼举办会员作品展览。 1995 年，举办《麦迪逊之桥》讨论会。 1998 年 6 月，与大多伦多中华文化中心合作举办征文比赛。2001 年，举办文学座谈会，探讨新世纪海外华人文学发展方向等。
魁北克华人作家协会	举办了加拿大"詹锯辉文学奖"（Raymond Tsim Literary Awards）的评选，该活动通过《明报》《世界日报》和加拿大全国华文报纸进行宣传。中国作协应邀委派评论家何镇邦到蒙特利尔参与全程评选，王蒙担任评委会主席，并亲笔题词"以母语寻找和缔造心灵的家园"，中国作家王安忆、杨文瀚等参评，有 18 位作者得奖。

资料来源：《华裔余兆昌新著作〈金山的故事〉面世》，《大汉公报》2021 年 10 月 21 日；加拿大华裔作家协会网，http://www.ccwriters.ca/c_events.html，检索时间：2021 年 10 月 20 日；《应加拿大华裔作家协会邀请，中国两著名学者来温演讲》，《明报》1997 年 7 月 14 日；《当代大陆两著名文学家访温称中国文学创作已具基本自由度》，《明报》1997 年 7 月 23 日；《中加名作家聚谈华人文学》，《明报》1997 年 8 月 3 日；资料来自梁丽芳；资料来自陈浩泉；"加华作协"协助制作〈作家剪影〉明晚播映》，《明报》2000 年 11 月 30 日；多伦多华人作家协会网，思华，忆作协的《廊桥遗梦》讨论会，http://tcwa08.blogspot.com/2017_03_01_archive.html，检索时间：2021 年 10 月 27 日；《作协座谈华文文学路向立足本地拓展写作空间》，《明报》2001 年 6 月 3 日；

郭丽娥:《作协历年重要活动一览》,《雁声——25 周年银禧纪念会员作品集》,多伦多华人作家协会,2019 年,第 121 页;郑南川:《魁北克华人作家协会十四年发展概述》,《岁月在漂泊》,加拿大魁北克华人作家协会,2012 年,第 685—692 页;《魁北克华人协会提倡写作风气,举办全国文学征文比赛》,《星岛日报》2001 年 3 月 20 日;《2001 年全国詹锯辉文学奖》,《2001 年全国詹锯辉文学奖,加拿大魁北克华人作家协会四周年志庆领奖晚会》特刊,2001 年,第 11、14、15 页。

经过几十年的努力耕耘,进入新世纪后,加华文学已经呈现百花齐放的局面。

第四章
加华史学

从平等入境时期至今，华侨华人移居加拿大已逾百年。在这一历史时期，无论是非华裔或者华裔，都开始着眼于华人历史的研究和写作，大学校园中也开始出现专门研究华人历史和移民问题的专家。随着时代的变迁，华人移民来加人数增多，导致加拿大移民政策的研究与华人息息相关，而对过去华人被歧视、被妖魔化的平反工作，也浮上了台面，某种程度上刺激了华人研究者的研究热情。除此之外，在战后经济发展的大潮中，接近大城市中心的唐人街也面临着复兴重建或者被拆除的危机，唐人街的历史传承和保护迫在眉睫。如何写好华人历史，尤其是唐人街的百年史，也成为急迫的工作。事实上，从20世纪60年代到新世纪，加拿大华人华侨历史研究、唐人街研究，成就了不少加华史学专家，研究成果不少，开创性研究也时有出现，带动了华人定位的深化和历史翻案工作的进行。

除了学术上的研究专家，加拿大唐人街的老社团和会馆本身，也是加华历史的见证，他们对史料的保护和传承，也构成了加华史学的重要组成部分，并为专家的深度研究提供了活化石般的史料基础。当然，华人社区不乏老的家族，比如温哥华叶家，他们在各地开枝散叶，让不少宝贵的家族资料花落四处，这也让华裔史学社团、私人小博物馆应运而生，在保存资料、光大史迹、普及加华历史等方面做出了独特的贡献。另外，随着口述历史的兴盛和视频形式的出现，一些纪录片和影视剧也在加华历史的普及和宣扬上，占据了一席之地。

第一节　学术研究的多样性

坦白说，作为移民国家，在加拿大整个史学界，移民史是显学，但加华移民史则属于移民史研究的"小众"，这表现在加华移民史专著不多，即使加上历史爱好者撰写或编著的书籍，也并不多，其中很大一部分还是社团史和家族史。

在加华史专业研究方面，主要有四类学者。一是非华裔、不会或懂得不多中文的学者，他们主要依靠英语或者翻译成英语的中文资料来进行研究和写作，例如帕特里夏·罗伊（Patricia E.Roy）等；第二类是非华裔、有中文基础的研究者，他们从双语资料中寻找研究的材料，做出很大的成绩，例如埃德加·威克伯格（Edgar Wickberg，当地称魏安国）、格雷厄姆·约翰斯顿（Graham Johnson，当地称詹森）等；[1] 第三类学者很特别，他们是华人（不少还是第一代移民）且懂得双语，对中国文化和历史的了解相当深刻，对华社内部的观察也很细致，他们的著作在细节上是前两类作者不易做到的。例如黎全恩（David Chuenyan Lai）和李胜生（Peter S.Li）等。当然，他们的著作大部分是英文的，极少数是中文的，或者是由中文原著翻译成英文的。第四类是华裔且只用英语书写的本土研究者，或者是华裔且用中文书写的研究者，他们的研究成果，前者全是英文，后者大都用中文来呈现。例如马乔里·黄的《龙与枫叶：二战期间的加拿大华裔》（*The Dragon and the Maple Leaf: Chinese Canadians in World War II*）是英文著作，而李东海的《加拿大华侨史》是中文书籍。可以这样说，从作者到题材、内容以及研究和写作语言，加华历史研究呈现出多样性的特征。

我们将这一时期主要的加华研究著作列表如下（参见表4.1）。

表4.1 加华史学著作（1967—2001年）

作者	中文著作	英文著作	出版社/机构	出版时间	内容
李东海	加拿大华侨史（*A History of Chinese in Canada*）		加拿大自由出版社	1967年	该书详细介绍了华人淘金、修铁路、侨胞生活、种族歧视、唐人街的成立、华侨经济以及侨团、文化、报刊、教育等历史。
马寿山（马青，Ma Ching）	先驱者		香港骆驼出版社	1977年	加拿大华侨华人移民简史。

---

[1] Edgar Wickberg fonds, University of British Columbia Archives, 2005；魏安国，http://www.lib.nus.edu.sg/chz/chineseoverseas/oc_wag.htm；检索时间：2021年10月12日；《大汉公报》1972年9月11日。

续表

作者	中文著作	英文著作	出版社/机构	出版时间	内容
马寿山（马青，Ma Ching）		《华裔先驱者：加拿大华人移民及中加关系的相关资料》（Chinese Pioneers: Materials Concerning the Immigration of Chinese to Canada and Sino-Canadian Relations）	Vancouver, B.C.: Versatile	1979 年	加拿大华侨华人移民简史。
黎全恩（David Chuenyan Lai）		《同济门：从理想到现实》（The Gate of Harmonious Interest: From Concept to Reality）	Victoria: City of Victoria, Victoria, B.C.	1981 年	运用具体数据和案例研究，介绍维多利亚唐人街同济门的建造情况。
		《卑诗省的拱门及中式牌楼》（Arches in British Columbia）	Victoria: Sono Nis Press, Victoria	1982 年	介绍卑诗省的牌楼。
		《加拿大华埠发展史》（Chinatowns: Towns within Cities in Canada）	Vancouver: UBC Press	1988 年	该书从淘金开始，介绍了金矿、采煤社区和唐人街的形成，介绍了二战以来在城市社区和郊区涌现出的新唐人街，它描绘了从 19 世纪末到 20 世纪 80 年代，唐人街不断变化的景观和形象，还包括维多利亚唐人街的详细案例研究。
		《维多利亚之紫禁城：加拿大早期唐人街的神话、象征和街景》（The Forbidden City Within Victoria: Myth, Symbol and Streetscape of Canada's Earliest Chinatown）	Victoria: Orca Book Publishers	1991 年	运用具体的案例研究方法对维多利亚唐人街进行实证研究。该书介绍了维多利亚唐人街的过去以及中国传统文化对它的影响，探讨与唐人街有关的神话，并解释这些神话的意图和目的。

续表

作者	中文著作	英文著作	出版社/机构	出版时间	内容
黎全恩（David Chuenyan Lai）		《枫骨中华魂：不用华工，铁路成空》（Canadian Steel, Chinese Grit: No Chinese Labour, No Railway）	National Executive Council of the Canadian Steel, Chinese Grit Heritage Documentary	1998年	主要介绍华工修建太平洋铁路的过程。
		《卑诗省列治文市时代坊亚洲主题购物中心研究》（A Study of Asian-themed Malls in the Aberdeen District of City of Richmond, British Columbia）	Vancouver: Vancouver Centre of Excellence for RIIM	2001年	该书对列治文市阿伯丁区购物中心进行了研究。
魏安国、詹森、维廉·维尔莫特（William E Willmott，当地称云达忠）、简建平（Harry Con）和简永坚（Ronald J.Con）		《从中国到加拿大——加拿大华人社区历史》（From China to Canada: A History of the Chinese Communities in Canada）	McClelland and Stewart Ltd.in association with the Multiculturalism Directorate, Department of the Secretary of State, and the Canadian Government Publishing Centre, Supply and Services Canada	1982年	这是一部通史。该著作参考了政府文件、侨社刊物、原始文件、侨团报告、恳亲会议记录、活动照片或私人日记等，全方位介绍了1858年到1980年间加拿大华侨华人百年历史风貌，是一部经典之作。
安东尼·陈（Anthony B.Chan）		《金山：新世界中的华人》（Gold Mountain: The Chinese in the New World）	Vancouver: New Star Books Ltd.	1983年	共有十章，描述了早期华人在北美的生活方式和社区发展。书中作者提出了极具争议的问题之一，即华人是"寄居者"还是移民。

续表

作者	中文著作	英文著作	出版社/机构	出版时间	内容
威廉·司徒、拉里·萧（William Seto and Larry N.Shyu）		《以历史的视角看华人在新不伦瑞克省的经历》（The Chinese Experience in New Brunswick：A Historical Perspective）	The Chinese Cultural Association of New Brunswick	1985年	描述了新不伦瑞克省的华人历史。该书介绍定居在圣约翰（Saint John）的华侨华人为跨加拿大铁路建设做出的贡献。
李胜生		《阶级社会中的民族不平等》（Ethnic Inequality in a Class Society）	Toronto：Wall and Thompson	1988年	
		《加拿大的华人与华人社会》（The Chinese in Canada，Second Edition）	Toronto：Oxford University Press	1998年	叙述了1858—1988年间的加拿大华人史，运用社会学和人口统计学的方法分析加拿大的华人社会并提到了加拿大人对华人的种族歧视。本书是对1988年版的修订版，是一部经典学术著作。
余兆昌（Paul Yee）		《咸水城：温哥华的中国人》（Saltwater City：An Illustrated History of the Chinese in Vancouver）	Seattle：University of Washington Press	1988年	讨论了卑诗省温哥华华裔社区的发展。
加拿大华人全国委员会妇女书籍委员会（The Women's Book Committee Chinese Canadian National Council）		《巾帼：加拿大华裔妇女的心声》（Jin guo：Voices of Chinese Canadian Women）	Toronto：Women's Press；1st Edition	1992年	主要记录的是19世纪中叶到20世纪80年代，加拿大华裔妇女口述的历史故事。其中讲述了加拿大太平洋铁路的建设、种族和性别歧视、语言障碍造成的影响，还介绍了加拿大华裔妇女参与当地社区活动的情况。

续表

作者	中文著作	英文著作	出版社/机构	出版时间	内容
伊芙琳·黄、劳伦斯·杰弗里（Evelyn Huang and Lawrence Jeffery）		《加拿大华人：来自社区的声音》（Chinese Canadians: Voices From a Community）	Douglas & McIntyre	1992年	采访了很多加拿大先侨、侨商、侨领和包括林思齐在内的各界人士，是难得的口述史料。本书汇集了对23位华裔人士的深度访谈，谈及他们的生活、在加拿大的经历、他们的希望和他们的梦想。
伍荣仲（Wing Chung Ng）		《1945—1980年温哥华的华人对身份认同和地位的追求》（The Chinese in Vancouver, 1945-80: The Pursuit of Identity and Power）	Vancouver: UBC Press	1991年	该书讲述的是温哥华唐人街华人追求身份的故事。
马乔里·黄（Marjorie Wong）		《龙与枫叶：二战期间的加拿大华裔》（The dragon and the Maple Leaf: Chinese Canadians in World War II）	Pirie Publishing	1994年	书中用很小的篇幅记叙了一战时期华裔军人的情况，用很大篇幅叙述了华裔军人在二战期间为东南亚战场、太平洋西南战场、加拿大防线（Canadian Defence）以及意大利和欧洲西北战场做出的贡献。
蔡小珊（LiLy Chow）		《北方的旅居者》（Sojourners in the North）	Prince George Caitlin Press Inc.	1996年	主要描述自淘金时代起，华侨华人在菲沙河沿岸生活的遭遇和做出的贡献。该书还记载了洪门等社团的历史。
黎全恩、帕梅拉·马多父（Pamela Madoff）		《同济门兴建与重修》（Building and Rebuilding Harmony）	University of Victoria, Department of Geography	1997年	该书是加拿大维多利亚唐人街同济门的建设和翻新记录，为纪念1996年10月重新启用大门而作。它分为两部分，第一部分涉及同济门建设历史、项目如何实施以及同济门的组成和象征；第二部分讲述了同济门产生的影响、整修的原因。

续表

作者	中文著作	英文著作	出版社/机构	出版时间	内容
李宁玉（Li, Julia Ningyu）Translated by 霍华（John Howard-Gibbon），王健（Jan Walls）	《枫骨中华魂：纪念百年前修建加拿大铁路的中国人》	*Canadian Steel, Chinese Grit: A Tribute to the Chinese who Worked on Canada's Railroads More than a Century Ago*	云南人民出版社（中文版）Toronto：Paxlink Communications Inc.（英文版）	2000年	介绍修建太平洋铁路华工奋斗的历史。

资料来源：李东海：《加拿大华侨史》；《加拿大华侨史出版联合介言》，《醒华日报》1968 年 2 月 16 日；马寿山：《先驱者》和 Chinese Pioneers；资料来自黎全恩；The Gate of Harmonious Interest: From Concept to Reality；Arches in British Columbia；From China to Canada: A history of the Chinese communities in Canada，City of Vancouver archives web site，https://searcharchives.vancouver.ca/from-china-to-canada-history-of-chinese-communities-in-canada，检索时间：2021 年 10 月 12 日；The University of British Columbia web site: Asian Canadian and Asian Migration Studies-Anthony B. Chan (1944-2018)，https://acam.arts.ubc.ca/anthony-b-chan-1944-2018/，检索时间：2021 年 10 月 12 日；Gold Mountain：The Chinese in the New World；The Chinese Experience in New Brunswick A Historical Perspective，http://www.rubycusack.com/issue353.html，检索时间：2021 年 10 月 12 日；Chinatowns：Towns within Cities in Canada；Racial Oppression in Canada；Peter S. Li，University of Saskatchewan web site，https://artsandscience.usask.ca/profile/PLi#/profile，检索时间：2021 年 10 月 12 日；Ethnic Inequality in a Class；Saltwater City: An Illustrated History of the Chinese in Vancouver；Paul Yee，https://library.ryerson.ca/asianheritage/authors/yee/，检索时间：2021 年 10 月 12 日；The Forbidden City Within Victoria: Myth, Symbol and Streetscape of Canada's Earliest Chinatown；Voices of Chinese Canadian Women；Chinese Canadians: Voices from a Community；The Chinese in Vancouver, 1945-1980: The Pursuit of Identity and Power；The dragon and the maple leaf: Chinese Canadians in World War II；Sojourners in the North；Building and Rebuilding Harmony: The Gateway to Victoria's Chinatown；《枫骨中华魂：不用华工，铁路成空》；The Chinese in Canada, Second Edition； 资料来自王健。

这些史学著作种类不一，可以分为不同类型的移民史，论文，社团史、家史、自传和其他三类。

一、不同类型的移民史

（一）通史

从上面所列著作可以看出，通史类且有广泛影响力的著作主要有两部，即《加拿大华侨史》《从中国到加拿大》(*From China to Canada*)。值得注意的是，在通史类读物中，有严格按照学术规范写就的著作，也有依靠原始资料写成的书，上述两本书是其中的重要代表。《从中国到加拿大》的作者群中西混合，在魏安国、詹森、云达忠、简建平和简永坚五位作者中，三位是西人学者，而简建平是侨领，简永坚是资深牧师。[1]因为魏安国是懂中文的学者，而简建平和简永坚也在很长一段时间中见证了华人社区的起落，简建平还对华人历史有过研究和著述，尤其是对加拿大洪门史。这样强大的作者群，保证了这本书的史料和叙述的学术性和丰富性。该书所用的史料包括政府文件、侨社刊物和原始文件、侨团报告、恳亲会议记录、活动照片及私人日记等，全方位介绍了1858年到1980年加拿大华侨华人百余年的历史风貌，成为后来加拿大华人华侨史研究的必读之书。

《加拿大华侨史》介于研究和史料汇编之间，成为加华史研究领域一部特殊的经典之著。该书作者李东海先生成长于台山，后移居中国香港，1953年移民到加拿大维多利亚，是战后华人移民潮中的一分子，他长期担任维多利亚中华会馆秘书，也曾任教于华侨学校。作为台山人，李东海与加拿大华人华侨的前辈有重要的"乡情之谊"和"历史之缘"，为了撰写《加拿大华侨史》，李东海遍访先侨，博览先侨遗文，并根据维多利亚中华会馆几十年珍藏的华人史料、卑诗省省府史料、第一和第二次皇家调查报告、政府公报、报刊等，经过十余年的研究，撰写了《加拿大华侨史》。该书是第一部介绍加拿大华侨移民历史的中文书籍，而他又亲身采访到许多当时还活着的重要先侨领袖人物，因此，该书的第一手资料前所未有地丰富，不但弥补了历史专业研究上的不足，且成为历史学家研究早期加华史的必读书。[2]

（二）唐人街史和口述史

从某种程度上讲，早期加拿大华侨华人史，其实也是唐人街的发展史。魏安国等人和李东海的通史著作，很大程度上也是唐人街史，专门研究唐人街的专著《加拿大华埠发展史》(*Chinatowns: Towns within Cities in Canada*)可谓是这方面的代表性著作。该书作者黎全恩教授曾实地考察美加两国近40多个唐人街，取得了大量第一手资料。黎全恩教授将实地调查与文献资料考证相结合，较为完整地叙述加拿大唐人街的实体存在和变化经纬。该书曾获卑诗省历史学会1988年书籍优良奖。[3]

---

[1] UBC Library-University of British Columbia web site, https://www.library.ubc.ca/archives/u_arch/wickberg.pdf，检索时间：2021年10月12日；《访问负责编写加国华侨奋斗史的云埠五位学者》，《大汉公报》1972年9月11日。

[2] Fonds AR457 - David Lee fonds, University of Victoria web site, https://uvic2.coppul.archivematica.org/david-lee-fonds，检索时间：2021年10月12日；李东海：《作者自序》，《加拿大华侨史》，1967年，加拿大自由出版社，第1—6页；张其昀：自序，《加拿大华侨史》，第1页；《加拿大华侨史出版联合介言》，《醒华日报》1968年2月16日；《李东海君获学术院研究衔》，《醒华日报》1968年10月2日；《悼李东海宗长》，《大汉公报》1988年3月8日。

[3] 《加拿大华埠发展史，黎全恩名著获奖状》，《大汉公报》1989年6月10日。

1989 年被全美国图书学会列入最有权威性的著作之一。除此之外，黎全恩教授的《维多利亚之紫禁城：加拿大早期唐人街的神话、象征和街景》(*The Forbidden City Within Victoria: Myth, Symbol and Streetscape of Canada's Earliest Chinatown*)、《同济门：从理想到现实》(*The Gate of Harmonious Interest: From Concept to Reality*) 和《同济门兴建与重修》(*Building and Rebuilding Harmony*) 等著作，是对加拿大第一唐人街——维多利亚唐人街多方面的实证研究成果。

值得一提的是，在加拿大华侨华人社会发展史的研究中，著名社会学家李胜生教授的《加拿大的种族压迫》(*Racial Oppression in Canada, Second and Enlarged Edition*)、《加拿大的华人与华人社会》(*The Chinese in Canada*)、《阶级社会中的民族不平等》(*Ethnic Inequality in a Class Society*)，把华人社区的历史和人口统计数据结合起来，从社会学和人类学的理论视角来进行研究和探讨，并做出相关的评论。这些著作涉及的议题相当广泛，其中包括针对华人的种族主义、职业、民族事业、婚姻和家庭、社区组织和社会生活、当代华裔加拿大人的社会流动性和华人中产阶级等。李胜生教授的研究，对华人在加拿大遭受制度性歧视以及被边缘化的成因，有深刻的见解，且有扎实的数据支撑。

此外，《金山》一书也是非常值得关注的。该书共有 10 章，描述了早期华人在北美，尤其是在加拿大的生活方式和华人社区的发展。该书虽然没有遵守严谨的学术规范，但对加拿大社会中华人一族的全方位描写，资料翔实，情节生动，可谓是加拿大各民族史中的佼佼者。

口述历史的兴起比较晚，而且也缺乏比较专业的历史学家亲自组织的口述史著作，这种情况到了新世纪之后才逐渐改善。这期间，较受关注的口述史著作有《加拿大华裔妇女的心声》(*Voices of Chinese Canadian Women*) 和《加拿大华人：来自社区的声音》(*Chinese Canadians: Voices From a Community*)。前者是一些加拿大华裔妇女口述历史的汇编，后者涵盖较为广泛，包括加拿大先侨、侨商、侨领，还有卑诗省首任华裔省督林思齐等各界人士，这些口述史有助于了解这段历史的一些细节。

二、论文

一般而言，加华历史的大部头著作仍然不多，但在论文方面，则数量不少。因为加拿大是移民国家，华人在战后有过多次移民潮，且华人社区常常成为加拿大舆论关注的焦点，因此，就有很多学者写论文进行探讨。这些论文有比较明显的特征，一是论文的作者大都是移民史研究专家、博士和硕士等专业人士；二是论文的内容相对以学术为主,涉及很多移民政策和移民问题的研究,较为深奥,普通读者不是很多;三是题材广泛,涵盖侨社的方方面面。

这些关于华人华侨的论文,大都发表在学术刊物上,传播面较窄,但对政府移民政策的制定,则有很强的参考作用。

由于上述论文很多散见于各种期刊和非正式出版物上,做全方位的梳理比较困难,因此,这里仅介绍一些期刊以及较为有影响力的论文,以做参考。1964 年 2 月创刊的《加拿大社会学及人类学回顾》(Canadian Review of Sociology and Anthropology),是加拿大社会学协会的期刊,致力于传播该学科核心领域的创新理念和研究成果,其中不乏对华人移民社群的研究性文章,是了解加华史学重要的参考资料。[1] 李胜生教授的论文《移民和本地出生的加拿大人之间的收入差距》(Earning Disparities Between Immigrants and Native-born Canadians),2000 年在该刊发表。[2] 1969 年春天创刊的《卑诗省研究》(B. C. Studies),是一份刊登关于卑诗省的研究成果的季刊,文章来自多个领域,包括人类学、考古学、档案科学、艺术、艺术史、人口学、经济学、教育、原住民研究、地理、历史、文学和社会学等。[3] 华人作为卑诗省最重要的少数族裔,自然是研究的重要对象。例如,黎全恩教授 1988 年在该刊发表的《从自我封闭到整合:维多利亚中华医院的变迁》(From Self-Segregation to Integration: the Vicissitudes of Victoria's Chinese Hospital)。[4] 创刊于 1969 年的综合性跨学科期刊《加拿大民族研究》(Canadian Ethnic Studies),[5] 是加拿大民族研究协会的官方出版物,致力于研究种族、移民群体间关系以及加拿大少数民族的历史和文化生活。也有很多移民史领域的学者把相关论文刊发在该刊上。举例而言,黎全恩教授的论文《二十世纪中叶加拿大唐人街社区的人口结构》(The Demographic Structure of a Canadian Chinatown Community in the Mid-Twentieth Century),1979 年在《加拿大民族研究》上发表。[6] 李胜生教授的论文《转变中的少数族裔企业:1980—1990 年间卑诗省列治文的少数族裔商业》(Ethnic enterprise in transition: Chinese Business in Richmond, B.C., 1980-1990.),1992 年发表在《加拿大民族研

---

[1] About the Journal, https://www.csa-scs.ca/canadian-review/about/,检索时间:2021 年 10 月 12 日。
[2] Peter S. Li, https://artsandscience.usask.ca/profile/PLi#/profile,检索时间:2021 年 10 月 12 日。
[3] Profile, https://bcstudies.com/profile/,检索时间:2021 年 10 月 12 日。
[4] B.C. Studies, No. 80, Winter, pp. 52–68.;资料来自黎全恩。
[5] About this Journal, http://muse.jhu.edu/journal/370,检索时间:2021 年 10 月 12 日。
[6] Canadian Ethnic Studies, Vol. XI, No. 2, pp. 49–62.;资料来自黎全恩。

究》上。[1]

事实上，由于各大高校的相关科系经常举行有关移民问题和移民政策的学术讨论，有些会议会出内部场刊，其中包括不少华人移民史研究的论文。[2] 这些论文有的经过作者修订后在正式期刊或者专著中完整呈现，有的则没有继续修正发表。有些在相关学校的图书馆和资料室中会有保存。

三、社团史、家史、自传和其他

在 2000 年之前，除了黎全恩教授把维多利亚中华会馆一些珍贵资料存放在维多利亚大学、卑诗大学及一些省市博物馆外，加拿大没有其他大学针对加华历史进行有规模的全面收集、珍藏和整理。因此，许多珍贵的史料散落在会馆、社团、家庭或私人小博物馆中。每个年代都有一些有心人，虽然没有经过严格的历史研究训练，但本着对加华历史的热爱、对社会及其家族史料传承的重视，用自己的笔记录下相关的历史，成就了很多社团史、家史、自传及回忆录，为保存历史和帮助专家进行研究，发挥了一些作用。

这些历史资料从很多方面介绍了华侨华人及其社团在加拿大生活和活动的情况、开族世谱、旅加族堂沿革、历年大事记等，虽然有以讹传讹、疏漏、记载错误、时间错误、定位过高等缺点，但对加华历史的真实呈现，仍然功不可没。

在此，可以举出一些例子。1945 年加拿大洪门编引的《陈翼耀专员奉命调查全坎洪门事务报告书》，简单介绍了加拿大洪门和达权社在各个时期的历史大事。[3]

1960 年，由维多利亚中华会馆和华侨学校编印的《加拿大中华会馆和华侨学校成立七十五及六十周年纪念特刊》，刊有旅加华侨史料、早期华工工资统计、历年华人入境人数、历年运送华工遗骨归国各邑人数统计、华埠商铺户名录、华埠商业状况等，还配有一些历史文献和照片。[4]

---

[1] Peter S. Li, https://artsandscience.usask.ca/profile/PLi#/profile，检索时间：2021 年 10 月 12 日。

[2] Irene Chu, C.K. Fong and May Seung Jew, Living and Growing in Canada: A Chinese Canadian Perspective, Proceedings of the Provincial Conference Held in Toronto Nov. 10, 11, 1979; Reports & Commentaries, Conference Council of Chinese Canadians in Ontario, 1980.

[3] 《陈翼耀专员奉命调查全坎洪门事务报告书》，驻云埠全加致公堂总干部、驻温哥华全坎洪门总干部印发，1945 年。

[4] 《加拿大中华会馆和华侨学校成立七十五及六十周年纪念特刊》，加拿大域多利中华会馆印行，1960 年。

1975年，简建平出版的《洪门简史》，介绍了洪门在加拿大的发展历史。[1]

1988年，温哥华洪门民治党编印的《温哥华洪门民治党百年三庆纪念特刊》，介绍了百年来温哥华洪门活动的情况。[2]

1988年，安省陈颖川堂成立70周年，该堂编印了《安省陈颖川堂成立七十周年特刊》，其中有不少珍贵史料。[3]

1989年，简建平编印的《中国洪门在加拿大》，详细介绍了加拿大洪门和达权社的活动状况。[4]

1992年，《巾帼：加拿大华裔女性之声》正式出版，是几位华裔编者在6年内采访130多位华裔妇女的记录，是一部记载她们的家族渊源、亲身经历和感情世界的口述历史。[5]

1993年，卡尔加里中华协会刊行了《卡城华人社区百周年纪念特刊》，该书介绍了卡城华人百年奋斗史，也介绍了卡城众多华人社团。[6]

1996年，由维多利亚中国国民党分部编印的《党史简介》，时间从1897年孙中山到维多利亚活动开始，一直到1996年。该刊物详细介绍了这一时期维多利亚中国国民党活动的情况，并配有很多珍贵的历史图片。[7]

1997年，《龙的精神——林黄彩珍的故事》(*Spirit of the Dragon: The Story of Jean Lumb*)出版，该书描述了第二次世界大战中加籍华裔女性的生活面貌。[8]

当然，鉴于华人素有"光宗耀祖"的传统，一些社团领袖和名人常常会推出以个人奋斗为主轴的历史回忆，这是一件好事。但是，由于这些历史记载常常是"一方说了算"，扬善隐恶，没有严谨的历史考察和分析，没有多层面、多角度的透视，有时候失于偏颇，对重大社区历史事件的是非功过得出片面的结论，给后来者造成困惑或者难题。因此，这些小书籍和回忆录在加华史学研究的过程中，常常无法作为信史来使用，但作为通俗读物和励志书籍，还是具有价值的。

---

[1] 简建平：《洪门简史》，多伦多，1975年9月14日。
[2] 《温哥华洪门民治党百年三庆纪念特刊》，温哥华洪门民治党编印，1988年。
[3] 《安省陈颖川堂成立七十周年特刊》，1988年。
[4] 简建平《中国洪门在加拿大》，中国洪门民治党驻加拿大总支部，1989年9月。
[5] The Women's Book Committee. Chinese Canadian National Council . Jin Guo, *Voices of Chinese Canadian Women*, Toronto: Women's Press, 1992.
[6] 《卡城华人社区百周年纪念特刊》，卡城中华协会刊行，1993年。
[7] 《党史简介》，维多利亚中国国民党分部编印，1996年。
[8] 《缕述加华妇女战时生活面貌 文化中心周六讲座介绍〈龙的精神〉》，《明报》1997年8月22日。

第二节　华侨华人的历史学会、博物馆和社团保留的先侨历史文物

由于加华历史不受重视，且在长达 100 年的时间里，华人都在为生存奋斗，为反歧视努力，对历史资料的分类保存、推进专业的史学研究根本无暇顾及，以至于这方面的起步相当晚，同时也难以用个人或者某个社团的力量来成就大事。像黎全恩教授那样边研究边收集史料边参加保护唐人街活动的个案，更是凤毛麟角。

到了 20 世纪 60 年代中后期，华人的平等地位在法律上得以保证，社区开始进行过去百年移民历史的资料发掘、整理、研究工作，一些侨史研究机构及博物馆就应运而生。这些组织在史料整理、社团或者大事件资料索引、工具书、纪念文集及画册的出版和传记资料的汇集等方面，陆续展开了"基础性工程建设"。之后，一些大学的教授和研究机构也参与到这个工程中，创造出不少成果。这些成果随着传播手段的多元化，呈现在各种各样的图片展、幻灯片展以及广播电视节目中，发挥了很好的史学教育作用。这里且举出几个典型的案例。

1976 年成立的加华历史研究会，其宗旨是鼓励各界人士研究加拿大华人历史。[1] 成立的第二年，即 1977 年，加华历史研究会就在温哥华洪门大厦成功举办了华侨历史图片展。[2]

1980 年，加拿大华人图书馆员协会在渥太华成立，宗旨是专注于华人图书馆的发展，分担有关华人图书馆的专业研究，促进与其他少数民族图书馆团体和资讯界的联系等。[3]

1996 年，加拿大安大略省抗日战争史实维护联合会（Ontario Alliance for Preserving the History of WWII in Asia and Pacific）正式成立。[4] 1997 年 1 月，卑诗省成立了抗日战争史实维护联合会（Association for Learning & Preserving the History of WWII in Asia），后改名为亚洲二战浩劫史实维护会（简称史维会）。1997 年 6 月，卑诗省、多伦多和卡尔加里共同成立了加拿大史维会（Canada Association for

---

[1]《华裔史研究会立案》，《大汉公报》1977 年 1 月 25 日。
[2]《华人历史展览盛况》，《大汉公报》1977 年 7 月 30 日。
[3]《加拿大华人图书馆员协会成立记》，《加华侨报》1980 年 7 月 1 日。
[4] 史维会：莫让日军国主义复活，https://info.51.ca/news/canada/2001-12/1679.html，检索时间：2021 年 10 月 12 日。

Learning & Preserving the History of WW II in Asia）。1999 年，渥太华成立了史维会，并加入了加拿大史维会。[1]

图书馆和博物馆，更是对研究华人历史贡献不小。1972 年成立的温哥华中文图书馆（Chinese Community Library Services Association），收集、整理和保存了不少加拿大华人的历史记录和数据。1983 年，温哥华中文图书馆在馆内设立了华人历史资料室，旨在搜集与保存有关加拿大华人的历史文献。温哥华中文图书馆还珍藏有华侨传记、诗词、论文、剧本和先人家信等手稿。[2]

卑诗大学（University of British Columbia）亚洲图书馆（The Asian Library）是 1960 年成立的[3]，图书馆亚洲研究部（the Asian Studies Division of the Library）成立于 1960 年初。[4]最早搜集华人资料则是从 1971 年收藏《大汉公报》开始的。1971 年 11 月，温哥华洪门将所存《大汉公报》（1914 年 8 月至 1971 年 12 月）赠给了卑诗大学亚洲图书馆。[5]为了满足学者和社会大众的研究需要，2000 年，卑诗大学亚洲图书馆、卑诗大学华人研究中心（The Centre for Chinese Research at UBC）与加拿大西蒙·弗雷泽大学林思齐国际交流中心（Simon Fraser University David See-Chai Lam Centre for International Communication）合作开发收集华人历史史料，推动"加华文献聚珍"（Historical Chinese Language Materials in British Columbia: An Electronic Inventory）计划。[6]

维多利亚大学图书馆收藏华人史料始于 20 世纪 70 年代。1973 年 2 月 19 日，在维多利亚中华会馆举行了一场隆重的史料交接活动。中华会馆理事长刘述尧把会馆的 60 多份历史文献捐与维多利亚大学图书馆收藏。维多利亚中华会馆文件整理工作，是黎全恩教授在获得维多利亚大学社会科学研究中心的赞助和得到维多

---

[1] Association for Learning & Preserving the History of WWII in Asia web site, About BC ALPHA: http://www.alpha-canada.org/about/about-bc-alpha，检索时间：2021 年 10 月 12 日；《警惕军国主义暴行　捍卫和平　抗日史实维护会正式成立》，《明报》，1997 年 1 月 8 日。

[2] 温哥华中文图书馆官网，https://www.vcn.bc.ca/clibrary/resources/resouce_ch.htm，检索时间：2021 年 10 月 12 日；《卖物会成功筹款逾千，中文图书馆盼支持继续来》，《明报》1997 年 8 月 24 日。

[3] Asian Library 60th Anniversary - Collections, https://asian.library.ubc.ca/60thanniversarycelebration/collections/，检索时间：2021 年 10 月 12 日。

[4] The University of British Columbia web site, https://about.library.ubc.ca/2021/02/09/celebrating-60-years-of-the-asian-library-at-ubc/，检索时间：2021 年 10 月 12 日。

[5] 杨国荣，Letter to Asian Studies Division，the University of British Columbia Library，Feb. 17, 1971.

[6] Eleanor Yuen, The Historical Chinese Language Materials in British Columbia Database（www.hclmbc.org）: Challenges in Documentation and Transnational Networking, p.2.

利亚中华会馆的同意后,在李东海先生及黎全恩教授的夫人张文玉女士的协助下,经过两年才完成。黎全恩教授将文献分为八部分:会馆成立史料、抗苛例史料、会馆调解纠纷史料、华人经济史料、捐助史料、中华医院成立史料、附录、跋。[1]

1998年11月在温哥华成立的加拿大华裔军人博物馆,第一任馆长是李悦后（Howe Lee）。其作用是收集、记录和保存华裔军人文物、纪念品和照片,也希望新一代的加拿大人了解加拿大华裔军人发挥的历史作用。[2]

加拿大勋章获得者蒋北扶（Wallace Chung）医生,在20世纪60年代就开始大量收集华人史料,比如收集早期华人修铁路的地图、照片、报纸、杂志、华人手迹、

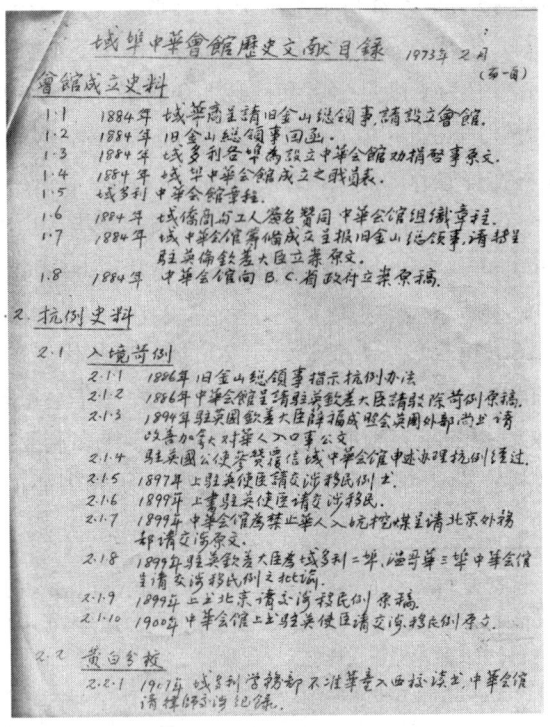

图4.1 维多利亚中华会馆历史文献目录之一
资料来源:黎全恩

---

〔1〕域多利中华会馆历史文献目录,1973年2月;史料来自黎全恩;陈炽:《域埠中华会馆历史文献目录序》,《大汉公报》1973年3月9日;《域中华会馆史料寄域多利大学》,《大汉公报》1973年3月10、12日;《维多利中华会馆史料在维多利大学图书馆》,《星岛日报》1973年3月23日。

〔2〕加拿大华裔军人博物馆网,http://www.ccmms.ca/about-us/,检索时间:2021年10月12日。

轮船海报、稀有书籍、明信片、船上银器、餐具、瓷器、手工制品、钟表、雕塑、匾、锅炉、灯具、勺子、麻将牌，及与华人有关的报告，还有温哥华早期著名侨领叶家的资料等。1999 年曾在卑诗省图书馆展出过这些藏品。他曾把耗时 6 年修复的"亚洲皇后"（Empress of Asia）号轮船模型捐赠给卑诗大学，同时捐赠的还有 25000 份珍贵史料，卑诗大学"罕有书籍及珍藏文物（Rare Book & Special Collection）图书馆"为此设立了"蒋北扶收藏馆"（The Chung Collection）。[1]卑诗大学"罕有书籍及珍藏文物图书馆"收藏了相当一批关于华人历史的稀有书籍、珍本、档案材料、历史地图、照片、信件和小册子等。[2]

加拿大侨社不忘初心，牢记先侨漂洋过海来到加拿大艰辛打拼不易的历史，并希望以此教育后代，当然也知道早期华侨文物的价值，因此，很多社团保留了不少华侨历史的资料、文献、旧报纸、旧书籍、音像制品等，例如淘金器具、各时期捐款收条、宣传海报、先侨使用过的物品等。下面几个表格是对侨社的介绍，因加拿大社团众多，难免有遗漏的情况（参见表 4.2—4.6）。

表 4.2 卑诗省收藏历史资料的社团

社团名称	资料内容
洪门民治党（温哥华）	孙中山与洪门成员在温哥华的合照，早期历史人物黄兴等的手迹，华侨华人历史文物、文献、信件、照片、《大汉公报》等。
黄江夏总堂（黄氏宗亲总会，温哥华）	陈立夫手迹和他以教育部部长名义颁给该协会的奖状、早期华侨华人历史文物、文献、信件、照片等。
林西河总堂（林九牧公所，温哥华）	早期华侨华人的信件、照片等等。
加拿大温哥华铁城崇义总会	早期华侨华人的文献、信件、照片、抗战资料等。
全加陈颍川总堂	早期华侨华人的文献、信件、书籍、照片、文物（熨斗、刀子、取暖用的暖炉等）等。
全加恩平总会馆	早期华侨华人的文献、文物、信件、照片等。
全加马氏宗亲总会（温哥华）	早期总领事馆的信件、早期华侨华人的历史文物、文献、信件、照片、书籍、报告表等。

---

[1] The Chung Collection, http://chung.library.ubc.ca，检索时间：2021 年 10 月 12 日；资料来自蒋北扶。
[2] Collections, https://rbsc.library.ubc.ca/collections/，检索时间：2021 年 10 月 12 日。

续表

社团名称	资料内容
伍胥山公所（温哥华）	早期华侨华人的历史文物、文献、信件、照片、族谱、书籍等。
禹山公所（温哥华）	孔祥熙的信件、早期华侨华人的历史文物、文献、信件、账本、会议记录、照片等。
中华会馆（温哥华）	早期华侨华人的历史文物、文献、信件、照片、中华会馆1906年在卑诗省正式注册的原稿等。
中华文化中心（温哥华）	早期华侨华人的历史文物、文献、信件、照片等。
洪门民治党（维多利亚）	早期华侨华人的历史文物、文献、信件、照片等。
李氏公所（维多利亚）	雕刻神坛、书信、照片等。
铁城崇义会（维多利亚）	早期华侨华人的照片等。
中华会馆（维多利亚）	黄遵宪题匾和回函、旧金山总领事指示抗苛例办法历史信函、1885年由中国南方运来的神坛和神龛、会馆成立史料、1884年域多利中华会馆章程、会馆抗苛例史料、会馆调解纠纷史料、华人经济史料、捐助史料、中华医院成立史料、早期华侨华人历史文物、文献、信件、照片等。
中山福善堂（维多利亚）	早期华人的书法作品等。
中国国民党域多利分部	早期加拿大中国国民党文献等。
道教青松观（The Evergreen Taoist Church of Canada）	《明关圣帝经桃园》，天启六年五月初三日出版，光绪十年五月十三日再印。

资料来源：洪门民治党和《洪门贡献加拿大140周年纪念特刊》，2003年；温哥华黄氏宗亲总会和黄景洋；《林西河总堂和林九牧公所合并80周年纪念1930—2010》，2010年；《加拿大温哥华铁城崇义总会成立九十周年纪念特刊1914—2004》，2005年；来自全加陈颖川总堂和陈伯仰；来自全加恩平总会馆；来自马氏宗亲会（温哥华）和马威廉；来自伍胥山公所和伍侠儒；来自禹山公所；来自温哥华中华会馆和《温哥华中华会馆百年纪念特刊1906—2006》，2006年；温哥华中华文化中心；Robert Amos and Kilease Wong，2009年《域多利华埠》和黎全恩；1994年域埠中华会馆历史文献目录和黎全恩；《党史简介》，中国国民党驻加拿大域多利分部编印，1996年；加拿大道教青松观。

表 4.3 安大略省收藏历史资料的社团

社团名称	资料内容
多伦多龙岗亲义公所	早期华侨华人的照片等。
洪门民治党（多伦多）	早期华侨华人的历史文物、文献、信件、照片等。
中华文化中心（多伦多）	早期华侨华人的历史文物、文献、信件、照片等。
洪门民治党（渥太华）	早期华侨华人的历史文物、文献、信件、照片、早期洪门文献等。
中华会馆（渥太华）	早期华侨华人的历史文献、信件、照片等。

资料来源：《多伦多龙岗亲义公所庆祝成立100周年纪念特刊1911—2011》，2011年；洪门民治党（多伦多）；中华文化中心（多伦多）；洪门民治党（渥太华）；中华会馆（渥太华）。

表 4.4 马尼托巴省收藏历史资料的社团

社团名称	资料内容
警魂社（温尼伯）	1919年孙中山与初期警魂社部分社员合照、孙中山颁给警魂社的奖状；早期华侨华人的历史文物、文献、信件、照片等。
温尼伯国民党分部	加拿大国民党早期的图片、信件等。

资料来源：《警魂社和警魂社剧社90周年特刊》；温尼伯国民党分部。

表 4.5 阿尔伯塔省收藏历史资料的社团

社团名称	资料内容
警世钟剧社	早期华侨华人的照片等。
中华会馆（埃德蒙顿）	早期华侨华人的历史文献、信件、照片等。
卡加利铁城崇义支会	早期华侨华人的历史文献、信件、照片等。
卡尔加里余风采堂	早期华侨华人的信件、账本等。
卡尔加里中华文化中心	早期华侨华人的照片等。

资料来源：埃德蒙顿警世钟剧社；《点问顿华人社区100周年特刊1911—2011》，2011年；卡加利铁城崇义支会；卡尔加里余风采堂；卡尔加里中华文化中心。

表 4.6　魁北克省收藏历史资料的社团

社团名称	资料内容
蒙特利尔中华天主教堂	早期华侨华人的历史文献、信件、照片，教会文献和图片等。
洪门民治党（蒙特利尔）	早期华侨华人的历史文献、信件、照片等。

资料来源：《杜宝田神父》，《加拿大蒙特娄华人堂区小史》，2007 年；《满地可中华天主神圣堂 75 周年纪念特刊 1917—1992》，1992 年；洪门民治党（蒙特利尔）。

第三节　华侨华人历史电影和戏剧

　　战后，影片资料和戏剧成为加华历史的重要组成部分，其传播的效果有时胜过文字资料。1967 年，为庆祝士达孔拿社区中心（Strathcona Community Centre）成立 25 周年，加拿大国家电影局（National Film Board of Canada）制作了纪录片《柳荫树下》（Under the Willow Tree），讲述早期华人妇女在加拿大的奋斗历程。[1]

　　历史文献纪录片《枫骨中华魂》，讲述了百年前华工在加国建筑铁路的血泪史，由中国中外名人文化研究会和中国铁路关心下一代工作委员会联合投资拍摄，导演陈建国、助理李宁玉博士。[2]

　　2000 年，加拿大年轻导演保罗森（Eric Paulson）拍摄了一部纪录片《阴影之岛》（Islands of Shadows），讲述几名华人在卑诗省麻风岛上的悲惨生活。通过这部纪录片，人们看到了一段早期华人鲜为人知的凄惨往事。[3]

　　加拿大国家影片局著名华裔女导演雷凤恩（Jari Osbourne）拍摄的加拿大华裔军人参与第二次世界大战、远征海外的历史片《卫国无门》（Unwanted Soldiers），多次在国际电影节中获奖。2000 年时，该片被放在了网上。[4]

　　由卑诗抗日战争史实维护会赞助拍摄的纪录片《南京噩梦》（Nanjing Nightmares），由华裔加拿大女导演郭方方执导，在加拿大和中国取景。此片讲述南京大屠杀对已移民加国的王姓家庭四代的影响。此片获 2001 年金禾奖提名奖（2000 Golden Sheaf Award）的最佳沙省纪录片（Nominated for Golden Sheaf Awards, Best of

---

[1]《〈柳荫树下〉首映作贺礼》，《明报》1997 年 5 月 23 日。
[2]《冀江泽民可一睹为快，〈枫骨中华魂〉先完成部分制作》，《明报》1997 年 9 月 19 日；资料来自王健教授。
[3]《年轻导演翻华裔麻风病人放逐史，保罗森执导纪录片五月温哥华首映》，《明报》2000 年 3 月 30 日。
[4]《〈卫国无门〉上网》，《明报》2000 年 10 月 23 日。

Saskatchewan）及历史纪录片奖（*Nominated for Golden Sheaf Awards, Documentary History*）。[1]

华人移民百年来举步维艰、难以崛起的重要原因之一，就是没有足以定位自己的历史叙述，仅仅停留在先侨淘过金、修过太平洋铁路、参加过二战这些简单的历史事实的陈述上，缺乏从全球化以及加拿大主流历史角度的史学叙述。如此，就难以让后代和别人了解华人社群是卑诗省和加拿大的建设者之一。

在1967年加拿大移民政策发生重大变革、剔除种族歧视的因素之后，华人移民潮一波接着一波出现，最终成为加拿大少数族裔当中最大的族群。但是，与此相匹配的加华历史研究，仍然匮乏。华人要崛起，就有必要让加华历史研究也崛起，让华人在加拿大的定位，通过历史的记载而落实，这对华人的今天和未来意义重大。换句话说，没有真实的加华历史，也就没有完整的加拿大历史。

不能否认，加华史学仍处于在少年时代。

加华史学是一门既老又新的学科。说其老，是因为唐人街自其发展初始就形成了民间史学的架构，每个宗亲会所、中华会馆的日常生活，都留下了清晰的历史记忆，或文字，或文物，或口传，形成独特的历史沿革并延续至今。

由此可见，加华历史研究仍然相当可为，这主要表现在三个方面。首先是资料的挖掘整理大有可为。过去上百年的加华历史资料，除了政府文件、档案馆收藏以外，大都分散在各个会馆和宗亲会，很多资料甚至散落在民间个人手里。就以移民家书来说，虽然卑诗大学全力以赴进行大规模的收集，但数量仍然相当少，其中不少相关资料还在大洋两岸，或者随着华人家庭的开枝散叶而辗转到世界各地。随着岁月的流逝，这些资料已经濒临消失，加强这方面的收集势在必行。从理论上讲，如今电脑和高科技工具发达，给加华历史资料的收集带来便利，只要有学术机构或者华文媒体，甚至个体研究人员，做全方位的努力，自然会有大收获，甚至会有意想不到的新发现。在资料收集过程中，如果有个人和学术机构进行"资料汇编""家书汇编"，或者"政府对华人政策汇编"等工作，将会为加华历史的研究提供极大的帮助。加华历史研究的"基本建设"，必须尽快推动。

其次是联合研究、实证研究大有可为。全球化发展让加华历史研究从封闭的唐人街走出来，带来了各方合作的可能。华人社区虽然仍有一盘散沙的陋习，但华人历史研究则是对整体华人有益的工作，各方应该精诚团结，共享其成。比如会馆之

---

[1]《〈南京噩梦〉温市周末首映》，《明报》2000年11月1日；Scarred by History Series，http://frsqrqlx.sasktelwebhosting.com/html/kudos.html，检索时间：2021年10月12日。

间资料的互相印证、各地资料的互相支持、跨国研究人员的携手合作，可以助力尽快找到加拿大华人历史发展的真相，勾画华人在加拿大历史的全貌。在以往的研究中，两大重要的历史课题，在实证数据上都很模糊。比如，当年到底有多少华工参与太平洋铁路的建设，各方叙述数字不同，前后相差数千，这个问题需要详细的考察、论证、比较，才能接近真相。同样，二战中华裔当兵参战，是加华历史上的里程碑事件，也是战后华人历史命运改变的转折点，但具体的参战人数仍无定论，在700~900人之间，仍缺乏实证数据。不到千人的数字，竟然无法落实，这是华人社区的不幸，更是加拿大社会的不幸，令人遗憾。不仅这两大历史事件的数字不清，甚至华人交纳人头税的名单，至今也无法全面落实。而2006年加拿大保守党哈珀政府正式在国会上对人头税事件进行道歉，并做出象征性的赔偿，即使有这样的契机，交纳人头税人员的名单仍然没办法落实，给加华历史的研究带来很大的困扰。这样的大事件都有史料模糊的情况存在，更遑论其他的历史事件了。而要全方位地推动加华历史的研究，跨学科、跨城市、跨国家乃至跨太平洋的联合研究，是必不可少的。

再次是通史研究和专题史研究尚有巨大空间。以唐人街历史研究来看，黎全恩教授穷尽五十多年的追寻，在唐人街的专题研究上取得了重大成果。但是，百年唐人街史的专题研究，仍然有很多课题可以做。还有，人头税史的研究、加拿大中医历史研究、加拿大华人经贸研究，都有很多空白。当然，像通史或者大的专题研究，都属于比较艰深的研究，有待历史学研究者做长期的投入。

华人的崛起，需要加华历史研究的崛起。作为与加拿大国家同步发展的社区，华人社区需要有详尽的历史叙述，这是华裔在加拿大昂首挺胸的立足基点。

第五章
中文教育以及文化研究机构

在华裔加拿大人的自我定位中,汉语从来没有缺席过。从口语来看,汉语包含了台山话、广州话、客家话、福州话、潮州话、普通话等,而书面语则指"华文"或者"中文",有时候也用"汉语"一词。从早期华人社区的发展史来看,中文教育和中文学校一直伴随着华人社区的成长,成为华人社区的一个重要特征,也是华人社区最重要的文化传承之一。

如果说,1967 年之前,中文教育因为加拿大歧视政策的存在,而只是华人社区内部的一个"封闭性"的语言传承教育,那么,随着加拿大联邦政府 1967 年移民政策摒除族裔歧视的大改革,尤其是加拿大联邦政府宣布实行多元文化民族政策之后,中文教育就从"封闭"的阴影中走出来,迈向一个开放的、多元化的进程。随着移民人数的增加和华人社区的扩大,以及亚洲国家及地区在全球经济版图中重要性的提升,中文教育开始走出华人社区,成为加拿大外语教育的一个组成部分,也成为加拿大多元文化百花园中的绚烂一枝。

第一节 中文学校不断增加

新的移民政策使得中文学校和补习班等数量迅速增长,加拿大的中文教育进入了一个新的历史阶段。这一阶段的最大特点就是中文教育多元化。

一、公立学校中的中文教育

加拿大实行多元文化政策后,各省先后采取措施扶持少数族裔的教育事业,并开始实行祖裔语言教学计划。[1]这主要表现在加拿大中小学开设的中文课程上,这些课程是公立学校选修课程。这就表明,中文在加拿大虽然不是官方语言,但却开

---

[1]《北约克教育局诚征祖语教育科》,《醒华日报》1984 年 1 月 28 日。

始成为公立学校正式语言教育的一部分,当然,由于加拿大各省、市在公立学校实行中文教育程度的不同和时间的先后不一,也形成了不同的中文教学模式。

(一)中文作为外语的教学模式

华人社区延续 100 多年的传统和信念就是,让华人的下一代能够传承中华文化,而中文教育是其中最为重要的一个环节。而在中文教育中,推动政府承认和赞助中文教育,是许多华人家长的梦想。他们认为,一旦中文教育进入公共教育领域,不但可以吸引更多的人参与华文的学习,同时也有助于缓解和消除校园中对华人孩子的歧视。

20 世纪 70 年代初期,华人家长借着多元文化政策出台的东风,向地方教育局呼吁,要求在公立学校增加中文课程。比如多伦多东区华埠一些华人家长为了子女能够学习中文,于 1973 年成立了华人家长会,协会成员一致通过要求教育局在校内增设中文班。[1] 1973 年年底,安省教育厅厅长接见华人家长会代表及部分教育委员,表示省政府经过考虑,决定在多伦多柯街及柯顿公立小学开设中国文化及语言课程,但先试行一年(参见表 5.1)。[2] 这种情况,也逐渐在其他城市出现。

表 5.1 公立学校的祖裔教育(1967—2001 年)

时间	学校名称	内容
1974 年	多伦多柯街及柯顿公立小学	多伦多一班热心教育人士草拟中文教育计划,得到教育局的合作和资助,开办中文课程。
1978 年	温哥华麦当奴(MacDonnell)小学	开设儿童中文班。
1991 年	卑诗省族裔语言会和本拿比教育局在该区成立星期六族裔语言学习中心,由社区不同族裔语言学校负责。地点在本那比奥花中学(Alpha Secondary School)	学习意大利语、印度语和汉语等,中文课程由侨道中文学校设办。
2000 年	温哥华学校局的春季中文成人教育一日速成班,于 5 月 6 日星期六在纽翰·奥利弗(John Oliver)中学举办	时间为早上 9 时至下午 4 时,地点在东 41 街 530 号。

资料来源:《小学中文班今开始上课》,《快报》1974 年 12 月 4 日;龚锦霞:《加拿大多伦多抽样分析》,《多元文化国家形态下的中文教育》,第 14 页;《柯街与柯顿中文班开课》,《醒华日报》1976 年 11 月 3 日;《麦当奴小学本期设英语及儿童中文班》,《大汉公报》1978 年 9 月 20 日;《族裔语言学习中心,本汝比设中文校》,《大汉公报》1991 年 1 月 22 日;《温哥华学校局成人教育速成班》,《明报》2000 年 5 月 1 日。

---

[1]《新华埠成立华人家长会》,《快报》1973 年 2 月 28 日;《小学与家长会提议设中文班》,《快报》1973 年 8 月 2 日。

[2]《威尔士正式答允 学校设中文课程》,《快报》1973 年 12 月 7 日。

从更大的格局来看，自多元文化政策出台后，加拿大联邦和地方各级政府积极响应，涵盖各个族裔语言的"祖裔语言课程"成为最引人注目的项目，大多伦多市是推动族裔语言教育的最重要城市之一。

从 1977 年开始，安大略省教育厅推出"祖裔语言计划"。根据该计划，公立学校可以设立祖裔语言课程，但每周不超过 2.5 小时，夏季课程每天可以超过 2.5 小时。[1] 1982 年，多伦多文化团体坚持推行祖裔语言教育，有上万人签名要求把祖裔语言列为公立学校正式课程。[2] 同年 10 月，独立学校管理局经过对 10870 名家长一年的调查研究，发现有 81%的家长认为自从孩子学习了祖裔语言课程后，与家人的沟通大有改善。[3] 与此同时，在多伦多教育局（the Toronto Board of Education）与多伦多教师联盟（the Toronto Teachers' Federation）辩论后，1982 年，多伦多教育局同意小学的上课时间每天延长 30 分钟，指导学生学习祖裔语言，[4] 其中包括汉语。

1977 年，安大略省教育厅通过祖裔教育法案（Ontorio's Heritage Languages Program），以加强对祖裔教育的实施。[5] 当局指出，若有 25 名以上的家长书面要求进行祖裔语言教育，学校一定要开设新班。在家长的积极争取和社团的支持下，约克（York）教育局分别在 1989 年 1 月和 9 月开设了祖裔课程。士嘉堡教育局在同年 10 月 30 日开设了祖裔语言课程。[6]

1989 年，大多市 7 个教育局联合组成祖裔语言课程委员会，经过商谈，决定订定一本学习国际语言的小学课程指引。从 1990 年夏季开始，7 位委员便开始执笔草拟。该课程指引（*The Generic Curriculum For International Languages*—

---

[1] *Canadian Education Association*：*Heritage Language Program in Canadian School Boards*，Toronto：Canadian Education Association,（1991）.pp.8-9., p.27.; Jim Cummins, Heritage Language Education, Ministry of Education（1983），p.5.；上课时间是有所不同的，有正常课时的，有课后的，有周末和假期的；*International Languages Elementary（ILE）Program: 2012 Resource Guide*，Ontario, p.3.

[2]《多元文化团体坚持推行族裔语言教育》，《醒华日报》1982 年 8 月 11 日。

[3]《家长认为族语课程助儿童与家人沟通》，《醒华日报》1982 年 10 月 5 日。

[4] *Canadian Education Association*：*Heritage Language Program in Canadian School Boards*，Toronto：Canadian Education Association,（1991）.p.9., p.27.

[5] *Canadian Education Association*：*Heritage Language Program in Canadian School Boards*，Toronto：Canadian Education Association,（1991）.p.9., p.25.; Jim Cummins, *Heritage Language Education*, Ministry of Education（1983），p.5.

[6] *Canadian Education Association*：*Heritage Language Program in Canadian School Boards*，Toronto：Canadian Education Association,（1991），p.25.

Elementary Programs）初版于 1993 年面世。[1]

在卑诗省，1983 年至 1984 年，卑诗省中文协会和中文学校及本地教师等一万多人签名，希望中文课程进入公立学校。1986 年，卑诗省部分学者，如卑诗大学教授和中学教师等，与中文课程发展委员会一起制定了 10 至 11 年级中文教学纲要。[2]同年，卑诗省政府把中文列为中学第二外语选修课程。最初是在 9 到 10 年级和 11 年级预备班中开设，其中有些学生没有读过普通话 5—10 级，要先学完 11 级预备班后才可以修普通话 11 级和 12 级课程。1987 年在 11 到 12 年级开设，4 到 7 年级是在 1989 年开始学习的。[3]自开设中文课程后，卑诗省选修第二语言的学生增加很多。[4]卑诗省教育厅亦分别在 1987 年和 1990 年颁布不同程度的中文课程指引。[5]

1994 年 3 月，大温地区华人教育界与关心本省中文教育的人士成立中文教育促进委员会，以实际行动争取将中文纳入省试及获卑诗大学入学成绩。[6]6 月 29 日，卑诗省教育厅发文，宣布中文将于 1995 年 6 月成为省考的科目之一，华人社区反应热烈。[7]

20 世纪 90 年代，加拿大出现了亚洲原居地移民潮，不少随父母移民的初高中学生，很想通过直接的中文考试拿到所需的外语学分，以便直接晋升更高的中文班，有更多的时间投入其他学科的学习，或者可以获得高中毕业所需的外语成绩。为此，在本地公立学校教授中文的资深华裔教师叶吴美琪、吴丽珠和欧阳金玲等人就向卑诗省教育局建议，设立中文挑战考试，给这些学生创造升学的机会。1997 年，卑

---

［1］龚锦霞：《加拿大多伦多抽样分析》，《多元文化国家形态下的中文教育》，第 26 页。

［2］来自加西中文学校联会顾问梁丽芳教授。

［3］Province of British Columbia : Order of The Minister of Education M283 ; Ministry of Education, Skills and Training of Province of British Columbia: Mandarin Chinese 5 to 12, Integrated Resource Package 1998, p.1.

［4］*Education Funding: A Brief to the Government of British Columbia*, p.14.；1990—1994 年，卑诗省公立学校将中语作为第二语言的学生人数从 1077 名增到 4425 名。

［5］*Ministry of Education, Skills and Training of Province of British Columbia: Mandarin Chinese 5 to 12, Integrated Resource Package 1998*, p.1.；1987 年颁布：*Mandarin Chinese Curriculum Guide Grades 11-12*；1990 年提出中文课程指引：*Mandarin Chinese Intermediate Program (First Four Years) Curriculum Guide.*

［6］《力争中文纳入省试及获得卑大入学计分，卑诗中文教育促进会成立》，《世界日报》1994 年 3 月 18 日。

［7］Province of British Columbia Ministry Of Education Provincial Language Policy Revised NR28-Jun. 29, 1994；《卑诗省：中文日文明年列入省试》，《世界日报》1994 年 6 月 30 日。

诗省教育厅接受了这个建议，正式设立中文挑战考试。1998年起，省教育厅特地举办11、12年级学生的挑战考试。此考试可抵本地正规学校11年级及12年级中文学业成绩。12年级挑战考试通过后，可以直接参加省考。[1]

卑诗省教育厅亦在1998年颁布中文课程指引（Mandarin Chinese 5 to 12 Integrated Resource Package 1998），对公立学校中文课程的教学方法具有引导作用。其实，这个指引对私立中文学校的课程编纂、教学方法和评估等亦有很大的影响。[2]

综上所述，经过各方努力，加拿大中文教育作为祖裔语言教育计划中的一部分，逐渐成为公立学校的第二语言教学科目。学生根据自己的需要和兴趣确定是否选修中文作为第二语言课程，在加拿大是较为广泛的中文教育形式（参见表5.2）。

在联邦政府层面，1970年代到1980年代，在祖语的教学上渥太华省政府提供了一部分资金。[3] 1993年10月11日，联邦政府把祖裔语言课程改名为国际语言课程，入读的学生不要求有任何祖裔语言背景。[4] 国际语言课程教师的薪金由省政府拨款支付。包括每个学生的拨款、学生的书本、纸和笔等文具及教师在教学上所需的费用，教育局提供教室及行政费用等。[5]

表5.2 加拿大各省祖裔语言课程

省或地区	公立学校是否设有祖裔语言课程	资金来源	项目名称	时间	简介
西北地区	否	没有资金			没有中文课程。
爱德华王子群岛	否	没有资金			没有中文课程。
纽宾士域	否	没有资金			没有中文课程。

---

[1] 叶吴美琪口述；加拿大卑诗省中文协会网，http://bc.yes-chinese.com/BC-introduction.html，检索时间：2020年7月12日；《浅谈中文省试及挑战试》，《世界日报》2021年10月12日。

[2] *Mandarin Chinese 5 to 12 Integrated Resource Package 1998.*

[3] To what extent are Canadian second language policies evidence-based? Reflections on the intersections of research and policy，https://www.ncbi.nlm.nih.gov/pmc/articles/PMC4019877/，检索时间：2021年10月12日；Jim Cummins, *Heritage Language Education, The Minister of Education*, Ontario, 1983, pp.6–14.

[4] Ontario：*2012 Resource Guide International Languages Elementary（ILE）Program*, p.3.；龚锦霞：《加拿大多伦多抽样分析》，《多元文化国家形态下的中文教育》，第16、21页。

[5] 龚锦霞：《加拿大多伦多抽样分析》，《多元文化国家形态下的中文教育》，第22、26页。

续表

省或地区	公立学校是否设有祖裔语言课程	资金来源	项目名称	时间	简介
新斯科舍	否	没有资金			有些课程通常在上课时间以外提供，通常是由有兴趣向孩子提供特定语言教学的父母发起。
魁北克	是	魁北克教育厅	母语教育（Le Programme d'enseignement des langues d'origine，PELO）	每周150分钟，一般不使用常规课程时间	1978年，由魁北克教育厅发布开设族裔课程，后来设有中文课程。
		魁北克移民和文化社区部	民族语言项目（The Programme des langues ethniques，PLE）	一般是星期六早上或常规课程之后	开始于1970年。
安大略	是	省政府	一些祖裔语言（Several Heritage Language）	上课时间是在正规课时（包括暑期学校班）之外，每周不超过2.5小时。如果是5天在正规课堂上课，每天延长半小时放学。大多是课后、周末和暑期上课，能注册学习多族语言	安大略省教育厅于1977年制订祖裔语言计划，之后大多伦多各地教育局大都开办祖裔课程，包括中文课程。
马尼托巴	是	省政府学生在公立学校上祖裔语言课程，有交通费用，上私立学校没有交通费	祖裔语言项目（Heritage Language Program）	正规课程之前、之后或周末，每次20—40分钟或每周100分钟	1916年之前，任何语言都可以用作教学语言。1916年以后，随着省级教育部门的建立，英语成为该省唯一的授权教学语言，但仍可以在正常上课时间之前或之后教授其他语言。1950年代，初中和高中再次允许进行外语学习。1980年、1981年和1987年对《公立学校法》进行修正，允许在马尼托巴省的学校开设若干种传统语言课程。

续表

省或地区	公立学校是否设有祖裔语言课程	资金来源	项目名称	时间	简介
沙省	是	省政府	学校法（The School Act）	每天规定有限时间	1974年，沙省重新修订《公立学校法》，允许学校教授其他语言或作为教学语言。
			教育条例（The Education Regulations，1986）		1986年颁发的《教育条例》，使祖裔语言项目得到进一步发展。新法案规定，在幼儿园指导时，可以百分之百使用祖语。在给一、二年级指导时，可以使用百分之五十以上的祖语。
阿尔伯塔	是	省政府	双语项目和祖裔语言项目（Bilingual Programs and Heritage Language Program）	每天20—40分钟	1983年，中文成为选修课程之一。埃得蒙顿公立学校1984年有147名学生，1991年有422名学生，除此之外还有成人中文学校。
卑诗	是	联邦政府和省政府等不同资金来源	祖裔语言项目（Heritage Language Program）		1986年开始在公立学校开设中文课程。

资料来源：Canadian Education Association，Heritage Language Program in Canadian School Boards，Toronto：Canadian Education Association（1991），pp.5–18.，p.25.，p.27.，pp.40–42.；Jim Cummins，Heritage Language Education，Ministry of Education（1983），pp.5–6.；Manitoba Education website，http://www.edu.gov.mb.ca/k12/docs/policy/heritage/，检索时间：2021年9月15日；https://www.edu.gov.mb.ca/k12/cur/languages/index.html，检索时间：2021年9月15日；Multicultural Education And Heritage Language Education Policies，Saskatchewan Education，Training and Employment，1994，p.2.；The Education Regulations，1986，Saskatchewan；加拿大阿尔伯塔省中文教育官方网，http://blog.sina.com.cn/s/blog_467c6d240102e6xc.html，检索时间：2021年9月15日；《统计记录》，《爱民顿中英双语教育协会及爱民顿中英双语学制25年纪念册》，爱民顿中英双语教育协会，2007年，第75页；Ministry of Education，Skills and Training of Province of British Columbia，Mandarin Chinese 5 to 12，Integrated Resource Package 1998，p.1.，p.9.

（二）中文教育进入双语教学模式

值得注意的是，中文教育在 20 世纪 80 年代进入一些城市的公立基础教育系统。1982 年，在阿尔伯塔省教育厅的批准下，一项实验性的中英双语教学项目首次在埃德蒙顿市幼儿园进行试点。参加这个项目的学生一半课程用英文学习一半课程用中文学习。一直到 2001 年，双语教学的模式仍仅限于阿尔伯塔省埃德蒙顿市和卡尔加里市。这说明了两个问题：一是埃德蒙顿的英中双语教学模式，自有其特点和优势，以至于它能够在省政府的支持下，维持长久；二是这个双语教学模式在推广上有其难处和挑战，因此在很长一段时间内，它无法走出埃德蒙顿市，即使在同一个省份，也需要 15 年才推广到卡尔加里市，故而难以成为加拿大公立学校华文教育的普遍模式。另外一个特征是，埃德蒙顿市在推动双语教学的过程中，与中国哈尔滨的学校有着密切的互动，成为加中两国公立学校交流的典范。值得关注的是，在推动双语教学的过程中，华裔家长起到了非常重要和关键的作用。

在埃德蒙顿市开设的双语教学，在教学内容的分配上颇有讲究，但数量上是一个随着学生年级上升而递减的过程，其中小学课程的教学内容中英语言各占一半（参见表 5.3）。

表 5.3　埃德蒙顿市双语教学和第二语言课程表

学校	英文教授科目	中文教授科目
小学（1 至 6 年级）	英语语言艺术、科学和社会学	中国语言艺术、数学、艺术、卫生和体育。音乐课可兼顾中英双语。

资料来源：加拿大阿尔伯塔省中文教育官方网，http://blog.sina.com.cn/s/blog_467c6d240102e6xc.html，检索时间：2021 年 10 月 12 日；About the Program, the Edmonton Chinese Bilingual Education Association web site, http:// www.ecbea.org/about-the-program/，检索时间：2021 年 10 月 12 日；资料来自原埃德蒙顿公立学校教育局项目经理李伟。

依照教学大纲，双语教学占初中全部教学内容的 25%，高中应该占据到 15%，但在实际教学中，一般都做不到。双语教学在初中和高中主要体现在两门课上，一是中文语言课，一是中国语言艺术课。学习内容包括各种短篇故事、小说、戏剧、诗歌等。同时，与中国文化相关的艺术和活动也包括在内。此外，在电脑技能方面，要求学生练习使用汉字信息输入，掌握相关处理技能。把中文作为第二外语，中国语言艺术课则作为选修课编排。埃德蒙顿公立学校除设有从幼儿园到高中三年级的正规课程外，还开设有国际文凭 IB（International Baccalaureate）课程，中文国际文凭 IB 课程也包括在内（参见表 5.4、5.5）。[1]

表 5.4　埃德蒙顿市中英双语教育大事记

时间	学校	教学情况
1981 年		1981 年，部分华人学生家长看到公立学校设有乌克兰和西班牙等双语教学，希望也能有中英双语教学。这些家长组织成立了家长会，与埃德蒙顿教育局商谈中英双语教育。教育局同意试一试，并指出如果成功的话可以考虑正式设立中英双语教学课程。
1982 年	格伦加里（Gelngarry）和斯特雷特姆（Stratheam）两所小学	爱城中文幼稚园协会（The Edmonton Chinese Kindergarten Association）成立。阿尔伯塔省教育厅批准兴办英中双语半融入私立幼儿园的建议。协会租借格伦加里和斯特雷特姆两所小学的场地，开始只有 33 名儿童就读。资金由家长筹集，教育局并不出资。当时埃德蒙顿的华人大多数讲广东话，对于公立学校中英双语教学使用普通话还是广东话，争议很大，但最后还是选用了普通话加繁体字教学。
1983 年	基尔代尔（Kildare）和梅约纳（Meyonohk）两所小学	由于教学反映不错，1983 年，中英双语教育正式纳入公立教学课程，两所小学在一年级开设中英双语课程。
1984 年	基尔代尔和梅约纳两所小学	中英双语教育设在一年级和二年级。
1985 年	基尔代尔和梅约纳两所小学	中英双语教育设在一至三年级。
1986 年	基尔代尔和梅约纳两所小学	中英双语教育设在一至四年级。
1987 年	基尔代尔和梅约纳两所小学	中英双语教育设在一至五年级。
1988 年	基尔代尔和梅约纳两所小学	中英双语教育设在一至六年级。第一批六年级学生从基尔代尔和梅约纳两所小学毕业。
1989 年	奥特维尔（Ottewell）初中	第一个七年级中英双语教育班在奥特韦尔初中开学，总共授课 150 小时。 1989 年 1 月，埃德蒙顿市教育局在初中一至三年级开设中国语言艺术课程，即以汉语作为第二外语的选修课程。

---

[1] 加拿大阿尔伯塔省中文教育官网，http://blog.sina.com.cn/s/blog_467c6d240102e6xc.html，检索时间：2021 年 10 月 12 日；About the Program, the Edmonton Chinese Bilingual Education Association web site，http://www.ecbea.org/about-the-program/，检索时间：2021 年 10 月 12 日；资料来自做过埃德蒙顿中英双语教育的评估报告的梁丽芳教授；资料来自原埃德蒙顿公立学校教育局项目经理李伟。

续表

时间	学校	教学情况
1991年	草地鹨（Meyonohk）小学	成为与哈尔滨师范附小结为姊妹校的中英双语学校。
1992年	草地鹨（Meadowlark）小学	成为中英双语学校，共有16名学生报读幼儿园和一年级课程。1992年2月，埃德蒙顿市教育局在高中一至三年级引入汉语国际文凭 IB 考试（International Baccalaureate standards for Mandarin）。第一届参加该汉语国际考试的高中毕业生于1995年毕业。
1993年	伦敦德里（Londonderry）初中	第二所中英双语学校。
1994年		阿尔伯塔省宣布消减教育拨款，1993—1994年度中英双语课程只能录取715名学生。该年进行了调查，80%的中英双语学生参与调查，97%的学生认为双语教育非常重要。
1995年	麦克纳利（McNally）中学	首创"中国文化俱乐部"。从幼儿园至十二年级均开设中英双语与中国语文课程，多人获得"国际资格认证"文凭，并成为埃德蒙顿第一所与哈尔滨某校结为姊妹校的中英双语高中。
1997年	卡那封（Caernarvon）小学	该小学也是一所中英双语学校。
1998年	阳明山庄（Parkview）中学	成为开设中文语文课的初中校。
2000年	M.E.拉杂尔特（M.E.LaZerte）、罗斯谢泼德（Ross Sheppard）高中	埃德蒙顿公立学校委员会（Edmonton Public School）宣布 M.E.拉杂尔特与罗斯谢泼德高中成为校区中的中文学校。罗斯谢泼德高中和上海育才中学结为姐妹学校。

资料来源：加拿大阿尔伯塔省中文教育官网，http://blog.sina.com.cn/s/blog_467c6d240102e6xc.html，检索时间：2021年9月15日；About the Program，the Edmonton Chinese Bilingual Education Association web site，http://www.ecbea.org/about-the-program/，检索时间：2021年10月12日；资料来自原埃德蒙顿公立学校教育局项目经理李伟，《爱城中英双语教育里程大事纪要》，《中英双语学制在爱民顿的二十五年》，爱民顿中英双语教育协会，2007年，第12—16页。

表 5.5 增长的中英双语课程/语言课程/IB 课程的招生人数

年度	小学中英双语教学项目（Chinese Bilingual Program Elementary）							初、高中中国语言艺术课程（Language Arts Junior High/Senior High）			高中（Senior High）国际文凭 IB（International Baccalaureate）课程			总数
	幼儿园	一年级	二年级	三年级	四年级	五年级	六年级	七年级	八年级	九年级	十年级	十一年级	十二年级	
1982 年	33													33
1983 年	55	37												92
1984 年	58	54	36											148
1985 年	52	55	46	27										180
1986 年	63	53	45	35	22									218
1987 年	64	52	41	38	30	21								246
1988 年	70	55	44	32	32	28	20							281
1989 年	90	57	45	49	25	29	26	12						333
1990 年	79	98	49	51	41	25	26	17	11					397
1991 年	90	84	84	47	51	40	26	18	17	10				467
1992 年	98	103	76	85	50	54	42	24	18	17	15			582
1993 年	119	124	96	70	85	52	51	44	25	17	19	13		715
1994 年	119	141	112	102	78	80	51	55	39	22	17	19	17	852
1995 年	142	159	140	120	99	76	80	51	54	44	23	18	17	1023
1996 年	158	150	149	135	114	98	79	83	52	53	35	21	19	1146
1997 年	178	170	144	143	131	112	91	77	84	53	49	31	22	1285
1998 年	188	202	169	137	123	130	108	93	74	83	44	40	32	1423
1999 年	189	193	184	169	127	131	125	98	91	72	65	43	38	1525
2000 年	192	194	181	166	150	116	129	114	86	90	76	68	47	1609
2001 年	181	193	188	168	162	153	113	121	105	83	82	52	61	1662

资料来源：《统计与记录：爱城中英双语教育里程大事纪要》，《中英双语学制在爱民顿的二十五年》，爱民顿中英双语教育协会，2007 年，第 75 页。

师资方面，阿尔伯塔省的教师均具有加拿大教师资格证书，每年都参加相关专业课程的培训。阿尔伯塔省设有公派语言文化顾问，语言文化顾问的职责是：1.指导和领导阿尔伯塔省任命的专业教育人员规划和开发中国语言和文化项目，特别是有关教学资源的甄别、评估和选择；2.与和中国语言、文化交流项目有关的私立学校、教育机构建立联系；3.在开发中英双语教学项目过程中与学校管理部门建立联系；4.为阿尔伯塔省教育部在中国的业务提供咨询和帮助；5.为教育交流和校际合作的组织者提供帮助；6.为开展中国语言和文化交流项目的教师和学校提供咨询。[1]

1996年11月，卡城中英双语教育协会（Calgary Chinese Bilingual Education Association）在中华文化中心举办座谈会，阿尔伯塔省教育厅长马健威（Gary Mar）出席。会后，协会正副主席董守良和沈萨姆（Sam Shum）在文化中心摆摊征集社区支持者的签名。两周之内，签名人数多达1480人。[2] 1996年12月，卡城中英双语教育协会向卡城教育局递交开办中英双语教育提案。[3] 在学生家长和社会各界的支持下，1997年3月7日，卡城中英双语教育协会向卡城教育局正式提交报告。[4] 1997年4月29日，卡城教育局董事会进行表决，以4:3的微弱优势，通过在1998年9月新学年，开办第一家中英双语小学的决定。[5] 同年7月，教育局成立了由董守良和陈杜绮玲（Elaine Chan）等五人组成的中英双语课程设计委员会，讨论和设立卡城中英双语教育中文教学大纲。[6]

1998年秋，卡尔加里第一家中英双语学校在爱德华国王小学（King Edward School）正式开办，1年级共有4个班级。英语课程为英语语言、社会研究、卫生，中文课程为中国语言艺术、数学，每天还有30分钟体育锻炼。几年后，这个项目

---

[1] 加拿大阿尔伯塔省中文教育官网，http://blog.sina.com.cn/s/blog_467c6d240102e6xc.html，检索时间：2021年10月12日；About the Program, the Edmonton Chinese Bilingual Education Association web site, http://www.ecbea.org/about-the-program/，检索时间：2021年10月12日。

[2] Mandate for Mandarin, *Mandate for Mandarin*, Feb.7, 1997；资料来自董守良。

[3] Mandate for Mandarin, *Mandate for Mandarin*, Feb.7, 1997；mail from Al Duerr, Mayor of the city Calgary letter, Feb.7, 1997；资料来自董守良。

[4] 卡城中英双语教育协会，1997年5月18日；Board's backing sought for Mandarin program, *Calgary Herald*, Feb.6, 1997.

[5] Regular Meeting of the Board, Apr. 29, 1997, Calgary.

[6] 卡城中英双语教育协会，1997年5月18日；《中英双语教育》，《东方报》1998年4月3日；董守良，http://blog.sina.com.cn/s/blog_62ca71ec0102ynt8.html，检索时间：2021年10月12日；《卡城开创中英双语教育》，《星岛日报》1998年1月17日。

移到了兰格文（Langevin）小学部和初中部。[1]

埃德蒙顿市和卡尔加里市的中英双语教学计划是加拿大公共教育中做得比较成功的一个范例。双语教育除了使学生学习语言外，还向学生传播了中华文化，使华文教育进一步完善，并且促进了加拿大多元文化的发展。

二、私立中文学校

因为中文并非是加拿大的官方语言，所以，中文教育的主力军仍然是私立学校，再加上中文教育的目的主要是文化传承和生活实用，无须政府监管及认证任何中文学校的毕业证书，故而加拿大的中文教育绝大部分依赖于私立中文学校，而中文学校的水平和接受程度均由市场和消费者认可和决定。这也导致中文私立学校种类繁多，教学重点不尽相同，使用教材相当多元，甚至连学校存续时间的长短，也完全不同。同样，由于私立中文学校（班）众多，在下列图表中难免有"挂一漏万"的情况出现（参见表5.6—5.12）。

表5.6 卑诗省社区、同乡会、教会等成立的中文学校和中文班

成立时间	名称	简介
1967年	南云中文学校	由温哥华一班侨领开办，1969年增设分校。授课内容为发音、会话和汉字书法等。
1974年	本立中文学校	由叶吴美琪等十几名华人家长在卑诗省本拿比西岭小学（Burnaby Westridge Elementary School）创办，主要是为了他们的孩子放学之后有机会学习中文。西岭小学出借房屋不收费用，唯一的要求是招收本校学生。本立中文学校是家长自费的课后中文班，学生大多6到9岁，教师外聘。十几名家长义务帮忙，有时也授课。
1975年	圣道中文学校	
1976年	温哥华怀恩中国文化学院	在温哥华社区学院（Vancouver Community College）开设中文班，每周六上课。学生年龄不限，按个人程度分成人班及学龄儿童班。

---

[1] Chinese (Mandarin) Bilingual Program, Calgary Board of Education web site, http://school.cbe.ab.ca/school/Highwood/about-us/school/Pages/default.aspx, 检索时间：2021年10月12日；Chinese Language Education Consortium-Key Contact/ Representative, Nov. 22, 2002.

续表

成立时间	名称	简介
1977年	温哥华救恩堂举办的儿童中文班	招收5到12岁儿童，周六上课。
1977年	列治文中文学校（Richmond Chinese School）	
1977年	温哥华中文阅读室	开设免费中文班。
1977年	本拿比诗科中文学校	以家长会管理形式运作，可增加家长对学校的投入。校内多为土生的华裔学生，由于新移民的增加，又招收了一些新移民学童。
1978年	温哥华克兰克林社区学校华人分会	开设中文班，分初级、中级和高级班。
1979年	列治文市真光中文学校	教学课程注重学生听、讲、写、读等方面的培养。班级设置从幼稚园到中学。
1979年	台湾大专加西校友会附设中文学校	每学年分秋季班及春季班，除温哥华校本部外，在本拿比、列治文、素里等地分区设校。
1980年	华耀中文学校（Vancouver Fraserview Chinese School）	
1980年	温哥华林西河堂中文班	鉴于来加移民日益增多，适龄儿童也相应增加，急需学习中文，故温哥华林西河堂开设中文班以教育宗亲子弟。采用复式教学，周六上课。林西河堂为了奖励优秀学生，特设奖学基金会，将所筹资金的利息，两年一次奖励优秀的林姓子弟。
1981年	李树坤书院中文学校	于大温哥华中华文化中心成立，设有繁、简体字班。从3岁启蒙班至中学各年级分班开课，大部分采用自编教材。每年学校都举办才艺表演、朗诵、儿童绘画比赛等。暑假期间，学校开办暑期夏令营及暑期中文班。
1983年	威华中文学校（Waver Chinese School），后改名为培英威华中文学校。	

续表

成立时间	名称	简介
1983 年	温汉中文学校	
1984 年	温哥华中文学校（Vancouver Chinese School）	分设幼稚班及小学各班，以粤语授课。1997 年开办初中各班。
1984 年	温哥华威雅中文学校（Wei Ya Chinese Language School）	
1986 年	温哥华冈州会馆中文班	
1986 年	廖盛炤中文学校	
20 世纪 80 年代	温哥华东区中文学校	课程有广东话会话班，分为幼稚班、初极、中级和高级班。
1988 年	温哥华第一国语学校	每周六在温哥华社区学院爱德华校园（King Edward Compus）开课。上午有学童正规班（包括幼稚班至六年级以上各班）、会话班；下午有功夫、舞蹈、国画、漫画及儿童教学班等。
1988 年	高贵林（高洁林）中文学校	由卑诗省自立中华基督教会创办。普通话每周六上课两个小时。
1988 年	列治文平安中文学校	
1988 年	温哥华中华文化中心中文班	
1989 年	侨道中文学校（Kiu Do Chinese School）	在本拿比市阿尔法（Alpha）中学开设中文课程。逢周五、六上课，有普通话和广东话学前班、幼稚园班、小学至中学各班（注：加拿大学校机制，3—4 岁为学前班，5 岁上幼稚园，但幼稚园在小学里上课，是设立在小学一年级之前的班级）。
1989 年	崇正小学	由温哥华崇正会创立。
1989 年	温哥华越华相济会中文学习班	
1989 年	加拿大中文学校	设有儿童班和成人班。儿童班除了教中文外，还教交通规则、德育等。成人班以警察、卑诗保险局的警员以及公共服务机构的人士为主，训练他们的中文语言能力。

续表

成立时间	名称	简介
1989年	平安中文学校	在卑诗省列治文市创办。
1991年	培英灵活中文学校（Pui Ying Laura Secord Chinese School）	
1991年	温哥华国语学校（Vancouver Mandarin Language School），前身为慧文教育中心	开设中文作文班、中文阅读班、中文会话技巧班、中文成语故事班等，还教授英文、数理、阅读、国画、书法等，分别用繁体中文和简体中文授课。
1992年	宣道会恩典堂中文学校（Grace Chinese Alliance Church）	教员均是义务教学者。
1992年	培英Kerrisdale中文学校（Pui Ying Kerrisdale Chinese School）	
1993年	温哥华麦昆拿中文学校	
1993年	恩赐儿童教育中心	设有学前班及课余兴趣班，用中文教授电脑、绘画、书法和音乐等。
1994年	中华文化中心青少年"国语"中文班	开设中文班，从幼儿园到中学分年级开班。
1994年	温哥华至善中文学校	分为幼稚班、一年级至十二年级各班、挑战考试班以及儿童、成人口语会话班。
1994年	海华中文学校（The Dallas Overseas Chinese School）	
1995年	加西中华语文学校	
1995年	培英Windermere中文学校（Pui Ying Windermere Chinese School）	
1995年	素里华人浸信会中文学校	周六上课。用粤语教学，高年级兼教汉语拼音及会话。
1996年	温哥华北京中文学校（The Vancouver Beijing Chinese School）	学校设有学前班、一至十二年级普通班、提高班（初级、中级和高级）、中文挑战考试班、中文AP考试辅导班以及暑期班。
1996年	培英特拉法尔加（Trafalgar）中文学校（Pui Ying Trafalgar Chinese School）	

续表

成立时间	名称	简介
1996 年	本立比华人播道会中文学校	分为幼稚园低班及高班（4 岁以上）、小学一至六年级班。
1997 年	白石中文学校（White Rock Mandarin School）	
20 世纪 90 年代	温哥华兰加拉第一国语学校（The Langara First Mandarin School）	开设成人中文、青少年和儿童中文等课程。儿童中文教育采用汉语拼音教学，配合卑诗省颁布的第二语言课程标准授课。成人课程有文法班、会话班及中国文字班等。儿童班分为幼稚班、繁体字及简体字班、进修班、会话班等，还开办有儿童绘画班、铅笔素描班和数学辅导班。
1998 年	温哥华培英卡尔顿中文学校（Pui Ying Carleton Chinese School）	
1999 年	培英枫树林中文学校（Pui Ying Maple Grove Chinese School）	开设幼稚班至中学进修班，并开有简体字班和会话班。
2000 年	加拿大中国教育协会中文学校（CEA Chinese Language School）	分为春季班和秋季班，学制一年，上课时间为每年的 2 月—6 月、9 月—12 月，每学期 15 周，每周六上课 2 小时，使用的教材是暨南大学出版社出版的《中文》。
2000 年	高贵林英华中文学校（Ying Hua Language School）	高贵林区分校是与道格拉斯学院（Douglas College）联合开办的中文班课程，上课时间为周三或周五下午 4 时至 6 时。

资料来源：《南云中文学校聘校长，推行国语举办成人班》，《大汉公报》1969 年 7 月 17 日；《南云中文学校增设分教处讯》，《大汉公报》1969 年 8 月 19 日；《南云中文学校国语夜班开课》，《大汉公报》1969 年 9 月 20 日；资料来自叶吴美琪；教会简史：大温哥华圣道堂网，https://www.ecbc.org/en/%E8%AA%8D%E8%AD%98%E6%88%91%E5%80%91/%E6%95%99%E6%9C%83%E7%B0%A1%E5%8F%B2，检索时间：2021 年 10 月 12 日；《怀恩中国文化学院定期元月十日开学》，《大汉公报》1976 年月 7 日；《怀恩中国文化学院温哥华市立学院》，《大汉公报》1977 年 6 月 11 日；《温哥华救恩堂中文班招生》，《大汉公报》1977 年 9 月 7 日；《列治文中文学校定期注册报名开课》，《大汉公报》1978 年 9 月 9 日；《中文阅室加强服务》，《大汉公报》1977 年 7 月 7 日；《加深土生土长学童了解中华传统，本拿比诗科中文学校办文化日》，《明报》1997 年 4 月 30 日；《克兰克林社校华会举办中文班及晚会》，《大汉公报》1978 年 9 月 11 日；真光中文学校，https://www.schoolandcollegelistings.com/CA/Richmond/543290099164413/True-Light-School-of-BC-%E7%9C%9F%E5%85%89%E4%B8%AD%E6%96%87%E5%AD%B8%E6%A0%A1，检索时间：2021 年 10 月 12 日；台湾大专加西校友，Vancouver Chinese Yellowpages, May 19, 2010, P.283.; Richard Wong Memorial, Pui Ying Christian Services web site, http://www.puiying.org/chinese/cschool/richard.html，检索时间：2021 年 10 月 12 日；《林西河总堂中文班简介》，《林西河总堂林九牧公所合并 80 周年纪念 1930—2010》，

2010年，第82页；廖盛焰：《林西河总堂中文班简介》，《大汉公报》1989年4月18日；李树坤书院中文学校宣传单张；培英威华中文学校，http://www.puiying.org/chinese/cschool/waverley.html，检索时间：2021年10月12日；培英Van Horne学校网站，http://www.puiying.org/chinese/cschool/vanhorne.html，检索时间：2021年10月12日；《语文兴趣才艺班开课消息》，《明报》1997年9月9日；中国华文教育网，http://www.hwjyw.com/info/content/2013/02/28/27354.shtml，检索时间：2021年10月12日；威雅中文学校宣传单；林耀南：《冈州会馆办中文班》，《大汉公报》1986年6月14日；《廖盛焰中文学校举行学期结业礼》，《大汉公报》1990年6月20日；林耀南：《温哥华东区中文学校巡礼》，《大汉公报》1989年4月4日；《文化中心中文班毕业礼周六假林思齐礼堂举行》，《大汉公报》1992年3月24日；《中华文化中心班举行首届小学毕业典礼》，《大汉公报》1988年3月4日；温哥华第一国语学校，http://book.lvezhun.com/huaqiaobk/575839.html，检索时间：2021年10月12日；《高洁林中文学校招生 新学年九月六日开课》，《明报》1997年6月27日；《平安中文学校招生》，《世界日报》1992年8月17日；侨道中文学校网，https://sites.google.com/site/kiudochineseschool/home/about-us，检索时间：2021年10月12日；张福和：《本会简史》，《加拿大温哥华客属崇正会成立30周年纪念特刊》，第95页；《华人社团加拿大安全会设中文学校下月开课》，《世界日报》1989年3月27日；《越华相济会中文班招生》，《大汉公报》1989年5月11日；培英灵活中文学校网，http://www.puiying.org/chinese/cschool/lakewood.html，检索时间：2021年10月12日；校长的话，温哥华国语学校网，https://vanmls.wordpress.com/e6%b8%a9%e5%93%a5%e 5%8d%8e%e5%9b%bd%e8%af%ad%e5%ad%a6%e6%a0%a1%e7%ae%80%e4%bd%93%e7%89%88/%e6%a0%a1%e9%95%bf%e7%9a%84%e8%af%9d%e7%ae%80/，检索时间：2021年10月12日；《慧文教育中心成立，起回响》，《世界日报》1992年10月10日，《温市慧文教育中心成立》，《世界日报》1992年10月12日；宣道会恩典堂中文学校，http://to888.tripod.com/schoolinfo.html#tzuchi2，检索时间：2021年10月12日；培英Kerrisdale中文学校网站，http://www.puiying.org/chinese/cschool/kerris.html，检索时间：2021年10月12日；培英Maquinna中文学校网，http://www.puiying.org/chinese/cschool/maquinna.html，检索时间：2021年10月12日；《赐恩儿童教育中心成立》，《世界日报》1993年5月29日；《台大专中文学校增设高贵林分校》，《世界日报》1994年1月11日；《中华文化中心增设青少年国语中文班》，《世界日报》1994年8月13日；Home，至善中文学校网站，http://www.suprememandarinschool.com/，检索时间：2021年10月14日；《海华中文学校结业礼，优异生获奖学金》，《明报》2001年6月24日；《加西中华语文两校招生，用台湾教材9月中开课》，《明报》1997年8月8日；加拿大加西中华语文学校招生，http://www.hwjyw.com/info/content/2013/02/28/27359.shtml，检索时间：2021年10月12日；Windermere，http://www.puiying.org/chinese/cschool/wind.html，检索时间：2021年10月12日；梁国雄牧师：《教会简介——素里华人浸信会》，《真理报》2000年5月；温哥华北京中文学校网，https://www.vbcs.ca/%E5%85%B3%E4%BA%8E%E6%88%91%E4%BB%AC，检索时间：2021年10月12日；资料来自北京中文学校校监王志光；培英Trafalgar中文学校，http://www.puiying.org/chinese/cschool/traf.html，检索时间：2021年10月12日；本立比华人播道会中文学校网，http://www.bcefc.ca/chinese/?d=cschool，检索时间：2021年10月12日；关于白石中文学校，http://blog2.huayuworld.org/wrmandarin/2009/09/，检索时间：2021年10月12日；《兰加拉校区扩班 温哥华第一国语学校招生》，《明报》1997年1月11日；关于学校，兰加拉第一国语学校网，http://www.langarafirstmandarinschool.com/%e5%ad%b8%e6%a0%a1/%e9%97%9c%e6%96%bc%e5%ad%b8%e6%a0%a1/，检索时间：2021年10月12日；培英Carleton中文学校网，http://www.puiying.org/chinese/cschool/carleton.html，检索时间：2021年10月12日；培英Maple Grove中文学校网，http://www.puiying.org/chinese/cschool/maple.html，检索时间：2021年10月12日；加拿大中国教育协会中文学校，加拿大中国教育协会网，http://www.hwjyw.com/info/content/2013/02/28/27356.shtml，检索时间：2021年10月12日；《高贵林英华中文学校招生》，《明报》2001年7月9日。

表5.7　安大略省社区、同乡会、教会等成立的中文学校和中文班

成立时间	学校名称	简介
1965年	伊斯灵顿（Lslington）联合教堂中文班（西校）	地点在伊陶碧谷（Etobicoke）地区。1971年因招生不足只得暂时停办，1977年西校恢复运作。
1965年	孟尝会中文学校（Mon Sheong Foundation Chinese School）	前身为中文会话学校。1968年正式创办孟尝会中文学校，在柯街小学（The Orde Street Public）上课。中文学校每年都会举办多项活动，包括绘画、书法、作文及朗诵比赛、农历新年庆祝会等。孟尝会中文学校总于学年毕业典礼上，颁发学业成绩优异奖等。
1972年	渥太华中文学校	中文学校和渥太华卡尔顿教育局有密切合作关系，并被收纳为教育局国际语言课程的一部分。
1972年	大多伦多爱正中文学校（Ai-Cheng Mandarin Chinese School）	
1973年	基奇纳—滑铁卢中文学校（Kitchener Waterloo Chinese School）	分为粤语和普通话课程。
1977年	安大略省咸美顿中文学校（Hamilton Chinese School）	
1978年9月	安大略省密西沙加中文学校（Mississauga Chinese Heritage Language School）	设有家长会。
1970年代	渥太华菁华学校	原名渥太华中华文艺学校，1985年改为现名。
1981年	安大略省中华传统学校（The Traditional Chinese Culture School of Oshawa）	
1981年9月	多伦多维德中文学校（Wei-Teh Mandarin School）	校舍包括伍德拜恩初中（Woodbine Junior High School）和乔治·瓦尼尔高中（Georges Vanier Secondary School）。
1981年	伦敦中文学校（London Chinese School）	隶属于伦敦区天主教教育局。教育局曾在师资、资金、设备等方面提供大力支持。后来，伦敦市华人团体，如加华人协进会、洪门民治党等也提供了协助。

续表

成立年代	学校名称	简介
1981年	安大略省圣市中文学校（St. Catharine's Chinese School）	上课时间是周六上午。
1984年	多伦多中华公立学校（Toronto Chung Wah Chinese School）	1987年成立分校。除正常授课外，校方还会与家长合办各项校内比赛或户外活动，如书法、美术、作文、贺卡设计、朗诵、舞蹈、唱游、学术及健康专题讲座。
1984年	中加文化交流协会附设的多伦多逸仙中文学校（Dr.Sun Yat-Sen Chinese School）	分设幼稚园、小学一至六年级、高初级各班及成人英文班、入籍班，上课时间为每年9月至翌年6月底，上午班9时半至12时，下午班1时半至4时。
1984年	温哥华圣方济周若渔中文学校（MSGR Peter Chow Chinese School）	除中文班外，亦设有兴趣班，于周六下午上课。
1986年	光华中文学校（The Scarborough Mandarin School）	
1987年	多伦多华人社区服务协会中文学校	
1988年	多伦多中华学校士嘉堡分校（Toronto Chung Wah Chinese School）	
1989年	树德中文学校（Shude Chinese School）	周六授课。
1989年	渥太华加京中文学校（Ottawa Mandarin School）	
1990年	多伦多叶氏中文学校（Yip's Chinese School）	
1992年	铭华中文学校（Ming Hua Mandarin School）	设有从幼儿至八年级班。
1994年	华夏中文学校	1994年7月和8月，渥太华的何方淑清、梁思信和黄斌借用华人宣道会的两处场所，办了两期暑期班教中文。1994年12月，他们在渥太华天主教教育局注册。1995年1月，华夏中文学校正式开课。1996年4月15日，更名为"欣华中文学校"（Ottawa Xinhua Chinese Language School）。

续表

成立年代	学校名称	简介
1995 年	多伦多法兰克中文学校	每年 9 月中旬开课,次年 6 月下旬结业,上课时间是每周六。
1997 年	佛教慈济多伦多人文学校（Tzu-Chi Academy of Toronto）	上课时间为周日上午 9 时至 12 时。
1997 年 9 月	多伦多佛光中文学校（FoKuang Shan Chinese School of Toronto）	
1997 年	安大略省约克郡湾景周六中文学校	
2000 年	首都中文学校	欣华中文学校与渥太华英语天主教教育局产生矛盾,退出该教育局,转而找到渥太华法语天主教教育局。渥太华英语天主教教育局就以留下的一部分学生为基础,成立了首都中文学校。
2001 年	多伦多标准中文学校	教授简化字、普通话和汉语拼音。
2001 年	中国语言文化联合学校	

资料来源：叶少玲：《西风红叶簪速菊》，《孟尝会：光辉灿烂五十载》第 61、62 页；《孟尝会大事回顾》，《孟尝会：光辉灿烂五十载》第 110 页；《孟尝会历史及服务简介》，《孟尝会：光辉灿烂五十载》第 143 页；孟尝会中文学校网，http://www.monsheongcs.com/zh-hant/about-us/，检索时间：2021 年 9 月 26 日；《孟尝会中文学校大事回顾》，《孟尝会中文学校五十周年纪念特刊》，2018 年，第 68 页；Our School，渥太华中文学校网，https://ocls-ottawa.ca/zh-hant/our-schools/，检索时间：2021 年 9 月 26 日；《爱正中文学校招收幼稚国语太极班新生》，《醒华日报》1987 年 7 月 31 日；https://aichengmandarin.org/，检索时间：2021 年 10 月 14 日；KW 中文学校网，http://www.kwcschool.com/home/school-profile-chinese-version，检索时间：2021 年 9 月 26 日；Hamilton Chinese School web site，http://www.hamiltonchineseschool.org/our-programs-zh.html，检索时间：2021 年 9 月 26 日；密西沙加中文学校，http://to888.tripod.com/schoolinfo.html#tzuchi2，检索时间：2021 年 9 月 26 日；中华传统文化学校，http://to888.tripod.com/schoolinfo.html#tzuchi2，检索时间：2021 年 9 月 26 日；《访问中文学校校长何方淑清女士》：《加京华报》1978 年 1 月 20 日；《菁华学校招生启事》，《加京华报》1985 年 1 月 1 日；多伦多维德中文学校，http://to888.tripod.com/schoolinfo.html#tzuchi2，检索时间：2021 年 10 月 26 日；伦敦中文学校网，https://www.londonchineseschool.com/，检索时间：2021 年 9 月 26 日；圣市中文学校，http://to888.tripod.com/schoolinfo.html#tzuchi2，检索时间：2021 年 9 月 26 日；《中华公立学校三周年，纪念及教师节筹款会在太平洋大酒楼举行》《醒华日报》1987 年 9 月 29 日；简介，多伦多中华学校网，http://tcwschool.com/zh/%e7%b0%a1%e4%bb%8b/，检索时间：2021 年 9 月 26 日；逸仙中文学校，http://to888.tripod.com/schoolinfo.html#tzuchi2，检索时间：2021 年 9 月 26 日；圣方济周若渔中文学校网，https://sfx.rcav.org/schools/saturday-chinese-school/，检索时间：2021 年 9 月 26 日；加拿大圣方济周若渔中文学校，中国华文教育网，http://www.hwjyw.com/hjzx/hjjg/bmz/hwhx/200801/t20080123_11033.shtml，检索时间：2021 年 9 月 26 日；《光华学校九日开学》，《醒华日报》1988 年 9 月 10 日；中文学校新生：《醒华日报》1987 年 9

月 25 日；多伦多中华学校士嘉堡分校：http://to888.tripod.com/schoolinfo.html#tzuchi2，检索时间：2021 年 9 月 26 日；树德中文学校，http://to888.tripod.com/schoolinfo.html#tzuchi2，检索时间：2021 年 9 月 26 日；渥太华加京国语中文学校，http://www.ottawa-mandarin-school.ca/about-us，检索时间：2021 年 9 月 26 日；叶氏中文学校宣传资料；中国新闻网，http://www.chinanews.com/hwjy/2013/03-27/4681862.shtml，检索时间：2021 年 9 月 26 日；铭华中文学校网，http://blog2.huayuworld.org/minghua/wp-content/uploads/sites/536/2017/01/20161217-%E9%8A%98%E8%8F%AF%E4%B8%AD%E6%96%87%E5%AD%B8%E6%A0%A1%E5%BB%BF%E4%BA%94%E5%91%A8%E5%B9%B4%E6%85%B6%EF%BC%9A%E6%84%9B%E3%80%81%E5%89%B5%E6%96%B0%E5%82%B3%E6%89%BF.pdf，检索时间：2021 年 9 月 26 日；https://to888.tripod.com/schoolinfo.html#tzuchi2，检索时间：2021 年 9 月 26 日；笑言：《渥太华欣华中文学校校史 20 年》，第 3—9 页；欣华中文学校网，http://xinhuachineseschool.org/About.html，检索时间：2021 年 9 月 26 日；多伦多法兰克中文学校：http://to888.tripod.com/schoolinfo.html#tzuchi2，检索时间：2021 年 9 月 26 日；佛教慈济多伦多人文学校，http://to888.tripod.com/schoolinfo.html#tzuchi2，检索时间：2021 年 9 月 26 日；多伦多佛光中文学校，http://to888.tripod.com/schoolinfo.html#tzuchi2，检索时间：2021 年 9 月 26 日；湾景周六中文学校师生喜庆新春，http://newstar.superlife.ca/2013/02/26/%E6%B9%BE%E6%99%AF%E5%91%A8%E5%85%AD%E4%B8%AD%E6%96%87%E5%AD%A6%E6%A0%A1%E5%B8%88%E7%94%9F%E5%96%9C%E5%BA%86%E6%96%B0%E6%98%A5/，检索时间：2021 年 9 月 26 日；笑言:《渥太华欣华中文学校校史 20 年》，第 8 页；多伦多标准中文学校网，https://www.torontomandarinschool.com/home/about-us?locale=en，检索时间：2021 年 9 月 26 日；中国语言文化联合学校成立，加国无忧网，https://info.51.ca/news/canada/2001-12/1677.html，检索时间：2021 年 9 月 26 日。

表 5.8　阿尔伯塔省社区、同乡会、教会等成立的中文学校和中文班

成立时间	学校名称	内容
1975 年	卡城中文学校（Calgary Chinese School）	周六上课。
1980 年	卡城华人宣道学校	
1983 年	志成中文学校（Chi Thanh Chinese School）	
1984 年	慈幼中文学校	周末上课。
1989 年	卡尔加里华侨中文学校（Calgary Chinese Private School）	1939 年 3 月正式向政府立案注册，时名为卡技利华侨公立学校。1989 年在亚省教育厅注册为卡尔加里华侨学校，并首创高中学分课程，获得亚省教育厅承认的中文学分。
1991 年 9 月	卡城华人文化社中文学校	有国画班、西洋画班、普通话班、乒乓球班、武术班等。

续表

成立时间	学校名称	内容
1993 年	卡尔加里文化中心中文学校（Chinese Cultural Society School）	采用简体字教学。教材选用中国暨南大学华文学院编写的《汉语拼音》及《中文》1—12 册系列教材。
1997 年	亚省中文学校（The Chinese Academy）	分设幼稚园、小学、初中及高中各班。周六上课。
1997 年	亚省中华学校（Alberta Chung Wah Chinese School）	
1997 年	育丰中文学校（Yu Feng Chinese School）	该校由董守良和李少毅创建，是在亚省教育厅注册的周末族裔语言学校。教授汉语拼音和简体字，用普通话教学。

资料来源：有关学校，卡城中文学校网，https://calgarymandarinschool.ca/about/，检索时间：2021 年 9 月 26 日；《中加文教协会及卡城中文学校简介》，《卡城华人社区百周年纪念特刊》，卡城中华协会刊行，1993 年，第 90、91 页；卡城华人宣道会网，https://ccac.life/cht-chinese-school，检索时间：2021 年 9 月 26 日；亚省卡城志成中文学校，加拿大亚省卡城越棉寮华裔联谊会网站，http://vclchinese.com/index.php/2012-05-31-19-38-50/86-canada/calgary/75-2012-06-01-03-09-54，检索时间：2021 年 9 月 26 日；关于我们，慈幼中文学校网，http://www.salesianchineseschool.org/，检索时间：2021 年 9 月 26 日；卡技利华侨中文学校网，https://ccpschool.ca/about-us/，检索时间：2021 年 9 月 26 日；《卡城华人文化社》，《卡城华人社区百周年纪念特刊》，卡城中华协会刊行，1993 年，第 93—95 页；《全家华人联会十一届周年会议》，第 37 页；卡尔加里文化中心中文学校宣传单张；亚省中文学校宣传单张；亚省中文学校网站，http://chineseacademy.ca/zh/about-us/，检索时间：2021 年 9 月 26 日；Paul K.P.Wong：The "Newly Established Organization" in Calgary Chinatown, Sep. 24, 2009；学校简介，育丰中文学校网站，http://yufeng.ca/pages/index.php，检索时间：2021 年 9 月 26 日。

表 5.9　缅省社区、同乡会、教会等成立的中文学校和中文班

成立时间	学校名称	简介
1983 年	缅省越棉寮培英中文学校	隶属于缅省越棉寮华裔协会。最初由越棉寮华裔协会成员担任教师，主要教授协会子弟。2001 年，因为华人移民的增长，中文教学由最初的注音正体华文逐渐加入简体中文以及汉语拼音，简繁并用。

资料来源：温尼伯越棉寮华侨协会；曾任缅省越棉寮培英中文学校校长的颜国华。

表 5.10　魁北克省社区、同乡会、教会等成立的中文学校和中文班

成立时间	学校名称	简介
1983 年	蒙特利尔中华语文学校（The Montreal Chinese/MandarinSchool）	语言课程从幼儿园到九年级，还有青年班、会话班等，每周日上课两小时。

续表

成立时间	学校名称	简介
1994年	蒙特利尔佳华学校	除常规汉语班外，另有数学班、英语班、法语班、美术班、文体班等，还组织有各种暑期班和夏令营等。1995年，佳华学校在各年级开设数学课程。1996年推出《佳华》校刊。

资料来源：学校历史，蒙城中华语文学校网，https://www.chineseschool-mtl.net/----8.html，检索时间：2021年9月26日；蒙特利尔佳华学校网，http://www.jiahuaschool.ca/%e4%bd%b3%e5%8d%8e%e5%ad%a6%e6%a0%a1/%e4%bd%b3%e5%8d%8e%e5%a4%a7%e4%ba%8b%e8%ae%b0%e5%bd%b0/，检索时间：2021年9月26日。

表5.11 新斯科舍省社区、同乡会、教会等成立的中文学校和中文班

成立时间	学校名称	简介
1993年	夏城华语学校（The Halifax Chinese Language School，HCLS）	学校董事会全部由志愿者组成。

资料来源：夏城华语学校网，https://www.halifaxcls.ca/index.php/classes/7-categories-english/about，检索时间：2021年9月26日；《夏城华语学校25年风雨办学路》，《打开加东》，2018年6月。

表5.12 萨省社区、同乡会、教会等成立的中文学校和中文班

成立时间	学校名称	简介
1975年	萨城中文学校（The Chinese Language School of Saskatoon）	1990年，学校分为两所。萨城中文学校教授汉语拼音和简体汉字。

资料来源：关于我们：萨城中文学校网，https://clssaskatoon.com/about/，检索时间：2021年9月26日。

表5.13 多种形式的夏令营

时间	学校	简介
1974年开始	缅省中文学院	最初是以家庭文化营的形式举办。1995年起中文学院或自己主办，或与中华学院、培英学校、中华文化社及中华会馆等联合举办缅省中华青少年夏令营。如1996年，缅省中文学院在丹尼尔·麦金太尔（Daniel McIntyre）高中举办夏令营，为期五天，每次学生都不少于50名。
1986年	温哥华中国文化语言学校	为期三周。

续表

时间	学校	简介
1988年	温哥华中国文化语言学校与美国华语学习中心	中华文艺夏令营。有朗诵和儿歌表演等。
1989年	温哥华中国文化语言学校与美国华语学习中心	中华文艺夏令营。
1995年	蒙特利尔佳华学校	开办"佳华"夏令营。
1999年	温哥华北京中文学校	从1999年开始,每年都举行中国寻根之旅夏令营。
2000年	卑诗省中文协会	自2000年以来,每年都举办海外华裔青少年赴华寻根之旅夏令营。

资料来源:杨爱芳:《夏令营》《1974—2009年缅省中文学院35周年特刊》,2009年,第32页;《中华青少年夏令营简介》《1974—2009年缅省中文学院35周年特刊》,2009年,第108页;《叶玫生、王贻良、李月树,缅省中文学院大事纪要》《1974—2009年缅省中文学院35周年特刊》,2009年,第148页;《中国文化语言学校,办中华文艺夏令营》,《大汉公报》1987年7月22日;《中国文化语言学校文艺夏令营结业演出》,《大汉公报》1988年9月7日;《温哥华中国文化语言学校"中华文化"夏令营结业礼》,《大汉公报》1989年8月9日;蒙特尔佳华学校网,http://www.jiahuaschool.ca/%e4%bd%b3%e5%8d%8e%e5%ad%a6%e6%a0%a1/%e4%bd%b3%e5%8d%8e%e5%a4%a7%e4%ba%8b%e8%ae%b0/,检索时间:2021年9月6日;温哥华北京中文学校网,http://www.vbcs.ca/sp/spc.html,检索时间:2021年9月26日;资料来自温哥华北京中文学校校监王志光;卑诗省中文协会网,http://bc.yes-chinese.com/BC-introduction.html,检索时间:2021年9月26日。

这期间,20世纪60年代之前建立的中文学校,除少数因为校舍陈旧、资金困难关闭之外,[1]大部分"老学校"可谓老干新枝,继续在中文教育的舞台上成长壮大,见证着华人社区在中文教育传承上的韧性。[2]

第二节 中文教育组织相继成立

随着中文教育的迅速发展,也催生了地方性的和全加拿大的中文教育组织的相

---

[1] 1969年,大公义学因校舍老旧、有火灾隐患等问题而关闭;《大公义学暂停办启事》,《大汉公报》1969年7月24日。

[2] 温哥华、维多利亚、多伦多、渥太华等地的华侨公立学校、多伦多协和中文学校、多伦多怀熙中文学校(T.H. Chan Memorial Chinese School)、天主教华侨中心中文学校、大多中华学校、渥太华中文学校、温哥华文强学校、温哥华华人长老会中文学校和埃得蒙顿协和学校等继续发扬光大,由社团、教会或私人名义主办新的中文学校数量不断激增。

继成立。这些教育组织的成立，对中文教育起了促进作用，同时也为其打开了全球化的视野，将中文教育与国际文化交流接轨，让加拿大经济与亚洲崛起的新兴经济体接轨，给中文教育注入了市场经济的新元素（参见表5.14）。

表5.14 中文教育组织

成立时间	名称	简介
1970年	维多利亚中国学生会	
1975年	中加文教协会（The Sino Canada Culture Association）	1977年，协会合唱团成立。1980年，联合其他社团募款支持平权会对抗CTV播出的《校园大平卖》报道。1991、1993年，两次主办"中文教学研讨会"。
1975年	缅省中文学院教材编审委员会	1984年，缅省教育厅成立中文课程委员会和中文课程大纲咨询委员会，经过数月的努力，制定了《缅省中文课程指南》（Manitoba Chinese Mandarin Curriculum Guideline）。中文学院教材编审委员会有两位专业教师参与此项工作。从1987年开始，中文学院教材编审委员经过6年磨砺，出版6册《初级汉语》和一套教师手册，随后又完成了与之配套的学生作业簿。
1981年	卑诗省祖裔语言协会	1979年，叶吴美琪等一些热爱教育事业的学者、教师和家长们在温哥华召开了祖裔语言教育研讨会，讨论在卑诗省成立多元祖语教育协会和中文教育协会的议题。1981年，在温哥华成立了卑诗省祖裔语言协会，叶吴美琪为创会主席。协会倡导的语言教育包括德语、荷兰语、意大利语、日语、汉语、乌克兰语等十几种。协会还帮助培训教师、整理教材及帮助某些地区建立中文学校。2000年之后，因校舍租金太高，教育局经费又紧张，很多小语种纷纷撤出，导致周末多元祖裔学校解散了。
1981年	卑诗省中文协会	协会每年举办春季（5月）和秋季（11月）研讨会，邀请本地和亚洲的中文教育专家、学者做专题演讲，讨论中文教育中共同存在的问题，以期提高广大中文教师的专业水平。协会还与中文报纸合作，从1995年开始开办"中文园地"专栏，刊登了数千名学生的中文作品。从1997年开始，平均每两年组织一次资深教师、中文学校校长团赴华观摩。自2000年开始，每年都组织海外华裔青少年赴华寻根之旅夏令营。

续表

成立时间	名称	简介
1982年	全加中文学校协会（The Canadian Association of Chinese Language School CACLS）	1982年，全加拿大热心中文教育的家长和教师，参加了在缅省温尼伯市（Winnipeg, Manitoba）举行的第一次中文教育会议，一致提议举办一个全国性的中文教育联会，以推动文化传播及语文学习，故此，协会在温尼伯市成立，1984年向联邦政府登记注册。全加中文学校协会每2至3年在全加拿大各地区举办华文教育大会。
1982年	阿尔伯塔省爱城中英双语教育协会（The Edmonton Chinese Bilingual Education Association）	自成立以来，通过报纸、电视台和电台，向全埃德蒙顿市推广中华文化和中英双语教育。
1988年	安省中文教育协会（Ontario Society for Chinese Education）	服务范围主要是安大略省，但也与世界各地的汉语教师密切合作。曾举办加拿大东部中文教育研讨会、教师节、中文教学教材设计比赛和青少年夏令营等。
1988年11月	加中教育国际交流协会	
1989年	加拿大西门菲沙大学林思齐国际交流中心	在温哥华成立，王健（Jan Walls）教授是西门菲沙大学林思齐国际交流中心的创办人和前任总监。卑诗省督林思齐捐赠了一半基金，相应的另一半基金由加拿大政府拨给。林思齐国际交流中心成立后，通过举办普通话和粤语等跨文化交流活动，使得西门菲沙大学与社区保持着密切的联系。它还赞助了许多与亚洲艺术、文学、历史、电影和哲学等有关的学术和公共活动。
1990年	中国论坛学社（China Forum Society）	在温哥华成立。该论坛学社举办一系列中英文演讲活动。该论坛学社还和中国发展研究项目（China Program for Integrative Research and Development）协办活动。这个项目是林达光在英属哥伦比亚大学成立的，资金来自林达光注册退休金和大学的补助金。1994年曾举行春季学术研讨会。
1991年	加拿大华夏文明传承协会（Chinese heritage Language Society of Canada）	
1994年	西安大略大学华人教授协会（Chinese Professors Association at the University of Western Ontario）	该协会以学术交流为核心。
1997年	卡尔加里中文双语教育协会（Calgary Chinese Bilingual Education Association）	

续表

成立时间	名称	简介
1997 年	卑诗省中文学校联会	成立目标是关注省内中文学校和学生的权益，很多专业人士参加"中文课程建议"编纂工作。曾先后举办周年庆典、写作比赛、书法比赛、杰出老师选举、教案观摩、读报学中文、出版图书和调研等活动。
1998 年	加拿大亚省中文教师协会（Alberta Chinese Language Teachers Association，ACLTA）	
1999 年 3 月	加西中文侨校联合会	理事会驻地为卑诗省温哥华市。
2001 年	加拿大华人退休教师联谊会	

资料来源：《域埠成立中国学生会》，《大汉公报》1970 年 12 月 28 日；《中加文教协会及卡城中文学校简介》，《卡城华人社区百周年纪念特刊》，卡城中华协会刊行，1993 年，第 90 页；杨爱芳：《教材编审委员会报告》，《1974—2009 年缅省中文学院 35 周年特刊》，2009 年，第 51 页；叶吴美琪口述：加拿大卑诗省中文协会网，http://bc.yes-chinese.com/BC-introduction.html，检索时间：2021 年 9 月 26 日；《全加中文教育会议在温市圆满闭幕》，《加京华报》1982 年 9 月 1 日；《全加中文学校协会成立》，《醒华日报》1984 年 3 月 5 日；《爱城中英双语教育协会》，《点问顿华人社区华埠 100 周年纪念特刊》，第 50 页；安省华文教育协会网，http://www.osce.ca/2012/index.php/zh/about-us，检索时间：2021 年 9 月 26 日；《加中教育国际交流会周四晚宣布成立》，《大汉公报》1988 年 11 月 5 日；《加中教育国际交流会，刘敦仁任理事会主席》，《大汉公报》1988 年 11 月 23 日；资料来自王健教授；The David See Chai Lam Centre for International Communication website, http://www.sfu.ca/davidlamcentre/about.html，检索时间：2021 年 9 月 26 日；Paul K.P.Wong: The "Newly Established Organization" in Calgary Chinatown, Sep. 24, 2009；王犇：《身在北美 情系中华——记加拿大西安大略大学华人教授协会》，《神州学人》2012 年第 6 期，中国教育报刊社；Calgary Chinese Bilingual Education Association, https://albertacorporations.com/ calgary-chinese-bilingual-education-association，检索时间：2021 年 9 月 26 日；卑诗省中文学校联会网，http://blog.sina.com.cn/s/profile_2668595190.html，检索时间：2021 年 9 月 26 日；卑诗省中文学校联会简介（卢群毅会长提供）；《卑诗省中文学校联会成立》，《明报》1997 年 3 月 17 日；加拿大亚省中文教师协会（ACLTA）简介，http://www.edmontonchina.ca/forum.php? mod=viewthread&tid=88023，检索时间：2021 年 9 月 26 日；https://info.vanpeople.com/m/article.php? itemid=440379，检索时间：2021 年 10 月 16 日；《支持中文教育》，《世界日报》1999 年 4 月 10 日；《华人退休教师会，专讲孔子受欢迎》，《明报》2001 年 10 月 8 日。

由于加拿大中文教育组织数量不少，举办的活动也相当多元，无法在如此短的章节中一一列举，因此，将这些活动简单分类，并以图表形式呈现，可能会有"窥一斑而见全豹"的效果。当然，这也难免"挂一漏万"的遗憾。

一、中文教师进修和研习

在中文教育组织举办的活动中,中文教师进修和研习是重要内容。由于加拿大中文教育主要依赖私立学校,且大都在周末上课,故而私立中文学校的老师大都是兼职,仅靠教中文无法谋生。因此,定期举办教师进修活动,对提升这些兼职老师的中文教学水平相当重要。下表就是教师进修和研习的部分活动(参见表 5.15)。

表 5.15　中文教师的进修和研习

时间	中文教育组织	具体内容
1990 年	安大略省华文教师研习会	在多伦多开幕。会议内容有语文教学之教材与语法、侨教中文班课程及数学、中国文字教学等。教师们一起交换心得,策划了多项未来要开展的工作。
1992 年	安省华文教育协会	接受世界华语文协进会邀请,共同主办多伦多地区华文教师座谈会。
2001 年 6 月	卑诗省中文学校联会	举办"海外中文教育的实践与展望"讲座,与会者讨论了海外中文教学的各种问题和教学方法。

资料来源:《安省华文教师研习会闭幕,已策划多项未来工作方针》,《醒华日报》1990 年 8 月 14 日;《中文校联教育讲座,阿浓提议活动教学》,《明报》2001 年 6 月 20 日。

二、中文和中文教学的研讨

全球化兴起之后,中国和新加坡等也加强了对海外人士进行培训的中文教育,这就为加拿大的中文教育与亚洲国家和地区的海外中文教育的交流研讨提供了平台与机会。加拿大各地中文教育组织积极举办这方面的交流活动,使中文教育更具全球化元素,也为全球中文教材的发展做出了贡献。以下就是加拿大中文教育组织举办的活动概况(参见表 5.16)。

表 5.16　中文和中文教学研讨活动

时间	中文教育组织	具体活动情况
1988 年	全加中文学校主办,加拿大华裔语言中心和满地可中文学校协办	第三届中文教育会议在蒙特利尔麦吉尔大学举行,主题是"中文教育与多元文化的关系——意义、价值和方法"。

续表

时间	中文教育组织	具体活动情况
1989 年	国语教师研习会	研习会在多伦多大学士嘉堡校区举行。参加会议的有来自各地中文学校的教师、家长代表。演讲涉及文化、双语、会话等内容。
1997 年 7 月	卑诗省中文协会	在卑诗省本拿比市圣道中文学校召开会议，谈及繁简体汉字等问题，来自本拿比市、卡尔加里市和埃德蒙顿市的 210 名中文教师参会。
1998 年 7 月 31 日—8 月 2 日	全加中文学校协会（The Canadian Association of Chinese Language Schools）主办，加拿大华裔语言中心（Co-sponsored by the Chinese Lingual-Cultural Center of Canada）协办	全加中文教育会议（1998 Canadian National Conference on Chinese Education）在多伦多召开，开办"当代加拿大的中文教育"专题讲座、研习讲座等。与会者有的介绍加拿大全国性华人组织，有的涉及"中文学校行政主管人员圆桌讨论会议"议题，有的介绍"加拿大的华裔作家及华文创作""华语教育新方向""影响祖籍语言教育的心理因素"等。
2001 年 8 月	加拿大华裔语言文化中心主办，卑诗省中文学校联会协办	在多伦多大学的安大略教育研究所召开加拿大华文教育大会，来自全国中文学校的教师及关注华文教育发展的 450 名人士共襄盛举。此次会议以"通过有效的少数族裔语言教育，促进族裔平等和反对种族主义的行动"为专题，探讨反种族主义和族裔文化平等方面的做法和当今政策，并讨论了多媒体辅助教学。卑诗省中文学校联会会长虞崇贞率领的课程编纂小组，在会议中做了"中文课程建议"的报告，并介绍了教材编纂过程。

资料来源：《全加中文学校协会召开三届中文教育会议》，《大汉公报》1988 年 5 月 3 日；《国语教师研习会 7 名专家作讲演》，《醒华日报》1989 年 8 月 14 日；《中文协会重视与两岸学术交流，来自大陆台湾中文教师参与研习》，《明报》1997 年 7 月 18 日；戴超、翟应容、万华英：《目录》，《1998 年全加中文教育会议会议录》，全加中文学校协会，1994；《华文教育者研讨海外传薪火》，《明报》2001 年 8 月 24 日。

三、政府援助的中文教育活动

自联邦政府推动多元文化主义政策以及开设祖裔语言课程之后，加拿大各级政府对中文教育组织举办的国际中文教育交流活动积极提供援助，也从市场和就业的角度，支持中文教育组织进行这方面的研讨，既鼓励了社区推动中文教育的积极性，也为政府制定国际化产业政策提供有效依据。下表是此类活动的一些实例（参见表 5.17）。

表 5.17　政府援助的中文教育活动

时间	中文教育组织	具体内容
1982 年	温尼伯华人社团，包括该市的中文教育组织	讨论教学方法及经验；教材、教学行政系统和全加中文教育之总纲；联邦政府和缅省政府拨款补助等。
1986 年	加拿大华裔语言文化中心全加中文学校协会、卑诗省中文协会	在温哥华卑诗大学举办了两年一度的全国中文教育会议，主题是"祖裔语言乃是加国经济资源"。会议引起加拿大政府的重视，部分经费由加拿大联邦政府多元文化部门资助。林达光教授做了"语言是通往太平洋区远景的桥梁"的演讲。

资料来源：《全加中文教育会议在温市圆满闭幕》，《加京华报》1982 年 9 月 1 日；《全加中文教育会议今起在温埠举行，主题为"族裔语言乃加国经济资源"》，《醒华日报》1986 年 8 月 15 日；《加拿大全国中文教育会议隆重开幕》，《大汉公报》1986 年 8 月 18 日。

第三节　加拿大中文教育的长处与短板

任何教育项目都离不开大环境的影响，也难以避免被环境所制约。就加拿大中文教育而言，所处的环境既给中文教育带来了优势，同时也成为中文教育的短板，优势和短板有机共存。所谓优势，其实是十分明显的。中文虽然不是加拿大的官方语言，但在加拿大多元文化的环境中，汉语成为加拿大少数族裔在家使用人口最多的非官方语言，因为华人本身就是加拿大最大的有色人种少数族裔，且对自身语言的传承有着天然的韧性与执着。到了 20 世纪八九十年代，亚洲儒家文化圈国家和地区经济崛起，逐渐成为全球的强势经济之一，也带来了汉语教育扩张发展的重要契机。特别值得关注的是，在加拿大西部地区，比如亚洲门户卑诗省，使用官方语言法语的人，甚至还没有使用汉语的人数多。英语、汉语、旁遮普语，成为最多人使用的三种语言，导致汉语在公共服务领域和商界，受到很大的重视，会讲中英双语的人才有充分的发挥余地，这又让中文教育超出了社区传统语言文化传承的范畴，有了更大的施展空间。

在多元文化的环境中，中文教育优势和短板共存的几个重要现象表现如下：

一、多样性和分散性

虽然加拿大的中文教育在 20 世纪八九十年代之后有了长足的进展，但在祖裔语言教育的投入上,各级政府内部仍然有不同的声音,[1]这也导致在公共教育领域中,中文教育的数量并不多,"双语教育"也极为有限。因此,中文教育的"主战场"仍然在华人社区和私人中文学校。

如前所述,在多元文化背景下,中文教育百花齐放,这不但表现在学校主办方的来源地多元、教学方法多元、教材多元,也体现在简体字和繁体字的兼蓄并用上。但是,正是因为这种多元和广泛的特性,在游说政府提升中文教育方面产生了一些问题,比如简繁体之争,就导致争议从中文教育的主题上产生分支,渗入了政治和外交因素,反而影响了中文教育在公共教育领域中的推进。中文教育的多样性和分散性充分体现出加拿大中文教育一体两面的矛盾性。

二、资金问题

中文教育到底是生意,还是基础教育的投资,抑或是一种关乎一个族群文化传承的坚持? 对这样的问题难以有明确的定论,这也造成了中文教育一直面临着资金不足的困难。

毫无疑问,除了公立学校规模不大的中文教育项目之外,对于社区的中文教育,政府的资助是相当有限的,还丝毫没有稳定性,它来自本来就捉襟见肘的多元文化拨款,且以历史较为悠久的传统华文学校为主。[2]

---

[1] 1982年多伦多士嘉堡教育局就有教育委员反对祖裔语言;《史家堡教育委员强词反对授祖语》,《醒华日报》1982年10月5日;有不少公立学校教师对祖裔教学有一定的看法,尤其对祖裔课程需要延长半小时工作时间十分抵触。1984年年初,多伦多2500名教师组成了教师联盟,抗议教育局实行祖裔语言课程,每周三次延长半个小时的工作,却不加薪。这些教师要停止所有课后活动,如篮球、合唱等;《多伦多教育局主管表示,祖语课程势在必行,协议结果今晚公布》,《醒华日报》1984年2月22日;1987年,由于多伦多士嘉堡教育局还没有在所辖管区学校开设祖裔语言课程,该区居民一直在积极努力争取。可当时多伦多教育局教委主席 Nola Crewe 却提出取消祖裔语言课程的动议。动议提出,如果参加祖裔语言课程的学生人数在55%以下,教育局应取消辖下学校所提供的祖裔语言课程。可是学生家长和多元社团则认为加拿大是多元文化国家,应该重视少数族裔语言,应该给少数族裔语言发展以优惠政策。不少家长认为,少数族裔学生在学习祖裔语言时,加深了对加拿大多元文化真谛的了解,并从中受益。为此,多伦多教育局在1月21日举行公听会,参加的人来自不同族裔。关于此动议,多伦多教育局分为两派,一派支持通过,一派反对。争论的结果是,把议案押后;《报告建议取消半数祖语课程,多市部分教委家长展开救亡》,*Modern Times Weekly*, Oct. 23, 1987.

[2] 1987年,联邦政府多元文化部曾拨款8000元资助孟尝基金会中文学校,用以编印一本教师手册,用于全国各地教师教授学龄前儿童粤语,此次拨款属于多元文化计划之一;《多元文化部拨八千元助孟尝基金会中文校》,《大汉公报》1987年8月15日。

正因如此，一些传统的中文学校在缺乏政府拨款、社区慈善捐款不足，又无法提升学费标准的情况下，只能放弃经营。[1] 当然，也有一些传统的中文学校靠着不定期的社区捐助，勉强支撑经营，[2] 这些学校的学生大都是老侨或者香港地区移民的后代。

对于新移民来说，他们大都将孩子送入教授普通话和简体字的中文私立学校。虽然这些学校的生源随着移民的增加而处于扩充状态，但因为学费低廉，再加上租金和行政费用昂贵，导致教师薪金不高，对师资稳定和教学质量的提升产生影响。

三、师资、教材等问题

加拿大中文教育并没有统一的学术标准，即使是公立学校的中文老师，也未必是学术意义上的语文专家，而教师的学术培训和资质的提升，并不依赖加拿大教育系统公认的培训机构。私立中文学校的师资水平参差不齐，因此，教学质量的评判仰仗学生家长的满意程度。当然，在华人社区的私立中文学校，有不少人在移民前就是亚洲地区高资质的语文老师，他们在各地的中文学校，为培养中文人才默默地奉献力量，但所接受的薪资却未必比其他老师高。

当然，华人社区的中文教育机构也尽量利用有限的资源，来进行师资培训和教学交流，一般都是一年一次，或者利用在亚洲举办夏令营的时候进行。[3]

除了师资，中文教材的五花八门也是一个长期存在的问题。中国和新加坡等地

---

[1] 洪门人士创办的大公义学，尽管有校舍，却因校舍存在消防问题，需要花大量资金改善，学校因经费不足，于1969年7月停办；《大公义学暂停办启事》，《大汉公报》1969年7月24日。

[2] 1969年3月，维多利亚华侨公立学校为了更好地办学，举行了筹款游艺活动，共收集捐款5000元；《域埠华侨公立学校，筹款游艺大会盛况》，《大汉公报》1969年3月11日；1977年，温哥华文强学校建校50周年，曾向社会筹款。社会各界人士有捐赠千元的，有捐赠百元的；《文强学校函谢捐款》，《大汉公报》1977年11月21日；1981年，温哥华华侨学校准备建新校舍及华侨福利大厦，公开筹款，华侨中热心捐助者不少，其中李日如慷慨捐赠20000元；《筹建华侨学校新厦，李日如捐二万元》，《大汉公报》1981年12月12日；2001年，温哥华中华文化中心为了拓展"十年树木，百年树人"的教育理想，经李树坤本人同意，设立了"李树坤书院教育基金"，由温哥华基金会代管。"李树坤书院教育基金"每年将投资利息用于发展中文教育，改善学习环境，增添教学器材，以奖学金等方式资助学生和教师的活动；《李树坤书院教育基金成立》，《世界日报》2001年12月20日。

[3] 卑诗省中文协会每年都举办春季（5月）和秋季（11月）研讨会，邀请本地或来自亚洲的中文教育专家、学者做专题演讲，以期提高广大中文教师的专业水平；卑诗省中文协会网，http://bc.yes-chinese.com/BC-introduction.html，检索时间：2021年10月15日；文化中心李树坤书院为了提高教授粤语的水平，邀请阿尔伯塔大学东西文学系梁丽芳博士，开办为期5天（1月17—21日）的广东话师资培训班；资料来自梁丽芳；《文化中心李树坤书院 广东话师资培训班》，《明报》2000年1月2日。

编写的教材全都出现在加拿大中文教育中，而结合本地资源编写的中文教材相对少一些。[1]教材的多元化也造成加拿大全国性或者全省性的语文竞赛成为不可能的事。因此，规模较大的私立学校都自己开展中文作文或者演讲比赛，以检验学校的教学成果、激励学生的学习动力。[2]而更大规模的中文竞赛，则由中文协会或者亚洲国家在加拿大的总领馆或其他单位推动，[3]其中尤以中国的领馆举办的规模最大。非华裔的中文学习者，常常会参加这样的"国际性比赛"，来展示自己的学习成果。

四、繁体字、方言与普通话

在加拿大的中文教育过程中，虽然有过简繁体、方言与普通话的争论，但这些争论是亚洲环境下的延伸，对加拿大中文教育的影响并不是很大。在公立教育系统和私立中文学校，早期的中文教育都延用注音符号，课本采用竖排版繁体字。20世

---

[1] 比如，蒙特利尔佳华学校使用的中国出版的教材；蒙特利尔佳华学校网，http://www.jiahuaschool.ca/%e4%bd%b3%e5%8d%8e%e5%ad%a6%e6%a0%a1/%e4%bd%b3%e5%8d%8e%e5%a4%a7%e4%ba%8b%e8%ae%b0/，检索时间：2021年10月15日；育丰中文学校选用中国暨南大学华文学院编写的《中文》系统教材；育丰中文学校网，http://yufeng.ca/pages/about_us.php，检索时间：2021年10月15日；资料来自温尼伯越棉寮华侨协会和曾任缅省越棉寮培英中文学校校长颜国华。

[2] 1978年，温哥华郑荣阳堂子弟郑悦年因成绩优秀，首获郑荣阳堂奖学金；《郑悦年成绩冠侪辈，元旦举行颁奖礼，首获郑荣阳堂奖学金》，《大汉公报》1978年12月12日；孟尝会中文学校总于学年毕业典礼上，颁发学业成绩优异奖及个别项目（如默书、书法、作文、朗诵等）证书给学生，以表扬他们的卓越表现和所付出的努力；《孟尝会大事回顾》，《孟尝会：光辉灿烂五十载》第110—143页；孟尝会中文学校，https://www.monsheong.org/what-we-do/chinese-school/?lang=zh-hant#1563991646217-e057aba9-faac，检索时间：2021年10月15日；李树坤书院中文学校每年都举办才艺表演、朗诵会等，资料来自李树坤书院中文学校宣传单张。

[3] 1996年，蒙特利尔佳华学校参加"世界华人少年儿童作文比赛"，并获多个奖项。1999年，该校有3名教师获中国国务院侨办颁发的优秀海外华文教育工作者奖；蒙特利尔佳华学校网，http://www.jiahuaschool.ca/%e4%bd%b3%e5%8d%8e%e5%ad%a6%e6%a0%a1/%e4%bd%b3%e5%8d%8e%e5%a4%a7%e4%ba%8b%e8%ae%b0/，检索时间：2021年10月15日；由西门菲沙大学林思齐国际交流中心和加中教育交流协会联合主办的"2001年卑诗省中文演讲比赛"，3月24日在西门菲沙大学港口分校（Harbour Centre）举行。这次比赛共有40人参加，参赛者中年龄最小的是3岁的王凯文，最年长的是61岁的郑明，两人同时获得鼓励奖。母语非汉语组获奖的是施培忠（Michael Schroeder）、甘念慈（Theodora Gannon）和周安娜（Jo-hanna Hood）；讲中文但非普通话组获奖的是罗安琪、梁燕怡和梁洁怡；讲普通话但年龄在12岁以下组获奖的是赵飞、谷芮和贾舒。勇夺母语非华语组第一名的是施培忠。《卑诗中文演讲比赛西大举行 全用普通话以中华文化作主题》，《明报》2001年2月18日；《热爱中华文化 自学中文 愿成中西桥梁 中文演讲母语非华语组，施培忠夺冠》，《明报》2001年3月25日。

纪 80 年代后,随着华人移民结构的变化和亚洲新经济的崛起,汉语拼音、简体字的需求量大幅上升,各省市都呼吁使用汉语拼音和简体字。

阿省公立学校的"中英双语教学"也开始从繁体字改为使用简体字教学。[1]而卑诗省有部分公立学校的中文教师力陈应"用一种方式教学"以避免时简时繁的混乱。[2]由于各方意见不统一,卑诗省政府教育部门采取折中的方法,在1995年引入的中文省考中,采取了"简繁并用"的方式。[3]

由于中文本来就不是加拿大的官方语言,"实用"和"务实"就成为华文教学很重要的一条原则,因此,从20世纪80年代到新世纪,大部分中文学校陆续采用了汉语拼音、简体字以及普通话进行教学。当然,值得欣喜的是,一些学校仍然沿用繁体字和注音符号进行教学,也有学校教授粤语,展现了中华文化和中文的多元特征,也符合加拿大多元文化、百花齐放的政策原则。

总之,随着注重文化传承的华人社区的日渐壮大,以及亚洲儒家文化圈和中文圈经济市场的影响力与日俱增,加拿大的"中文教育热"呈现出可持续性发展的良好势头。

第四节　大学、专科及研究中国文化的学术机构

在加中建立外交关系以及尼克松、基辛格对中国的破冰之旅发生后,加拿大对中国的关注大幅度增加,而1978年中国启动改革开放、对世界打开大门后,"中国热"便悄然而至,体现在语言文化方面,就是大学的亚洲学系扩大了中文教育和中

---

[1]《中英双语学制在爱民顿的25年》,爱民顿中英双语教育协会,2007年,第34页;资料来自卡城中英双语教育协会创会主席董守良;资料来自阿尔伯塔大学荣休教授梁丽芳;The Calgary Board of Education, https://cbe.ab.ca/programs/program-options/language-programs/Pages/chinese-mandarin-bilingual-program.aspx#:～:text=The%20Chinese%20(Mandarin)%20Bilingual%20Program,Mandarin%20at%20a%20young%20age,检索时间:2021年10月15日。

[2] 1997年,列治文史蒂夫斯顿中学中文教师叶吴美琪教授中文时,认为应该以一种字体授课,不能时简时繁。《反驳台加文协中文繁简并重四式教授　叶吴美琪力陈中文简化教学有利》,《明报》1997年1月6日。

[3] 1995年,中文列入卑诗省的省考,是用简体还是用繁体、是用汉语拼音还是用注音符号,中文教育界对此争论不休,省政府也没想到这么复杂。旧的中文学校课程对简繁体字的使用没有硬性规定,音标则要求使用汉语拼音;1995年6月,中文省考分繁简体两种。当年中文省试作文题目有两个:《在回家的路上》和《我喜欢的一个中国节日》。《首届中文省试,十余人今赴考》,《世界日报》1995年6月22日;《省考试题难易,教师看法不一》,《世界日报》1995年6月23日。

国文化研究的规模（参见表5.18）。

表5.18 部分大学、专科及研究中国文化的学术机构

机构名称	简介
多伦多大学（University of British Toronto）	多伦多大学东亚研究系以研究中、日、韩、印度及部分南亚文化为主，分为大学部和研究所。20世纪80年代的课程有：中国古典语文、现代标准语文、中国戏剧史、中国诗学、明代中国小说等。研究所开设有文学硕士、哲学硕士和博士等有关中国研究的课程。现代标准语文以中国文学作品及中国社会史为主。
卑诗大学（University of British Columbia）	1957—1958年开始开设中国语言课程，每年大约有2000名学生注册学习该课程。亚洲系（The Department of Asian Studies）成立于1961年，其中中国研究是它的核心项目。
阿尔伯塔大学（University of Alberta）	1981年成立了东亚语言与文学系（Department of East Asian Languages and Literatures），1994年更名为东亚研究系（Department of East Asian Studies）。
滑铁卢大学（University of Waterloo）	滑铁卢大学瑞纳森学院（Renison University College）教授汉语和中华文化课程。1990年正式开设汉语课程，牛抗生是创始人。
蒙特利尔大学（University of Montreal）	1976年成立东亚研究中心（现隶属于东亚研究系），研究领域包括中国、日本和韩国等亚洲国家。
马尼托巴大学（University of Manitoba）	马尼托巴大学亚洲研究中心（The Asian Studies Centre）成立于1990年。研究中心雇用的教职员工可以为学生提供中国、印度和日本等国语言和文化方面的指导。
西门菲沙大学（Simon Fraser University）	1991年，西门菲沙大学林思齐教育中心接受中国有关方面的委托，举办了"汉语水平考试"。该考试是专门为母语不是汉语的人举办，包括对中国来说的外国人、华侨和中国国内少数民族。

资料来源：多伦多大学东亚系网，https://www.eas.utoronto.ca/undergraduate/prospective-undergraduate-students/about-our-undergraduate-studies，检索时间：2021年9月26日；East Asian Studies，https://fas.calendar.utoronto.ca/section/East-Asian-Studies，检索时间：2021年9月26日；《欣见多伦多大学增开华语与文学课程的期待》，《醒华日报》1985年5月6日；Canadian Education Association, Heritage Language Program in Canadian School Boards, Toronto: Canadian Education Association, (1991), p.46.; About the Program, University of British Columbia website, https://asia.ubc.ca/undergraduate/asian-language-options/cantonese/，检索时间：2021年9月26日；Chinese, University of British Columbia website, https://asia.ubc.ca/undergraduate/asian-language-options/chinese/，检索时间：2021年9月26日；about, https://asia.ubc.ca/about/，检索时间：2021年9月26日；Haochen Li, Robert Matas, Yves Tiberghien, *UBC-China: 100 Years of History, 1995-2015*, 2015年，第

9 页；University of Alberta website, https://www.ualberta.ca/east-asian-studies/about-us/index.html，检索时间：2021年9月26日；Renison University College, https://uwaterloo.ca/renison/lusi-wong-library/ta-bisson，检索时间：2021年9月26日；East Asian Studies, https://uwaterloo.ca/renison/east-asian-studies，检索时间：2021年9月26日；中华人民共和国驻多伦多总领馆网站，http://toronto.china-consulate.org/chn/xw/t258048.htm，检索时间：2021年9月26日；资料来自滑铁卢大学瑞纳森学院文化及语言系中文研究室主任李彦副教授；Présentation, Université de Montréal web site, http://cetase.umontreal.ca/notre-centre/presentation/，检索时间：2021年9月26日；University of Manitoba website, http://umanitoba.ca/faculties/arts/departments/asian_studies/2837.html，检索时间：2021年9月26日；《西门菲莎大学举办汉语水平考试》，《世界日报》1994年10月15日。

而民间也出现了诸多研究中国语言、文化、历史的机构（参见表5.19）。

表5.19　缅省研究中国语言、文化、历史的机构

成立时间	机构名称	简介
1974年	缅省中文学院（Manitoba Academy of Chinese Studies）	创建于温尼伯，是一所用中文普通话授课的学院。主要是华裔学生，也有一些其他族裔的学生。中文班成立于1974年3月，从幼儿班到十一年级。中文学院自己编教材，辅之以其他资料，学生每周上两小时语文课。学院还经常举办活动，如朗诵会、结业礼文艺表演等。中文学院的《学院通讯》，刊登有关中文教育的课题等。1978年改名为《简讯》，以不定期形式在内部发行。1982年，中文学院发起并主办第一届全加中文教育会议。1984年，成立中文图书馆。1994年，为庆祝成立20周年，中文学院再次主办全加中文教育会议。1999年4月，中文学院组织召开"21世纪中文教育座谈会"。
20世纪70年代末到80年代初	魁省中华文化教育学院	设学前班、小学和中学生班，分年级学习简体字和繁体字，开设了数学、珠算、乒乓球和绘画等课程。
1983年	加拿大中华学院（Canadian College for Chinese Studies）	华人陈慰中在维多利亚创办，开设国际金融、市场管理、国际销售学、英文、中国历史文化、中医内科、外科、针灸和气功等课。
1990年	中国论坛学社（China Forum Society）	在温哥华成立，举办了一系列中英文演讲活动，还和中国发展研究项目（China Program for Integrative Research and Development）协办活动。这个项目是林达光在英属哥伦比亚大学启动的，资金来自林达光注册退休金和大学的补助金。1994年曾举行春季学术研讨会。

续表

成立时间	机构名称	简介
1993 年	加拿大文化更新研究中心（Culture Regeneration Research Society）	筹备于 1993 年，成立于 1994 年，并注册为慈善机构。发起人梁燕城博士是美国夏威夷大学的哲学博士。研究中心总部设在温哥华，主要是筹募基金，协助本地学者研究中国当代文化。中心多次举办国际研讨会，并将分会发展到多伦多、旧金山、洛杉矶等地区，具有广泛的国际影响力。

资料来源：蔡衍泰、李月树：《缅省中文学院简介》，《1974—2009 年缅省中文学院 35 周年特刊》，2009 年，第 30—35 页；叶玫生、王贻良、李月树：《缅省中文学院大事纪要》，《1974—2009 年缅省中文学院 35 周年特刊》，2009 年，第 148 页；《魁省文化教育学院》，《华侨新报创刊 20 年纪念册》第 23 页；子渊：《加拿大中华学院》，《大汉公报》1991 年 3 月 22 日；林达光、陈恕：《走进中国暴风眼》，天地图书有限公司，2013 年，第 328 页；Paul T.K.Lin Papers, http://lbams.ust.hk/ead/sc/sc001-paul-lin，检索时间：2021 年 10 月 14 日；《文化更新研究中心昨成立》，《世界日报》1994 年 3 月 28 日；《文化更新研究中心成立》，《文化中国》创刊号，1994 年 6 月号，第 1 卷第 1 期，第 15 页；简介，文化更新研究中心网，https://crrs.org/about-crrs/，检索时间：2021 年 9 月 26 日；目录：《文化中国》创刊号，1994 年 6 月号，第 1 卷第 1 期。

其中加拿大文化更新研究中心不光在教育上有所建树，在凝聚海内外力量、传承中国文化方面，做了大量工作（参见表 5.20）。

表 5.20　加拿大文化更新研究中心大事记

时间	大事件
1994 年	该年成立，并得到加拿大卑省前省督林思齐爵士的支持及赞护。海外学术文化刊物《文化中国》于 6 月创刊，包括文化评论、学者手札、中国研究等内容。
1995 年	成为获得加拿大政府承认的教育及慈善机构，可发免税收据，并在加国举办"文明冲突与文化中国"论坛。
1996 年	与广州中山大学及上海复旦大学进行交流。
1997 年	加拿大政府对中心的财政和成绩进行了详细考核，中心成功取得"非政府机构"（Non-Governmental Organization，NGO）的地位，政府认可其到世界各地进行扶贫、教育、救灾及援助工作。
1998 年	是获得"加拿大国际发展委员会"（Canadian International Development Agency，CIDA）资助的华人机构，加国政府支持与中国政府合作推动廉政文化。梁燕城博士获加拿大中华学院"院士"称号。
1999—2001 年	先后与国家高级教育行政学院、孔子基金会、华东师范大学等，合办道德教育讲座与培训。
2001 年	筹款在广西农村资助 200 位老师读遥距大学，也资助贫困失学儿童和青少年。

资料来源：工作成果，加拿大文化更新研究中心网，https://crrs.org/about-crrs/achievement/，检索时间：2021 年 9 月 26 日。

第六章
文化艺术与牌楼和纪念碑

从历史上看，早期华工主要靠打工维持生活，虽然他们的生活中总有属于文化和艺术的元素，这些元素也是中华文化在海外传承的一部分，但从华工实际生存的角度而言，那只是社区和个人生活的点缀。然而，1967年以后，华人在加拿大获得了平等的地位，文化艺术自然成了华裔社群为加拿大多元文化做出贡献的一个重要领域。

毫无疑问，随着东西方文化艺术的碰撞，华人社区的文化艺术呈现出一种多元化发展的丰富且复杂的局面。在华人社区的文化艺术生活中，中华文化传统的传承和发扬仍然扮演着主要角色。在这面文化传统的大旗下，集聚着老中青三代华裔艺术家和文化人，体现出"三多"的特征：专业人员多、喜爱者多、文艺社团多。但是，作为加拿大主流的西方现代艺术，也渗透在华人社区的文化艺术生活中，这种文化艺术多元共存和碰撞的环境，不但孕育出可以与主流社会艺术家并驾齐驱的华裔艺术精英，同时也形成了巨大的冲击波，给秉持中华传统的华裔艺术家带来了中西艺术互融的重要契机，并培育出将中华传统艺术进行变革创新的新生代艺术家。

在这样的社会氛围中，华人社区的艺术家出现了多元共存的现象：延续中华文化艺术传统的一支（主要代表是中国传统的书画家）、接受西方古典绘画和文艺复兴近代传统艺术的一支（主要代表是油画家、雕塑家）、受到西方现代艺术熏陶的一支（主要代表是当代艺术家）。而这些艺术家涵盖了新老移民、土生二代及三代华人，形成了相当丰富的艺术家群体，也让华人社区有了"文化艺术的脸孔"。

第一节　中国传统艺术的传承与弘扬

在加拿大确定多元文化政策之后，华人可以理直气壮地传承中华艺术传统，绘画、书法、篆刻、雕塑、陶瓷和剪纸等各种艺术门类，涌现出不少优秀人才，而移民人口的增加，也让专业艺术家有了依靠艺术谋生的可能。这种大的社会环境吸引了不少艺术家移民，而加拿大移民部也为这些艺术家移民开辟了"杰出人才"通道。当然，更多的艺术家是通过其他移民途径，包括家属依亲团聚来到加拿大，在一个新的环境和东西方文化融合的氛围里，追寻自己的艺术之梦，同时也成为加拿大和亚洲艺术交流的重要桥梁。

一、移民艺术家的来源地、居住地和类别

在移民政策大改变之前，华人社区也不乏有人习画练字、舞文弄墨，目的无非是丰富业余生活，传承中华文化。然而，自 1967 年颁行平等移民政策之后，来自亚洲的艺术家逐渐增多，形成了加拿大华人社区的艺术家群体和艺术家圈子。与移民作家类似，这些艺术家大致也分为这样几种类型：一是在亚洲已经成名，换了一个居住环境，在加拿大延续和丰富其艺术生涯；二是在亚洲完成美术专业训练，移民到加拿大展开创作，主要艺术作品也都是在加拿大完成的；三是移民来加时还是艺术爱好者，在加拿大师从名家，从业余走向专业，成为加拿大活跃的艺术家。当然，移民艺术家首先仍然是移民，他们与大多数华人移民一样，大都居住在温哥华、多伦多、蒙特利尔等大都会，也有些定居在渥太华、卡尔加里、埃德蒙顿和温尼伯等地，他们需要庞大的华人社群，这些人群是欣赏者、市场、消费者，是学生的来源，更是中华传统艺术的知音。值得一提的是，华人移民艺术家当中，也有油画家、版画家等西方艺术专才，他们到了西方社会后，艺术有了更大的发展空间。

（一）传统艺术

1. 传统绘画

由于中国传统绘画（这里将近代以来出现的油画也归入其中）博大精深，而移民画家大都有艺术专业学历，一些人可能在亚洲已经颇具艺术家名声，因此，加拿大华人艺术家群体星光灿烂。但是，由于华裔是少数族裔，且少有高等艺术院校在内的权威性国家艺术机构为华裔画家提供展览、比赛等活动机会，同时，对中国传统艺术也没有具有共识的权威性评论，再加上八仙过海、各显神通的个人市场机制，故而很难对加拿大的中国传统绘画领域排出所谓的艺术家"排名表"。从艺术标准的原则来看，即使在社区相当活跃并受到社区尊重的艺术家，也无法在加拿大这个群星闪耀的华裔艺术家群体中占据优势。这反而说明，华裔艺术家群体突破了"艺术是个人的营生"这样的传统，在弘扬多元文化和传承中华传统艺术的领域里，成

为集体的英雄。

当然，在传统绘画领域，来自中国传统艺术流派的画家占据重要地位。举例而言，曾经师从高剑父的岭南四大家之一的杨善深（Yang Shen Sum，已故）[1]，另外三人为赵少昂、关山月、黎雄才），1988年移民加国，对岭南画派在加拿大的开枝散叶起到重大作用。同样，1980年移居加拿大的周士心（Chow Johnson，已故）[2]，先后在美加两地从事艺术活动，并收徒传艺，将中国吴门画派带到了北美，影响也相当大。以年轻画家为例，师从黄胄的史国良（Shi Guo Liang）[3]移民加国之初，可谓备尝艰辛，收入极少，但他坚持自己的艺术探索，最终成为中国国画家在艺术拍卖市场最顶端的画家之一。

有一点必须指出，在传统画家中，有的画家在中国已经取得了作为艺术家和艺术教育家的不少成绩，移民加拿大是一种"回归田园"的选择，比如郭绍刚（Guo Shao Gang）[4]、李行简（Li Xing Jiang）等[5]，他们在移民期间不乏佳作问世，有的甚至走向自己艺术生涯的高峰，比如陈田恩（Chan Tin Yan）[6]、伍步云[7]、司徒奇（Szeto

---

[1] 杨善深，男，1988年从中国香港移民到加拿大，岭南画派大师，擅长水墨画等；刘昌汉（Liu Charles）、郑胜天（Zheng Shengtian）、连城（Lian Cheng）：《北美华裔艺术家名人录》（*The International Institute for Arts and Point Gallery*），1995年，第192页。

[2] 周士心，男，1980年从美国移民到加拿大，著名艺术家，中国传统派著名画家，吴门画派传人。温哥华华人艺术家协会创会会长，擅长水彩和水墨画等。1983年获台湾文化大学荣誉奖、台湾历史博物馆金质奖章。1985年获加拿大中华文化艺术总会奖。1993年获法国拿破仑杰出成就艺术奖，资料来自周士心；刘昌汉、郑胜天、连城：《北美华裔艺术家名人录》（*The International Institute for Arts and Point Gallery*），1995年，第109页。

[3] 史国良，男，1989年从中国移民到加拿大，著名艺术家，擅长水彩画等；刘昌汉、郑胜天、连城：《北美华裔艺术家名人录》（*The International Institute for Arts and Point Gallery*），1995年，第163页。

[4] 郭绍纲，男，原广州美术学院院长，1999年从中国移民到加拿大，著名艺术家和艺术教育家，擅长油画等；资料来自郭绍纲。

[5] 李行简，男，1999年从中国移民到加拿大，著名国画家。

[6] 陈田恩，男，1968年从法国移民到加拿大，著名艺术家，主要从事油画创作。1981年获英国主办"国际艺术家水彩画比赛"荣誉奖。1994年获加拿大艺术家协会举办"资深艺术家作品展"金质奖章；资料来自陈田恩。

[7] 伍步云，男，1975年从中国香港移民到加拿大卡尔加里，受聘为卡尔加里美术会讲师；伍步云的艺术，香港市政局，1995年；伍步云 Wu Pu Yun，非池中艺术网，https://artemperor.tw/knowledge/2080，检索时间：2021年9月16日；http://wubuyun.zxart.cn/about，检索时间：2021年10月18日；http://www.xktsg.com/qikan/81595f97b139bd5e4466de7af72dfc99.html，检索时间：2021年10月18日。

Kei）[1]、骆新民（骆拓）[2]、劳允澍（Lo Jeffrey）[3]、孙昌茵（Sun Sunny）[4]等。

在此，我们尽可能将不同时期移民加拿大的艺术家列举如下（按姓名字母排序），如有遗漏，敬请谅解。其中有些艺术家因为种种原因有搬迁，故而居住地或有变化。[5]

卑诗省：

从中国香港移民到卑诗省的有：蔡贤藩、曹蓉、顾小坤、关天颖、顾媚、何其炎、何汝楫、梁石峰、罗显伟、刘允衡、黎沃文、刘国藩、刘兰芳、梁德祥、林镇辉、李默、李君仪、李文兼、梁志明、司徒奇、司徒乃钟、水禾田、徐榕生、许冠文、杨善深、曾美贞、张惠娴、周伴娟等。

从中国台湾移民到卑诗省的有：蔡杏枝、蔡志忠、蔡霞芬、郭永兴、郭雪湖、洪子珺、何思扔、卢月铅、罗世长、潘建中、邢万龄、张恒、许海钦、叶玉霞、于琬君、张俊杰、章金生、赵行芳、曾长生等。

从中国大陆移民到卑诗省的有：爱新觉罗·毓崢、毕恭、陈爱康、陈其旋、陈宙

---

[1] 司徒奇，男，1976 年从中国香港移民到加拿大，岭南派画家；刘昌汉、郑胜天、连城：《北美华裔艺术家名人录》（The International Institute for Arts and Point Gallery），1995 年，第 167 页。

[2] 骆拓，男，受教于徐悲鸿、齐白石和李可染等名师，1983 年从中国移民到加拿大，作品曾被加拿大多伦多大学和皇家安大略博物馆等邀请展出；http://www.loktokart.com/bio_ch.html，检索时间：2021 年 10 月 18 日。

[3] 劳允澍，男，1975 年从中国香港移民到加拿大，以绘牡丹称誉画坛，曾出任安省中国美术会会长多年。1994 年获加拿大联邦建国 125 周年纪念勋章，1995 年获安省文化厅杰出成就奖，1996 年获安省最高荣誉勋章；《明报》加东网，https://www.mingpaocanada.com/tor/htm/News/20200203/tfa1_r.htm，检索时间：2021 年 9 月 16 日。

[4] 孙昌茵，男，1988 年从中国移民到加拿大，著名油画家；绘画，http://list-artists.ca/tag/绘画/，检索时间：2021 年 10 月 15 日；谈海：移民画家孙昌茵作品将入选加拿大邮票，https://info.51.ca/news/canada/2008-09/159166.html，检索时间：2021 年 9 月 16 日；刘昌汉、郑胜天、连城：《北美华裔艺术家名人录》（The International Institute for Arts and Point Gallery），1995 年，第 166 页。

[5] 刘昌汉、郑胜天、连城：《北美华裔艺术家名人录》（The International Institute for Arts and Point Gallery），1995 年，第 92—210 页；《李文兼"水墨探索"卑大亚洲中心举行》，《明报》2001 年 5 月 4 日；温哥华华人艺术家协会，http://ccafv.com/%e8%97%9d%e8%a1%93%e5%ae%b6/?lang=zh，检索时间：2021 年 9 月 16 日；温哥华华人艺术家协会，http://ccafv.com/%e5%8d%94%e6%9c%83%e7%b0%a1%e4%bb%8b/?lang=zh，检索时间：2021 年 9 月 16 日；安省中国美术，http://ocaainfo.mywhc.ca/?page_id=1555，检索时间：2021 年 9 月 16 日；资料来自郭绍纲、陈田恩、章金生、司徒勤参、何思扔、陈汉忠、姚文奎、黄定超、黄国樑、赵行芳《画家刘允衡遗作展览》，《大汉公报》1979 年 3 月 6 日；《梁冬林乐善为怀，书展收入全捐公益》《加华侨报》1981 年 12 月 1 日；《技法融中西，笔墨通今古——著名加拿大籍华人画家黄硕瑜的执着追求》，http://www.mjmobao.com/?p=4596，检索时间：2021 年 9 月 16 日。

光、戴常洲、杜振华、郭绍纲、黄兆彰、黄志荣、李行简、李玉华、李天行、李炳尧、龙宇、梁照堂、娄述泽、孟宝清、司徒勤参、史国良、徐敏、沈玉仪、徐怀南、徐维德、余妙致、谭乃超、吴天助、许国挺、阳云、叶袁延、曾向明、郑海明、张群等。

在加拿大出生的有：余美琪。

从法国移民到卑诗省的有：陈田恩。

从美国移民到卑诗省的有：李海雅、周士心。

从中国澳门移民到卑诗省的有：司徒乃锵、张霭维。

从新加坡移民到卑诗省的有：陈蕴化。

从澳大利亚移民到卑诗省的有：徐鸣（原名徐敏）。

安大略省：

从中国香港移民到多伦多的有：黄硕瑜、何家强、何百里、劳允澍、刘淑芳、林睿智、麦正、潘国键、谈锡永、伍彝生、杨智光等。

从中国台湾移民到大多伦多的有：李公扬、张菡青、章天柱等。

从中国大陆移民到大多伦多的有：常觉圆、常怡、常诗、陈汉文、曾向明、蔡鼎文、董达荣、高玉华、方免衰、冯玉薇、关穗生、何凤仪、黄绍强、黄多玲、寒柏、骆奕同、罗建生、梁燕玉、刘幽莎、刘任求、孟宝清、孟剑平、马鹏、马笑如、欧阳耀东、汤肖梅、沈学仁、石甫、孙昌茵、单柏钦、司徒庆、伍川宇、乌梅、王鹰、熊照志、杨玉琪、朱冬霞、叶耀星、朱军山等。

在加拿大出生的有：邝雷翠。

从越南移民到多伦多的有：陆石云。

从马来西亚移民到多伦多的有：陈汉忠、骆拓。

从日本移民到多伦多的有：扈航。

从美国移民到多伦多的有：秦明。

从中国澳门移民到多伦多的有：李剑夫。

从中国大陆移民到渥太华的有：关穗生、黄炳麟、姚文奎、周玉琴等。

从越南移民到渥太华的有：梁冬林。

阿尔伯塔省：

从中国大陆移民到卡尔加里的有：黄定超、黄国樑、汤华彩、伍煜森等。

从中国香港移民到卡尔加里的有：伍步云。

从中国大陆移民到埃德蒙顿的有：曹乃瑜、陈慕川、陈穆之等。

从中国澳门移民到埃德蒙顿的有：莫铁。

从越南移民到埃德蒙顿的有：杜维明。

魁北克省：

从中国香港移民到蒙特利尔及周边城市的有：刘天任、小梅等。

从中国大陆移民到蒙特利尔及周边城市的有：都冷桑、何康德、黄韵芳、汤沐黎、王水泊、王安东、余家乐、王垂、张颂南、姚奎、张连奎等。

从中国台湾移民到蒙特利尔及周边城市的有：郭来富。

萨斯喀彻温省：

从中国大陆移民到萨斯喀彻温省的有：黄中亮、黄中如、黄中羊等。

2. 传统书法等

金石书画是中国传统艺术的最经典概括，其中书与画常常"不分家"，且篆刻印章也被列入书画之类。在加拿大移民艺术家中，会书法者众多，除了少数单精书法篆刻的艺术家之外，很多都是书画兼擅，他们的作品不但在艺术领域各领风骚，还大量进入寻常百姓之家，成为在加拿大弘扬中华文化传统的重要组成部分，且在加拿大各地均有代表，比如温哥华的谢琰（Yim Tse）[1]、刘渭贤（Lau Wan Yin）[2]、梁石峰（Leung Shak-fung）[3]、陈风子（Chan Feng Tzu）[4]、

---

[1] 谢琰，男，1959 年由中国香港移民到加拿大。1986 年任职于 UBC 亚洲图书馆，主管中文部；资料来自谢琰夫人施淑仪；《谢琰书法回顾展讲座 好友介绍作品忆贡献》，《星岛日报》2019 年 4 月 1 日；谢琰，温哥华华人艺术家协会网站，http://ccafv.com/portfolio-item/%E8%AC%9D%E7%90%B0-yim-tse/?lang=zh，检索时间：2021 年 9 月 16 日。

[2] 刘渭贤，男，1968 年从中国香港移民到加拿大。1985、1987 年入选河南省开封市第一和第二届国际书法大展。1989 年入选宁夏回族自治区银川市首届草书大展；刘渭贤作品，加拿大中国书法协会网，https://www.18art.com/shuhuayishu/jia-na-da-zhong-guo-shu-fa-xie-hui.shtml，检索时间：2021 年 10 月 18 日；资料来自刘渭贤；1985 年 9 月 1 日，国际书法展览筹委会颁给刘渭贤证书；1987 年 5 月，现代国际临书大展筹委会颁给刘渭贤证书；1989 年刘渭贤参加中外草书展览的参展证书。

[3] 梁石峰，男，1974 年从中国香港移民到加拿大。擅长书法、国画和诗词；梁石峰，温哥华华人艺术家协会网，http://ccafv.com/portfolio-item/%E6%A2%81%E7%9F%B3%E5%B3%B0-shak-fung-leung/?lang=zh，检索时间：2021 年 9 月 16 日。

[4] 陈风子，男，1975 年移居加拿大温哥华，1979 年创立列治文书画协会。加拿大著名华人篆刻及书法大师陈风子病逝，中国侨网，http://www.chinaqw.com/hqhr/hrdt/200808/14/127300.shtml，检索时间：2021 年 10 月 18 日；《人物专访以刀为笔陈风子篆刻印石逾万》，《明报》1997 年 6 月 9 日；刘昌汉、郑胜天、连城：《北美华裔艺术家名人录》(The International Institute for Arts and Point Gallery)，1995 年，第 93 页。

古中（Gu zhong）[1]，多伦多的陈汉忠（Chen Johu）[2]和渥太华的陈克辉（Tan Kiuk Hoy）[3]等。

在此，特记录加拿大各地的书法家，也包括印章雕刻艺术家。当然，下列难免有挂一漏万之处。

（1）加拿大华人书法和篆刻类艺术家（按姓名字母排序）[4]

卑诗省：

陈风子、陈穆之、陈维略、陈维廉、陈建章、陈汉山、杜振华、古中、郭农、何思挒、梁照堂、凌霄、李君仪、梁石峰、黎沃文、刘渭贤、李光启、卢月铅、莫如盛、谢琰、曾森源、周澄等。

安大略省多伦多：

陈汉忠、陈克辉、陈汉文、戴统一、何家强、胡祖德、梁国华、林兆南、马国权、潘国键等。

安大略省渥太华：

曲永仲。

阿尔伯塔省卡尔加里：

郭福林、黄国樑。

魁北克省蒙特利尔：

颜小梅、余绍然等。

---

[1] 古中，男，2000年从日本移居加拿大温哥华，书法和篆刻艺术家。

[2] 陈汉忠，男，1988年从马来西亚移居加拿大多伦多。自创巨型法帖，自1996年起，他在金门主办傅锡琪书法比赛、展览等大型活动。资料来自陈汉忠。

[3] 陈克辉，男，篆刻艺术家。1986年从新加披移居加拿大渥太华，曾多次应邀在加拿大文明博物馆作篆刻示范，其作品也为文明博物馆所收藏，1999年荣获美国20世纪亚太杯优秀奖。

[4] 刘昌汉、郑胜天、连城：《北美华裔艺术家名人录》（*The International Institute for Arts and Point Gallery*），1995年，第92—210页；温哥华华人艺术家协会：http://ccafv.com/%e8%97%9d%e8%a1%93%e5%ae%b6/?lang=zh，检索时间：2021年9月16日；安省中国美术会：http://ocaainfo.mywhc.ca/?page_id=1555，检索时间：2021年9月16日；资料来自古中；资料来自曲永仲；资料来自何思挒、施淑仪、黄国樑、陈汉忠；《以刀为笔 陈风子篆刻印石逾万》，《明报》1997年6月9日。

（2）世界各地移民到加拿大的华人雕塑和制陶、摄影、蜡染、收藏艺术家（按姓名字母排序）[1]

卑诗省：

程树人（雕刻）、蔡贤藩（雕塑）、陈建中（摄影）、顾雄（摄影和雕塑）、顾小坤（收藏家）、关景怡（摄影）、黄志荣（雕塑和陶瓷艺术家）、黄雅莉（雕塑）、黄觉钟（摄影）、黄树栋（摄影）、卢月铅（雕刻）、梁抱伟（摄影）、马均耀（摄影）、马天麒（摄影）、司徒煜（摄影）、水禾田（摄影）、谭炳森（摄影）、许铁民（巧雕艺术）、谢源荣、萧永祥（摄影）、杨裕平（摄影）、叶榕沛（摄影）、阮秀嫦（手工制作纸）、周东海（摄影）、温一沙（摄影）、吴其鸿（摄影）、翁瑞祺（摄影）等。

安大略省：

陈儒燊（摄影）、马鹏（雕刻）、马国权（雕刻）、石甫（微雕）、伍彝生（摄影）、吴力昉（摄影）、王智富（摄影）、杨秀智（摄影）、辛鑫城（摄影）等。

阿尔伯塔省埃德蒙顿：

陈慕川（摄影、蜡染）、焦根基（摄影）等。

萨斯喀彻温省里贾纳：

黄慈晖（雕塑）。

---

[1] 刘昌汉、郑胜天、连城：《北美华裔艺术家名人录》(The International Institute for Arts and Point Gallery)，1995年，第92—210页；加华摄影协会，http://www.nachinese.com/Useful/ Community/ Photo_club.htm，检索时间：2021年9月16日；温哥华华人艺术家协会，http://ccafv.com/%e8%97%9d%e8%a1%93%e5%ae%b6/?lang=zh，检索时间：2021年10月12日；安省中国美术，http://ocaainfo.mywhc.ca/?page_id=1555，检索时间：2021年9月16日；陈慕川，http://ccafv.com/portfolio-item/%E9%99%B3%E6%85%95%E5%B7%9D- silas-m- chen/?lang=zh，检索时间：2021年9月16日；黄觉钟，《大温中国国庆最早的组织者》，《环球华报》2009年10月2日；马天麒：宁献丑不藏拙 行动力最要紧，加西网，https://www.westca.com/ Immigrant/op=view/sid= 187943/%E9%A9%AC%E5%A4%A9%E9%BA%92_%E5%AE%81%E7%8C%AE%E4%B8%91%E4%B8%8D%E8%97%8F%E6%8B%99_%E8%A1%8C%E5%8A%A8%E5%8A%9B%E6%9C%80%E8%A6%81E7%B4%A7/lang=english.html，检索时间：2021年9月16日；叶榕沛：爱好+事业=画框厂老板，https://info.vanpeople.com/m/article.php?itemid=162477，检索时间：2021年9月16日；摄影大师黄贵权、黎荣照和吴其鸿三人讲座，http://blog.sina.com.cn/s/blog_4dba504c0100fb08.html，检索时间：2021年9月16日；资料来自顾雄、马均耀、陈建中、焦根基；马均耀：《千山万水入镜来》，《环球华报》2008年4月23日。

（二）现代艺术

如果说，中华传统艺术的主流仍在华人社区，那么，现代（当代）艺术的主流则在非华裔的主流社区，且现代艺术呈现出两条线的发展趋势。一是华人移民艺术家中涌现出不少以当代艺术创作为志业的艺术家，他们或在中华传统艺术的基础上嫁接现代艺术，摸索出一些新的创意，或者干脆"华丽转身"，完全投身于现代艺术的创作，例如卑诗大学教授顾雄。二是二代、三代、四代本土出生的华裔，例如主流社会重视的黄柏武等，[1] 他们在西方艺术院校接受训练，艺术生涯就是在现代艺术的氛围和熏陶之下起步的，再加上语言没有障碍，他们在北美现代艺术的圈子里自由发展，颇有成就。有意思的是，在华人社区，传统类的移民艺术家相当活跃和有声望，但他们在主流艺术界则没有太多影响力；而在主流社区，本土出生的华裔当代艺术家则有更大的影响力，有些人还获得了权威奖项。

在当代艺术家中，顾雄（Gu Xiong）、钟横（Alan Chung Hung）、林荫庭（Ken Lum）、黄柏武（Paul Wong）是比较著名的4位，前两者是移民艺术家，后两者是在温哥华出生的华裔艺术家，4人都在多媒体艺术领域表现出色。顾雄作为卑诗大学艺术系的教授，在加拿大当代艺术领域颇有学术话语权，而黄柏武作为用当代艺术表达"唐人街"著名的华裔艺术家之一，成为加拿大当代艺术主流评论界的"宠儿"（参见表6.1—6.4）。

表6.1 顾雄（Gu xiong）

学历和艺术经历	艺术展	奖项	出版物
1986年和1989年先后在加拿大班芙艺术中心学院（The Banff Centre for the Arts）进修，1989年定居加拿大。现为加拿大卑诗大学艺术系终	曾举办16次个人艺术展（《顾雄的世界》《压碎的饮料罐》《地下室》《微笑》《顶好·七人画	曾担任第11届VIVA年度奖、加拿大"B"视觉艺术基金委员会和艺术家交流基金委员会、加拿大国家艺术委员会评委。	

---

[1] 黄柏武，男，生于卑诗省，是位多次获得奖项的多媒体艺术家。自1970年代中期起，黄柏武就以合创者、策划人、公共装置艺术者等多重身份活跃于艺术界。1992年，赢得加拿大贝尔录像艺术奖；Paul Wong（artist），https://en.wikipedia.org/wiki/Paul_Wong_（artist），检索时间：2021年9月16日。

续表

学历和艺术经历	艺术展	奖项	出版物
身教授。作品有架上绘画、丙烯画、油画、综合材料（mixed media）绘画作品、版画、行为艺术、装置艺术、数码和录像、摄影作品、素描及雕塑等。	派》《黄梨子》《河流》《黄水·蓝流》等）和10次群展（这里不是那里、信息—艺术·光州双年展、当代亚洲文字艺术展、时间：加拿大蒙特利尔双年展和蒙特利尔摄影双年展等），并为美国华盛顿州的西雅图棒球运动馆制作了一幅大型壁画。	曾获卑诗省艺术委员会颁发的个人艺术奖、加拿大国家艺术委员会的创作与制作艺术基金等12个奖项和基金。2001年，顾雄在加拿大的奋斗经历被拍成电视文献片《播种：加拿大的创造性 黄梨子——顾雄的故事》，这是一部由加拿大多元文化部、移民部和历史电视台联合摄制的关于加拿大移民史的大型电视文献系列片之一。	曾出版图书、个人展览画册、群体展览画册20本，其中有《黄梨子》《阁楼里的男孩》（与余兆昌合著）、《顾雄——河流》展览画册《"黄水/蓝流"画册》等。

资料来源：刘昌汉、郑胜天、连城：《北美华裔艺术家名人录》(*The International Institute for Arts and Point Gallery*)，1995年，第117页；顾雄，温哥华华人艺术家协会网站，http://ccafv.com/portfolio-item/%E9%A1%A7%E9%9B%84-xiong-gu/? lang=zh，检索时间：2021年9月16日；资料来自顾雄。

表6.2 钟横（Alan Chung Hung）

学历和艺术经历	作品、展览及奖项
1969年从中国大陆移民到加拿大，毕业于温哥华艺术学校（Vancouver School of Art），是温哥华加拿大华人视觉艺术协会创始成员之一。	1980年设计西北航道门（Gate to the Northwest Passage）雕塑。1981年设计雕塑"弹簧"（Spring），永久陈列在温哥华市中心。

资料来源：Artist biography, City of Vancouver web site, https://covapp.vancouver.ca/PublicArtRegistry/ArtistDetail.aspx?FromArtistIndex=False&ArtistId=77，检索时间：2021年9月16日；Artwork information, City of Vancouver web site, https://covapp.vancouver.ca/PublicArtRegistry/ArtworkDetail.aspx? ArtworkId=78&FromArtworkSearch=False，检索时间：2021年9月16日；https://en.wikipedia.org/wiki/Gate_to_the_Northwest_Passage，检索时间：2021年9月16日。

表6.3 林荫庭（Ken Lum）

学历和艺术经历	展览	奖项
加拿大华裔艺术家和教育家。毕业于卑诗大学。擅长绘画、雕塑、摄影。	1991、1995、1997、2000年均参加了艺术展。	1998年被授予基拉姆（The Killam）杰出研究奖，1999年获得约翰·西蒙·古根海姆奖（John Simon Guggenheim）奖学金。 1982—1984年担任温哥华"或"美术馆（Or Gallery）董事，1994—1996年担任温哥华市公共艺术委员会（City of Vancouver's Public Art Committee）董事。1992—1994年担任"或"美术馆董事会成员。

资料来源：http://id.loc.gov/authorities/names/n93098484.html，检索时间：2021年9月16日；Ken Lum，https://en.wikipedia.org/wiki/Ken_Lum，检索时间：2021年9月16日。

表6.4 黄柏武（Paul Wong）

学历和艺术经历	艺术展或作品	奖项
策划人，作品包括装置艺术、行为艺术、混合视频、摄影、视频性能（video performance）等。		1992年获得加拿大贝尔录像艺术像（The Bell Canada Award）。

资料来源：Paul Wong (artist): https://en.wikipedia.org/wiki/Paul_Wong_(artist)，检索时间：2021年9月16日；Paul Wong，https://www.gallery.ca/collection/artist/paul-wong，检索时间：2021年9月16日。

当然，提起加拿大华裔当代艺术和艺术家，郑胜天教授（Zheng Shengtian）是无法绕过的人物。郑胜天在1978年中国改革开放后，就成了将西方当代艺术介绍到中国美术界的最重要倡导者之一，也是将中国当代艺术和艺术家介绍到国际社会的主要推手。1990年移民加拿大之后，郑胜天继续担当沟通东西方当代艺术的使者和桥梁，通过温哥华的主流美术馆和温哥华华人社区的美术馆等多种艺术平台，以及国际双年展等大型艺术活动，推荐中国当代艺术家和加拿大华裔当代艺术家，以至于如今蜚声国际的中国当代艺术家，诸如徐冰、蔡国强等一代人，都感谢郑胜天在艺术上的提携之情。陈丹青还作出特别评论：郑胜天老师很重要的，不应该忘记他（参见表6.5）。

表6.5 郑胜天（Zheng Shengtian）

策展	创办刊物和机构	媒体宣传和历史研究	艺术场所
1992年，郑胜天参与筹办了广州第一届中国艺术博览会。1997年，他和加拿大艺术家卜汉克（Hank Bull）、卑诗大学研究生夏蔚筹划了"江南：现代和当代华人艺术展览和国际学术研讨会"，展示来自中国江南一带（沪宁杭三角洲）的传统与当代艺术。1998年春天，有大温地区12间美术馆、画廊、艺术家专营空间、大学和文化机构参加的"江南"计划正式开幕。5月潘天寿画展作为首展在温哥华美术馆举行，这是潘天寿一生中在海外开办的唯一一次个展。精艺轩举办了题为"中现代艺术的三代人"的展览，介绍了三位女艺术家丘堤、庞涛和林延的家庭传承和艺术发展。其他的11个展览分别介绍了1980年代以来在国内外崛起的艺术家黄永砯、徐冰、陈箴、古文达、张培力、周铁海、耿建翌、丁乙、申凡、陈海燕、施慧、梁绍基、胡芥鸣、陈研音、施勇、杨振中等。	1. 1991年，创办了双语刊物《艺术中国通讯》（Art China Newsletter），沟通世界与中国的艺术信息。 2. 2001年，出版家简秀枝邀请林荫庭教授和郑胜天组建一个团队，编辑一本英文杂志，以满足西方读者对华人艺术资讯和批评日益增长的需求。2002年5月创办《艺术》（典藏国际版）（Yishu: Journal of Contemporary Chinese Art），至今已出版19年，全球多数重要的大学图书馆和美术馆均有订阅。 3. 1992年参与创建温哥华华人艺术家协会，并担任会长至1996年。 4. 1999年与卜汉克一起创建温哥华当代亚洲艺术国际中心（Centre A），并长期担任理事。	2001年，与温哥华FM96.1电台主播梁彦女士合作播出《当代艺术风景线》。每周五晚上对谈一小时，向听众介绍当代艺术及介绍世界各地当代艺术家。2000年后，有计划地做追溯中国现当代艺术源流的研究，包括搜集历史文献，对参与的艺术家和学者作视频采访，策划相关主题的展览。目前已完成的展览有《无产阶级"文化大革命"的文化产品》（1999年，温哥华、多伦多、温尼伯）；《上海摩登》（2004年，慕尼黑、巴塞尔）；《艺术和中国革命》（2009年，纽约）。	1995年受华裔加拿大慈善家王梁洁华聘请，在温哥华创建梁洁华艺术基金会和精艺轩画廊。基金会是第一个由华人建立，并支持海内外中国当代艺术的机构，对推动中国艺术家走向国际和当代艺术在国内的发展起了积极且有效的作用。如赞助蔡国强、陈箴、黄永砯、徐冰等参加威尼斯双年展和其他国际重要展览；出资出力与上海美术馆合办上海双年展；是最早参加瑞士巴塞尔等重要国际艺术博览会的华人画廊策展人，将当代华人艺术介绍给国际收藏家，并把他们推向市场。

资料来源：中华艺术在温哥华：郑胜天，2016年卑诗大学演讲稿；《郑胜天艺文选——艺坛漫游》，中国美术学院出版社，2013年，第125页；资料来郑胜天；《四十三幅国画精品今日首展　关山月下午讲座细谈"特色"》，《明报》1997年11月22日。

图6.1 "江南"策展人与艺术家（1998年）

资料来源：郑胜天

在华裔当代艺术家当中，不光有现代风格的画家，也有多媒体艺术家。他们有的是新移民，有的在加拿大出生（参见表6.6、6.7）。

表6.6 新移民中的当代艺术家

姓名	学历和艺术经历	作品及展览	奖项
埃德·皮恩（Ed Pien）	获西安大略大学美术学士学位（Fine Arts from the University of Western Ontario）和约克大学美术硕士学位（Master of Fine Arts from York University）。作品有装置艺术作品、版画等。		
张卓良（David Cheung, Zhang Zhuoliang）	1982年毕业于多伦多安省美术学院实验艺术系（Ontario College of Art, Toronto）。除使用传统媒体创作外，亦常使用数码、电脑科技、录像、摄影、音响及其他新媒体作为大型装置与行为艺术的材料。作品题材包含社会、政治、宗教等元素，常以中国文化作为创作观念。	个人展出和两人展出有15次。团体展览和活动有80多次。	
谭浩（Ho Tam）	1984年毕业于加拿大麦克马斯（McMaster University），获文学学士学位。2004年毕业于美国巴德学院（Bard College），获美术硕士。作品媒介有：视频、印刷媒体、摄影和绘画作品等。	个人展出有13次，集体展览有27多次。出版有《黄页》（The Yellow Pages，1993）一书。	

续表

姓名	学历和艺术经历	作品及展览	奖项
林景山（Sam Lam）	1987年毕业于卑诗省温哥华市的爱米莉卡艺术和设计学院（Emily Carr College of Art and Design）艺术系。是专业画家、雕塑家。	个人展出有10次，集体展览有20多次。	1986年获得卑诗出色工作文化基金奖。1993年获得中国国家美术馆颁发的中国油画双年展学术奖。

资料来源：Ed Pien, Ahuman Agency：https://www.edpien.com/news，检索时间：2021年9月16日；Ed Pien：https://en.wikipedia.org/wiki/Ed_Pien，检索时间：2021年9月16日；赖虹玫，浪漫朦胧典雅静穆，https://blog.artron.net/space-1211109-do-blog-id-1367345.html，检索时间：2021年9月16日；David Cheung（Zhang Zhuoliang 张卓良），http://www.energygallery.com/davidcheung/about.htm，检索时间：2021年9月16日；David Cheung（Zhang Zhuoliang 张卓良），http://www.energygallery.com/davidcheung/bio.htm，检索时间：2021年9月16日；Artist Salon with Ho Tam on Self-Publishing, Richmond Art Gallery web site，http://www.richmondartgallery.org/artist-salon-with-ho-tam/，检索时间：2021年9月16日；Henry Heng Lu, Multiple Views：A Conversation with Ho Tam，https://canadianart.ca/interviews/multiple-views-a-conversation-with-ho-tam/，检索时间：2021年9月16日；梁彦，加拿大艺术家谭浩与他的《前线——当代摄影艺术家访谈》，加拿大国际广播网站，https://www.rcinet.ca/zh/2014/06/05/%E5%8A%A0%E6%8B%BF%E5%A4%A7%E8%89%BA%E6%9C%AF%E5%AE%B6%E8%B0%AD%E6%B5%A9%E4%B8%8E%E4%BB%96%E7%9A%84%E3%80%8A%E5%89%8D%E7%BA%BF-%E5%BD%93%E4%BB%A3%E6%91%84%E5%BD%B1%E8%89%BA%E6%9C%AF%E5%AE%B6%B6/，检索时间：2021年9月16日；Peter Robertson Gallery：http://www.artnet.com/artists/sam-lam/biography，检索时间：2021年9月16日

表6.7 土生的当代艺术家

姓名	学历和艺术经历	作品、展览及奖项
谭凯琳（Karen Tam）	获康考迪亚（Concordia）大学音乐学士学位、芝加哥艺术学院（The School of the Art Institute of Chicago）雕塑艺术硕士学位和伦敦大学（University of London）文化研究博士学位。作品有装置艺术设计等。	

资料来源：Karen Tam, http://ville.montreal.qc.ca/culture/karen-tam，检索时间：2021年9月16日；BIO：https://www.karentam.ca/about.html，检索时间：2021年9月16日；Karen Tam, https://en.wikipedia.org/wiki/Karen_Tam，检索时间：2021年9月16日。

二、艺术家生存状况

在加拿大大学学习艺术，绝对不是为了赚钱发财，而是为了兴趣和志向。加拿大的人口数量决定了加拿大艺术市场的规模远远不如美国。也就是说，即使是在主流社会，处于学习和探索时期的艺术家，常常无法靠自己创作的艺术作品来维持比较宽裕的生活，不少画家需要靠兼职打工或开班授课，来维持自己的艺术生涯。即

使是专业画家，如果没有很大的名气和市场效应，也需要通过创作以外的途径，来维持生活。相对主流社会而言，华人社区人口更少，艺术市场更加有限，导致艺术家需要通过多种途径，来维持生活，甚至可以用"艰苦奋斗"这样的形容词，来描绘他们追寻艺术梦想的漫漫之路。

华侨华人艺术家在加拿大生存情况不一，从19世纪70年代至2000年，华人移民艺术家的生存之道，大致有几种模式。

第一种，以学生或访问学者身份在加拿大大学或艺术学院学习艺术，其中少数人完成学业或取得学位后，在艺术院校和相关机构取得一席之地，也有人放弃艺术，走上其他生活道路。

举例而言，著名华人画家黄炳麟，1954年从中国移居加拿大，20世纪60年代进安省艺术学院美术系学习，毕业后任职于加拿大文明博物馆，以其中西结合的特殊画风享誉艺术界，曾获美国20世纪亚洲太平洋艺术大展金奖，并成为渥太华华人艺术家的带头人。[1] 多媒介艺术家顾雄，1989年9月，以访问学者身份从中国来到加拿大阿尔伯塔省班芙艺术中心学院（The Banff Centre for the Arts）进行为期一年的艺术创作和进修。之后到温哥华发展，经历过在大学食堂打工的艰苦岁月，1992年被卑诗大学艺术系聘为版画技术员，然后当助教、讲师，2000年当上教授，在艺术界获得很多殊荣。[2]

第二种，不少移民艺术家依靠开美术班授课和家庭教学，奠定了基本的生活基础，并能继续艺术创作，也有一些艺术家开办与艺术有关的企业，从而拥有了艺术家和企业家双重身份。

值得关注的是，很多移民艺术家刚抵埠的时候，都经历了体力打工、在集市和广场甚至市中心街头给游客画肖像等工作，但他们仍然在追寻自己的艺术创作之梦。比如，温哥华画家司徒勤参（Seto Kenson）[3]在开班授徒之前，曾经有6年时间在

---

[1] 1990年，在黄炳麟的带领下，在渥太华成立了加拿大加华艺术协会（CCACC）；资料来自加拿大加华艺术协会现任会长曲永仲；《华人画家黄炳麟获剪贴艺术奖》，《加华侨报》1981年6月1日；《著名画家黄炳麟先生逝世》，《中华导报》2014年10月27日。

[2] 顾雄，温哥华华人艺术家协会网，http://ccafv.com/portfolio-item/%E9%A1%A7%E9%9B%84-xiong-gu/?lang=zh，检索时间：2021年9月16日；《顾雄，从餐厅服务员到大学终身教授》，《重庆晨报》2016年9月5日；资料来自顾雄。

[3] 司徒勤参，男，1981年从中国大陆移民到加拿大，著名艺术家，擅长油画、水彩画和水墨画等；刘昌汉、郑胜天、连城：《北美华裔艺术家名人录》（The International Institute for Arts and Point Gallery），1995年，第161页。

杂货店、丝网印刷公司和招牌广告公司工作。书法家刘渭贤来到温哥华后，在中央医院做清洁工，业余时间从事书法事业。

渥太华艺术家姚文奎（Yao Wenkui），1999年应邀来加拿大办画展，随后移民并定居加拿大渥太华，当职业画家。刚开始帮人画肖像画，将画在画廊里寄售。[1]

随着新移民的增加，中华传统艺术在华人社区市场也有拓展，不少艺术家在继续艺术创作的同时，也"下海经商"，经营画廊、装裱、艺术品复制等，将生存与艺术创作有效结合，成为成功移民的典范。

举例而言，温哥华画家兼书法家黎沃文（Yukman Lai，已故）[2]在温哥华唐人街经营云城画廊，集教学、创作、装裱、艺术品销售于一体。他也受邀在主流大学教授中华书画艺术，扩大了中华艺术在非华裔社区的影响。[3]

书法家曾淼源于1990来到加拿大，1996年，他创建了源海画框厂，主营画框制作、名画家作品装裱、古画重裱及修复、名画复制、婚纱摄影照片放大、油画效果仿真制作等。三年后他又增开画廊展售名家作品，成为温哥华集画框、画廊为一体的中型华人企业，有雇员5—10名。[4]也有新移民来加后，从事艺术创作，并取得了一定成就。例如1984年从中国台湾来到温哥华的洪子珺，与先生一起在温哥华开发地产营建和销售等项目，取得成功后，1988年师从周士心学习花鸟山水，1990年向温哥华书法家谢琰学习书法，作品逐步受到大众认可。[5]

第三种，从某种意义上说，温哥华大部分华裔艺术家都是自由职业者，他们的生存条件比不太出名的主流社会艺术家好很多，这与华人艺术家喜欢储蓄和投资的文化习惯不无关系。其中有些艺术家通过主流画廊代理或通过经纪人出售作品，经

---

[1] 姚文奎，男，1999年从中国大陆移民到渥太华，擅长油画、水彩画等。资料来自姚文奎。

[2] 黎沃文，男，1991年由中国香港移民到温哥华，著名艺术家；刘昌汉、郑胜天、连城：《北美华裔艺术家名人录》（The International Institute for Arts and Point Gallery），1995年，第136页；雪韵枫情——黎沃文眼中的加拿大，中国美术馆网站，http://www.namoc.org/zsjs/zlzx/201304/t20130418_224432.htm，检索时间：2021年9月16日。

[3]《云城画廊迎春画展》，《大汉公报》1992年1月18日；黎沃文：《艺术家要有一颗燃烧的心》，《都市报》2012年8月24日；阿浓专栏：《三位女士》，《星岛日报》2018年1月15日。

[4] About，曾淼源官方网，http://www.mytseng.com/%e9%97%9c%e6%96%bc-%c2%b7-about/，检索时间：2021年9月16日；资料来自源海画框厂管理者曾淼源夫人张普心。

[5] 洪子珺：《将生活寄情于山水之间》，《心声》2015年5月22日；洪子珺：《嘤鸣小集·戊戌年展》，2018年。

济基础很不错。[1]

华裔艺术家，尤其是有特色、有名气的中国山水画家和书法家，身边常常会有一群"特殊"的学生，他们大都来自华人投资移民家庭，这些学生有时间追求梦想，有钱购买老师的作品收藏或者当作礼物，无形中提升了加拿大中华传统艺术作品的市场价格，也让不少开班授徒的画家相当有钱，生活优渥，可以有更多的时间及精力"随心所欲"地进行艺术探索，这种情况在温哥华尤其突出，因为大部分投资移民家庭都选择在山清水秀的温哥华落户。

事实上，作为第一代移民艺术家，大部分人因为语言问题，主要活跃在华人社区。像顾雄、陈穆之那样在大学艺术系任教，[2] 或者像郑胜天那样在主流美术馆策展，甚至像黎沃文那样特邀在大学教授中国美术和书法的艺术家相当少。20世纪80年代以后，随着东亚地区，尤其是中国经济的崛起，亚洲艺术逐渐受到西方主流社会的重视，越来越多的亚洲艺术家来到北美进行艺术交流，带动了移民北美的华裔艺术家，他们在当地的主流美术馆或者大学美术馆频繁举办个展或者集体展，将中华艺术在主流社会发扬光大。

也有少数幸运者，艺术品出售情况很不错，或找到高薪职业，能取得较高的收入。这一历史时期，华人移民不断增加，但新移民并不一定能够完全融入主流社会或满足于在成熟的华人社区生活。有相当多的收藏者和欣赏者，他们有专门展出的画廊和机构，使得华人社区对本族文化艺术的特殊需求有了基础。另外，华人社区和企业也会支持和赞助艺术事业，还有众多中文媒体参与推介，由此，提高了艺术家的能见度和生存能力，艺术家的施展空间也随之扩大，有些艺术家不必进入白人文化主流就得到生存和发展的机会。可以说，虽然市场有限，但足以维持不少艺术家的艺术创作了。

华侨华人艺术家，由于长期生活在加拿大，因此他们都希望提升在居住国的影响力。随着亚洲艺术逐渐被主流社会所重视，中国传统艺术出现在加拿大各个城市，华裔艺术家的知名度在加拿大越来越高。

2000年左右，有一些艺术家经常回中国举办展览或参加艺术活动，在太平洋两岸间穿梭往来。这是加拿大华侨华人艺术界新出现的生存空间。第二代、第三代华

---

[1] 薛雁群油画网上展示，http://www.xueyanqun.com/Activites-c.htm，检索时间：2021年9月16日；来自沈阳鲁迅美术学院的油画家薛雁群，在国内就有名气，移民后也受到主流画廊青睐；资料来自薛雁群；陈田恩的油画曾在数家西人画廊举行画展；资料来自陈田恩。

[2] 1986年任教于加拿大维多利亚大学视觉艺术系。1987年任加拿大视角画廊艺术总监；陈穆之作者简介，http://www.szghl.com/jieshao.asp?id=1800，检索时间：2021年9月16日。

裔艺术家，由于出生、成长在加拿大，在本地的生存空间相对较大，但他们更趋于接近西方主流艺术圈。

三、画廊、艺术学校和艺术社团

艺术家本来就极具个性，且华裔传统艺术家常常是"个体户"，他们中不少人将自己的艺术作坊、教学地点称作画廊，来展售自己的作品或者他们经手的一些艺术产品。也有一些艺术家或者策展人，按照东西方正规画廊的方式和规模来经营，通过策展来挖掘尚未成名的艺术家，或者通过画廊来展示华人艺术的概貌，通过画廊来推动东西方的艺术交流。正规的画廊常常在"纯粹为了艺术"和"既推广艺术又赚取金钱"中苦心经营，中华传统艺术通过画廊的渠道传扬出去，艺术家通过画廊也是"名利双收"，更有华人不熟悉的当代艺术通过画廊对社区进行了"启蒙"，增加了华人社区的艺术厚度。

坦白说，由于人口数量和市场的局限，华人经营的画廊大都寿命不长，而无法成为长久影响华人社区艺术发展的经典品牌，但一些画廊即使"昙花一现"，也点燃了无数华人艺术追寻者的梦想，甚至成为世界级华人画家诞生的"中间驿站"。当然，也有华裔画廊经营者专门经营西方画家的作品，获得相当大的成功，这种情况在20世纪80年代前较为普遍，因为那时华人社区尚没有太多的移民艺术家。

举例来说，博施画廊（Bau-Xi Gallery）的创立者黄博施（Bau-Xi Huang），自20世纪70年代初，一直是加拿大艺术经销商协会（The Art Dealers Association of Canada）的成员，还是南格兰维尔画廊协会（The South Granville Gallery Association）的创始成员。[1]他刚开办画廊时资金不多，但很快就得到许多艺术家的支持而存活下来。[2]再举一例，1970年，刘允衡在卡尔加里开办了刘允衡画廊，专门研究亚洲美术，作品来自加拿大和美国的杰出艺术家。[3]

当然，除了做艺术生意、开谋生的画廊之外，也有秉持推广中西绘画交流、将

---

[1] Gallery history, Bau-Xi Gallery website, https://bau-xi.com/pages/gallery-history，检索时间：2021年9月16日；Bau-Xi Gallery, https://montecristomagazine.com/arts/bau-xi-gallery，检索时间：2021年9月16日。

[2] 中华艺术在温哥华：郑胜天，2016年卑诗大学演讲稿。

[3] Stephen Lowe Art Gallery web site: http://www.stephenloweartgallery.ca/aboutus2.asp，检索时间：2021年9月16日；维市刘允衡昼廊卅周年纪念展：《金枫画院培育英才，国画艺术发扬光大》，《大汉公报》1988年8月31日；资料来自刘谭翠常。

华裔艺术家推上世界艺术舞台的理念而经营画廊者。在新移民中经营此类高端画廊的代表，是1996年开办的精艺轩（Art Beatus Vancouver）。这是由富商王梁洁华女士（她自己也习画）投资开办、著名策展人郑胜天主持、艺术系毕业的新移民黄晨襄助的画廊，代表着当时温哥华的一流水准。由于展出了著名黑人艺术家巴斯基亚、激浪派汉森父子和一系列海内外当代华人艺术家作品，很快成为加西最引人注目的画廊之一。[1]

除画廊外，也有艺术家或收藏家成立了艺术公司，进行艺术品拍卖。1990年，刚从中国台湾移民来的收藏家陈秀从，在温哥华建立亚太国际艺术公司，并聘请郑胜天担任总监，并于1991年在温哥华五帆酒店举办了两场中国和亚洲艺术品拍卖。[2]

（一）画廊（参见表6.8）

表6.8 画廊

名称	时间	地区
博施画廊（Bau-Xi Gallery）	1965年	大温哥华
刘允衡（刘云衡）画廊（Stephen Lowe Art Gallery, Ltd.）	1970年	维多利亚
嘉华画廊	1976年	多伦多
长城画廊	1979年	多伦多
刘允衡第二家画廊（The second Stephen Lowe Art Gallery）	1979年	卡尔加里
兰亭画廊	1983年	多伦多
金枫画院	1985年	大温哥华
中华艺廊	1986年	大温哥华
温哥华现代中国名家画廊	1989年	大温哥华
大枫叶艺术画廊（Green Maple Leaf Art Gallery, Ltd.）	1990年	大温哥华

---

[1] 中华艺术在温哥华：郑胜天，2016年卑诗大学演讲稿；Gallery history, Bau-Xi Gallery website, https://bau-xi.com/pages/gallery-history，检索时间：2021年9月16日。

[2] 中华艺术在温哥华：郑胜天，2016年卑诗大学演讲稿。

续表

名称	时间	地区
青云艺术中心（World Wide Art Centre）	1995年	大温哥华
精艺轩画廊	1996年	大温哥华
唐人街画廊	1997年	大温哥华
林海画廊（Gallery Hi Art）	2000年	多伦多

资料来源：Gallery history, Bau-Xi Gallery website, https://bau-xi.com/pages/gallery-history，检索时间：2021年9月16日；Bau-Xi Gallery，https://montecristomagazine.com/arts/bau-xi-gallery，检索时间：2021年9月16日；Stephen Lowe Art Gallery web site，http://www.stephenloweartgallery.ca/aboutus2.asp，检索时间：2021年9月16日；《维市刘允衡画廊卅周年纪念展》，《明报》2000年10月17日；资料来自刘谭翠常；中国当代书画名家网，http://www.mjmobao.com/？p=4574，检索时间：2021年10月14日；黄硕瑜（锡儒），http://sikyeewong.com/about-wongsikyee/，检索时间：2021年9月16日；《长城画廊开幕》，《醒华日报》1979年3月19日；《兰亭画廊开幕志庆》，《醒华日报》1983年7月9日；《金枫画院培育英才，国画艺术发扬光大》，《大汉公报》1988年8月31日；《女画家陈明玲经营中华艺廊》，《大汉公报》1986年12月10日；《云高华现代中国名家画廊新张开幕志庆》，《大汉公报》1989年1月23日；《现代中国名家画廊羊年推出一批新作》，《大汉公报》1991年2月28日；《大枫叶艺术画廊马年喜，开张志业》，《大汉公报》1990年2月2日；《大枫叶艺术画廊》，《大汉公报》1990年2月9日；娄述泽，http://www.gerenjianli.com/Mingren/40/6pk6ak8rnr.html，检索时间：2021年9月16日；《备受他裔族群重视，要求设帐传授日众，青云中心形容国画前景海阔天空》，《明报》1997年8月2日；资料来洪子珺；《当代华人艺术引起的回响》，《明报》1997年5月13日；《推介亚洲及华人作品 精艺轩盼成艺术桥梁》，《明报》1997年7月13日；中华艺术在温哥华：郑胜天，2016年卑诗大学演讲稿；资料来自郑胜天；《与中华文化中心望衡对宇，唐人街画廊架起文化桥梁》，《明报》1997年4月16日；About us, Gallery Hi Art/林海画廊网站，https://galleryhiart.com/cart/about，检索时间：2021年10月16日。

（二）艺术学校

加拿大虽然允许开办私立学校，但具有品牌价值的艺术学校可谓凤毛麟角。一般培育艺术、美术人才的教育机构，均设立在综合大学里。而20世纪80年代以后移民至加拿大的不少华裔艺术家，在移民前就任教于美术学院，他们把艺术学校的一些教学方法融入了开班授徒的美术教育中，既增加了自己的收入，也培养了不少爱好艺术的新人。于是，在华人社区的艺术教育圈子中，看到了不少"艺术学校""艺术中心"的招牌，有的在华人社区还十分有名，学生数量不少，当然学费也不菲，但无教育当局颁发的正式文凭，也就无毕业或者就业的各种要求，体现了有教无类、活到老学到老的美术教育理念。这些局限于华人社区（当然也有西人学生）的艺术教育班，大致有这样几种模式：公开打出美术学校招牌的，比如杨云（已故）李默美术学校[1]；设置在中华文化中心或者其他地方的美术培训班；并无公开名字但口碑很好的家庭美术班；等等。[2]从商业角度来看，这些美术教育机构有在政府注册的，也有家庭作坊型的。

（三）艺术社团

一般冠名为学会或者团体的艺术团体，大都是政府注册的社团，其中大部分是非营利组织，少部分是商业组织，利润也很可观。商业组织会接收缴费学生、进行艺术品买卖或作品拍卖等。还有一类同行同仁组织，比如书画会、摄影学会等。1967—2001 年间，华侨华人艺术团体涉猎广泛，如绘画、书法、篆刻、雕塑、陶瓷、摄影、音乐、舞蹈、戏剧、电影、杂技、曲艺等。这些社团既有全加拿大的、各省市和地区性的，也有行业性的、综合性的，还有私人经营的（参见表 6.9—6.12）。

有些协会经过努力还建立了美术馆，比如安省中国美术馆就是在政府资助和自筹基金情况下，由安省中国美术会创建的。

表6.9　卑诗省艺术社团

名称	成立时间
中艺摄影学会（Chung Ai Photographic Society of Great Vancouver）	1974 年
云城雅集	1977 年
列治文中国书画学会	1979 年
温哥华孙中山花园学会（Dr.Sun Yat-Sen Garden Society of Vancouver）	1981 年
加拿大中华盆景协会（Chinese Penjing Society）	1983 年
加拿大中华文化艺术总会	1984 年
东方艺术学会	1987 年
怡然画会	1989 年

---

[1]《阳云李默辛勤耕耘有成　明起展览学员艺术创作》，《明报》1997 年 5 月 23 日；《阳云李默美术学生联展》，《明报》2001 年 6 月 3 日；http://coviews.com/search.php?isAuth=1&search_author=%D1%EE%D3%F1%E7%F7，检索时间：2021 年 9 月 16 日。

[2] 中华美术学校，甄金雨：卡尔加里美术会简介。

续表

名称	成立时间
加拿大苍城画会	1989 年
加华摄影协会	1991 年
梅花摄影学会	1991 年
青云画会（The Blue Cloud Artists Association）	1992 年
中加艺文协会	1992 年
温哥华华人艺术家协会（Chinese Artists Association）	1993 年
忘忧翰墨社	1995 年
加拿大雅石会	1996 年
雅涛摄影协会	1996 年
梁洁华艺术基金会（Annie Wong Art Foundation）	1997 年
温哥华当代亚洲艺术中心	1999 年
加拿大三维艺术协会	2000 年

资料来源：《中艺摄影学会成立》，《大汉公报》1974 年 6 月 28 日；《中艺摄影学会 35 周年简介》，《加拿大温哥华中艺摄影学会 35 周年会员作品》，第 4、5 页；《"云城雅集"昨举行每月聚会》，《明报》1997 年 9 月 8 日；《列治文书画学会举行年会》，《大汉公报》1989 年 1 月 30 日；《列治文中国书画学会选出千禧年正副会长》，《明报》2000 年 9 月 25 日；Dr.Sun Yat-Sen Classical Garden website，https://vancouverchinesegarden.com/history/，检索时间：2021 年 9 月 16 日；https://vancouverchinesegarden.com/our-story/，检索时间：2021 年 9 月 16；《中华盆景协会已成立》，《大汉公报》1983 年 3 月 26 日；加拿大中华文化艺术总会：https://www.ccaac1984.com/about，检索时间：2021 年 9 月 16；《恒生艺廊明起双十联展国画油画水彩各显特色》，《明报》1997 年 10 月 3 日；《司徒乃钟老师》，《大汉公报》1991 年 3 月 4 日；《温哥华加华摄影学会成立典礼暨作品展览》，《大汉公报》1991 年 6 月 4 日；《加华摄影学会成立展出作品备受赞扬》，《大汉公报》1991 年 6 月 12 日；《国民党温哥华分部成立摄影学会与健身会》，《大汉公报》1991 年 6 月 4 日；《"东方艺术学会"庆祝成立十周年》，《明报》1997 年 11 月 9 日；资料来洪子珺；《青云画会六月中举行》，《明报》2001 年 5 月 27 日；《中加艺文协会成立》，《大汉公报》1992 年 2 月 29 日；《温哥华华人艺术家协会成立》，《世界日报》1993 年 4 月 22 日；温哥华华人艺术家协会网：http://ccafv.com/协会简介/，检索时间：2021 年 9 月 16；《忘忧翰墨社周六墨宝展》，《明报》2001 年 9 月 10 日，陆伟：《发刊词》，《雅石会》通讯第 1 期，1999 年 1 月；《雅涛周岁》，《明报》1997 年 6 月 4 日；《雅涛春宴联欢交流影艺 黄其新幻灯示范讲心得》，《明报》1997 年 3 月 14 日；Annie Wong Art Foundation: Activities Report of 1997, Asia Art Archive: https://aaa.org.hk/en/collection/search/archive/zheng-shengtian-archive-annie-wong-foundation-art-beatus-vancouver/object/annie-wong-art-foundation-activities-report-of-1997—1997/view_as/grid/sort/title-asc，检索时间：2021 年 9 月 16；中华艺术在温哥华：郑胜天，2016 年卑诗大学演讲稿；资料来自创会会长和现任会长刘慧心。

表6.10 安大略省艺术社团

名称	成立时间
加中摄影研究会	1976年
多伦多加中摄影学会（The Chinese Canadian Photographic Society of Toronto）	1976年
安省中国美术会（The Ontario Chinese Artists Association）	草建于1979年，1982年正式注册
多伦多研艺书社（Oriental Brushes Paint Artist Club）	1982年
加拿大伦敦中国书画会	1986年
加拿大加华艺术协会（渥太华）	1990年
加拿大中国书法协会（Chinese Calligraphy Association of Canada）	1994年
墨道画会	1995年
安省中国书画学会在多伦多创立（前身为兰谊画画学会）	1997年

资料来源：《多伦多爱好摄影华人成立加中摄影研究会》，《醒华日报》1976年4月16日；https://ccpst.com/zh/about-us/history/intro/，检索时间：2021年9月16日；美术会年表，安省中国美术会网，http://ocaainfo.mywhc.ca/? page_id=11，检索时间：2021年9月16日；《多伦多"研艺书社"百花齐放"》Modern Times Weekly，Dec. 12，1986；红枫林电视台专题报道——加拿大伦敦中国书画会，https://www.youtube.com/watch? v=wd3Z4s_0Flk，检索时间：2021年9月16日；资料来自加拿大加华艺术协会现任会长曲永仲；About us，加拿大中国书法协会，https://www.18art.com/shuhuayishu/jia-na-da-zhong-guo- shu-fa-xie-hui.shtml，检索时间：2021年9月16日；何家强书法行动展在香港精艺轩画廊展出，http://blog.sina.com.cn/s/blog_a65494c40101hp71.html，检索时间：2021年9月16日；本会简介，安省中国书画学会网，http://www.brushartassociation.org/about-us.html，检索时间：2021年9月16日。

表6.11 阿尔伯塔省艺术社团

名称	成立时间
卡城中国画学会（The Chinese Painters' Association of Calgary）	1985年
亚省华人摄影学会 1993年改为亚省摄影艺术学会（Photographic Arts Society of Alberta）	1987年
汇点画会（The Meeting Point Artists' Association）	1988年
卡加利美术会（Calgary Chinatown Art Society）	1993年

续表

名称	成立时间
点城中国花园协会（Edmonton Chinese Garden Society）	2000年8月开业，9月在联邦政府注册为慈善机构

资料来源：《卡城中国画学会》，《卡城华人社区百周年纪念特刊》，卡城中华协会刊行，1993年，第105页；阿尔伯塔省华人摄影艺术学会简介，www.flywithwind.com/calgary/index2.php? option=com_content&id=2577，检索时间：2021年9月16日；《亚省摄影艺术学会成立十周年纪念特刊》，1997年，第12—15页；The Meeting Point Artists' Association；*A Century of the Chinese in Calgary*，United Calgary Chinese Association，1993，p.64.；资料来自创办人之一黄定超；卡加利美术会网，https://www.glartent.com/CA/Calgary/1787877518116664/Calgary-Chinatown-Art-Society-卡加利美术会，检索时间：2021年9月16日；《点城中国花园协会》，《点问顿华人社区100周年特刊1911—2011》，2011年，第84页。

表6.12 魁北克省艺术社团

名称	成立时间
满地可市中华文化促进会	1992年

资料来源：http://ngansiumui.com/about/about_zh.html，检索时间：2021年9月16日。

四、艺术活动和艺术特点

加拿大在西方世界并非是艺术大国，也没有美国和欧洲那样的艺术市场，各级美术馆的数量也远远少于美国和欧洲国家。举例而言，卑诗省作为亚洲进入加拿大的门户，是艺术活动相对活跃的省份，但具有国际知名度的美术馆，也只有温哥华美术馆等寥寥几个。因此，华裔艺术家在温哥华美术馆举办画展的频率相当低。但是，加拿大多元文化的特色又让各族裔和各类艺术的发展，有相当大的自由空间，而大学和社区的展览场所，也给少数族裔艺术家提供了相当大的展示空间（参见表6.13、6.14）。

表6.13 华裔画家在社区、画廊或图书馆举办的画展

展览场所	时间	简介
温哥华台山会馆	1967年7月	马子平画展
渥太华公共图书馆	1980年4月	陈介一画展
渥太华飞马士画廊	1981年9月	越南移民、《加华侨报》编辑梁冬林书画展

续表

展览场所	时间	简介
安省多伦多文华村	1982年7月	安省中国美术会会员作品展
蒙特利尔市科特圣路克（Cote Saintluc）图书馆	1990年	林景山等5名艺术家当代西洋画展
多伦多中华文化艺术中心	1987年8月	黄硕瑜等29位华裔画家举办现代中国书画展
温哥华华埠集雅斋画廊	1991年10月	皮雕画家卢月铅举行皮雕作品展览
温哥华中华文化中心	1997年	司徒乃锵画展
温哥华中华文化中心	2001年4月	中国摄影家协会应中艺摄影学会邀请，由各省摄影协会推荐组成12人代表团，在该中心展出《中国摄影家协会会员作品展览》，作品近百幅，主题包括中国风光、人物和风俗民情等

资料来源：《马子平画展会闭幕》，《大汉公报》1967年2月22日；《画家陈介一》，《加京华报》1980年4月1日；《陈介一画展闭幕》，《加京华报》1980年12月1日；《梁冬林书画展开幕，刁华市长主持剪彩》，《加华侨报》1981年9月1日；《梁冬林乐善为怀 书展收入全捐公益》，《加华侨报》1981年12月1日；《安省中国美术会会员作品展闭幕》，《醒华日报》1982年7月19日；《华裔青年画家林景山，近作在满地可市览》，《大汉公报》1990年3月3日；《现代中国书画展览上周末在多市举行》，《醒华日报》1987年8月27日；《卢月铅皮雕作品首度在云埠展出》，《大汉公报》1991年10月17日；《岭南派司徒乃锵画展开幕 杰作包括"百花长卷"》，《明报》1997年10月5日；《中国摄影家作品展揭幕 展期至五月四日》，《明报》2001年4月29日。

表6.14 华裔画家在大学举办的画展

展览场所	时间	简介
多伦多大学美术馆	1977年	伍步云画展
卑诗大学亚洲中心	1986年4月	黄中羊画展
卑诗大学亚洲中心	1987年1月	中加合作举办的中国风光摄影展
卑诗大学亚洲中心	1990年5月1—27日	6位华裔画家联展：陈田恩、周士心、顾媚、梁石峰、余妙致、司徒奇
卑诗大学亚洲中心	1990年11月	章金生画展
多伦多大学	1990年	骆拓的《中国人在加拿大》展
蒙特利尔大学	1991年	姚奎画展
卑诗大学亚洲中心	2000年4月	12位艺术家联展：张俊杰、赵行方、蔡贤藩、何汝楫、金康丽、黎沃文、李于琬君、李默、罗世长、卢月铅、谭乃超、阳云

续表

展览场所	时间	简介
卑诗大学亚洲中心	2000年8月	《司徒奇艺术回顾》,展出司徒奇在50多年间60多幅不同风格的画家,其中包括不少糅合中西风格的作品
卑诗大学亚洲中心	2001年10月	黎沃文个人艺术展

资料来源:伍步云的艺术,香港市政局,1995年;伍步云 Wu Puyun,非池中艺术网,https://artemperor.tw/knowledge/2080,检索时间:2021年9月16;《画家黄中羊定期在卑大展出》,《大汉公报》1986年4月15日;《看黄中羊画展》,《大汉公报》1986年5月9日;《中加合作中国风光展览》,《大汉公报》1987年1月6日;BC Asian art exhibition featuring, Asian centre auditorium, 1990, UBC;《卑诗大学亚洲中心,举行亚洲艺术画展》,《大汉公报》1990年5月8日;《章金生画作展现无限风情》,《世界日报》1990年11月10日;骆拓官方网,http://www.loktokart.com/bio_ch.html,检索时间:2021年9月16日;旅居加拿大的美术家,《文史月刊》,http://www.dazuig.com/wenz/wsyk/495367.html,检索时间:2021年9月16日;《十二艺术家联展卑大举行》,《明报》2000年4月22日;《"司徒奇艺术回顾"卑大举行》,《明报》2000年8月1日;《加国十年艺术世界个展,黎沃文获颁文化贡献证书》,《明报》2001年10月14日。

这种环境造成了华人社区和华裔艺术家的活动特点:社区性强、与亚洲艺术交流频繁、艺术界的"等级"观念少及社区多元文化特色浓厚。

我们先来看看主流美术馆的中国当代艺术与中国传统艺术展览(参见表6.15、6.16)。

表6.15 温哥华美术馆及主流美术馆中国当代、传统艺术展(1967—2001年)

时间	艺术家	简介
1977年	伍步云	在新斯科舍省哈利法克斯省立美术馆举办《中国风光展览》
1986年	骆拓	在皇家安大略博物馆示范并展览
1987年6月	李苦禅	在温哥华美术馆举办《李苦禅画展》
1997年11月起	吕寿琨等	1997年温哥华美术馆举办《中国20世纪名家国画展》,参展的有吕寿琨的《禅画》、黄胄的《巡逻图》、朱屺瞻的《鸡冠花》、钱松岩的《归鱼》、李可染的《漓江雨》、方济的《高峡出平湖》、石鲁的《家家都在花丛中》、傅抱石的《待细把江山图画》、吴镜汀的《山水》等名作。中国著名艺术家关山月也从北京来到温哥华参加开幕式。梁洁华基金会是画展的主要赞助者。

续表

时间	艺术家	简介
2000年11月	张大千	温哥华美术馆举办张大千画展,展出60幅画作。

资料来源:伍步云的艺术,香港市政局,1995年;骆拓官方网,http://www.loktokart.com/bio_ch.html,检索时间:2021年9月16日;王径:《参观李苦禅国画展览》,《大汉公报》1987年6月22日;《四十三幅国画精品今日首展 关山月下午讲座细谈"特色"》,《明报》1997年11月22日;中华艺术在温哥华:郑胜天,2016年卑诗大学演讲稿;《张大千画作加拿大首展,温市展出》,《世界日报》2000年12月1日。

表6.16 华裔艺术家长卷作品

时间	艺术家	简介
1990年11月	章金生	在卑诗大学亚洲中心展出《江山万里图》,长约731.5cm,宽约122cm。
1997年10月	司徒乃锵	《百花长卷》在温哥华中华文化中心展览出。
2004—2005年	周士心	《大好山河》长卷,由陈风子题字及卷末简述。长36cm,宽990cm。

资料来源:《章金生画作展现无限风情》,《世界日报》1990年11月10日;资料来自章金生;《岭南派司徒乃锵画展开幕,杰作包括〈百花长卷〉》,《明报》1997年10月5日;资料来自周士心之子周熙宏。

图6.2 周士心长卷图《大好山河》
资料来源:周士心之子周熙宏

这些展览展示和介绍了中国当代艺术家的创作活动,也介绍了中国名家的艺术特色,在展览中,加拿大华裔艺术家扮演了不可或缺的艺术交流的桥梁作用,丰富了卑诗省、安省乃至全加拿大的艺术生活和观众的艺术视野,是多元文化的重要体现。

第二节 音乐、舞蹈、戏剧、杂技、曲艺、电影和选美

加拿大多元文化政策的确立、华人移民来源地的多样化,也给华人社区的文娱

生活带来了多元和繁荣的景象。同时，华人作为东西方文化交流的桥梁，华人社区自身的文娱生活也充满了"东方遇见西方"的种种惊喜。要做全面和翔实的介绍殊属不易，在此只能进行概括性的叙述，难免挂一漏万。

一、音乐、舞蹈、戏剧、电影、杂技、曲艺等

（一）粤剧、粤曲

20世纪50年代之前，加拿大华侨华人多是广东四邑或其周边的乡亲，所以华人社区的文化娱乐以唱粤剧、粤曲为主。由于人口数量和演出市场规模的差距，再加上二战前后排华法的影响，20世纪60年代，加拿大华人社区的粤剧与中国香港和广东粤剧同时期的发展相比，至少落后20到30年。这一时期从各地来加的粤剧艺术家不多，一些粤剧艺术家来自美国，[1] 一些来自中国香港，[2] 而中国大陆在没有和加拿大建交前，则无粤剧艺术家来加。

20世纪70年代后，情况发生了变化。一是新移民的增加，二是加中建交，粤剧艺术家移民增多，来加交流频繁。举例来说，20世纪50年代，温哥华振华声艺术研究社曾一度沉寂。1961年，粤剧名家黄滔以"粤剧音乐教授"身份受聘于温哥华振华声艺术研究社，举家移民来温哥华，一边打工一边主理振华社粤剧粤曲业务，使粤剧得以在温哥华继续推广。20世纪60年代后，该社开班授徒，推介粤剧文化，培养粤剧和粤曲新人，并先后从中国香港和中国大陆聘请名伶来加巡演，提升观众欣赏粤剧、粤曲的兴趣和水平。1973年和1991年，黄滔代表振华社分两批将有历史价值的五百多件粤剧古装戏服、道具、文献资料捐给了卑诗大学人类学博物馆（参见表6.17）。[3]

---

[1] 1969年来自旧金山的表演者苏少棠（So Siu-tong）和黄金爱（Wong Gam-oi）到埃德蒙顿演出；Helen Kwan Yee Cheung: The Social Functions of Cantonese Opera in the Edmonton Chinese Community 1890–2009: From Sojourners to Settlers, University of Alberta, 2013, p.62.；1969年振华声艺术研究社从旧金山聘请黄金龙、艳桃红、自由钟和谢扶晋来加演出；黄滔记：《振华声近40年史》，《加拿大温哥华振华声艺术研究社庆祝60周年特刊1934—1994》，1994年，第13页；1965年区楚翘、黄金龙、梁少平等来温哥华演出。

[2] 1969年粤剧演员陈锦棠和李香琴来北美探亲；黄滔记：《振华声近40年史》，《加拿大温哥华振华声艺术研究社庆祝60周年特刊1934—1994》，1994年，第13页。

[3] 《加拿大温哥华振华声艺术研究社庆祝60周年特刊1934—1994》，1994年，第13页；《振华声艺术研究社》，《温哥华中华会馆百年纪念特刊1906—2006》，2006年，第275页。

表 6.17　黄滔进入振华声艺术研究社后演出及出版物

时间	简介
1969 年	剧社邀请美国的黄金龙、艳桃红、自由钟和谢扶晋与温哥华的黄滔等一起演出
1974 年	司徒关佩英、邓碧云、梁醒波、黄夏蕙和苏少棠为中华文化中心筹款演出
1976 年	在女皇剧院演出粤剧折子戏、舞蹈及国乐等，其中有舞蹈《苹果园》、国乐《翠湖春晓》、粤剧折子戏《庵堂会母》等
1979 年	为中华会馆修葺大楼筹款公演《花开锦绣帝皇家》
1980 年	研究社成立 46 周年纪念演出《富贵荣华双拜相》
1981 年	研究社成立 47 周年纪念演出《怒碎青花并蒂开》
1982 年	研究社成立 48 周年纪念演出《司马相如与卓文君》
1983 年	研究社成立 49 周年纪念演出《金凤银龙迎双岁》
1984 年	为中华文化中心兴建多项用途大会堂筹款，演出《洛阳桥畔姑嫂坟》
1985 年	为温哥华宣传交通安全演出《帝女花》
1986 年	研究社成立 52 周年纪念演出《洛神》
1987 年	研究社成立 53 周年纪念演出《情花并蒂开》
1988 年	研究社成立 54 周年纪念演出《征袍还金粉》
1989 年	为卑诗省针灸医师联会筹款公演《燕归人未归》。应渥太华中华文艺中心及多城洪门机构邀请，作加东巡回演出《情花并蒂开》
1990 年	为圣约瑟医院筹教协助义演英文名剧《鸦雀如何作凤凰》
1991 年	为中华文化中心筹建图书文物馆筹款演出《枭雄虎将美人威》
1992 年	应沙士加存、卡尔加里、点问顿洪门机构邀请，在加西巡演《燕归人未归》《征袍还金粉》
1993 年	研究社成立 58 周年纪念演出《隋宫十载菱花梦》
1994 年	研究社成立 59 周年纪念演出折子戏《白兔会》
1995 年	黄滔出版《梨园话旧》
1997 年	出版《粤剧梆黄规范》

资料来源：《振华声艺术研究社近年演出剧目》，《加拿大温哥华振华声艺术研究社庆祝 60 周年特刊 1934—1994》，1994 年，第 15 页；《振华声社庆在女皇戏院文娱活动，看新秀们首次演出》，《大汉公报》1976 年 11 月 26 日；《贺振华声五二纪庆》，《大汉公报》1986 年 11 月 26 日；《艺海生涯 80 年》，《情系梨园 80 年》，2010 年，第 14 页；《黄滔粤剧专著资料弥珍，致谢馈赠专函雪片飞来》，《明报》1997 年 3 月 5 日。

图 6.3 振华声艺术研究社，1989 年

资料来源：黎全恩

20 世纪 70 年代后，广东与加拿大华人粤剧社的交流增多，亚洲原居地的演出团体和粤剧名伶相继出现在加拿大华人社区的粤剧舞台上，受到了华人社区和主流媒体的广泛关注（参见表 6.18）。

表 6.18 传统剧目和新剧目介绍

时间	剧目	简介
1969 年	传统剧目	埃德蒙顿的粤剧爱好者和来自旧金山的表演者苏少棠（So Siu-tong）、黄金爱（Wong Gam-oi）等专业人士一起演出。由于这些业余爱好者每天在餐馆工作很长时间，没有时间记住脚本中指定的歌词或对话，但为了演出顺利，这些爱好者们就在长卷纸上用大写字母写下歌词和对话，并放在靠近麦克风的舞台上。
1971 年 11 月 28—29 日	《去年今夜桃花梦》	满城洪门闲园艺术研究社。
1972 年 11 月	《啼笑花烛夜》	温哥华清韵音乐社成立 36 周年纪念演出。
1979 年 12 月	《音乐晚会》	埃德蒙顿警世钟剧社出演。
1983 年	《新啼笑姻缘》	由多伦多联侨剧社演出。

续表

时间	剧目	简介
1985 年	《昭君出塞》	温尼伯警魂社周年社庆演出。
1987 年	折子戏《杏元和番》	多伦多爱健戏剧会应密西沙加老人中心邀请演出。
1989 年	《帝女花》和《西施》	位于渥太华的加拿大历史博物馆落成,多伦多爱健戏剧会应邀演出。
1991 年	文艺联欢餐舞会	埃德蒙顿警世钟剧社在埃德蒙顿华都酒楼举办。
1992 年	《旱天雷》等	温哥华清韵音乐社春节联欢会。
1997 年	《苏小小》《花田会》	维多利亚金声音乐会十七周年纪念粤曲欣赏会。
1999 年	折子戏《五台会兄》《断桥》《武松打店》等	温哥华杨海城粤剧学院二周年庆首演。在本拿比米高霍克斯剧院(Michael J.Fox Theatre)举办。
2000 年	大合唱《梁山伯与祝英台》	温馨合唱团。
2000 年	折子戏专场:《红鬃烈马》《合兵破曹》《李后主私会》等	杨海城粤剧学院三周年庆演出。在本拿比米高霍克斯剧院举办。
2001 年	《游龙戏凤》	多伦多爱健戏剧会在安省皇家博物馆演出。

资料来源:Helen Kwan Yee Cheung: *The Social Functions of Cantonese Opera in the Edmonton Chinese Community 1890—2009: From Sojourners to Settlers*, University of Alberta, 2013, p.62.;《满民治党纪念,闲园演剧庆祝》,《快报》1971 年 12 月 16 日;资料来自特蒙利尔洪门民治党;《清韵音乐社纪念演剧,各界侨胞纷致送贺金》,《大汉公报》1972 年 11 月 27 日;《点城警世钟音乐晚会花絮》,《大汉公报》1979 年 1 月 6、8 日;《多城联侨剧社》,《醒华日报》1983 年 5 月 17 日;《警魂社成立 77 周年志庆》,77 周年社庆专刊编印委员会,1998 年,第 69 页;《本会历年来活动撮要》,《士嘉堡爱健会成立 12 周年纪念暨筹置会所征信录特刊》,爱健会,1992 年,第 23—27 页;《警世钟剧社大事摘录》,《点问顿警世钟耆英剧社 1917—2017 一百周年纪念特刊》,第 22 页;《清韵音乐社春节联欢,名园酒家曲艺悠扬》,《大汉公报》1992 年 4 月 3 日;《维市金声 17 周年粤曲欣赏会招待侨界同贺》,《明报》1997 年 9 月 22 日;《杨海城粤剧学院二周年庆首演》,1999 年;《杨海城粤剧学院三周年庆演出》,2000 年;资料来自杨海城;《连续演出两场,温馨合唱团周六唱"梁祝"》,《明报》2000 年 6 月 1 日;《杨海城粤剧学院演折子戏》,《明报》2000 年 9 月 12 日;《粤剧、戏曲演出》,《爱健会成立 30 周年纪念特刊》,2009 年,第 35 页。

同时,作为华人传统戏剧文化在加拿大发展历史的"活见证",粤剧、粤曲的历史价值和戏装道具的文物价值,也受到了加拿大主流博物馆的关注(参见表 6.19)。

表6.19 捐赠

时间	捐赠戏服的社团和个人	接受捐赠机构
1973—1991年	温哥华振华声艺术研究社分两批捐赠有历史价值的五百多件戏服。	卑诗大学人类博物馆
1973—1991年	艺术家黄滔捐赠收藏的乐器、唱片、曲谱、照片、场刊等资料。	卑诗大学人类博物馆
1987年	捐赠爱健戏剧会在安省美术馆演出《吴越春秋》的录像带。	国家博物馆

资料来源：《加拿大温哥华振华声艺术研习社庆祝60周年特刊1934—1994》，1994年，第13页；《振华声艺术研习社》，《温哥华中华会馆百年纪念特刊1906—2006》，2006年，第275页；资料来自黄滔；《本会历年来活动撮要》，《士嘉堡爱健成立12周年纪念暨筹置会所征信录特刊1906—2006》，1992年，第23页；U of T receives $4-million donation to create Chinese-Canadian archive, University of Toronto web site, https://www.utoronto.ca/news/u- t-receives-4-million-donation-create-chinese-canadian-archives，检索时间：2021年9月16日；Arlene Chan, Stories, Struggles and Song: Cantonese Opera in Toronto, http://spacing.ca/toronto/2019/03/11/stories-struggles-and-song- cantonese-opera-in-toronto/，检索时间：2021年9月16日；https://www.legacy.com/obituaries/thestar/obituary.aspx? n=beatrice-jai&pid=186490261，检索时间：2021年9月16日。

（二）话剧、芭蕾和其他

20世纪八九十年代，新移民增多，移民来源地更加多元化，这就带来文化和娱乐生活的多元化。这种多元化的最佳例证就体现在节日喜庆时刻，其中话剧、舞台剧的演出更具有历史传承意义。因为在早期移民历史中，话剧和舞台剧就和粤剧一起，成为娱乐社区、筹款反对排华、支持抗日、发展中文教育的重要平台。

值得一提的是，由中国大陆移民加拿大的吴祖捷创建的吴祖捷芭蕾舞学院（Goh Ballet Academy），成为华人社区的重要文化品牌，因为它超出了华人社区的范畴，为加拿大芭蕾舞的艺术发展和人才培养做出了巨大的贡献。吴祖捷的女儿吴振红（Chan Hon Goh），更是作为加拿大国家芭蕾舞团首位华裔首席舞蹈演员扬名世界芭蕾舞界，为加拿大赢得诸多殊荣，也成为加拿大勋章得主。她在接替父亲担任学院总监后，更是将芭蕾舞学院建成世界级的芭蕾舞培训中心，不但为加拿大培育出众多的芭蕾舞人才，也通过芭蕾舞这座艺术桥梁，搭建起加拿大与欧美、中国文化交流的平台，成为加拿大华人社区的一朵艺术奇葩（参见表6.20）。[1]

---

[1] 吴祖捷，1976年从北京移民到温哥华，1978年在温哥华建立吴祖捷芭蕾舞学院（Goh Ballet Academy）；资料来自吴祖捷芭蕾舞学院。

表6.20　吴祖捷芭蕾舞学院历史简表

时间	大事和演出节目	演出地点	获奖情况
1978年	吴祖捷芭蕾舞学院（Goh Ballet Academy）正式成立		
1980年	建立芭蕾小组（Goh Ballet Academy）	首场演出在卑诗省本拿比市詹姆斯·考恩（James Cowan）剧院举办	
1982年		应新加坡华中校友会邀请第一次出国表演	
1984年		演出自编芭蕾舞剧《洛神》，并应中国对外演出公司邀请在北京上演	
1985年	与中国中央芭蕾舞团一起演出	温哥华女皇剧院（The Queen Elizabeth Theatre）	
1986年	芭蕾舞	瑞士	学院学生吴振红入围瑞士洛桑国际芭蕾舞（Prix de Lausanne）大赛决赛
1987年	应中国文化部、中国对外友协邀请前去北京、上海、广州、江西、深圳等城市巡回演出。同年亦应邀到新加坡、马来西亚等地进行巡演芭蕾现代舞《太阳舞》及古典经典双人舞等。同年亦应邀与中国中央芭团演员在新加坡合演中国芭蕾舞剧《红楼梦》	新加坡国家剧院等	
1988年		英国伦敦	吴振红获得吉尼（Genèe）国际芭蕾大赛银奖
1990年	芭蕾舞、《霓裳羽衣舞》、西班牙舞、《胡桃夹子》双人舞等	在温哥华华埠中华文化中心举办演出活动	
1991年	参加瑞士洛桑国际芭蕾舞决赛 参加大温哥华音乐舞蹈节	大温哥华地区	学院学生获得国际银奖 在高贵林舞蹈比赛中，分获中级班比赛冠军、高级班比赛冠军、幼年班冠军
1992年	参加卑诗省演艺节	卑诗省稳宁（Vernon）市	两位学生获得初中级组冠军

续表

时间	大事和演出节目	演出地点	获奖情况
1993年	吴振红晋升为加拿大国家芭蕾舞团主要演员,也是自建团历史上首位华人女主要演员		
1994年	应邀参加法国国际舞蹈节(De Danse in La Baule),被邀请参加北京WUDAO 94的演出	法国	
1995年	参加韩国国际芭蕾舞比赛(Nozomu Haga)	韩国	获鼓励奖
1997年	表演芭蕾舞《睡美人》、西班牙舞《巴基达》等	温哥华市和维多利亚市	
1997年		加拿大	获YTV加拿大舞蹈成就奖(YTV Achievement Award for Dance in Canada)–Brainne Bland
1998年	学员参加国际大赛	芬兰	
2000年	参加卑诗省艺术节(B.C. Festivals of the Arts)	卑诗省	学员黄景伟获全省最佳舞蹈及少年芭蕾舞冠军、钟思宇获全省高级芭蕾舞冠军
2001年	参加瑞士洛桑国际芭蕾舞大赛	瑞士	弗朗西斯·钟获奖
2001年	华裔创作的舞蹈《千禧舞——枫叶魂》	在大温哥华中华文化中心演出	
2001年	学院派出25位学员参加全日本青年舞蹈联会13院校联合会演	日本、北京、杭州和上海	
2001年	参加瑞士洛桑国际芭蕾舞大赛	瑞士	萨拉瓦尼·塔纳塔尼(Sarawanee Tanatanit)获奖

资料来源：Chan Hon Goh C.M., D.Litt, https://www.gohballet.com/the-academy/leadership/director-chan-hon-goh/，检索时间：2021年9月16日；Chan Hon Goh, http://www.chanhongoh.com/ch/about-recognitions/，检索时间：2021年9月16日；《1991年的吴祖捷芭蕾学院》，《大汉公报》1991年4月20日；《吴祖捷芭蕾舞团新春演出,艺贯中西满场观众同声赞》，《大汉公报》1990年2月24日；《吴祖捷芭蕾舞学院云域两埠公演两场》，《大汉公报》1990年9月19日；《吴祖捷芭蕾舞院两学生分别荣获组内冠军》，《大汉公报》1992年6月18日；《"枫叶魂"舞蹈剧上演观众动容 吴祖捷陈令仪获颁成就奖》，《明报》2001年3月24日；《吴祖捷芭蕾舞校会演,印证赴中日交流心得》，《明报》2001年5月12日；《两华裔囊括全省芭蕾舞大奖》，《明报》2000年6月7日；资料来自吴祖捷芭蕾舞学院。

图 6.4　吴振红
资料来源吴振红

还有一些重要的话剧和舞蹈演出（参见表 6.21）。

表 6.21　华人艺术团体和个人重要的话剧和舞蹈演出

时间	演出	演出单位
1979 年 7 月	在中华会馆庆祝加拿大国庆宴会上演出，有二胡独奏等	云埠中华民族乐团
1980 年 7 月	第一届话剧节，演出《兴王府》	温哥华华侨之声主办
1984 年	小提琴演奏等	多伦多华人室内乐团
1986 年	中国音乐之夜	国韵合唱团
1986 年	为纪念温哥华建市一百周年举办演出	梁漱华民族舞蹈团
1987 年	歌唱、音乐、月琴、古筝演出等	渥太华新雅琴社
1987 年 6 月	古韵今曲(《凤阳花鼓》《渔舟晚唱》《满江红》《西班牙姑娘》《不了情》) 等	安省华联合唱团
1988 年	参加华商会举办的中秋庆祝活动，表演中秋节舞蹈	渥太华太太舞蹈团
1989 年	渥太华文明博物馆开幕式，举办中国舞专场演出	梁漱华民族舞蹈团
1991 年	大型话剧《异乡梦》(Land of Dreams)，叙述历代华侨的心酸史	大温哥华中华文化中心演艺组
1997 年	在卡城文化中心演出大合唱《中华颂》	卡尔加里星河艺术团（The Galaxy Performing Arts Society）

续表

时间	演出	演出单位
2000 年	千禧年国际弹词名家大荟萃,中加两国6位艺术家评弹表演	列治文海华艺术协会举办
2001 年	大温地区的基云尼斯音乐节(Kiwanis Music Festival)新增设中国乐器比赛,有古筝、扬琴、琵琶、笛子和二胡五大类	卑诗中乐协会赞助场地
2001 年	《金子》(Gold Child),探讨一个华人移民家庭的背景与根,导演是杨裕平	中华文化中心话剧团

资料来源:《云埠中华民族乐团独树一帜国艺大成》,《大汉公报》1979 年 7 月 6 日;兴王府:华侨之声主办第一届话剧节兴王府演出纪念特刊 1980;梁丽芳、马佳主编:《中外文学交流史·中国—加拿大卷》,山东教育出版社,2015 年,第 201 页;《记多伦多华人室内乐团音乐晚会》,《加京华报》1984 年 7 月 1 日;《新雅琴社不负众望,国乐欣赏演出成功》,《加京华报》1987 年 1 月 1 日;《国韵合唱团》,《大汉公报》1986 年 7 月 10 日;王径:《梁漱华民族舞蹈团演出舞剧"金山"》,《大汉公报》1986 年 3 月 3 日;《演出成功,意义深远》,《大汉公报》1986 年 4 月 2 日;《庄梦蝶,安省华联合唱团"古韵今曲"之夜》,Modern Times Weekly Jul. 3,1987;渥太华太太舞蹈团第一任团长宫江清:太太舞蹈团的成立、发展和改名;梁漱华民族舞蹈团,http://www.chinesedance.ca/zh/关于/梁漱华民族舞蹈团,检索时间:2021 年 9 月 16 日;《首出大型话剧"异乡梦",周六林思齐礼堂公演》,《大汉公报》1991 年 5 月 24 日;《首出大型话剧"异乡梦"观后感》,《大汉公报》1991 年 6 月 13 日;资料来自中华文化中心话剧团创始人之一杨裕平;亚省华人社团联会感谢状;资料来自星河艺术团创办团长傅英;《六名演出国际评弹大会,首在温市举行,今起连续四场》,《明报》2000 年 8 月 13 日;《基云尼斯音乐节中乐赛 张圣时"雪山春晓"摘古筝组冠》,《明报》2001 年 5 月 3 日;《金子(Gold Child)》节目宣传单;大温哥华中华文化中心文化节目,2000—2010 年选辑,资料来自华文化中心话剧团创始人之一杨裕平。

在华人节日喜庆的晚会或社团聚会上,除唱中国粤剧、传统歌曲和流行歌曲外,京戏、黄梅戏、话剧、舞台剧、汉剧、川剧、河北梆子、豫剧、潮州大鼓等,也经常出现。值得一提的是,不少不懂中文的移民二代甚至西人,也都参与到这些文艺活动中来,使中西艺术交流在草根阶层活跃起来。比如,本地出生的华人和年轻西人不会说中国话,但仍有爱好粤剧者参与演出,他们一般担任次要角色。

(三)华人戏院

进入融合时期后,随着新移民人数的增加,华人社区对娱乐生活的需求大幅提升,这就导致华人戏院的经营有了市场基础。1976 年,嘉禾戏院在多伦多开张。[1]1977 年,金都戏院由新声戏院接手经营,遂改名为新声戏院。[2]1978 年 9 月 1 日,

---

[1]《嘉禾新院八月落成开业》,Modern Times Weekly,Jun. 21,1985。
[2]《金都戏院协议改名由新声独立经营》,《大汉公报》1977 年 10 月 5 日。

邵氏剧院（Shaw Theatre）在多伦多开张。[1]1982年，金星戏院在温哥华开业。[2]1984年，远东戏院（Far East Theater）出现在多伦多。[3]当然，在市场机制下，华人戏院有开也有关，像多伦多的新华戏院，便在1983年停业。[4]

华人戏院的最大特征，当然是新移民提供"母语服务"，这在其他主流剧院是没有的。华人戏院的功能是多元的，除演戏、放映、演出外，有时候社团也举办大型聚会演讲活动。

20世纪70年代初期，讲粤语的华侨华人仍然占多数，华人戏院里放映较多的是粤戏，此外就是当时非常流行的武侠片（参见表6.22）。

表6.22 戏院播放的剧目

时间	剧院	剧目
1970年	大多伦多永华戏院	《琵琶记》
1970年	大多伦多金都戏院	武侠片《南刀北剑》
1970年	大温哥华远东戏院	《赵飞燕》
1972年	大多伦多乐声戏院	《大情人》
1972年	大温哥华远东戏院	《薛平贵》等
1974年	大多伦多乐都戏院	伦理打斗片：《狂风暴雨》
1977年	蒙特利尔联华戏院	历史宫廷剧《倾国倾城》、武侠片《少林五祖》
1982年	大温哥华新声戏院	《双手遮天》
1982年	大温哥华金冠戏院	《少林寺》
1989年	大温哥华龙城戏院	《义胆群英》
1990年	大温哥华龙城戏院	《神行太保》《打工狂想曲》

资料来源：《永华戏院》，《醒华日报》1970年6月1日；《金都戏院》，《醒华日报》1970年12月17日；《远东戏院周三放映香艳名剧〈赵飞燕〉》，《大汉公报》1970年3月31日；《乐声戏院》，《醒华日报》1972年4月1日；《远东戏院》，《大汉公报》1972年9月2日；《乐都戏院》，《醒华日报》1974年4月16日；《联华戏院》，《醒华日报》1977年4月1日；《新声戏院》，《大汉公报》1982年5月11日；《金冠戏院映〈少林寺〉场场爆满》，《大汉公报》1982年8月21日；《龙城戏院》，《大汉公报》1989年12月6日；《龙城戏院》，《大汉公报》1990年5月24日。

---

[1]《邵氏大剧院》，《醒华日报》1978年9月2日。
[2]《金星戏院庆祝周年纪念有奖游戏》，《大汉公报》1983年7月23日。
[3]《远东戏院》，《醒华日报》1984年11月10日。
[4]《嘉禾新院八月落成开业》，*Modern Times Weekly*，Jun. 21，1985.

不过,单靠放映电影是无法维持剧院的生存的,戏院经营者必须想方设法开源,联络社团,让其配合宣传。或者出租场地,请一些社团前来搞活动,以此来维持庞大的开销。有些戏院采用自动化放映,减少人工开销,并播放票房好的电影。[1]

(四)艺术教育与社团

随着华人人口的大量增加,华人社区的文化艺术教育市场也随之兴起。虽然没有正规的学历,但由于华人家长愿意投资孩子的艺术修养教育,因此市面上舞蹈学校、音乐学校相当多,竞争也很激烈。虽然这些开班授徒的学校少有达到吴祖捷芭蕾舞学院那样的成就,但它们在培养华人艺术人才上,也做出了很大的贡献。在此,列表将一些主要的艺术教育团体排列出来。当然,这些表格中肯定有遗珠之憾,待有发现后当在本书再版时择机补齐(参见表6.23、6.24)。

表6.23 卑诗省华人成立的艺术教育机构

艺术教育机构	成立时间
梁漱华舞蹈学院(The Lorita Leung Dance Academy)	1970年
吴祖捷芭蕾舞学院(Goh Ballet Academy)	1978年
悦声广东曲艺学院	1987年
加拿大杨小花民族舞蹈学院和舞蹈协会(Cindy Yang Dance Academy/Association of Canada)	1990年
吴祖捷中国舞蹈学校	1990年
林世涛粤剧曲艺学院	1992年
白雪梅艺术学院(温哥华)	1992年
温哥华刘俊华曲艺粤剧中心	1994年
邰大琨舞蹈学院	1995年
雪红艺苑	1996年
杨海城粤剧学院(Hoi Seng Cantonese Opera Academy)	1997年
传音艺术中心	1997年
温哥华舞蹈学院	1997年
玮之声粤剧音乐学院	2000年
赵丽萍舞蹈学院	2000年

---

[1]《远东戏院》,《醒华日报》1984年11月10日;《乐声戏院启事》,《醒华日报》1972年4月1日。

续表

艺术教育机构	成立时间
南浦乐苑（Southern Sea Music Studio）	2000 年
旅加北京联谊总会艺术团	2000 年
燕凤鸣粤剧团（The Vancouver Cantonese Opera）	2000 年

资料来源：《梁漱华的中国舞蹈》，《大汉公报》1988 年 4 月 30 日；《专访梁漱华中国舞蹈铸深情 翩翩多选择，踢腿又弯腰》，《明报》1997 年 11 月 7 日；资料来自梁漱华；吴祖捷芭蕾舞学院网，http://www.gohballet.com/ch/the-academy/，检索时间：2021 年 9 月 16 日；《吴祖捷芭蕾舞学院舞蹈赛获骄人成绩》，《大汉公报》1983 年 6 月 4 日；《贺悦声广东曲艺学院》，《大汉公报》1987 年 6 月 13 日；《悦声曲艺学院成立开幕纪盛》，《大汉公报》1987 年 6 月 23 日；资料来自悦声音乐曲艺学院教师白雪红；加拿大杨小花民族舞蹈学院，https://cindyyangdance.com/about-the-academy/，检索时间：2021 年 9 月 16 日；《杨小花民族舞蹈团介绍》，《大汉公报》1992 年 6 月 30 日；《热烈庆祝 Goh Ballet 中国舞蹈学校成立》，《大汉公报》1990 年 2 月 24 日；About Us，http://www.gohballet.com/about-us/the-academy/，检索时间：2021 年 9 月 16；黄滔：《回顾温哥华艺坛 40 年》，Budget Printing Inc.，2000 年，第 17、18、19、22、23、24 页；《悦声广东研究学院庆祝成立周年纪念》，《大汉公报》1988 年 5 月 25 日；白雪梅二十载回归省港澳师生演出专场：广州市粤剧粤曲学会，2006；卑诗大学网，http://ikblc.ubc.ca/terrywatada/，检索时间：2021 年 9 月 16 日；《俊华曲艺中心迎三周年九七折子戏粤曲酬知音》，《明报》1997 年 8 月 22 日；《邰大琨学院表演中国舞蹈》，《明报》2000 年 3 月 20 日；《雪红艺苑名剧名曲会知音》，《明报》2001 年 10 月 10 日；资料来自白雪红；《杨海城粤剧学院成立，推动剧艺培训接班人》，《星岛日报》1997 年 9 月 29 日；《盛况空前》，《明报》2001 年 11 月 10 日；Meet The Performers，https://vancanopera.com/? page_id=51，检索时间：2021 年 9 月 16 日；《传音艺术中心举行庆祝三周年暨圣诞联欢会》，《明报》2000 年 11 月 29 日；《温哥华舞蹈学院新成立》，《明报》1997 年 9 月 21 日；《玮之声粤剧学院招生》，《明报》2000 年 10 月 6 日；《赵萍舞蹈学院"开放日"》，《明报》2000 年 1 月 17 日；资料来自南浦乐苑创办人莫雄正；《北京联谊总会艺术团成立》，《明报》2000 年 10 月 6 日；资料来自旅加北京联谊总会创始人之一车飞；About，燕凤鸣粤剧团网，https://vancanopera. wordpress.com/about/，检索时间：2021 年 9 月 16 日；应国凤，Meet The Performers，https://vancanopera.com/? page_id=51，检索时间：2021 年 9 月 16 日。

表 6.24　安大略省华人成立的艺术教育机构

学校或学院	成立时间
刘永全戏曲学院（多伦多）	1987 年
多伦多中国舞蹈学院（Toronto Chinese Dance Company and Academy，TCDA）	1990 年
宋锦荣粤剧曲艺学院	1993 年

资料来源：《刘永全戏曲学院庆祝成立三周年》，《大汉公报》1990 年 5 月 23 日；Toronto Chinese Dance Academy，http://www.chinesedance.com/academy.html，检索时间：2021 年 9 月 16 日；《宋锦荣粤剧曲艺学院 20 周年院庆义演》，《星岛日报》2013 年 5 月 31 日；宋锦荣粤剧曲艺学院 23 周年院庆暨纪念林家声先生粤剧粤曲慈善会演宣传单张。

加拿大艺术团体既有全国性、区域性的，也有行业性、综合性的，甚至是私营的。融合时期团体的创办人大多是20世纪80年代后移民加拿大的、来自中国等地的各类艺术家。这些团体经常面向华人和当地居民开展各种活动，还不时联合华人社团邀请亚洲的艺术团体和艺术家到加拿大演出、展览、交流技艺，他们对传播和推广中华艺术功不可没（参见表6.25—6.28）。

表6.25　卑诗省艺术社团

社团	成立时间
云城华侨音乐社	1969年
梁漱华民族舞蹈团（Lorita Leung Dance Association）	1970年
雅韵轩乐社	1971年
艺林音乐研究社	1972年
士达孔拿中国舞蹈团（The Strathcona Chinese Dance Company）	1973年
振华声艺术研究社粤剧研究班	1976年
海侨音乐剧社	1976年
Goh青年芭蕾舞团	1979年
长青会	1980年
维多利亚金声音乐社	1980年
道远合唱团	1982年
全加中华总会馆音乐部	1984年
快乐山中国音乐会	1984年
梅平乐社（温哥华）	1986年
温哥华中华文化中心话剧团（The Chinese Cultural Centre Theatre Company）	1990年
宝石花粤剧艺团	1991年
温哥华叙艺社	1993年
粤剧之友	1993年
温哥华俊华曲艺粤剧中心	1994年

续表

社团	成立时间
艺轩乐苑	1994 年
李少华中国戏剧艺术中心（Lee Siu Wah Traditional Chinese Opera Centre Ltd.）	1995 年
卑诗中国音乐协会（The B.C.Chinese Music Association，BCCMA）	1995 年
卑诗中国乐团（The B.C.Chinese Orchestra，BCCO）	1995 年
卑诗中国音乐合奏团（BCCME）	1995 年
卑诗青年中乐团（BCYCO）	1995 年
明弦乐社	1995 年
温哥华影视人协会（Vancouver Film Television Artists' Society）	1995 年
加拿大亚裔表演艺术荟萃（the Asian Canadian Performing Arts Resource，ACPAR）	1995 年
温馨合唱团	1996 年成立，1999 年正式注册
祭作舍（Sacrificium Society of Production）	1996 年
兰韵中乐团（Orchid Ensemble）	1997 年
新星艺术协会	1997 年
传音艺术中心	1997 年
粤剧之友	1997 年
卑诗室乐团（BC Chamber Orchestra）	1997 年
富腾乐友会	1996 年
中华自强国剧团	1998 年
加拿大列治文京剧社（The Peking Opera Society of Richmond）	1998 年
温哥华中华乐器协会（The Vancouver Chinese Instrumental Music Society）	1999 年
采风演艺协会	2001 年
旅加北京联谊总会腰鼓队	2001 年

资料来源：《云城华侨音乐社成立开幕纪盛》，《大汉公报》1969 年 2 月 26 日；梁漱华民族舞蹈团，http://www.chinesedance.ca/zh/关于/梁漱华民族舞蹈团，检索时间：2021 年 9 月 16 日；梁漱华舞蹈协会，http://www.chinesedance.ca/zh/关于/梁漱华舞蹈协会，检索时间：2021 年 9 月 16 日；《中国舞分级考试获初步进

展》,《世界日报》1996年7月29日;资料来自梁漱华;《艺林音乐研究社东山复出实况》,《大汉公报》1972年9月16日;《士达孔拿中国舞蹈团简介》,《温哥华中华会馆百年纪念特刊1906—2006》,2006年,第270页;City of Vancouver web site, https://ca.apm.activecommunities.com/vancouver/activity_search/strathcona-chinese-dance-8-13-year/31512?,检索时间:2021年9月16日;《粤剧研究班成立有感》,《大汉公报》1976年3月27日;吴祖捷芭蕾舞学院网, http://www.gohballet.com/ch/about-us/the-academy/,检索时间:2021年10月20日;黄滔:《回顾温哥华艺坛40年》,Budget Printing Inc.,2000年,第11—48页;《维市金声音乐社17周年》,《明报》1997年9月22日;Robert Amos, Kileasa Wong: 域多利华埠:岁月留痕,古貌新风, TouchWood Editions Ltd., 2009, p.81.;《异域乡音十五载 远道合唱盼同好》,《明报》1997年11月23日;《全加中华总会馆音乐部庆六周年》,《大汉公报》1990年9月8日;《梅平乐社周年纪念》,《大汉公报》1987年11月10日;历史,温哥华中华文化中心话剧团,第1页,资料来自温哥华中华文化中心话剧团创始人之一杨裕平;《加拿大温哥华叙艺社举行成立八周年纪念》,《明报》2001年6月1日;《俊华曲艺中心迎三周年》,《明报》1997年8月22日;李少华中国戏剧艺术中心开幕志庆,1996年11月日;资料来自李少华;庇诗中乐协会, https://www.bccma.net/association/?lang=zh-hant,检索时间:2021年9月16日;B.C.Youth Chinese Orchestra, https://www.bccma.net/association/our-ensembles/bcyco/,检索时间:2021年10月16日;庇诗中乐团, https://www.bccma.net/association/our-ensembles/bcco/?lang=zh-hant,检索时间:2021年9月16日;《明弦乐社招收粤曲学生》,《明报》1995年6月28日;UBC Library hosts exhibit that captures the continual impact of iconic Asian Canadian Jim Wong-Chu, https://about.library.ubc.ca/2019/09/30/ubc-library-hosts-exhibit-that-captures-the-continual-impact-of-iconic-asian-canadian-jim-wong-chu/,检索时间:2021年9月16日;温馨合唱团简介, http://vansing12.blogspot.com/,检索时间:2021年9月16日;About: http://www.orchidensemble.com/ensemble/;About: Sacrificium Society of Production web site, https://www.facebook.com/SSOP.ca/about/,检索时间:2021年9月16日;兰韵乐团, https://www.orchidensemble.com/chinese-bio/,检索时间:2021年10月16日; http://www.lantungmusic.com/about/chinese-bio/,检索时间:2021年9月16日;《传音艺术中心举行庆祝三周年暨圣诞联欢会》,《明报》2000年11月29日;《新星首演初传妙韵雏凤声清响遏云城》,《明报》1997年11月18日;《新星粤剧折子戏会知音》,《明报》2000年11月15日;《粤剧之友培育新人》,《明报》2000年2月22日;《共19个乐手 卑诗音乐团宣布成立》,《明报》1997年9月8日;《中华自强国剧团》,《世界日报》1998年5月30日;资料来自加拿大列治文京剧社创社社长章宝明女士;《加拿大列治文京剧社庆周年》,《世界日报》1999年9月3日;The Society, http://www.vancouverchinesemusic.ca/the-society/,检索时间:2021年9月16日;《风采演艺协会成立》,《世界日报》2001年11月24日;《本会2001年活动回顾》,《旅加北京联谊总会会刊》2002年会刊,第25页;《新腰鼓队》,《明报》2001年11月15日;资料来自温嬿。

表6.26 安大略省艺术社团

名称	成立时间
多伦多天主华侨中心合唱团	1967年
加京合唱团	1968年
中华剧艺社	1972年

续表

名称	成立时间
多伦多国剧研究社	1975 年
多伦多中国舞蹈学会	1976 年
多伦多华人室乐团	1977 年
悠然合唱团	1978 年
乐谱合唱团	1979 年
多伦多中国民族舞蹈团（Toronto Chinese Dance Academy）	1980 年
多伦多涉趣园（Ship Toy Benevolent Society），根据安省公司法注册为非营利团体	1981 年
华风音乐社，1987 年 7 月 5 日改名华声音乐社	1982 年
爱健戏剧会	1984 年
刘永全戏曲学院同学会（Lau Wing Chuen Chinese Performing Arts Association）	1987 年
知音合唱团，由台湾大专同学会筹建，在渥太华成立	1985 年
奔腾舞汇舞蹈剧团	1986 年
悦声曲艺社（多伦多）	1988 年
1988 年，一支由留学生家属组成的"太太舞蹈队"正式成立，1991 年改名为渥太华东方艺术团（Ottawa Chinese Oriental Chorus Group，OCOCG），1994 年正式注册为非营利组织渥太华东方舞蹈团	1991 年
多伦多华人艺术家中心（Chinese Artists Society of Toronto）	1990 年
宋锦荣曲艺社（多伦多）	1993 年
多伦多中乐团（Toronto Chinese Orchestra）	1993 年
多伦多中国舞蹈团（Toronto Chinese Dance Company，TCDC）	1996 年
"小梨园"（Little Pear Garden collective）（多伦多）	1994 年
安省海外华人音乐协会	1996 年
多伦多长江艺术团（Yangtze River Performing Arts Toronto）	1996 年
渥太华艺术体操俱乐部（Ottawa Rhythmic Gymnastic Club）	1996 年
多伦多粤剧学研究会	1998 年
多伦多台湾室内乐团（Toronto Taiwanese Chamber Orchestra）	1999 年

续表

名称	成立时间
欣华舞蹈团	1999年
北国乐团（渥太华）	2001年
宝新声剧团	2001年

资料来源：《乐见乐闻》，*Modern Times Weekly*，Sep. 6，1985；《加京合唱团》，《加华侨报》1979年11月1日；《中华剧艺社》，《醒华日报》1973年7月4日；《中华剧艺社餐舞会庆祝》，《星岛日报》2011年3月3日；《多伦多国剧研究社28日春节联欢会》，《醒华日报》1990年1月13日；*Modern Times Weekly*，Nov. 22，1985；《多伦多华人室乐团十周年纪念音乐会》，*Modern Times Weekly*，Oct. 23，1987；《悠然合唱团》，《加京华报》1982年5月1日；《多市中国民族舞蹈公演》，《醒华日报》1986年8月14日；《多伦多涉趣园组织章程》，2005年4月27日修订，第1—7页；《本会历年来活动撮要》，《士嘉堡爱健会成立12周年纪念暨筹置会所征信录特刊》，1992年，第19—31页；《华风音乐社成立》，《加华侨报》1983年8月1日；《华风音乐社积极开展活动》，《加华侨报》1983年11月1日；《华声乐社展新姿》，《加华侨报》1987年8月1日；刘永全戏曲学院同学会成立30周年会庆宣传单张，2017年；Lau Wing Chuen Chinese Performing Arts Association，https://mvoh.online/aboutus/，检索时间：2021年9月16日；《知音合唱团正式成立》，《加华侨报》1985年4月1日；《奔腾舞汇成立盛大首演》，*Modern Times Weekly*，Jan. 31，1986；渥太华东方舞蹈团创会团长宫江清、现任团长丁桃提供的资料；渥太华东方艺术团注册编号（Ontario Corporation Number）：1220884；明苑：大型晚会《东方舞韵》后记，https://sites.google.com/site/sopranomingyuan/oriental-dance-gala-photo，检索时间：2021年9月16日；东方艺术团指挥严令常：渥太华东方艺术团情况介绍；渥太华东方舞蹈团创始人宫江清：太太舞蹈团的成立、发展和改名；方思：《记渥太华东方舞蹈团》，《中华导报》1997年1月31日；Chinese Artists Society of Toronto，http://www.casttoronto.org/，检索时间：2021年9月16日；宋锦荣曲艺社创社四周年志庆：粤曲粤剧汇演，宋锦荣曲艺社，1997，第1页；《粤剧名宿宋锦荣逝世》，《星岛日报》2012年4月13日；多伦多中乐团，www.torontochineseorchestra.com/wp/?page_id=2，检索时间：2021年9月16日；多伦多中国舞蹈团网，http://www.chinesedance.com/index.html，检索时间：2021年9月16日；Little Pear Garden，https://littlepeargarden.com/，检索时间：2021年9月16日；海外华人音乐协会庆祝成立五周年，加国无忧网，http://info.51.ca/news/canada/2001-10/1493.html，检索时间：2021年9月16日；"紫荆花开枫叶情浓"大型音乐会11月25日在多伦多举行，多伦多新闻网，http://www.torontonewsnet.com/2017/11/07/727/，检索时间：2021年9月16日；多伦多长江艺术团简介，http://www.yangtzeriverperformingarts.ca/index.html，检索时间：2021年9月16日；资料来自Ottawa Rhythmic Gymnastic Club创始人金心红；Tong Wangyue：《红豆北美发新枝——加拿大多伦多粤剧学研会简介》，南国红豆，2003，Issue 2，p.35.；《多伦多粤剧学研会联欢演唱庆20周年》，《星岛日报》2018年9月14日；Toronto Taiwanese Chamber Orchestra，http://www.harbourfrontcentre.com/whatson/week.cfm?id=637&festival_id=20，检索时间：2021年9月16日；Xin Hua Dance Troupe，http://daidogroup.tripod.com/xinhua_files/Page348.htm，检索时间：2021年10月16日；http://bbs.comefromchina.com/threads/853267/，检索时间：2021年9月16日；宝新声剧团，http://www.starlightopera.com/aboutus.html，检索时间：2021年9月16日。

表 6.27　魁北克省艺术社团

名称	成立时间
满地可粤声音乐社（Yuet Sing Cantonese Music Club）	1970 年
蒙特利尔中华文化艺术中心（le Centre Montréalais de la Culture et des Arts Chinois，CMCAC）	1996 年
蒙特利尔中华文化艺术中心中艺歌舞团（The Montreal Centre of Chinese Culture and Arts）	1996 年
蒙特利尔华人艺术家剧团	1997 年
凤凰艺术团［The Phoenix（HuaYun）Artistic Troupe］	2000 年

资料来源：《满城粤声音乐社庆祝46社庆曲艺晚会纪盛》，《华侨时报》2016 年 10 月 21 日；蒙特利尔中华文化艺术中心网，https://sites.google.com/site/mcccadancers/，检索时间：2021 年 9 月 16 日；资料来自郑晓云；https://www.hhlink.com/link/www.huayuntroupe.com/%E5%87%A4%E5%87%B0（%E5%8D%8E%E9%9F%B5）%E8%89%BA%E6%9C%AF%E5%9B%A2，检索时间：2021 年 9 月 16 日。

表 6.28　阿尔伯塔省艺术社团

名称	成立时间
卡城华侨音乐社（The Calgary Wai Kiu Musical）	1960 年开始活动，正式成立并定名于 1961 年
振华声艺术研究社	1975 年
点城华人合唱团（Edmonton Chinese Choir），后与文化中心合唱团合并，2000 年注册为点城华人合唱团	1987 年
雅韵轩乐社（Calgary Harmony Art Association）	1991 年
粤韵曲艺研究社（Cantonese Opera Music Research Edmonton Association）（埃德蒙顿）	1993 年
艺晋轩曲艺研习社（The Edmonton Opera Association）	1994 年
桃园曲艺社（Peach Garden Art Society）	1994 年
友好曲艺社（Friendship Opera and Art Society）	1994 年
家辉歌舞团	1994 年
乐风文娱曲艺社（Sound of Opera Society）（埃德蒙顿）	1995 年
炎阳天粤剧团（Sunny Day Chinese Opera Club）	1996 年
卡城振兴粤剧社（The Chinese Opera Development Society of Calgary）	1996 年

续表

名称	成立时间
卡尔加里星河艺术团（The Galaxy Performing Arts Society）	1997 年
卡城中乐团（The Calgary Chinese Orchestra）	1997 年
卡城中乐推广曲艺社（The Calgary Chinese Music Development Association）	1998 年
埃德蒙顿粤韵曲艺社	1998 年
埃德蒙顿金凤鸣曲艺研习社（Golden Phoenix Singing Club）	2000 年
弓河音乐社（Bow River musical Instrument research club）	2000 年
爱城民乐团（Edmonton Chinese Philharmonic Association）	2001 年

资料来源：《卡城华侨音乐社》，《卡城华人社区百周年纪念特刊》，卡城中华协会刊行，1993 年，第 88 页；《演庆红佳情况热烈》，《大汉公报》1976 年 8 月 11 日；《点城华人合唱团》，《点问顿华人社区华埠一百周年纪念特刊》，点问顿华人社区百年庆典委员会，2013 年，第 81 页；卡城华埠资讯网，http://chinatowncalgary.com/assets/articles/cn091005.html，检索时间：2021 年 9 月 16 日；《雅韵轩乐社 21 年庆》，《星岛日报》2012 年 6 月 1 日；Helen Kwan Yee Cheung, *The Social Functions of Cantonese Opera in the Edmonton Chinese Community 1890-2009: From Sojourners to Settlers*, University of Alberta, 2013, p.132.；资料来自焦根基；《乐凤文娱曲艺社》，《点问顿华人社区华埠一百周年纪念特刊》，点问顿华人社区百年庆典委员会，2013年，第 81 页；《卡城振兴粤剧社庆祝成立十周年纪念演艺会》，卡城振兴粤剧社，2006 年，第 5 页；关于星河 About us, http://www.galaxyperformingarts.com: 82/home.aspx, 检索时间：2021 年 9 月 16 日；资料来自星河艺术团创办团长傅英；About us, http://calgarychineseorchestra.com/about-us, 检索时间：2021 年 9 月 16 日；About us, 卡城中乐团网, http://www.calgarychinesemusic.org/about/? lang=zh-hant, 检索时间：2021 年 9 月 16 日；《金凤鸣曲艺研习社》，《点问顿华人社区华埠一百周年纪念特刊》，点问顿华人社区百年庆典委员会，2013年，第 86、87 页；Edmonton Chinese Philharmonic on a successful 2010 "Bonne Musique" Concert, p.12.；《庆祝弓河音乐社成立 19 周年暨敬老演唱会》，*Sing Tao Chinese Cosmo Weekly Calgary*, 2019 年 8 月 25 日；爱城民乐团 2012 年专场音乐会宣传册，第 3 页。

（五）文化艺术交流

在新的历史时期，新移民的增加不但带来了华人社区文化艺术生活的繁荣，同时积极融入全球化，也使海外文化艺术交流出现频繁化趋势，尤其是加中建交之后，中国各省市文艺团体到加拿大献艺活动日增，其中也包括慈善演出，从而丰富了加拿大的多元文化，也密切了加拿大与亚洲的关系（参见表 6.29—6.32）。

表 6.29 中国艺术团体或艺术家来加访问和演出的情况

时间	艺术团体或艺术家	演出情况
1972 年 11 月	中国杂技团	在渥太华演出
1977 年 5 月	中国上海舞剧团	在温哥华女皇剧院公演现代芭蕾舞《白毛女》。
1980 年	广东杂剧团	在渥太华国家艺术剧院演出
1981 年	中国舞蹈家协会	在加拿大维多利亚市进行民间访问、交流和演出。
1982 年	中国马戏团	先后在多伦多、蒙特利尔、卡尔加里和温尼伯等城市演出。
1982 年 6 月	中国广东粤剧团	在温哥华进行为期 10 天的访问演出。6 月 18 日,广东粤剧团在女皇大戏院演出《佳偶兵戎》。红线女演唱《昭君出塞》和《卖荔枝》。之后又到亚省埃德蒙顿进行演出。
1982 年 10 月	丝路花雨民族舞团	在温哥华女皇剧院演出。
1983 年 6 月	中国铁道部魔术杂技团	在渥太华国家艺术剧院演出,剧目有水流星、顶碗、口技等。
1985 年	中国广州粤剧团	广州市和温哥华市准备结为姐妹城市,中国广州粤剧团 50 多人再次光临温哥华,举行盛大演出。
1986 年	中国东方歌舞团	在温哥华世界博览会内演出。
1987 年 11 月	中国广东音乐曲艺团	在温哥华中华文化中心演出,有粤曲、广东音乐、独唱、小调和相声等。
1989 年 3 月	上海芭蕾舞团	在渥太华、魁北克、多伦多、埃德蒙顿和温哥华等城市演出《白毛女》。
1991 年 2—3 月	中国民族艺术团	在多伦多、温尼伯和温哥华等地演出。
1992 年 6 月	中国西藏艺术团	在温哥华中华文化中心演出《孩子舞》《牧羊女》《扎西雪巴》等舞蹈、弹唱节目。

续表

时间	艺术团体或艺术家	演出情况
2001 年 10 月	奚秀兰	天恩颐康院在温哥华举办《奚秀兰慈善敬老千人宴》筹款晚会，奚秀兰在晚会上演唱《圣母颂》《九个郎》《天女散花》《家家有本难念的经》等。

资料来源：《杂技团到柯京，哑女演出极为成功》，《快报》1972 年 11 月 25 日；《中国上海舞剧团演出好评如潮》，《大汉公报》1977 年 5 月 6 日；《广东杂剧团恒游加拿大，加京演出盛况空前》，《加华侨报》1980 年 10 月 1 日；《中国舞蹈家协会访问团访加经过（1、2、3）》，《大汉公报》，1981 年 4 月 1—3 日；《中国马戏团来加表演》，《加京华报》1982 年 1 月 1 日；《广东粤剧团今抵云文化中心热烈欢迎》，《大汉公报》1982 年 6 月 11 日；《佳偶兵戎演出成功》，《大汉公报》1982 年 6 月 18 日；《亚伯达省文化厅厅长及点问顿市长致辞迎广东粤剧团》，《大汉公报》1982 年 6 月 25 日；《丝路花雨民族舞剧团盛大演出机会难逢》，《大汉公报》1982 年 10 月 26 日；《熊猫文化交流公司》，《大汉公报》1982 年 10 月 29 日；《大陆艺术家愿宝岛行家互访交流经验》，《加华侨报》1983 年 7 月 1 日；《中国广州粤剧团赴美加演出特辑》，《大汉公报》1985 年 3 月 13 日；《广州粤剧团抵云备受欢迎》，《大汉公报》1985 年 3 月 27 日；《叶选平市长昨抵云埠，与哈葛签署缔结姊妹城协议》，《大汉公报》1985 年 3 月 28 日；《云埠全侨昨联合欢宴广州代表团及粤剧团》，《大汉公报》1985 年 4 月 2 日；《中华人民共和国东方歌舞团流行歌曲乐队》，《大汉公报》1986 年 5 月 27 日；《广东音乐曲艺团》，《大汉公报》1987 年 11 月 25 日；《上海芭蕾舞团抵埠，昨天首演〈白毛女〉》，《大汉公报》1989 年 3 月 29 日；《中国民族艺术团多市演出受欢迎》，《大汉公报》1991 年 3 月 6 日；《中国民族艺术团抵云市，社团代表机场欢迎》，《大汉公报》1991 年 3 月 6 日；《喜看中国西藏艺术团》，《大汉公报》1992 年 6 月 26 日；《奚秀兰义唱扶老座无虚席》，《明报》2001 年 10 月 15 日。

表 6.30　中国香港艺术团体或艺术家来加访问及演出

时间	艺术团体或艺术家	演出城市
1974 年	闺秀红伶剧团	在温哥华女皇剧院演出，节目有《胭脂井》等。
1975 年	宝英剧团	在多伦多、蒙特利尔、温哥华义演，演出粤剧《胡不归》等剧目。
1976 年 7 月	庆红佳	在埃德蒙顿的维多利亚学校大礼堂演出两场粤剧。庆祝该埠振华声艺术研究社（Jin Wah Sing Musical Association）成立一周年。
1976 年 10 月	千岁剧团	在温哥华女皇剧院演出。
1978 年 7 月	雏鸣剧团	在多伦多演出节目《狮吼记》等。
1978 年	香港舞蹈剧团	在埃德蒙顿市、温哥华市等地演出具有中国民族风格的古今舞蹈。
1979 年 5—6 月	声宝粤剧团	在卡尔加里、埃德蒙顿、沙士加寸、渥太华、温哥华等城市演出《玉马情挑金凤凰》《凤烛烧残泪未干》等。

续表

时间	艺术团体或艺术家	演出城市
1980年8月	声宝粤剧团	在多伦多、渥太华、蒙特利尔等地公演《乞米养状元》等剧。
1983年6月	千岁剧团	在温哥华女皇戏院演出《西施》和《梁祝恨史》。
1997年	香港中乐团	由温哥华中华文化中心协助在奥芬剧院表演。
2001年	著名撰曲家阮眉	金鸣曲艺研习社为了促进粤曲的发展，特邀中国香港著名撰曲家阮眉、著名花旦钟丽蓉、音乐大师冯华、多伦多歌唱家劳允澍和温哥华歌唱家莫雄正，在埃德蒙顿的维多利亚剧院举办《阮眉粤剧粤曲作品欣赏会》。

资料来源：《闺秀红伶义演隆重揭幕》，《大汉公报》1974年8月17日；《妙韵绕云城》，《大汉公报》1974年8月17日；《宝英义演剧目简介》，《大汉公报》1975年7月29日；《宝英剧团今天开锣》，《大汉公报》1975年8月8日；《演庆红佳情况热烈》，《大汉公报》1976年8月11日；《全场满座佳评如潮》，《大汉公报》1976年10月2日；《雏鸣剧团飞满城演出》，《醒华日报》1978年7月10日；《香港剧团青春活力》，《大汉公报》1978年8月16日；《声宝剧团扬名卡城》，《大汉公报》1979年6月1日；《香港声宝粤剧团》，《醒华日报》1979年6月4日；《声宝粤剧团多城再演》，《大汉公报》1979年6月22日；《声宝粤剧团会师云埠，续演两场压轴名剧》，《大汉公报》1979年6月27日；《声宝剧团扬威ami东》，《大汉公报》1980年9月8日；《声宝剧团满城演出，连场满座续期快讯》，《大汉公报》1980年9月24日；《千岁剧团献艺，首演名剧西施》，《大汉公报》1983年6月3日；《千岁剧团演出梁祝恨史，剧力万钧名曲响彻云衢》，《大汉公报》1983年6月4日；《香港中乐团完成访温演出》，《明报》1997年11月5日；《金凤鸣曲艺研习社》，《点问顿华人社区华埠一百周年纪念特刊》，点问顿华人社区百年庆典委员会，2013年，第86页。

表6.31　中国台湾艺术团体或艺术家来加访问和演出

时间	艺术团体或艺术家	演出城市
1983年5月	台湾魔术杂技团	在渥太华国家艺术中心演出
1988年10月	华夏访问团	在温哥华奥芬戏院演出，演出的节目有《四海都有中国人》、古筝独奏等
1991年4月	音乐会	在温哥华剧院演出，有钢琴、双钢琴、民谣组曲等
1992年8月	台北民族舞团	在温哥华演出
1997年8月	台湾原住民文化访问团	在本拿比米高霍克斯院演出，以"山海之情——与原住民真实的相遇"为主题，演出山地情歌、民族歌舞等

资料来源：《台湾北京杂技水准不相伯仲》，《加华侨报》1983年7月1日；《宣慰侨胞第15站演出，华夏访问团演出空前成功》，《世界日报》1988年10月18日；《台composition曲家钢琴乐展，云埠剧院隆重举行》，《大汉公报》1991年5月2日；王广滇：《台北民族舞团展现乡土之情》，《世界日报》1992年8月7日；《台湾文化访问团宣慰侨胞演出成功，原住民歌舞颂赞山海之情》，《明报》1997年8月12日。

表 6.32　部分加拿大华人获奖情况

时间	奖项
1979 年	一年一度温尼伯红河全加摄影比赛，温哥华巾艺摄影学会成员取得多项冠军。
1989 年	梁漱华民族舞蹈团参加卑诗省高贵林市音乐节（Coquicam Music Festival）中的舞蹈比赛，囊括 7—13 岁单人、双人、三人和集体舞冠军。在素里地区舞蹈比赛中获得全胜。
1994 年	来自中国台湾的移民学生吴佳憓，到北京参加由中国文化部主办、北京舞蹈学院承办的全国第四届"桃李杯"舞蹈比赛，获得优秀表演奖。吴佳憓在决赛中跳的是中国古典舞蹈《江河水》。
1994 年	士达孔拿中国舞蹈团在美国费城举行的第 16 届"我爱舞蹈"国际锦标赛上，获得 18 项锦标赛金杯奖。这个锦标赛有 500 多项参赛节目，800 多名来自美国各州的参赛选手，还有来自澳大利亚的队伍。
1995 年	舞蹈家杨小花的舞蹈《水》，荣登北京评选的"中华民族 20 世纪经典舞蹈" 32 件作品之一，杨小花获得"中华民族 20 世纪经典舞蹈金像奖"。
2000 年	华裔舞蹈家王文蔚获全加最佳青年舞蹈编导奖。
2001 年	温馨合唱团代表加拿大赴中国台北参加"全球侨胞混声合唱观摩赛"，获得亚军。

资料来源：《全加摄影协会比赛》，《大汉公报》1979 年 8 月 2 日；《梁漱华民族舞蹈团小熊猫队荣获佳绩》，《大汉公报》1989 年 3 月 25 日；《梁漱华民族舞蹈团三度荣获市文化基金》，《大汉公报》1989 年 5 月 1 日；《北京桃李杯舞蹈赛，吴佳憓得奖》，《世界日报》1994 年 9 月 1 日；《士达孔拿中国舞蹈团，夺 18 座奖杯》，《世界日报》1994 年 10 月 4 日；《杨小花北京颁发舞蹈金像奖》，《世界日报》1995 年 2 月 10 日；《王文蔚获全加最佳青年舞蹈编导 Lifford E Lee 奖》，《明报》2000 年 3 月 5 日；温馨合唱团，http://vansing12.blogspot.com/，检索时间：2021 年 9 月 16 日。

（六）公益演出与中西合作

华人社区的文艺活动，除了慰藉移民乡情、拓展与亚洲的交流之外，还有两项很重要的活动。一是通过公益性演出，进行扶弱助贫、赈灾救难的人道捐助，展现华人社区悲天悯人的传统；二是通过中西合作演出，向非华裔社区展现华人社区多姿多彩的文化，为加拿大多元文化的"五彩拼图"贡献一道亮丽的风景。

20 世纪 80 年代以后，在新移民潮中诞生的艺术社团，具有艺术素养不低、专业水平不差、表演能力不弱等特征，在不同程度上弘扬了中华文化和艺术的传统，丰富了华人社区的文化和精神生活，拉近了华人与其他族裔的距离，成为加拿大各族裔社区之间交流的桥梁。这些艺术团体还具有人道情怀，在华人社区援助加拿大和祖籍国的赈灾活动中发挥了重要的作用（参见表 6.33、6.34）。

表 6.33 艺术团体参与的慈善活动

时间	艺术团体名称	捐款目的
1979 年 4 月	温哥华振华声艺术研究社	为中华文化中心兴建大楼筹款,特派人到中国香港聘请声宝粤剧团到加拿大义演。在温哥华公演了五场粤剧,之后又到卡尔加里、埃德蒙顿和多伦多等地演出。
1979 年	振华声艺术研究社举行义演	为温哥华中华会馆修缮筹款。
1983 年	吴祖捷芭蕾舞学院(Goh Ballet Academy)	为大温狮子会举办的治癌慈善活动捐款演出自编芭蕾舞《梁祝》和中国现代芭蕾舞剧《白毛女》第一场。
1990 年	吴祖捷芭蕾舞团	为华埠中华文化筹款演出芭蕾舞、《霓裳羽衣舞》、西班牙舞、《胡桃夹子》双人舞等。
1991 年 8 月	振华声艺术研究社举行义演	为中国水灾举行义演,50 多位艺术家参加了演出,共筹款 3 万多加元。收入由加拿大红十字会转交中国救灾机构。
1991 年 9 月	爱健戏剧会	与振洪声剧社演出粤剧《落霞孤鹜》,为赈济中国大陆水灾,在大多伦多河谷中学义演,筹得款项 21200 多加元。
1991 年 11 月	士达孔拿中国舞蹈团	为赈济中国广东水灾,在中华文化中心举行了一场《仙乐飘飘妙舞姿》的义演,筹得款项 1 万多加元。
1996 年	梁漱华民族舞蹈团	为癌症研究筹集资金,前往中国台湾五大城市巡回演出。
1999 年	温馨合唱团	参加《华韵爱心赈灾演唱会》,为中国台湾"9·21"地震筹款。
2000 年	埃德蒙顿乐凤文娱曲艺社	为中华文化中心兴建图书馆义演筹款,共筹得 2 万加元。
2001 年	爱健会、多伦多粤剧研究会、群声音乐会和刘永全同学会	为"世界宣明会饥馑 30 小时"行动举行筹款演出。

资料来源:《为中华文化中心建楼筹款来云义演》,《大汉公报》1979 年 4 月 23 日;《"声宝粤剧团"艺震云城》,《大汉公报》1979 年 5 月 26 日;《声宝剧团扬名卡城》,《大汉公报》1979 年 6 月 1 日;《声宝剧团拜访点城洪门》,《大汉公报》1979 年 6 月 5 日;《声宝剧团多城再演》,《大汉公报》1979 年 6 月 22 日;《振华声义演名剧筹款》,《大汉公报》1979 年 9 月 8 日;资料来自吴祖捷芭蕾舞学院;《振华声艺术研究社响应救灾举行义演》,《大汉公报》1991 年 8 月 14 日;《振华声赈灾义演,共筹款逾三万元》,《大汉公报》1991 年 8 月 15 日;《本会历年来活动撮要》,《士嘉堡爱健会成立 12 周年纪念暨筹置会所征信录特刊》,1992 年,第 30、31 页;《士达孔拿中国舞蹈团义演》,《大汉公报》1991 年 11 月 23 日;梁漱华民族舞蹈,http://www.chinesedance.ca/zh/关于/梁漱华民族舞蹈团,检索时间:2021 年 9 月 16 日;温馨合唱团,http://vansing12.blogspot.com/,检索时间:2021 年 9 月 16 日;《乐凤文娱曲艺社》,《点问顿华人社区特刊 1911—2011》,2011 年,第 74 页;《爱健会 1979—2009 大事日记》,《爱健会成立 30 周年纪念特刊》,2009 年,第 3 页。

表 6.34　中西合作演出及获奖情况

时间	演出、获奖情况	演出城市
1968年1月30日	竹子宫殿餐厅（Bamboo Palace）的老板内德·李（Ned Lee）邀请了来自世界各地的表演者在中国戏剧俱乐部（The Chinese Dramatic Club）演唱粤剧歌曲，庆祝中国新年。省督（The Lieutenant Governor）格兰特·麦克尤恩（Grant MacEwan）穿上中国传统服饰参加了此次活动。	埃德蒙顿
1989年	梁漱华民族舞蹈团由于贡献突出，荣获第三度温哥华市文化基金。	温哥华
1997年	由温哥华中华文化中心和温哥华交响乐团主办，集中了中、西著名音乐家在奥芬大戏院合演了《丝竹汇管弦》，很多非华裔人士观看了演出	温哥华
2000年	刘红考成为皇家摄影学会会士。	
2000年	加拿大全国音乐比赛（Canadian Music Competitions）每年举办一次，每位参赛者须在所在城市参加两轮初赛，获胜者才有资格参加全国总决赛（National Finals）。比赛分钢琴、小提琴、声乐、木管及铜管乐器等。参赛者按年龄分组。卑诗省蔡承聪凭借《圣桑的引子》与《回旋随想曲》获得小提琴比赛第一名。	多伦多
2001年	多伦多埃尔金（The Elgin Theatre）剧院演出的《铁路》（*Iron Road*），是陈嘉年（Ka-nin Chan）的作品。这是一部（粤语和英语）加拿大歌剧，获得2001年多拉梅弗穆尔（Dora Mavor Moore）杰出新音乐奖（Outstanding New Musical）。	多伦多
2001年	《春之共鸣》音乐晚会	缅省中文学院合唱团与意大利文化中心联合举办，在温尼伯意大利文化中心举行

资料来源：Helen Kwan Yee Cheung, *The Social Functions of Cantonese Opera in the Edmonton Chinese Community 1890-2009: From Sojourners to Settlers*, University of Alberta, 2013, p.67.；《云梁漱华民族舞蹈团三度荣获市文化基金》，《大汉公报》1989年4月29日；《东西旋律和鸣，谱出人间天籁 "丝竹汇管弦"圆满演出》，《明报》1997年4月16日；《刘红考获皇家摄影学会会士》，《明报》2000年10月6日；年仅十岁屡获殊荣蔡承聪两夺全国小提琴赛冠军：《明报》2000年7月29日；Ya Lin Hung, *Chan Ka Nin's Iron Road: Chinese Elements in a Canadian Opera*, University of Victoria, 2004, p.68.；About us, https://tapestryopera.com/about/who-we-are/，检索时间：2021年9月16日；《1974—2009缅省中文学院35周年特刊》，2009年，第32页；《缅省中文学院合唱团》，《缅省中文学院40周年特刊1974—2014》，2014年，第55页。

二、电影周和选美

（一）电影

不能否认，在大众接受层面，没有比电影这种艺术形式更能传递不同文化、不同地域、不同人种、不同生活方式的信息，电影故事能超越语言、文化、地区、生活方式的局限，展示人类共有的悲欢离合。20 世纪 70 年代后，华人社区不但引进了很多亚洲电影，同时为了推动东西方文化的交流，开始积极举办各种电影周，给包括华人社区在内的加拿大观众介绍亚洲的电影（参见表 6.35、6.36）。

移民到加拿大的亚洲电影工作者，也在推动电影交流，比如在加拿大与亚洲合作拍摄电影方面，发挥了桥梁作用。1960 年生于中国上海、毕业于温哥华艾米丽·卡尔艺术与设计大学（Emily Carr University of Art and Design），主修电影与录像的鲍道平，曾在博物馆搞展览设计、电影制作，并在商业发展和资本筹款方面取得了成功。[1] 这一时期诞生了一些影视协会，像 1995 年成立的温哥华影视人协会（Vancouver Film and Television Artists' Society）和加华影视人协会（Sino-Canada Films & Video Association）。[2] 1997 年，加拿大中文影视协会在温哥华成立。[3]

表 6.35 全国电影节一览表

时间	电影节简介	地点
1978 年 3—4 月	中国电影节，放映中国纪录片：《妇女与家庭》《传统手工艺》等	渥太华国家艺术馆
1982 年 6 月	著名戏剧家红线女和广东粤剧团来加拿大献演，海外声艺有限公司主办了红线女电影节。	温哥华
1984 年 1 月	CBC 电视台连续播放 8 部中国名片：《早春二月》《林家铺子》《白求恩》和《茶馆》等。	多伦多
1985 年	蒙特利尔国际电影节，播放了《黄土地》。	蒙特利尔
1986 年 10—11 月	中国电影五十年回顾展，播放了《啼笑姻缘》《小城之春》《早春二月》《巴山夜雨》《林家铺子》《马路天使》等。	渥太华
1986 年 10—11 月	中国电影节，播放了《骆驼祥子》《良家妇女》《雷雨》等。	位于渥太华的安省博物馆

---

[1] 刘昌汉（Liu Charles）、郑胜天（Zheng Shengtian）、连城（Lian Cheng）:《北美华裔艺术家名人录》(The International Institute for Arts and Point Gallery)，1995 年，第 15 页。

[2] https://www.facebook.com/VFTAS/，检索时间：2021 年 9 月 16 日；资料来自创会会长柳信。

[3]《有广泛会员基础 首务打击盗版 加拿大中文影视协会成立》，《明报》1997 年 10 月 4 日。

续表

时间	电影节简介	地点
1987年	香港电影节，播放了《地下情》《超级市民》《火龙》等。	多伦多和渥太华
1990年5—6月	蒙特利尔中国电影节（Festival International Du Cinema Chinois Montreal），在魁北克电影中心（Cinematheque Quebecoise）、国家电影局（Office National Du Film）、德国文化协会（Goethe Institut）举办。	蒙特利尔
1990年12月	中国电影精选，播放了《孩子王》《本命年》等电影。	温哥华
1991年	蒙特利尔中国国际电影节，播放了中国大陆的电影《本命年》《大桥下面》《新女性》等；中国台湾的电影《尼罗河女儿》《香蕉天堂》等；中国香港的电影《滚滚红尘》《阿飞正传》。北美影人参展的有《猴王西游》等。	蒙特利尔
1992年	温哥华国际电影节，有20多部中国电影参展：《秋菊打官司》《青春无悔》《辣手神探》《笑傲江湖》《青梅竹马》等。	
1997年	"影话香江"香港电影节，放映了20部中国香港不同年代的电影。	温哥华
2000年	中国电影节：历史回溯（Chinese Film Festival–History in Retrospect），参展的中国大陆的电影有《我的父亲母亲》和《画魂》等，中国台湾的电影有《恐怖分子》等。	温哥华
2001年4月	"加拿大第一届中国儿童电影展"，有6部中国儿童影片参展。	温哥华、多伦多和渥太华

资料来源：《艺术馆中国电影》，《加京华报》1978年3月1日；《红线女电影节》，《大汉公报》1982年6月4日；《CBC电视台连续播映8部中国名片》，《加华侨报》1984年1月1日；《中国电影五十年回顾展》，《加华侨报》1986年11月1日；《安省博物馆办中国电影节》，《加京华报》1986年10月1日；《香港电影节在渥太华》，《加京华报》1987年7月1日；来自1990年蒙特利尔中国电影节（Festival International Du Cinema Chinois Montreal）宣传单；《中国电影精选》，《大汉公报》1990年12月7日；《满地可市现举行中国国际电影节》，《大汉公报》1991年5月30日；《本届温哥华国际电影节选用20多部中国电影》，《大汉公报》1992年9月19日；《"影话香江"探讨青少年问题，讲者带出爱心与管教并重信息》，《明报》1997年6月4日；《中国电影节精选 看足张艺谋新片》，《明报》2000年8月8日；《中国电影节介绍台湾新电影，焦雄屏专程来温演讲》，《明报》2000年8月17日；大温哥华中华文化中心文化节目，2000—2010年，资料来自中华文化中心创始人之一杨裕平；《首届中国儿童影展成功 最受欢迎影片抽奖揭晓》，《明报》2001年5月5日；《杨裕平文化评论集》，加拿大华裔作家协会，2006年，第57—59页。

表 6.36 拍摄电影一览表

时间	合作机构	电影名称
1989 年	西安电影制片厂和加拿大国家电影局（National Film Board of Canada，NFB）。	《秦始皇》（*The First Emperor of China*）
1996 年	李宁玉与制片人陈建国先生拍摄。1998 年 11 月 4 日该片在加拿大国会山庄首映，后在北京、温哥华、多伦多、卡尔加里等举行隆重放映仪式。1998 年 11 月 28 日，《枫骨中华魂》在温尼伯艺术馆（Winnipeg Art Gallery）举行了最后一站首映典礼，主办单位是温尼伯中华文化中心。缅省前省督珀尔·麦格纳格尔（Hon.Pearl McGonigal，当地称麦康格）主持首映仪式。	《枫骨中华魂》
1997 年	加拿大国家电影局制作，描写华人在加的奋斗历程。	《柳荫树下》

资料来源：《秦始皇》（*The First Emperor of China*），1989 年；郑成信：《枫骨中华魂》及《无名英雄的丰碑》温尼伯首映圆满成功，《加拿大温尼伯市铁路华工纪念碑特刊》，温尼伯中华文化中心，1999 年，第 59 页；《反映加华妇女争取权益辛酸一页〈柳荫树下〉昨日首映》，《明报》1997 年 6 月 7 日。

（二）选美活动

在加拿大华人社区，选美是较早开始的一项社区活动，旨在提升女性的受重视程度，鼓励女性更多地参与社会活动。20 世纪 70 年代后，在华人集聚的几个大城市，分别展开了"华埠小姐"选美活动。这也是海外华人全球性选美活动的一部分，展现了海外华裔女性美丽、智慧和青春的风貌，有助于打破外部世界对华人社区"因循守旧"的刻板印象。由于加拿大华裔小姐在全球华裔小姐和世界小姐的比赛中成绩斐然，因此，加拿大华人社区"美女多"，形成全球共识。

值得关注的是，20 世纪八九十年代以后，中国香港新移民的后代成为选美的主力军，2000 年后，中国大陆移民的后代开始登上选美的舞台。同时，华人社区选美与慈善开始挂钩，增强了华裔年轻一代服务社群的意识（参见表 6.37、6.38）。

表 6.37 卑诗省选美活动

时间	选美活动简介	当选名单
1977 年 11 月	加拿大小姐选美活动。	史泳荣登上后座，伍慧芬获亚军
1978 年	温哥华华埠狮子会举办 1978 年度温哥华华埠小姐（Miss Chinatown）选举活动。	西门菲莎大学学生刘天兰当选

续表

时间	选美活动简介	当选名单
1979年2月	温哥华华埠狮子会举办第3届慈善选美活动。	黎雪莲当选
1979年7月	温哥华城市社团协会举办华埠小姐选举活动。	李珍妮荣膺"华埠公主"
1980年	温哥华住宅及花园展览会小姐评选。	杜蕙尔当选
1980年3月	温哥华华埠狮子会举办慈善选美活动。	卑诗大学学生马钟妮加冕,荣获"华埠小姐"
1982年3月	温哥华华埠狮子会举办第6届慈善选美活动。	郑宝凤荣获"华埠小姐"
1983年2月	温哥华华埠狮子会举办第7届慈善选美活动。	卑诗大学学生韩玉花获得后冠。但韩玉花从小受的是英文教育,不懂中文
1984年	第8届温哥华华埠选美。	卑诗大学学生何珍妮夺魁
1987年	温哥华华埠狮子会举办慈善选美活动。	卢青青荣膺"华埠小姐"
1989年3月	温哥华华埠狮子会举办第14届选美活动。	何雪仪当选
1989年3月	温哥华华埠小姐选美。	曹梦兰取得后冠
1989年5月	温哥华国泰狮子会主办的第1届全加华埠小姐选美,有9位分别来自蒙特利尔、多伦多、士嘉堡、温尼伯、埃德蒙顿、卡尔加里、温哥华、列治文和维多利亚的佳丽角逐。	多伦多的麦苑美取得后冠
1990年3月	温哥华华埠小姐选美活动。	李景韶当选
1990年5月	维多利亚华埠小姐选美活动。	萧子龄夺冠
1991年	温哥华华埠狮子会举办华埠小姐选美活动。	卢雪梅当选
1992年	温哥华华埠小姐选美活动。	道格拉斯学院(Douglas College)学生谢绮玲夺冠
1997年11月	温哥华华裔小姐竞选在温市中心五帆酒店举行,由台湾著名歌星童安格任表演嘉宾。	戈婷夺得冠军

资料来源:《加拿大小姐昨晚多城诞生》,《大汉公报》1977年11月8日;《刘天兰荣膺华埠小姐,酷爱音乐才华出众》,《大汉公报》1978年2月24日;《华埠小姐黎雪莲》,《大汉公报》1979年2月5日;《华埠小姐荣膺公主》,《大汉公报》1979年7月16日;《云埠杜蕙尔荣膺本年住宅花园展览会小姐》,《大汉公报》1980年2月20日;《华埠小姐马钟妮加冕》,《大汉公报》1980年3月3日;《郑宝凤小姐荣获第六届华埠小姐衔》,《大汉公报》1982年3月15日;《韩玉花艳压群芳》,《大汉公报》1983年3月7日;《韩玉花专访记》,《大汉公报》1983年5月9日;《第八届华埠小姐选美会,何珍妮艳压群芳夺后冠》,《大

汉公报》1984年3月1日；《华埠选美，何珍妮夺魁》，《大汉公报》1984年3月12日；《华埠狮子会周末选美，八七年华埠小姐诞生》：《大汉公报》1987年3月2日；《何雪仪才貌出众，夺华埠小姐荣衔》，《大汉公报》1988年3月14日；《角逐89年温哥华华埠小姐》，《世界日报》1989年3月14日；《89年温哥华华埠小姐诞生》，《世界日报》1989年3月20日；《1989年度域多利华埠小姐选美》，1989年；"UVic Beauty Wins First Miss Chinatown Pageant"，The Victoria Star, May 3, 1989；《9名华埠佳丽各擅胜场》，《世界日报》1989年5月12日；《第一届全加华埠小姐选出》，《世界日报》1989年5月15日；《温市小姐昨选出》，《大汉公报》1990年3月10日；《城市华埠小姐选美，八名佳丽争一高下》，《大汉公报》1990年5月24日；《域华埠小姐后冠有主》，《大汉公报》1990年5月30日；《港红歌星甄楚红抵温 为华埠小姐选美表演》，《大汉公报》1991年3月30日；《华埠选美落下帷幕 卢雪梅夺双料冠军》，《大汉公报》1991年4月1日；《温哥华华埠小姐竞选14位佳丽首次亮相》，《大汉公报》1991年12月18日；《第16届温哥华华埠小姐顺利诞生》，《大汉公报》1992年3月16日；《1997年温哥华华裔小姐选出，18岁学生戈婷夺三料冠军》，《明报》1997年11月30日。

表6.38 安大略省选美活动一览表

时间	选美活动简介	当选名单
1972年8月	多伦多华埠商会举办华埠小姐选美	多伦多大学学生谢素馨当选
1987年	士嘉堡、北约克华埠小姐选美	徐敏玲获得后冠
1988年	多伦多华裔小姐选美	麦宛美获冠军
1994年3月14日	大多市国际嘉年华会中，由中国台湾文化商业协会主办选举首届"台北节"亲善公主	韩琳当选

资料来源：《白衣天使谢素馨当选为华埠小姐》，《快报》1972年8月28日；《士嘉堡北约克华埠小姐选美》，Modern Times Weekly, May 15, 1987；《多伦多华裔小姐选美冠军麦宛美艳压群芳》，《醒华日报》1988年9月20日；《亲善公主加冕晚会隆重举行》，《世界日报》1994年3月20日。

温哥华华埠狮子会于1976年首次举办"温哥华华埠小姐"（Miss Vancouver Chinatown）选美活动。1978年，中国香港电视广播有限公司（Television Broadcasts Ltd., TVB）创办国际华裔小姐选美活动并邀请世界各大城市佳丽代表参加，自此，每年温哥华华埠小姐冠军都代表温哥华前往中国香港参加该项选美活动。1995年，温哥华华埠狮子会选美会被新时代电视接办，并易名为"温哥华华裔小姐"。2001年之前，选美活动每年在温哥华会展中心举行（参见表6.39、6.40）。

表 6.39　温哥华和多伦多当选华裔小姐名单

时间	温哥华	多伦多
1995 年	冠军：黄月明；亚军：郑期慧；季军：李美芬	冠军：潘美诗；亚军：李慧然；季军：朱英舜
1996 年	冠军：庄慧芬；亚军：赵秀珺；季军：邱诗韵	冠军：卢淑仪；亚军：黄宝瑶；季军：邝佩仪
1997 年	冠军：戈婷；亚军：关翠萍；季军：陈静	冠军：房翠丽；亚军：殷琪琪；季军：莫天娜
1998 年	冠军：李孟洁；亚军：区念慈；季军：李丽琪	冠军：李郦；亚军：关淑贤；季军：陈伶俐
1999 年	冠军：潘欣欣；亚军：孙睦雅；季军：颜孔仪	冠军：林海伦；亚军：陈仙仙；季军：黄茵茵
2000 年	冠军：廖碧儿；亚军：萧惠因；季军：张渍茜	冠军：汪诗诗；亚军：姚洁妮；季军：高洋熙
2001 年	冠军：周雪；亚军：崔泽韵；季军：凌美美	冠军：白頴茵；亚军：李曼芳；季军：郑安瑛

资料来源：新时代电视网站，https://www.fairchildtv.com/shows/chinesePageant/archive.php，检索时间：2021 年 9 月 16 日。

图 6.5　1995 年温哥华华裔小姐选举大赛冠亚季军

资料来源：加拿大新时代集团

表 6.40　历届国际华裔小姐得奖者名单

时间	城市	获奖者	奖项
1988 年	卡尔加里	林绮梅	友谊小姐
1989 年	温哥华	曹梦兰	五强之一
1991 年	蒙特利尔	张燕妮	季军
1992 年	多伦多	陈曼莉	冠军
1993 年	蒙特利尔、温哥华	钟丽缇、谢绮玲	冠军、季军
1995 年	温哥华	许家宝	友谊小姐

续表

时间	城市	获奖者	奖项
1997 年	多伦多	卢淑仪	冠军
1998 年	蒙特利尔	谭惠玲	季军
1999 年	卡尔加里、多伦多	黄淑仪、李郦	友谊小姐、五强之一
2000 年	温哥华	穆熙妍	季军
2001 年	温哥华	廖碧儿	冠军、都会魅力小姐、花都绰约大奖

资料来源：https://zh.wikipedia.org/wiki/国际中华小姐竞选，检索时间：2021 年 9 月 16 日；《华裔小姐昨晚诞生，多伦多陈曼莉封后》，《大汉公报》1992 年 1 月 28 日；历届国际华裔小姐竞选中的卡尔加里佳丽，http://www.flywithwind.com/calgary/index.php？option=com_content&view=article&id=5485：2994－5485&catid=80：chinesecomm&Itemid=101，检索时间：2021 年 9 月 16 日。

第三节　唐人街牌楼和华人纪念碑等

一、唐人街牌楼

华人建造传统特色的唐人街牌楼，主要源于两个重要原因。一是为了凸显唐人街的特色，形成"地标式的象征"，显示华人社区兴旺发达的景象，吸引多方游客前来；二是为了欢迎一些尊贵的客人，或者纪念某些重要的历史事件，以凸显华人社区饮水思源、传承中华文化的特征。鉴于上述两个建造缘由，唐人街牌楼大都呈现出雕梁画栋的艺术特色以及恢宏大气的建筑风格，华丽与壮观浑然一体，常让观者在惊艳之外，顿生对中华文化的敬意（参见表 6.41）。

表 6.41　华人搭建牌楼一览表

时间	搭建牌楼的地点
1869 年	卡里布
1876 年	域多利
1876 年	耶鲁镇
1882 年	域多利
1882 年	乃磨

续表

时间	搭建牌楼的地点
1896 年	温哥华
1901 年	温哥华
1906 年	域多利
1912 年	温哥华
1912 年	域多利
1936 年	温哥华

资料来源:"Preparation for the Governor's Reception", The Cariboo Sentinel, Sep. 18, 1869; "Cariboo New Enthusiastic Reception of the Governor", The Daily British Colonist, Sep. 30, 1869; "The Governor-General at Yale", Daily British Colonist, Sep.10, 1876; "The Governor-General at Yale", Mainland Guardian, Sep. 13, 1876; "The State of the Preparations", Daily British Colonist, Sep. 17, 1882; Chinese arch on Store Street, Victoria; Erected for the visit of the Governor General, the Marquess of Lorne,1882, B.C. Archives; David Chuenyan Lai, Arches in British Columbia, Victoria, Sono Nis Press, 1982, pp.63-65.; "Lorne Reception", Nanaimo Free Press, Oct. 25, 1882; "Reception: Arrival of the Governor General", Nanaimo Free Press, Oct. 21, 1882; 1882 年 10 月 20 日,华商在乃磨的 Hong Hang 公司对面搭建牌楼照片, come from David Chuenyan Lai, Arches in British Columbia, Victoria, Sono Nis Press, 1982, p.73.; A Historic Timeline for Nanaimo; Nanaimo, Chinese Arch; "Canadian Gossip of Li's Visit", The Tacoma daily ledger, Sep. 16, 1896; "The Chinese Viceroy", Victoria Daily Colonist ,Sep.15, 1896; 来自 1896 年华人欢迎李鸿章所建牌楼的图片; "Revelstoke Is Right in Line", The Vancouver Daily Province, Sep. 5, 1901; "Revelstoke No Cheap City", The Province, Sep. 14, 1901; Chinese arch at Hastings and Carrall streets, erected for the visit of the Duke and Duchess of Cornwall and York, Sep. 30, 1901, City of Vancouver Archives; "A Patriotic Welcome", Victoria Daily Colonist, Sep. 15, 1906; Photograph: Chinese arch erected on Government Street for the visit of Earl Grey ,1906; 1912 年华人在温哥华唐人街建造牌楼的图片, come from David Chuenyan Lai, Arches in British Columbia, Victoria, Sono Nis Press, 1982, p.94.; "Expresses Satisfaction", The Daily Colonist, Oct. 3, 1912; Chinese Arch 1912 Vancouver, City of Vancouver archives; "Display Will Be Worthy of Victoria",The Daily Colonist, Sep. 10, 1912; Chinese arch erected on Government Street between Trounce Alley and Yates Street; in honour of the visit of Governor General the Duke of Connaught, B.C. Archives; Chinese Arch, Royal visit Sep.7, 1912, city of Victoria; "The Chinese Village" ,Vancouver Sun, Jul.13 ,1936; "Chinese Royal Arch Nears Completion", The Vancouver Sun, Jul. 11, 1936; "Chinese Parade" ,The Sunday Sun, Jul. 18,1936; Chinese Arch to celebrate Vancouver's Golden Jubilee, erected at Pender near Carrall Street, 1936, City of Vancouver Archives.

经历了历史的风风雨雨,不少地区的唐人街牌楼迎来了"辞旧迎新"的历史变迁。然而,具有浓重东方韵味的唐人街牌坊,与唐人街红墙绿瓦的中国式建筑风格相互辉映,展现出华人社区在海外百年奋斗、自强不息的精神风貌。

1. 维多利亚"同济门"（Gate of Harmonious Interest，Tong Ji Men）

值得一提的是，作为加拿大历史上第一个大唐人街，维多利亚在战后重建过程中，充分体现了族裔和谐、共创唐人街新貌的多元文化精神。维多利亚大学教授黎全恩是建设唐人街牌楼的倡议者，[1]奥尔德曼·罗伯特·赖特（Alderman Robert Wright）主持的维多利亚州唐人街特设委员会指出，唐人街中国门应该是整个维多利亚社区的项目，而赖特的妻子马蒂·赖特（Marti Wright）建议，把中国门叫作 Gate of Harmonious Interest。在该项目的社区捐款上，也呈现出多元特色。[2]

牌楼的中文名是通过有奖竞选的方式海选出来的，最后入选者为关发勋（Fat-Fun Kwan）翻译的名称"同济门"（Tong Ji Men），取意"同心协力，和衷共济"。[3]意思是西人和华人同心协力，共同建好维多利亚市。

牌楼建好后，象征中华传统的两头石狮，从中国苏州市运到了维多利亚。[4]立在牌楼两侧，使牌楼显得更有气势。1981年11月15日，"同济门"牌楼剪彩开幕。[5]

---

[1] Chuen-Yan David Lai, *The Future of Victoria's Chinatown*, Vol. I. Recommendations. Victoria: City of Victoria, 1979, p.24.; David Chuenyan Lai and Pamela Madoff, Building and Rebuilding harmony: *the gateway to Victoria's Chinatown*, Victoria, B.C., Western Geographical Press, 1997, p.1.

[2] 1980年2月1日，黎全恩教授和一些合作者正式成立唐人街牌楼筹款委员会（Chinatown Gateway Fund-Raising Committee），目的是从华人社区筹集24000加元。不到两个月，筹款委员会就在华人社区筹到了24776.50加元，在非华人群体筹到4600加元；David ChuenYan Lai, *The Gate of Harmonious Interest*, Victoria, Wetcoast Savings Credit Union, Printing Department, Victoria, B.C., 1981, p.12.; David Chuenyan Lai and Pamela Madoff, Building and Rebuilding harmony: the gateway to Victoria's Chinatown, Victoria, B.C., Western Geographical Press, 1997, p.5.

[3] David ChuenYan Lai, *The Gate of Harmonious Interest*, Victoria, Wetcoast Savings Credit Union, Printing Department, Victoria, B.C., 1981, p.16.; Chuen-Yan David Lai, *Arches in British Columbia*, Sono Nis Press, Victoria, 1982, p.111.;《域埠中华会馆召开全侨大会记录要略》,《大汉公报》, 1980年9月16日；1980年8月，维多利亚中华会馆捐出50加元，征求 Gate of Harmonious Interest 中文名字。

[4] 同济门最后总共花费188000多加元，不少是通过筹款得来；David ChuenYan Lai, *The Gate of Harmonious Interest*, Victoria, Wetcoast Savings Credit Union, Printing Department, Victoria, B.C., 1981, p.19.; David Chuenyan Lai and Pamela Madoff, *Building and Rebuilding harmony: the gateway to Victoria's Chinatown*, Victoria, B.C., Western Geographical Press, 1997, p.12.

[5] David Chuenyan Lai, *Arches in British Columbia*, Sono Nis Press, Victoria, 1982, p.107., p.111.; David Chuenyan Lai and Pamela Madoff, *Building and Rebuilding harmony: the gateway to Victoria's Chinatown*, Victoria, B.C., Western Geographical Press, 1997, p.1.;"同济门"牌楼剪彩开幕。维多利亚市长威廉·廷德尔（William Tindall）和维多利亚中华会馆主席一起举行了揭幕仪式。

图 6.6　同济门（1981 年 11 月）
资料来源：黎全恩拍摄于 1981 年

这是加拿大第一座永久性的中国式牌楼，仿照中国甘肃省敦煌莫高窟的入口门户建造，高 11.58 米，宽 16.76 米，其中一个支柱上还刻上了在第二次世界大战中阵亡的加拿大籍华裔士兵的名字。[1] 1996 年 10 月 6 日，牌楼重新修建完工并举行开幕仪式。[2]
"同济门"牌楼是维多利亚唐人街的地标，也成为卑诗省重要的旅游景点。

2. 温尼伯"光华门"（Winnipeg Chinatown Gate）

温尼伯的唐人街牌楼是新华埠建设的一部分。1983 年，侨领余岳兴带领的唐人街发展协会（The Winnipeg Chinatown Development Corporation）与温尼伯市长威廉·诺里（William Norrie）签订协议，市府以象征性"1 加元"的价格将地租给唐人街发展协会作为新建华埠之用。[3] 租期 99 年，[4] 由该协会负责建造唐人街"光华门"牌

---

[1] David ChuenYan Lai, *The Gate of Harmonious Interest*, Victoria, Wetcoast Savings Credit Union, Printing Department, Victoria, B.C., 1981, p.22.

[2] David Chuenyan Lai and Pamela Madoff, *Building and Rebuilding harmony: the gateway to Victoria's Chinatown Victoria*, B.C., Western Geographical Press, 1997, pp.37-39.；维多利亚同济门重修竣工，市长主持开幕仪式：《华埠通讯》1996 年 12 月，第 3 卷第 3 期，维多利亚中华会馆，第 7 页；同济门重修经费预估为 30 万加元。

[3]《温城华埠发展史》, The Winnipeg Chinatown Development Corporation, 1988, p.26.；1980 年 11 月，在余岳兴领导下，温尼伯华人成立唐人街发展协会，1981 年 6 月 3 月正式定名为温尼伯华埠发展协会（The Winnipeg Chinatown Development Corporation）。

[4]《李杏源与温尼伯华埠》，温尼伯文化与社区中心编印，2000 年，第 55 页；Minister of Cultural Affairs and Historical Resources Eugene Kostyra's letter to Mayor of city Winnipeg William Norrie, Mar. 25, 1982.

坊和中国花园等。[1] 温尼伯华埠发展计划资金大部分来自三级政府支持的"市中心发展局（The Core Area Initiative）"，特别是中心局的"近邻主街发展计划（Neighbourhood Mainstreet Programme）"。在建设华埠"光华门"牌坊时，"近邻主街发展计划"按照原定投资计划，为"光华门"牌坊支付了50万加元。[2] 温尼伯中华文化中心为整个中国城的建造（包括牌楼），曾向私人商号及华人社区募捐16万加元。[3] 1986年10月15日，温尼伯唐人街的廊桥式牌楼"光华门"举行移交市府典礼。省督珀尔·麦格纳格尔（Pear McGonigal）及三级政府要员出席典礼。[4]

图6.7　光华门
资料来源：贾葆蕻拍摄于2016年

3. 温哥华唐人街"中华门"（The Chinese Arch）

曾经矗立在温哥华唐人街中华文化中心前的"中华门"，是典型的中国风格的牌楼。她在1986年温哥华举行的世界博览会上，作为中国馆的门面展出。[5] 世博会结束后，中国政府将"中华门"牌楼赠送给卑诗省政府，卑诗省政府在1987年进行

---

［1］《温城华埠发展史》，The Winnipeg Chinatown Development Corporation，1988，p.27.；Letter from Dr. Joseph Du, Chairman of Winnipeg Chinatown Development to Dr. David Chuenyan Lai, Jun.17, 1987; Richardson Century Fund, No 1930, Apr. 16, 1987.
［2］《温城华埠发展史》，The Winnipeg Chinatown Development Corporation，1988，p.28.，p37.；City of Winnipeg, Core Area Initative Status Report, p.56.
［3］《温城华埠发展史》，The Winnipeg Chinatown Development Corporation，1988，p.30.
［4］《温城华埠发展史》，The Winnipeg Chinatown Development Corporation，1988，p.36.
［5］City of Vancouver archive, https://searcharchives.vancouver.ca/expo-86-21，检索时间：2021年10月15日；Expo 86, https://en.wikipedia.org/wiki/Expo_86，检索时间：2021年10月15日。

了牌楼固定安装。该"中华门"以四块汉白玉石为基座，顶部为金色琉璃瓦，中间是四根朱红描金漆柱。[1]"中华门"的搬运和安装费用不菲，为 65000 加元，卑诗省政府为此牌楼拨出两万加元。卑诗企业公司（The B.C. Enterprise Corporation）捐出 8 万加元，其余的费用由华人牌楼委员会（The China Gate Committee）和温哥华华埠狮子会（Vancouver's Chinatown Lions Club）筹款，[2]可谓政府、民间各界共襄盛举。"中华门"牌楼就此成为中华文化中心的象征，也成为温哥华唐人街的地标，她与 1986 年在同一地点建成的"北美苏州园林"——中山公园相互辉映，成为温哥华唐人街一道亮丽的风景线。

由于博览会的"中华门"属临时性质的装饰，在经过十多年的风吹雨打后，于 2000 年被拆掉。温哥华侨社为此几经奔走，广州市政府又赠新牌楼，并于卑诗省与广东省结盟姊妹省 10 周年庆典暨温哥华市与广州市缔结姊妹市 20 周年庆典时，即 2005 年 10 月 22 日重新修葺开幕。[3]

4. 埃德蒙顿"中华门"（China Gate，Harbin Gate）

1970 年代后期，埃德蒙顿华人社区与市政府商讨策划华埠再发展蓝图，1984 年双方原则上达成协议，把华埠蓝图定位成市中心的一部分。[4]

1986 年 12 月，埃德蒙顿市议会批准兴建一个具有中国特色的"中华门"。"中华门"在 97 街横跨 102 大道（其后改为哈尔滨路，Harbin Road）。[5]埃德蒙顿市的姊妹城哈尔滨市市政府捐赠价值 25 万加元的牌楼瓦面材料，其余的经费则来自埃德蒙顿市市政府、省政府和华人社区。牌楼所需费用约为 14.1 万美金，其中包括空运安装工人、工人住宿和从中国空运材料所需费用。项目执行委员还建议拿出 2 万加元，作为雇佣当地电气工程师和咨询专家所需费用。1986 年 12 月，埃德蒙顿市议会同意支出 35 万加元，埃德蒙顿中华会馆同意捐赠 2.5 万加元，省旅游厅（The

---

[1]《林欣，访问中国馆副馆长刘景海》，《大汉公报》1986 年 5 月 22 日。

[2]《卑诗省府拨出二万元，中华门牌楼赠华埠》，《大汉公报》1987 年 5 月 25 日；David Chuenya Lai, *Chinatowns: Towns Within Cities in Canada*, University of British Columbia Press, Vancouver, 1988, p.134.

[3] 中华门，https://web.archive.org/web/20081208033001/http://vcbia.brinkster.net/chinese/attraction/gate.html，检索时间：2021 年 9 月 16 日；温哥华华埠中华门新牌楼落成，http://www.chinaqw.com/news/2005/1024/68/3066.shtml，检索时间：2021 年 9 月 16 日。

[4] 华人社区投资超过一亿加元，包括"中华门"；《点城华埠简史》，《点问顿华人社区华埠 100 周年纪念特刊》，2013 年，第 13 页。

[5] David Chuenyan Lai and Brian Evans, *Edmonton Chinatown, 1900s–2013*, Chinese Canadian History Project Council Chinatown Insert, 2015, p.4.

Provincial Tourism Department）同意从文化遗产基金里拿出 5 万加元。[1] 1987 年 10 月 24 日，"中华门"正式落成。[2]

图 6.8　埃德蒙顿"中华门"
资料来源：贾葆蘅摄于 2017 年

5. 密西沙加"中国城"牌楼

密西沙加的牌楼比较特殊，它不在唐人街，而是位于华人购物中心的入口处，这种购物商场式的"中国城"，是 20 世纪 80 年代兴起的"新的唐人街"的典型样式。该华人购物中心是一批来自中国香港的投资移民于 1986 年开发的。"中国城"牌楼的特点是全木结构，没有一个钉子，彰显了中国木结构建筑特有的榫卯技术。"中国城"牌楼高 13.1 米，长约 27.43，工匠由中国江苏省派遣来加，密西沙加市市政府全力支持，牌楼在 1987 年落成，成为"中国城"的地标，甚至上了加拿大的邮票。[3]

---

[1] Chinatowns Ornamental Gate, Chinatown News, Feb. 18, 1987, p.36.

[2] Edmonton Chinese Multi-Cultural Center website, http://ecmccedmonton.org/about-us/，检索时间：2021 年 9 月 16 日；City considers building a replica gate for Edmonton's Chinatown, CBC News, https://www.cbc.ca/news/canada/edmonton/edmonton-harbin-gate-chinatown-1.5005875，检索时间：2021 年 9 月 16 日。

[3] Be transported into Canada's vibrant Chinatown communities with this limited edition collector's set! Order today!, Royal Canadian Mint web site, https://www.mint.ca/store/coins/limited-edition-collectors-set-chinatown-gates-prod2670014，检索时间：2021 年 9 月 16 日；丰泰集团大手笔：3 千万买下密市中国城，加国无忧网，https://info.51.ca/news/canada/2015-01/369670.html，检索时间：2021 年 9 月 16 日；《邮票里的加东唐人街牌坊》，《北美时报》2016 年 2 月 5 日。

6. 蒙特利尔唐人街牌楼

蒙特利尔唐人街是加拿大最能体现东方传统的一个地方,而矗立于圣罗伦大街南北路口的两座中国式牌楼相距约 200 米,雄伟壮观,是所有想参观唐人街的游客必定驻足停留、观赏拍照的地标性建筑。蒙特利尔唐人街牌楼是蒙特利尔市市政府和上海市市政府合作建设的,除了混凝土,牌楼所有建造材料均来自上海,是最为典型的中国式牌楼建筑,而蒙特利尔市市政府则为工程出资 60 万加元。[1]最后,两个牌楼共花费 100 万加元,蒙特利尔华商会也参与筹款。[2]牌楼为二柱三楼,高和宽分别为 12.8 米和 14 米,木雕镏金,楼顶铺盖金黄色琉璃瓦,正脊两端饰鸱吻咬脊。两座牌楼主楼中央两侧均嵌有宽 1.5 米、长 3 米的蓝底金边匾额,上面分别题书"唐人街" 3 个金色大字。南牌楼内侧的匾额上题书"钟灵毓秀" 4 个大字,北牌楼内侧的匾额上题书"踵事增华"。由中国政府赠送的两对石狮分别摆放在南北牌楼的两边。左边的是雄狮,用右爪戏弄绣球;右边的是雌狮,用左爪抚弄幼狮。[3]1999 年 9 月 19 日,蒙特利尔市在唐人街举行了牌楼竣工典礼。

图 6.9　蒙特利尔唐人街牌楼
资料来源:贾葆蘅摄于 2015 年

---

〔1〕 "Jesse Faith, Arch Work Frustrates Chinatown", Montreal Gazette, Jul. 8, 2016.
〔2〕 资料来自满地可华人联合总会主席邵礼平先生。邵礼平先生也曾为牌楼捐款。
〔3〕 Constructing Chinatown: The Lore of Representation by Dang Weiyu, contributor, http:// mcgilltribune.com/constructing-chinatown/,检索时间:2021 年 9 月 16 日;加拿大蒙特利尔唐人街:满地可的"清明上河图",http://www.shanghaiql.org/renda/node7406/node7414/node9584/node9588/u1a1406824.html,检索时间:2021 年 9 月 16 日。

7. 温哥华"千禧门"（Millennium Gate）

2000 年，全球进入千禧年。为庆祝新世纪的来临以及纪念华人对加拿大发展的贡献，华人社区连同加拿大各级政府共同出资，在温哥华唐人街的入口处，即片打街和泰勒街的路口，打造一座千禧纪念牌楼，而这个地方正是百年前温哥华唐人街的原址。负责牌楼设计的华裔建筑师韦业祖以中华传统的"和谐"精神，作为千禧门立体地标的主题，设计的"千禧门"楼高 15 米，牌楼顶端凸显中国传统的琉璃瓦与飞檐特色，搭配宫殿楹柱，牌坊西向的大牌匾以蓝底镂金呈现"千禧门"三字，另一面则有"继往开来"的题款，表现唐人街自强不息的精神风貌。整座牌楼的建造费用近百万。2001 年 11 月 24 日，"千禧门"举行了破土动工仪式。[1]

二、华人纪念碑、纪念铜像和纪念雕塑

如果说矗立在各地唐人街出口处的牌楼牌坊，是对延续百年历史、现今仍然奋进不息的唐人街精神和风貌的昭示，那么，矗立在各地华工历史遗址的纪念碑和雕像，则是对华工在加拿大早期发展中所做的历史贡献的致敬，并期待后人能够"饮水不忘掘井人"，永远记住和纪念他们。

1. 耶鲁镇华工纪念碑

耶鲁镇是加拿大太平洋铁路西段经过的重镇。当年修建铁路时，从穆迪港至耶鲁等最艰险的路段，全部由华工来完成。位于耶鲁的铁路华工纪念碑是由卑诗省政府拨款建成的，为铜质纪念碑，1982 年 9 月 25 日下午 1 时，加拿大国会前议员李侨栋[2]主持了纪念碑揭幕仪式。[3] 该纪念碑由加拿大历史遗迹及纪念碑委员会设计，安置在耶鲁博物馆外。

这是在华工参与修建加拿大太平洋铁路 100 年后，加拿大第一座铁路华工纪念

---

[1]《省府拨 15 万资助华埠建"千禧门"》，《明报》2000 年 3 月 18 日；《政府支持千禧门及华埠》，《明报》2001 年 2 月 27 日；《华埠千禧牌楼破土，冠盖云集》，《世界日报》2001 年 11 月 25 日；当时已经得到了 70 多万加元的捐款。

[2] Parliament of Canada, Arthur John（Art）Lee, M.P., https://lop.parl.ca/sites/ParlInfo/default/en_CA/People/Profile?personId=8864，检索时间：2021 年 9 月 16 日。

[3]《耶鲁盛大举行铜碑揭幕礼，纪念华工先民筑路功勋》，《大汉公报》1982 年 9 月 27 日；《云中西各界参加华工纪功碑揭幕》，《大汉公报》1982 年 9 月 29 日；Ethno Cultural Monuments in Canada website, http://ethnoculturalmonuments.ca/portfolio-items/dr-sun-yat-sen-1993/，检索时间：2021 年 9 月 16 日。

碑，也是加拿大第一座用中、英、法三种文字刻写的纪念碑，因而具有重要的历史意义。

2. 华人铁路工人纪念碑浮雕

镶在温哥华唐人街中华文化中心内墙壁上的华人铁路工人纪念碑浮雕，为铜质浮雕牌匾，设计者为司徒杰，是由中华会馆和中华文化中心联合侨社筹款建造的。1987年7月，司徒杰与温哥华各界人士商议建浮雕之事，并在中华文化中心开会介绍建造华人铁路工人纪念碑浮雕的意义，得到各界人士的赞同和捐款资助。[1] 1988年7月1日建成，并在温哥华华埠揭幕。加拿大三级政府都派代表参加。[2] 牌匾用中、英、法三种文字刻写。中文碑文如下：

华人铁路工人及早期来加华人之先驱者，为建设加拿大，流尽血汗，历尽艰辛，贡献力量殊多。仅立此浮雕铜匾永志纪念。

3. 多伦多铁路华工纪念像

位于多伦多市天虹体育馆旁的铁路华工纪念像，也被称为天虹纪念像。它是经加拿大铁路华工基金会等多方努力，由加拿大联邦政府文化部、安大略省政府和多伦多市政府拨款，经加拿大华侨华人集资，于1988年10月建成的。设计者为加拿大艺术家艾登·加尼特。纪念像在多伦多市中区唐人街斯巴丹那（Spadina）东的蓝鸟街（Blue Jays Way）夹海军码头短街（Navy Wharf ST.）处。1989年9月24日举行揭幕典礼。[3]

纪念像上方的桥上雕一名工人用滑轮吊起一根承受铁轨的枕木，桥下雕另外一名工人用手托住枕木。桥墩上用中、英文刻写着纪念文字，中文碑文如下：

加拿大铁路华工纪念像

本像为纪念铁路华工协助建筑加拿大太平洋铁路，使其横贯亚伯达及英属哥伦比亚两省间的落基山脉，以完成加拿大地理上和政治上的统一。

---

[1]《华人铁路工人纪念碑将设云埠，中国雕塑大师司徒杰亲临介绍》，《大汉公报》1987年7月13日；《兴建铁路华工纪念铜匾，侨团各界响应纷纷捐助》，《大汉公报》1987年8月14日。

[2]《纪念铁路华工铜匾，国庆日在华埠揭幕》，《大汉公报》1988年7月4日；《耶鲁镇与温哥华华人社区建碑纪念华人铁路工人》，《温哥华中华会馆百年纪念特刊 1906—2006》，2006年，第103页。

[3]《加铁路华工纪念碑在多伦多揭幕志盛》，《大汉公报》1989年9月26日；铁路华工纪念碑分布加拿大数地，铭刻华工历史功绩，http://www.chinaqw.com/sqfg/2015/11-12/70211.shtml，检索时间：2021年9月16日。

1880年至1885年间，来自广东省、参加修建穿越落基山险恶地区铁路的劳工达17000名。他们离乡背井，甘冒恶劣环境，超时辛勤工作，便这条铁路在当时人力及财力困难的情况下得以建成，因工丧生者达4000人。铁路竣工后，因不被需要，数以千计的华工贫困无依，又无力返回中国国土，便沿着新建成的铁路线颠沛流离，湮没在加拿大的历史中。

为表彰加拿大开发有功的铁路华工，诚建此像，永志纪念。

一九八九年九月

图6.10　多伦多铁路华工纪念像

资料来源：贾葆蘅拍摄2018年

1997年，加拿大联邦政府宣布，将维多利亚华埠列为国家级历史文物保留区，并竖起一块铜匾，以表彰华人社群对加拿大发展作出的杰出贡献。揭幕典礼于1997年4月20日在华埠牌楼广场举行，联邦政府交通部长、维多利亚选区国会议员戴维·安德逊（David Anderson）及中华会馆主席陈振沛及侨团领袖数百余人出席庆典。[1]当天，中华会馆在黎全恩教授的策划下，安排了一次畅游华埠的筹款活动。[2]

该铜匾用中、英、法三种文字题写，内容如下：

早在1858年开埠的域多利唐人街，是全加拿大最古老及最完整之华埠，在加拿大漫长的华侨历史及华裔传统文化上占有重要的一页。十九世纪的域多利是加拿

---

[1]《纪念铜匾揭幕仪式隆重举行》，《华埠通讯》1997年6月，第四卷第六期，第2页；安德逊从小就读于华侨学校，是该校首名非华裔学生。这个经历使他更进一步了解中华文化，并认识到华裔对加国的贡献。

[2]《编者的话》，《华埠通讯》1997年6月，第4卷第6期，第3页。

大西岸之主要移民入口港，及最多华人聚居之城市，其华埠之发展以菲斯格街为中心，建有商店、住宅及会所，区内饰有四通八达之胡同及通道。建筑物均以其他市区屋宇为规范，而盖上东方色彩：如庙宇式的屋檐、镶铁的阳台、隐蔽式的加建楼房、室内庭院及鲜艳的悬瓦，使域多利华埠别具特色，更令人怀念灿烂的加拿大华侨历史与源流。

4. 温尼伯华工铜像

1996年，温尼伯侨社为了纪念华工在修建太平洋铁路时所做出的突出贡献，决定修建一座铜像。在侨社的努力下，铜像的地点选在该市阿散尼波依公园（Assiniboine）。公园里有世界著名雕塑家利奥·毛（Leo Mol）的雕塑园。在征得利奥·毛先生同意承担雕塑制作后，侨社举行筹款，并获得了加拿大联邦政府、曼尼托巴省政府和温尼伯市政府三级政府的捐款，中国政府也捐赠了款项。[1]

1998年6月11日，温尼伯侨社在阿散尼波依公园植物园（Conservatory）里举行了隆重的揭幕典礼。加拿大政界、中国驻多伦多总领事馆、中西名流均参加了盛会。[2] 铜像雕塑上有中英对照的碑文，中文碑文如下：

1947年5月，废除排华法案50周年纪念铜像。为表彰加拿大太平洋铁路华工向加国贡献之血汗功绩，特由缅省华社邀请著名雕塑家利奥·毛先生于一九九七年精制。

图6.11 温尼伯阿散尼波依公园里的铁路华工纪念铜像

资料来源：贾葆蘅拍摄于2016年

---

[1] 余岳兴生前口述。
[2] 余岳兴：《序言》，《无名英雄的丰碑》，《加拿大温尼伯市铁路华工纪念碑特刊》，温尼伯中华文化中心，1999年，第1页；郑成信：《伟绩垂青史，丰碑励后人》，《铁路华工纪念铜雕隆重揭幕，加拿大温尼伯市铁路华工纪念碑特刊》，温尼伯中华文化中心，1999年，第53页。

5. 卡尔加里"寻找金山（In Search of Gold Mountain）"雕塑

"寻找金山"的雕塑是 Chu Honsun 从中国河北省运来的 15 吨花岗岩雕刻而成，于 1999 年 11 月在卡尔加里善乐公园揭幕，雕塑上有铁路华工等形象。[1]

图 6.12　"寻找金山"雕塑

资料来源：贾葆蘅拍摄于 2019 年

6. 善乐社千禧年英名纪念碑

在卡尔加里善乐社等的努力下，2001 年 9 月 29 日，在善乐公园建成善乐社千禧年英名纪念碑，为纪念 1857—1947 年间从中国来加拿大的华侨先辈。[2]

---

[1] In Search of Gold Mountain-Calgary, Alberta, https://www.waymarking.com/waymarks/WM1X61_In_Search_of_Gold_Mountain_Calgary_Alberta, 检索时间：2021 年 9 月 16 日；Sien Lok Park, https://chinatowncalgary.com/attractions.html, 检索时间：2021 年 9 月 16 日；资料来自"寻找金山"雕塑。

[2] Sien Lok Park, The City of Calgary web site, https://www.calgary.ca/CSPS/Parks/Pages/Locations/Downtown-parks/Sien-Lok-Park.aspx, 检索时间：2021 年 9 月 16 日；资料来自善乐公园善乐社千禧年英名纪念碑。

第七章
中医中药和针灸的发展

如果以《黄帝内经》为起源，中医药学在中国已有两千多年的历史，中医预防和治疗疾病的方式，贯穿在中国人的生活之中。百年前数以千计的华工进入加拿大之后，中医药和针灸自然也就随着他们进入了加拿大，成为加拿大华人历史不可或缺的一部分。由于华人在加拿大历史发展中具有"建国者之一"的身份，中医药和针灸也给加拿大的医疗保健发展历程烙上了不可磨灭的"中国印迹"。在淘金潮的短暂岁月里，中医药的治疗或许只体现在华工个体身上（比如，他们随身携带着一些治疗常见疾病的中草药），但到了修铁路时期，华工的人数突破万人，以各种类型唐人街为代表的华人社区开始出现，这种"消费市场"的形成给专业中医和中医药店的生存创造了基本条件。而来到加拿大的大部分华工经济条件差，英语能力弱，再加上传统习惯使然，他们使用加拿大社会已然存在的西医药治疗的可能性非常低，导致中医药和针灸成为华工治理疾病、预防大病出现的最重要途径。

根据1885年的皇家调查报告，1884年卑诗省就有42名华人医生。[1]而在第一个唐人街所在地维多利亚，1885年就有4家中药店。[2]中药店和坐堂中医师的人数，随着时间的推移和华人移民人数的增加而增多，生意逐渐兴隆，这从中文媒体繁多的中医药广告中可窥一斑。

二战之前，由于华人使用西医不普遍，以及很多华工都是只身来到加拿大，一旦病重，就会处于缺医少药和没人照顾的困境；以至于像中华会馆这样的社团龙头老大，需要筹集资金成立中华医院，用中医治疗重病患者。由于华人社区较为孤立，政府根本无心也无法用西医西药的管理模式来干涉华人社区的医疗方式，这使中医药和针灸治疗成为加拿大医疗历史中别开生面的一页，并成为加拿大少数族裔"中草药另类疗法"历史中的宝贵篇章。

---

[1] Canada, *Report of the Royal Commission on Chinese Immigration: Report and Evidence in* (Ottawa: Printed by Order of the Commission, 1885), pp.363–365.

[2] *Victoria City Directory*, 1885.

中医药和中医针灸在战后进入了一个全新的发展时期，中药药房数量在增加，中文报章上的广告越来越多，遍布全加拿大各华埠，尤其是大城市均如此。[1] 20世纪60年代，尤其1967年，可以说是加拿大移民政策的最大转折年，"普遍性移民政策"最终取代歧视性的移民政策，给少数族裔公平移民打开了大门，白人在移民政策上占优势的时代宣告结束。进入20世纪八九十年代后，亚洲华侨移民加拿大的人数增加，中医和针灸诊所陆续出现在华人聚居的地区。[2]

不同以往的是，少数族裔获得公民权后，也享受了公民应该享受的医疗福利。1984年，《加拿大医疗法》(*The Canada Health Act*)获得国会一致通过，并于4月17日获得英女王同意。[3] 该法案明确规定，加拿大实行全民医疗保险制度，免费医疗让西医迅速成为加拿大华人社群的主要求医方式。但是，由于文化和生活习惯的影响，以及西医对一些常见疾病和疑难病症疗效不明显，对预防疾病没有作用，华人社群自费利用中草药和针灸治疗的比例还是很高，这种传统的自然疗法甚至慢慢发展到非华人社区，这就带来了一系列问题。首先，不相信中医疗法的医疗界人士打出了中医治疗不合法的口号，要求政府监管甚至取缔。在接受西医治疗的过程中，西医不主张西医和中医混合治疗，一旦发现病人暗中使用中药，在治疗效果不明显甚至出现问题后，西医就把责任归咎于中医药方。中医群体中的"江湖郎中"在诊治和开方过程中出现的差错经过媒体放大报道之后，更加深了社会对中医、针灸的疑虑，使中医"非法行医"的问题更加突显。其次，中草药的成分问题也成为社会舆论和医学研究领域关注的焦点。中医使用麻黄素（当作兴奋剂使用）等有毒性药品屡见不鲜，但这些成分遭到片面放大报道后，要求联邦政府禁止中药进口的呼声

---

[1]《胜架兄弟药房》，《洪钟时报》1954年3月3日；《治安大药房》，《洪钟时报》1954年3月6日；《天生堂》，《洪钟时报》1954年3月6日；例如20世纪50年代，多伦多的治安大药房、胜架兄弟药房和温哥华的天生堂等，都打中医药广告。

[2] 资料来自周冯莲波先生；笑言：《渥太华华人史略——渥太华第一家中医中药店》，《新华桥报》2015年3月25日；2018年4月贾葆蕤采访渥太华唐人街中国医药中心；比如1981年4月，安省注册中医医师、针灸医师周冯莲波在渥太华唐人街开办了第一家中医中药馆，地址在萨默塞特西街（Somerset St. W.）615号。商店外面牌匾上写着"中国医药中心"（Chinese Acupuncture & Herb Center），周冯莲波在此开始坐诊。

[3] *The Canada Health Act*, Government of Canada web site, https://laws-lois.justice.gc.ca/eng/acts/c-6/fulltext.html，检索时间：2021年9月16日；The Canada Health Act: *Annual Report 2014–2015*, Published by authority of the Minister of Health, Health Canada; Government of Canada web site, https://www.canada.ca/en/health-canada/services/health-care-system/reports-publications/health-care-system/canada.html，检索时间：2021年9月16日。

四起。1991年8月，温哥华大约有20家药材行被联邦卫生部官员搜查，结果发现了一些"非法"药品。[1] 2004年1月1日，联邦自由党政府执行《自然健康产品法规》（*Natural Health Products Regulations*）之前，[2] 中草药都是作为食品进口加拿大的，之后就作为健康食品受到监管。

中草药和中医受到质疑之际，也是华人社区和中医业界争取平等权利之时。从20世纪70年代至今，中医药和中医业界分别在联邦和省的层面，为包括针灸在内的中医药和中医治疗的合法化进行了政治游说和专业抗争，虽然在华社内部对中医和针灸立法也有意见分歧，但华社主流意见认为，中医药和中医针灸不但是中华文化的优秀传统之一，也是华人在另类治疗和预防保健方面为加拿大做出的又一大贡献。

进入千禧年后，华社要求政府对中医药教育和针灸研究进行资助，并敦促各级政府探讨把中医和针灸纳入各省医疗保健计划的可能性。可喜的是，在推广中医药的议题上，各省中医学会和相关组织开始打破地区隔阂，团结合作，取得了相当大的成绩。

第一节　针灸的发展、立法与现状

加拿大是联邦制度，在医疗保健方面，联邦、各省和特区拥有不同的立法权力和管辖范围，但也相互关联合作。加拿大的针灸立法权是各省政府制定的，尚没有形成全国性统一的立法规管体系。目前，魁北克省、阿尔伯塔省、卑诗省、安大略省和纽芬兰与拉布拉多省（Newfoundland and Labrador）等都已经对针灸进行立法规管。2008年，在联邦和省政府的财政资助下，成立了由五省代表参加的加拿大中医针灸管理局联盟（The Canadian Alliance of Regulatory Bodies of Traditional Chinese Medicine Practitioners and Acupuncturists，CARB-TCMPA），在某种程度上确立了全国性的统一标准。加拿大中医针灸管理局联盟是管理和监督中医师、针灸师和/或中草药实践的省及地区监管机构的国家组织。[3] 2013年，联邦政府在五省推行全国统一

---

[1]《华埠20间中药行，遭稽查员突袭搜查》，《大汉公报》1991年8月30日。

[2] Natural Health Products Regulations：P.C. 2003-847 2003-06-05；https://www.canada.ca/en/health-canada/services/drugs-health-products/natural-non-prescription/legislation-guidelines.html，检索时间：2021年9月16日。

[3] The Canadian Alliance of Regulatory Bodies of Traditional Chinese Medicine Practitioners and Acupuncturist web site，http://carb-tcmpa.org/，检索时间：2021年9月16日；*Candidate Examination Guide：The Pan-Canadian Written and Clinical Case-Study Examinations for TCM Acupuncturists*，TCM Herbalists and TCM Practitioners，May 2013，p.1.；Balance，Volume 6，Issue 3，Fall 2009，p.6.

的中医师及针灸师注册考试，彼此承认在各省注册的中医师和针灸师资格。当然，中医针灸的实际行医范围早就超出了五省范围，已遍及加拿大各地区，但五省以外的地方，大都由当地中医协会来处理相关事项。

针灸是针法和灸法的合称，是基于中医学理论和实践形成的另类疗法，被联合国教科文组织认定为人类非物质文化遗产的代表作。针灸疗法随着华人的到来而进入加拿大的治疗体系，成为替代治疗或另类疗法的重要部分。二战后，尤其是20世纪70年代以后，因为使用针灸（其实针疗远远多过灸疗）的人数越来越多，使其成为一个重要的医疗行业。由于对针灸疗效的认知存在分歧，以及针灸医师资格标准认定和培训要求存在不同，在加拿大施行针灸治疗的不单单是中医，也有西医，这对形成全国统一标准造成了很大的障碍。不仅如此，随着针灸被广泛使用，传统中医师要求政府立法规管的呼声越来越高，针灸的疗效问题看法不一，以至于"真针灸""假针灸""伪针灸"争议不断，使问题变得更为复杂。

其实，医生和物理治疗师（Physiotherapist）可以在加拿大绝大部分地区针灸行医。[1] 2006年，安大略省针灸和中医药立法之后，像足疗师（Chiropodist）、脊医（Chiropractic）、按摩治疗师（Massage Therapist）、护士（Nurse）、职业治疗师（Occrapation Therapist）、物理治疗师、牙医（Dentist）这几类执业人员，只要是安大略足疗师管理局（College of Chiropodists of Ontario）、安大略脊医管理局（College of Chiropractors of Ontario）、安大略按摩治疗师管理局（College of Massage Therapists of Ontario）、安大略护师管理局（College of Nurses of Ontario）、安大略职业治疗师管理局（College of Occupational Therapists of Ontario）、安大略皇家牙医管理局（College of Physiotherapists of Ontario、Royal College of Dental Surgeons of Ontario）的成员，是可以实施针灸治疗的，但不称为注册针灸师。[2]

这种规定的差距，再度证明在全国制定统一中医和针灸规范的难度，这种情况在安省尤为严重，给中医统一立法带来巨大障碍。

纵观加拿大针灸医疗的发展历史，可分为遭排斥阶段、抗争阶段和立法阶段。

---

[1] https://www.acupuncturecanada.org/acupuncture-101/regulation-and-education/，检索时间：2021年9月16日。

[2] Standards of Practice: College of Traditional Chinese Medicine Practitioners and Acupuncturists of Ontario, p.4.

一、针灸立法的大环境

如前所述,自 20 世纪 60 年代末至 70 年代,针灸治疗遭到了西医的排斥,部分中医师开始了要求合法行医的初步尝试。有排斥就有抗争,这两个阶段互相交叉,彰显了针灸立法的艰难。

1971 年 7 月,一则涉及针灸的新闻与基辛格访华这一世界大事件同时登上媒体的头版。《纽约时报》华盛顿分社社长詹姆斯·赖斯顿(James Reston)先于基辛格一天到中国访问,他在北京期间,患急性阑尾炎,北京协和医院的吴蔚然医师为他进行麻醉阑尾切除术,后来李占元医师又使用针刺和中药为他治疗。针灸术的疗效使赖斯顿大为惊奇,他写就了《关于我在北京的手术》(Now, About My Operation in Peking)的特别报道,在 7 月 26 日《纽约时报》头版刊发,这让"神奇"的针灸在西方世界产生轰动效果。[1]

1973 年,加拿大总理皮埃尔·特鲁多(Pierre Trudeau)访华,针灸再度"露脸",卑诗省卫生厅宣布:总理在访华期间与北京签订了协议,准许加拿大医生到中国学习针灸,针灸未来会在手术中加以应用。[2]

自 20 世纪 70 年代至 90 年代中期针灸立法之前,加拿大很多中医针灸师,因为没有合法许可,属于私下行医。而且,由于行医的经济来源不稳定,有不少中医师被迫改行。

面对困境,加拿大针灸界的有识之士并没有妥协,他们联合起来,先后成立了一系列医学协会组织,以行业之名进行游说抗争。20 世纪 70 年代中期到整个 80 年代,这些组织在维护针灸行业利益、推动加拿大中医针灸事业发展方面,起了积极作用。20 世纪 90 年代后,在华人不断奋争下,加拿大中医针灸医学进入立法阶段,部分华人集聚的重要省份先后承认中医针灸的合法地位。

在探讨针灸立法时,必须搞清楚两个问题:一是华人社区所谈及的针灸,是指华裔中医师和针灸师所施行的中医针灸。二是加拿大各省的针灸立法涵盖所有针灸医疗,施针者不仅仅是华裔,这就带出了使用语言的规定和针灸师资格界定的争议,并影响了未来中医在加拿大发展的方向。

1. 阿尔伯塔省、魁北克省和纽芬兰与拉布拉多省的针灸立法

虽然华裔中医师在卑诗省和安大略省(主要是大多伦多地区)的人数最多,但整合慢,行业内纷争较多,争取立法的时间拖延较长,反而让中部的阿尔伯塔省和

---

[1] James Reston: Now, About My Operation in Peking, New York Times, Jul. 26, 1971, p.1.
[2]《首相访华签订协定,卑诗研究针灸方便》,《大汉公报》1973 年 10 月 19 日。

东部的魁北克省在针灸立法上占了先。

在阿尔伯塔省，1988年，卫生纪律委员会（The Health Disciplines Board）根据《健康卫生纪律法案》（*Health Disciplines Act*），对针灸治疗过程做了审查，确定进行立法监管。[1]根据立法，阿尔伯塔省政府卫生健康厅（Alberta Health and Wellness）委任针灸委员会（The Acupuncture Committee）管理该省针灸业。该委员会与阿尔伯塔省卫生厅合作，审查、修订"针灸规定政策"，并根据以前学院和针灸委员会使用的方案标准，制定阿尔伯塔省针灸行业的最低标准，以期在"卫生专业法"的基础上尽早进行过渡转型。[2]

针灸立法之后，中医立法迫在眉睫。2003年4月—8月，包括卡城中医药协会在内，卡城中医药界人士，或在业界内部或与省卫生厅进行了系列磋商，逐步建立起推动中医药立法的共识。卫生厅长马健威（Gary Glen Mar）在2003年4月与中医界人士的一次会面上说，未来的中医药立法，将会是一个由该省内阁批准的条例（Regulations），而不是需要交由省议会（Legislative Assembly）首读、二读及三读的法定法例（Statutory Law）。[3]

2003年12月6日，在省卫生厅举办中医立法会议之际，亚省华人社团联会主席章国华（Kok Wah Chang）教授及监事长黄悦应、卡城中医药协会会长阮丽香中医师，带领20多人组成的代表团赶到埃德蒙顿，进入省卫生厅议会会场进行抗议，要求与会的省卫生厅厅长马健威、西医公会和华人中医界代表，必须将中医立法程序和内容公开透明化。鉴于此种情况，省卫生厅暂停讨论提案议题。[4]之后，华人社团联席会议代表分别与省政府立法局、卫生厅和医药监管局官员开

---

[1] Province of Alberta Acupuncture regulation, Alberta .Reg. 42/1988, promulgated under the Health Disciplines Act, *1988*, Published by Alberta Queen's Printer.

[2] Minister of Alberta Health and Wellness Ron Liepert letter, Feb. 9, 2009；http://acupuncturealberta.ca/home/about-the-college/，检索时间：2021年9月17日。

[3]《有关中医立法倡议》，《东方报》2003年5月3日；《卡中医药协会理事会就职典礼联欢喜洋洋》，《星岛日报》（亚省版）2003年6月3日；《第七届新理事会就职典礼暨联欢宴会》，《东方报》2003年6月27日；《卡城中医药协会通讯》，《东方报》2003年7月11日。

[4] Acupuncture and Traditional Chinese Medicine Regulation Steering Committee Draft Record of discussion of the Saturday, Jan. 10, 2004 Meeting, Ministry of Health and Wellness of Alberta；陈永泰：《亚省华人社团联会和华埠走过了光辉24载》，《全加华人联会24周年志庆暨全国会议特刊》，2016年，第80页；资料来自参加省议会讨论会王林尊馨、严庆苹、许本彤、阮丽香、冯秀兰、仰锦虹等。

会。[1]2004年6月27日，省卫生厅官员在埃德蒙顿政府行政大楼接见了卡城中医药协会代表。[2]

同年8月21日，省卫生厅两位政府官员代表，在红鹿市黑武士酒店召开的全省中医药针灸协会团体组织机构业内人士会议上，宣布撤销原阿尔伯塔省"针灸与中医立法筹备委员会"。[3]省政府立法局和卫生厅最终决定不改变亚省中医药发展现状，中医立法流产。

2006年11月，阿尔伯塔省三个专业协会合作成立针灸师管理局及协会（College and Association of Acupuncturists of Alberta，CAAA）临时理事会，并于2010年4月举行了第一次选举。2011年1月1日起，阿尔伯塔省针灸师管理局及协会正式成立，成为阿尔伯塔省卫生厅厅长指定的亚省中医针灸业的规管机构。管理局负责对会员进行适当的教育和培训，并向公众提供合格的和合乎道德规范的服务。[4]

魁北克省是加拿大的法语区，英、法语之争一直是敏感问题，但该省对另类治疗采取较为开放的立场，这与法裔文化和思想的开放性不无关系。由于华裔中医师人数很少，针灸师也不多，1973年，魁北克省在医疗法（The Medical Act）中对西医针灸执业制定了相关规定。[5]而在这个过程中，奥斯卡·维克斯（Oscar Wexu）起了相当重要的作用。维克斯是成立于1972年的魁北克针灸协会（Quebec Institute of Acupuncture）的创始人，[6]1977年，魁省政府修改了医疗法，授权非注册医生可以施行针灸。[7]1985年，正式制定非西医针灸执业法规（Regulation Respecting the

---

[1] 陈永泰：《亚省华人社团联合会和华埠走过了光辉24载》，《全加华人联会24周年志庆暨全国会议特刊》，2016年，第79—82页。

[2] 《卡城中医药协会》，《加华报》2004年12月17日。

[3] 《卡城中医药协会》，《加华报》2004年12月17日；Acupuncture and Traditional Chinese Medicine Regulation Steering Committee Draft Record of discussion of the Saturday, Jan. 10, 2004; Meeting, Ministry of Health and Wellness of Alberta.

[4] About the College, http://acupuncturealberta.ca/home/about-the-college/，检索时间：2021年9月17日；《针灸会员大团圆，传统文化惠世界》，《光华报》2016年2月23日。

[5] *The Medical Act*：1973.

[6] TJ Hinrichs and Linda L Barnes (Eds), *Chinese Medicine and Healing : An Illustrated History*, The Belknap Press of Harvard University Press, 2013, p.296.

[7] *The Medical Act: 1977*, c. 66, http://legisquebec.gouv.qc.ca/en/showdoc/cs/M-9/20090619，检索时间：2021年9月17日。

Practice of Acupuncture by Persons other than Physicians）。[1]魁北克省政府于1994年制定针灸法（Act Regulating Acupuncture）。[2]1995年，魁北克省针灸师管理局（Ordre des acupuncteurs du Québec，OAQ）正式成立，针灸专业得到立法监管。管理局的使命是通过管理针灸师来确保公众的利益。管理局由董事会规管，董事会由魁北克不同地区的同行选举产生6名董事以及由魁北克专业管理机构（Office des professions du Québec）任命的两名代表组成，董事选出董事长。[3]2016年1月，针灸法（Loi sur l'acupuncture）在魁北克省正式推行。[4]由于法语是魁北克省的官方语言，所以注册针灸师需要具有一定的法语能力。

一如其他省份，纽芬兰与拉布拉多省原来允许牙医使用针灸。[5]1999年12月14日，该省省议会通过46号法案（Bill 46），去掉对非立法卫生专业人员使用针灸的限制。[6]2010年6月24日，该省制定的卫生专业法（The Health Professions Act）经英女王批准实行，其中包括针对传统中医针灸制定的相关条款。[7]2012年9月20日，根据卫生专业法第53条，经卫生和社区服务厅（Minister of Health and Community Services of Newfoundland and Labrador）厅长苏珊·沙利文（Susan Sullivan）批准，制定了针灸法规（Acupuncturists Regulations）。[8]2012年，纽芬兰和拉布拉多中医师和针灸管理局（The College of Traditional Chinese Medicine

---

[1] O.C. 1299-85 of Jun. 26，1985，http://legisquebec.gouv.qc.ca/en/showversion/cs/A-5.1?code=se：26&pointInTime=20161118，检索时间：2021年9月17日；Gouvernement du Québec web site，http://legisquebec.gouv.qc.ca/en/ShowDoc/cs/A-5.1，检索时间：2021年9月17日。

[2] Act Regulating Acupuncture，1994，http://legisquebec.gouv.qc.ca/en/showversion/cs/A-5.1?code=se：26&pointInTime=20161118，检索时间：2021年9月17日；Act Regulating Acupuncture，National Assembly thirty-fourth Legislature，third session，1994，chapter 37，pp.921-936.

[3] Ordre des acupuncteurs du Québec web site：http://legisquebec.gouv.qc.ca/en/ShowDoc/cs/A-5.1，检索时间：2021年9月17日。

[4] Loi sur l'acupuncture，Gouvernement du Québec website，http://legisquebec.gouv.qc.ca/fr/showdoc/cs/A-5.1/20020101，检索时间：2021年9月17日；L.R.Q.c.A-5.1.

[5] British Columbia. Minister's Advisory Committee on Acupuncture，*Report of the Minister's Advisory Committee on Acupuncture*，pp.20-21.，The Committee，1988.

[6] Bill 46：An Act To Amend the Medical Act，Dec. 14，1999，House of Assembly Proceedings Vol. XLIV No. 52；加拿大中医药针灸学会网，http://www.cmaac.ca/about-us/history-of-cmaac，检索时间：2021年9月17日。

[7] Statutes of Newfoundland and Labrador 2010：*The Health Professions Act*，Jun. 24，2010，http://www.assembly.nl.ca/legislation/sr/annualstatutes/2010/h01-02.c10.htm，检索时间：2021年9月17日；*An Act Respecting the Regulation of Certain Health Profession：Health Professions Act*，c.H-1.02.

[8] Newfoundland and Labrador Regulation 2012：*Acupuncturists Regulations*，Sep. 20，2012，http://www.assembly.nl.ca/legislation/sr/annualregs/2012/nr120075.htm，检索时间：2021年9月17日。

Practitioners and Acupuncturists of Newfoundland and Labrador，CTCMPANL）成立，这是一个致力于维护及提高中医药、针灸水平和标准的非营利性社团。[1] 该管理局对纽芬兰省的针灸师进行注册规管。

2. 卑诗省针灸立法

卑诗省是华工进入加拿大的第一站。20 世纪 70 年代后，卑诗省，尤其是大温哥华地区，成为较富裕华人移民最青睐的地方，他们有能力支付需要自费的传统针灸和中医治疗服务，再加上卑诗省华人人口集中，相对有利于针灸师和中医师的生存。因此，大温地区针灸师和中医师的人数较多。可以这样说，华裔针灸中医师在卑诗省针灸和立法的过程中，扮演了非常重要的角色。同时，也让这些立法在学术标准上与中国传统针灸和中医的核心价值最为接近。

1970 年 1 月，曾在中国的香港中国针灸学院担任院长及主讲师的梁觉玄（Kok Yuen Leung）中医师移民加拿大，在卑诗省温哥华取得准许成为草药师（Herbalist Licence）的执照。他按照原居地的传统，以为该执照就是合法开诊的通行证，就在温哥华菲莎街（Fraser Street）开了一家针灸诊所。为了服务英语患者，他招收了一位西人学员罗杰·兰利（Roger Langley）随诊学习，并帮助自己用英文同传媒沟通。1971 年 2 月，梁觉玄医师请求政府准许针灸师在卑诗省开业，同年 6 月，开办了北美针灸学院（The American College of Acupuncture）。[2]

梁觉玄曾向卑诗省卫生厅长提出针灸立法，因为西医和主流社会的舆论反弹，立法事宜没有摆上台面。1972 年，梁觉玄知道无医生资格开针灸诊所不合法，再加上面临巨大压力，就关闭了针灸诊所。[3] 但北美针灸学院依然存在，1973 年年初还聘请香港针灸学会主席李天源先生来加，主理针灸教务。[4]

从 1974 年开始，以西人为主的针灸从业者希望针灸行业能够合法化，曾经持续数年游说政府官员，并举行请愿活动。由玛丽·沃特森（Mary S. Watterson）带领的卑诗省中医协会，在游说、请愿过程中紧密配合，并给予支持和帮助。1984 年，

---

[1] About Us，https://ctcmpanl.ca/about-us/，检索时间：2021 年 9 月 17 日。

[2] Michel Picard, *Prof. Leung Kok Yuen and Acupuncture Regulation in British Columbie（1970 –1974）*, p.1.；袁家瑜、戴联斌：《中医古籍选目初编》，卑诗大学亚大学亚洲图书馆，2013 年，第 16 页；蔡理平：加拿大卑诗省中医针灸立法的成功经验，"第十届世界中医药大会"论文；Alex Young, *Embattled acupuncturist Quits*, The Province, Dec. 12, 1972.

[3] Alex Young, *Embattled acupuncturist quits*, The Province, Dec. 12, 1972；《针灸专家业已停诊，北美学院继续授课》，《大汉公报》1972 年 12 月 14 日。

[4] 《北美针灸学院》，《大汉公报》1973 年 1 月 27 日。

在卑诗省中医协会的努力推动下，有超过 13000 人向政府请愿，其中有超过 12000 人支持针灸立法的提案。[1]

经过十多年的努力，卑诗省政府终于在 1984 年成立了由中医针灸师、西医及政府人员组成的卑诗省卫生厅长针灸顾问委员会（British Columbia Minister's Advisory Committee on Acupuncture），具体探讨针灸合法化的问题。1988 年，顾问委员会在有关针灸的报告 Report of the Minister's Advisory Committee on Acupuncture 中，提出两个重要的意见：一是清楚界定针灸是中医的一部分，二是建议政府应该监管针灸行业并为之成立一个机构，前提是针灸必须立法。[2]

1989 年，91 号议案（Bill 91）在省议会通过，该议案准许与针灸医疗有关的专业，按规例设立管理局，制定执业资格、权限和指引。[3]

1990 年 7 月，省政府通过了《健康专业法案》（Health Professions Act），并决定根据该法案来规范本省各种与医疗卫生有关的职业监管过程。[4]这就给针灸立法提供了专业规范的基础。

1991 年秋天，卑诗省 5 个针灸协会代表 236 个中医针灸师，根据《健康专业法案》向卫生专业委员会提请针灸立法。[5]

1992 年 10 月 8 日，医疗行动互助协会（Health Action Network Society）向省政府提交材料，提出随着卑诗省亚裔人口的迅速增加，针灸作为他们需要的传统形式的医疗健保，其需求也会相应增加。[6]

同年 10 月 27 日，卑诗省政府委任的卫生专业委员会为针灸立法举行听证会。

---

[1] 叶美玲：《中医认证制度于世界各国之现况调查（2—1）》，《中医药年报》，第 28 期 第 11 册，2010 年；The Story Of How Acupuncture Became Legal in B.C., CBC Radio, Mar. 13, 2014.

[2] British Columbia Minister's Advisory Committee on Acupuncture, *Report of the Minister's Advisory Committee on Acupuncture*, Ministry of Health, 1988, p.1., p.25., p.26.；蔡理平：加拿大卑诗省中医针灸立法的成功经验，第十届世界中医药大会论文。

[3] *Health Disciplines Act*, Ministry of Health, Province of British Columbia, Jul. 18, 1989.

[4] Honorable Minister of Health J. Jansen, Jul. 17, 1990, Hansard, p.11088; Self-Governance in the Health Professions: The Ombudsman's Perspective, p.4.; Health Professions Act: SBC Chap 50.

[5] Mr. Irvine Epstein, Q.C., Chair, Dr. Arminée Kazanjian, Member, Mr. David MacAulay, Member: *Recommendations On the Designation of Acupuncture*, Government of British Columbia Health Professions Council, Nov.1993, p.22.

[6] Mr. Irvine Epstein, Q.C., Chair, Dr. Arminée Kazanjian, Member, Mr. David MacAulay, Member, *Recommendations On the Designation of Acupuncture*, Government of British Columbia Health Professions Council, Nov.1993, p.9.

在这次听证会上，赞同与反对者各抒己见。[1]

1993年11月，卑诗省卫生厅公布了针灸立法的推荐报告，该报告接受了1988年卫生厅长针灸顾问委员会的建议，为卑诗省针灸立法迈出了重要一步。卑诗省针灸协会会长玛丽·华特生（Mary Watson）指出，该份报告准许针灸师自行立例管理，并强调针灸是以传统中医为基础的传承体系。[2] 卑诗省针灸协会发表声明，指出全力支持省卫生厅的报告。[3]

1995年，卑诗省省长迈克·哈考特（当地人称哈葛，Mike Harcourt）在一次会见中文媒体记者会上，明确表明重视针灸和中医传统治疗，指出中医是少数族裔贡献给社区的一种保健方式。[4]

在这种积极认知中医和针灸的思路的带领下，卑诗省新民主党政府于1996年设立卑诗省针灸管理局（College of Acupuncturists of British Columbia，CABC），1996年4月1日，卑诗省制定了针灸法规。[5]

针灸立法并不是终点。卑诗省针灸管理局成立后，社区中医群体和有识之士进一步呼吁成立中医局。传统中医协会曾向省府建议，成立中医师局，因为中医除了针灸外，还有食疗、推拿和气功等。[6] 针灸管理局主席乐美森（Mason Loh）也向政府进言，指出针灸是中医的一部分，规范针灸自然要规范中医。在他和业界的努力下，1999年6月21日，卑诗省政府宣布，原则上批准中医全面合法化，决定将中医师与针灸师合并管理，任命针灸管理局主席乐美森负责卑诗省中医针灸管理局的工作。[7]

---

[1] Mr. Irvine Epstein, Q.C., Chair, Dr. Arminée Kazanjian, Member, Mr. David MacAulay, Member, *Recommendations On the Designation of Acupuncture*, Government of British Columbia Health Professions Council, Nov. 1993, p.11.

[2]《历经20年努力，华特生推荐报告获卫生厅长公布》,《世界日报》1993年11月24日。

[3]《省针灸会发表声明，支持立法建议》,《世界日报》1993年11月25日。

[4]《落实全民健保，传统医疗受重视，哈葛省长强调，中医瑜伽被接受》,《世界日报》1995年7月1日。

[5] 卑诗省政府网站，http://www2.gov.bc.ca/gov/content/health/practitioner-professional-resources/professional-regulation/traditional-chinese-medicine-and-acupuncture，检索时间：2021年9月17日；关于中医针灸管理局，卑诗省中医针灸管理局网：https://ctcma.bc.ca/%E9%97%9C%E6%96%BC%E7%AE%A1%E7%90%86%E5%B1%80/，检索时间：2021年10月18日；《卑省针灸管理局正式成立》,《世界日报》1996年4月19日。

[6]《中药医学、政界人物亦表示支持》,《世界日报》1995年7月26日。

[7]《中医针灸管理局卑诗省率先成立》,《世界日报》1999年6月22日。

根据省政府的意见，卑诗省针灸管理局于1999年将中医规管和针灸规管合并，组成加拿大卑诗省中医针灸管理局（College of Traditional Chinese Medicine Practitioners and Acupuncturists of B. C., CTCMA）。管理局是监管卑诗省中医师和针灸师的官方专业机构，是经卑诗省政府认可的自我管理的专业组织，这在加拿大是首创。管理局力求通过严格透明的注册手续，确保在卑诗省行医的中医师和针灸师符合所需专业的合法资格，以保护公众利益，并督促相关医师保持及持续改善其向客户提供的医疗服务质量。管理局每两年举办一次选举，理事会的责任是通过省政府卫生厅服务大众及向卫生厅提出对中医师法规的建议。[1]

管理局的成立，表明政府希望通过中医和针灸的专业监管，使其符合中医和针灸行业标准，从而保证卑诗省接受中医和针灸治疗的病人的权益。但这并不是说，围绕着中医是否要监管以及如何监管的争论在业界已经消失，这种争论同样发生在中医针灸管理局内部，形成了较为复杂的局面。举例而言，在乐美森担任管理局主席期间，就考试和注册的标准、考试语言的选择等问题，管理局内部就产生过激烈的争论。乐美森主张，注册标准太高会把大部分中医针灸从业者拒之门外，对求诊者反而不利，因此，他主张定出基本标准，然后再逐步加以完善、提高。这是恰当的做法。同时，鉴于现有中医及针灸师华人居多，他建议采用中、英双语考试制度。[2]

在卑诗省还没有注册中医师和针灸师时，没有任何人具有去考核执业多年人员的专业水平的资格，只能由省政府任命一个委员会，来制定考核标准，根据标准对执业多年人员进行评审而不是单靠考试来进行认证，合格后发出第一批执业牌照。然后，再由第一批有牌照之人组成一个考试委员会，考核未来申请人的执业资格，这就是所谓的"祖辈法案"（Grandparented Registration）。[3] 1999年年底，管理局开始按祖辈法案核发注册针灸师牌照，授予第一批68名从业人员针灸师称号。[4]

卑诗省于2000年12月4日通过《中医师和针灸师法规》。根据规定，所有中

---

[1] 卑诗省中医针灸管理局网，http://ctcma.bc.ca/关于管理局/理事委员/；关于中医针灸管理局，卑诗省中医针灸管理局网，https://ctcma.bc.ca/%E9%97%9C%E6%96%BC%E7%AE%A1%E7%90%86%E5%B1%80/，检索时间：2021年9月17日；乐美森口述。
[2] 乐美森口述。
[3] 蔡理平：加拿大卑诗省中医针灸立法的成功经验，第十届世界中医药大会论文。
[4]《针灸师联会争取加入医疗保险架构，去年68人已领有正式执照》，《明报》2000年1月31日。

医师和针灸师均需在省中医针灸管理局注册方可在省内执业。[1]从2003年4月起，在卑诗省执业的中医师和针灸师必须持有管理局颁发的注册证书。根据管理局的条例，中医执业人士的执照共分注册针灸师、注册中药师、注册中医师和高级中医师。高级中医师可涉足所有执业范围，注册中医师执业范围包括针灸，注册草药师不能实施针灸。注册针灸师可以针灸但不能开中药。[2]

2007年5月30日，中医针灸执业人员和社团代表到省议会力争将中医针灸纳入省医疗辅助计划，此提议获得批准。从2008年4月1日开始，低收入病人每次可获针灸治疗23加元省医疗补助，每年可享受10次。[3]

2009年4月，大温地区本拿比、列治文、温哥华、素里、北温哥华及维多利亚共6个城市，正式决定将每年4月第3个星期天定为"中医针灸日（B. C. Traditional Chinese Medicine and Acupuncture Day）"。[4]

3. 安大略省针灸立法

虽然温哥华是华人进入加拿大的第一站，但是到了战后，随着大量新移民的涌入，多伦多逐渐成为华人人口最多的地方，中医针灸师的人数也有很大的增加。

一如卑诗省，中医针灸在安省也备受歧视。20世纪70年代，安省中医针灸业规模较小，华人医师从业人数不多，且遭到了西医的排斥。但中医针灸师在安省没有停止过抗争和努力。20世纪70年代初，就有华裔中医师提出针灸治疗合法化的呼吁。最早在多伦多从事中医针灸事业，也是最早呼吁针灸治疗合法化的少数华人之一的林文耀（David Lam）医生，他的学生大多数都是西人，他于1970年在多伦多创建了安省传统中医针灸协会（Ontario Association of Acupuncture and Traditional

---

[1] Traditional Chinese Medicine and Acupuncture, https://www2.gov.bc.ca/gov/content/health/practitioner-professional-resources/professional-regulation/traditional-chinese-medicine-and-acupuncture，检索时间：2021年9月17日；About the College，http://www.ctcma.bc.ca/about/，检索时间：2021年9月17日。

[2] *Entry-Level Occupational Competencies, Performance Indicators and Assessment Blueprint for the Doctor of Traditional Chinese Medicine : Developed for the College of Traditional Chinese Medicine Practitioners and Acupuncturists of British Columbia*, Sep. 6, 2014, pp.2-42; *Pan-Canadian Standards for Traditional Chinese Medicine Practitioners and Acupuncturists: Performance Indicators and Assessment Blueprints for the Entry-Level Occupational Competencies*, Oct. 24, 2010, pp.2-122.

[3] Jason Proctor, "B.C. acupuncturist accused of Defrauding MSP", May 16, 2013, CBC News.

[4] *City of Surrey Council-in-Committee Minutes*, May 4, 2009.p.1.; Balance Volume 9, Issue 2, Summer 2011, p.5.

Chinese Medicine）。[1] 这是多伦多第一家由华人创建的中医协会。

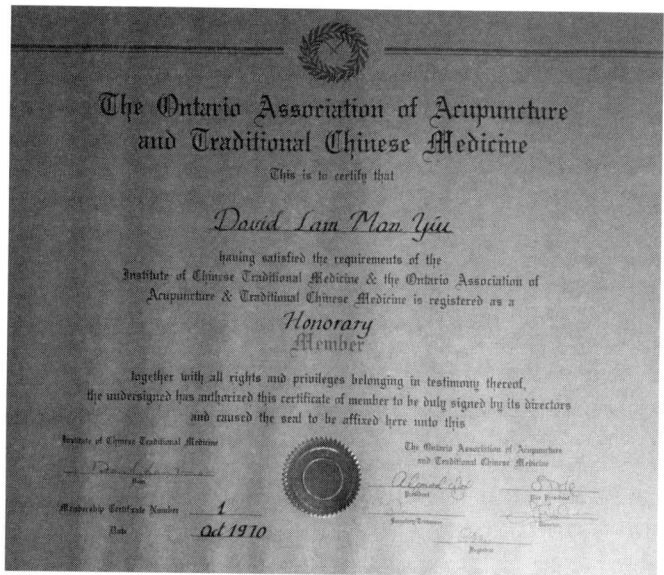

图 7.1　安省传统中医针灸协会成立时，颁给创办人之一林文耀医生证书
资料来源：林文耀

1973 年，安大略省医师外科医师公会（The College of Physicians & Surgeons of Ontario）授权规管非协会成员从事针灸业。同年，协会举行第一次针灸考试。考试语言是英语，有针灸理论，还包括解剖学、细菌学等传统医学理论。考试通过率不超过 10%，就是通过了考试，也不容易找到工作，因为当时很少有医生愿意雇用针灸师。[2]

而西医医疗团体对国际社会掀起的针灸热也作出了回应，开始探讨针灸治疗的议题。1974 年，安省组建了"加拿大针灸基金会"（The Acupuncture Foundation of Canada，AFC）。该协会主要是向西医和其他有执照的医务工作者提供有关针灸的咨询和培训。[3]

1974 年，安大略省通过了健康行业监管法令（The Health Disciplines Act）。[4] 1974

---

〔1〕安省传统中医针灸协会成立时，颁给创办人之一林文耀医生证书。贾葆蘅采访记录。
〔2〕Harry Chan：In Retrospect of Ontario's Failure，资料来自蔡理平。
〔3〕https://www.acupuncturecanada.org/about-us/history/，检索时间：2021 年 9 月 17 日。
〔4〕Ontario（1974）"c.47 The Health Disciplines Act，1974"，Ontario：Annual Statutes：Vol. 1974，Article 49.

年12月，由加拿大针灸基金会与安省卫生厅厅长在多伦多召开会议，受邀请的有西人医师组成的针灸基金会、安省医药协会和医师与外科医师公会，唯独没有华裔针灸组织。中医针灸协会公开在英文媒体刊登广告要求与会，卫生厅也乐意邀请，但在针灸基金会的杯葛下最终无缘与会。[1]

1975年，安省医药协会声明，不得将病人转给外行的针灸师。[2]同年年初，安省卫生部部长宣布，如果想在安省从事针灸业，一定要通过考试，并在医生监督或指导下执业。[3]

在安省决定将于2月28日举行考试时，多伦多两个有影响力的针灸组织——中国针灸学院和安省针灸协会举行了记者招待会，认为针灸师要在西医监督下执业，是一种不合理的现象，并宣布要在省政府门前示威。[4]2月3日下午，由中、日、韩针灸师和病人，以及几位接受过针灸治疗的西人组成的约有50人的游行队伍，在省府前面举行了抗议游行。几位针灸师代表及一位律师，向省府卫生厅副厅长马丁递交了抗议书，并就2月28日举行的针灸考试，提出多项建议。[5]

然而与西人专业团体的有效游说相比，华人中医针灸师各自为政的特征相当突出。因此，有意见认为，华裔中医针灸师要组成专业团体并加以自律，才能得到外界重视。

可以这样说，20世纪70年代的安省中医针灸业规模较小，华人医师从业人数不多，且都不是中医大学科班出身，存在语言障碍，文化差异太大，难以促使立法成功。在现实中，从事针灸的人员很多是私下进行的。

20世纪80年代以后，随着中医针灸在安省的发展，立法呼声再度高涨。

1983年，加拿大中医药针灸学会（The Chinese Medicine and Acupuncture Association of Canada，CMAAC）在多伦多筹备成立。1984年3月，学会被联邦政府批准注册。[6]虽然该协会内部在日后的运作中出现了不少矛盾，但它在争取安省针灸立法的过程中，确实做出不小的贡献。

---

[1]《针灸合法事发生争执，各团体争相要求发言》，《醒华日报》1974年12月18日。

[2]《医药协会发表声明，否认针灸具有功效》，《醒华日报》1975年1月7日。

[3]《针灸师须考试始能继续执业》，《醒华日报》1975年1月9日；《非医生针灸师2月28日考试》，《醒华日报》1975年1月17日；《针灸师须考试》，《醒华日报》1975年1月13日。

[4]《多伦多针灸师下周举行示威》，《醒华日报》1975年2月1日。

[5]《多伦多数十针灸师昨日举行示威抗议，马丁接见针灸师代表》，《醒华日报》1975年2月4日。

[6] 加拿大中医药针灸学会，http://www.cmaac.ca/history-of-regulation?lang=zh，检索时间：2021年9月17日。

1986年12月，该学会草拟了一份《致安省政府有关中医药及针灸的建议书》（*A Submission to the Government of Ontario on Chinese Medicine and Acupuncture*）。1987年，该协会被世界针联接纳为其创建会员组织之一。1988年1月，该协会草拟并发表《卫生厅顾问委员会的针灸报告》（*Report of Minister's Advisory Committee on Acupuncture*）。[1] 1989年，学会就管制中药，公开提出了一些意见。[2]

1990年11月，该学会向省府社会开发常委会（Committee on Social Development）发表演讲，呼吁建立中医药针灸专业立法管制标准。[3] 5个月后，即1991年4月，该协会向卫生厅长伊夫林·甘吉蒂斯（Evelyn Gigantes）递交了《立法管制中医药及针灸建议书》（*Proposal for the Regulation of the Profession of Chinese Medicine and acupuncture*）。1992年6月，该协会函寄卫生厅长弗朗西斯·兰金（Francis Lankin）《加拿大中医药针灸学会1992年游说运动支持信》（*The Chinese Medicine and Acupuncture Association of Canada 1992 Lobbying Campaign Letters of Support*）。[4]

可是，华人中医针灸从业团体与西人医师专业团体并没有展开有效的对话沟通，在针灸立法问题上无法达成共识。但随着时间的推进和加拿大社会对另类治疗认知大环境的改变，加上中医药组织逐渐学会了如何与政府沟通和谈判，针灸立法时机逐步趋向成熟。

1994年3月，加拿大中医药针灸协会向安省卫生厅递交万人签名请愿书，再度呼吁对中医药及针灸实行立法管理。7月，卫生厅长露思·格里尔（Ruth Grier）要求检查该协会提出的对中医药针灸进行立法管理的申请。11月，该协会呈递卫生专业医疗咨询委员会重达五磅的《对中医药针灸进行立法管制的申请报告》（*Application for Regulation of Traditional Chinese Medicine and acupuncture*）。华人中医针灸业界经过几年的努力，终于争取到省府的回应，并推进了中医针灸立法的进展。1995年6月30日，省卫生厅要求卫生专业医疗咨询委员会（The Health Professions Regulatory Advisory Council）重新调查是否应该将中医药及针灸设定在1991年制定

---

[1] 加拿大中医药针灸学会，http://www.cmaac.ca/history-of-regulation?lang=zh，检索时间：2021年9月17日；https://cmaac.ca/history-of-cmaac?lang=zh，检索时间：2021年9月17日。

[2]《加中医药针灸学会对管制中药的意见》，《醒华日报》1989年1月11、13、14、15日。

[3] 加拿大中医药针灸学会，http://www.cmaac.ca/history-of-regulation?lang=zh，检索时间：2021年9月17日。

[4] 加拿大中医药针灸学会，http://www.cmaac.ca/history-of-regulation?lang=zh，检索时间：2021年9月17日。

的《立法管制卫生专业法案》(*The Regulated Health Professions Act*)监管范围内。[1]

1997年10月,鉴于更多非中医专业人士从事中医针灸行业,相关组织努力促进省卫生厅加快立法步伐,安省四大学术社团:加拿大中医针灸协会、安省传统中医学会、安省中医专业公会和全加中医药针灸协会共同发表声明,希望保证针灸治疗的质量和水平,促进针灸立法。[2]

1999年11月,加拿大中医药针灸协会应当局要求,与安省专业针灸医师公会及支持整体中医药针灸社团联合,向安省卫生专业医疗咨询委员会呈交了申请书。同年,安省针灸考试委员会成立,与政府推荐的专业考试公司合作推出安省针灸考试标准,并于1999年11月17日,在多伦多大学进行了安省第一次针灸考试,有近120名中医从业者参加。[3]

2001年4月24日,安省卫生厅厅长托尼·克莱门特(Tony Clement)在省议会上指出,他赞同建立一个自筹资金的管理局来对传统中医和针灸专业进行立法管理。[4] 9月6日,克莱门特接到安省卫生专业医疗咨询委员会(The Health Professions Regulatory Advisory Council)的推荐报告,该报告支持对传统中医药针灸的立法管理,[5] 并提出了几个立法管理的焦点问题,包括中医教育培训衡量标准、使用针灸的标准、选用祖辈法的可能性、中医医师头衔的使用等。

在加拿大这样的民主选举社会,政治会有效影响社会议题的处理,尤其是处于大选的时候。各政党为了赢取少数族裔的选票,会在竞选政纲中纳入少数族裔社区高度关注的议题,并加快有关议题的落实和进展。2003年安省大选,省自由党向安省华人选民承诺:一旦当选,将会推动中医针灸立法,这在华人中引发积极回响。2004年10月,省自由党在大选中获胜,为了兑现政治承诺,即刻开始着手针灸立法的相关事宜,省长多尔顿·麦坚迪(Dalton McGuinty)宣布成立一个由4位省议员组成的中医药针灸咨询小组,并由华人省议员黄志华担任组长。[6]

---

[1] *Regulated Health Professions Act*, 1991, S.O. 1991, c. 18;加拿大中医药针灸学会:http://www.cmaac.ca/history-of-regulation?lang=zh,检索时间:2021年9月17日。

[2]《四团体联署,促加快针灸立法》,《世界日报》1997年10月1日。

[3]《安省中医规管形势报告会》,安省中医学会联合会和加拿大中医学会,2012年6月10日;袁晓宁:《建立学术标准没推动中医发展:加拿大安大略省中医针灸考试简介》,《海外中医诊治要览》,人民卫生出版社,2003年,第545页。

[4] Official Records for Apr. 24, 2001, Legislative Assembly of Ontario.

[5] 加拿大中医药针灸学会,http://www.cmaac.ca/history-of-regulation?lang=zh,检索时间:2021年9月17日。

[6] 黄学昆:《安省中医为自我规管:寻求法律保障》,《北美时报》2013年3月3日。

2005年7月29日，省政府在多伦多举行针灸与公众咨询报告发布会，正式公布由黄志华领导的中医针灸咨询委员会所提交的建议报告，该报告承认中医师为医生（Doctor），同时在第九条表明，任何医疗专业都可以制定针对针灸的行业标准，这就是传统中医药针灸专业"50号议案"（Traditional Chinese Medicine Act，Bill50；以下简称"50号议案"）的最初草案。针对该草案，安省中医界做出了不同反应。[1] 2005年12月7日，安大略省政府公开介绍"50号议案"。[2]

2006年11月5日，全加中医药针灸协会（Canadian Society of Chinese Medicine and Acupuncture）专门成立关注立法5人小组，于11月8日由该会律师向省政府递交对"50号议案"的8项建议。[3]

华人中医针灸业界对"50号议案"褒贬不一。最主要的反对意见之一，是针对非中医专业的其他卫生专业成员可以根据各自的专业标准在其专业范围内使用针刺治疗，这让不少华裔中医针灸师很反感。他们认为，此举会产生"劣币逐良币"的效应，使得中医专业之外的针灸治疗脱离针灸专业标准的指引和监管，从而让真正的中医针灸萎缩掉。反对者对赞同法案的华裔中医师表示不满，认为这些人一方面主张针灸是中医的一部分，一方面又让西医针灸进入立法，这是"变相歧视中医"。而赞同法案的华人中医师则认为，没有暂时的妥协，中医针灸立法将遥遥无期，只有往前走出一步，才会加快确立中医针灸合法地位的步伐。除了针灸治疗的定位之争外，"50号议案"关于专业考试使用语言的问题，也引起不少争议。2006年11月13日，自称由8个中医药针灸团体组成的安省中医药针灸同业争取公平立法大联盟，发起了一场抗议中医歧视性立法的抬棺大游行，引发多伦多各界的关注。[4]

2006年12月20日，"50号议案"获得省议会表决通过。这个"传统中医药法案"（Traditional Chinese Medicine Act，2006），确认了"注册中医师"和"注册针灸师"在安省的专业地位。[5]

虽然已经立法，但在立法生效之前，安省政府指派过渡委员会管理相关事宜，其中包括成立安大略省传统中医师及针灸师管理局（College of Traditional Chinese

---

[1] 黄学崑:《安省中医为自我规管：寻求法律保障》,《北美时报》2013年3月3日。
[2] A Report to the Minister of Health and Long-Term Care on Regulatory Issues and Matters respecting the use of the "Doctor Title" in Traditional Chinese Medicine: *Regulation of Health Professions in Ontario: New Directions*, Sep. 2006, the Health Professions Regulatory Advisory Council, p.2.
[3] 《全加中医药针灸协会》, 2008, No.1, 第7页。
[4] 黄学崑:《安省中医为自我规管：寻求法律保障》,《北美时报》2013年3月3日。
[5] *Traditional Chinese Medicine Act*: the Statutes of Ontario, 2006, c.27.

Medicine Practitioners and Acupuncturists of Ontario）。根据《传统中医药法案》，安省中医师及针灸师管理局过渡委员会（Transitional Council of the College of Tradition Chinese Medicine Practitioners and Acupuncturists of Ontario）于 2008 年 6 月 26 日召开首次会议，张金达当选委员会主席，在 15 人的过渡委员会中有 8 名华裔。[1] 政府对过渡委员会成员的任命，在安省中医界引起轩然大波，不少中医界人士表示支持，也有不少人发出反对之声。

安省的立法和过渡委员会的成立，并非是中医针灸合法化的开始。由于对针灸师的定位问题、中医针灸考试不能用中文等议题有争议，反对者为了延缓立法生效期，再度发起了抗争，过渡委员会中的华裔成员首当其冲。2010 年 3 月，安省中医联合学会（The Federation of Ontario Traditional Chinese Medicine Association，2007 年成立，2008 年 8 月正式注册）从一开始就不断和政府进行交涉。2010 年 3 月 24 日和 25 日，过渡委员会分别在多伦多和渥太华两地举办前期咨询会议，由过渡委员会聘请的法律顾问解释注册草案的内容。可是两场咨询会议全都遇到了业界人士的抗议，要求解散过渡委员会以及让安省中医立法官员辞职。[2] 2010 年 3 月，安省中医联合会在中区华埠发动千人大游行，要求省府重组过渡委员会，并让卫生厅相关官员辞职。这次游行除了该协会旗下的 9 个中医团体和本地其他华人社团外，还有来自渥太华的近百名中医团体和华人联合会的代表，及来自其他族裔社区，包括阿拉伯裔、印度裔和韩国裔的社团代表和一些西人患者及家属的支持。[3] 同月 18 日，"各界支援安省中药针灸委员会"宣告成立。总顾问林达敏宣称，安省中医管制有问题，他们已经联络律师，要将 4 月 1 日的正式注册生效期推迟。[4]

中医业界的抗议没有挡住住立法的进程，2012 年 4 月 1 日，过渡委员会完成了管理局的公司注册，并建立了独立运营的管理及财务程序。[5]

2012 年 6 月 4 日，过渡委员会为了进一步履行其合法权利，举办《中医师针灸师注册条例细则》说明会。不过，全加中医药针灸协会对注册条例细则中的某些条

---

[1] *Transitional Council of the College of Traditional Chinese Medicine Practitioners and Acupuncturists of Ontario 2008-2009 Annual Report*，p.7.；加拿大中医药针灸学会，http://www.cmaac.ca/history-of-regulation?lang=zh，检索时间：2021 年 9 月 17 日。

[2] 黄学昆：《安省中医为自我规管：寻求法律保障》，《北美时报》2013 年 3 月 3 日。

[3] 不达目的誓不收兵——记安省中医大游行，http://bbs.comefromchina.com/threads/781049/，检索时间：2021 年 9 月 17 日；黄学昆：《安省中医为自我规管：寻求法律保障》，《北美时报》2013 年 3 月 3 日。

[4] 《团体拟循法律途径，延中医注册生效期》，《明报》2013 年 3 月 14 日。

[5] *Transitional Council Newsletter*，May 31，2012，Vol. 4，Issue 2.

款表示不满，为此举行新闻发布会，强烈要求除了官方语言英语或法语外，应允许考试者有使用中文的选择权，并要求获得的"祖辈注册"级别应该属于"完全注册"级别（Full Registration）；而医生头衔问题，则要求"祖辈注册"级别应属于"医生头衔"（Doctor title）级别。[1]

协会之所以提出祖辈类别注册之事，是因为安省允许在中医和针灸立法之前已在加拿大的执业人士，无论是否经历过正规教育皆可执业，这就是采用"祖辈法"注册。安省"祖辈法"注册不单是要通过考试，还要进行评审。为确保公众受到保护，政府需要采取一定的保障措施，其中包括要求申请人在 2013 年 4 月 1 日（注册条例生效之日）前向过渡委员会提供之前 5 年内至少 2000 次中医就诊的证据。另外，祖辈类别注册会员必须转变为正式会员，并在 2017 年 7 月 1 日前完成"既有学识评估"（Prior Learning Assessment，PLAR）考试。管理局批准将截止日期延至 2017 年 10 月 31 日，此延期只对在截止日期前参加过"既有学识评估"考试但是未通过的祖辈类别会员有效。"既有学识评估"考试目的是评估祖辈类别会员是否可证明其具备相关经验和学习经历，以符合正式类别注册证书（General Certificate of Registration）所要求的加拿大中医执业基础专业水平（Entry Level Occupational Competencies for the Practice of Traditional Chinese Medicine in Canada，2009）。[2]

一直对过渡委员会在立法过程中的行为持质疑立场的几个社团，于 2012 年 12 月 7 日，在多伦多万锦市希尔顿酒店（Markham Hilton）会议厅成立安省中医师针灸师管理委员会（Committee of Traditional Chinese Medicine Practitioners and Acupuncturists of Ontario），这次会议通过和认定了安省中医标准、安省针灸标准，认定了安省中医针灸考试机构。该委员会讨论通过了委员会下属机构设置和人员名单。临近 2013 年 4 月 1 日，即有关规管条例及中医和针灸师执业发牌在全省范围正式执行之时，安省中医学会联合会共同主席刘世极表示，就安省规管条例的不公正和歧视性，以及"安省中医针灸管理局过渡委员会"涉嫌违法行为，已经委托律师向安省法院提起控告。刘世极希望过渡委员会的工作在 4 月 1 日前停止。[3]对此，

---

[1]《全加中医药针灸协会新闻发布会》，《全加中医药针灸协会》2012 年第 2 期会刊，第 13 页；Full Registration，就是正式会员。目前安省所有中医和针灸执业人员，都不能被称为医生。

[2] Entry-Level Occupational Competencies for the Practice of Traditional Chinese Medicine in Canada，2009 Canadian Alliance of Regulatory Bodies for TCM Practitioners and Acupuncturists，p.2.

[3] 安省中医师针灸师管理委员会成立：加国无忧网站，http://info.51.ca/community/chinese/2012-12/278100.html，检索时间：2021 年 9 月 17 日；黄学昆：《安省中医为自我规管：寻求法律保障》，《北美时报》2013 年 3 月 3 日。

过渡委员会则发表新闻通告，批评安省中医联合会一直在不明白立法目的及全部内容的情况下，对"注册条例"提出种种质疑，并断章取义地引用"注册条例"、法例常识课程以及安全手册的内容。安省政府也在3月2日发出公告，表明4月1日管理传统中医法一定生效。[1]

2013年4月1日，安大略省传统中医师及针灸师管理局在争议中正式成立。该管理局作为行业自我规管机制，通过制定法规、标准、政策和方针，来规范会员的做法和行为。成立当日，管理局不仅接受正式中医治疗师和针灸师的注册，也接受祖辈法注册针灸师和注册中医治疗师的注册。注册共分6个类别：注册中医治疗师（GEN-R.TCMP）、注册针灸师（GEN-R.Ac）、临时注册中医治疗师（GEN-R.TCMP, Provisional）、临时注册针灸师（GEN-R.Ac, Provisional）、祖辈注册中医治疗师（GP-R.TCMP）、祖辈注册针灸师（GP-R.Ac）。[2] 大多伦多地区有将近500名中医师在当天拿到了注册证书。[3]

但是，立法的生效并没有平息抗议的声音。2013年7月26日，安省中医联合会召集百余名中医，在省长凯斯琳·韦恩（Kathleen O'Day Wynne）的选区办公室前抗议示威，并递送有4.3万名市民签名的请愿信，要求停止已经生效的中医规管。[4]

对此，管理局开始了反制行动。2014年4月4日，管理局上诉安省高等法院，根据"医疗专业人员程序规则"（Health Professions Procedural Code）第87条，指控包括安省中医学会联合会、安省中医师针灸师管理委员会（The Committee of Traditional Chinese Medicine Practitioners & Acupuncturists of Ontario）、安省中医针灸考试委员会（The Ontario Acupuncture Examination Committee）、加拿大中医学会（The Canadian Association of Acupuncture & Traditional Chinese Medicine）、安省合格中医针灸师委员会（The Committee for Certified Acupuncturists of Ontario）以及加拿大中医药学院（The College of Traditional Chinese Medicine & Pharmacology Canada）6个组织，

---

［1］ Strengthening Safe, Regulated Traditional Chinese Medicine: Government of Ontario News, Friday, Mar. 22, 2013.

［2］ The College of Traditional Chinese Medicine Practitioners and Acupuncturists of Ontario web site, https://www.ctcmpao.on.ca/regulation/，检索时间：2021年9月17日；https://www.ctcmpao.on.ca/publicregistersrc/types-of-membership/，检索时间：2021年9月17日；https://www.ctcmpao.on.ca/public/unauthorized-practitioners/FOTCMA_Decision_of_Justice_Mew_2015-02-06.pdf；Public Register Search：https://www.ctcmpao.on.ca/publicregistersrc/，检索时间：2021年9月17日。

［3］《注册生效首天大多区500中医领证》，《明报》2013年4月2日。

［4］《逾百中医抗议规管 递4万人签名请愿信》，《明报》2013年7月27日。

非法将自己作为安省的中医及针灸监管机构,违反安省的《立法管制卫生专业法案》(*Regulated Health Professions Act*)第34条,要求法院下令被告终止该种将自己作为监管机构的行为。[1] 6月初,安省高等法院颁布了临时禁制令,禁止6个中医团体"冒充"安省中医针灸行业监管机构。[2]

2015年2月6日,安省法院法官格雷姆·贾斯蒂斯·缪(Justice Graeme Mew)对中医联合会颁出永久禁制令,并判决安省中医联合会等团体及个人冒充安省中医规管机构,无照行医,非法使用医师头衔。[3]

对此,中医联合会等进行了上诉。2015年12月7日,安省上诉法院(Court of Appeal for Ontario)驳回安省中医联合会等6个中医团体及两名医生的上诉。上诉法庭判词指出,安省高等法院法官具有充足证据向安省中医联合会及有关个人颁发永久禁制令。上诉法院维持了安省高级法院的判决,驳回联会的上诉请求。[4]

可以这样说,反对立法的组织清楚地发出了自己的声音并表明了立场,但在程序上却无法获得相关法律的支持,其无法成功也是可以预期的。

二、中医针灸在联邦层面的突破

在加拿大中医药和针灸的发展过程中,虽然针灸立法和中医立法都属于加拿大省一级的医疗法规管范畴,但是,中草药和成药的进口,则属于联邦规管的范畴。因此,从联邦层面推动中医针灸的合法化,仍然是加拿大各省中医和针灸业界努力的目标。自从5省成立加拿大中医针灸管理局联盟后,为了加强各省中医业界人士的团结、在监管上方便中医业界人士的流动迁徙、推动跨省认同注册中医针灸师的资格、形成统一的考试和注册标准,各省中医业界人士进行了有效的政治游说。2013年8月17日,联邦保守党政府的联邦就业及社会发展部长(Employment and Social Development Canada)贾森·康尼(Jason Kenney)及长者事务部(Minister of State for Seniors)部长黄陈小萍(Alice Wong)共同宣布,联邦政府将拨款45万加元,用以推行全国统一的中医及针灸师注册考试(The Pan-Canadian Examinations)。该笔拨款是联邦新移民海外资历认证计划(Foreign Credential Recognition Program)的一部

---

[1]《3中医6团体挨告 求禁行医用医生头衔》,《明报》2014年5月13日。
[2]《反控立法歧视中医医师开天价索赔6亿》,《明报》2015年1月18日;《中医管理局申永久禁令案,高院择日判决》,《星岛日报》2014年10月11日。
[3] Court File No.: CV-14-501514, On appeal from the judgment of Justice Graeme Mew of the Superior Court of Justice, Feb. 6, 2015: reported at 2015 ONSC 661.
[4] Court of Appeal for Ontario : 2015 ONCA 851, Dec.7, 2015, Docket: C601 10.

分，目的是打破省际界限，让获得注册资格的中医和针灸从业者，可在各省执业。考试分为两个部分，每年10月举行多选题的笔试，次年年初举行临床病例考试。2013年10月8日正式推出，考试可选择中、英和法文答题，但只有卑诗省可以选择用中文考试。[1]

几个省市针灸立法后，中医针灸师可以依据该省法律自行开业。中医针灸师主要以私人诊所形式开业，一般不会被大医院接收。目前在加拿大的中医针灸开业者，因为有了医疗保险，病人逐渐增多，经济情况都很好。没有立法的省份，有些只准许西医进行针灸，或西医诊断后转诊给针灸师。针灸师需在西医的监督下行医，因此这些省份尽管也有针灸师开业，但人数不多（参见表7.1）。

表7.1 各省针灸师和传统中医从业者人数统计（2013年）

省份	人数	管制情况
阿尔伯塔	616	已立法管制（Regulated）
卑诗	1444	同上
魁北克	815	同上
安大略	1805	同上
纽芬兰与拉布拉多	32	同上
新斯科舍（Nova Scotia）	84	尚未立法监管（Non-Regulated）
爱德华王子岛（Prince Edward Island）	10	同上
萨斯喀彻温（Saskatchewan）	61	同上
马尼托巴（Manitoba）	47	同上
新不伦瑞克（New Brunswick）	64	同上
总计	4978	

资料来源：数字取自各省中医药针灸管理局（Figures are from the Regulatory College of each jurisdiction or professional Associations of the non-legislated provinces）；The status and prospects of Acupuncturists and Traditional Chinese Medicine Practitioners in Canada：*Canadian Coalition of TCM and Acupuncture Associations*，Nov. 18, 2013, p.3.；资料来自卑诗省中医针灸管理局原理事李永洲。

---

[1] PAN-Canadian Examinations, http://www.ctcmpao.on.ca/applicant/pan-canadian/，检索时间：2021年9月15日；李群：《5省破天荒推中医统一考试》，《星岛日报》2013年8月18日；加国无忧网，http://info.51.ca/news/canada/2013-08/307074.html，检索时间：2021年9月17日。

第二节　加拿大中医药的发展和现状

加拿大实行"医药分业"制度，即诊所、医院和药房分别设立，各自独立经营。医生诊所不设药房和药柜，医生开出处方后，患者到药房配药。这样，对药品的管理和对医生的管理完全是两个系统，各省对"药效"都有评估系统和计划，对药品安全管理十分严格。中医作为另类疗法，则不在这样的"主流体系"之中，不少中医师诊所将治疗和配药融为一体，而且常常是治疗免费，配药赚钱。因此，对中医的"药品"管理，只能集中在进口上。一旦有中成药出现用者投诉，才进行调查监督，并通报公众。

相对而言，对中草药的进口管理比较简单，一般中草药按照食品进口，这样一来，中草药在进口税务上成本很低，但在标明或宣传对疾病的治疗作用上，制约了它的使用范围。1997年，加拿大食品检验局（Canadian Food Inspection Agency, CFIA）成立后，中草药还要经过加拿大食品检验局的检验，手续变得较为繁复。[1]

中成药的进口及其规定要复杂得多，因为中成药作为药品，受联邦政府《食品和药品法》（*The Food and Drug Act*）的管制。

在加拿大销售的所有药物产品，必须在卫生部注册，取得药品识别编码（Drug Identification Number, DIN）。[2] 由于中药与西药存在很大差异，卫生部发现很难用西药的标准来检测和衡量中成药。在中药典不被承认的情况下，当局对中成药进口注册和检验的标准只能参照美国药典、德国药典和法国药典等。如果中成药申报为药品，有确定的药号，并列入加拿大药典的话，就必须按照有关药品管理的规定。这样一来，单方的中药，比如麻黄素等，还是比较容易达标，但大部分中成药是复方，由很多种草药复合而成，而根据相关法律，这些中成药处方中的每一味药都要进行严格检验和审查，且要对它们的合成效果进行检验，并由药厂向进口方提供临床数据、实验室资料和动物实验的相关报告，这就让申请注册变得难上加难。很多中药由于无法取得注册而无法以药品的名义进口及在加拿大市场上销售，只能以食品或自然健康产品的名义进口或销售。

加拿大对包括中药在内的自然健康产品的管理一直颇受争议，中药很多都是天然草药，如果按药品来管理实在过于严格，将它们作为食品管理也不太合适，所以

---

[1] *Canadian Food Inspection Agency Act*: S.C. 1997, c.6.
[2] Drug Identification Number（DIN），https://www.canada.ca/en/health-canada/services/drugs-health-products/drug-products/fact-sheets/drug-identification-number.html，检索时间：2021年9月17日。

不少人认为《食品和药品法》不适用于自然健康产品的管理。

一、中医药监管和两省的中医立法

（一）中医药监管

由于传统中医中药博大精深，中医复方治疗复杂，难以用西医理论进行阐释，且中草药成分具有多样性，以至于中医中药在海外的认可度远比针灸低，其立法过程自然也比针灸困难得多。

加拿大联邦政府监管进出口行业的规范，中医行业和中草药店赖以生存的中草药、中成药和保健品的进口，就在联邦政府的政策管辖范围。

由于华人治病的需要，多年来中医中药行业就在这种不合法而又允许存在的条件下经营着。对于中药的管制，加拿大政府因为无法像西医药一样严格，基本上采取用者投诉后才处理的方式。

如前所述，加拿大联邦政府对中草药（包括成药和保健品）的进口，在《自然健康产品法规》生效前，是按照《食品和药品法》的有关规定进口的。这些法规始于 19 世纪，二战后，社会经济和进出口贸易发生了根本性的变化，联邦政府于 1949 年对《食品和药品法》进行了全面修订，1954 年 7 月 1 日在加拿大正式生效。最后一次修订案于 1985 年由国会通过并通过法律的形式颁发。[1] 该法对药品、食品、化妆品、医疗器械等做了详细的规定，并对初犯者和再犯者设定了不少创制性的司法惩处规定，条款明确而详尽。此外，还设定了"惩罚性赔偿"制度。

1986 年，由加拿大联邦政府成立的咨询委员会决定设立监管机制。[2]

1989 年，咨询委员会公布了《食品与药品管理规则》(*The Food and Drug Regulations*)，其中附表 705 概述了特定条件下作为食品使用的物品和可接受作为食品的物品，同时，该表还列出了不能作为食品的草药和植物性药材的管制名单，其

---

[1] *Food and Drugs Act*(R.S.C., 1985, c. F-27); *The Food and Drugs Act*, Government of Canada web site, http://www.inspection.gc.ca/food/non-federally-registered/product-inspection/inspection-manual/eng/1393949957029/1393950086417?chap=3#s8c3，检索时间：2021 年 9 月 17 日。

[2] Archived-Natural Health Products in Canada-A History, Government of Canada web site, https://www.canada.ca/en/health-canada/services/drugs-health-products/natural-non-prescription/regulation/history.html，检索时间：2021 年 9 月 17 日；*Herb Regulation in Canada: Back Ground and Issues: Prepared by: Gerald Lafrenière, Law and Government Division*, Nancy Miller Chenier, Political and Social Affairs Division, Oct. 6, 1997.

中包括16种中草药,如当归、地黄、白芍、丹皮等。[1]对此,华人中医界和社区向联邦政府陈情,要求修改或取消管制名单。

1992年,咨询委员会对"规则"进行了修正,建议从1993年开始,从附表705中的"不能接受的食物"清单中删除7种草药和植物制剂,而金印草(Goldenseal Root)和奥勒冈葡萄根(Oregon Grape Root)在特定条件下可以算作食物。[2]

对中草药的偏见严重存在于加拿大社会之中,而中药店因配方需要需储存一些违禁的中药材,这就与加拿大保护动物的法规产生摩擦,也给这种偏见提供了"证据",这些从警方突击搜查中草药店的案例中可窥一斑。20世纪90年代,加拿大政府机构曾以野生动物保护等名义,从东岸到西岸搜查中药店。1996年6月11日,加拿大皇家骑警曾搜查卡尔加里14家中药店,并没收了中药。全加华人联会于该年8月—9月召开第5届大会对此进行讨论,认为皇家骑警没有预先通知就进行搜查是不对的,违反了警以社区为重的执行任务原则。大会决定向皇家骑警强烈抗议,要求其做出解释,并保证类似的事情不再发生。[3]关于联邦政府立案限制中药进口与销售的决议,与会的中医师及中药师均认为此举会对全加各地无数寻求中医药为辅助性治疗的病人造成不利后果。[4]

1997年3月,魁北克中医学针灸协会和洪门民治党热心人士,与政府达成协议,不再突击搜查中药店。若来检查,一定事先通知。[5]

1997年5月,联邦政府宣布7月起规管中成药,政府继续要求进口商交立项牌照费、业者保证货物品质等,引起不小风波。

联邦自由党政府华裔部长陈卓愉(Raymond Chan)在5月举行的记者招待会上表示,中成药管制势在必行,目的是减少假冒伪劣药物对民众的危害,希望华人社

---

[1] *Food and Drug Regulations*(C.R.C., c. 870); *Herb Regulation in Canada: Back Ground and Issues: Prepared by: Gerald Lafrenière, Law and Government Division*, Nancy Miller Chenier, Political and Social Affairs Division, Oct.6 1997.

[2] *Herb Regulation in Canada: Back Ground and Issues: Prepared by: Gerald Lafrenière, Law and Government Division*, Nancy Miller Chenier, Political and Social Affairs Division 6, Oct. 1997.

[3] 吴紫云:《全加华联会卡城圆满闭幕,关切中药法案争取参与讨论》,《华埠通讯》,1996年10月,第3卷第2期,维多利亚中华会馆,第17页;《全加华联卡城大会圆满闭幕,关切中药法案争取参与讨论》,《明报》1996年9月4日。

[4] 吴紫云:《全加华联会卡城圆满闭幕,关切中药法案争取参与讨论》,《华埠通讯》,1996年10月,第3卷第2期,维多利亚中华会馆,第17页;《全加华联卡城大会圆满闭幕,关切中药法案争取参与讨论》,《明报》1996年9月4日。

[5]《中医药谈判,第一回合突破魁省突袭网》,《世界日报》1997年3月20日。

区理性面对这个问题。他表示，4年来政府已接受将中药中的草药和成药分开处理的办法，这是一大进步。他希望业者明白，政府对中成药的管制并不存在所谓以西医管制中医问题，卫生部是希望找到一个科学、合理的管理方法。[1]对此，华人意见不一。1997年6月，业界人士黄达荣曾通过《明报》向陈卓愉进言，认为如果不对中成药网开一面的话，绝大部分中成药很难领到加拿大药品追溯码（Drug Identification Number，DIN），这不是管制而是扼杀。[2]

1997年10月，联邦卫生部部长艾伦·罗克（Allan Rock）宣布，由国会卫生常务委员会（The House of Commons Standing Committee on Health）对自然健康产品做全面的公共回顾，目的是让加拿大人在选择自由和消费安全中取得平衡。1997年10月至1998年4月，委员会听取了来自超过150名协会和联盟代表的意见，并就天然保健产品的独特监管框架提出了建议。1998年5月，加拿大卫生部的天然保健产品咨询小组向国会提交了最终报告，即《天然保健产品监管框架》（*Regulatory Framework for Natural Health Products*）。1999年3月，卫生部宣布接受该委员会在题为《自然健康产品——一个新视野》（*Natural Health Products: A New Vision*）的研究报告中提出的建议，并表示这些建议将构成天然保健产品广泛政策框架的基础，同时宣布成立"自然健康产品办公室"（Office of Natural Health Products，ONHP），也就是现在的"自然健康产品处"（Natural Health Products Directorate）。[3]

1999年5月19日，罗克宣布任命一个由17名成员组成的过渡小组，以帮助设立新的理事会及起草法规框架。[4]

2004年，加拿大联邦政府新出台了《自然健康产品法规》（*Natural Health Products Regulations*，NHPR），1月1日生效。[5]该法标志着中药被纳入自然健康产品范畴进

---

[1]《管制中成药，陈卓愉澄清误导》，《世界日报》1997年5月24日。

[2]《向陈卓愉再次相求》，《明报》1997年6月2日。

[3] Archived-Natural Health Products in Canada-A History, Government of Canada web site, https://www.canada.ca/en/health-canada/services/drugs-health-products/natural-non-prescription/regulation/history.html，检索时间：2021年9月17日；Archived-charting a course: refining canada's Approach to Regulating Natural Health Products, Government of Canada: https://www.canada.ca/en/health-canada/corporate/about-health-canada/reports-publications/health-products-food-branch/charting-course-redefining-canada-approach-regulating-natural-health-products.html，检索时间：2021年9月17日。

[4] Natural Health Products in Canada-A History, https://www.canada.ca/en/health-canada/services/drugs-health-products/natural-non-prescription/regulation/history.html，检索时间：2021年9月17日。

[5] Natural health products legislation and guidelines, Government of Canada: https://www.canada.ca/en/health-canada/services/drugs-health-products/natural-non-prescription/legislation-guidelines.html，检索时间：2021年10月20日。

行监管。

但是包括中成药在内的天然健康产品,一直到2009年12月31日才获得《自然健康产品法规》的产品许可证。许可的中药产品通过产品标签上的8位天然健康产品编号(Natural Product Number,简称 NPN)或自然医药号码(Homeopathic Medicine Number,简称 DIN-HM)来标识,[1]有助追查有问题的药品。

中医药进入主流社会视野后,为了规范中医药行业,在2008—2010年间,中医药入门级职业能力规范由加拿大中医针灸管理局联盟制定。[2]

(二)两省中医立法

目前加拿大仅有两个省进行了中医立法,即卑诗省和安大略省。魁北克省和阿尔伯塔省尽管针灸立法较早,但是由于很多原因,目前并没有为中医立法。

1. 卑诗省

从加拿大全国的角度来看,由于卑诗省是亚洲的门户,华人社群的力量和社会对华人的接受度也在加拿大处于领先地位,中医立法亦是如此。如前所述,2000年,卑诗省省政府为中医立法,开创了加拿大中医立法之先河。

2003年6月13日,卑诗省省卫生厅厅长辛迪·霍金斯(Hon.Sindi Hawkins)在卑诗大学颁发了第一批注册中医师牌照。[3]

2008年10月17日,卑诗省通过《中医执业者与针灸师条例》(*Traditional Chinese Medicine Practitioners and Acupuncturists Regulation*)。根据新的章程,中医医师可以使用"中医医生"称号。[4]目前卑诗省是加拿大唯一批准授予医生(Doctor)头衔给中医师的省份。

2. 安大略省

1999年,在安大略省卫生厅的监督下,安省中医联合会及安省中医针灸考试委员会与卫生厅推荐的一间专业资格考试公司合作,成功推行中医考试制度。专业考

---

[1] Archived-Fact Sheet-Drug Identification Number (DIN) to Natural Product Number (NPN) Transition, https://www.canada.ca/en/health-canada/services/drugs-health-products/natural-non-prescription/fact-sheet-drug-identification-number-natural-product-number-transition.html,检索时间:2021年9月17日。

[2] Entry-Level Occupational Competencies for TCM, http://www.ctcma.bc.ca/quality-practice/entry-level-tcm-competencies/,检索时间:2021年9月17日。

[3] CTCMA Annual General Meeting 2003, Nov.23, 2003;蔡理平:加拿大卑诗省中医针灸立法的成功经验,第十届世界中医药大会论文。

[4] Traditional Chinese Medicine Practitioners and Acupuncturists Regulation, B.C. Reg.290/2008, Deposited Oct. 15, 2008, effective Oct. 17, 2008.

试用中英双语，内容包括基础理论、诊断技巧、针灸理论、针灸临床操作等。[1]

2016年12月20日，"50号议案"在安省省议会正式通过，标志针灸和中医立法成功。针灸和中医立法后，从业者可以使用自己的母语记录患者病历。但在需要时，必须翻译成一种官方语言。[2]

二、五省中医师事业发展与合作状况

千禧年之后，从几个省管理局的登记注册记录上可以查到，有越来越多的华人或非华裔从事中医业（参见表7.2—7.4）。

表7.2 卑诗省注册委员会授权审查和批准注册类别及人数

时间	中医医生	注册传统中医行业从业人员	注册针灸师	注册中医草药师	学生注册
2003—2004年	250	196	546	58	491
2004—2005年（截至11月20日）	281	206	547	57	602
2006—2007年（截至3月31日）	301	251	626	57	
2007—2008年（截至3月31日）	302	313	700	58	310
2009—2010年（截至3月31日）	301	380	784	54	
2010—2011年（截至3月31日）	281	393	690	44	
2011—2012年（截至3月31日）	308	430	815	46	

---

[1] 安省中医规管形势报告会：安省中医学会联合会和加拿大中医学会，2012年6月10日；袁晓宁：《建立学术标准没推动中医发展：加拿大安大略省中医针灸考试简介》，《海外中医诊治要览》，人民卫生出版社，2003年，第545页。

[2] Safety Program Handbook for Traditional Chinese Medicine Practitioners and Acupuncturists, College of Traditional Chinese Medicine Practitioners and Acupuncturists of British Columbia and College of Traditional Chinese Medicine Practitioners and Acupuncturists of Ontario, Dec.2012, p.55.

续表

时间	中医医生	注册传统中医行业从业人员	注册针灸师	注册中医草药师	学生注册
2012—2013年（截至3月31日）	303	455	851	39	
2013—2014年（截至3月31日）	305	442	827	36	
2014—2015年（截至3月31日）	302	442	775	33	

资料来源：*College of Traditional Chinese Medicine Practitioners And Acupuncturists of British Columbia: Annual Report 2003–2004*, p.8.; *Annual Report 2004–2005*, p.4.; *Annual Report 2006–2007*, p.6.; *Annual Report 2007–2008*, p.5.; *Annual Report 2009–2010*, p.11.; *Annual Report 2010–2011*, p.5.; *Annual Report 2011—2012*, p.5.; *Annual Report 2012–2013*, p.5.; *Annual Report 2013–2014*, p.6.; *Annual Report 2014–2015*, p.5.

表7.3 安大略省注册类别及人数

类别	2014—2015年总数（截至2015年3月31日）	2015—2016年总数（截至2016年3月31日）
针灸师	84	158
临时针灸师	51	22
传统中医行业从业人员	74	2
临时传统中医行业从业人员	20	246
祖辈类别针灸师	1353	1322
祖辈类别传统中医行业从业人员	1272	1099
不活跃针灸师	45	33
不活跃传统中医行业从业人员	53	44
总计	2952	2926

资料来源：*College of Traditional Chinese Medicine Practitioners and Acupuncturists of Ontario 2014–2015 annual report*, p.13.; *College of Traditional Chinese Medicine Practitioners and Acupuncturists of Ontario 2015–2016 annual report*, p.14.

表 7.4 卑诗省注册类别及人数

类别	2013—2014 年	2014—2015 年	2015—2016 年	2016—2017 年
没有开业或没有工作	127	107	103	118
医生或中医医生	297	300	317	310
注册针灸师	767	771	806	846
注册中医草药师	35	34	33	31
传统中医行业从业人员	408	416	454	498
学生	472	453	434	456
总计	2106	2081	2147	2259

资料来源：*College of Traditional Chinese Medicine Practitioners and Acupuncturists of British Columbia: 2015-2016 Annual Report*, p.19.; *College of Traditional Chinese Medicine Practitioners and Acupuncturists of British Columbia: 2016-2017 Annual Report*, p.12.

与其他行业一样，在多元竞争的社会，注册人数未必就是执业人数。从近些年的数据来看，从事中医药行业和针灸业的人员注册后，真正执业者接近注册人数的三分之二。以卑诗省为例，执业人数 2013—2014 年有 1507 人，2014—2015 年有 1521 人，2015—2016 年有 1610 人，2016—2017 年有 1685 人，分别占注册人数的 71%、73%、75% 和 75%。[1]

根据阿尔伯塔省管理局官方文献和现任管理局局长王林尊馨的信息，目前阿尔伯塔省每年大约有 70—100 人参加注册针灸师考试，考试通过后，只有一半人开设针灸诊所（参见表 7.5），这应该与阿尔伯塔省中医针灸市场的规模有关，另有一些中医师则转到华人居多的安省和卑诗省工作。

表 7.5 亚省在中医针灸师管理局注册成员表

时间	新注册人数	退休、死亡人数	更新人数	总计
2015 年	72	9	621	684
2016 年	50	16	685	719

资料来源：*The College and Association of Acupuncturists of Alberta, 2016 Annual Report*, p.11.

---

[1] *College of Traditional Chinese Medicine Practitioners and Acupuncturists of British Columbia: 2015-2016 Annual Report*, p.20.; *College of Traditional Chinese Medicine Practitioners and Acupuncturists of British Columbia: 2016-2017 Annual Report*, p.13.

近些年来，从事中医针灸业的人员，多数使用英语，普通话使用者占次席（参见表7.6）。

表7.6 诊所使用的主要语言

语言类别	2015—2016年	2016—2017年
广东话	122	128
英语	1054	1106
韩语	42	38
普通话	335	324
其他*	9	89
不知	48	
总计	1610	1685

资料来源：*College of Traditional Chinese Medicine Practitioners and Acupuncturists of British Columbia: 2015-2016 Annual Report*, p.20.；*College of Traditional Chinese Medicine Practitioners and Acupuncturists of British Columbia: 2016-2017 Annual Report*, p.13.

*包括：爱沙尼亚语、波斯语、芬兰语、日语、俄语和未知语言（Estonian, Farsi, Finnish, Japanese, Russian and Unknow）。

为了争取保险公司为针灸治疗付费，卑诗省、安大略省、魁省、阿尔伯塔省以及纽芬兰和拉布拉多省的中医师与针灸师，于2013年8月24日签署文件，要求政府修法，请求联邦财政部（Department of Finance Canada）部长吉姆·弗莱厄蒂（Jim Flaherty，当地媒体称费拉逊）修订"货物税法"（Excise Tax Act）。如修订案通过，则包括中西医在内的针灸治疗都可免税。[1]在他们的努力下，2014年3月28日，就业及社会发展部部长康尼宣布，包括中医针灸治疗费用在内的健康服务的货劳税/合并税（GST/HST）免税，于2014年2月12日正式生效。[2]

---

[1]《加拿大：五省中医签约修法文件 促政府推动针灸免税》，《世界日报》2013年8月26日。
[2] Archived-Government of Canada Exempts Acupuncturists' and Naturopathic Doctors' Professional Services from GST/HST，https://www.canada.ca/en/news/archive/2014/03/government-canada-exempts-acupuncture-services-from-gst-hst.html，检索时间：2021年9月17日。

第三节　成立各种中医药、针灸学院和协会

如前所述，从华人社区的角度来看，中医针灸合法化的基础动力由三个部分组成：中医针灸从业人员和他们的私人诊所，各类中医针灸协会和社团，各类从事中医针灸教育及培训的学校、学院。中医针灸合法化的进程，与上述三部分人的壮大和组织规模的发展成正比关系，后者越多，合法化的进程也就越快。

一、学院和学校

进入融合时期后，华人医院在运作方面均出现了资金问题，有些是靠政府帮助维持，有些是宗教机构创办医学中心。1996年10月21日，慈济加拿大分会与温哥华中央医院合作成立"慈济传统医学中心"（Tzu Chi Institute For Complementary and Alternative Medicine），与温哥华医院为邻，在位于温哥华市西12街夹希泰街（Heather Street）举行了开幕典礼。[1] 该医疗中心开办六年，每年超过千人来这里寻求中医诊治，推动了不少以中医为主的"另类疗法"的研究及交流，后因政府停止分摊部分营运经费而停办。[2]

除了移民来加的中医针灸从业者外，加拿大本地的中医针灸人才培养主要靠各省的中医针灸学院和学校来推动，华人社群人口越多的省份中医针灸学院和学校的数目也就越多（参见表7.7）。

表7.7　五省部分新开设的中医药学院和学校

省份名称	数量	学校名称	成立时间
安大略省	12—15个	传统中医学院（The Institute of Traditional Chinese Medicine）	1970年
		加拿大中医药学院（College of Traditional Chinese Medicine and Pharmacology Canada）	1993年
		大多伦多中医学院（The Toronto School of Traditional Chinese Medicine，TSTCM）	1995年
		多伦多米切纳学院（The Michener Institute of Education at UHN）	1997年

---

[1]《慈济加拿大十年回顾》，2002年，第44页；《慈济传统医学中心正式开幕》，《世界日报》1996年10月22日。

[2] 张玲铢：慈济加拿大医学中心三月关闭，2003年1月31日，台湾自由时报新闻网。

续表

省份名称	数量	学校名称	成立时间
安大略省	12—15个	安大略省传统中医药针灸管理院（The Professional College of Traditional Chinese medicine and Acupuncture Ontario）	1998年
		安大略中医学院（Ontario College of Traditional Chinese Medicine）	1998年
		国际中医学院（International Academy of Traditional Chinese Medicine）	2004年
		约翰和珍妮中医学院（John & Jenny Traditional Chinese Medicine College）	2006年
		八枝中医学院（Eight Branches Academy of Eastern Medicine）	2011年
		世界中医针灸学院（World Chinese Medicine and Acupuncture College）	2011年
		安省中医针灸学院（The Council of Traditional Chinese Medicine and Acupuncture Schools of Ontario，CTCMASO）	2015年
		安大略中医学院多伦多唐人街分校（Ontario College of Traditional Chinese Medicine Downtown Campus）	2016年
卑诗省	6—9个	加拿大针灸暨东方医学院（College of Traditional Chinese Medicine and Pharmacology Canada）	1984年成立，2011年关闭
		慈济国际中医学院（Tzu Chi International College of Traditional Chinese Medicine）	1986年，中国针灸与草药学院（Chinese College of Acupuncture and Herbology）在维多利亚成立。1988年更名为国际中医学院（International College of Traditional Chinese Medicine）。1995年温哥华校区开始以温哥华国际中医学院（International College of Traditional Chinese Medicine of Vancouver）的名义运作。2018年9月学院正式更名为慈济国际中医学院
		温哥华中医医院	1992年

续表

省份名称	数量	学校名称	成立时间
卑诗省	6—9个	古典东方科学研究院（The Academy of Classical Oriental Sciences）	1996年成立。2016年成为库特奈哥伦比亚综合健康科学学院（Kootenay Columbia College of Integrative Health Sciences）
		慈济传统医学中心（Tzu Chi Institute For Complementary and Alternative Medicine）	1996年
		中央学院（Central College）	1998年
		奥修针灸及中草药学院（Oshio College of Acupuncture and Herbology）	1999年在维多利亚成立，正式名称是皇家太平洋学院（Royal Pacific Institute）
		温哥华北京中医药学院（Vancouver Beijing College of Chinese Medicine）	2002年
		环太平洋学院（Pacific Rim College）	2006年
阿尔伯塔省	5—7个	加拿大阿尔伯塔省中医针灸学院（Alberta College of Acupuncture and Traditional Chinese Medicine，Calgary，Alberta）	1997年
		加拿大卡尔加里中医针灸学院（Calgary College of Traditional Chinese medicine and Acupuncture）	2003年
		加拿大卡尔加里中医科学院（Canadian Institute of Traditional Chinese Medicine）	2004年
		加拿大中医科学院（Canadian Institute of Traditional Chinese Medicine，Calgary，Alberta）	2004年
		里夫斯学院针灸专业（Reeves College Acupuncture Program，Edmonton，Alberta）	2008年
		华佗中医研究院（Huatuo Institute）	2016年
魁北克省	2个	魁北克中医学院（Quebec Institute of Traditional Chinese Medicine）	1998年
		太-e中医学院（tai-e Institute of Traditional Chinese Medicine）	2006年
其他省份	有零星针灸中医学校	新斯科舍省的加拿大针灸中医学院（The Canadian College of Acupuncture and Traditional Chinese Medicine，CCATCM）	1998年创立加拿大自然医学院，2008年改为加拿大针灸中医学院

第七章　中医中药和针灸的发展·245

资料来源：The Institute of Traditional Chinese Medicine web site，http://www.itcm.ca/，检索时间：2021 年 9 月 17 日；加拿大中医药学院网，http://www.ccmuc.com/en/home/80-about-us/203-history-2.html，检索时间：2021 年 9 月 17 日；创院院长胡永辉口述；大多伦多中医学院网，http://www.tstcm.com/html/about_tstcm.html，检索时间：2021 年 9 月 17 日；About the President，大多伦多中医学院网，https://tstcm.com/pages/about-the-president，检索时间：2021 年 9 月 17 日；多伦多米切纳学院网，http://michener.ca/discover-michener/michener/history-2/，检索时间：2021 年 9 月 17 日；加拿大中医药针灸协会，http://www.cmaac.ca/history-of-regulation? lang=zh，检索时间：2021 年 9 月 17 日；建立安大略省传统中医药针灸管理院，http://www.cmaac.ca /history-of-regulation? lang=zh，2021 年 9 月 17 日；《安大略中医学院院庆 20 周年纪念册 1998—2018》，2018 年，第 11 页；资料来自采访安大略中医学院院长吴滨江记录；Awards Gallery-Traditional Chinese Medicine，国际中医学院网，https://intlacademy.com/awards-gallery-traditional-chinese-medicine/，检索时间：2021 年 9 月 17 日；About Our College，约翰和珍妮中医学院网，https://www.jjtcmc.com/tcm-acupuncture-school-about，检索时间：2021 年 9 月 17 日；Eight Branches Academy of Eastern Medicine，https://www.eightbranches.ca/about-us，检索时间：2021 年 9 月 17 日；http://www.eightbranches.ca/faculty-bios/，检索时间：2021 年 9 月 27 日；吴滨江，加拿大中医药教育概况，http://tmbos.com/index/article/view/id/1299.html，检索时间：2021 年 9 月 17 日；Welcome to The Chinese College of Canada! 关于世界中医药针灸学院，世界中医药针灸学院网，https://www.wcmaac-cn.com/blank-1，检索时间：2021 年 9 月 17 日；安大略中医学院唐人街分校开张暨 2016 年毕业典礼，http://www.chinesecanadianvoice.ca/83525/，检索时间：2021 年 9 月 17 日；《加拿大针灸暨东方医学院》，《华埠通讯》1995 年 3 月第 2 卷第 3 期，第 22、23 页；资料来自慈济国际中医学院；关于学院，慈济国际中医学院网站，https://translate.google.com/translate? sl=en&tl=zh-CN&u=https%3A%2F%2Fwww.tcmcollege.com%2F，检索时间：2021 年 9 月 17 日；《温哥华中医医院　海峡两岸专家联手合作》，《世界日报》1992 年 6 月 13 日；加华中医师公会附属中医学院：资料来自该医院讲师曹宝琪；The Academy of Classical Oriental Sciences（ACOS），The Academy of Classical Oriental Sciences web site，https://kootenaycolumbiacollege.com/the-academy-of-classical-oriental-sciences-acos/，检索时间：2021 年 9 月 17 日；《慈济捐款六百万，筹建传统医学院》，《世界日报》1996 年 2 月 28 日；《慈济加拿大十年回顾》，2002 年，第 44 页；《慈济传统医学中心正式开幕》，《世界日报》1996 年 10 月 22 日；*Central College 2018–2019 Academic Catalogue*，p.2.；*Central College 2021 – 2022*，*Academic Catalouge*，p.1.，https://oshiocollege.wordpress.com/%e4%b8%ad%e6%96%87/，检索时间：2021 年 9 月 17 日；温哥华北京中医药学院，https://www.tcmvbc.com/3161620171.html，检索时间：2021 年 9 月 17 日；About us，加拿大阿尔伯塔省中医针灸学院网，https://www.acatcm.com/about-us，检索时间：2021 年 9 月 17 日；资料来自 2019 年 8 月采访加拿大阿尔伯塔省中医针灸学院创始人 Benny Xu 记录；About CITCM，卡尔加里加拿大中医科学院网，https://ftcmcc.org/colleges/citcm/，检索时间：2021 年 9 月 17 日；https://citcm.com/about-citcm/，检索时间：2021 年 9 月 17 日；资料来自 2019 年 8 月采访卡尔加里加拿大中医科学院创始人程霞记录；About Us，Calgary College of Traditional Chinese medicine and Acupuncture web site，https://www.cctcma.com/acupuncture/about-us/，检索时间：2021 年 9 月 17 日；Canadian Institute of Traditional Chinese Medicine web site，https://ftcmcc.org/colleges/ citcm/；*College & Association of Acupuncturists of Alberta Annual Report*，Jan. 1 to Dec. 31，2016，p.11.；资料来自 2019 年 8 月采访华佗中医研究院创始人 Benny Xu 记录；创始人简介，https://chinese.acatcm.com/%e5%ad%a6%e6%a0%a1%e7%ae%80%e4%bb%8b/，检索时间：2021 年 9 月 17 日；太-e 中医学院网，http://www.ampmc.org/president.php? lang=cn，检索时间：2021 年 9 月 17 日；注册证书；《全加华人联会十一届周年会议》，第 57 页；学院简介，魁北克中医学院网，https://oshiocollege.wordpress.com，检索时间：2021 年 9 月 17 日；魁北克中医学院 http://chinese.qitcm.org/%e5%ad%a6%e9%99%a2%e7%ae%80%e4%bb%8b/，检索时间：2021 年 9 月 17 日；Canadian College of Acupuncture and Traditional Chinese Medicine，加拿大针灸中医学院网，https://ccatcm.ca/%e4%b8%ad%e6%96%87/，检索时间：2021 年 9 月 17 日。

图 7.2 安大略中医学院

资料来源：贾葆蕒拍摄于 2018 年

图 7.3 加拿大中医药学院

资料来源：贾葆蕒拍摄于 2018 年

图 7.4 卡尔加里华佗中医研究院

资料来源：贾葆蕒拍摄于 2019 年

由于中医针灸治疗仍属另类治疗，没有纳入全民保健体系，因此，在绝大部分公立学校中，仍然没有正规的中医针灸课程，一些大学的针灸培训项目，乃是应市场的需要而开设的。这些培训项目，很多属于业余或周末学习课程，只能获得结业证书，不能获得学位、学历证书。举例而言，在阿尔伯塔大学就有针灸培训项目（Medical Acupuncture-Level I），该课程包括中医传统哲学和针灸研究现状等，授课方式包括讲授、现场带教、讨论和演讲等。[1]

值得注意的是，中医针灸已正式在一些公立学校出现。1998年，麦克文大学学院（Grant MacEwan Community College）开设了为期三年的中医针灸专业课程。[2] 1999年1月开课，有中医药历史和理论、经络系统和针刺穴位等，完成该课程将获得大专文凭。麦克文大学学院后改名为麦克文大学（MacEwan University）。

2016年，安大略省的乔治亚学院（Georgian College）设有中医针灸专业，[3] 开设的中医课程有针灸治疗、中医基础、中医临床诊断、中草药介绍、中成药、针灸实践管理、针灸针刺基础、针灸实践介绍等。[4] 从这所学院毕业的学生可以获得大专文凭。同样，多伦多市政府资助的公立社区学院亨伯学院（Humber College）中医专业2016年9月开始招生。[5]

同年，卑诗省的昆特仑理工大学（Kwantlen Polytechnic University）开设全日制中医针灸专科课程（Traditional Chinese Medicine Acupuncture Diploma Program），学生主要学习针灸理论。[6] 必须指出的是，昆特仑大学的中医课程没有受到政府的任何拨款，除学生学费外，相关组织必须自行筹款来维持学院的运作，这在公立学校中

---

[1] Medical Acupuncture-Level I, https://ext.ualberta.ca/cpe/search.html?q=exacup-4451-medical-acupuncture-level-i-1, 检索时间：2021年9月17日。

[2] Annual Report, 2016, College & Association of Acupuncturists of Alberta, p.11.; Program, https://www.macewan.ca/wcm/Discover/OurStory/index.htm, 检索时间：2021年9月17日。

[3] *Georgian be here now 2016—2017 Full-Time Program Guide*, p.48.; Georgian launching six new programs in 2016, Georgian College web site, https://www.georgiancollege.ca/news/featured-news/georgian-launching-six-new-programs-in-2016/; Georgian College web site, http://www.georgiancollege.ca/academics/full-time-programs/acupuncture-acpt/, 检索时间：2021年10月16日。

[4] Georgian College web site, http://www.georgiancollege.ca/academics/full-time-programs/acupuncture-acpt/, 检索时间：2021年9月17日。

[5] Humber Launches Traditional Chinese Medicine Program, Humber College web site, http://humber.ca/today/news/humber-launches-traditional-chinese-medicine-program, 检索时间：2021年9月17日。

[6] Kwantlen Polytechnic University web site, http://www.kpu.ca/health/acupuncture：Traditional Chinese Medicine-Acupuncture（TCM-AD）Diploma Program；TCM acupuncture diploma program launched：https://news.gov.bc.ca/releases/2016AVED0064-001215, 检索时间：2021年9月17日。

属于另类。随着 2017 年省选出现政党轮替，新的新民主党政府对学校的支持有了积极的姿态，学校也在为获得中医大学文凭的课程资格做出努力。

不过目前，加拿大的中医药针灸教育为学历（Diploma）教育，尚未有学位（Degree）教育。

二、社团

中医针灸社团是华人社区发展的重要组成部分，也是中华文化为加拿大多元文化做出的重大贡献。下面的图表是分布在各地的中医社团的初步统计，该统计并不完全，难免有遗漏（参见表 7.8—7.12）。

表 7.8 卑诗省的中医针灸社团概况

社团名称	成立时间
卑诗省中医针灸师联合会（United Acupuncturists & Traditional Chinese Medicine Association of British Columbia），前身为卑诗省针灸联合会（United Acupuncturists Association of British Columbia，简称 UAABC）	1986 年
加华针灸医师公会，1995 年 2 月 1 日，该协会改名为加华中医师公会（Canadian Chinese Traditional Chinese Medicine and Acupuncturists Society）	1990 年
加拿大中医针灸师总会（Canada Acupuncturists and Traditional Chinese Medicine Headquarters Association）	1991 年
1994 年成立"传统中药、中医权益争取委员会"，1998 年更名为"加拿大传统中医药维护学会"，1999 年更名为"加拿大传统中医药促进学会"，2000 年又更名为"加拿大国家中医药学会"。（National Traditional Chinese Medicine Association of Canada）	1994 年
加拿大执业中医师公会（TCM Practitioners & Acupuncturists Society）	1996 年
加拿大中医针灸师联合会（Canadian Acupuncturists and TCM Alliance of British Columbia）	1996 年
卑诗省注册中医针灸师公会（British Columbia Qualified Acupuncturists &TCM Practitioners Association，QATCMA）	2000 年
加华医药联合会（Chinse Canadian Health Alliance）	2001 年
加拿大中医针灸高校联合会（The Federation of Traditional Chinese Medicine Colleges of Canada，FTCMCC）	2008 年
加拿大中医抗肿瘤学会（Canada Anit-Cancer Rehabilitation Association，CACRA）	2013 年

续表

社团名称	成立时间
卑诗省中医针灸师公会（British Columbia Association of Traditional Chinese Medicine and Acupuncture Practitioners）	2013 年
卑诗省中医针灸师公会（British Columbia Association of Traditional Chinese Medicine and Acupuncture Practitioners）	2014 年
中医脑伤科专科医学会（Association of Traditional Chinese Medicine Brain Injury of British Columbia）	2017 年

资料来源：卑诗省中医针灸师联合会网站，http://www.uaabc.com/index.html，检索时间：2021 年 10 月 16 日；《卑诗加华针灸医师公会选出 93 年度新理事会》，《世界日报》1993 年 3 月 8 日；《加华中医师公会》，《世界日报》1995 年 2 月 20 日；《加针灸医师总会成立，特优待本年入会会员》，《大汉公报》1991 年 11 月 25 日；本学会的简介，加拿大国家中医药学会网，http://ntcm.ca/zh_CN/%e6%9c%ac%e6%9c%83%e6%ad%b7%e5%8f%b2/，检索时间：2021 年 10 月 15 日；《执业中医师公会欢宴成立五周年》，《明报》2001 年 2 月 28 日；http://qatcma2008.blogspot.ca/search/label/QATCMA 的简介，检索时间：2021 年 10 月 16 日；资料来自加华医药联合会创会会长古世安；世界华人医师协会中医协会副会长车飞：加拿大中医药发展史，2017 年世界华人医师协会论文；加拿大中医抗肿瘤学会成立，https://ww.cacra.net/forum.php？mod=viewthread&tid=651528&extra=，检索时间：2021 年 10 月 16 日；《卑诗省成立中医针灸公会》，《明报》2013 年 10 月 28 日；卑诗省中医针灸公会，http://atcma.org/zh-hans/about/，检索时间：2021 年 10 月 16 日；《星岛日报》2016 年 9 月 25 日；《中医脑伤科专科医学会成立》，《星岛日报》2017 年 11 月 13 日。

表 7.9　安大略省中医针灸社团概况

社团名称	成立时间
安省传统中医针灸协会（Ontario Association of Acupuncture and Traditional Chinese Medicine）	1970 年
加拿大中医药针灸学会（The Chinese Medicine and Acupuncture Association of Canada，CMAAC）	1983 年
加拿大中医针灸师公会（The Canadian Association of Traditional Chinese Medicine and Acupuncture，CATCMA）	1983 年
加拿大中药商会（Chamber of Chinese Herbal Medicine of Canada）	1986 年
全加中医药针灸协会（The Canadian Society of Chinese Medicine and Acupuncture）	1994 年
加拿大中医药学会（Canadian Association of Acupuncture and Traditional Chinese Medicine）	1994 年
安省中医联合会（The Federation of Ontario Traditional Chinese Medicine Association）	2007 年
安省中医师针灸师管理委员会（Committee of Traditional Chinese Medicine Practitioners and Acupuncturists of Ontario）	2012 年

续表

社团名称	成立时间
安省中医消费者协会（Traditional Chinese Medicine Consumers Association of Ontario，TCMCA）	2013 年
安省中医师及针灸师公会（Association Traditional Chinese Medicine Practitioners and Acupuncturists of Ontario，ATCMPAO）	2013 年

资料来源：安省传统中医针灸协会成立时，颁给创办人之一林文耀医生证书； History of Regulation，加拿大中医药针灸学会网，http://www.cmaac.ca/history-of-regulation? lang=zh，检索时间：2021 年 9 月 17 日；加拿大中医针灸公会：http://www.catcma.org/cn/，检索时间：2021 年 9 月 17 日；加拿大中药商会注册文献；《联邦政府有意展开管制中药，加拿大中药商会适时应运而生》，《醒华日报》1986 年 6 月 20 日；《全加中医药针灸协会》，2008 年第 2 期会刊，第 4 页；About，全加中医药针灸协会网，http://cscma.ca/about.html，检索时间：2021 年 9 月 17 日；加拿大中医药学会，https://caatcm.ca/about-us.html，检索时间：2021 年 9 月 17 日；管理局兴讼正视听　中医团体弃管委名称，http://mingshengbao.com/tor/article.php? aid=197240，检索时间：2021 年 9 月 17 日；安省中医规管形势报告会：安省中医学会联合会和加拿大中医学会，2012 年 6 月 10 日；江丹主编：《海外中医诊治要览》，人民卫生出版社，2003 年，第 550 页；安省中医针灸师成立管委会，http://www.365nettv.com/2012-07-10-10-42-50/2012-07-10-10-42-50/5154-2012-12-09-15-03-44，检索时间：2021 年 9 月 17 日；《安省中医消费者协会成立，将行公听会》，《北美生活报》2013 年 7 月 19 日；安省中医师及针灸师公会成立，贴心姐妹网，http://www.lovingsister.com/news_detail/index.php? news_id=27709，检索时间：2021 年 9 月 17 日。

表 7.10　阿尔伯塔省中医针灸社团概况

社团名称	成立时间
阿尔伯塔卡城中医药协会（Calgary Chinese Herbal Medicine Association）	1996 年
艾伯塔省针灸师和中医医生协会（Alberta Association of Acupuncturists and Traditional Chinese Medical Doctors，AAATCMD）	2000 年
亚省中医师公会（Alberta Association of Traditional Chinese Medical Doctors）	2001 年

资料来源：阿尔伯塔卡城中医药协会证书，证书号是：50720548；About AAATCMD，亚省中医师公会网，https://aaatcmd.ca/about-aatcmd/，检索时间：2021 年 9 月 17 日；资料来自艾伯塔省针灸师和中医医生协会副会长程霞；General Information Alberta Association of Traditional Chinese Medical Doctors, p.2.

表7.11 魁北克省中医针灸社团概况

社团名称	成立时间
魁北克中医药针灸学会（Chinese Medicine and Acupuncture Association of Quebec, Canada）	1996 年
加拿大魁北克省中药商会（Association of Quebec Chinese Herbalists）	1997 年
加拿大中医自然疗法推拿协会（The Canadian Association of Naturopathy Massotherapy Traditional Chinese Medicine）	2007 年

资料来源：加拿大魁北克中医药针灸学会。八周年庆典，https://www.elitecollege.ca/chinaday/20031108amcaqa.html，检索时间：2021 年 9 月 17 日；资料来自加拿大魁北克中药商会创会荣誉主席邵礼平；资料来自加拿大魁北克中药商会创会荣誉主席；关于协会，加拿大中医自然疗法推拿协会网，https://www.ch.acnmmtc.com/，检索时间：2021 年 9 月 17 日。

表7.12 新斯科舍省中医针灸社团概况

社团名称	成立时间
新斯科舍省针灸中医协会（The Acupuncture and Traditional Chinese Medicine Association of Nova Scotia, ATCMANS）	2008 年

资料来源：History of CMAAC，https://cmaac.ca/history-of-cmaac，检索时间：2021 年 9 月 17 日。

无论中医针灸协会和社团规模的大小，他们一般都开展三种的活动，一是举办各种学术交流及培训活动；[1] 二是通过个体和团体的力量对政府提出建议，在民间进行宣传，讲述中医针灸合法化的重要性，三是加大与中国等国家进行中医针灸学术交流的力度，提升中医针灸在加拿大的学术地位，并为中医针灸的国际化做出贡献。

在进行国家交流方面，尤其重视与中医针灸发祥地的中国的交流，这里要较为详细地说明，因为交流合作是加拿大中医针灸发展中很重要的一个内容，同时也是中国中医改革、中医走向世界的重要参照。

从加拿大整体情况来看，这种交流合作除了中医学界的互访和切磋之外，合作办学也逐渐成为亮点。由于中医教育在加拿大处于"私立"状态，因此，中医协会与中国国内中医大学或学院合作招生、双向培养人才成为热点。这种方式既满足了

---

[1] 例如 2002 年 9 月 8 日，中国中医专家团访问卡尔加里，与当地中医界合作举行了四场专家级学术讲座及交流，并进行了义诊。资料来自时任卡城中医药协会副会长的仰锦红。

中国国内中医学科走出去，扩大海外招生的需要，也是加拿大相关协会和医学会"中医正规教育"的点睛之笔，有利于在该协会和医学会登记的中医针灸师在本地市场的专业竞争，可谓双赢。

在安省，建于1993年的加拿大中医药学院，从1997年起与北京联合大学中医学院建立合作关系。2016年，首都医科大学本科留学生中医学在加拿大招生，采取"4+1"模式，即在首都医科大学中医药学院（加拿大院区）学习累计八个学期，在首都医科大学（北京学区）累计学习两个学期，学制五年，达到首都医科大学中医学本科学历教育培养方案的要求，毕业可以获得医学学士学位。[1]

2014年，卑诗省教育厅批准昆特仑理工大学和北京中医药大学两校合作建立一所北美地区公立中医学院。2016年，中医学院获批开设两年制针灸学历课程。入学条件是，学生要具有成绩在B以上12级英语水平，在大学修满60学分，且平均成绩在2.0以上。获得学历的学生拥有加拿大注册针灸师的考试资格。经双方共同努力，最终达成学分互认和学历+学位的合作形式。昆特仑理工大学针灸学历项目的合格毕业生，通过北京中医药大学综合考核后直接进入北中医完成五年制本科课程的第四、五年级学习，毕业考试合格后，获北京中医药大学中医学士学位。[2]

在阿尔伯塔省，2018年，加拿大阿尔伯塔针灸中医学院、加拿大华佗研究院、北京万方数据有限公司，在中国国家中医药管理局和中国科技部联合指导下，共同成立了"北美中医药发展促进中心"。该中心是北美地区首家由中国国家中医药行业主管部门认可的海外发展促进中心，于2018年4月21日正式揭牌成立。中心同时获得中国国家中医药管理局授牌为"中医药适宜技术加拿大推广基地"。阿尔伯塔针灸中医学院是一所加拿大移民部指定的国际学生接收学校，DLI号码为0212235983277。[3]

---

[1] 2016年首都医科大学本科留学生招生简章——中医学（加拿大），首都医科大学网，http://www.ccmu.edu.cn/art/2016/7/1/art_7872_68033.html，检索时间：2021年10月19日。

[2] 我校与加拿大昆特仑理工大学签署教育合作协议，http://www.bucm.edu.cn/xxxw/36077.html；Traditional Chinese Medicine-Acupuncture: Diploma, http://www.kpu.ca/calendar/2017-18/health/traditionalchinesemedicine-acup/traditionalchinesemedicine-acupuncture-dip.html，检索时间：2021年9月17日。

[3] 资料来自2019年8月采访北美中医药发展促进中心创始人之一许本彤的记录；About SNAPTCM，北美中医药发展促进中心网，https://www.snaptcm.org/，检索时间：2021年9月17日；《北美中医药发展促进中心成立庆典大会圆满举行》，《星岛日报》2018年4月26日。

第四节 问题与前景

中医针灸在加拿大发展的同时，其结构性问题一并呈现。除了中医界遭遇西医界长期"另眼相看"的问题（这在中国也存在）之外，中医的"个人诊所"特质使大规模的中医院迟迟难以整合出现，在中国中医院中常见的"中医专科"也难以出现，中医针灸大都是"一人全科"，这样才能收到病人，维持中医师的收入。

不仅如此，因为中医师所受教育的背景不同、语言能力不同、与加拿大社会接轨的程度不同，以至于中医界内部矛盾不断，纷争不止。从大的角度来看，在推动中医针灸合法化的过程中，存在着"赞成派"和"反对派"之争，在中草药进口管制问题上，也存在赞成和反对两种不同的声音，而中药店和执业中医师之间也是意见不尽相同。除了大议题上的纷争，在中医针灸业界的"门户之见"和利益之争也妨碍了中医界的团结。上述这些问题，可谓是结构性矛盾和困难，其产生的后果就是中医诊所合伙人的闹翻和中医团体的不断分裂，有些分裂还需要将官司打上法庭，最后是两败俱伤。换句话说，华人社区在其他方面存在的种种弊端，在加拿大中医业界也同样存在。

另一个重要问题是，除了针灸教育已经普及，非华裔从事针灸的人员大幅度增加，中医理论研究和医疗实践的深化遇到很大瓶颈，显示中医人才依然不足。在20世纪七八十年代，传统中医中的不少人是"祖传中医"或者"师传中医"，他们与现代中医科大学培养出来的中医师有很大的不同，在英语的使用上也远远不如后者，他们担心向西医监管制度倾斜的"合法化"会造成其"失业"，故而对中医针灸合法化保持观望甚至反对的态度。直到今天，由于中医培养的模式与西医不同，而加拿大又不具备全面培养合格中医，尤其是高级中医师的医学教育机构，导致传统中医的主流仍然依赖移民，但移民在加拿大存在很大的"水土不服"，给中医针灸进一步的立法监管带来新的困难，也难以说服社会大众全面接受中医药治疗体系。因此，尽快创造条件建立加拿大中医针灸教育的大学学科和学位体系，对中医针灸在加拿大地位的提升尤为重要，也是当务之急。

最后，必须提及加拿大中医重镇卑诗省中医业界面临的最新挑战，那就是加拿大五省中医考试监管机构联盟在2020年12月9日更新的《加拿大全国考试考生手册》中规定：2021年10月后，卑诗省取消用中文考试的选择。此规定一经公布，引起卑诗省中医界及所有就读中医院校学生的强烈反响。面对舆情的喧哗，卑诗省新民主党政府即刻做出反应，同意向卑诗省中医针灸管理局拨款，作为未来两年中文考试所需的大部分翻译资金。[1]然而,中文考试的选择在未来或被取消的潜在危机并没有就此消失,因为中文考试费用不菲的问题以及独尊官方语言的趋势愈发明显。卑诗省是加拿大各省中唯一可以用中文答卷的省份,用中文答卷制度存废的争议必将影响加拿大中医发展的前景。

---

[1] B. C. Government grant means current Traditional Chinese Medicine students in B. C. can continue to write exams in Chinese, https://www.ctcma.bc.ca/about/announcements/2021-03-26-bc-government-grant-means-current-traditional-chinese-medicine-students-in-bc-can-continue-to-write-exams-in-chinese/,检索时间:2021年9月27日。

第八章
多元文化政策和华人参政

第一节 多元文化政策的背景和推行

战后,加拿大作为联合国创始成员国走上国际舞台。鉴于德、意、日法西斯犯下的种族屠杀罪行对人类良知的冲击,渥太华政府主动修正过去国策中的种族歧视因素,终止了"排华法"(1947年)等明显违反联合国宪章精神的旧政策,逐渐让移民政策走向公正和平等。20世纪60年代,美国风起云涌的人权运动,也给相对保守的加拿大带来了实现族裔平等的新刺激和新动力。这些都为20世纪70年代加拿大推动建立多元文化国策创造了合适的时代土壤。

值得注意的是,人权运动也在某种程度上刺激了加拿大魁北克的分离主义运动。1960年"寂静革命"之后,整个教育系统就掌握在政府手中了。"魁北克人"的自我定位取代了"法裔加拿大人"的称谓。1967年,时任法国总统夏尔·安德烈·约瑟夫·马里·戴高乐(Charles André Joseph Marie de Gaulle)访问加拿大,在蒙特利尔市政厅发表了"自由魁北克万岁"(Vive le Québec libre!)的演讲,[1]进一步激发了魁独运动,并激化了奉行社会主义和民族主义路线的魁北克解放阵线的暴力活动。1970年,魁北克爆发"十月危机",[2]时任总理皮埃尔·特鲁多(Pierre Trudeau,又称杜鲁多,当地人称陶杜)进行了镇压,终止了以暴力手段追求魁独的运动,以和平方式促使魁北克独立成为魁北克独立运动的主流民意。

几乎与魁独兴起同时,杜鲁多采取了缓和与遏制魁独的政策措施。1963年7月,杜鲁多设立了皇家双语和二元文化委员会(The Royal Commission on Bilingualism and Biculturalism),负责审查加拿大当时的双语和双文化现状,并致力

---

[1] Charles de Gaulle and "Vivre le Quebec Libre!", http://www.ameriquefrancaise.org/en/article-481/Charles-de-Gaulle-and-"Vivre-le-Quebec-Libre!".html,检索时间:2021年9月18日;Vive le Québec libre,1967,https://rarehistoricalphotos.com/vive-le-quebec-libre-1967/,检索时间:2021年9月18日。
[2] *Public Order Regulations* (Oct. 16, 1970), Issued by the Canadian Government.

于在国内均衡官方语言英语和法语之间的平等关系。不仅如此，该委员会还对加拿大其他族群的文化贡献加以关注。此外，加拿大各地不同族群的文化团体认为政府不能只重视英、法双语文化，而忽视其他族群，尤其是少数族裔群体。为此，该委员会提出了倡导多元文化主义的政策，联邦政府也以此作为维护英、法裔以及其他各族裔平等共存的国家新政策，并朝着这个方向做了政策调整。1971年10月8日，杜鲁多总理在国会宣布，政府将奉行多元文化主义的官方政策。[1]此时正值魁北克"十月危机"一周年。根据杜鲁多总理的宣示，多元文化主义旨在保护所有个人的文化自由，并承认不同种族群体对加拿大社会的文化贡献。这个调整非常重要，杜鲁多的初衷或许仍然站在西方中心论的角度来平衡英、法双语文化，但最终达成多元文化主义的政策架构，形成回到加拿大建国初期的历史事实。从华人社区的角度来看，华人通过淘金潮和参与太平洋铁路的修建，完全有资格拥有加拿大建国者之一的定位，其文化当然也是加拿大多元主义的重要组成部分。

从宏观角度来看，多元文化主义的观念，显然与过去加拿大推动的同化政策或与邻居美国的大熔炉政策截然相反。政府提出多元文化主义政策，在某种程度上是间接承认了同化政策的失败，其中当然也包括魁北克政策，同时也承认了加拿大社会是一个具有族裔和文化异质的社会，这种多元基因存在于加拿大建国的基因之中。在战后移民政策做出根本性变革（1967年）之后，随着移民来源地的进一步扩大，加拿大多元异质的特征更加充分。但是，政府的政策只是多元文化主义成功的一个基础框架，要达成不同族裔和文化群体之间的互相平等及尊重，需要加拿大人普遍接受这个观念，并对过去有偏见的历史叙述加以修正。事实上，自多元文化主义政策提出之后，加拿大人对此存在着争议，秉持不同的立场，以至于少数族裔仍然在很多地方遭遇了各种歧视，加拿大东岸和西岸出现的一些风波和事件，比如"点心日记"等，[2]就是相当典型的例子。在多元文化主义出台后的多次民意调查中，民众对多元文化主义的接受和排斥比例也常常出现波动。

为此，联邦政府专门成立新的部门，致力于促进加拿大种关系的和谐，种族关系也相应成为多元文化主义政策的主要焦点。

1988年7月，加拿大议会通过了"加拿大多元文化法案"（The Multiculturalism

---

[1] Canadian Multiculturalism Policy, 1971, Library and Archives Canada. Canada Parliament. House of Commons. Debates, 28th Parliament, Session 3, Volume 8 (Oct.8, 1971): 8545-8548, Appendix, 8580-8585.

[2] Parton: "Artistic Lieren be damned: Dim Sun Diaries a racist diatribe", Vancouver Sun, Apr. 22, 1991; "Mark Leiren Canadians want mosaic to melt, survey finds", Globe and Mail, Dec. 14, 1993.

Act），该法案承认多元文化主义是加拿大社会的一个基本特征，在联邦政府的决策过程中发挥着不可或缺的作用。[1] 这个法案完成了自1971年多元文化主义政策宣示以来的讨论、争议和实验性实践，在宪法的支持下，让加拿大成为世界上首屈一指的法定奉行多元文化政策的国家，为彻底扫除同化政策的历史遗留，提供了坚实的法律基础，也与大熔炉政策进行了根本性的划分。

加拿大联邦多元文化政策实行后，又经历了一系列相关事件及法规的更新（参见表8.1）。

表8.1 联邦多元文化政策年表

时间	简介
1960年	加拿大国会通过民权法案，禁止源于种族、肤色、宗教信仰、性别的歧视。
1967年	废除自20世纪20年代以来一直存在于加拿大移民法中涉及种族歧视的规定。
1969年	皇家双语及二元文化委员会发布了报告的第四部分，讲述了除英、法族裔之外，其他少数族裔群体对丰富加拿大文化的贡献。
1970年	加拿大签署消除各类形式的具有种族歧视意味的联合国公约协议。
1971年	加拿大成为世界上第一个推出多元文化政策的国家。
1972年	任命首个多元文化次长职位。
1973年	多元文化部（Ministry of Multiculturalism）成立。 加拿大多元文化咨询委员会（The Canadian Consultative Council on Multiculturalism）成立，后改为加拿大族裔文化委员会（The Canadian Ethnocultural Council）。
1982年	"加拿大权利和自由宪章"（The Canadian Charter of Rights and Freedoms）将平等权利载入宪法，并承认加拿大的多元文化遗产。
1984年	加拿大国会少数族裔特别委员会（The Special Parliamentary Committee on Visible Minorities）发布平等研究报告。
1985年	成立下议院多元文化主义常务委员会（The House of Commons Standing Committee on Multiculturalism）。
1988年	7月21日，英女王御准国会通过的加拿大多元文化法案。 联邦政府正式就二战期间监禁和剥夺日裔加拿大人的公民权利、没收他们的财产进行道歉并予以补偿。

---

[1] "Cultural insecurity showing", Globe and Mail, Mar. 11, 1994; Act, 1988; Canadian multiculturalism （93-6E）.

续表

时间	简介
1990 年	加拿大多元文化部提交了首份加拿大政府关于实施加拿大多元文化法的年度报告（The Implementation of the Canadian Multiculturalism Act）。
1991 年	1991 年 1 月 17 日，英女王御准成立多元文化与公民部（The Department of Multiculturalism and Citizenship）。4 月 21 日，新部门正式成立，韦纳被任命为第一任部长。
1993 年	联邦政府宣布将加拿大多元文化与公民部分为两个部：有关多元文化事务纳入新成立的加拿大遗产部，有关公民的事务并入新成立的公民与移民部。
1994 年	联邦自由党政府宣布，不会通过向族群支付任何补偿的方法以纠正过去的错误。
1995 年	下议院一致通过一项动议，正式承认 2 月为黑人历史月（Black History Month）。
1996 年	联邦政府成立了加拿大种族关系基金会（The Canadian Race Relations Foundation）。
1997 年	联邦政府宣布了一项新的多元文化计划，重点解决种族歧视问题。

资料来源：加拿大国会网，https://lop.parl.ca/sites/PublicWebsite/default/en_CA/ResearchPublications/200920E#a2-4-2，检索时间：2021 年 9 月 18 日；Marc Leman Political and Social Affairs Division, Canadian Multiculturalism, http://publications.gc.ca/collections/Collection-R/LoPBdP/CIR/936-e.htm，检索时间：2021 年 9 月 18 日；https://exhibits.library.utoronto.ca/items/show/2664，检索时间：2021 年 9 月 18 日。

与联邦政府相呼应，加拿大各省也先后通过多元文化法案（参见表 8.2）。

表 8.2 多元文化法案

时间	简介
1974 年	萨斯喀彻温省率先通过多元文化法案。
1977 年	安大略省启动多元文化政策。1982 年，公民和文化厅（Ministry of Citizenship and Culture），现为公民和移民厅（Ministry of Citizenship and Immigration）正式成立。
1984 年	马尼托巴省通过"马尼托巴省跨文化委员会法"（Manitoba Intercultural Council Act）。1992 年，通过了新的省级多元文化法案（Multiculturalism Act）。
1984 年	阿尔伯塔省通过了"阿尔伯塔省文化遗产法"（Alberta Cultural Heritage Act），承认多元文化是阿尔伯塔省社会的一个基本特征。该法于 1990 年被阿尔伯塔省多元文化法案（Alberta Multiculturalism Act）取代。

续表

时间	简介
1984年	魁北克"跨文化主义"仅限于独尊魁北克文化框架内。1984年，省议会通过立法，建立了文化社区和移民委员会（Council of Cultural Communities and Immigration），后改为跨文化关系委员会（The Conseil des Relations Interculturelles）。1986年，魁北克政府公布了关于跨文化和跨种族关系宣言（The Déclaration sur les relations interethniques et interraciales）。1990年年底，魁北克省跨文化组织通过发布题为"让我们共同建立魁北克：移民与融合政策声明"（Let's Build Quebec Together: A Policy Statement on Immigration and Integration）白皮书，进一步确定了魁北克面向移民和多样性的跨文化定位。
1986年	新不伦瑞克省推出了多元文化政策。
1988年	爱德华王子岛推出了省级多元文化政策。
1989年	新斯科舍省通过了多元文化立法。
1993年	卑诗省政府颁布了多元文化法案（B.C. Multiculturalism Act），于9月9日生效。

资料来源：加拿大国会官方网，https://lop.parl.ca/sites/PublicWebsite/default/en_CA/ResearchPublications/200920E#a2-4-2，检索时间：2021年9月18日；Multiculturalism Act: SBC 1993, Chapter57; B.C.Reg.312/93；卑诗省政府官方网，https://www2.gov.bc.ca/gov/content/governments/multiculturalism-anti-racism/multiculturalism/multiculturalismgrants，检索时间：2021年9月18日。

从联邦法规的角度来看，1982年的人权宪章相当重要，它从宪法的层面肯定了多元文化主义，各族裔维持和保护自己的传统文化成为基本人权的一部分，为多元文化政策的实施奠定了不可动摇的法律基础。从制度层面来看，内阁中负责推动多元文化的职位虽有变动，但联邦自由党政府和联邦保守党政府都没有将其"虚位化"，而是努力在各个社区进行实际性的推动。

值得注意的是，联邦自由党克里田（又称克里蒂安）政府在1994年通过的对过去历史错误可以道歉但不赔偿的政策，引发了很大的争议。因为这个政策，联邦自由党政府在对华人社区要求就"人头税"和"排华法案"进行道歉和赔偿的时候，采取了不赔偿原则，引发了华人社区的反感和反弹。

当然，法规和制度的完善，并不等于多元文化主义在国民认知层面已经成为"常识"，自多元文化政策引入后，各社区还是发生了不少违反多元文化主义原则的歧视风波，华人社区遭遇的挫折也不少。可见，宣传多元文化主义仍然是一个长期的任务。

由于杜鲁多总理严厉对待魁独，得罪了魁北克的许多草根社团和精英阶层。因此，他所提倡的多元文化政策，在魁北克并没有受到热烈欢迎，尽管联邦政府的多元文化拨款绝大部分都流向了魁北克省。而从全国的角度来看，多元文化政策也是通过一个较为长期的过程，才逐渐成为大多数人的共识。即便如此，在加拿大经济状况不佳、社会不稳定、国际形势恶化的时代，多元文化主义仍然时不时会遭遇挑战，抱怨移民太多的社会氛围也持续出现，质疑多元文化主义模糊了加拿大主流价值的呼声也不在少数。我们仅以20世纪90年代的几个民意调查为例，就可以看出这一点。

1993年的一次民意调查显示，多达72%的受访者认为，"加拿大作为一个国家，每个种族群体保持自己的文化特征，必须让位于美国那种文化融合方式"。[1]有趣的是，美国的大熔炉政策，一直是加拿大多元文化政策的一个比较对象，而素不喜欢美国的加拿大人，在对待移民问题上，有时候会拿美国的大熔炉政策来旁敲侧击多元文化。1994年，EKOS研究联合会（Ekos Research Associates）进行的一项调查发现，大多数受访者认为移民太多，尤其是少数群体的移民。60%的受访者认为，"太多移民认为没有义务适应加拿大人的价值观和生活方式"。[2]这是对新移民没有积极融入加拿大社会的一种常见批评，这种批评显然没有将加拿大的多元文化主义当成是加拿大人应有的价值观和生活方式。

不过，主流民意调查显示，对多元文化的认同，在少数族裔移民潮兴起的20世纪90年代，仍然是社会的主流民意，益普索·里德[（Ipsos Reid），以前称为安格斯·里德（Angus Reid）]进行的民意调查表明，越来越多的加拿大人同意"多元文化构成是加拿大最好的事情之一"。1993年2月该比例为77%，1996年6月该比例为80%，1998年10月该比例为78%，1999年该比例则超过83%，而1999年对于加拿大青年人的调查显示，96%的人同意"加拿大有不同种族背景的人是好事"。[3]

一、多元文化与华侨华人

多元文化政策的推动，带给加拿大这个多族裔移民国家以活力，也让种族歧视等弊病得到了有力的纠正。多元文化不是加拿大各族裔"各唱各的调"，大家合法地"自娱自乐"，而是在多元文化的大旗下，各族裔的传统文化和习俗得到平等

---

[1] *Canadians Want Mosaic to Melt,Survey Finds*，Globe and Mail，Dec. 14，1993.

[2] *Cultural Insecurity Showing*，Globe and Mail，Mar. 11，1994.

[3] *Annual Report on the Operation of the Canadian Multiculturalism Act 1999-2000*，Canadian Heritage Multiculturalism，p.3.

尊重，各族裔优秀的传统文化得以发扬光大，成为加拿大主流价值系统的一部分，影响到政府政策和人民生活的方方面面，从而使加拿大的形象更加丰满多元，这是一个长期的挑战，也是加拿大潜在的伟力所在。华人社区在多元文化的发展过程中，做出了自己的贡献，也凸显了不少弱点。

（一）中文教育进入公共教育系统

虽然政府在多元文化政策上主要向魁北克省倾斜，但作为全国统一的政策，不可能无视其他地区、其他少数族裔对多元文化的需求。最明显的是，除了英、法两种官方语言外，少数族裔语言的教育也开始进入有些省的公共教育系统。1971年，阿尔伯塔省埃德蒙顿市就有祖裔语言课程。该省是第一个通过立法的形式确定公立学校可以使用除官方语言（英语或法语）外的其他语言进行教学的。[1] 1974年，多伦多一班热心教育的人士草拟了一份中文教育计划，得到了教育局的资助与合作，正式在两所公立小学开办了中文课程。[2] 1976年，多伦多柯街及柯顿公立小学中文班于9月份开课。市教育局请了两位中文教师，分别在两所学校教课。[3] 1978年，温哥华麦当奴（MacDonnell）小学也开设了儿童中文班。[4] 1982年，一项实验性的中英双语教学项目首次在埃德蒙顿市幼儿园进行试点，最开始只有33名儿童入学。一年后，实践证明该中英双语教学项目十分成功，中英双语课程于1983年在埃德蒙顿市正式开设。[5] 1992年2月，埃德蒙顿市公立教育局在高中一至三年级引入汉语国际文凭IB考试（International Baccalaureate standards for Mandarin）。参加第一届汉语国际考试的高中生于1995年毕业。[6]

由此可见，多元文化语言课程由各省自行订立，中文教育被纳入各省公共教育

---

[1] Manitoba Education website，http://www.edu.gov.mb.ca/k12/docs/policy/heritage/，检索时间：2021年9月18日。

[2] 龚锦霞：《加拿大多伦多抽样分析》，《多元文化国家形态下的中文教育》，第14页。

[3] 《柯街及柯顿中文班开课》，《醒华日报》1976年11月3日。

[4] 《麦当奴小学本期设英语及儿童中文班》，《大汉公报》1978年9月20日。

[5] 《统计记录》，《爱民顿中英双语教育协会及爱民顿中英双语学制25年纪念册》，爱民顿中英双语教育协会，2007年，第75页；《爱民顿中英双语课程如何开始》，《爱民顿中英双语教育协会及爱民顿中英双语学制25年纪念册》，爱民顿中英双语教育协会，2007年，第21、22页；加拿大阿尔伯塔省中文教育官方网，http://blog.sina.com.cn/s/blog_467c6d240102e6xc.html，检索时间：2021年9月18日。

[6] 加拿大阿尔伯塔省中文教育官方网，http://blog.sina.com.cn/s/blog_467c6d240102e6xc.html，检索时间：2021年9月18日；统计记录：《爱民顿中英双语教育协会及爱民顿中英双语学制25年纪念册》，爱民顿中英双语教育协会，2007年，第75页。

系统的时间也是先后不一，作为少数族裔，中文在各祖裔语言教育课程中并不突出。

（二）20世纪70年代之后出现的大型多元文化活动

联邦政府的多元政策对尊重少数民族文化、促进各民族文化的交流与沟通起到了积极的作用。这种交流主要体现在由少数族裔举办、各方都乐于参加的多元文化活动上。由于这些活动数量极多，这里仅举出一些由华人社区主办，且在主流社会颇有影响力，并持续多年的大型活动。即便如此，仍然有挂一漏万之嫌。

在缅省，始于1970年的温尼伯民风节，最初是为了庆祝缅省成立一百周年而举办的，为期7天，当时有21个民族馆，中国馆只是其中之一。[1]因为这次活动举办得非常成功，这项活动就延续下来了，在每年的7月底或8月初举行。这些代表不同民族的民风馆设有充满创意的民俗表演、文化展示和美食。1970年，中国馆的主办单位是中华会馆。时任中华会馆主席李杏源（Hung Lee）先生任首届中国馆馆长，缅省前省督李绍麟（Philip S. Lee）先生则成为第一个代表该馆与西人沟通的华人代表。不过当初都是在唐人街上举办，1986年改在缅省大剧院举行演出，再后来由中华文化中心接手主办。1988年，民风委员会规定，以后民风节活动要延长为两周。1989年中华文化中心开始与越缅寮华裔协会共同主办中国馆，1999年两协会开始轮流主办。[2]中国政府对民风节大力支持，经常把中国国画和仿真国宝送来展示。

在卑诗省，1981年8月，中国文化艺术节在温哥华举行。此次活动有参观唐人街、针灸示范讲座等内容，还在温哥华博物馆放映了《一个舞蹈家在中国》的幻灯片，并在太平洋博览馆举行中国贸易会和中国音乐演奏会等。[3]

1986年5月2日—10月13日，温哥华举行成立百年纪念活动，其间温哥华也在举办世博会。世博会期间，富有中国特色的龙舟赛首次在亚洲以外的地区开赛。[4]1987年6月，龙舟赛规模有所扩大。1989年，时任省督林思齐（David See-Chai Lam）和温哥华著名慈善家黄光远（Milton K. Wong）为了进一步弘扬加拿大的中华文化

---

〔1〕Folklorama, 2016, p.1.；李奉天：《缅省民风节之我见》，《庆祝温尼伯华埠成立100周年》，2009年，第174页。

〔2〕李奉天：《缅省民风节之我见》，《庆祝温尼伯华埠成立100周年》，2009年，第175页；李绍麟、余岳兴和颜国华口述；2016年8月王玉玲采访记录；资料来自颜国华。

〔3〕《中国文化艺术节》，《大汉公报》1981年8月24日。

〔4〕《云埠首届龙舟竞赛，周日假溪圆满结束》，《大汉公报》1986年6月17日；The Canadian International Dragon Boat Festival Society web site, https://dragonboatbc.ca/cidbfs/history/，检索时间：2021年9月18日。

和多元文化主义，将温哥华龙舟赛扩大成温哥华国际龙舟节，并为此成立了温哥华国际龙舟节社团（Vancouver International Dragon Boat Festival Society）。1996 年，第一届国际龙舟联合会俱乐部世界锦标赛在温哥华福溪（False Creek）举行。[1]在华人的共同努力下，温哥华国际龙舟节逐渐发展成为北美地区最大的龙舟节。

温哥华的龙舟节，对全加拿大都具有辐射作用。在魁北克省，1996 年，蒙特利尔华侨华人创办了首届"国际龙舟节"，共有 32 支队伍参赛，并有唐人街闹市区彩车大游行作为比赛的热场，可谓声势浩大。之后，蒙特利尔每年都举办龙舟节。[2]

在阿尔伯塔省，自从 1969 年卡尔加里中华协会成立后，翌年就与华埠诸社团和诸商号一起参加了"卡城牛仔节"，并举办花车游行。花车以当年生肖为主题，有强烈的中华文化特色。[3]

在安大略省，为了庆祝大多市和重庆市结为姐妹城市两周年，大多市从 1987 年 7 月 7 日起，举办了"中国文化节 87 活动"。[4]

1997 年，为期 17 天的第 19 届"冬乐节"在渥太华举办。"冬乐节"以"通往中国之路"为主题，[5]广场上有大型冰雕，天坛、华表、二龙戏珠等造型最为引人注目。这些冰雕艺术品来自中国哈尔滨的冰雕艺术家之手，是由 2500 块巨型冰块制作而成的。"冬乐节"还包括中国彩灯展、中国舞蹈艺术家的表演。[6]

值得一提的是加拿大亚裔月。2001 年 12 月，参议员利德蕙（Vivienne Poy）在加拿大参议院提出动议，将每年 5 月定为亚裔传统月并获得通过。2002 年，加拿大政府正式宣布 5 月为亚裔月。[7]亚裔月的设立，显示出华人开始突破一个族裔的狭隘视野，从亚裔定位的更大格局来弘扬多元文化，影响自然也更加广泛。

二、勋衔和荣誉

多元文化政策不是"各个族裔自娱自乐"，满足于安全生活在自己传统文化和

---

[1] The Canadian International Dragon Boat Festival Society web site，https://dragonboatbc.ca/cidbfs/history/，检索时间：2021 年 9 月 18 日。
[2] 李惠霞：《满地可国际龙舟节的诞生》，《第一届满地可国际龙舟节大赛》，1996 年。
[3] 《全卡城华人社区牛仔节花车游行》，《加拿大卡城中华协会创会四十周年暨第 21 届执行理事就职典礼纪念特刊》，2009 年，中华协会，第 24 页。
[4] 《中国文化节 87 活动盛大展开》，*Modern Times Weekly*，Jul. 10，1987.
[5] 《"通往中国之路"——第十九届渥太华"冬乐节"》，《人民日报》1997 年 4 月 8 日。
[6] 《渥太华举行"冬乐节"》，《人民日报》1997 年 10 月 2 日。
[7] History，The Ottawa Asian Heritage Month Society web site，http://www.asianheritagemonth.net/pages/about-us/history.php，检索时间：2021 年 9 月 18 日。

语言的"堡垒"之中,不受其他族裔的"烦扰"。多元文化政策就是在尊重加拿大所有族裔和所有个人的基础上,共同来建设一个平等繁荣的和谐家园。因此,将各个族裔当中的标杆人物遴选出来,作为加拿大主流价值的典范,激励社区和个人为国家做贡献,是政府的必然之举。1967年,在庆祝联邦政府成立100周年之际,联邦政府设立了加拿大最高荣誉勋衔,并把荣誉勋衔颁发给不同族裔中对加拿大做出杰出贡献的人。根据英联邦的勋衔制度,对当地或所在省份有长期贡献、提供卓越服务的公民,授以加拿大员佐勋衔(Member of the Order of Canada, C.M.);对全加拿大或世界有巨大影响力者,授予加拿大官佐勋衔(Officer of the Canada, O.C.);或由C.M.晋升为O.C.,或晋升为加拿大最高荣誉同伴勋衔(Companion of the Order of Canada, C.C.)。[1]每一级的勋章上,都有一句拉丁文(Desideranies Meliorem Pairam),意思是佩戴这勋章之人,其生活及工作皆表示出他们欲追求一个更完美的国家。

加拿大的勋衔每年颁发两次,有名额限制。在正式推动多元文化政策之前,包括华裔在内的少数族裔,被遴选出来得奖的人可谓凤毛麟角。在设立勋衔之后的10年间,华人无人获得授勋。推行多元文化政策后,少数族裔获此殊荣的人数有了增加,而华人首次获得授勋是在1976年。之后的25年间,除了有几年无人得奖,其余20多年每年都有华人获奖,获勋者涵盖各个领域。年度获奖最多的时候,曾经有4位华人同时获奖(2000年)。当然,与华人在加拿大的人口比例相比,华人获勋者仍然不算多(参见表8.3)。

表8.3 获加拿大勋衔人数(1967—2001年)

时间	加拿大员佐勋衔	加拿大官佐勋衔	加拿大同伴勋衔	总计
1967年		98	51	149
1968年		69	32	101
1969年		46	25	71
1970年		42	26	68
1971年		50	22	72
1972年		51	23	74

---

[1] The Order of Canada Government House Ottawa; Order of Canada, 加拿大总督官方网, https://www.gg.ca/ en/order-precedence, 检索时间: 2021年9月18日; 1967 Creating a National Order, https://www.orderofcanada50.ca/1967, 检索时间: 2021年9月18日。

续表

时间	加拿大员佐勋衔	加拿大官佐勋衔	加拿大同伴勋衔	总计
1973年	78	42	13	133
1974年	71	44	10	125
1975年	86	36	7	129
1976年	83	39	5	127
1977年	80	45	5	130
1978年	78	38	3	119
1979年	76	42	8	126
1980年	85	40	6	131
1981年	77	38	5	120
1982年	83	38	7	128
1983年	84	44	4	132
1984年	89	47	6	142
1985年	97	45	7	149
1986年	88	46	8	142
1987年	88	43	5	136
1988年	88	44	7	139
1989年	95	46	9	150
1990年	90	47	8	145
1991年	94	44	8	146
1992年	89	44	9	142
1993年	77	40	7	124
1994年	95	50	8	153
1995年	99	51	10	160
1996年	96	37	6	139
1997年	95	42	9	146
1998年	87	44	10	141
1999年	106	50	10	166

续表

时间	加拿大员佐勋衔	加拿大官佐勋衔	加拿大同伴勋衔	总计
2000 年	107	51	7	165
2001 年	133	63	13	209
总计	2594	1636	399	4629

资料来源：加拿大总督官方网，检索时间：2021 年 9 月 18 日。

值得一提的是，1976 年，两位加籍华人，即锦碌市市长吴荣添和拯救多伦多唐人街的林黄彩珍首次获得 C.M.勋衔（参见表 8.4）。之后，卑诗大学牙科教授梁甦华于 1987 年成为第一位获得 O.C.勋衔的华人。[1] 他于 1962 年应卑诗大学邀请，从美国回到加拿大，在卑诗大学创建牙科医学院。梁甦华还创立了加华牙医学会（The Chinese Canadian Dental Society of British Columbia），曾任温哥华中华文化中心主席，服务华人社区成绩卓著。1991 年，多伦多大学徐立之教授和蒙特利尔麦吉尔大学（McGill University）的张明瑞教授双双获得 O.C.勋衔。前者在 1989 年发现了白人常见的遗传病"囊状纤维症"（Cystic Fibrosis）的病变基因，对遗传质子学贡献巨大。后者发明了一种化学制成品，可以代替人体内的血红素，对世界医学有极大贡献（参见表 8.5）。1994 年，林思齐成为首位获皇家维多利亚司令勋衔（Commander of the Royal Victorian Order）的华人，[2] 还有华人获得同伴勋衔（参见表 8.6）。林思齐因为对社区的重大贡献，被时任总理克雷蒂安提名为卑诗省第 25 任省督，也是加拿大历史上第一位华裔省督。

表 8.4　荣获加拿大佐勋衔的华裔加拿大人（1967—2001 年）

时间	姓名	居住地
1976 年	吴荣添（Peter Wing） 林黄彩珍（Jean B. Lumb）	锦碌市（也称甘卜碌、甘露市、坎卢普斯，Kamloops） 多伦多（Toronto）

---

[1] David ChuenYan Lai: *A Brief History of the Establishment of the Order of Canada*, Chinatown Newsletter, Victoria, No. 19, Apr. 1996, p. 25（in Chinese script）.

[2] State Intelligence: The London Gazette, 13403, number: 53798, Sep. 23, 1994; David Chuen Yan Lai: *A Brief History of the Establishment of the Order of Canada*, Chinatown Newsletter, Victoria, No. 19, Apr. 1996, p. 25（in Chinese script）.

续表

时间	姓名	居住地
1977年	黄保华（Peter Bowah Wong）	维多利亚（Victoria）
1979年	林黄瑞仪（Clara Yee Lim） 江绍伦 Shiu Loon Kong	列治文（Richmond） 多伦多（Toronto）
1982年	简建平（Harry Con）	温哥华（Vancouver）
1983年	黎全恩（David Chuenyan Lai）	维多利亚（Victoria）
1984年	陈籍扶（Emest C.F.Chan）	萨斯卡通（也称沙士加寸，Saskatoon）
1985年	余岳兴（Joseph N.H.Du） 冯丽明（Lori Fung）	蒙特利尔（Winnipeg） 温哥华（Vancouver）
1986年	林建威（David T.W.Lin）	蒙特利尔（Montreal）
1987年	温维泮（William P.Wen）	多伦多（Toronto）
1988年	林思齐（David See-Chai Lam）	温哥华（Vancouver）
1989年	李慧贤（Jack Wai Yen Lee） 雷钰堂（Louie Tong） 胡建华（Henry Gan Wah Woo）	维多利亚（Victoria） 温哥华（Vancouver） 埃德蒙顿（Edmonton）
1990年	郑天华（Douglas Jung） 李植荣（Jack W.Lee）	温哥华（Vancouver） 蒙特利尔（Montreal）
1992年	王裕佳（Joseph Y.K.Wong）	多伦多（Toronto）
1994年	谢华真（Wah Jun Tze） 梁陈明任（Sophia Ming Ren Leung）	温哥华（Vancouver） 温哥华（Vancouver）
1995年	谭秉荣（Bing Wing Thom）	温哥华（Vancouver）
1997年	黄光远（Milton K.Wong）	温哥华（Vancouver）
1998年	林佐民（Norman Kwong） 林达光（Paul Ta Kuang Lin）	卡尔加里（Calgary） 温哥华（Vancouver）
1999年	李亮汉（Robert H.Lee） 李绍麟（Philip S.Lee） 雷元熙（David Y.H.Lui）	温哥华（Vancouver） 温尼伯（Winnipeg） 温哥华（Vancouver）
2000年	黄锐光（Paul Wong） 秦家懿（Julia Chia-Yi Ching） 刘聚福（Arthur Chiu Fu Lau） 马福炘（Henry Fook Yuen Mah）	温哥华（Vancouver） 多伦多（Toronto） 潘特克莱尔（Point-Claire） 埃德蒙顿（Edmonton）

续表

时间	姓名	居住地
2001年	赵邓人翘（Yvonne Chiu） 颜质灿（Chit Chan Gunn）	多伦多（Toronto） 温哥华（Vancouver）

资料来源：Mr.Peter Wing, C.M., O.B.C., 加拿大总督官方网, https://www.gg.ca/en/honours/recipients/146-14215, 检索时间：2021年9月18日；Mrs.Jean B.Lumb, C.M., 加拿大总督官方网, https://www.gg.ca/en/honours/recipients/146-13565；Mr.Peter Bowah Wong, C.M., 加拿大总督官方网, https://www.gg.ca/en/honours/recipients/146-14222, 检索时间：2021年9月18日；Mrs.Clara Yee Lim, C.M., R.N., 加拿大总督官方网, https://www.gg.ca/en/honours/recipients/146-13625, 检索时间：2021年9月18日；Mr.Shiu Loon Kong, C.M., Ph.D., 加拿大总督官方网, https://www.gg.ca/en/honours/recipients/146-14335, 检索时间：2021年9月18日；Mr.Harry Con, C.M., Governor General of Canada web site, https://www.gg.ca/en/honours/recipients/146-14813, 检索时间：2021年9月18日；Mr. David Chuenyan Lai, C.M., 加拿大总督官方网, https://www.gg.ca/en/honours/recipients/146-14274, 检索时间：2021年9月18日；Mr.Ernest C.F.Chan, C.M., 加拿大总督官方网, https://www.gg.ca/en/honours/recipients/146-14975, 检索时间：2021年9月18日；Mr.Joseph N.H.Du, C.M., O.M., 加拿大总督官方网, https://www.gg.ca/en/honours/recipients/146-14708, 检索时间：2021年9月18日；Ms.Lori Fung, C.M., O.B.C., 加拿大总督官方网, https://www.gg.ca/en/honours/recipients/146-14652；Mr.David T.W.Lin, C.M., M.D., F.A.C.S., 加拿大总督官方网, https://www.gg.ca/en/honours/recipients/146-13626, 检索时间：2021年9月18日；Mr.William P.Wen, C.M., 加拿大总督官方网, https://www.gg.ca/en/honours/recipients/146-2919, 检索时间：2021年9月18日；The Honourable David C.（See-Chai）Lam, O.C., C.V.O., O.B.C., M.B.A., LL.D., 加拿大总督官方网, https://www.gg.ca/en/honours/recipients/146-5198, 检索时间：2021年9月18日；Mr.Jack Wai Yen Lee, C.M., B.Comm., 加拿大总督官方网, https://www.gg.ca/en/honours/recipients/146-3685, 检索时间：2021年9月18日；Mr.Tong Louie, C.M., O.B.C., B.S.A., 加拿大总督官方网, https://www.gg.ca/en/honours/recipients/146-2981, 检索时间：2021年9月18日；Mr.Henry Woo, C.M., 加拿大总督官方网, https://www.gg.ca/en/honours/recipients/146-3714, 检索时间：2021年9月18日；Mr.Douglas Jung, C.M., C.D., LL.B., 加拿大总督官方网, https://www.gg.ca/en/honours/recipients/146-3506, 检索时间：2021年9月18日；Mr.Jack W.Lee, C.M., C.Q., 加拿大总督官方网, https://www.gg.ca/en/honours/recipients/146-3512, 检索时间：2021年9月18日；Mr.Joseph Y.K.Wong, C.M., M.D., D.Sc., D.S.C., M.S.M., 加拿大总督官方网, https://www.gg.ca/en/onours/recipients/146-4122, 检索时间：2021年9月18日；Mr.Wah Jun Tze, C.M., M.D., F.R.C.P.C., 加拿大总督官方网, https://www.gg.ca/en/honours/recipients/146-3888, 检索时间：2021年9月18日；Mrs.Sophia Ming Ren Leung, C.M., M.S.W., 加拿大总督官方网：https://www.gg.ca/en/honours/recipients/146-3953, 检索时间：2021年9月18日；Mr.Bing Wing Thom, C.M., M.Arch., F.R.A.I.C., 加拿大总督官方网, https://www.gg.ca/en/honours/recipients/146-4364, 检索时间：2021年9月18日；Mr.Milton K.Wong, C.M., O.B.C., 加拿大总督官方网, https://www.gg.ca/en/honours/recipients/146-4934, 检索时间：2021年9月18日；The Honourable Norman Kwong, C.M., A.O.E., 加拿大总督官方网, https://www.gg.ca/en/honours/recipients/146-5540, 检索时间：2021年9月18日；Mr.Paul Ta Kuang Lin, C.M., M.A., 加拿大总督官方网, https://www.gg.ca/en/honours/recipients/146-5143, 检索时间：2021年9月18日；Robert（Bob）H.Lee, C.M., O.B.C., B.Comm., L.L.D.（Hon）, https://www.businesslaureatesbc.org/laureate/robert-bob-h-lee/, 检索时间：2021年9月18日；His Honour the Honourable Philip S.Lee, C.M., O.M., B.Sc., M.C.I.C., 加拿大总督官方网, https://www.gg.ca/en/honours/recipients/146-6113,

检索时间：2021 年 9 月 18 日；Mr.David Y.H.Lui，C.M.，加拿大总督官方网：https://www.gg.ca/en/honours/recipients/146-7047，检索时间：2021 年 9 月 18 日；Mr.Paul Wong，C.M.，Governor General of Canada web site，https://www.gg.ca/en/honours/recipients/146-6871，检索时间：2021 年 9 月 18 日；Ms.Julia Chia-yi Ching，C.M.，加拿大总督官方网，https://www.gg.ca/en/honours/recipients/146-7737，检索时间：2021 年 9 月 18 日；Mr.Arthur Chui Fu Lau，C.M.，加拿大总督官方网，https://www.gg.ca/en/honours/recipients/146-7034，检索时间：2021 年 9 月 18 日；Mr.Henry Fook Yuen Mah，C.M.，加拿大总督官方网，https://www.gg.ca/en/honours/recipients/146-7195，检索时间：2021 年 9 月 18 日；Mrs.Yvonne Chiu，C.M.，加拿大总督官方网，https://www.gg.ca/en/honours/ recipients/146-8176，检索时间：2021 年 9 月 18 日；Mr.Chit Chan Gunn，C.M.，O.B.C.，M.D.，Ph.D.，加拿大总督官方网，https://www.gg.ca/en/honours/recipients/146-8052，检索时间：2021 年 9 月 18 日。

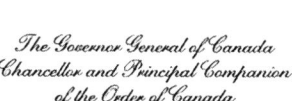

图 8.1　1999 年李绍麟获得加拿大勋章的证书

资料来源：原马尼托巴省省督李绍麟

表 8.5　荣获加拿大官佐勋衔的华裔加拿大人（1967—2001 年）

时间	姓名	居住地
1987 年	梁甦华（S.Wah Leung）	温哥华（Vancouver）
1991 年	徐立之（Lap Chee Tsui） 张明瑞（Thomas Ming Sui Chang）	多伦多（Toronto） 蒙特利尔（Montreal）

续表

时间	姓名	居住地
1992年	伍冰枝（Adrienne Clarkson）	多伦多（Toronto）
1995年	林思齐（David See-Chai Lam）	温哥华（Vancouver）
1998年	武卫权（Neville Poy）	士嘉堡（Scarborough）
2000年	麦德华（Tak Wah Mak）	多伦多（Toronto）

资料来源：Mr.S.Wah Leung, O.C., D.D.S., F.R.C.D., 加拿大总督官方网，https://www.gg.ca/en/honours/recipients/146-3392，检索时间：2021年9月18日；Mr.Lap-Chee Tsui, O.C., Ph.D., D.C.L., F.R.S., 加拿大总督官方网，https://www.gg.ca/en/honours/recipients/146-3637，检索时间：2021年9月18日；Mr.Thomas Ming Swi Chang, O.C.; 加拿大总督官方网，https://www.gg.ca/en/honours/recipients/146-13530，检索时间：2021年9月18日；The Right Honourable Adrienne Clarkson, P.C., C.C., C.M.M., C.O.M., C.D., 加拿大总督官方网，https://www.gg.ca/en/honours/recipients/146-4040，检索时间：2021年9月18日；伍冰枝官方网址：Biography, http://adrienneclarkson.com/biography, 检索时间：2021年9月18日；The Honourable David C.(See-Chai) Lam, O.C., C.V.O., O.B.C., M.B.A., LL.D., 加拿大总督官方网，https://www.gg.ca/en/honours/recipients/146-5198，检索时间：2021年9月18日；Mr.Neville G.Poy, O.C., 加拿大总督官方网，https://www.gg.ca/en/honours/recipients/146-5518，检索时间：2021年9月18日；Mr.Tak Wah Mak, O.C., O.Ont., Ph.D., D.Sc., F.R.S.C., 加拿大总督官方网，https://www.gg.ca/en/honours/recipients/146-6966，检索时间：2021年9月18日。

表8.6 荣获加拿大同伴勋衔的华裔加拿大人（1967—2001年）

时间	姓名	居住地
1999年	伍冰枝（Adrienne Clarkson）	渥太华（Ottawa）

资料来源：The Right Honourable Adrienne Clarkson, P.C., C.C., C.M.M., C.O.M., C.D., 加拿大总督官方网，https://www.gg.ca/en/honours/recipients/146-4040；伍冰枝个人网站：Biography, http://adrienneclarkson.com/biography, 检索时间：2021年9月18日；伍冰枝个人网站：Biography, http://adrienneclarkson.com/biography, 检索时间：2021年9月18日。

从上述华裔勋位获得者的定居地来看，仍然以西部的卑诗省为多。这也证明，卑诗省的华裔各方人才都很齐备，他们不但是加拿大华人社区最早的创建者，也是加拿大多元文化的重要推动者。

在多元文化政策的推动下，华人的诸多贡献也被社会承认，不少人获得荣誉市民，还有人甚至获得著名大学校监等荣誉职位，这在歧视时代是无法想象的事情。

举例来说，在当年卑诗省华人登陆之地维多利亚市，自1970年该市市长考特尼·哈多克（Courtney Haddock）建议颁发"荣誉市民证书"以表扬市民做出的贡献，从 1971 年到 2001 年，共有 16 位华裔市民获得。[1]

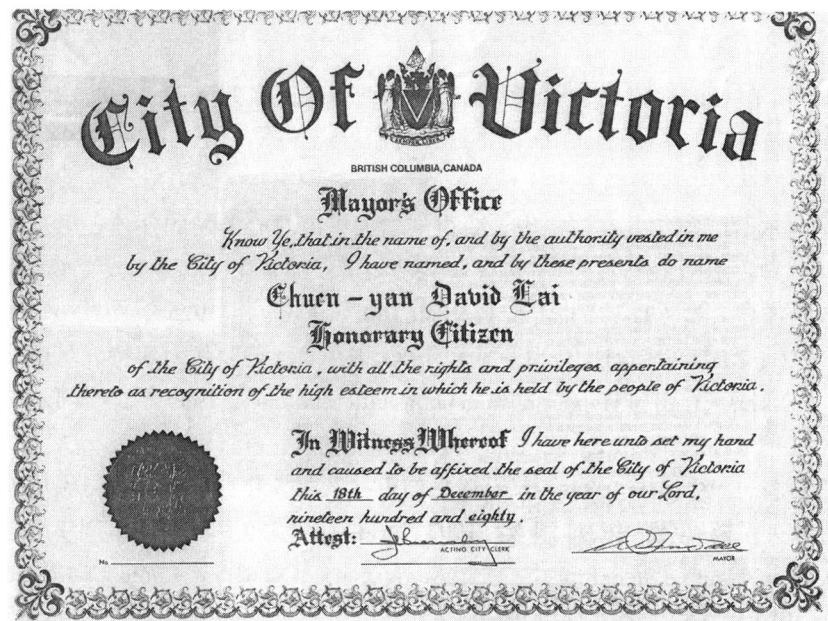

图 8.2　1980 年，黎全恩教授获维多利亚荣誉市民证书
资料来源：黎全恩

同样，20 世纪 70 年代之后，也陆续有华人在温哥华市获得公民优异奖（The Civic Merit Award，该奖设立于 1942 年）。[2]

1995 年 9 月底，林思齐公园在太平洋林荫大道（Pacific Boulevard）和德立街（Drakc Street）之间建成，并举行了揭幕式，这是加拿大第一座以华人命名的公园。[3]

---

[1] Mayors（By Name），https://www.victoria.ca/EN/main/residents/archives/faqs/mayors-name.html，检索时间：2021 年 9 月 18 日；黎全恩：《维多利亚荣誉市民历史问题》，《华埠通讯》2005 年 8 月，第八卷第五期，第 23、25 页；《域多利黎全恩博士获颁荣誉市民荣衔》，《大汉公报》1981 年 2 月 26 日。

[2] Civic Merit Award，温哥华市政府网，https://vancouver.ca/your-government/civic-merit-award.aspx，检索时间：2021 年 9 月 18 日。

[3] David Lam Park，温哥华市政府网，https://covapp.vancouver.ca/parkfinder/parkdetail.aspx?inparkid=16，检索时间：2021 年 10 月 19 日；《纪念前省督林思齐杰出贡献，首间以华人命名公园昨开放》，《世界日报》1995 年 10 月 1 日。

1998年，黎全恩先生获得加拿大传遗基金会最高荣誉奖（加布里埃尔·莱格奖，The Gabrielle Leger Award），该奖是颁给对加拿大传统文化做出特殊贡献和成就的社会人士的。[1]

1999年—2005年，李亮汉先生因为对西岸最著名的卑诗大学的发展贡献卓著，而出任卑诗大学校监。[2]著名华裔投资家、慈善家黄光远也在1999年—2005年出任西门菲莎大学校监。[3]

在阿尔伯塔省，也有一些华人获得卡尔加里市政府颁发的各种表彰杰出公民的奖项。[4]原阿尔伯塔省省督林佐民曾经获得多项体育荣誉，例如，1969年晋身加拿大足球名人堂（The Canadian Football Hall of Fame）、1975年晋身加拿大体育名人堂（Canada's Sports Hall of Fame）、1983年登上埃德蒙顿因纽特人足球队荣誉墙（The Eskimos Wall of Honour at Commonwealth Stadium）、1980年晋身阿尔伯塔省体育名人堂（The Alberta Sports Hall of Fame）。[5]

在缅省，李绍麟于1984年获得温尼伯市社区服务奖、1990年获得温尼伯市社区和种族关系委员会颁发的服务奖、1993年获得加拿大联邦建国125周年纪念奖章（The Commemorative Medal for the 125th Anniversary of Canadian Confederation）；[6]余岳兴于1995年获得缅省水牛勋章。[7]

---

[1]《黎全恩三十载研究华埠发展，传统部颁莱杰总督夫人奖》,《星岛日报》1998年9月26日；资料来自黎全恩。

[2] UBC reveals plans for $18.5 M Robert H. Lee Alumni Centre, the University of British Colimbia, https://news.ubc.ca/2014/05/23/ubc-reveals-plans-for-18-5-m-robert-h-lee-alumni-centre/，检索时间：2021年9月18日。

[3] Former Changellor Milton Wong Dies, The Simon Fraser University website, http://www.sfu.ca/features/FormerchancellorMiltonWongdies.html，检索时间：2021年9月18日。

[4] Previous Calgary Awards Recipients, 卡尔加里市政府网, https://www.calgary.ca/CA/city-clerks/Pages/Administration-services/Calgary-Awards/Previous-Calgary-Awards-Recipients.aspx，检索时间：2021年9月18日。

[5] The Hon. Norman Lim Kwong（林佐民）, C.M., K.St.J., A.O.E., https://www.chinese-armorial.com/Kwong_Norman_Lim/Kwong_Norman_Lim.html，检索时间：2021年9月18日。

[6] 资料来自李绍麟；The Honourable Philip S. Lee, C.M., O.M., 马尼托巴省督官方网, https://www.manitobalg.ca/history/past%20lieutenant-governors/the-honourable-philip-s-lee-c-m-o-m/，检索时间：2021年9月18日。

[7] 资料来自余岳兴；余岳兴获得缅省水牛勋章证书。

图8.3　余岳兴获得缅省水牛勋章的证书
资料来源：余岳兴

在安大略省，三位华裔于1985年获得多伦多市成就奖，他们是安省华联会会长、加国华声中文电台执行制作经理蔡敏强，全加华人协进会副会长郭瑞志，士嘉堡华人联会会长、士嘉堡多元文化及种族关系行动组内的唯一华裔成员吴鸿瑞。他们三人长期服务社区，因此得奖。[1] 1986年，多伦多市有40多位华裔人士获得安大略省文化部颁发的"志愿服务"奖。[2] 1998年，新时代传媒集团被安大略省列治文山商会（Richmond Hill Chamber of Commerce in Ontario）选为1998年度安大略省四大最佳商业大奖（Business Achievement Award）。[3]

在魁北克省，1989年，华人谭振樵先生获得"加拿大杰出公民奖"，这个奖必须是连续十年以上服务社区并有突出贡献，且是义务服务的人才有资格获得。[4]

---

[1]《三位华裔人士获多市成就奖》，*Modern Times Weekly*，Jul. 19，1985。
[2]《多市四十多位华裔人士获颁安省文化部"志愿服务"奖项》，*Modern Times Weekly*，Apr. 4，1986。
[3] 资料来自加拿大新时代集团主席冯永发。
[4] 张友仁：《访加拿大杰出公民谭振樵先生》，《经济学家》，1989年第5期，第106页。

1992年，蒙特利尔永兴龙有限公司联合创始人李俊棠（Arthur Lee）先生被加拿大联邦政府授予加拿大联邦建国 125 周年纪念奖章。

多元文化政策提高了少数族裔的地位，保持了族裔文化传统，因此受到大多数人的支持。但是多元文化政策并不意味着加拿大社会已经克服和消除了族裔之间的矛盾，社会歧视依然存在，只不过变得较为隐蔽。另外，加拿大人对多元文化政策的理解是存在分歧的，也有反对的声音。不过总体来说，族裔之间的关系还是友好的，多元文化政策已经被更多人所认可。

第二节　华人在参政议政上的进步

一般而论，西方民主社会虽然是精英治理，但中产阶级是最大的投票群体，也是政治参与最重要的力量。战后，加拿大社会发展很快，中产阶级人数不断增加。很多华人因其自身的勤奋和努力，摆脱了战前劳工阶级的贫困，以经营小生意为主，逐渐进入中产阶级的行列。而加拿大移民政策的改变，带来了新的华人移民潮。在新移民当中，专业人士成为主流，随着他们在加拿大的就业，自然也就跨入中产阶级的行列。至于加拿大土生的华人二代、三代，进入大学的比例日趋升高，毕业后也加入了专业人士的行列，跻身为标准的中产阶级。

战后，"排华法"被取消，华人的投票权被恢复，中产阶级的人数大增，参政议政的基本条件已经成熟，加上华人社团也在积极提倡华人要参政议政，按理说，应该有些新的气象，事实是无论在参加选举还是在增加投票率等方面，都没有出现参政议政的热潮，华人传统意义上的对政治的冷漠还是主流现象。

华人对政治的冷漠在联邦政坛上体现得十分清楚。自郑天华先生在 20 世纪 50 年代下半期晋身国会议员之后，近 20 年内竟无华人再问鼎加拿大国会，一直到 1974 年，才有同样来自温哥华、代表联邦自由党的李侨栋参选成功，晋身国会议员。这一时期，进入省级和市级政府的华裔议员也属凤毛麟角。一直到了 90 年代，随着华人新移民潮的掀起，华人参政议政的脚步随之加快，先后有陈卓愉（自由党）、梁陈明任（自由党）、麦鼎鸿（Inky Mark，保守党）等人当选国会议员，并赢得连任，陈卓愉还首度入阁。联邦之外，当选为各省、市议会议员的华人有数十人之多。从人口比例来看，华人参选者和当选者人数都还不尽人意，但参选和当选各级议员的人数都达到了新的高度。

一、华人人口大幅增加

民主政治说到底是"一人一票"的人头政治，因此，人口的增加对华人参政议政来说，是一个相当重要的因素。更重要的是，华人延续100年来的居住模式使大部分华人集中居住在大省的大城市，主要是卑诗省（温哥华）、安大略省（多伦多）、阿尔伯塔省（卡尔加里）、魁北克省（蒙特利尔）和马尼托巴省（温尼伯），其中尤以安省和卑诗省华人最多。[1] 根据1961年加拿大人口普查的结果显示，华人总人数为58197人。[2] 当然，这个数字不能反映华人人口的全部，因为数以千计的华人因为"身份的真实性"存在问题，或许没有参加调查。1971年的人口普查结果显示，全加拿大华人总人数为118815名，[3] 仅仅经过了10年的时间，华侨华人人口就增加了一倍多。不但华人人口数量在20世纪70年代呈现高度增加的态势，华人的身份和职业结构也有了重大变化，其中具有高学历的专业人士增加明显。举例而言，1971年，华人从事专业技术职业的比例为16.7%，1981年上升到17.8%。[4] 随着华人受教育程度的上升和经济地位的提高，华人对加拿大各级政治和政策的关心度也随之提高，对通过参政议政来改变华人的政治地位也愈发关心，对加拿大社会制度的认同度和参与度也大幅提升，尤其是对几年一度的联邦和省市的选举也开始高度关注。

20世纪80年代至90年代，包括中国大陆在内，加拿大出现了至少三四波大的移民潮。根据1981年的加拿大人口普查，全加华人人数为289245名，到了1986年，人口普查报告证实全加华人人数为414040名。[5] 这些移民中很大一部分是具有高学历的技术移民，他们也是中产阶级的生力军，对参政议政的认知也比早期移民强很多，其中不乏精英人士愿意接受各主流政党，尤其是自由党和保守党的征召，出来参选或者担任公职。

可以这样说，华人在参政议政上的进步，是与华人人口增长和经济、社会地位的提升成正比例关系的，尽管华人参选者的当选并非全部依靠华裔的选票。

20世纪90年代后，华侨华人人数逐年以较大幅度增加。加拿大人口普查结

---

[1] Census of Canada, 1971, Vol. 1（Part: 3）, p.2-1.; Census of Canada 1981, 1986, 1991, 2001 ; Statistics Canada, *The Daily Ethnic Origin*, Dec. 3, 1987.
[2] Census of Canada, 1961, Series 1.2, p.35-2.
[3] Census of Canada, 1971, Vol. 1（Part: 3）, p.2-1.
[4] Statistics Canada, 1971, Census of Canada, 1981.
[5] Census of Canada, 1981, 1986, Statistics Canada, The Daily Ethnic Origin, Dec. 3, 1987.

果显示，1991年全加华人有652600人，1996年有921580人，2001年有1029395人。[1]华侨华人人口快速增加，其中知识型人才的比例不断上升。2001年有31%的男性华人拥有大学学位，女性为24%。[2]这种情况与华人参政者的增加成正比例关系。例如，20世纪90年代之前，仅有20名华人进入政坛，20世纪90年代达到了40多人，是前者的两倍。另外，20世纪90年代后，伍冰之、利德蕙、林思齐还分别被委任为象征加拿大最高权力的联邦总督、参议员和卑诗省省督，开创了华人在加拿大的新历史。

二、华人参政者身份的多元化

华人从起步的时候起就是精英参政，这与其他族群并没有两样。举例而言，20世纪50年代第一个被选为国会议员的郑天华，就拥有退伍军人、大学学历、执业律师的完美经历。到了20世纪80年代，参政者的身份开始多元化，从而使参选的华裔代表了更为广泛的社区人群。其中最为明显的有两个特征，第一，如果是主流大党，尤其是具有执政机会的大党，在社区招募华裔参选者，大都延续寻找华人精英的路径。例如，1980年1月，李侨栋代表自由党竞选卑诗省省议员，自由党党领皮埃尔·特鲁多亲自到温哥华东区为李侨栋造势，还特别指出，李侨栋业绩突出，希望能引起选民的重视。[3]第二，如果是从参与党内运作，尤其是左翼政党运作的华裔中挑选，那就在重视完美经历的同时，也非常重视服务社区的经历。

华人参选者身份的多元化，还表现在如下几个方面：巾帼不让须眉，女性参政者开始涌现。温哥华有中学教师叶吴美琪等人当选市议员，形成土生移民和新移民（第一代移民）共同拼搏政坛的景象。比如，20世纪70年代当选为国会议员、20世纪80年代成为首位卑诗省自由党（作为联邦自由党的分支）华裔党领的李桥栋，就是出生于亚省的本土亚裔。而14岁移民加拿大的温哥华首位华裔市议员余宏荣，则是第一代参选移民中的佼佼者。[4]

---

[1] Census of Canada, 1981, 1986, 1991, 2001; Statistics Canada, *The Daily Ethnic Origin*, Dec. 3, 1987; Table 13.4 Visible minority population, by province and territory, 2001; Statistics Canada, 2001 Census of Population, Canada Year Book 2007, p.205.

[2] Statistics Canada, 2001 Census of Canada.

[3]《陶杜来云支持李侨栋》，《大汉公报》1980年1月23日。

[4]《侨胞支持余宏荣律师，提名竞选市参议员》，《大汉公报》1982年8月4日；《余宏荣律师简介》，《大汉公报》1984年11月2日；资料来自余宏荣。

20世纪90年代之后，华人多元身份参选的特征更加明显，人数也在持续增加。其中最为显著的是，第一代新移民成为华人参政的主力军。这批参政的华人有些在原居地长大，在加国接受大学教育或大学毕业后才移民加国。中文是他们的第一语言，但他们的官方语言也很流利，因此他们不仅可以在华人社区参与选举，在其他族裔社区也可以有良好的沟通。这种现象在卑诗省尤为显著。举例而言，分别在联邦、省、温哥华市参选的梁陈明任、黄耀华、叶吴美琪、陈志动等，就是其中的佼佼者。其中梁陈明任是首位当选的华裔女性国会议员。[1]值得关注的是，他们都具有中国香港移民的背景。

与亚洲其他地区的移民参政相比，中国大陆新移民的参政时间较晚，参选者和当选者在20世纪90年代几乎没有。一直到2000年加拿大国会大选，才出现了首位改革开放之后出国的中国大陆新移民候选人，即阿尔伯塔省埃德蒙顿市的华人戴为群（Jonathan Dai），代表自由党在该市爵士克那（Strathcone）参选。[2]2001年卡尔加里市进行选举，中国大陆移民栾晋生（Jason Luan）参加该市市选，虽然以千票之差败选，[3]却开创了第一代移民和土生华人共同参选的新局面。

土生华裔参政者不断有人当选，但人数并没有新移民多，其中的佼佼者有国会议员李侨栋、维多利亚市长刘志强等人。不容置疑，西部省份仍然扮演着华人参政的主力角色。一直到2002年，有50位华人成功入选政界，但超过一半的人在卑诗省（参见表8.7）。

表8.7 华裔参政的省份分布（1957—2002年）

省份	人数
卑诗省	28
安大略省	10
阿尔伯塔省	5
马尼托巴省	3

---

[1] 华埠消息版，《华埠通讯》，1998年4月，第4卷第1期，第6页；梁陈明任口述；《梁陈明任出线，陈卓愉、乐美森落败》，《世界日报》2000年11月28日。

[2]《首名大陆移民出战联邦大选》，《明报》2000年10月28日；《梁陈明任出线，陈卓愉、乐美森落败》，《世界日报》2000年11月28日。

[3] The City of Calgary Newsroom, https://web.archive.org/web/20110720122913/http://newsroom.calgary.ca/pr/calgary/release20011017_084455_11250_0.aspx?ncid=17940，检索时间：2021年10月25日。

续表

省份	人数
萨斯喀彻温省	3
魁北克省	1

资料来源：黎全恩：《1957—2002年华裔参政入选者之分析》，《华埠通讯》，2002年12月，第6卷第9期，第20—22页；http://adrienneclarkson.com/biography，检索时间：2021年9月18日；The Right Honourable Adrienne Clarkson, http://adrienneclarkson.com/welcome，检索时间：2021年9月18日；https://asiancanadianwiki.org/w/David_Lam，检索时间：2021年9月18日；Former Lieutenant Governors of British Columbia, https://www.craigmarlatt.com/canada/provinces&territories/BC_lieutenant_gov.html，检索时间：2021年9月18日；《加华军人会电贺林思齐荣任省督职》，《大汉公报》1988年8月5日；《林思齐任卑诗省督，就职典礼简单隆重》，《大汉公报》1988年9月10日；The Hon.Vivienne Poy, O.St.J., Senator, 加拿大国会官方网，https://lop.parl.ca/sites/ParlInfo/default/en_CA/People/Profile? personId=9753，检索时间：2021年9月18日；Douglas Jung, C.M., C.D., 加拿大国会官方网，https://lop.parl.ca/sites/ParlInfo/default/en_CA/People/Profile? personId=13202，检索时间：2021年9月18日；Arthur John（Art）Lee, M.P., 加拿大国会官方网，https://lop.parl.ca/sites/ParlInfo/default/en_CA/People/Profile? personId=8864，检索时间：2021年9月18日；The Hon.Raymond Chan, P.C., M.P., 加拿大国会官方网，https://lop.parl.ca/sites/ParlInfo/default/en_CA/People/Profile? personId=517，检索时间：2021年9月18日；《陈卓愉矢志为加国谋整体利益》，《世界日报》1993年10月26日；《华裔候选人胜落选一览表》，《世界日报》1997年6月3日；《联邦大选自由党获胜，加西两华裔当选》，《世界日报》1997年6月3日；《梁陈明任出线，陈卓愉、乐美森落败》，《世界日报》2000年11月28日；《对联邦大选华裔从政的分析》，《明报》2001年1月3日；《卑诗省唯一华裔国会议员梁陈明任连任成功》，《世界日报》2000年11月28日；Ms.M.Sophia Leung, C.M., M.P., 加拿大国会官方网，https://lop.parl.ca/sites/ParlInfo/default/en_CA/People/Profile? personId=1231，检索时间：2021年9月18日；*City of Vancouver Councils dating back to 1886*, pp.2-3., p4., pp.6-7.; Ida Chong, 卑诗省议会官方网，https://www.leg.bc.ca/wotv/pages/featured-women/ida-chong.aspx，检索时间：2021年9月18日；《张杏芳省选胜出》，《华埠通讯》，1996年10月，第2卷第10期，第6页；《维市侨界贺张杏芳省议员》，《华埠通讯》，2001年8月，第6卷第1期，第5页；Ida Chong, https://www.victoria.ca/assets/Departments/Legislative-Services/Ida%20Chong%20 Candidate%20Profile%202014.pdf，检索时间：2021年9月18日；《第一个华人市长》，《大汉公报》1965年12月13日；Peter Wing, http://www.heroesofconfederation.com/photo_gallery/PeterWing.htm，检索时间：2021年9月18日；https://www.kamloops.ca/sites/default/files/docs/city-hall/mayors_list.pdf，检索时间：2021年9月18日；《加拿大唯一民选华裔市长吴（王）彼得》，《醒华日报》1970年9月3—5日；Peter Wing, http://www.kamhigh.com/HOF.asp? Type=Student&ID=46，检索时间：2021年9月18日；《庆贺林福来膺选市长》，《大汉公报》1973年11月20日；Edward Lum, https://www.legacy.com/obituaries/timescolonist/obituary.aspx? n=edward-lum&pid=89370509，检索时间：2021年9月18日；City of Colwood, Heritage Inventory, 1988；《维市新市长刘志强就职》，《华埠通讯》，1999年12月，第5卷第1期，第2页；《刘志强获选维市市长》，《华埠通讯》，1999年12月，第5卷第1期，第13页；《刘志强当选不是偶然》，《世界日报》1990年11月19日；Mayors（By Date），维多利亚市官方网，https://www.victoria.ca/EN/main/residents/archives/faqs/mayors-date.html，检索时间：2021年9月18日；Celebration: Chinese Canadian Legacies in British Columbia Published by the Province of British Columbia, Canada, 2018, p.171.; "Slideshow: Dorothy Kostrzewa retires", *Chilliwac Times*, May 22, 2008; Chilliwack Loses An Icon, https://thevalleyvoice.ca/Voice%20Stories/January%202013/Chilliwack% 20Loses%20An%20Icon% 20-%

20Kostrzewa%20Dead%20at%2083%20-%20Jan%2014%202013.htm，检索时间：2021 年 9 月 18 日；https://www.asiancanadianwiki.org/w/Ben_Lee_（Politician），检索时间：2021 年 9 月 18 日；"Mayor of Rutland" Ben Lee mourned，https://www.kelownadailycourier.ca/news/article_48791490-efef-11e5-ab26-c3448fae6b2c.html，检索时间：2021 年 9 月 18 日；Richard Lee, Richmond General Local and School Election, Nov. 15, 2014；"Central Saanich candidate profile information"，Times Colonist, Oct. 27, 2014；《华人市参事黄月娥畅谈抱负》，《世界日报》1988 年 11 月 23 日；"Leong elects judge and jury for trial"，Cam Fortem's, Kamloops Daily News, Sep. 2, 2013；City of Vancouver Councils dating back to 1886, p.3.；Official Report of Debates of the Legislative Assembly, Jun. 12, 1997, Volume 5, Number 22, Part 1, Page 4327；Candidate bio-Derek Dang, Richmond News, Oct.14, 2014；City of Richmond report to Council, Aug. 20, 2001, Tile: 0105-01；ARCHIVED-Public Notice CRTC 2001-31, 加拿大联邦政府官方网，https://crtc.gc.ca/eng/archive/2001/pb2001-31.htm，检索时间：2021 年 9 月 18 日；《华埠新闻版》，《华埠通讯》，1993 年 12 月，第 1 卷第 5 期，第 7 页；《魏志红获选沙尼市市议员》，《华埠通讯》，1999 年 12 月，第 5 卷第 1 期，第 13 页；Corporation of the District of Saanich, https://www.saanich.ca/assets/Parks-Recreation-and-Community-Services/Documents/Archives-Collections-and-Research/Category-8/Mayor%20and%20council%201906%20to%20present.pdf，检索时间：2021 年 9 月 18 日；《何荣禧当选市议员，翟总领事致电欣贺》，《大汉公报》1959 年 10 月 26 日；Alberta Hansard, Nov. 15, 2005, p.1619.；City of Calgary Archives # CalA PP-01239，https://web.archive.org/web/20070927221722/http://www.calgary.ca/DocGallery/BU/cityclerks/caldermen.pdf，检索时间：2021 年 9 月 18 日；Henry Woo，https://edmontonjournal.remembering.ca/obituary/henry-woo-1065628735，检索时间：2021 年 9 月 18 日；Henry Woo，https://www.legacy.com/obituaries/edmontonjournal/obituary.aspx? n=henry-woo&pid=173304790，检索时间：2021 年 9 月 18 日；Mar, Gary, https://www.ourcampaigns.com/CandidateDetail.html？CandidateID=63416，检索时间：2021 年 9 月 18 日；https://asiancanadianwiki.org/w/Gary_Mar，检索时间：2021 年 9 月 18 日；Mr.and Mrs.Harry Poon Mark Anniversary, Stettler Independent, Mar. 1, 1967；《沙省华裔马怡羡君获选依士顿埠市长》，《大汉公报》1984 年 12 月 4 日；City of Humboldt Meeting Minutes Regular Council Meeting Jul. 26, 2021；加拿大国会官方网，Roles-Inky Mark，https://www.ourcommons.ca/members/en/inky-mark（1144）/roles，检索时间：2021 年 9 月 18 日；https://www.asiancanadianwiki.org/w/Inky_Mark，检索时间：2021 年 9 月 18 日；Some of the faces of our Asian community，https://www.winnipegfreepress.com/special/ourcityyourworld/china/some-of-the-faces-of-our-asian-community-164115156.html，检索时间：2021 年 9 月 18 日；Joseph Yu Sun Yuen, https://passages.winnipegfreepress.com/passage-details/id-219863/YUEN_JOSEPH，检索时间：2021 年 9 月 18 日；《获各族裔人士支持，黄（王）彼得当选湿比利市市长》，《醒华日报》1982 年 11 月 17 日；《黄景培成为第一位华人部长》，《加华侨报》1987 年 11 月 1 日；About us, https://dbpedia.org/page/Bob_Wongm，检索时间：2021 年 9 月 18 日；Electoral Firsts in Canada, https://ndp.fandom.com/wiki/Electoral_Firsts_in_Canada，检索时间：2021 年 9 月 18 日；Samuel P.S.Ho and Ralph W.Huenemann, China's Open Door Policy: The Quest for Foreign Technology and Capital: A Study of China's Special Trade, UBC Press, 1984, p.287.；Peter Wong, https://www.quotes.net/authors/Peter+Wong，检索时间：2021 年 9 月 18 日；Ying Hope.Public is aroused, https://digitalarchive.tpl.ca/objects/277113，检索时间：2021 年 10 月 25 日；"Hope loses in upset to community activist Bossons" by Lorne Slotnick and John Allemang, Globe and Mail, Nov. 15, 1988；《张金仪不幸落选令人意外，刘光英仍以高票连任五区市议员》，《醒华日报》1982 年 11 月 10 日；《85 市选结果》，*Modern Times Weekly*, Nov. 15, 1985；《97 市选华人当落选表》，《世界日报》1997 年 11 月 11 日；《大多市各属市、卫星市华裔候选人得票统计表》，《世界日报》1994 年 11 月 18 日；《多伦多万锦市六华人当选议员》，《世界日报》2000 年 11 月 14 日；Toronto's political class stays mostly colourless: James, Toronto Star, Feb.18, 2015；Alex Chiu Pool named after Markham's longest standing council member, https://www.markham.ca/wps/portal/home/about/news/sa-news-releases/2-20190429-alex-chiu-pool-named-after-markhams-longest-standing-council-member，检索时间：2021 年 9 月 18 日；Olivia Chow web site，Olivia Chow，http://oliviachow.ca/biography/，检索时间：2021 年 9 月 18 日；《大多市各属市、卫星市华裔候选人得票统计表》，《世界日报》1994 年 11 月 18 日；《同选区龙虎相争，削弱实力》，《世界日报》1994 年 10 月 15 日；"Municipal election：York Region"，The Toronto Star. Nov. 14, 2000；The Markham Leader，https://www.markham.ca/wps/wcm/connect/markham/26bb8724-6cba-4054-80aa-86d99229068c/LeaderWinter 2010.pdf？MOD=AJPERES&CONVERT_TO=url&CACHEID=ROOT WORKSPACE. Z18_2QD4H9O1OGV16OQC8BLCRJ 1001-26bb8724-6cba-4054-80aa-86d99229068c-mrl7Aut，检索时间：2021 年 9 月 18 日；约克区议员黄志华病逝：社区人士怀念，https://info.51.ca/news/canada/2009-06/174897.html，检索时间：2021 年 9 月 18 日。

华人喜欢在大城市群聚，这也导致了华人集中在大城市参选的现象。这种情况在 20 世纪 90 年代尤为明显，远超过 20 世纪 80 年代（参见表 8.8—8.11）。

表 8.8　温哥华市市选华裔参选、当选人数

时间	参选人数	当选人数	
1970 年	4（市议员、教育局委员、公园局委员）	2	1 人当选为教育局委员，1 人当选为公园局委员
1980 年	3（市议员）	0	
1988 年	2（市议员）	1	1 人当选为市议员
1990 年	3（市议员、教育局委员、公园局委员）	2	1 人当选为市议员、1 人当选为教育局委员
1993 年	11（市议员、学务委员、公园局委员）	3	2 人当选为市议员、1 人当选为学务委员
1996 年	4（市议员）	2	均当选为市议员
1999 年	15（市议员、学务委员、公园局委员）	5	2 人当选为温哥华市议员、3 人当选为学务委员

资料来源：《华裔四人参加市政竞选两获胜利》，《大汉公报》1970 年 12 月 10 日；《从余世积君参加市选谈到华裔参政与选举》，《大汉公报》1980 年 11 月 12 日；City of Vancouver Councils dating back to 1886，p.3.，p.4.，p.6.；《温哥华市选 19 日举行》，《世界日报》1988 年 11 月 19 日；《市选揭晓几家欢乐几家愁》，《世界日报》1988 年 11 月 23 日；《华裔市选战赢得漂亮》，《世界日报》1990 年 11 月 19 日；《李中立虽败犹荣》，《世界日报》1990 年 11 月 19 日；《温哥华地方选举候选人名单公布》，《世界日报》1993 年 10 月 19 日；《华裔表现优异，三人高票胜选》，《世界日报》1993 年 11 月 21 日；《二十一位华裔参选人争取选胜》，《世界日报》1996 年 11 月 7 日；《温哥华市选热闹非常》，《世界日报》1996 年 11 月 11 日；《大温市选和华人社群》，《世界日报》1999 年 11 月 19 日；《市议员、学务委员有 29 位华裔竞选，8 人当选，多位以些微票数落选》，《世界日报》1999 年 11 月 21 日。

表 8.9 多伦多市华裔参选、当选人数

时间	参选人数	当选人数
1982 年	4	1
1985 年	6	1
1994 年	7	3
1997 年	7	3
2000 年	7	3

资料来源:《张金仪不幸落选令人意外,刘光英仍以高票连任五区市议员》,《醒华日报》1982 年 11 月 10 日;《85 市选结果》,*Modern Times Weekly*,Nov.15,1985;Olivia Chow web site,Olivia Chow,http://oliviachow.ca/biography/,检索时间:2021 年 11 月 2 日;《七华裔以寡敌众,面临苦战》,《世界日报》1994 年 10 月 15 日;《大多市各属市、卫星市华裔候选人得票统计表》,《世界日报》1994 年 11 月 18 日;《市选投票华人踊跃 华人当选比率高达百分之二十七》,《世界日报》1994 年 11 月 15 日;《97 市选华人当落选表》,《世界日报》1997 年 11 月 11 日;《多伦多万锦市六华人当选议员》,《世界日报》2000 年 11 月 14 日。

表 8.10 卑诗省和安大略省省选华裔参选、当选人数

时间	卑诗省参选人数	卑诗省当选人数	安大略省参选人数	安大略省当选人数
1995 年			3	0
2001 年	8	4		

资料来源:《95 省选结果》,《明报》1995 年 6 月 10 日;《华语候选人败北原因》,《明报》1995 年 6 月 10 日;《好事成双,侨社倍感振奋》,《世界日报》1996 年 5 月 29 日;《卑诗省选变天,自由党大胜》,《世界日报》2001 年 5 月 17 日;Results by Electoral District-37th General Election 2001: *Electoral History of British Columbia Supplement, 1987–2001*, Legislative Library Victoria, British Columbia, 2002, pp.37-49.

表 8.11 联邦大选华裔参选、当选人数

时间	参选人数	当选人数	特别说明
1988 年	1	0	
1993 年	12	1	
1997 年	17	3	加西 8 人、加东 9 人,代表自由党的陈卓愉、梁陈明任和代表保守党的麦鼎鸿三位当选。安大略省华人除了邹志蕙获选率为 42%,其余均在 20% 以下,安大略省华裔候选人全部落选。
2000 年	14	2	代表自由党的梁陈明任和代表保守党的麦鼎鸿两位当选。

资料来源:《谢启》,《大汉公报》1988 年 12 月 10 日;《陈卓愉矢志为加国谋整体利益》,《世界日报》1993 年 10 月 26 日;《华裔候选人胜败落选一览表》,《世界日报》1997 年 6 月 3 日;《联邦大选自由党获胜,加西两华裔当选》,《世界日报》1997 年 6 月 3 日;《梁陈明任出线,陈卓愉、乐美森落败》,《世界日报》2000 年 11 月 28 日;《对联邦大选华裔从政的分析》,《明报》2001 年 1 月 3 日;《卑诗省唯一华裔国会议员梁陈明任连任成功》,《世界日报》2000 年 11 月 28 日。

三、华人参政特点

从 20 世纪 70 年代至 90 年代，华人参选者的特点几乎没有太大变化，所变化的只是参选者的人数从少到多，基本呈现增长的态势。但是，华人当选者的人数变化较大，有时当选的人数会多一些，有时少一些，甚至也有挂零的时候，这表明华人在议会立法第一线对加拿大政治的影响，并非是稳定的累积增加，而呈现上下波动的情况。

华人参选者的特点之一是专业人士居多，职业政客鲜少。比如，第一位被选入多伦多学校董事会和多伦多市议会的华裔加拿大人刘光瑛（Ying Hope）曾是工程师，于 1963 年当选为学校董事会（City of Toronto as a School Board Trustee, 1963—1969）成员。[1] 1947 年生于卑诗省岕卜碌、20 世纪 70 年代当选的唯一一位华裔国会议员李侨栋，是法学学士，拥有律师执照。[2] 卡尔加里出生的何荣禧，是位商人，1959 年被选为市议员，1971 年在阿尔伯塔省当选为省议员，是加拿大首位华裔省议员。[3] 在萨斯喀彻温省穆斯乔（Moose Jaw）市出生的王景元（Peter Wong），曾在湿比利市政府（Sudbury）担任工程师多年。1982 年 11 月 8 日湿比利市选举，王景元打败原市长，荣登市长宝座。[4] 华裔参选人庄宏图是 1966 年移民到加拿大的，后毕业于卑诗大学，拥有会计师资质。[5] 这些参政成功有专业背景，再加上有些人本身就是土生华裔，他们用英语交流毫无障碍。

华人参选者的特点之二是重视华人选票，在华人社区拉票成为竞选的重点。20 世纪七八十年代的华人参政，不少人相信或者赞成"华人投华人"。这是因为华人作为少数族裔，其诉求很难进入主流政党的政纲，而华裔参选人就自然成为政党和社区联系的政治桥梁，除了党的大政纲之外，华人参选者在华人社区

---

[1] Toronto Reference Library Blog, Toronto public library web site, https://torontopubliclibrary.typepad.com/trl/2014/10/toronto-history-in-flashback-election-campaign-literature.html, 检索时间：2021 年 9 月 18 日；Arlene Chan：The Chinese Community in Toronto：Then and Now, Dundurn, 2013, p.148.
[2] 简建平：《云高华各选区自由党国会议员候选人简介》，《大汉公报》1974 年 6 月 27 日。
[3] City of Calgary Archives # Cala PP-01239, https://web.archive.org/web/20070927221722/http://www.calgary.ca/DocGallery/BU/cityclerks/caldermen.pdf, 检索时间：2021 年 9 月 18 日；Alberta Hansard, Nov. 15, 2005, p.1619.；George Ho Lem, Chinatown Historical Context Paper, Commissioned By The City of Calgary, The City of Calgary Records & Information Management（RIM）Inspection & Permit Services, p.15.
[4] 《获各族裔人士支持，黄（王）彼得当选湿比利市市长》，《醒华日报》1982 年 11 月 17 日。
[5] 《请支持华裔会计师庄宏图》，《大汉公报》1976 年 11 月 4 日。

作出特殊的竞选承诺，以此作为华人诉求的代言人，既要求得到所属政党的支持和资源的释放，也因此获得华人社区的选票，为党在华人社区拓展支持基础。举例而言，20世纪七八十年代参加卑诗省大温地区市选的华人参选者，如李侨栋、余宏荣、庄宏图、余世积等人，都会为唐人街的传统熟食烧腊、华埠停车场等议题大声疾呼，要求各级议会和政府开绿灯或提供资源。这些诉求当然容易在华人社区取得共鸣，参选人不但为自己也为自己所属政党争取到宝贵的华裔选票。

华人参政的第三个特点是依赖主流政党的基本盘，很少有单靠自己的魅力就可以当选的政治人物。这就决定了华人参选者在政党内的政策影响力不大，主要充当政党内少数族裔的"政治花瓶"和政党在华社的"形象大使"。造成这种情况的一个主要原因是华人虽然集聚在大城市，本来可以在城市选区形成"局部多数"的优势，无奈华人投票者不多，投票率相对很低。即使出来投票的华人，也并非坚持每个选举都投票。举例而言，1985年安省大选，参与投票的华人当中80%的人投票5次以下，20%的人投票6到10次。这些投票次数统计虽然可能与居住时间长短有关，但仍然反映出华人投票比较少的常态。[1]

20世纪90年代后，华人参政的特点与20世纪七八十年代并无太大不同。但从加拿大全国的角度来看，各省尤其是各主要大城市，华人在历届大选中的参选人数则有明显增加，当选的人数也比20世纪七八十年代有所增加。从联邦到省，华人当选议员进入内阁的情况也开始出现。例如，1987年，黄景培（Robert Charles Wong）被任命为安大略省省政府能源厅厅长（Minister of Energy）。[2] 1993年，陈卓愉被任命为联邦外交部亚太事务部部长（Secretary of State for the Asia-Pacific Region for the Department of Foreign Affairs and International Trade）。[3] 1998年，利德蕙被任命为参议员，她是第一位被总理任命进入加拿大参议院的加拿大亚裔人士。[4] 1999年10月，伍冰枝被任命为加拿大总督，她是加拿大首位华

---

[1]《本报抽样访问、分析选民的"政治取向"》，Modern Times Weekly，May 17，1985。
[2] Legislative Assembly of Ontario Robert Charles Wong，https://www.ola.org/en/members/all/robert-charles-wong，检索时间：2021年9月18日；《黄景培当选入省内阁，破华裔省议员零纪录》，《加华侨报》1987年11月1日；《安省府新阁昨举行就职典礼，华裔黄景培就任能源部部长》，《醒华日报》1987年10月1日。
[3] Raymond Chan，卑诗省自由党官方网，http://www.collectionscanada.gc.ca/eppp-archive/100/205/300/liberal-ef/05-05-18/www.liberal.ca/bio_e.aspx@&id=59023，检索时间：2021年9月18日。
[4] 亚裔文化月，https://www.rcinet.ca/patrimoine-asiatique-zh/le-mois-du-patrimoine-asiatique-au-canada，检索时间：2021年9月18日；首位华人参议员利德蕙，http://m.ccbestlink.com/info/rwzf_infos/20150630/4885.html，检索时间：2021年9月18日。

裔总督、第二位女性总督。[1]

但是，华人社区因为在自我定位、文化认同、社会参与等方面仍然存在不少旧思维、旧习惯、旧偏差，在参政议政上仍然无法突破瓶颈，以至于在参政上没有长期稳定的当选比例，波动性很大，有时候一次选举可能多人当选，有时候可能全军覆没。例如，1969年多伦多市举行市选，只有在教育委员选举中华人律师叶求铎当选，但没有华人议员进入市议会。[2] 在议政方面更是相对薄弱，社区没有政策性的智库，华裔议员提不出有分量的议案，在议会中缺乏有洞见的答辩，从而无法在国家和省市发展的大政方针上，作出有质量的贡献。

四、华人社团的作用

在加拿大的政治环境中，虽然政党的组成是自由开放式的，但华人作为参政意识比较薄弱的少数族裔，且华人社区内部也是多元涣散的，并无组成政党参政的基础，因此，加拿大的主流政党为了开发华人选票，就鼓励党的华裔支持者在华人社区组建一些政党团体，承担在社区内宣传党的政纲、发掘合适参选人才以及动员社区华人捐款和投票的工作。

除了主流政党在华人社区的分支团体之外，不少华人领袖也先后组织了一些跨党派的团体，他们既不同于传统的华人社团，也不隶属于单一政党，而是围绕着鼓励华人参选和投票的主题，在社区发挥作用（参见表8.12）。

表8.12 华人政党团体（1980—2001年）

成立时间	社团名称
1982年	加拿大华人保守党协会（Chinese Canadian Conservative Association）
1985年	加拿大华人自由党协会（Chinese Canadian Liberal Association，简称CCLA），前身是安大略省华人自由党协会
1995年	安省华人参政委员会（Chinese Canadian Political Action Committee of Ontario）

资料来源：加拿大华人保守党协会成功举办周年大会暨第38届理事会选举，https://cfcnews.com/308284/308284/，检索时间：2021年9月18日；加拿大华人自由党协会选出新一届成员，https://easyca.ca/archives/271426，检查时间：2021年9月18日；https://www.facebook.com/chinesecanadianconservative/，检索时间：2021年9月18日。

---

[1] Welcome, http://adrienneclarkson.com/welcome，检索时间：2021年9月18日；Biography, http://adrienneclarkson.com/biography，检索时间：2021年9月18日。

[2]《华人刘光英、叶求铎、王克勤胜利》，《醒华日报》1969年12月2日。

值得一提的是，20 世纪 90 年代后，华人社区对参政议政更加热情，社团的支持力度也加大了。其中包括对不懂英语的华人在投票时给予必要的帮助，从而避免华人出来投票时遇到的种种阻碍。举例而言，1990 年温哥华市选，大部分投票站都有华裔义工协助不懂英语的华人进行投票。如果有不清楚的事项，华人还可以打电话咨询中侨互助会。[1] 1992 年 9 月 19 日，温哥华市举行补选，在 100 多个投票站中，有 53 个提供中文翻译服务，其中中侨互助会负责 5 个投票站，并安排义工在另外 48 个投票站提供中文翻译服务。[2]

为了提升华人的投票兴趣，以及帮助华人在了解各政党政纲的基础上自发地进行，加东、加西的华人社团会在各级大选期间举办大型论坛，让代表各政党的华裔候选人或其他候选人宣讲政纲，并接受提问，对华人社区关心的大选议题做出阐述和回应。例如，1988 年联邦大选，中侨互助会为此举办了候选人论坛。[3]

五、中文报纸等媒体的作用

虽然华人人口在 20 世纪 70 年代之后快速增长，但华人对参政和投票的热情仍然很不稳定。除了"莫谈国是"的文化传统的影响，很重要的一个原因是对加拿大的政党政治不熟悉，英文水准又不高，限制了部分华人对选举的热情。当然，由于加拿大是多元族裔共存的国家，政府没有资源满足所有少数族裔在参与政治时所需要的语言服务。在这种情况下，中文报刊就要扮演重要的桥梁角色，向中文读者提供政党候选人和各选区的资讯。一般来说，每当选举来临，加拿大中文报刊会推出有关选举的特辑或选举系列报道，向华裔选民介绍华人关注的大选议题，比如医疗、教育、就业等。到了 20 世纪八九十年代，随着华人参选者的增加，中文报刊开始重点介绍各选区候选人，尤其是华人候选人参选的选区和竞争对手的情况，让华裔选民在决定票投谁家时，有正确完整的资讯。例如，1980 年李侨栋竞选时，中文报纸强调每一票都很重要，指出少数族裔能够有人当选的话，可以为少数族裔争取合法地位和利益。[4] 1982 年华人律师余宏荣竞选温哥华市议员时，中文报纸刊登了大量文章予以支持，重点突出余宏荣年轻有活力，法律系毕

---

[1]《有五十个投票站设有中文翻译》，《大汉公报》1990 年 11 月 17 日。
[2]《53 个投票站提供华语翻译服务》，《世界日报》1992 年 9 月 18 日。
[3]《论坛广告之中侨互助会》，《大汉公报》1988 年 11 月 19 日。
[4]《请支持李侨栋竞选国会议员》，《大汉公报》1980 年 2 月 5 日；《加大选发挥华裔力量，同心合力投选李侨栋》，《大汉公报》1980 年 2 月 27 日。

业，在唐人街执业多年。[1] 1984 年联邦选举时，多伦多《醒华日报》曾刊登《切勿放弃投票权利》[2]等文章。

有中文报刊分析指出，华人比犹太人到加拿大早，但华人对加拿大的影响远不及犹太人。犹太人在移民来到加拿大后，出现过市长、省长和大使等。先侨受教育程度、职业、语言和政治常识等限制，无法参与政治活动，是情有可原的，但现在应该是支持华人参政的时候了。[3] 2000 年加拿大联邦大选，《世界日报》特开辟选举专栏，刊登《华裔参政，期待丰收季节来临》等文章。这些文章分析了华人候选人的背景、政纲、选区情况和前景等。[4]选举过后，该专栏接着刊登分析华人败选原因的文章，对未来华人有借鉴意义。[5]

由于中文报刊向华人选民介绍政纲、候选人情况效果明显，对争取华人选票也是一条捷径，因此，除了华裔候选人，主流政党的重量级候选人也纷纷投入选举资源到中文媒体。除了各参选政党在中文报刊刊登广告介绍政纲之外，各政党的华裔候选人也会集中力量在中文媒体刊登竞选广告，呼吁华人投票。

例如，1972 年，张继夫人参选温哥华市公园局委员、杨汉祥竞选温哥华市议员时，《大汉公报》通过刊登广告，呼吁选民在 12 月 13 日选举日投票支持两位华裔候选人。[6] 1990 年，陈志动参选温哥华市议员，也在《大汉公报》刊登广告，呼吁投他一票。[7]

随着中文媒体的助选效应日益突显，90 年代和 21 世纪初，三级政党的党领和西人候选人也把接受华文媒体的专访列入了相当紧张的竞选活动日程，以获取"免费广告"的政治效应。在这些访问中，他们强调的一些观点，未必在接受英文媒体采访时也强调。

举例来说，2000 年联邦大选，11 月 20 日，加拿大人联盟国会议员候选人特地参观《明报》。随同参观的有温市东选区候选人韦德高（Sal Vetro）、本那比-道格拉斯选区候选人艾伦·麦克唐纳（Alan McDonnell）、列治文选区候选人苏立道（Joe Peschisolido）、满地宝-高贵林-高贵林港选区候选人詹姆斯·穆尔（James

---

[1]《侨胞支持余宏荣律师提名竞选市参议员职》，《大汉公报》1982 年 8 月 4 日。
[2]《切勿放弃投票权利》，《醒华日报》1984 年 4 月 9 日。
[3]《华裔加人的抉择》，《大汉公报》1988 年 11 月 12 日。
[4]《华裔参政，期待丰收季节来临》，《世界日报》2000 年 11 月 17 日。
[5]《梁锦华认败在准备时间短》，《世界日报》2000 年 11 月 28 日。
[6] Allan Young，《大汉公报》1972 年 12 月 7 日；Chong，《大汉公报》1972 年 12 月 7 日。
[7]《广告》，《大汉公报》1990 年 11 月 5 日。

Moore)和温哥华中选区候选人约翰·莫蒂默(John Mortimer)。在参观过程中,各人都发表了自己的政见,并且同声谴责该党缅省国会议员候选人贝蒂·格兰杰(Betty Granger)批评亚洲人入侵的言论,并表示这些言论不代表加人联盟。他们表示,加拿大是一个移民国家,他们欢迎新移民来到加拿大生活。[1]

值得一提的是,20世纪90年代,华人参政议政进入了新时期,同时也是中文媒体(尤其是传统媒体)发展最为迅猛的时期。中文媒体开始效仿英文媒体,从消极被动地报道竞选,转变为积极主动地提出华人社区的议题,从而发挥出更大的影响力。他们邀请各政党候选人接受中文媒体的质询,对政纲和政策讲清楚、说明白。同时,中文媒体还举办各种有关竞选的论坛,让华裔选民对各个政党的政纲有直接且清晰的了解。

比如,1993年联邦大选,多伦多华人咨询社区服务处、加拿大华人论坛(Chinese Canadian Forum Inc.)等在10月17日在士嘉堡市政厅联合举行"九三联邦大选华语论坛",并通过延年草通讯(Trillum Communications)第十台用粤语进行直播,有5位华裔出席了论坛活动,分别代表新民主党、保守党、改革党、自由党、自然规律党。论坛按抽签顺序由政党代表各自发言阐述政纲,随后新闻媒体及观众分别进行提问。[2]2000年是联邦大选年,从10月6日起一连三个星期,加拿大中文电台特设《选举快报》节目,AM1470每晚6时新闻后播出,新时代电视6时25分转播。每天介绍联邦大选最新情报、各区候选人的情况,还讲解各政党的政纲。[3]2000年11月,加拿大中文电视台AM1470与新时代电视同步直播"选举二千大众论坛",该活动在列治文香港仔中心大堂举行。两位节目主持人梁英年和贺明禹邀请8位政党候选人就经济、医疗、移民、税务、海外资产申报、教育和治安问题做辩论,各位候选人接受节目主持人和社区代表及现场观众的质询,争辩时不断对对手穷追猛打。[4]可以这样说,在华人社区参政议政中,中文媒体是了解信息的平台、政党及候选人与选民沟通的桥梁。

六、华人参政的结构性缺陷

从1947年华人重获选举权到20世纪六七十年代,虽然经历了30年的历史风

---

[1]《加联国会候选人深入了解中文传媒》,《明报》2000年11月21日。
[2]《"联邦大选华语论坛"昨透过第十台粤语直播,五华裔选将现场答询,各为其党》,《世界日报》1993年10月18日。
[3]《中文电台播联邦大选特辑》,《明报》2000年10月31日。
[4]《大众论坛讲选举引起激辩》,《明报》2000年11月22日。

云,但华人参选仍然属于起步阶段,没有形成逐年累积、稳步前进的态势。这种情况表现在这样几个方面:一是参选人比较少;二是参选人的背景比较单一,大都是土生华裔;三是参选人大部分局限在加西地区,尤其是大温地区,没有形成全面开花的局面;四是当选者凤毛麟角;五是投票率极低。

由于上述这些特点,主流政党虽然在华裔社区进行了政治开发,但力度不大,主要集中在发掘一两个优秀参选人上,并没有形成后来由联邦自由党着力发展的"族裔票"。

到了 20 世纪 80 年代,华裔参政成了社区关心的主要议题,导致主流政党在华人中的助选力度加大,这一方面激发了华人参政的热情,另一方面也形成了华人内部的恶斗,让华人在学习参政议政的过程中,过度沾染了抹黑、造谣等恶劣的选举风气。华人社区本来就存在窝里斗的陋习,这种窝里斗被冠上"参政议政"的高尚动机后,其负面影响反而大幅度扩散,导致参政议政有时被贴上"一潭浑水"的标签,让许多合格的候选人望而却步,不愿意"伸脚"下来"蹚浑水",这对华人参政议政的发展极为不利。

七、华人参政存在的问题

如果以郑天华 20 世纪 50 年代末进入国会作为华人参政的起点,那么,经过三四十年的风风雨雨,华人参政的步伐只能用"不尽如人意"来形容。投票率低下是一个痼疾,参选的人数虽然也在逐步增加,但因为自身的选举实力不强,必须听从政党的选区安排,以至于较难争取到可赢的选区,故而在选举中获胜的人仍然属于凤毛麟角。比如,2001 年卑诗省列治文市补选,7 位华裔议员候选人没有一位当选。[1] 2002 年之前,华人人口占第一位的安大略省只有 1 位华裔被选为省议员(参见表 8.13)。

表 8.13 安大略省省议会席位数和华人省议员所占比例

	1986 年	2001 年
安大略省总人口	9102000	11285550
安大略省华人总人口	180960	481505
华人人口所占百分比	1.99%	4.28%

---

[1]《两"何太当选,华裔尽墨",马宝定高票任列市市长》,《明报》2001 年 10 月 14 日。

续表

	1986 年	2001 年
省议会席位	第 34 届（1987—1990 年）省议会席位：130	第 37 届（1999—2003 年）省议会席位：103
华人议员席位	第 34 届（1987—1990 年）华人议员席位：1	第 37 届（1999—2003 年）华人议员席位：0
华人议员席位占比	0.77%	0.00%

资料来源：Statistics Canada 1986 and 2001 Census of Population；安省省议会网，https://www.ola.org/en/members/all，检索时间：2021 年 9 月 18 日。

1993 年，加拿大联邦大选，共有 12 名华裔候选人参选，只有西部卑诗省列治文市的陈卓愉一人当选国会议员。1997 年，安大略省大多伦多市市选，有 16 位华人参选，只有 5 人当选。[1] 2001 年 10 月 13 日，卑诗省列治文市补选，华裔选民在该市占四成，但参加市议员竞选的华裔候选人全军覆没。[2]

这种参选成功率偏低的现状，反映出华人参政出现了结构性问题。首先，华裔参选者通过党内的精心耕耘而崛起，成为政党的精英干部而后参选的例子少而又少，参选者临时接受党内征召参选的案例居多，这样自然缺乏草根支持，成功率就低。换句话说，除非华裔候选人所在的政党压倒性胜选，华裔参选者顺势就能当选。如果靠实力拼杀，华人当选的概率就会大幅下降。以 1997 年联邦大选为例，选前，执政联邦自由党实力非凡，在中部省份崛起的改革党也锐不可当。在卑诗省代表联邦自由党的陈卓愉和梁陈明任以及在缅省代表保守党的麦鼎鸿顺着本党的大势获得连任或者新当选，但安大略省华裔候选人则全军覆没。在新民主党中，草根耕耘的邹至蕙得到其选区 42% 的选票支持，其余华裔候选人的得票率均在 20% 以下。[3]

华人参政的另外一个严重的结构性问题就是缺乏"议政"。从 20 世纪 90 年代开始，华人进入三级议会的人数逐渐增加，但参与政策制定的华人寥寥无几。各政党的华裔议员奔走在华人社区的各种活动和宴会之间，有的一天要参加三到五场"走秀"，成了社团活动的拍照布景。但是，在关系到国家和省市发展的立法方

---

[1]《97 市议员当落选表》，《世界日报》1997 年 11 月 11 日。
[2]《亚裔经济实力强大，败选原因值得探讨》，《世界日报》2001 年 10 月 14 日；《列治文补选，马保定高票当选市长》，《世界日报》2001 年 10 月 14 日。
[3]《华裔候选人胜落选一览表》，《世界日报》1997 年 6 月 3 日。

面，华人政客提供的政策意见寥寥无几。不管当事人承认与否，华人政客的"政治花瓶"作用明显，推动政策诉求则不多。这种参政尚有、议政从缺的现象，会产生极其严重的后果。举例而言，涉及华人人头税道歉赔偿的大课题，时任联邦自由党马田政府多元文化部长的陈卓愉，非但无法主导政策走向，反而成为政府"不道歉、不赔偿"之立场的鼓吹者和推动者，结果一副对历史拨乱反正的好牌，却被联邦保守党政府的欧裔多元文化部长康尼打成功了，由此导致了联邦自由党华人"铁票"的崩盘。

当然，华人也并非完全没有"议政"，其实在社区层面很早就有议政。针对"人头税"和"排华法"，当时没有选举权的华人奋起反对。可见，华人的"议政"是民间反对政府的排华、反华的立法及政策，而非参政的华裔积极主导立法。当然，少数担任过地区市长的华裔在主导政策上有过很多努力，这也是应当肯定的。

第三节　当选者的背景分析

虽然华人参政进步不大，但从 1957 年第一位华人郑天华当选为国会议员，一直到 2002 年，有 50 余位华人成功当选成为全国各级议员。纵观这些当选的政治人物，有三个明显的特征。一是卑诗省依然是产生华裔政治人物的主要基地，超过五成的议员在卑诗省当选，尽管安省的华裔人口早就超过了卑诗省。二是华裔当选者六成是市议员，省议员次之，联邦国会议员占第三位，这也反映出华人在省和国家的立法层面，仍然是政治弱势群体。三是在华人参选者中女性仍是少数，尚没有改变"政治是男人的事情"这样的传统偏见。不过，值得关注的是，华裔女性参政者都相当优秀，且在社区中扮演着重要的领袖角色，其中的佼佼者有叶吴美琪（中侨互助会创始人）、梁陈明任等。

值得关注的是，在三级议会的议员层面，由于第一代移民的英语水平有限，所以他们在议会的答辩中并不是很活跃，即使进入联邦内阁的部长级议员也是如此。这就使得华裔议员在立法和政策辩论上能见度很低。但是在市长层面，由于独当一面的需要，对英语的要求就高很多，这也造成了为数不多的华裔市长基本都是土生华裔，他们在加拿大受过完整的教育，在社会上有不同于新移民的扎实根基，对社区的需要也了如指掌，其中最为典型的就是卑诗省维多利亚市的刘志强。他在维多利亚出生，1999 年开始竞选市长，最后获维市 43.59% 的选票胜出，成为维多利亚市首位华裔市长，之后又获得连任。[1]

当选国会议员的，少数族裔确实不多，但代表各族裔或者宗教的议员并不少，显然主流政党在招募族裔候选人的时候是有多元考量的，但是，随着印裔（或者南亚裔）和华裔人口的大幅度增加，20世纪90年代末期，这两个族裔的国会议员代表也增加很快，其中印裔因为在使用语言、选票集中以及对民主选举的熟悉程度都超过华人，他们在国会中代表人数的增加尤其迅速。

1957年到2002年，成功入选政界的50位华人，60%是市议员，其中12位是女性（参见表8.14—8.16）。

表8.14 华裔在政界的职位状况（1957—2002年）

曾任职位	当选人数
国会议员	4
国会议员、市长、市议员	1
省议员	3
省议员、市议员	3
市长	2
市长/镇长、市议员	5
市议员/区域市议员	32
总计	50

资料来源：黎全恩：《1957—2002年华裔参政入选者之分析》，《华埠通讯》，2002年12月，第6卷第9期，第20—22页；http://adrienneclarkson.com/biography，检索时间：2021年9月18日；The Right Honourable Adrienne Clarkson, http://adrienneclarkson.com/welcome，检索时间：2021年9月18日；https://asiancanadianwiki.org/w/David_Lam，检索时间：2021年9月18日；Former Lieutenant Governors of British Columbia, https://www.craigmarlatt.com/canada/provinces&territories/BC_lieutenant_gov.html，检索时间：2021年9月18日；《加华军人会电贺林思齐荣任省督职》，《大汉公报》1988年8月5日；《林思齐任卑诗省督，就职典礼简单隆重》，《大汉公报》1988年9月10日；The Hon.Vivienne Poy, O.St.J., Senator, 加拿大国会官方网，https://lop.parl.ca/sites/ParlInfo/default/en_CA/People/Profile?personId=9753，检索时间：2021年9月18日；

---

[1]《华裔刘志强角逐维市市长》，《华埠通讯》，1999年6月，第4卷第8期，第16页；《维市新市长刘志强就职》，《华埠通讯》，1999年12月，第5卷第1期，第2页；《刘志强获选维市市长》，《华埠通讯》，1999年12月，第5卷第1期，第13页。

Douglas Jung, C.M., C.D., 加拿大国会官方网, https://lop.parl.ca/sites/ParlInfo/default/en_CA/People/Profile? personId=13202, 检索时间：2021年9月18日；Arthur John(Art)Lee, M.P., 加拿大国会官方网, https://lop.parl.ca/sites/ParlInfo/default/en_CA/People/Profile? personId=8864, 检索时间：2021年9月18日；The Hon.Raymond Chan, P.C., M.P., 加拿大国会官方网, https://lop.parl.ca/sites/ParlInfo/default/en_CA/People/Profile? personId=517, 检索时间：2021年9月18日；《陈卓愉矢志为加国谋整体利益》,《世界日报》1993年10月26日；《华裔候选人胜落选一览表》,《世界日报》1997年6月3日；《联邦大选自由党获胜，加西两华裔当选》,《世界日报》1997年6月3日；《梁陈明任出线，陈卓愉、乐美森落败》,《世界日报》2000年11月28日；《对联邦大选华裔从政的分析》,《明报》2001年1月3日；《卑诗省唯一华裔国会议员梁陈明连任成功》,《世界日报》2000年11月28日；Ms.M.Sophia Leung, C.M., M.P., 加拿大国会官方网, https://lop.parl.ca/sites/ParlInfo/default/en_CA/People/Profile? personId=1231, 检索时间：2021年9月18日；City of Vancouver Councils dating back to 1886, pp.2–4., pp.6–7.; Ida Chong, 卑诗省议会官方网, https://www.leg.bc.ca/wotv/pages/featured-women/ida-chong.aspx, 检索时间：2021年9月18日；《张杏芳省选胜出》,《华埠通讯》, 1996年10月, 第2卷第10期, 第6页；《维市侨界贺张杏芳省议员》,《华埠通讯》, 2001年8月, 第6卷第1期, 第5页；Ida Chong, https://www.victoria.ca/assets/Departments/Legislative~Services/Ida%20Chong%20Candidate%20Profile%202014.pdf, 检索时间：2021年9月18日；《第一个华人市长》,《大汉公报》1965年12月13日；Peter Wing, http://www.heroesofconfederation.com/photo_gallery/PeterWing.htm, 检索时间：2021年9月18日；https://www.kamloops.ca/sites/default/files/docs/city-hall/mayors_list.pdf, 检索时间：2021年9月18日；《加拿大唯一民选华裔市长吴彼得》,《醒华日报》1970年9月3—5日；Peter Wing, http://www.kamhigh.com/HOF.asp? Type=Student&ID=46, 检索时间：2021年9月18日；《庆贺林福来膺选市长》,《大汉公报》1973年11月20日；Edward Lum, https://www.legacy.com/obituaries/timescolonist/obituary.aspx? n=edward-lum&pid=89370509, 检索时间：2021年9月18日；City of Colwood, Heritage Inventory, 1988《维市新市长刘志强就职》,《华埠通讯》, 1999年12月, 第5卷第1期, 第2页；《刘志强获选维市市长》,《华埠通讯》, 1999年12月, 第5卷第1期, 第13页；《刘志强当选不是偶然》,《世界日报》1990年11月19日；Mayors(By Date), 维多利亚市官方网, https://www.victoria.ca/EN/main/residents/archives/faqs/mayors-date.html, 检索时间：2021年9月18日；Celebration: Chinese Canadian Legacies in British Columbia Published by the Province of British Columbia, Canada, 2018, p.171.;"Slideshow: Dorothy Kostrzewa retires", Chilliwac Times, May 22, 2008; Chilliwack Loses An Icon, https://thevalleyvoice.ca/Voice%20Stories/January%202013/Chilliwack%20Loses%20An%20Icon%20-%20Kostrzewa%20Dead%20at%2083%20-%20Jan%202014%202013.htm, 检索时间：2021年9月18日；https://www.asiancanadianwiki.org/w/Ben_Lee_（Politician）, 检索时间：2021年9月18日；"Mayor of Rutland", Ben Lee mourned, https://www.kelownadailycourier.ca/news/article_48791490-efef-11e5-ab26-c3448fae6b2c.html, 检索时间：2021年9月18日；Richard Lee, Richmond General Local and School Election, Nov. 15, 2014; "Central Saanich candidate profile information", Times Colonist, Oct. 27, 2014;《华人市参事黄月娥畅谈抱负》,《世界日报》1988年11月23日；"Leong elects judge and jury for trial", Cam Fortem's, Kamloops Daily News, Sep. 2, 2013; Official Report of Debates of the Legislative Assembly, Jun. 12, 1997, Volume 5, Number 22, Part 1, Page 4327; Candidate bio-Derek Dang, Richmond News, Oct.14, 2014; City of Richmond report to Council, Aug. 20, 2001, Tile: 0105-01; ARCHIVED-Public Notice CRTC 2001-31, 加拿大联邦政府官方网, https://crtc.gc.ca/eng/archive/2001/pb2001-31.htm, 检索时间：2021年9月18日；《华埠新闻版》,《华埠通讯》, 1993年12月, 第1卷第5期, 第7页；《魏志红获选沙尼市市议员》,《华埠通讯》, 1999年12月, 第5卷第1期, 第13页；Corporation of the District of Saanich, https://www.saanich.ca/assets/Parks-Recreation-and-Community-Services/Documents/Archives-Collections-and-Research/Category-8/Mayor%20and%20council%20190

6%20to%20present.pdf，检索时间：2021 年 9 月 18 日；《何荣禧当选市议员，翟总领事致电欣贺》，《大汉公报》1959 年 10 月 26 日；Alberta Hansard, Nov. 15, 2005, p.1619.；City of Calgary Archives # CalA PP-01239, https://web.archive.org/web/20070927221722/http://www. calgary.ca/DocGallery/BU/ cityclerks/caldermen.pdf，检索时间：2021 年 9 月 18 日；Henry Woo, https://edmontonjournal.remembering. ca/obituary/henry-woo-1065628735，检索时间：2021 年 9 月 18 日；Henry Woo, https://www.legacy. com/obituaries/edmontonjournal/obituary.aspx? n=henry-woo&pid=173304790，检索时间：2021 年 9 月 18 日；Mar, Gary, https://www.ourcampaigns.com/Candidate Detail.html? CandidateID=63416，检索时间：2021 年 9 月 18 日；https://asiancanadianwiki.org/w/Gary_Mar，检索时间：2021 年 9 月 18 日；*Mr.and Mrs.Harry Poon Mark Anniversary*, *Stettler Independent*, Mar. 1, 1967；《沙省华裔马怡羡君获选依士顿埠市长》，《大汉公报》1984 年 12 月 4 日；City of Humboldt Meeting Minutes Regular Council Meeting, Jul.26, 2021；加拿大国会官方网，Roles-Inky Mark, https://www.ourcommons.ca/members/en/inky-mark（1144）/roles，检索时间：2021 年 9 月 18 日；https://www.asiancanadianwiki.org/w/Inky_Mark，检索时间：2021 年 9 月 18 日；Some of the faces of our Asian community, https://www.winnipegfreepress.com/special/ourcityourworld/china/some- of-the-faces-of-our-asian-community-164115156.html，检索时间：2021 年 9 月 18 日；Joseph Yu Sun Yuen, https://passages. winnipegfreepress.com/passage-details/id-219863/YUEN_JOSEPH，检索时间：2021 年 9 月 18 日；《获各族裔人士支持，黄彼得当选湿比利市市长》，《醒华日报》1982 年 11 月 17 日；《黄景培成为第一位华人部长》，《加华侨报》1987 年 11 月 1 日；About us, https://dbpedia.org/page/Bob_Wongm，检索时间：2021 年 9 月 18 日；Electoral Firsts in Canada, https://ndp.fandom.com/wiki/Electoral_Firsts_in_Canada，检索时间：2021 年 9 月 18 日；Samuel P.S.Ho and Ralph W.Huenemann, *China's Open Door Policy：The Quest for Foreign Technology and Capital：A Study of China's Special Trade*, UBC Press, 1984, p.287.；Peter Wong, https://www.quotes.net/authors/Peter+Wong，检索时间：2021 年 9 月 18 日；Ying Hope.Public is aroused, https://digitalarchive. tpl.ca/objects/277113，检索时间：2021 年 10 月 25 日；"Hope loses in upset to community activist Bossons" by Lorne Slotnick and John Allemang, Globe and Mail, Nov. 15, 1988；《张金仪不幸落选令人意外，刘光英仍以高票连任五区市议员》，《醒华日报》1982 年 11 月 10 日；《85 市选结果》，*Modern Times Weekly*, Nov. 15, 1985；《97 市选华人当落选表》，《世界日报》1997 年 11 月 11 日；《大多市各属市、卫星市华裔候选人得票统计表》，《世界日报》1994 年 11 月 18 日；《同选区龙虎相争，削弱实力》，《世界日报》1994 年 10 月 15 日；"Municipal election: York Region", The Toronto Star.Nov.14, 2000；The Markham Leader, https://www. markham.ca/wps/wcm/connect/markham/26bb8724-6cba-4054-80aa-86d99229068c/Leader Winter 2010.pdf？MOD=AJPERES& CONVERT_TO=url&CACHEID=ROOTWORKSPACE.Z18_2QD4H901OGV 160QC8BLCRJ1001-26bb8724-6cba-4054-80aa-86d99229068c-mrl7Aut，检索时间：2021 年 9 月 18 日；约克区议员黄志华病逝：社区人士怀念，https://info.51.ca/ news/canada/2009-06/174897.html，检索时间：2021 年 9 月 18 日。

表 8.15　华裔从政概况（1957—2002 年，个别超此年限）

省份	姓名	职位	选区	任期
联邦	伍冰枝（Adrienne Clarkson）	总督		1999—2005 年
	林思齐（David See-Chai Lam）	省督		1988—1995 年
	伍利德蕙（Vivienne Poy）	参议员		1998—2012 年

续表

省份	姓名	职位	选区	任期
卑诗省	郑天华（Douglas Jung）	国会议员	温哥华中区（Vancouver Centre）	1957—1962年
	李侨栋（Art Lee）	国会议员	温哥华东区（Vancouver East）	1974—1979年
	陈卓愉（Raymond Chan）	国会议员	列治文（Richmond）	1993—2000年 2004—2008年
	梁陈明任（Sophia Leung）	国会议员	温哥华-京士威（Vancouver-Kingsway）	1997—2004年
	关慧贞（Jenny Kwan）	市议员 省议员	温哥华（Vancouver） 温哥华（Vancouver）	1993—1996年 1996—2015年
	张杏芳（Ida Chong）	市议员 省议员	沙尼治（Saanich，山汝） 橡树湾·戈登（Oak Bay-Gordon）	1993—1995年 1996—2013年
	吴荣添（Peter Wing）	市议员 市长	锦碌市（Kamloops，甿卜碌，甘露市或坎卢普斯）	1960—1965年 1966—1971年
	林福来（Ed Lum）	市议员 市长 市议员	沙尼治（Saanich，山汝）	1965—1973年 1974—1977年 1979—1980年
	周锦球（Harry Chow）	市议员 市长	科尔伍德（Colwood）	1985—1987年 1988—1993年
	刘志强（Alan Lowe）	市议员 市长	维多利亚（Victoria）	1990—1993年 1999—2008年
	张瑞银（Dorothy Kastrzewa）	市议员 市议员	奇利瓦克（Chilliwhack）	1969—1978年 1988—2002年
	李本华（Ben Lee）	市议员	基隆拿（Kelowna，基洛纳）	1973—1996年
	余宏荣（Bill Yee）	市议员	温哥华（Vancouver）	1982—1986年
	李益（Richard Lee）	市议员	梅里特（Merritt）	1984—1986年
	黄月娥（Sandra Wilking）	市议员	温哥华（Vancouver）	1988—1990年
	马福林（Jack Mar）	市议员	沙尼治中（Centre Saanich）	1988—1993年 1999—2002年
	梁毅洲（Joe N.Leong）	市议员 市议员	锦碌市（Kamloops，甿卜碌，甘露市或坎卢普斯）	1991—1993年 1997—2005年
	陈志动（Tung Chan）	市议员	温哥华（Vancouver）	1990—1993年

续表

省份	姓名	职位	选区	任期
卑诗省	叶吴美琪（Maggie Ip）	市议员	温哥华（Vancouver）	1993—1996 年
	吴根（Ken Eng）	市议员	北沙尼治（North Saanich，北山汝）	1997—1998 年
	林士丹（Sam Lin）	市议员	戈登（Goldon）	1997—2002 年
	李松（Don Lee）	市议员	温哥华（Vancouver）	1996—2002 年
	李思远（Daniel Lee）	市议员	温哥华（Vancouver）	1996—2002 年
	邓伟雄（Derek Dang）	市议员	列治文（Richmond）	1996—2001 年
	招数荣（Daniel Chiu）	市议员	高贵林（Coquitlam）	2000—2002 年
	赵莲蒂（Lyndia Hundleby）	市议员	埃斯奎莫尔特（Esquimalt）	2000—2002 年
	魏志红（Jackie Ngai）	市议员	沙尼治（Saanich，山汝）	1999—2007 年
阿尔伯塔	何荣禧（George Ho Len）	市议员 省议员	卡尔加里（Calgary）	1959—1965 年 1971—1975 年
	胡建华（Henry Woo）	省议员	埃德蒙顿（Edmonton）	1979—1986 年
	马建威（Gary Mar）	省议员	卡尔加里-鼻溪（Nose Creek, Calgary）	1993—2007 年
	潘协华（Harry Poon）	市议员	施泰特勒（Stlttler，斯戴德勒）	1957—1959 年
	关卑芙（Belford Quan）	市议员	高河（High River）	1971—1973 年
萨斯喀彻温	马怡羡（Wayne Mah）	市议员 市长	埃斯顿（Eston）	1982—1984 年 1984—1985 年
	袁洪基（Danny yuen）	市议员	洪堡（Humbodt）	1996—2000 年
马尼托巴	麦鼎鸿（Inky Mark）	市议员 市长 国会议员	多芬—天鹅河—马凯特（Dauphin- Sawn River）	1991—1993 年 1994—1997 年 1997—2004 年
	黄健荣（Ken Wong）	市议员	温尼伯（Winnipeg）	1974—1977 年
	源汝中（Joseph yuen）	市议员	温尼伯（Winnipeg）	1989—1992 年

续表

省份	姓名	职位	选区	任期
安大略	黄景培（Bob Wong, Robert Charles Wong）	省议员	多伦多（Toronto）	1987—1990 年
	谭振蕃（John Hums）	市议员 市长	麦嘉利（Mcgerry）	1978—1982 年 1982—1988 年
	王景元（Peter Wong）	市长	萨德伯里（Sudbury，湿比利）	1982—1991 年
	刘光瑛（Ying Hope）	市议员	多伦多（Toronto）	1969—1985 年
	张金仪（Cordon Chong）	市议员 市议员 市议员	多伦多（Toronto） 北约克（North York） 多伦多（Toronto）	1980—1982 年 1994—1996 年 1997—1999 年
	赵春江（Alex Chiu）	市议员 市议员	万锦（Markham）	1985—1993 年 1994—1996 年 2000—2002 年
	李黄瑞爱（Mary Kwong Lee）	市议员	查塔姆（Chatham）	1985—1994 年
	邹至蕙（Olicia Chow）	市议员	多伦多（Toronto）	1991—1996 年 1997—2002 年
	王明伦（Denzil Minnan Wong，黄米兰）	市议员 市议员	约克（North York）	1995—1997 年
	黄志华（Tony C.Wong）	市议员	约克（North York）	1997—2003 年

资料来源：黎全恩：《1957—2002 年华裔参政人选者之分析》，《华埠通讯》，2002 年 12 月，第 6 卷第 9 期，第 20—22 页；http://adrienneclarkson.com/biography，检索时间：2021 年 9 月 18 日；The Right Honourable Adrienne Clarkson，http://adrienneclarkson.com/welcome，检索时间：2021 年 9 月 18 日；https://asiancanadianwiki.org/w/David_Lam，检索时间：2021 年 9 月 18 日；Former Lieutenant Governors of British Columbia，https://www.craigmarlatt.com/canada/provinces&territories/BC_lieutenant_gov.html，检索时间：2021 年 9 月 18 日；《加华军人会电贺林思齐荣任省督职》，《大汉公报》1988 年 8 月 5 日；《林思齐任卑诗省督，就职典礼简单隆重》，《大汉公报》1988 年 9 月 10 日；The Hon.Vivienne Poy, O.St.J., Senator，加拿大国会官方网，https://lop.parl.ca/sites/ParlInfo/default/en_CA/People/Profile? personId=9535，检索时间：2021 年 9 月 18 日；Douglas Jung, C.M., C.D.，加拿大国会官方网，https://lop.parl.ca/sites/ParlInfo/default/en_CA/People/Profile? personId=13202，检索时间：2021 年 9 月 18 日；Arthur John（Art）Lee, M.P.，加拿大国会官方网，https://lop.parl.ca/sites/ParlInfo/default/en_CA/People/Profile? personId=8864，检索时间：2021 年 9 月 18 日；The Hon.Raymond Chan, P.C., M.P.，加拿大国会官方网，https://lop.parl.ca/sites/ParlInfo/default/en_CA/People/Profile? personId=517，检索时间：2021 年 9 月 18 日；《陈卓愉矢志为加国谋整体利益》，《世界日报》1993 年 10 月 26 日；《华裔候选人胜落选一览表》，《世界日报》1997 年 6 月 3 日；《联邦大选自由党获胜，加西两华裔当选》，《世界日报》1997

年6月3日;《梁陈明任出线、陈卓愉、乐美森落败》,《世界日报》2000年11月28日;《对联邦大选华裔从政的分析》,《明报》2001年1月3日;《卑诗省唯一华裔国会议员梁陈明任连任成功》,《世界日报》2000年11月28日;Ms.M.Sophia Leung, C.M., M.P., 加拿大国会官方网, https://lop.parl.ca/sites/ParlInfo/default/en_CA/People/Profile? personId=1231, 检索时间:2021年9月18日; *City of Vancouver Councils dating back to 1886*, pp.2-4., pp.6-7.; Ida Chong, 卑诗省议会官方网, https://www.leg.bc.ca/wotv/pages/featured-women/ida-chong.aspx, 检索时间:2021年9月18日;《张杏芳省选胜出》,《华埠通讯》,1996年10月,第2卷第10期,第6页;《维市侨界贺张杏芳省议员》,《华埠通讯》,2001年8月,第6卷第1期,第5页;Ida Chong, https://www.victoria.ca/assets/Departments/Legislative-Services/Ida%20Chong%20Candidate%20Profile%202014.pdf,检索时间:2021年9月18日;《第一个华人市长》,《大汉公报》1965年12月13日;Peter Wing, http://www.heroesofconfederation.com/photo_gallery/PeterWing.htm, 检索时间:2021年9月18日; https://www.kamloops.ca/sites/default/files/docs/city-hall/mayors_list.pdf,检索时间:2021年9月18日;《加拿大唯一民选华裔市长吴(王)彼得》,《醒华日报》1970年9月3-5日;Peter Wing, http://www.kamhigh.com/HOF.asp? Type=Student&ID=46, 检索时间:2021年9月18日;《庆贺林福来膺选市长》,《大汉公报》1973年11月20日;Edward Lum, https://www.legacy.com/ obituaries/timescolonist/obituary.aspx? n=edward-lum&pid=89370509, 检索时间:2021年9月18日; City of Colwood, Heritage Inventory, 1988,《维市新市长刘志强就职》,《华埠通讯》,1999年12月,第5卷第1期,第2页;《刘志强获选维市市长》,《华埠通讯》,1999年12月,第5卷第1期,第13页;《刘志强当选不是偶然》,《世界日报》1990年11月19日;Mayors (By Date), 维多利亚市官方网, https://www.victoria.ca/EN/main/residents/archives/faqs/mayors-date.html, 检索时间:2021年9月18日;Celebration: Chinese Canadian Legacies in British Columbia Published by the Province of British Columbia, Canada, 2018, p.171; "Slideshow: Dorothy Kostrzewa retires", Chilliwac Times, May 22, 2008; Chilliwack Loses An Icon, https://thevalleyvoice.ca/Voice%20Stories/January%202013/Chilliwack% 20Loses%20An%20Icon% 20-%20Kostrzewa%20Dead%20at%2083%20-%20Jan%2014%202013.htm, 检索时间:2021年9月18日;https://www.asiancanadianwiki.org/w/Ben_Lee_ (Politician), 检索时间:2021年9月18日;"Mayor of Rutland" Ben Lee mourned, https://www.kelownadailycourier.ca/news/article_48791490-efef-11e5-ab26-c3448fae6b2c.html, 检索时间:2021年9月18日; Richard Lee, Richmond General Local and School Election, Nov. 15, 2014; "Central Saanich candidate profile information", Times Colonist, Oct. 27, 2014;《华人市参事黄月娥畅谈抱负》,《世界日报》1988年11月23日;"Leong elects judge and jury for trial", Cam Forte's, Kamloops Daily News, Sep. 2, 2013; Official Report of Debates of the Legislative Assembly, Jun. 12, 1997, Volume 5, Number 22, Part 1, Page 4327; Candidate bio-Derek Dang, Richmond News, Oct.14, 2014; City of Richmond report to Council, Aug. 20, 2001, Tile: 0105-01; Archived-Public Notice CRTC 2001-31, 加拿大联邦政府官方网, https://crtc.gc.ca/eng/archive/2001/ pb2001-31.htm, 检索时间:2021年9月18日;《华埠新闻版》,《华埠通讯》,1993年12月,第1卷第5期,第7页;《魏志红获选沙尼市市议员》,《华埠通讯》,1999年12月,第5卷第1期,第13页;Corporation of the District of Saanich, https://www.saanich.ca/assets/Parks-Recreation-and-Community-Services/Documents/Archives-Collections-and-Research/Category-8/Mayor%20and%20council% 201906%20to%20present.pdf,检索时间:2021年9月18日;《何荣禧当选市议员,翟总领事致电欣贺》,《大汉公报》1959年10月26日;Alberta Hansard, Nov. 15, 2005, p.1619.; City of Calgary Archives # CalA PP-01239, https://web.archive.org/ web/20070927221722/http://www.calgary.ca/DocGallery/BU/cityclerks/caldermen.pdf, 检索时间:2021年9月18日;Henry Woo, https://edmontonjournal.remembering.ca/obituary/henry-woo-1065628735, 检索时间:2021年9月18日;Henry Woo, https://www.legacy.com/obituaries/edmontonjournal/obituary.aspx? n=henry-woo&pid= 173304790, 检索时间:2021年9月18日; Mar, Gary, https://www.ourcampaigns.com/Candidate Detail.html? CandidateID=63416, 检索时间:

2021年9月18日；https://asiancanadianwiki.org/w/Gary_Mar，检索时间：2021年9月18日；*Mr. and Mrs.Harry Poon Mark Anniversary*，*Stettler Independent*，Mar.1，1967；《沙省华裔马怡羡君获选依士顿埠市长》，《大汉公报》1984年12月4日；City of Humboldt Meeting Minutes Regular Council Meeting，Jul.26，2021；加拿大国会官方网，Roles–Inky Mark，https://www.ourcommons.ca/members/en/inky-mark（1144）/roles，检索时间：2021年9月18日；https://www.asiancanadianwiki.org/w/Inky_Mark，检索时间：2021年9月18日；Some of the faces of our Asian community，https://www.winnipegfreepress.com/special/ourcityourworld/china/some-of-the-faces-of-our-asian-community-164115156.html，检索时间：2021年9月18日；Joseph Yu Sun Yuen，https://passages.winnipegfreepress.com/passage-details/id-219863/ YUEN_JOSEPH，检索时间：2021年9月18日；《获各族裔人士支持，黄彼得当选湿比利市市长》，《醒华日报》1982年11月17日；《黄景培成为第一位华人部长》，《加华侨report》1987年11月1日；about，https://dbpedia.org/page/Bob_Wongm，检索时间：2021年9月18日；Electoral Firsts in Canada，https://ndp.fandom.com/wiki/Electoral_Firsts_in_Canada，检索时间：2021年9月18日；Samuel P.S.Ho and Ralph W.Huenemann，China's Open Door Policy：The Quest for Foreign Technology and Capital：A Study of China's Special Trade，UBC Press，1984，p.287；Peter Wong，https://www.quotes.net/authors/Peter+Wong，检索时间：2021年9月18日；Ying Hope.Public is aroused，https://digitalarchive.tpl.ca/objects/277113，检索时间：2021年10月25日；"Hope loses in upset to community activist Bossons" by Lorne Slotnick and John Allemang，Globe and Mail，Nov.15，1988；《张金仪不幸落选令人意外，刘光英仍以高票连任五区市议员》，《醒华日报》1982年11月10日；《85市选结果》，*Modern Times Weekly* Nov.15，1985；《97市选华人当落选表》，《世界日报》1997年11月11日；《大多市各属市、卫星市华裔候选人得票统计表》，《世界日报》1994年11月18日；《多伦多万锦市六华人当选议员》，《世界日报》2000年11月14日；"Toronto's political class stays mostly colourless"：James，Toronto Star，Feb.18，2015；Alex Chiu Pool named after Markham's longest standing council member，https://www.markham.ca/wps/portal/home/about/news/sa-news-releases/2-20190429-alex-chiu-pool-named-after-markhams-longest-standing-council-member，检索时间：2021年9月18日；Olivia Chow web site，Olivia Chow，http://oliviachow.ca/biography/，检索时间：2021年9月18日；《大多市各属市、卫星市华裔候选人得票统计表》，《世界日报》1994年11月18日；《同选区龙虎相争，削弱实力》，《世界日报》1994年10月15日；"Municipal election：York Region"，The Toronto Star.Nov.14，2000；The Markham Leader，https://www.markham.ca/wps/wcm/connect/markham/26bb8724-6cba-4054-80aa-86d99229068c/LeaderWinter2010.pdf？MOD=AJPERES&CONVERT_TO=url&CACHEID=ROOTWORKSPACE.Z18_2QD4H9O1OGV16OQC8BLCRJ1O01-26bb8724-6cba-4054-80aa-86d99229068c-mrl7Aut，检索时间：2021年9月18日；约克区议员黄志华病逝：社区人士怀念，https://info.51.ca/news/canada/2009-06/174897.html，检索时间：2021年9月18日。

  从上面这些表格中可以看出，在参加联邦政党、参政成功率和投票率等方面，卑诗省华人的表现超过安大略省。卑诗省有30多名华人当选各级议员，而安大略省只有10多名华人。[1]此外，在这段时间里，首重经济和市场也看重权力的华裔，很少有人参与一直在野的左翼联邦新民主党的运作，更无人代表该党竞选。

---

〔1〕《华埠对市选制意见》，《大汉公报》1978年11月10日。

表 8.16 加拿大少数族裔国会议员一览表（1957—2001 年）

姓名	选区	任职时间	卸任时间	所属政党	备注
郑天华（Douglas Jung）	温哥华中区（Vancouver Centre）	1957年（第23届加拿大国会）	1962年	联邦进步保守党（Progressive Conservative Party）	华裔
林肯·麦考利·亚历山大（Lincoln MacCauley Alexander）	哈密尔顿西（Hamilton West）	1968年（第28届加拿大国会）	1980年	联邦进步保守党	黑人
皮埃尔·德·巴内（Pierre de Bané）	马塔佩迪亚-马塔内（Matapédia-Matane）马塔内（Matane）	1968年（第28届加拿大议会）	1984年	联邦自由党（Liberal Party of Canada）	黎巴嫩裔
李侨栋（Art Lee）	温哥华东区（Vancouver East）	1974年（第30届加拿大国会）	1979年	联邦自由党	华裔
阿方索斯·福尔（Alphonsus Faour）	亨伯-圣乔治-圣芭比（Humber-St.George's-St.Barbe）	1978年（在补选中获胜）	1980年	联邦新民主党（New Democratic Party，NDP）	黎巴嫩裔
山姆·瓦基姆（Sam Wakim）	河谷东（Don Valley East）	1979年（第31届加拿大国会）	1980年	联邦进步保守党	黎巴嫩裔
里卡多·洛佩兹（Ricardo López）	沙托盖（Châteauguay）	1984年（第33届加拿大议会）	1993年	联邦进步保守党	西班牙裔
霍华德·麦柯迪（Howard McCurdy）	温莎-圣克莱尔湖（Windsor-Lake St. Clair）温莎-沃克维尔（Windsor-Walkerville）	1984年（第33届加拿大议会）	1993年	联邦新民主党	黑人
马克·约瑟夫·阿萨德（Mark Joseph Assad）	加蒂诺-拉利弗（Gatineau-La Lièvre）加蒂诺（Gatineau）	1988年（第33届加拿大国会）	2004年	联邦自由党	黎巴嫩裔
麦克·哈伯（Mac Harb）	渥太华中区（Ottawa Centre）	1988年（第33届加拿大国会）	2003年	联邦自由党	黎巴嫩裔

续表

姓名	选区	任职时间	卸任时间	所属政党	备注
艾伦·库里（Allan Koury）	欧什拉加-迈松讷沃（Hochelaga Maisonneuve）	1988年（第33届加拿大国会）	1993年	联邦进步保守党	黎巴嫩裔
雷·帕格塔汉（Rey Pagtakhan）	北温尼伯（Winnipeg North）布兰普顿中区（Brampton Centre）	1988年（第33届加拿大国会）	2004年	联邦自由党	菲律宾裔
萨基斯·阿萨杜里安（Sarkis Assadourian）	河谷北（Don Valley North）	1993年（第35届加拿大国会）	1997年	联邦自由党	亚美尼亚裔
	布兰普顿中区（Brampton Centre）	1997年（第36届加拿大国会）	2004年		
让·奥古斯丁（Jean Augustine）	怡陶碧谷-湖滨（Etobicoke-Lakeshore）	1993年（第35届加拿大国会）	2006年	联邦自由党	黑人
贾格·巴多里亚（Jag Bhaduria）	万锦-怀特彻奇-斯托夫维尔（Markham-Whitchurch-Stouffville，桃源小镇）	1993年（第35届加拿大国会）	1997年	联邦自由党（1993—1994年间以联邦自由党身份当选）	印裔
陈卓愉（Raymond Chan）	列治文（Richmond）	1993年（第35届加拿大国会）	2000年	联邦自由党	华裔
赫伯·达利瓦尔（Herb Dhaliwal）	南温哥华（Vancouver South）	1993年（第35届加拿大国会）	2004年	联邦自由党	印裔
海蒂·弗莱（Hedy Fry）	温哥华中区（Vancouver Centre）	1993年（第35届加拿大国会）	在职（Incumbent）	联邦自由党	黑人
奥维德·杰克逊（Ovid Jackson）	布鲁斯·格雷·欧文桑德（Bruce-Grey-Owen Sound）布鲁斯·格雷（Bruce-Grey）	1993年（第35届加拿大国会）	2004年	联邦自由党	黑人

续表

姓名	选区	任职时间	卸任时间	所属政党	备注
古尔巴克斯·辛格·马尔希（Gurbax Singh Malhi）	宾马利-戈尔-马尔顿选区（Bramalea-Gore-Malton）宾马利-戈尔-马尔顿-斯普林代尔（Bramalea-Gore-Malton-Springdale）	1993年（第35届加拿大国会）	2011年	联邦自由党	印裔
奥斯瓦尔多·努涅斯（Osvaldo Nunez）	布哈沙（Bourassa）	1993年（第35届加拿大国会）	1997年	魁人政团（Bloc Québécois）	智利移民
保罗·泽德（Paul Zed）	芬迪-皇家（Fundy-Royal）	1993年（第35届加拿大国会）	1997年	联邦自由党	黎巴嫩裔
戈登·厄尔（Gordon Earle）	哈利法克斯西部（Halifax West）	1997年（第35届加拿大国会）	2000年	联邦新民主党	黑人
格曼特·辛格·格鲁瓦尔（Gurmant Singh Grewal）	牛顿-北三角洲（Newton–North Delta）	1997年（第35届加拿大国会）	2006年	联邦进步保守党	印裔
拉希姆·贾弗（Rahim Jaffer）	埃德蒙顿-斯特拉斯科纳（Edmonton-Strathcona）	1997年（第35届加拿大国会）	2008年	联邦进步保守党	印裔
玛琳·詹宁斯（Marlene Jennings）	圣母院优雅-拉欣（Notre-Dame-de-Grâce-Lachine）	1997年（第35届加拿大国会）	2011年	联邦自由党	黑人
梁陈明任（Sophia Leung）	温哥华-京士威（Vancouver Kingsway）	1997年（第35届加拿大国会）	2004年	联邦自由党	华裔
麦鼎鸿（Inky Mark）	多芬-天鹅河-马凯特（Dauphin-Swan River-Marquette）	1997年（第35届加拿大国会）	2010年	联邦进步保守党	华裔
迪帕克·奥布拉（Deepak Obhrai）	卡尔加里森林草坪（Calgary Forest Lawn）	1997年（第35届加拿大国会）	2019年	联邦进步保守党	印裔

资料来源：Douglas Jung，加拿大国会官方网，https://lop.parl.ca/sites/ParlInfo/default/en_CA/People/Profile?personId=13202，检索时间：2021年9月18日；The Hon.Lincoln MacCauley Alexander，加拿大国会官方网，

https://lop.parl.ca/sites/ParlInfo/default/en_CA/People/Profile？personId=42，检索时间：2021 年 9 月 18 日；The Hon.Pierre De Bané，加拿大国会官方网，https://lop.parl.ca/sites/ParlInfo/default/en_CA/People/Profile？personId=3094，检索时间：2021 年 9 月 18 日；Arthur John（Art）Lee，加拿大国会官方网，https://lop.parl.ca/sites/ParlInfo/default/en_CA/People/Profile？personId=8864，检索时间：2021 年 9 月 18 日；Alphonsus Faour，加拿大国会官方网，https://lop.parl.ca/sites/ParlInfo/default/en_CA/People/Profile？personId=630，检索时间：2021 年 9 月 18 日；Sam Wakim，加拿大国会官方网，https://lop.parl.ca/sites/ParlInfo/default/en_CA/People/Profile？personId=15800，检索时间：2021 年 9 月 18 日；Sam Wakim，https://en.wikipedia.org/wiki/Sam_Wakim，检索时间：2021 年 9 月 18 日；Ricardo Lopez，加拿大国会官方网，https://lop.parl.ca/sites/ParlInfo/default/en_CA/People/Profile？personId=7207，检索时间：2021 年 9 月 18 日；Howard Douglas McCurdy，加拿大国会官方网，https://lop.parl.ca/sites/ParlInfo/default/en_CA/People/Profile？personId=2553，检索时间：2021 年 9 月 18 日；Mr.Mark Joseph Assad，加拿大国会官方网，https://lop.parl.ca/sites/ParlInfo/default/en_CA/People/Profile？personId=15735，检索时间：2021 年 9 月 18 日；Mark Assad，https://en.wikipedia.org/wiki/Mark_Assad，检索时间：2021 年 9 月 18 日；The Hon.Mac Harb，加拿大国会官方网，https://lop.parl.ca/sites/ParlInfo/default/en_CA/People/Profile？personId=14717，检索时间：2021 年 9 月 18 日；Allan Koury，加拿大国会官方网，https://lop.parl.ca/sites/ParlInfo/default/en_CA/People/Profile？personId=2149，检索时间：2021 年 9 月 18 日；Allan Koury，https://en.wikipedia.org/wiki/Allan_Koury，检索时间：2021 年 9 月 18 日；The Honourable Rey Pagtakhan，加拿大国会官方网，https://www.ourcommons.ca/Parliamentarians/en/members/Rey-Pagtakhan（1195），检索时间：2021 年 9 月 18 日；Rey Pagtakhan，https://en.wikipedia.org/wiki/Rey_Pagtakhan，检索时间：2021 年 9 月 18 日；The Hon.Dr.Rey D.Pagtakhan，加拿大国会官方网，https://lop.parl.ca/sites/ParlInfo/default/en_CA/People/Profile？personId=1421，检索时间：2021 年 9 月 18 日；Mr.Sarkis Assadourian，加拿大国会官方网，https://lop.parl.ca/sites/ParlInfo/default/en_CA/People/Profile？personId=8715，检索时间：2021 年 9 月 18 日；The Hon.Jean Augustine，加拿大国会官方网，https://lop.parl.ca/sites/ParlInfo/default/en_CA/People/Profile？personId=3321，检索时间：2021 年 9 月 18 日；Mr.Jag Bhaduria，加拿大国会官方网，https://lop.parl.ca/sites/ParlInfo/default/en_CA/People/Profile？personId=32，检索时间：2021 年 9 月 18 日；Jag Bhaduria，https://en.wikipedia.org/wiki/Jag_Bhaduria，检索时间：2021 年 9 月 18 日；The Hon.Raymond Chan，加拿大国会官方网，https://lop.parl.ca/sites/ParlInfo/default/en_CA/People/Profile？personId=517，检索时间：2021 年 9 月 18 日；The Hon.Herb Dhaliwal，加拿大国会官方网，https://www.ourcommons.ca/Parliamentarians/en/members/Herb-Dhaliwal（1630），检索时间：2021 年 9 月 18 日；Herb Dhaliwal，https://en.wikipedia.org/wiki/Herb_Dhaliwal，检索时间：2021 年 9 月 18 日；The Hon.Hedy Fry，加拿大国会官方网，https://lop.parl.ca/sites/ParlInfo/default/en_CA/People/Profile？personId=5951，检索时间：2021 年 9 月 18 日；Hedy Fry，https://en.wikipedia.org/wiki/Hedy_Fry，2021 年 9 月 18 日；Mr.Ovid L.Jackson，加拿大国会官方网，https://lop.parl.ca/sites/ParlInfo/default/en_CA/People/Profile？personId=1512，检索时间：2021 年 9 月 18 日；The Hon.Gurbax Singh Malhi，加拿大国会官方网，https://lop.parl.ca/sites/ParlInfo/default/en_CA/People/Profile？personId=8537，检索时间：2021 年 9 月 18 日；Mr.Osvaldo Nunez，加拿大国会官方网，https://lop.parl.ca/sites/ParlInfo/default/en_CA/People/Profile？personId=15684，检索时间：2021 年 9 月 18 日；Mr.Paul Zed，加拿大国会官方网，https://lop.parl.ca/sites/ParlInfo/default/en_CA/People/Profile？personId=13738，检索时间：2021 年 9 月 18 日；Paul Zed，https://en.wikipedia.org/wiki/Paul_Zed，检索时间：2021 年 9 月 18 日；Mr.Gordon S.Earle，加拿大国会官方网，https://lop.parl.ca/sites/ParlInfo/default/en_CA/People/Profile？personId=2513，检索时间：2021 年 9 月 18 日；Gordon Earle，https://en.wikipedia.org/wiki/Gordon_Earle，检索时间：2021 年 9 月 18 日；Mr.Gurmant Singh Grewal，加拿大国会官方网，https://lop.parl.ca/sites/ParlInfo/default/en_CA/People/Profile？personId=15844，

检索时间：2021 年 9 月 18 日；Mr.Rahim Jaffer, 加拿大国会官方网, https://lop.parl.ca/sites/ParlInfo/default/en_CA/People/Profile？personId=4136，检索时间：2021 年 9 月 18 日；Rahim Jaffer, https://en.wikipedia.org/wiki/Rahim_Jaffer, 检索时间：2021 年 9 月 18 日；The Hon.Marlene Jennings, 加拿大国会官方网, https://lop.parl.ca/sites/ParlInfo/default/en_CA/People/Profile？personId=9068，检索时间：2021 年 9 月 18 日；Marlene Jennings, https://en.wikipedia.org/wiki/Marlene_Jennings, 检索时间：2021 年 9 月 18 日；Ms.M.Sophia Leung, 加拿大国会官方网, https://lop.parl.ca/sites/ParlInfo/default/en_CA/People/Profile？personId=1231，检索时间：2021 年 9 月 18 日；Mr.Inky Mark, 加拿大国会官方网, https://lop.parl.ca/sites/ParlInfo/default/en_CA/People/Profile？personId=11635，检索时间：2021 年 9 月 18 日；The Hon.Deepak Obhrai, 加拿大国会官方网, https://lop.parl.ca/sites/ParlInfo/default/en_CA/People/Profile？personId=16310，检索时间：2021 年 9 月 18 日；Deepak Obhrai, https://en.wikipedia.org/wiki/Deepak_Obhrai, 检索时间：2021 年 9 月 18 日；Category：Canadian politicians of Lebanese descent, https://en.wikipedia.org/wiki/Category：Canadian_politicians_of_Lebanese_descent, 检索时间：2021 年 9 月 18 日。

1967 年至 2001 年间，少数族裔进入加拿大国会的议员并不多，其中华裔 4 位、印裔 6 位、黎巴嫩裔 7 位、黑人 7 位。

第九章
宗教与墓葬

加拿大是一个基督教立国的国家，也是倡导多元文化的国家。因此，在1967年移民政策颁布、1980年代正式推动多元文化政策之后，移民社群中的宗教活动日渐频繁。在华人社区，除了传统的儒家文化（也有人称之为儒教，早期加拿大华侨称之为孔教）之外，各种宗教可以自由存在，吸引了不同的华裔信众和追随者，其中信众最多的无疑是佛教和基督教，道教等其他宗教则比较小众。宗教之外，相信风水的也不在少数。

华人社区的宗教活动有两个最为明显的特征，一是佛教、道教等亚洲本土宗教，大都随移民从亚洲植入，而后在加拿大以及北美开枝散叶；而基督教等则大部分是由加拿大以及美国等教会和宗派在北美经传教而来，当然，也有亚洲基督教宗派随移民进入，在加拿大以及美国扩张传教版图。二是华人社区中的各种宗教基本上都是和平相处，鲜少有宗教之争。在一些赈灾救难的项目上，也不乏共渡难关的案例。

当然，与加拿大其他社群相比较，华人社区没有任何宗教信仰的人数仍然排在前列，这也给各种宗教在华人社区中的传教，提供了广阔的禾场（参见表9.1）。

表9.1 加拿大各族裔没有宗教信仰的人数（1981年）

种族	接受调查人数	没有宗教信仰人数	没有宗教信仰人数百分比(%)
加拿大所有族裔	24083500	1783530	7.4
非洲裔	45220	3700	8.2
日裔	40995	11440	27.9
英裔	9674250	856645	8.9
华裔	289245	164315	56.8
印度裔和巴基斯坦裔	196395	6000	3.1

资料来源：Census of Canada 1981, Population, Ethnic Origin, The Minister of Supply and Services Canada, 1984, pp.5-1., 5-2., 5-3., 5-4., 5-5., 5-6., 5-7., 5-8.

值得关注的是，华人的宗教信仰最后在葬礼的形式上，有很明显的体现。

第一节　佛教和道教等

佛教和道教等中国传统宗教，随着早期华人移民进入加拿大。但是，那时候的华人地位低下，居无定所，连维持基本的生活都相当困难，且在各方面遭受歧视，遑论购地建造寺庙和道观了。因此，除了在生活中践行佛教、道教以及设立简单神龛供奉之外，鲜有寺庙可以进香朝拜。之后，虽有华裔商人在唐人街设立很小规模的寺庙、道观，也无法服务大量信众。[1]这种情况直到战后才有所改观。到1967年移民政策大改革之后，佛教寺庙和道观等宗教场所，开始在加拿大华人聚居的大城市发展起来，宗教人士也得以移民进入加国居住。

众所周知，佛教起源于亚洲，因此，早期来加拿大的亚裔移民，包括中国人和日本人等，都在加拿大推崇佛教。而且，在战前，日裔的地位高过华人，他们受到的歧视程度也相对较轻，在购地建设宗教场所上时间较早，[2]华人在建设正规佛庙的时间上则相对晚一些。以汉传佛教为例，1969年在南山路100号（100 Southill Drive）建立的南山寺（Nam Shan）最为典型，[3]它与加拿大佛教会一起，开启了佛教在加拿大华人社区建寺弘法的新时代。除了汉传佛教之外，藏传佛教等也在加拿大华人信仰生活中扮演着重要角色。

当然，在海外华人的信仰中，儒释道都有市场。虽然道教的教义无形地体现在华人生活的方方面面，但道教的宗教场所在数量上则远逊于佛教。自20世纪70年代以来，加拿大各省都有不少新建佛教和道教寺庙，部分情况列表如下（参见表9.2—9.11）：

---

[1] 维多利亚市唐人街上的列圣宫庙，1908年后逐渐被人遗忘。1965年因列圣宫里的文物非常精美，就将该宫神像、神龛、祭器、匾额与楹联等文物迁至新会馆，重新布置、展览，没有宗教色彩；李东海：《加拿大华侨史》，加拿大自由出版社，1967年，第226页。
[2] Japanese Canadian History, http://najc.ca/japanese-canadian-history/，检索时间：2021年9月19日。
[3] 永载史册：加拿大湛山精舍的历史功绩，http://www.chongguosi.com/News-2017news/20170604105443N.html，检索时间：2021年9月19日；加拿大佛教会湛山精舍简介，http://www.chamshantemple.org/messages/aboutus/index.php?channelId=3&sectionId=185&pageNo=1&langCd=CN&itemId=4228，检索时间：2021年9月19日。

表9.2　卑诗省新建佛教、道教寺庙

名称	建寺庙时间
佛恩寺（Universal Buddhist Temple）	1968 年在温哥华唐人街购买了一个小教堂弘法，1982 年扩建，1983 年开光
温哥华普玄精舍道观（Po Yuen Taoist Centre Society）	1976 年
国际佛教观音寺（The International Buddhist Temple）	1981 年兴建，1983 年落成。1986 年正式举行了开幕仪式
金佛圣寺（Gold Buddha Monastery）	1983 年
菩提雷藏寺（PTT Buddhist Society）	1984 年
道教加拿大青松观（Ching Chung Taoist Church of Canada）	1989 年
福慧寺（Fu Hui Buddhist Temple Society）	1989 年
温哥华佛光山（Vancouver Fo Guang Shan Temple）	1991 年
温哥华圆融禅寺（Vancouver Yuan Yung Buddhism Centre Society）	1992 年
佛教正德佛堂（C T Religious Communication Group Association）	1992 年
加拿大东莲觉苑（Tung Liu Kok Yuen，Canada Society）	1994 年
法鼓山温哥华共修处（Dharma Drum Vancouver Center）	1994 年
普陀堂（Tantric Buddhist Society）	1994 年
华光雷藏寺（Lotus Light Lei Zang Si Temple）	1996 年
加拿大灵岩山寺（Lingyen Mountain Temple Canada）	1999 年

资料来源：《中西嘉宾善男信女云集，佛恩寺开光盛况空前》，《大汉公报》1983 年 5 月 13 日；冯冯：真言符箓的小故事，http://www.fosss.org/fengfeng/book/tianyanhuiyan/ZhenYanFuLu/Index.html，检索时间：2021 年 9 月 19 日；道教普玄精舍，http://poyuentaoist.org/index_c.shtml，检索时间：2021 年 9 月 19 日；《道教普玄精舍》，《温哥华中华会馆百年纪念刊物 1906—2006》，2006 年，第 272 页；关于我们，国际佛教观音寺网站，https://buddhisttemple.ca/zh-hans/about-us/，检索时间：2021 年 9 月 19 日；《观音寺举行开光大典》，《大汉公报》1986 年 7 月 25 日；The History of Gold Buddha Monastery，http://www.gbm-online.com/gbm_history/02_intro.htm，检索时间：2021 年 9 月 19 日；雷藏寺简介，雷藏寺网，http://www.pttvan.org/ch/welcome.html，检索时间：2021 年 9 月 19 日；海外宏道，青松观网，http://www.daoist.org/overseas.htm，检索时间：2021 年 9 月 19 日；《道教加拿大青松观简介》，《大汉公报》1989 年 9 月 6 日；Fu Hui Buddhist Temple Society，https://www.canadahelps.org/en/charities/fu-hui-buddhist-temple-society/，检索时间：2021 年 9 月 19 日；Fu Hui Buddhist Temple Society，http://www.directory.sumeru-books.com/2010/10/fui-hui-buddhist-temple-society/，检索时间：2021 年 9 月 19 日；温哥华福慧寺，CharityDir 网，https://www.charitydir.com/charities/890675135RR0001，检索时间：2021 年 9 月 19 日；缘起，温哥华佛光山网，https://www.vanibps.com/36947225802017132057.html，检索时间：2021 年 9 月 19 日；温哥华圆融禅寺网，http://vantemple.com/温哥华圆融禅寺，检索时间：2021

年9月19日；C T Religious Communication Group Association；Registered Charities in Vancouver，British Columbia，https://volunteeringvancouver.ca/blog/registered-charities-vancouver-british-columbia/，检索时间：2021年9月19日；加拿大东莲觉苑网，http://tlkycs.buddhistdoor.com/index.php?lang=zh，检索时间：2021年9月19日；法鼓山温哥华道场网，http://www.ddmba.ca/ddmba/aboutus.php，检索时间：2021年9月19日；关于我们，普陀堂网站，http://www.vantbs.org/-3.html，检索时间：2021年9月19日；雷藏寺简介，华光雷藏寺网，http://www.vllcs.org/temple/Chinese/temple_intro.htm，检索时间：2021年9月19日；关于加拿大灵岩山寺，http://lymtcanada.com/关于加拿大灵岩山寺/，检索时间：2021年9月19日；*City of Richmond Report to Committee*，May 11，2016；加拿大灵岩山寺20年大事记，资料来自加拿大灵岩山寺。

图 9.1　温哥华灵岩山寺
资料来源：贾葆蕳摄于2020年

图 9.2　道教青松观
资料来源：黎全恩摄于1998年

表9.3 阿尔伯塔省佛教、道教寺庙

名称	建寺时间
净音雷藏寺（Chin Yin Buddhist Temple, Edmonton）	1985年
印度华人佛教协会（The Indo-Chinese Buddhist Association）	1986年
白云堂（Pai Yuin Temple）	1986年
加拿大卡城佛学居士林（Canada Calgary Indo-Chinese Buddhist Association）	1986年
华严圣寺（The Avatamsaka Monastery）	1986年
华严圣寺（Avatamsaka Sagely Monastery）	1980年代中期
妙觉寺（The Mui Kwok Temple）	1990年
加国卡城白云雷藏寺（The Calgary True Buddhe Pai Yuin Temple）	1994年
正心寺（The Chanh Tam temple）	1990年代中期
莲子佛教社团（Lotus Seed Buddhist Community Society）	1999年
莲因精舍（Lian Yin Buddha Charitable Foundation）	2000年
观音寺（Guan Yin Tsu）	2001年

资料来源：净音雷藏寺庆建寺25周年庆，http://www.wtbn.org/768/p768-09-01.shtm，检索时间：2021年9月19日；Bruce Matthews, *Buddhism in Canada*, Oxford Centre for Buddhist Studies, Routledge, 2006, p.38.; Paul K.P.Wong: The "Newly Establlshed Organization" in Calgary Chinatown, Sep. 24, 2009; Bruce Matthews: *Buddhism in Canada*, Oxford Centre for Buddhist Studies, Routledge, 2006, p.38.;《白云堂的发展历史》,《真佛宗白云雷藏寺建寺10周年1994—2004》, 2004年, 第29页；《卡城佛学居士林简介》,《卡城华人社区百周年纪念特刊》, 卡城中华协会刊行, 1993年, 第79页；Avatamsaka Monastery website, http://www.avatamsaka.ca/, 检索时间：2021年9月19日；https://photos.google.com/share/AF1QipOWRD-9K07sUVqd-tPFJotPBZ3H_P3PrgIEgY0A7DLWtcaLdPia7kA2h-eJbM3rwQ？key=bUJRcHZCZWVOb0xSLTNNVzlFZTMxbEpnOGFKcEhn，检索时间：2021年9月19日；华严圣寺, Avatamsaka Sagely Monastery website, http://www.drbachinese.org/branch/introduction/asm.htm, 检索时间：2021年9月19日；Bruce Matthews, Buddhism in Canada, Oxford Centre for Buddhist Studies, Routledge, 2006, p.39；开山老和尚, https://www.cktemple.com/the-belated-founding-abbot/, 检索时间：2021年9月19日；《白云雷藏寺》,《真佛宗白云雷藏寺建寺10周年1994—2004》, 2004年, 第32—39页；Jacqueline Ho, *The True Buddha School and the Calgary Pai Yuin Temple's Outreach to the Wider Community*, University of Calgary, 2015, p.4.; Bruce Matthews, *Buddhism in Canada*, Oxford Centre for Buddhist Studies, Routledge, 2006, p.37., p.39., p.45.; Lian Yin Buddha Charitable Foundation, http://www.directory.sumeru-books.com/2005/05/lian-yin-buddha-charitable-foundation/, 检索时间：2021年9月19日；Our Practice, Lian Yin website, http://www.lianyin.ca/En/About.php, 检索时间：2021年9月19日。

图9.3 卡尔加里华严圣寺
资料来源：贾葆蘅摄于2019年

表9.4 安大略省佛教、道教寺庙

名称	建寺时间
南山寺（Nan Tien Temple）	1969年
加拿大湛山精舍（The Buddhist Association of Canada Cham Shan Temple）	1973年
正觉寺［Tai Bay（Ching Kwok）Buddhist Temple of Toronto，大悲精舍］	1983年
多伦多弘法精舍（Hongfa Temple）	1984年
寒山寺（Han San Temple）	寒山寺法师于1986年租借南山寺为弘法道场，1988年迁至2732 Victory Park
多伦多佛圣堂（Fu Sien Tong Buddhist Temple）	1991年
多伦多佛光山（Fo Guang Shan Temple of Toronto）	1994年，在星云大师主持下动工，1996年年底竣工，1997年落成
万锦佛光缘（Markham Buddha's light Centre）	1999年
渥太华佛光山（Fo Guang Shan Temple）	2000年开光

资料来源：加拿大湛山精舍简介：加拿大湛山精舍网，http://www.chamshantemple.org/messages/aboutus/index.php？channelId=3&sectionId=137&pageNo=1&itemId=4228&attachId=0&langCd=CN，检索时间：

2021 年 9 月 19 日；Tai Bay（Ching Kwok）Buddhist Temple of Toronto，http://www.directory.sumeru-books.com/2010/10/tai-bay-ching-kwok-buddhist-temple-of-toronto/，检索时间：2021 年 9 月 19 日；The Tai Bay Temple，https://www.canadahelps.org/en/charities/tai-bay-buddhist-temple-of-toronto/？gclid=EAIaIQobChMIgLb3lIyl3wIVlfhkCh2vIA35EAAYASAAEgKwh_D_BwE&gclsrc=aw.ds，检索时间：2021 年 9 月 19 日；开山老和尚，https://www.cktemple.com/the-belated-founding-abbot/，检索时间：2021 年 9 月 19 日；多伦多弘法精舍，http://www.chamshantemple.org/messages/aboutus/index.php？channelId=3&sectionId=137&pageNo=1&itemId=5212&attachId=0&langCd=CN，检索时间：2021 年 9 月 19 日；《寒山寺举行法会》，《醒华日报》1988 年 12 月 22 日；Fu Sien Tong Buddhist Temple，http://www.directory.sumeru-books.com/2010/10/fu-sien-tong-buddhist-temple/，检索时间：2021 年 9 月 19 日；Janet McLellan，*Many Petals of the Lotus*：Five Asian Buddhist Communities in Toronto，University of Toronto Press Incorporated，1999，p.188.；多伦多佛光山网，http://www.fgs2.ca/%E7%B7%A3E8%B5%B7，检索时间：2021 年 9 月 19 日；多伦多佛光山网，万锦佛光缘，http://www.fgs2.ca/？q=万锦佛光缘，检索时间：2021 年 9 月 19 日；渥太华佛光山网，http://ibpsottawa.org/wp/about/，检索时间：2021 年 9 月 19 日；《佛光山多道场，落成开光》，《世界日报》1997 年 8 月 11 日；资料来自妙遵法师。

图 9.4　渥太华佛光山
资料来源：贾葆蕻拍摄于 2018 年

表 9.5　缅省佛教、道教寺庙

名称	建寺时间
缅省华人佛教会华心寺（Hua Sing Buddhist Temple）	1996 年
加拿大缅省华光佛堂（Huaguang Buddhist Temple）	2001 年

资料来源：《缅省华人佛教会华心寺简介》，《加拿大缅省华人佛教会华心寺简介》，缅省华人佛教会，1996 年，第 7 页；加拿大缅省潮州同乡会，http://www.csjjcjh.com/h-nd-172.html，检索时间：2021 年 9 月 19 日。

图 9.5　温尼伯华心寺
资料来源：贾葆蕤摄于 2016 年

表 9.6　魁北克省佛教、道教寺庙

名称	成寺时间
禅宗寺（Chua Thuyen Ton）	1987 年
大丛林三宝山（Dai-Tong-Lam Tam-Bao-Son）	1988 年
蒙特利尔华人佛教协会（The Montréal Chinese Buddhist Society）	1990 年
真佛宗满城禅海雷藏寺（Montreal Chan Hai Lei Zang Temple）	1990 年
佛光山满地可华严寺（Fo Guang Shan Montreal）	1997 年
友谊相济会（玉禅宫）（Association Cantonnais Divertisse-Ment Pour L'age D'or）	1999 年

资料来源：比丘 Thich Vien Dieu：《通告书》，2010 年 7 月 1 日；大丛林三宝山的发展过程，http://www.daitonglamtambaoson.com/aboutusm.asp，检索时间：2021 年 9 月 19 日；Thich Vien Dieu：《通告书——有关建设海外祖庭禅宗寺》，2010 年 7 月 1 日；Alnis Dickson，*The Montreal Chinese Buddhist Society*，2002，p.5；Bruce Matthews：*Buddhism in Canada*，Oxford Centre for Buddhist Studies，Routledge，2006，p.144.；缘起，https://ibpsmtl.org/about-us/，检索时间：2021 年 9 月 19 日；《友谊相济会（玉禅宫）举行成立 16 周年暨元宵迎灯晚会》，《华侨时报》2015 年 3 月 13 日。

表 9.7　安大略省佛教、道教社团

名称	成立时间
加拿大佛教会（The Buddhist Association of Canada）	1968 年
安省佛教法相学会（Buddhist Dharmalaksana Society）	1989 年

续表

名称	成立时间
国际佛光会多伦多协会（Buddha's Light International Association.Toronto Chapter）	1991 年
真佛宗北大多伦多同修会（The Association of True Buddha Society of North Toronto）	1992 年
慈济多伦多联络处（Tzu Chi Foundation-Toronto）	1994 年
渥太华佛光协会（Buddha's Light International Association.Ottawa Chapter）	1995 年
加拿大佛教教育基金会（The Buddhist Education Foundation of Canada）	2001 年

资料来源：加拿大佛教会湛山精舍简介，http://www.chamshantemple.org/messages/aboutus/index.php?channelId=3&sectionId=185&pageNo=1&langCd=CN&itemId=4228，检索时间：2021 年 9 月 19 日；安省佛教法相学会网，https://www.onbds.org/about/introduction，检索时间：2021 年 9 月 19 日；多伦多佛光协会网，http://www.fgs2.ca/缘起，检索时间：2021 年 9 月 19 日；真佛宗北大多伦多同修会，https://www.tbsnt.org/，检索时间：2021 年 9 月 19 日；慈济多伦多联络处：资料来自慈济加拿大分会；渥太华佛光山网，http://ibpsottawa.org/wp/about/，检索时间：2021 年 9 月 19 日；http://buddhistedufoundation.com/sample-page，检索时间：2021 年 9 月 19 日。

表9.8　卑诗省佛教、道教社团

名称	成立时间
世界佛教会（Universal Buddhist Temple）	1968 年
国际佛光会温哥华协会（Vancouver Buddha's Light International Association）	1991 年
北美佛教学会（The North American Society for the Propagation of the Buddha Dharma）	1991 年
佛教慈悲救济加拿大慈济基金会（Buddhist Compassion Relief Tzu Chi Foundation, Canada，简称"慈济加拿大"）	1992 年
护国观音庙（The Foo-Kwok Kwanyin Buddhist Association）	1992 年
华光功德会（Lotus Light Charity Society Vancouver）	1993 年
加拿大中华道教关帝协会（Chinese Taoism Kuan-Kung Association）	1995 年
加拿大慈济大专青年联谊会（Tzu Chi Collegiate Youth Association，又称加拿大慈青联谊会）	1995 年
温哥华密乘会（Vajrayana Buddhism Association of Vancouver）	1997 年

资料来源：温哥华世界佛教会，http://www.paramita6.org/2010pusa/ubt.html，检索时间：2021 年 9 月 19 日；冯公夏居士，香港佛教联合会，http://www.hkbuddhist.org/zh/top_page.php?cid=1&p=chairman&ptype=2&psid=159&id=17，检索时间：2021 年 9 月 19 日；国际佛光会温哥华协会缘起，https://www.vanibps.org/2833121733337752133226371.html，检索时间：2021 年 9 月 19 日；Paul Crowe，*Universal Buddhist Temple*（世界佛教会），

Embracing a Myriad Dharmas, Canadian Journal of Buddhist Studies, Number 6, 2010, p.7., p.93.; Bruce Matthews, *Buddhism in Canada*, Oxford Centre for Buddhist Studies, Routledge, 2006, p.13.;《北美佛教学会广伸触角开创新局面》,《世界日报》1992年9月13日；慈济加拿大分会简介，慈济网，https://tzuchi.ca/tzuchichinese/index.php/tw/%E8%AA%8D%E8%AD%98%E6%85%88%E6%BF%9F/%E5%8A%A0%E6%8B%BF%E5%A4%A7%E5%88%86%E6%9C%83%E7%B7%A3%E8%B5%B7,检索时间：2021年9月19日；The Foo-Kwok Kwanyin Buddhist Association web site, http://www.directory.sumeru-books.com/2000/01/foo-kwok-kwanyin-buddhist-association/,检索时间：2021年9月19日；温哥华华光功德会网，http://www.vllcs.org/wllcs/Chinese/index.htm#MasterLianCi,检索时间：2021年9月19日；《华光功德会举办华光之夜，庆祝成立暨慈善筹款晚会》,《世界日报》1993年11月3日；《慈济加拿大十年回顾》，2002年，第26、38、59页；资料来自慈济加拿大分会；加拿大中华道教关帝协会，http://tianjintemple.org/关于我们，检索时间：2021年9月19日；《温哥华密乘会周前成立逢周一及周四公开活动》,《明报》1997年3月4日。

表9.9 魁北克省佛教、道教社团

名称	成立时间
满地可佛光协会（Buddha's Light International Association of Montreal）	1992年
华光协会（The Association Des Bénévoles Huaguang）	1995年

资料来源：满地可佛光协会，http://www.ibps.org/newpage27.htm，检索时间：2021年9月19日；Ville De Montreal Reglement 95-184; Bruce Matthews, *Buddhism in Canada*, Oxford Centre for Buddhist Studies, Routledge, 2006, p.144.

表9.10 阿尔伯塔省佛教、道教社团

名称	成立时间
爱民顿佛光协会（International Buddhist Society Edmonton）	1994年
佛光山爱民顿讲堂（International Buddhist Society Edmonton Progress）	1995年

资料来源：国际佛光会爱民顿协会缘起，http://fgsedmonton.ca/? page_id=66,检索时间：2021年9月19日；爱民顿讲堂建寺缘起及历史，http://fgsedmonton.ca/? page_id=60,检索时间：2021年9月19日。

表9.11 缅省佛教、道教社团

名称	成立时间
缅省华人佛教协会（The Chinese Buddhist temple Association of Manitoba Inc.）	筹备委员会成立于1987年，1994年正式成立

资料来源：《缅省华人佛教会华心寺简介》,《加拿大缅省华人佛教会华心寺简介》，缅省华人佛教会，1996年，第7页。

从上述佛教团体来看，寺庙之外还有协会以及佛教艺术团体等，这和加拿大宗教社团与市民社会的结构特征、宗教社团登记规定等密切相关。至于表中的一些由禅宗等衍生出来的团体，宗教的氛围和教义的宣扬都很薄弱，可视为传统正宗佛教的外围，但与华裔市民的日常生活密切相关。

华人庙宇一般分为传统装饰和非传统装饰。传统装饰庙宇是斜屋顶且屋檐上翘，屋脊装饰一些吉祥物，如龙、麒麟和凤凰等，山门外有石狮子或大香炉。非传统装饰庙宇多数是中小庙宇，有些外面与普通楼宇相似。根据加拿大的庙宇面积，可分为四类：综合寺院、大庙宇、小庙宇、极小佛堂（参见表9.12）。综合寺院面积一般超过4000平方米，位于城市郊区，内有数个神殿，供奉各类神像等，例如卑诗省列治文市的国际佛教观音寺，有大雄宝殿、弥勒殿、福德正神殿、千佛殿等；又如多伦多的湛山精舍规模很大，有湛山禅堂、华人湛山念佛堂等。大庙宇面积为2000—4000平方米，多数位于郊区。例如温哥华的灵岩山寺和多伦多的佛光山等。小庙宇面积一般为400—1999平方米，位于市内或接近市内商业区或住宅区内，例如多伦多的正觉寺、温哥华的华光雷藏寺等。极小佛堂占地少于400平方米，设于商业区或是住宅区内。

表9.12　六大城市华人庙宇

所在城市	庙宇类型	传统装饰寺庙	非传统装饰寺庙
大温哥华	综合寺院	国际佛教观音寺	
	大庙宇	灵岩山寺	
	小庙宇	真光寺 华光雷藏寺 菩提雷藏寺 世界佛教会佛恩寺	东莲觉苑、金佛圣寺 福慧寺、佛教正德佛堂、静思堂、华严寺、圆融禅寺 国际华藏寺 国际佛光会
	极小佛堂		混元观、道教青松观、法鼓山、护国观音寺、普陀堂
维多利亚	大庙宇		南林佛堂
	小庙宇		法聚精舍、天山佛堂 谭公庙
多伦多	综合寺院	湛山精舍	
	大庙宇	佛光山多伦多道场	
	小庙宇	佛圣堂	弘法精舍、普济寺
	极小佛堂	正觉寺	真佛宗净月堂

续表

所在城市	庙宇类型	传统装饰寺庙	非传统装饰寺庙
卡尔加里	综合寺院	华严圣寺	
	大庙宇	卡城佛学居士林 白云雷藏寺 Rat Nha Pagoda	
	小庙宇		莲因精舍
	极小佛堂		佛光缘
渥太华	大庙宇		渥太华佛光山、慈恩寺
	小庙宇		普陀寺
温尼伯	大庙宇	华心寺	华光佛堂、海会寺
	小庙宇		

资料来源：数据来自黎全恩教授于 2000 年至 2002 年前往加拿大五个城市华人庙宇调研资料；David Chuenyan Lai, *Development of Chinese Popular and Organized Religions in Canada*, 2003, pp.5-7.；关于我们，国际佛教观音寺网，https://buddhisttemple.ca/zh-hans/about-us/，检索时间：2021 年 9 月 20 日；关于加拿大灵岩山寺，http://lymtcanada.com/关于加拿大灵岩山寺/，检索时间：2021 年 9 月 20 日；*City of Richmond Report to Committee*, May 11, 2016；加拿大东莲觉苑网，http://tlkycs.buddhistdoor.com/index.php? lang=zh，检索时间：2021 年 9 月 20 日；The History of Gold Buddha Monastery，http://www.gbm-online.com/gbm_history/02_intro.htm，检索时间：2021 年 9 月 20 日；福慧寺，CharityDir 网，https://www.charitydir.com/charities/890675135RR0001，检索时间：2021 年 9 月 20 日；华严圣寺，http://www.drbachinese.org/branch/introduction/asm.htm，检索时间：2021 年 9 月 20 日；温哥华圆融禅寺网，http://vantemple.com/温哥华圆融禅寺，检索时间：2021 年 9 月 20 日；华光雷藏寺网，http://www.vllcs.org/temple/Chinese/temple_intro.htm，检索时间：2021 年 9 月 20 日；雷藏寺简介，雷藏寺网站，http://www.pttvan.org/ch/welcome.html，检索时间：2021 年 9 月 20 日；《华洋善信齐群聚，佛恩寺开光盛会》，《大汉公报》1983 年 5 月 13 日；冯冯：真言符箓的小故事，http://www.fosss.org/fengfeng/book/tianyanhuiyan/ZhenYanFuLu/Index.html，检索时间：2021 年 9 月 20 日；海外宏道，青松观网，http://www.daoist.org/overseas.htm，检索时间：2021 年 9 月 20 日；法鼓山温哥华道场网站，http://www.ddmba.ca/ddmba/aboutus.php，检索时间：2021 年 9 月 20 日；普陀堂，http://www.vantbs.org/-3.html，检索时间：2021 年 9 月 20 日；永载册：加拿大湛山精舍的历史功绩，http://www.chongguosi.com/News-2017news/20170604105443N.html，检索时间：2021 年 9 月 20 日；加拿大佛教会湛山精舍简介，http://www.chamshantemple.org/messages/aboutus/index.php? channelId=3&sectionId= 185&pageNo=1&langCd=CN&itemId=4228，检索时间：2021 年 9 月 20 日；揭秘湛山精舍，加拿大湛山精舍网，http://www.chamshantemple.org/messages/aboutus/index.php? channelId=3&sectionId=137&pageNo=1&itemId=5212&attachId=0&langCd=CN，检索时间：2021 年 9 月 20 日；汉传佛教上世纪传入加拿大现在发展成啥样了？https://www.jiuchisu.com/fojiao/19178/，检索时间：2021 年 9 月 20 日；多伦多佛光山网，http://www.fgs2.ca/缘起，检索时间：2021 年 9 月 20 日；多伦多弘法精舍，http://www.chamshantemple.org/messages/aboutus/index.php? channelId=3&sectionId=

137&pageNo=1&itemId=5212&attachId=0&langCd=CN，检索时间：2021 年 9 月 20 日；《卡城佛学居士林简介》，《卡城华人社区百周年纪念特刊》，卡城中华协会，1993 年，第 79 页；《白云堂的发展历史》，《真佛宗白云雷藏寺建寺 10 周年 1994—2004》，2004 年，第 29 页；Lian Yin Buddha Charitable Foundation, http://www.directory.sumeru-books.com/2005/05/lian-yin-buddha-charitable-foundation/，检索时间：2021 年 9 月 20 日；Our Practice, Lian Yin website, http://www.lianyin.ca/En/About.php，检索时间：2021 年 9 月 20 日；渥太华佛光山网，http://ibpsottawa.org/wp/about/，检索时间：2021 年 9 月 20 日；资料来自渥太华佛光山住持永固法师；《缅省华人佛教会华心寺简介》，《加拿大缅省华人佛教会华心寺简介》，缅省华人佛教会，1996 年，第 7 页。

值得关注的是，在寺庙建设上，来自中国台湾和中国香港的佛教徒投入较大，尤其是新兴的宣扬人间佛教的佛光山等。由于信徒众多，实力雄厚，几乎在加拿大所有的大城市都建立起弘扬其佛教教义（以星云法师为代表）的寺庙（例如各城市都建省佛光山寺庙）。[1]

卡尔加里的华严圣寺、温哥华的灵岩山寺是来自中国台湾的移民修建的，来自中国香港的移民修建的寺庙有南山寺、国际佛教观音寺、加拿大东莲觉苑、蓬莱阁道场和金佛圣寺等，有些是越南华侨建造的庙宇，例如多伦多的正觉寺和缅省的华心寺。

佛教、道教在加拿大讲授经书为主，也举办佛事活动，例如庆祝释迦牟尼诞辰日和纪念其出家日等，还有节日供奉和祈福会活动，例如清明节、新年、灶王爷升天等。有意思的是，庙宇也是社区社交的地方，有时提供周末素食。很多新移民来这里聚会，希望借此场合认识新朋友，得到更多资讯。逢年过节，不少华人移民会到庙宇烧香祭拜，祈求平安和福分。

更重要的是，佛教对社区、对加拿大都做出过贡献。因为几乎每个寺庙都有慈善捐款的案例，在此只能枚举几例。加拿大灵岩山寺一直参与社区服务与社区关怀，并提供临终关怀活动。[2]国际佛教观音寺在每年的 7 月份举办敬老素食大会，向大温地区的老人们表达敬意。[3]1997 年，护国观音寺成立"加华耆英颐养会"，

---

[1]温哥华佛光山网，https://www.vanibps.org/，检索时间：2021 年 9 月 20 日；多伦多佛光山网，http://www.fgs2.ca/缘起，检索时间：2021 年 9 月 20 日；渥太华佛光山网，http://ibpsottawa.org/wp/about/，检索时间：2021 年 9 月 20 日。

[2]加拿大灵岩山寺网，http://lymtcanada.com/关于加拿大灵岩山寺/，检索时间：2021 年 9 月 20 日。

[3]《国际观音寺敬老大会盛况》，《大汉公报》1985 年 7 月 5 日；《国际佛教观音寺 敬老素食大会盛况》，《大汉公报》，1987 年 10 月 17 日。

希望老人们能颐养天年。该会抽出一笔资金,以资助老人身后之事。[1] 2000年,华光功德总会的"冬令爱心大行动",给流浪汉和11个慈善机构派送御寒物品8000多份。[2] 较大规模向社区进行捐款的,当数慈济。1992年慈济功德会加拿大分会成立后,除了国内国外重大灾害的特别捐款之外,他们每年对社区都有不同的慈善付出,其中包括温馨餐盒项目、探望耆英项目、对温哥华中央图书馆的捐助、对大温地区医疗和教育机构的捐款,数目都是数以十万计。[3]

佛教提倡素食,很多庙宇多有素食厨房和素食菜。例如观音寺有香斋厨,香斋厨推广美味健康素食。[4] 从20世纪80年代开始,国际佛教观音寺连续举办素食活动。[5] 温哥华福慧寺为提倡素食,特邀请妙慧法师主持健康素食烹饪班。[6] 2001年,加拿大灵岩山寺首次举办"素食节"。[7] 寺庙的素食活动,连带也催生了不少素食店。[8]

不少佛堂还开办学校,创办刊物和广播电台等,推动佛学教育,弘扬中华文化,列表举例如下(参见表9.13、9.14):

---

[1]《护国观音寺首次会议,成立加华耆英颐养会》,《大汉公报》1997年1月10日。
[2]《华光冬令赠衣行动》,《明报》2000年1月4日。
[3] 1992年慈济功德会成立后,每个月都在温哥华市缅街免费食堂供应一次午餐,也为四所老人之家提供免费中国餐。1995年,慈济功德会购买了100多件御寒大衣,送给温哥华街头流浪儿童:Chris Wood:《社区英雄守望相助》,*Maclean's*,1996年8月、9月,第43页;1993年10月,成立温馨餐盒(Meals on Wheels)志工站,慈济开始为此地的慈善机构分送温馨餐盒:《慈济加拿大十年回顾》,2002年,第30页;1997年,慈济加拿大分会将十万加元支票赠给温哥华中央图书馆作为建馆经费。该会馆理事会主席卡罗尔·泰勒(Carole Taylor)代表接收:《慈济加拿大十年回顾》,2002年,第45页;2001年10月3日,慈济加拿大分会在静思堂举行捐款仪式,总共捐出427000加元,帮助大温哥华地区的十多个医疗和教育机构:《慈济加拿大十年回顾》,2002年,第69页;《访小山老人院 慈济新春送温情》:《明报》1997年2月10日。
[4] 香斋厨,https://buddhisttemple.ca/zh-hans/taste-of-zen/,检索时间:2021年9月20日。
[5]《国际佛教观音寺敬老素食大会盛况》,《大汉公报》1987年10月17日。
[6]《福慧寺陈寿强周四讲楞严经 周六妙慧法师教煮素菜斋点》,《明报》1997年12月3日。
[7] 加拿大灵岩山寺20年大事记,资料来自加拿大灵岩山寺。
[8] 1984年7月,佛有缘斋菜馆(Temple Vegetarian Restaurant)在温哥华开张;《佛有缘斋菜馆明日盛大开幕》,《大汉公报》1984年7月4日;一些华人商店还出售神像、神图和香烛等,有些相关宗教协会因为能发出免税收条,再加上庙宇兴旺,收到不少信徒的捐款。

图 9.6 多伦多佛山素食品
资料来源：黎全恩摄于 2001 年

表 9.13 开办学校的情况

开办时间	省市	学校
1997 年	魁北克省蒙特利尔市	普门语文学校
1997 年	卑诗省列治文市	列治文市慈济人文学校
1997 年	多伦多市	佛光中文学校（Fo Kuang Shan Chinese School of Toronto）
1997 年	安大略省多伦多市	多伦多慈济人文学校
2000 年	卑诗省高贵林市	慈济人文学校高贵林分校
2001 年	卑诗省温哥华市	慈济人文学校温哥华分校

资料来源：普门中文学校，蒙特利尔佛光山华严寺网，http://ibpsmtl.org/普门学校/，检索时间：2021 年 9 月 20 日；《慈济加拿大十年回顾》，2002 年，第 47、62、68 页；http://to888.tripod.com/schoolinfo.html#tzuchi2，检索时间：2021 年 9 月 20 日。

表 9.14 创办刊物的情况

创刊时间	刊物名称
1991 年	《真佛报》(*True Buddha News*) 在温哥华创刊
1993 年 1 月 30 日	《世界日报》开设《慈济世界》专版
1997 年 10 月 6 日	"慈济人间清流"在华侨之声电台播出

资料来源：真佛报网，http://www.tbsva.org/p3-epaper.php，检索时间：2021 年 9 月 20 日；《慈济加拿大十年回顾》，2002 年，第 29、48 页。

第二节 基督教

近代加拿大是基督教立国的年轻国家，早年华工来加，就已经接触了教会。100多年前，加拿大就有传教士前往中国传教，因此，华工来加，自然就成了加拿大基督教各宗派的传教对象。在早期唐人街上，教会与各种传统社团共存，也是一道亮丽的风景。随着岁月的流逝，基督教在加拿大华人社区逐渐成为新的流行宗教。到了20世纪70年代，天主教以及基督教新教的主要宗派都在加拿大华人社区有了分会，而华人基督徒自建的教会也日渐增多（参见表9.15—9.22）。另外，有些教会更新名字，有些老教会正式注册。例如，1911年创建的"加拿大云高华中华基督教会"，1972年发展壮大后改名为"加拿大温哥华自立中华基督教会"（Christ Church Of China）。[1] 成立于1954年的"中华基督协会教会"，于1963年改名为"中华联合教会"。[2]

表9.15 卑诗省华人新教会

名称	成立年代
温哥华华人宣道会（The Vancouver Chinese Alliance Church）	1966年开始在温哥华10街（10Ave）宣道会举办崇拜活动。1972年搬到乃街（Knight Street）新建教会
温哥华国语教会（Vancouver Mandarin Church）	1968年成立。1990年加入宣道会，成为温哥华国语宣道会（Vancouver Mandarin Alliance Church）
温哥华华人浸信会（Vancouver Chinese Baptist Church）	1969年
温哥华北美浸信会信友堂（Faith Chinese North American Baptist Church）	1970年
大温哥华圣道堂（Evangelical Chinese Bible Church）	1972年
域多利华人宣道会（Victoria Chinese Alliance Church）	1975年
温哥华华人播道会（Vancouver Chinese Evangelical Free Church）	1975年

---

[1]《中华基督教简史》，《中华基都教会一百周年纪念刊物》，2011年，第1—13页。
[2]《中华联合教会启事》，《醒华日报》1970年9月4日；《精彩灿烂一百载》，《多伦多中华联合教会百年堂庆纪念》，2019年。

续表

名称	成立年代
温哥华宣道会福群堂（Newbern Memorial Chinese Alliance Church）	1976 年
温哥华华人基督教门诺会救恩堂（Vancouver Chinese Mennonite Church）	1977 年
列治文华人宣道会（Richmond Chinese Alliance Church）	1977 年
同在堂基督教会（Immanuel Christian Reformed Church）	1979 年
本立比宣道会（Burnaby Alliance Church）	1981 年
列治文华人浸信会（Chinese Baptist Church）	1981 年
信义巴色崇真堂（Basel Hakka Lutheran Church）	1982 年
列治文华人播道会（Richmond Chinese Evangelical Free Church）	1983 年
基督教主爱堂（The Lord's Love Church）	1984 年
温哥华基督教闽南堂（The Fujian Evangelical Church）	1985 年
温哥华台湾基督长老教会（Vancouver Taiwanese Presbyterian Church）	1985 年
高洁林自立中华基督教会（Coquitlam Christ Church of China）	1988 年
温哥华活泉宣道会（Vancouver Fountain Chinese Alliance）	1989 年
温哥华华人信义会（Faith Lutheran Church Preschool）	1991 年
本立比华人播道会（Burnaby Chinese Evangelical Free Church）	1991 年
温哥华国语宣道会（Vancouver Mandarin Church）	1991 年
温哥华华人宣道会菲沙仑教会（Vancouver Chinese Alliance Church-Fraser Lands Church）	1991 年
慈恩纪念华人协和联合教会（Chown Memorial & Chinese United Church）	1992 年
西区浸信会（Westside Baptist Church）	1992 年
列治文城北宣道会（North Richmond Alliance Church）	1992 年
高贵林宣道会（Westwood Alliance Church）	1994 年
列治文恩典宣道会（Richmond Grace Alliance Church）	1994 年

续表

名称	成立年代
慕迪港颂恩堂（Port Moody Pacific Grace MB Church）	1995 年
列治文平安福音堂（Peace Evangelical Church）	1995 年
中国福音教会（Chinese Christian Gospel Church）	1995 年
西北温基督教颂恩堂（North Shore Pacific Grace MB Church）	1997 年成立。1998 年正式命名。1999 年 1 月注册
素里华人宣道会（Surrey Christian Alliance Church）	1997 年
高贵林圣道堂（Coquitlam Evangelical Chinese Bible Church）	1997 年
温哥华国语颂恩堂（Pacific Grace Mandarin Church）	1998 年
南温哥华基督教颂恩堂（South Vancouver Pacific Grace Mennonite Brethren Church）	1998 年
台湾基督长老教会大温哥华迦南教会（Taiwan Presbyterian Church in Canada）	1998 年
列治文圣道堂（Richmond Evangelical Chinese Bible Church）	1999 年
加拿大宣道会高贵林国语教会（Coquitlam Mandarin Church of The Christian and Missionary Alliance in Canada）	2000 年

资料来源：温哥华华人宣道会网，http://www.vcac.ca/mandarin/about/our-values/，检索时间：2021 年 9 月 20 日；The Beginning of the Vancouver Chinese Alliance, *Serving God with Heart and Soul: The Life of Pastor Augustus Chao*, Canadians for Historical Justice & Racial Reconciliation, 2002, p.81.；梁家麟：《华人宣道会百年史》，建道神学院和基督教与中国文化研究中心，1998 年，第 165、166、173、175、176 页；本会简史，温哥华华人浸信会网，http://cc.vcbc.bc.ca/?page_id=17，检索时间：2021 年 9 月 20 日；温哥华北美浸信会信友堂网，http://www.fcnabc.org/index.php/about-us-2/church-history，检索时间：2021 年 9 月 20 日；教会简史，大温哥华圣道堂网，https://www.ecbc.org/认识我们/教会简史，检索时间：2021 年 9 月 20 日；关于我们的教会，域多利华人宣道会网，http://www.victoriacac.ca/index.php，检索时间：2021 年 9 月 20 日；教会简介，温哥华华人播道会网站，http://www.vcefc.org/3076/?page_id=11，检索时间：2021 年 9 月 20 日；Our History, https://www.chinatownpeace.ca/our-history，检索时间：2021 年 9 月 20 日；列治文华人宣道会网，http://www.rcac.ca/，检索时间：2021 年 9 月 20 日；本堂历史，同在堂基督教会网，https://cn.icrc.ca/history，检索时间：2021 年 9 月 20 日；本立比宣道会历史，本立比宣道会网，https://www.bacfamily.org/3/33，检索时间：2021 年 9 月 20 日；我们的历史，列治文华人浸信会网，https://www.bhlc.ca/about-us，检索时间：2021 年 9 月 20 日；信义巴色崇真堂网，The History of Basel Hakka Lutheran Church, https://www.bhlc.ca/about-us，检索时间：2021 年 9 月 20 日；列治文华人播道会网，http://www.rcefc.org/chinese/txt/about%20us/history.html，检索时间：2021 年 9 月 20 日；基督教主爱堂网，https://lordslovechurch.com/chinese/%e6%9c%ac%e6%9c%83%e4%bb%8b%e7%b4%b9/，检索时间：2021 年 9 月 20 日；温哥华基督教闽南堂网，About us, http://fec-richmond.com/about-us，检索时间：2021 年 9 月 20 日；温哥华台湾基督长老教会，https://www.vtpc.org/about%E6%95%99%E6%9C%83%E7%B0%A1%E4%BB%8B，检索时间：2021 年 9 月 20 日；关于我们，高洁林自立中华基督教会，https://www.cccconline.ca/contact，检索时间：2021 年 9 月 20 日；《温哥华华人信义会成立》,《大汉公报》1991 年 5 月 1 日；本立比华人播道会网，http://www.bcefc.ca/chinese/?d=about，2019 年 1 月 7 日；江昭扬、谭文均：《继往开来——加拿大华人宣道会的历史与发展》，加拿大华人宣道会联会，2013 年，第 37、127、162 页；温哥华华人宣道会菲沙仑教会网，https://can.fraserlands.ca/about/our-story，检索时间：2021 年 9 月 20 日；慈恩纪念华人协和联合教会网，http://www.chineseministry.cmcuc.com/about/church-history-教会历史/，检索时间：2021 年 9 月 20 日；列治文恩典宣道会，https://sites.google.com/site/richmondgracealliance/home/ministries，检索时间：2021 年 9 月 20 日；认识西浸，西区浸信会网，http://westsidechinese.blogspot.com/p/blog-page_4655.html，检索时间：2021 年 9 月 20 日；高贵林宣道会网，https://www.westwoodac.org/11，检索时间：2021 年 9 月 20 日；关于我们，慕迪港颂恩堂网，https://pmpgmbc.ca/zho/about，检索时间：2021 年 9 月 20 日；教会简介，列治文平安福音堂网，https://www.pec.bc.ca/，检索时间：2021 年 9 月 20 日；资料来自丁果，《大事回顾》,《西北温基督教颂恩堂十周年纪念册》(*10th Anniversary Booklet*)，2007 年，第 48 页；我们的历史及背景，西北温基督教颂恩堂网，http://nspgmbc.org/ns8/index.php/en/introduction，检索时间：2021 年 9 月 20 日；关于高贵林圣道堂，高贵林圣道堂网，https://coqecbc.org/about-us/，检索时间：2021 年 9 月 20 日；堂会历史，颂恩堂网，https://www.pgmc.bc.ca/history/?lang=zh-sc，检索时间：2021 年 9 月 20 日；教会历史，南温哥华基督教颂恩堂网，http://www.svpgmbc.org/?pagename=%E9%97%9C%E6%96%BC%E6%88%91%E5%80%91&lang=zh-hant，检索时间：2021 年 9 月 20 日；台湾基督长老教会网，http://www.pct.org.tw/ChurchHistory.aspx?strOrgNo=E30106，检索时间：2021 年 9 月 20 日；教会简介，列治文圣道堂网，http://www.rmdecbc.org/index.php/163/，检索时间：2021 年 9 月 20 日；教会简介，加拿大宣道会高贵林国语教会网，https://cmchurch.org/about/，检索时间：2021 年 9 月 20 日。

表 9.16　阿尔伯塔省华人新教会

名称	成立时间
阿尔伯塔省华人五旬节派教会（The Chinese Pentecostal Church）	1954 年
卡城基督教华人神召会（The Chinese Pentecostal Church of Calgary）	1968 年
爱城华人宣道会（Edmonton Chinese Alliance Church）	1969 年开始崇拜，1970 年成立
卡城华人宣道会（Calgary Chinese Alliance Church）	1972 年
基督教列城华人宣道会（Lethbridge Chinese Alliance Church）	1973 年
爱城华人浸信会（The Edmonton Chinese Baptist Church）	1977 年
红鹿市华人宣道会（Red Deer Chinese Alliance Church）	1981 年
爱城浸信国语教会（Lansdowne Chinese Baptist Church in Edmonton）	1981 年
爱城华人基督教福音堂（Edmonton Christian Community Church）	1982 年

续表

名称	成立时间
卡城华人天主教中心（Chinese Catholic Center in Calgary）	1983 年
爱城宣道会城北堂（North Edmonton Alliance Church）	1984 年
爱城宣道会城南堂（South Edmonton Alliance Church）	1988 年
南卡城华人播道会（South Calgary Chinese Evangelical Free Church）	1988 年
卡城华人宣道会城南堂（South Gate Alliance Church of Calgary）	1989 年
卡城福音宣道会（Evangel Alliance Church）	1991 年
卡城东北播道会（Northeast Calgary Evangelical Free Church）	1992 年
卡城华人宣道会城西堂（Westside Calgary Chinese Alliance Church）	1993 年
新生命国语播道会（New Life Evangelical Free Church）	1995 年

资料来源：*Chinatown Historical Context Paper*, Commissioned by the City of Calgary, The City of Calgary Records & Information Management（RIM）Inspection & Permit Services, p.45.；我们是谁，卡城基督教华人神召会网，https://ccpc.ab.ca/doku.php？id=about，检索时间：2021 年 9 月 20 日；爱城华人宣道会网，https://cmc.ecac.ca/about/history/，检索时间：2021 年 9 月 20 日；梁家麟：《华人宣道会百年史》，建道神学院和基督教与中国文化研究中心，1998 年，第 151、152、160、161、167 页；教会历史，爱城华人浸信会网，https://ecbchurch.org/cantonese/about-us/history/，检索时间：2021 年 9 月 20 日；爱城浸信国语教会网，http://www.lcbc.ab.ca/about/aboutus/chs，检索时间：2021 年 9 月 20 日；爱城华人基督教福音堂网，https://eccchurch.ca/mandarin-history，检索时间：2021 年 9 月 20 日；加拿大亚伯达省卡加利华人天主教团体简史，卡城永援圣母堂网，http://www.myolph.org/article.php？id=1235，检索时间：2021 年 9 月 20 日；本堂简介，爱城宣道会城南堂网，https://www.seachurch-mm.ca/about，检索时间：2021 年 9 月 20 日；南播历史，南卡城华人播道会网，http://sccefc.ca/c_story/？lang=zh-hant，检索时间：2021 年 9 月 20 日；简介，卡城宣道会城南堂网，https://can.southgatealliance.net/about，检索时间：2021 年 9 月 20 日；教会简介，卡城东北播道会网，http://necefc.wixsite.com/necefc/about-us，检索时间：2021 年 9 月 20 日；Our History，卡城华人宣道会城西堂网，http://wccac.net/external/our-history/，检索时间：2021 年 9 月 20 日；教会简介，新生命国语播道会网，https://calgarynewlife.org/？page_id=7，检索时间：2021 年 9 月 20 日。

表 9.17　安大略省华人新教会

名称	成立时间
大多市嘉模圣母堂天主教华侨中心（Our Lady of Mount Carmel Church the Chinese Catholic community）	1967 年
以连华人浸信会（Eliam Chinese Baptist Church）	1970 年
多伦多华人宣道会（Toronto Chinese Alliance Church）	1971 年

续表

名称	成立时间
加拿大基督使者协会（Ambassadors for Christ in Canada）	1972 年
渥太华华人宣道会（Ottawa Chinese Alliance Church）	1973 年
伦敦华人宣道会（London Chinese Alliance Church）	1975 年
多伦多台湾基督长老教会（Formosa Presbyterian Church）	1975 年
多伦多华人基督教会（Toronto Chinese Community Church，简称华基教会）	1975 年
北湾福音宣教会（North Bay Evangelical Missionary Church of Canada）	1975 年
温莎华人宣道会（Windsor Chinese Alliance Church）	1975 年
海明顿华人宣道会（Hamilton Chinese Alliance Church）	1975 年
伦敦华人宣道会（London Chinese Alliance Church）	1975 年
渥太华华人真道堂（Ottawa Chinese Bible Church）	1976 年
多伦多中华循道会（Toronto Chinese Methodist Church）	1977 年
柯城布道所（Oshawa Mission）	1977 年
多伦多美丽径福音堂（Milliken Gospel Church）	1979 年
爱正区华人浸信会（Agincourt Chinese Baptist Church）	1979 年
基督教门诺会信爱堂（The Toronto Chinese Mennonite Church）	1979 年
多伦多东区华人浸信会（The East Toronto Chinese Baptist Church）	1980 年
渥太华圣公会圣彼得堂（Saint Peter's Chinese Anglican Church）	1980 年
多伦多神召会活水堂（Living Water Assembly）	1980 年
仕嘉堡华人宣道会（The Scarborough Chinese Alliance Church）	1981 年开始活动，1982 年正式成立
证道浸信会（Logos Baptist Church）	1981 年
麦城华人宣道会（Medicine Hat Chinese Alliance Church）	1984 年
多伦多宣道会恩典堂（Toronto Grace Chinese Alliance Church）	1985 年
美城华人浸信会（Mississauga City Baptist Church）	1986 年
宾顿市华人浸信会（Brampton Chinese Baptist Church）	1986 年
多伦多华人基约教会（Toronto Chinese New Covenant Church）	1986 年开始活动，1988 年改为多伦多华人基约宣道会（The New Covenant Alliance Church）

续表

名称	成立时间
美坚华人基督教会（Milliken Chinese Community Church）	1987 年
士嘉堡华人浸信会（Scarborough Chinese Baptist Church）	1987 年
圣市华人宣道会（St.Chatharines Chinese Alliance Church）	1988 年
多伦多仁爱福音堂（Agape Gospel Church）	1988 年
多伦多翟辅民华人宣道会（Toronto Jaffray Chinese Alliance Church）	1988 年
颂主播道会（Hallelujah Evangelical Free Church）	1989 年
多伦多宣信华人宣道会（Toronto Simpson Chinese Alliance Church）	1989 年
城北华人基督教会（Richmond Hill Chinese Community Church）	1989 年
麦恒中华基督教长老会（Markham Chinese Presbyterian Church）	1989 年
美城华人宣道会（Mississauga Chinese Alliance Church）	1989 年
证道浸信会美城堂（Logos Baptist Church Mississauga）	1990 年
颂恩华人播道会（The Evangelical Free Church of Canada）	1990 年
多伦多城北华人宣道会（North Toronto Chinese Alliance Church）	1990 年
多伦多以马内利华人浸信会（Toronto Immanuel Chinese Baptist Church）	1990 年
麦城华人浸信会（Markham Chinese Baptist Church）	1990 年
渥太华主恩宣道会（Emmanuel Alliance Church of Ottawa）	1990 年
多伦多城市华人宣道会（North Toronto Chinese Alliance Church）	1990 年
东约华人宣道会（East York Chinese Alliance Church）	1991 年
海明顿国语宣道会（Hamilton Mandarin Alliance Church）	1991 年
麦咸华人宣道会（Markham Chinese Alliance Church）	1991 年
万锦华人门诺会（The Markham Chinese Mennonite Church）	1991 年
北约国语宣道会（North York Mandarin Alliance Church）	1992 年
璧城华人浸信会（The Pickering Chinese Baptist Church）	1992 年
多伦多希伯仑华人宣道会（Toronto hebron Chinese Alliance Church）	1992 年
多伦多中华福音教会（Chinese Evangelical）	1993 年
美城迦密国语宣道会（Mississauga Carmel Mandarin Alliance Church）	1993 年

续表

名称	成立时间
万峰浸信会（Malvern Baptist Church）	1993 年
渥太华恒爱华人宣道会（Agape Chinese Alliance Church）	1994 年
伦敦国语宣道会（London Mandarin Alliance Church）	1994 年
华人宣道会锡安堂（Zion Alliance Church）	1994 年
颂基播道会（Redeemer Chinese Evangelical Free Church）	1994 年
新生命台福教会（New Life Gospel Church）	1995 年
多伦多伯特利教会（Toronto Bethel Bible Church）	1995 年
渥太华国语宣道会（Ottawa Mandarin Alliance Church）	1995 年
基督使命教会信心堂（Christ Commission Church of Faith）	1996 年
多伦多国语华人基督教会（Toronto Mandarin Chinese Community Church）	1996 年
伯灵顿差传浸信会（Burlington Missionary Baptist Church）	2000 年
基督善牧堂（Good Shepherd's Chinese Christian Church）	2000 年
宣道会禧年堂（Jubilee Alliance Church）	2000 年
仕嘉堡国语宣道会（Scarborough Mandarin Alliance Church）	2001 年
西区华人基督教会（West Toronto Christian Community Church）	2001 年
国语宣道会荣光堂（Glory Mandarin Alliance Church）	2001 年

资料来源：关于我们，大多市嘉模圣母堂天主教华侨中心，https://www.catholic-cemeteries.ca/about-us/our-history/，检索时间 2021 年 9 月 20 日；《嘉模圣母堂庆周年感恩祭后盛大巡游》，《星岛日报》2019 年 5 月 28 日；我们的历史，北约华人浸信会网，http://www.nycbc.ca/esc/our-history，检索时间：2021 年 9 月 20 日；江昭扬、谭文均：《继往开来——加拿大华人宣道会的历史与发展》，加拿大华人宣道会联会，2013 年，第 38、39、112、118、122、153、155、164、165、172 页；梁家麟：《华人宣道会百年史》，建道神学院和基督教与中国文化研究中心，1998 年，第 153、154、167、168、170、171、174、176 页；加拿大基督使者协会网，https://www.afccanada.org/our–history，检索时间：2021 年 9 月 20 日；渥太华华人宣道会历史，渥太华华人宣道会网，https://ottawacac.org/home-man/，检索时间：2021 年 9 月 20 日；我们的过去，多伦多台湾基督长老教会网，https://pccweb.ca/tfpc/about/history/，检索时间：2021 年 9 月 20 日；华基联会和华基教会简介，华人基督传道联会网，http://acem.ca/ch/index.php？option=com_k2&view=item&layout=item&id=351&Itemid=76，检索时间：2021 年 9 月 20 日；华人福音宣教会凯歌堂网，https://www.tcemc.net/eng/about-chinese/，检索时间：2021 年 9 月 20 日；温莎华人宣道会网，https://wcac.ca/CANTONESE/C_Home.html，检索时间：2021 年 9 月 20 日；海明顿华人宣道会网，http://hamiltoncac.org/about-us，检索时间：2021 年 9 月

20 日；渥太华华人真道堂网，http://zh.ocbconline.ca/home/aboutus/history，检索时间：2021 年 9 月 20 日；简介，多伦多中华循道会网，https://sites.google.com/tcmc.ca/tcmc/mandarin-%E5%9B%BD%E8%AF%AD/%E6%88%91%E4%BB%AC%E7%9A%84%E5%8E%86%E5%8F%B2，检索时间：2021 年 9 月 20 日；教会简史，惠爱华人浸信会网，https://www.wocbc.org/our-history，检索时间：2021 年 9 月 20 日；教会简介，多伦多美丽径福音堂网，http://www.mgc.ca/mgc-cantonese/about_us/，检索时间：2021 年 9 月 20 日；我们的历史，爱正区华人浸信会网，http://www.btbc.org/cantonese/我们的历史/，检索时间：2021 年 9 月 20 日；Church History，基督教门诺会信爱堂网，http://www.torontoareamennonites.ca/tcmc/about_history.htm，检索时间：2021 年 9 月 20 日；笑言：《渥太华华人史略之渥太华华人教会与华人社区（三续）》，2015 年；高梓良：《神召会活水堂卅周年堂庆特刊公开征求稿件图片及广告说明书》，2001 年；创堂成员之一邓超文作品，http://www.fengtipoeticclub.com/02Fengti/philipdang/philipdang-e023.html，检索时间：2021 年 9 月 20 日；复式教会，仕嘉堡华人宣道会网，http://chn.scac.org/index.php/what-we-believe/dual-church，检索时间：2021 年 9 月 20 日；教会历史，证道浸信会网，https://www.logosbaptist.org/aboutus-2/，检索时间：2021 年 9 月 20 日；教会历史，高城剑桥华人宣道会网，http://gccac.ca/目标和历史，检索时间：2021 年 9 月 20 日；教会历史，美城华人浸信会网，http://mcbccanada.com/about-us/history/，检索时间：2021 年 9 月 20 日；宾顿市华人浸信会，http://bramptoncbc.com/yearbooks/2016/CSE%20Kwong%20Yiu%20Wong-BCBC30.pdf，检索时间：2021 年 9 月 20 日；教会简介，多伦多华人基约宣道会网，https://www.ncac.ca/ch/about-ncac/history/，检索时间：2021 年 9 月 20 日；华人基督教联会网，http://acem.ca/ch/index.php?option=com_k2&view=item&layout=item&id=96&Itemid=33，检索时间：2021 年 9 月 20 日；关于我们，士嘉堡华人浸信会网，https://www.scbc.com/cm/about-us/，检索时间：2021 年 9 月 20 日；教会历史，圣市华人宣道会网，http://www.stcac.org/about_us/history/，检索时间：2021 年 9 月 20 日；仁爱福音堂网，http://www.agcweb.org/church-history，检索时间：2021 年 9 月 20 日；Our Story，多伦多翟辅民华人宣道会网，https://tjcac.org/mmc_about/#church_history，检索时间：2021 年 9 月 20 日；宣信堂简介，多伦多宣信华人宣道会网，http://www.tscac.org/about/history-man.php，检索时间：2021 年 9 月 20 日；大事记，华人基督传道联会网，http://acem.ca/ch/index.php?option=com_k2&view=item&layout=item&id=96&Itemid=33，检索时间：2021 年 9 月 20 日；History of MCPC，麦恒中华基督教长老会网，http://www.mcpc.ca/about-us/what-we-believe/，检索时间：2021 年 9 月 20 日；密城（国语）华人基督教会网，http://www.mcccweb.org/about_us.php?li=he_1，检索时间：2021 年 9 月 20 日；证道浸信会美城堂网，https://www.lbcm.ca/history，检索时间：2021 年 9 月 20 日；颂恩华人播道会网，http://www.hosannaefc.com/认识我们，检索时间：2021 年 9 月 20 日；教会历史，多伦多城北华人宣道会网，https://sc.ntcac.ca/about-us/history/，检索时间：2021 年 9 月 20 日；教会简介，多伦多以马内利华人浸信会网，http://www.ticbc.org/about/about.htm，检索时间：2021 年 9 月 20 日；认识我们，麦城华人浸信会网，https://mcbc.com/man/about/#ourhistory，检索时间：2021 年 9 月 20 日；简介，关于主恩，渥太华主恩宣道会网，http://www.eaco.ca/c/about.htm，检索时间：2021 年 9 月 20 日；教会历史，多伦多城市华人宣道会网，https://sc.ntcac.ca/about-us/history/，检索时间：2021 年 9 月 20 日；Church History, The Markham Chinese Mennonite Church web site，http://www.torontoareamennonites.ca/tcmc/about_history.htm，检索时间：2021 年 9 月 20 日；教会介绍，北约国语宣道会网，https://nymac.ca/about，检索时间：2021 年 9 月 20 日；教会历史，多伦多中华福音教会网，https://ceact.ca/zh/history/，检索时间：2021 年 9 月 20 日；美城迦密国语宣道会网，https://mcmac.atwebpages.com/pages/our-mission/，检索时间：2021 年 9 月 20 日；万峰浸信会简史，https://malvernbaptist.ca/cm-church-history/，检索时间：2021 年 9 月 20 日；华人宣道会锡安堂网，http://www.zioncma.ca/c/about-us/，检索时间：2021 年 9 月 20 日；颂基播道会网，https://www.rcefc.ca/chinese-speaking-ministry.html，检索时间：2021 年 9 月 20 日；新生命台福教会年度大事记，新生命台福教

会网，https://www.chinese.efcnewlife.com/%e6%95%99%e6%9c%83%e6%ad%b7%e5%8f%b2/，检索时间：2021年9月20日；多伦多伯特利教会网，http://tbbc.weebly.com/25945263713177720171.html，检索时间：2021年9月20日；基督使命教会信心堂网，https://cccf.ca/zh/%e9%97%9c%e6%96%bc%e6%88%91%e5%80%91/，检索时间：2021年9月20日；教会历史，伯灵顿差传浸信会网，http://www.bmbcweb.com/church_history/，检索时间：2021年9月20日；Church History，基督善牧堂网，https://gsccchurch.com/church-history/，检索时间：2021年9月20日；教会简介，仕嘉堡国语宣道会网，http://smachurch.org/DispSP.asp？uID=20，检索时间：2021年9月20日；西区华人基督教会网站，https://wtccc.ca/index-c.php？select=0，检索时间：2021年9月20日。

表9.18 马尼托巴省华人新教会

名称	成立时间
温城华人宣道会	1966年创办，1967正式成立

资料来源：教会简介，温城华人宣道会网，http://cantonese.wcac-wpg.org/，检索时间：2021年9月19日；梁家麟：《华人宣道会百年史》，建道神学院和基督教与中国文化研究中心，1998年，第158页。

表9.19 魁北克省华人新教会

名称	成立时间
满地可华人神召会（Montreal Chinese Pentecostal Church）	1968年
满地可华人宣道会（Montreal Chinese Alliance Church）	1972年
满地可华人浸信会（Montreal Chinese Baptist Church）	1975年
满地可华人宣道会恩典堂（Montreal Chinese Alliance Grace Church）	1988年
南岸华人宣道会满恩堂（South Shore Chinese Alliance Church）	1998年
满地可西岛华人宣道会恩福堂（Montreal West Island Chinese Alliance Church）	2000年

资料来源：关于我们的教堂，满地可华人神召会网，http://mcpc100.org/wp/，检索时间：2021年9月19日；本堂历史简介，满地可华人宣道会网，http://www.montreal-cac.org/index.php/about-us/church-history，检索时间：2021年9月19日；本会历史，满地可华人浸信会网，http://www.mcbc.qc.ca/zh-hant/zh-about/zh-history/，检索时间：2021年9月19日；本堂历史简介，满地可华人宣道会网，http://www.montreal-cac.org/index.php/about-us/church-history，检索时间：2021年9月19日；满恩堂简介，南岸华人宣道会满恩堂网，https://southshorecac.org/wp2/?page_id=14586，检索时间：2021年9月19日；满地可西岛华人宣道会恩福堂，https://www.enfualliance.org/，检索时间：2021年9月19日。

图 9.7 蒙特利尔中华天主教堂

资料来源：黎全恩

表 9.20 纽芬兰省华人新教会

名称	成立时间
圣约翰斯华人基督教会（St.John's Chinese Christian Church）	1982 年

资料来源：教会历史，圣约翰斯华人基督教会网，https://sjccc-nl.org/about/教会历史/，检索时间：2021年9月19日。

表 9.21 新斯科舍省华人新教会

名称	成立时间
夏城华人宣道会（Halifax Chinese Alliance Church）	1984 年

资料来源：夏城华人宣道会，夏城华人宣道会网，https://hcac.ca/home-2/，检索时间：2021年9月19日。

表 9.22 沙省华人新教会

名称	成立时间
沙城华人基督教宣道会（Saskatoon Chinese Alliance Church）	1969 年

资料来源：沙城华人基督教宣道会网，http://www.saskcac.ca/home，检索时间：2021年10月19日；梁家麟：《华人宣道会百年史》，建道神学院和基督教与中国文化研究中心，1998年，第157、158页。

在宗教方面，华人社区与其他社区人群有很大不同，因为大多数华裔加拿大人报告说他们没有宗教信仰。从统计数字可以看到，除了移民来源地本身就是基督教和天主教国家，在加拿大选择信仰基督教的新移民比例，华人是排在相当前面的一个族群（表9.23）。也因为如此，基督教教会在华人社区的拓展速度很快，尤其是在移民政策大改变之后的融合时期。

表9.23 加拿大各族裔参加联合教会、浸信会和宣道会的人数（1981年）

种族起源	接受调查人数	加入联合教会（United church）、浸信会（Baptist church Christian）和宣道会（Christian and Missionary Alliance）的人数	所占比例（%）
加拿大所有族裔	24083500	4488755	18.6
非洲裔	45220	9650	21.3
日裔	40995	11500	28.1
英裔	9674250	3298070	34.1
华裔	289245	34520	11.9
印度裔和巴基斯坦裔	196395	2855	1.5

资料来源：Census of Canada, 1981, Population, Ethnic Origin, The Minister of Supply and Services Canada, 1984, pp.5-1., 5-2., 5-3., 5-4., 5-5., 5-6., 5-7., 5-8.

2001年，年龄在15岁以上的华人中，有56%的人表示他们没有宗教信仰，而在加拿大总人口中，这一比例为17%。华裔加拿大人占所有不隶属于任何宗教的加拿大人的13%，而华人人口则占加拿大总人口的4%。在有宗教信仰的华裔加拿大人中，佛教徒占14%、天主教徒占14%、基督教新教派信徒占9%。[1]

根据2001年加拿大人口普查报告，在加拿大八个城市的948420华人中，有59%的华人自称没有宗教信仰、14%的华人自称是佛教徒、0.14%的华人自称是道教徒、0.21%的华人自称是回教徒、11.6%的华人自称是天主教徒、8.5%的华人自称是基督教徒（参见表9.24）。其中基督教和佛教徒最多的省份是安大略省（参见表9.25）。

[1] Most do not report a religious affiliation, Statistics Canada web site, https://www150.statcan.gc.ca/n1/pub/89-621-x/89-621-x2006001-eng.htm#tphp，检索时间：2021年9月19日。

表9.24 加拿大八大城市华人宗教信仰人数和所占比例（2001年）

城市名称	总人口	罗马天主教徒（Roman catholic）	其他基督徒（Other Christian）	佛教徒（Buddhist）	道教信徒（Daoist）	没有宗教信仰（No Religion）
多伦多	409530	58250	59145	55200	460	233790
温哥华	342665	30020	50845	50870	600	209370
蒙特利尔	52110	8540	4670	8890	170	29305
卡尔加里	51850	5095	9210	7405	40	29345
埃德蒙顿	42290	3365	6665	7085	15	23825
渥太华/加蒂诺（Ottawa/Gatineau）	28810	3180	4280	2830	15	18310
维多利亚	11240	800	1730	1205	35	7405
温尼伯	10925	1095	1660	1690	15	6405

资料来源：Census of Canada，2001.

表9.25 加拿大各省华人宗教信仰人数（2001年）

城市名称	总人口	罗马天主教徒（Roman catholic）	其他基督徒（Other Christian）	佛教徒（Buddhist）	道教信徒（Daoist）	没有宗教信仰（No Religion）
加拿大	1029400	120255	159930	144555	1445	603115
纽芬兰与拉布拉多	920	175	315	90	10	340
新斯科舍	3290	615	765	285	0	1610
爱德华王子岛	205	45	40	75	0	59
新不伦瑞克	1530	145	290	95	0	990
魁北克	56830	10925	4925	9365	170	30895
安大略	481505	66090	71555	63460	525	276845
马尼托巴	11930	1160	1900	1810	10	6965
萨斯喀彻温	8085	540	1800	1160	10	4560

续表

城市名称	总人口	罗马天主教徒（Roman catholic）	其他基督徒（Other Christian）	佛教徒（Buddhist）	道教信徒（Daoist）	没有宗教信仰（No Religion）
阿尔伯塔	99100	4100	9085	14975	70	56610
卑诗省	365485	31695	54880	53185	660	223900
育空	225	10	20	20	0	185
西北地区	255	35	55	20	0	150
努纳武特	35	0	20	10	0	15

资料来源：Census of Canada, 2001.

这个时期的华人社区，基督教出现了传统和发展、外传与自传并举的新特征。就传统而言，许多教会延续早期教会服务社区的特征，在教会内办英语班、中文班、绘画班、太极拳班等，给新移民提供各种有利于融入加拿大社会的实用性服务，也借此给新移民传福音；[1] 就发展来说，不少华裔基督教群体购地建教会，或者接收及改建聚会人数日益减少的白人基督教教会，使华人教会拥有了不少教堂楼宇。[2] 就外传与自传而言，使用英语的西人教会继续在华人中传教，扩大中西混合的信众人数。同时，华人基督徒也在大力发展传统宗派（比如浸信会、宣道会）的华裔分支，形成相对独立的华人对华人传教的力量。而独立于基督教传统各宗派的华人自创教会，也在迅速增加，[3] 扩大了加拿大基督教的传统版图。当然，由于基督教新教宗派林立，各宗派都在华人社区拓展教会，有的发展较快，有的发展较慢。举例而言，福音派的基督教宣道会在各大华人聚集的城市中发展就很快。

---

[1] 维多利亚中华基督教长老会，在 1983 年不光有主日崇拜和主日学，还增设老年人读经班、新移民英文班，周六有中文班、太极拳班和国画班：《卑诗省域多利中华基督教长老会 1892—1983》，1983 年，第 46 页。

[2] 1917 年建立的满地可中华天主堂，1973 年正式注册。1988 年，该教会的仁爱楼建成，教堂重修竣工。1990 年，普爱楼及慈爱楼两座老人公寓建成开幕，并成立南岸基层信仰小组。《杜宝田神父》，《加拿大蒙特娄华人堂区小史》，2007 年，第 26、32、33、34、35 页；《中华天主神圣堂年表》，《满地可中华天主神圣堂 75 周年纪念特刊 1917—1992》，1992 年，第 4 页；纽芬兰省的圣约翰斯华人基督教会，1992 年新堂址正式使用。教会历史，圣约翰斯华人基督教会网：https://sjccc-nl.org/about/教会历史/，检索时间：2021 年 9 月 20 日。

[3] 1982 年成立圣约翰斯华人基督教会，1993 年成立新生命福音教会，2000 年成立加拿大蒙特利尔生命河灵粮堂（Bread of Life Christian Center in Montreal）。

可以这样说，加拿大基督教的华人信众已成为加拿大基督教宗教活动的重要新生力量。

自从 1961 年，初第一家华人宣道会，即雷城华人宣道会（Regina Chinese Alliance Church，里贾纳）成立后，[1] 华人宣道会逐渐增加，很快就形成整合的势头。1967 年 9 月 9 日，加拿大华人宣道会联会（Canadian Chinese Alliance Churches Association）正式成立，它由沙省里贾纳四间教会组成，目的是在全国拓展宣道会华人教会。[2] 华联会成立后逐步植堂，开始协助列城（Lethbridge）等地建立教会。华联会在各地大城市建立宣道会的同时，也向加拿大其他中小城市延伸。在 1967—1968 年间，宣道会开始在卑诗省和阿尔伯塔省发展壮大，先后成立了温哥华华人宣道会菲沙伦教会和本拿比宣道会等。在阿尔伯塔省，1969 年，华联会聘请潘士谔从零开拓，成立爱城华人宣道会，并于 1982 年和 1988 年成立爱城宣道会城北堂和爱城宣道会城南堂。在卡尔加里，1972 年第一次举行崇拜，并先后建立南卡城华人宣道会、建成卡城华人宣道会城西堂等。在多伦多，第一个华人宣道会于 1971 年成立，拓荒者是陈耀基牧师夫妇。1972 年，简国庆牧师借让·门斯（Jean Mence）路德会的地方，成立满地可华人宣道会，并向渥太华拓展。1973 年，渥太华华人宣道会成立，领会牧师是赖建鹏。宣道会传教对象十分广泛，1976 年在滑铁卢成立的活泉华人宣道会，主要服务对象之一是留学生。而 1985 年成立的多伦多宣道会恩典堂，主要服务越南移民来的基督徒，也有些是难民。[3]

20 世纪 80 年代以后，移民潮一波接着一波，宣道会不但植堂数目增加，数百人至上千会众的大教堂也应运而生。例如，大多伦多士嘉堡华人宣道会新教堂可容纳上千人，多伦多城北堂、恩典堂、美城堂陆续建有可容纳几百人的教堂。[4] 20 世纪 90 年代到 2000 年前后，广东话教会进入黄金时期，许多教会都有自己的

---

[1] 宣道会简史，https://tjcac.org/%E5%8E%86%E5%8F%B2/，检索时间：2021 年 9 月 20 日；江昭扬、谭文均：《继往开来——加拿大华人宣道会的历史与发展》，加拿大华人宣道会联会，2013 年，第 103 页。

[2] 关于华联会，加拿大华人宣道会联会网，http://chinese.ccaca.org/about-us/aboutccaca/，检索时间：2021 年 9 月 20 日。

[3] 梁家麟：《华人宣道会百年史》，建道神学院和基督教与中国文化研究中心，1998 年，第 152—155 页。

[4] 江昭扬、谭文均：《继往开来——加拿大华人宣道会的历史与发展》，加拿大华人宣道会联会，2013 年，第 39 页。

堂址。因为说普通话的人有所增加，教会开始建"国语堂"，但大都是在大城市，这主要是因为新移民定居大城市居多。又因为移民二代已经成长起来，华裔基督教英语堂也出现不少。

华人教会除了传教、敬拜等宗教活动之外，还有延伸到社区的一些重要活动，最重要的有中文教育、夏令营、圣乐团和合唱团等，其中圣乐团的活动规模超出某一个教会或者宗派的范畴，形成跨教会的独立宗教社团。在此，仅将几个规模和影响力较大的教会中文学校、圣乐团举例如下（参见表9.26、9.27）。

表 9.26　中文学校

成立时间	学校名称
1957 年	满地可天主教中文学校
1980 年	卡城华人宣道学校（Calgary Chinese Alliance School）
1992 年	培英中文学校（Pui Ying Kerrisdale Chinese School）

资料来源：陈理清：《介绍满地可天主教中华学校》，《满地可中华天主神圣堂75周年纪念特刊 1917—1992》，1992年，第21—25页；卡城华人宣道学校，卡城华人宣道会网，https://ccac.life/cht-chinese-school，检索时间：2021年9月20日；Kerrisdale，Pui Ying Christian Services Society，http://www.puiying.org/chinese/cschool/kerris.html，检索时间：2021年9月20日。

表 9.27　圣乐团和合唱团

成立时间	名称
1967 年	多伦多天主教华侨中心合唱团
1994 年	多伦多圣乐学院（Toronto School of Church Music）
1995 年	多伦多华人圣乐团

资料来源：《多伦多两个合唱团》，*Modern Times Weekly*，Sep.6，1985；加拿大圣乐学院网，http://www.cwmassociation.org/CWAMMA/CSCM/chinese/index.htm#，检索时间：2021年10月20日；加拿大圣乐崇拜协会网，http://www.cwmassociation.org/v1/?page_id=43&lang=zh，检索时间：2021年10月20日。

加拿大华人社区的基督教传播是立体和全方位的，除教会、团契、福音机构外，还有电视、广播、报纸、刊物、网站……（参见表9.28、9.29）

表9.28　电视和广播

成立时间	名称
1948年	加拿大远东广播
1985年	加拿大华播中心（Gospel Communication Centre of Canada）
1987年	恩雨之声福音机构（Showers of Blessing Evangelistic Ministry）

资料来源：关于我们，加拿大远东广播网，https://www.febccanada.com/aboutus/company_info.htm，检索时间：2021年9月20日；Chinese Gospel Broadcasting Center of Canada web site，https://www.localprayers.com/CA/Toronto/169795146536454/%E5%8A%A0%E6%8B%BF%E5%A4%A7%E8%8F%AF%E6%92%AD%E4%B8%AD%E5%BF%83-CGBConline，检索时间：2021年9月20日；加拿大福音传播中心庆21周年主恩满溢，http://thekornerstone.blogspot.com/2015/04/21.html，检索时间：2021年9月20日；认识我们，恩雨之声福音机构网，https://sobem.org/aboutus/?variant=zh-hans，检索时间：2021年9月20日。

表9.29　报纸及刊物

时间	名称
1992年	《号角月报》（*Herald Monthly*）在多伦多发行
1993年	《真理报》（*Truth Monthly*）

资料来源：Chinese Christian Herald Crusades website，http://www.heraldmonthly.ca/newspaper/web/page.php?id=about-eng，检索时间：2021年9月20日；何思亮：感恩的回顾，《真理报》网，http://www.vccstm.ca/index.php/blog/，检索时间：2021年9月20日。

在加拿大，有一些相关组织在协助教会举办活动，帮助创建新教会和联合各地教会。例如，1967年，多伦多以中文经文诵祭的嘉模圣母宫成立天主教华侨中心，举行教友活动，开办英文班和中文学校。[1] 1979年，加拿大的"中信"在温哥华设立总部，向华人传福音并举办各种与福音有关的文化艺术活动。1992年，在卡尔加里也设立了"中信"。[2] 成立于1984年的卡尔加里华人基督教商业

---

[1]《多市唯一以中文经文诵祭圣堂，嘉模圣母宫的过去与未来》，*Modern Times Weekly*，Jun. 21，1985.
[2] 历史简介，加拿大中国信徒布道会，https://www.ccmcanada.org/?page_id=13，检索时间：2021年9月20日。

和专业协会（The Calgary Chinese Christian Business and Professional Association），其宗旨是为华人社区服务，但具有基督教风格。[1]1986年，华人基督传道联会（The Association of Chinese Evangelical Ministries，Canada）成立，1988年正式注册为加拿大法定团体，各地华基教会均属于华基联会。[2]1980年，美、加两国的华人浸信会组成了"美加华人浸信会联会"（The Chinese Baptist Fellowship of United States and Canada）。[3]1986年，"泉源"辅导中心（Living Water Counselling Centre）在安大略省大多伦多成立，它是以基督博爱精神为基础的非牟利慈善专业辅导机构。[4]1989年，多伦多基督教华人亲子会（Toronto Chinese Christian Parenting Association）正式成立，该协会经常举办关于婚姻、家庭、亲子、青少年和人生的讲座等。[5]加拿大恩福协会于1989年成立，是一间致力于服务众教会与弟兄姊妹的非牟利基督教机构。[6]1990年，多伦多基督徒短期宣教训练中心成立，这是一个专心传福音并举办短期训练班的协会。[7]

1996年3月7日，加拿大普世大使命中心（Global Great Commission Center of Canada）在安大略省成立。随即中心开办了不少宣教工场，即协助成立新教会，与其他教会合作成立新教会。[8]

华人教会很多是复式教会，有些教会一开始使用广东话，因此这些教会被冠以"华人教会"的名称，英文名称一般是Chinese Church。[9]20世纪90年代后，

---

[1] About, the Calgary Chinese Christian Business and Professional Association web site：, http://cccbpa.ca/index.php?id=about，检索时间：2021年9月20日。

[2] 华基联会和华基教会简介，华人基督传道联会网，http://acem.ca/ch/index.php?option=com_k2&view=item&layout=item&id=351&Itemid=76，检索时间：2021年9月20日；http://acem.ca/ch/index.php?option=com_k2&view=item&layout=item&id=96&Itemid=33，检索时间：2021年9月20日。

[3] 本会历史，美加华人浸信会联会网，http://news.cbfusacanada.org/?page_id=41，检索时间：2021年9月20日。

[4] 泉源的组成，"泉源"辅导中心网，https://livingwater-counselling.org/，检索时间：2021年9月20日。

[5] 多伦多基督教华人亲子会网，http://tccpa.org/?page_id=919，检索时间：2021年9月20日。

[6] 机构介绍，加拿大恩福协会，http://www.ccican.org/index.php?option=com_content&view=article&id=21&Itemid=136，检索时间：2021年9月20日。

[7] 课程简介，多伦多基督徒短期宣教训练中心网，https://www.torontostm.com/courses/，检索时间：2021年9月20日；多伦多基督徒短期宣教训练中心，https://www.evensi.ca/page/多伦多短宣中心，toronto-short-term-mission-training-centre/10006478214，检索时间：2021年9月20日。

[8] 加拿大普世大使命中心网，https://ggccc.ca/，检索时间：2021年9月20日。

[9] 如士嘉堡、宣信、美城和麦城等华人宣道会。

因为说普通话的移民不断增加，一些教会开办普通话崇拜。这些教会以"国语教会"为名，英文是 Mandarin Church。[1] "国语教会"晚于广东话教会几十年。而当华人移民第二代增多后，又开设了英语崇拜，或成立青年英语团契。[2]

华侨华人信基督教有很多原因。第一，新移民来到新的国家，面对不同的文化、不同的语言、不同的风俗习惯和生存压力，需要新的精神资源和社会关系网。但新移民在到达加拿大之初，资讯不多，不知道去哪里寻求帮助，而教会的人往往会主动与华人新移民联络，并为他们提供精神上和物质上的帮助。一些老年移民社交面窄，精神空虚，因此喜欢参加教会的活动。第二，新移民选择基督教作为精神信仰，希望尽快融入加拿大主流社会。第三，许多华人新移民视华人教会为文化载体，能帮助他们保持与中国传统文化和华人的联系。第四，有些华人教堂提供免费的英语课程，介绍一些必要的加拿大本地社会的资讯，能帮助华人新移民了解和适应加拿大社会。第五，华人教堂是华人与其他族群成员进行交流的场所，很多华侨华人在教会结识了一些新朋友，扩大了社交圈子。更重要的是，华人教会常常提醒信众不仅要积极生活，克服移民生活的困难，在蒙恩的同时，成为爱的信使，学会帮助别人。同时还鼓励信众从事慈善活动，有效地回报社会，回报他人。

在加拿大华人教会的发展历史中，受到了移民政策的影响，也受到了亚洲及世界各地经济和政治环境的影响。就加拿大基督教来说，教会的政治倾向性往往会影响信众的选票投向。华人教会对加拿大社会具有一些影响力。比如华人教会成员一般会选投保守党，因为保守党提倡的"回归加拿大传统道德价值观"的观念，受到了华人教会和华人社区的推崇。

第三节　华人墓葬

歧视时期的加拿大主流社会歧视华人，并将这种歧视波及华人死后的安葬，即华人死后不能与西人安葬在一处，不少华人甚至死后都找不到一块有尊严安息的墓地，成为名副其实的"孤魂野鬼"，就是进入西人墓地，华人也只能安葬在角

---

[1] 如温哥华国语宣道会、加拿大宣道会高贵林国语教会和北约国语宣道会等。
[2] 例如北约华人浸信会英语部成立于 1981 年；Our History：北约华人浸信会网，http://www.nycbc.ca/esc/our-history，检索时间：2021 年 9 月 20 日。

落处。[1]

　　战后,"排华政策"取消,华人在安葬方面遭受的歧视也有所改观。1967年移民政策大改革之后,华人和白人混葬成为日常生活的一部分,采用土葬还是火葬,华人可以自由选择。不过,华人在墓葬方面有三个重要特征。一是华人死后与生前相似,喜欢"群居",他们总是在混葬墓地中挑选可以与其他华人一起入土为安的墓地。久而久之,在华人聚居的大城市,无论进入哪一个墓地,都会看到众多的中文墓碑矗立在墓园中,有的家族墓园还相当豪华。此外,在加拿大很多省市,还有一些延续至今的宗亲、乡亲墓地或者新造的单独华人墓地。这些单独华人墓地不是因为歧视原因,而是华人们自发选择安葬在一起。这些墓地折射出华人宗族文化的重要特征(参见表9.30)。

表9.30　部分省市拥有的华人公墓

省市及城市	墓地名字	简介
魁北克省蒙特利尔市	皇家山上的日圣母公墓华人墓地（Notre Dame des Neiges Cemetery）	U区编号598-604地段,是单独安葬华人的墓地。皇家山公墓遗产部主任米丽娅姆·克卢捷（Myriam Cloutier）女士指出,这块墓地一开始并不是专为华人保留的,可是华人选择葬在一起,久而久之就成了安葬华人的墓地。
安大略省渥太华市	渥太华比奇伍德（Beechwood,当地华人称为必治活）墓场	有早期华人墓地,也有新华人墓地。
马尼托巴省温尼伯市	温尼伯布鲁克赛德（Brookside）公墓	该公墓有早期华人墓地。华侨华人选择在一起安葬,其原因和蒙特利尔皇家山上的日圣母公墓华人墓地一样。

　　资料来源:皇家山公墓遗产部主任米丽娅姆·克卢捷（Myriam Cloutier）女士; Beechwood website: http://www.beechwoodottawa.ca/about-us/, 检索时间: 2021年9月20日; City of Ottawa old cemetery register from Raymond beechwoodcemetery, informant is manager Raymond Lam; The Municipal Cemeteries Branch, City of Winnipeg web site, https://www.winnipeg.ca/cemeteries/Brookside/BrooksideBurialSearch.stm, 检索时间: 2021年9月20日; 2016年7月贾葆蘅到温尼伯调研在布鲁克赛德（Brookside）公墓现场拍摄图片资料。

---

〔1〕蒙特利尔皇家山公墓一般是安葬西人的。只有在一个偏僻的角落,有一小块土地是单独安葬华人的墓地,这些华人是第一批葬在皇家山公墓的非基督新教教徒。早期华人经过几番艰难的奋争,才被允许购买这里的墓地。

图 9.8　渥太华比奇伍德（Beechwood，又称必治活）华人墓场
资料来源：贾葆蘅摄于 2018 年

也有一些社团、宗教团体选择兴建墓园，使社团成员安葬在一起（参见表 9.31）。

表 9.31　部分华人社团和宗教团体建立的华人公墓

省市及城市	简介	社团墓地名字	简介
卑诗省本拿比市	1987 年	1. 温哥华客属崇正会在本拿比市贺士兰（Ocean View and Forest Lawn Cemetery）墓地买了一块地 2. 崇正墓园（Tsung Tsin Cemetery）	本拿比共有 229 个墓穴。1997 年，温哥华客属崇正会在素里（Surrey）市华丽园（Valley View Garden）又购买了 150 个墓穴，并建立"崇正墓园"（Tsung Tsin Cemetery）牌坊。每年春秋二祭，温哥华客属崇正会会组队到"崇正墓园"祭拜先侨。
卑诗省本拿比市	1995 年	海景墓园里的"东莞墓园"	1994 年组成墓园筹备小组。1995 年 3 月 8 日，由叶建伦代表该会与海景墓园签署承购协议，第一次批出福地 119 穴位，后又加批 22 穴，都是地碑。1997 年 4 月 6 日，加拿大东莞同乡会在海景墓园举行"东莞墓园历代先贤纪念碑"开光典礼暨清明春祭。加拿大东莞同乡会认为应该有个显著地标，因此于 2004 年获准修建了"东莞墓园"纪念石碑。

续表

省市及城市	简介	社团墓地名字	简介
阿尔伯塔省卡尔加里市	1996年	真佛卡城墓园	位于24223乡镇路（Township Rd）的伊甸殡仪馆和墓园（Eden Brook Funeral Home & Cemetery）于1985年开始为卡尔加里地区提供服务。1996年春，在墓园里建成真佛卡城墓园。1998年7月30日，白云雷藏寺恭请真佛宗创办人圣尊莲生活佛亲临墓园加持洒净，获圣尊赐名为真佛卡城墓园。真佛卡城墓园有两个：真佛卡成墓园（Garden of Serenity）和白云胜境（True Buddha Garden）。

资料来源：《崇正墓园》，《加拿大客属崇正会成立30周年纪念特刊1971—2000》，2001年，第88页；《崇正会已实现崇正墓园计划》，《大汉公报》1989年1月3日；《历代先贤纪念碑开光，东莞同乡会清明春祭》，《明报》1997年4月8日；周锐涛：《加拿大东莞同乡会成立20周年大事回顾与会务展望》，《加拿大东莞同乡会20周年纪念特刊1992—2012》，2012年，第74页；叶建伦口述：《东莞墓园四月六日开光 同日春祭先人同申孝思》，《明报》1997年3月22日；Who We Are and What We Do, Eden Brook Funeral Home & Cemetery web site, https://www.arbormemorial.ca/en/edenbrook/about-us，检索时间：2021年9月20日；《真佛卡城墓园，圣尊莲生活佛》，《真佛宗白云雷藏寺建寺10周年1994—2004》，2004年，第48页；真佛卡城墓园，http://www.wtbn.org/404/p404-11-06.shtm，检索时间：2021年9月20日；资料来自真佛宗白云雷藏寺莲煴上师。

图9.9 东莞墓园历代先贤纪念碑

资料来源：贾葆蘅摄于2019年

二是华人的殡葬仪式相当多样。有些是佛教式的，有些是道教式的，有些是基督教式的，显示出华人宗教信仰的多元化。不过，由社区通过主办公葬大礼来缅怀死者的案例并非很多。侨领黄文甫死后备极哀荣是一个典型例子。1971年7月1日，温哥华著名侨领、全加中华总会馆永久顾问黄文甫去世，温哥华侨社于8月16日在纲臣殡仪馆为他举办了隆重的公葬大礼。三级政府官员、温哥华全加中华总会馆、缅省中华总会馆、黄氏宗亲总会、台山宁阳会馆等30多个侨社和上百侨领和侨界人士参加，追悼礼堂布满纪念条幅，如"卫侨有功抗例有绩，虽死之日犹生之年""剩得良模资执范，应教明月显光辉"等，有很长的送葬队伍和送葬车队，英文媒体都有追踪报道。[1]

三是华人维持祭奠先侨、承接历史的传统。这种祭奠一般发生在清明节或者夏季，因地区气候不同而异。[2]

华人墓地是华人慎思追远之地，为了更好缅怀先侨，华侨华人先后在加拿大各地墓园建立一些相关纪念碑、纪念亭、中式陵园和亭台楼阁等。例如1973年，鉴于1901年修建的温哥华山景墓园祭坛已经破旧，中华会馆召开侨团代表大会，发动华人重建温哥华山景公墓拜台，并于1974年完工。1974年3月24日，卑诗省省长代表、云埠公民入籍官和众侨胞举行了安魂亭拜台开幕式。[3]1996年，因为安魂亭风吹雨打，年久失修，中华会馆成立了重修安魂亭小组，得到中国总领事馆和各侨团的支持。1988年4月5日，温哥华中华会馆连同侨团，以醒狮、金猪、礼乐、侨团代表上香，为重修安魂亭落成隆重公祭先侨。卑诗省政府和温哥华市政府及中国总领事馆等，均有代表参加。[4]

1976年，卑诗省乃磨市名流、侨胞和侨团在华人墓地修建了华人纪念公园，并于8月22日举行了揭幕典礼。[5]

1980年，卡尔加里市开始轻轨（The Light Rapid Transit，LRT）建设及麦克劳德小径扩建工作，在埃尔顿街（Erlton St.）和麦克劳德小径西南（Macleod Trail S.W.）街之间的华人墓地（The Chinese Cemetery）附近，挖掘工人挖掘出了39具身份不明的尸体，就把这些逝者重新安葬在一个共同的坟墓中。卡尔加里台山会馆考虑

---

[1] Chinatown news, Oct. 18, 1970, p.9.; Chinatown news, Aug.3, 1971, pp.34—36.;《黄文甫翁公葬大礼，素车白马备致哀荣》,《大汉公报》1971年8月17—23日；黄文甫女婿李伟健提供资料。
[2] 加东侨社举办祭祀先侨活动，一般选择夏季，因为渥太华冬天较为漫长。像渥太华洪门组织选择在6月祭祀先侨，而渥太华陵园基金会则在7月到9月凭吊先侨。
[3]《重建墓园拜台开幕志》,《大汉公报》1974年4月11、12、14、15、16日。
[4]《重修安魂亭》,《温哥华中华会馆百年纪念特刊1906—2006》，2006年，第90—92页。
[5]《乃磨华人公园揭幕》,《大汉公报》1976年9月20日。

应该恢复受损的墓碑,决定建造一个共同的纪念碑来维护个别坟墓的风水。[1]1990年,卡尔加里台山会馆在华人墓地建造了一个亭子,用于祭拜。侨社认为这种精神仪式对于新一代华人来说很重要,他们可以学会尊重祖先,并继续与家庭血脉保持联系。[2]2001年夏天,台山会馆在华人墓地建成混凝土和花岗岩纪念碑,并用中英文双语写下碑文:华人公墓志。[3]

图9.10 卡尔加里埃尔顿街和麦克劳德小径西南街之间的华人墓地
资料来源:贾葆蘅摄于2018年

在埃德蒙顿市,1981年,当地华人在毕珠纲华人墓园修建了永逸亭(Beechount Cemetery-Chinese Pagoda)。1999年,修建了北极光华人墓园永乐亭(Northern Lights Cemetery-Chinese Pagoda)。[4]

1993年,渥太华中华会馆及一些侨领成立修墓委员会,展开维修必治活华人墓区(Beechwood Chinese Cemetery)的工作。1995年成立修墓委员会,并于同年进行了墓园修缮动土礼。建有一座绿顶红柱的中式祭台,名为怀远亭。该亭建筑用材是北京市和广东省江门市通过中国驻加拿大大使馆捐助的,中华会馆及渥太

---

[1] City of Calgary, The Chinese Cemetery history, https://www.calgary.ca/csps/parks/cemeteries/chinese-cemetery.html,检索时间:2021年9月20日。
[2] Spiritual, *Chinatown Historical Context Paper*, Commissioned By The City of Calgary, The City of Calgary Records & Information Management(RIM)Inspection & Permit Services, p.45.;墓地亭子文字。
[3] 资料来自卡尔加里华人墓地加拿大卡技黎台山会馆立石碑文:华人公墓志。
[4] 《点问顿中华会馆》,《点问顿华人社区华埠100周年纪念特刊》,2013年,第23—25页。

华侨社曾为其余费用筹款。祭亭于1996年建成,[1]1997年举行全侨祭祖暨重建华人公墓竣工仪式。修墓委员会改名为渥太华必治活华人陵园基金会。[2]自此之后,当地华侨华人得以在这里凭吊先人。

图9.11　怀远亭
资料来源:贾葆蕍摄于2018年

由于一些早期华人的墓地年久失修,已经破旧不堪,因此,侨社非常重视华人墓地的整修与美化工作。1987年6月2日,维多利亚中华会馆特发出通告,指出该埠华人墓地有些碑文残缺,字迹不清,会馆虽整理出碑文上200多名华人的名字,但是还有遗漏,请后人或亲属知道先人曾安葬在华人墓地者,与中华会馆联络。[3]

1996年1月,卑诗省哈宁角华人墓地被列为"国家传统保护区"。因为哈宁角华人墓地古朴而优美,政府决定对此地进行美化。[4]

---

[1] 资料来自渥太华洪门主委王辉和渥太华达权社社长邓家昌,渥太华陵园基金会理事李乃斌;加京华人陵园基金会二〇一三年度全侨扫墓简报。

[2]《安省唯一中国特色华人陵园重建竣工》,《中华导报》1997年7月4日。

[3]《域多利中华会馆通告》,《大汉公报》1987年6月13日。

[4] 1996年1月30日,新任运输部长(Minister of Transport)安德逊(David Anderson)和橡树湾(Oak Bay)市长戴安娜·布勒(Diane Buller)、维多利亚市长(Mayors of Victoria)罗伯特·克罗斯(Robert Cross)、维多利亚中华会馆主席梁肇成等分别出席哈宁角华人墓地和维多利亚华埠特别会议。《维市华埠及华人坟场列"国家传统保存区"》,《华埠通讯》,1996年4月,第2卷第9期,维多利亚中华会馆,第7页。

1996年，美化哈宁角华人墓地的工程开始动工，黎全恩教授任维多利亚中华会馆坟场小组顾问。[1]该工程2001年3月完成。墓地内建有一条石路，为配合橡树湾市政府的美化建议，拆除铁栏，代之以木栏杆。在墓地入口处，根据黎全恩教授的建议，兴建了一座牌坊，名为安息门，"安息"两字装在枫叶铜板上，代表之前的"落叶归根"，以及现在的"落地生根"。铁闸上边配以像鲸鱼的框架，代表墓地望向大海，常见鲸鱼和海豹。2001年4月8日，维多利亚中华会馆举行了竣工仪式，国会上议院议员利德蕙及橡树湾市市长主持开幕仪式。[2]

2000年，基隆那（Kelowna）市林业部坟场主任获得千禧年美化计划的资助，项目资金是205000加元。利用这笔资金，2000年至2001年间，基隆那市政府与基隆那佛教社会、华人文化中心、日裔加拿大社团合作，修复了被称为A区的部分，美化了墓地。该地区的墓地安葬着两次世界大战的参战老兵，他们都是亚洲人。修复工程包括更换破碎的墓碑和标记、安装人行道、清除不需要的植被、修复墓地。同时，还根据黎全恩教授的建议，建造一座中国及日本式小亭，称为永眠亭（Kelowna pavilion of eternal restoration）。[3]

总之，华人墓葬的历史变迁见证了华人在加拿大身份地位的变化，也见证了华人对加拿大国家和社区建设的贡献。

---

[1]《华埠消息版》，《华埠通讯》，1999年12月，第5卷第1期，维多利亚中华会馆，第5页；《九六年被列国家历史遗舻　维市筹款美化华人坟场》，《明报》2000年12月1日。

[2] 黎全恩：《华人坟场美化后之今昔景象》，《华埠通讯》，2003年8月，第7卷第3期，第20页；黎全恩：《牌坊起源及加拿大牌楼》，《多伦多文艺季》，第50期，2010年4月，第8页；《加国首个华人风水坟场整修重光》，《明报》2001年4月8日。

[3] Restoration, City of Kelowna web site, https://www.kelowna.ca/our-community/arts-culture-heritage/heritage/heritage-register/kelowna-memorial-park-cemetery，检索时间：2021年9月20日；黎全恩：《基隆那唐人街及亚洲墓地美化》，《华埠通讯》，2006年10月，第9卷第2期，第26页。

第十章
华侨华人在科技和经贸领域的状况

第一节 华裔科技人员

1967年移民政策大改革之后,来到加拿大的华侨华人专业人士与毕业留在加拿大的国际留学生越来越多,从事科技工作的移民人数也相应增加,这些都有助于改变华人社区的就业结构,也与时代发展的步伐同步,对华人的地位提升也有助益。

从华裔科技人才的教育背景来看,有两个显著特征。一是新移民或者留学生不少选择科技领域或者选择攻读与科技有关的学位,从学士到博士都有;二是本土出生的年轻人也开始在医生、律师等领域之外,攻读科技类的大学学位,未来从事科技工作。

就受教育程度而言,华人华侨的高学历比例在加拿大各族裔中名列前茅。2001年,15岁以上华人获得学士学位的有159995人,获得硕士学位的有43165人,获得博士学位的有11335人。[1]

2001年,华人占加拿大全部大学毕业生的6%,而攻读数学、物理或计算机等方面的人则占12%,读工程或应用科学方面的占11%。[2]从华人人口比例来说,获得这些学位的华人所占比例要比其他族裔高很多,2001年华人人口为1029395人,占全加人口的3.4%。[3]数据还显示,来自华人社区的年轻人比年轻的加拿大人更有可能上学读书。2001年,15至24岁的华人中有76%的学生注册全日制教育课程,而这个年龄组别的加拿大人士则占57%。[4]

---

[1] Statistics Canada, 2001 Census of Population, Statistics Canada Catalogue No. 97F0010XCB2001045.
[2] Over one in four has a university degree, http://www.statcan.gc.ca/pub/89-621-x/89-621-x2006001-eng.htm#tphp,检索时间:2021年9月19日。
[3] Statistics Canada, 2001 Census of Population; Canada Year Book 2007, p.205.
[4] Over one in four has a university degree, http://www.statcan.gc.ca/pub/89-621-x/89-621-x2006001-eng.htm#tphp,检索时间:2021年9月19日。

值得关注的是，华人进入加拿大学术机构和科研公司，成为发明家、科学家、教授等的人数并不是很多，他们主要在科技公司或者相关企业工作（参见表10.1）。

表10.1　从事科技职业的华侨华人所占百分比（1991年）

职业	百分比（%）
管理和行政类（Managerial，Administrative）	40.6
自然科学、工程和数学类（Natural science, engineering and mathematics）	26.6
教育领域（Teaching and related occupations）	10.0
医药卫生系统（Medicine and health）	14.2

资料来源：Statistics Canada, 1991 Census of Canada, Public use Microdata File on Individuals (1994)；Peter S.Li, *The Chinese in Canada*, Second Edition, Toronto: Oxford University Press, 1998, p.130.

注：上述数据基于总人口的3%的概率抽样。

专业人士除了在传统的计算机、电子信息等领域参与外，随着时代的发展，也开始向新能源和新材料等行业发展，还有一些专业人士从事技术性管理工作，同时跨行业专业人士也开始出现。

总体来说，到了20世纪90年代中期，加拿大的科技、能源、环保、材料、化工、计算机等各个领域，都活跃着华人科技工作者的身影，且人数有越来越多的趋势。比如1999年，加拿大第一届"省长杰出科研奖（Premier's Research Excellence Awards）"，有8位华裔科学家获得殊荣。[1]这里且用几张简单的图表来展示华人在这方面的成就（参见表10.2—10.5）。

表10.2　加拿大几大奖项中获奖的部分华人科学家

获奖时间	奖项	获奖者	简介
1973年 1999年	加拿大辛克鲁德创新奖（Syncrude Canada Innovation），后改为哈奇创新奖（Hatch Innovation Award）	默里穆·杨（音译，Murray Moo-Young, 滑铁卢大学化学工程系教授） 祝京旭（Jesse Zhu，西安大略大学工学院教授）	该奖项颁发给做出杰出贡献的加拿大居民，提名者年龄不得超过40岁。在1970年至2001年间，有2位华人获奖。该奖项每年只有1人获奖。

---

[1]《加拿大八华裔获省长杰出科研奖》，《华声报》1999年12月9日。

续表

获奖时间	奖项	获奖者	简介
1985年	基拉姆奖（Killam Prize）	雷蒙德·N.杨（音译，Raymond N.Yong，麦吉尔大学教授）	基拉姆（Killam）计划于1967年开始实施，并创立了基拉姆研究奖学金，而基拉姆奖于1981年开始颁奖，从1981年至2001年，有1位华人获奖。
1995年	史黛西（Steacie）	许景明（音译，Jingming Xu）多伦多大学电气与计算机工程教授	史黛西奖每年颁发一次，奖励40岁以下的科学家或工程师，以表彰其在加拿大开展的科学研究。从1967年至2001年，只有1位华人获奖。该奖项每年只有1人获奖。
1995年	加拿大化学工程协会"工业设计及应用成就奖"Industrial Practice Award, Canadian Society for Chemical Engineering	卡尔·庄（音译，Karl T. Chuang，阿尔伯塔大学化学与材料工程系教授）	加拿大化学工程学会（The Canadian Society for Chemical Engineering）为表彰对化学工程做出杰出贡献或产生深远影响设立的奖项。该奖颁给加拿大公民或在加拿大做出贡献的居民。在1977年至2001年间，只有1位华人获奖。该奖项每年只有1人获奖。

资料来源：The Canadian Society for Chemical Engineering Awards Terms of Reference and Lists of Award Recipients, p.10.; Jesse Zhu, http://publish.uwo.ca/~jzhu/, 检索时间：2021年9月19日；Murray Moo Young, https://uwaterloo.ca/chemical-engineering/profile/mooyoung, 检索时间：2021年9月19日；Raymond N.Yong, https://www.mcgill.ca/researchhonours/raymond-n-yong, 检索时间：2021年9月19日；Program History, https://killamprogram.canadacouncil.ca/program-history, 检索时间：2021年9月19日；https://www.steacieprize.ca/recipients_e.html, 检索时间：2021年9月19日；Award deadlines & details, University of Victoria web site, https://www.uvic.ca/research/conduct/home/awards/newdeadlines/awards/steacie%20prize.php#:~:text=The%20Steacie%20Prize%20is%20a, appointed%20annually%20by%20the%20E.W.R., 检索时间：2021年9月19日；The Canadian Society for Chemical Engineering Awards Terms of Reference and Lists of Award Recipients, p.5.; K.T.（Karl）Chuang, FCICL, https://sites.ualberta.ca/~kchuang/home-cv.html, 检索时间：2021年9月19日。

表10.3　荣获加拿大员佐勋衔的华裔科学家

获奖时间	姓名	说明
1994年	谢华真（Wah Jun Tze）	卑诗大学教授、科学家、儿科医学教授，以对胰岛细胞移植作为青少年糖尿病的潜在治疗方法的研究而闻名。

资料来源：Mr.Wah Jun Tze, C.M., M.D., F.R.C.P.C., Governor General of Canada web site, https://www.gg.ca/en/honours/recipients/146-3888, 检索时间：2021年9月19日。

表10.4 荣获加拿大官佐勋衔的华裔科学家

获奖时间	姓名	说明
1991 年	徐立之（Lap Chee Tsui）	多伦多大学教授，人类基因遗传学的权威。
1991 年	张明瑞（Thomas Ming Sui Chang）	麦吉尔（McGill）大学教授，世界人工细胞创始人，被誉为世界"人工细胞之父"，也是国际纳米医学创始人。
2000 年	麦德华（Tak Wah Mak）	免疫学家、生物化学专家以及癌症基因专家。

资料来源：Mr.Lap-Chee Tsui, O.C., Ph.D., D.C.L., F.R.S.，加拿大总督官方网，https://www.gg.ca/en/honours/recipients/146-3637，检索时间：2021 年 9 月 19 日；《传承港大精神 跨越百年里程，越洋专访香港大学校长徐立之》，《红枫传奇》2011 年；徐立之教授，https://www.ourhkfoundation.org.hk/zh-hant/node/784，检索时间：2021 年 9 月 19 日；Mr.Thomas Ming Swi Chang；加拿大总督官方网，https://www.gg.ca/en/honours/recipients/146-13530，检索时间：2021 年 9 月 19 日；Thomas Ming Swi Chang, McGill University web site, https://www.mcgill.ca/bbme/thomas-ming-swi-chang，检索时间：2021 年 9 月 19 日；Dr. Tak Wah Mak，加拿大总督官方网，https://www.gg.ca/en/honours/recipients/146-6966，检索时间：2021 年 10 月 20 日；Tak Wah Mak PhD, https://www.cdnmedhall.org/inductees/takmak，检索时间：2021 年 10 月 20 日；古伟凯：《红枫传奇——麦德华（Tak Wah Mak）》，《加中时报》264 期，2007 年 10 月 27 日。

表10.5 加华专业基金会颁奖获奖人名单

时间	姓名	获奖内容
1985 年	麦德华教授（Dr.T.W.Mark） 徐立之教授（Dr.L.C.Tsui）	多伦多大学，以分子免疫学上的成就获奖 多伦多大学，以纤维囊肿遗传基因上的成就获奖
1986 年	张明瑞教授（Dr.Thomas Chang）	麦吉尔大学，从事医学与研究，发明人工细胞
1987 年	黄崇贯教授（Dr.George Wong）	加拿大国家研究院，从事空气中声速的校正研究，成绩突出
1988 年	孙靖夷教授（Dr.C.Y.Suen）	蒙特利尔冈歌地亚大学，中文资料的电脑处理方法成绩突出
1989 年	林重庆教授（Dr.Victor Ling）	安省癌症研究所，在癌症研究领域取得杰出成就
1990 年	卢伟高教授（Dr.W.K.Lu）	麦马斯特大学，在炼钢学科技方面取得成就
1991 年	黄家正教授（Dr.Andrew Wong）	滑铁卢大学，现已退休，在机械人及人工智能方面取得成就
1992 年	林思齐博士（Dr.David Lam）	卑诗省督，对加拿大发展做出特殊贡献

续表

时间	姓名	获奖内容
1993年	丘良才博士（Dr.C.L.Hew）	多伦多病童医院，在鱼类防冻蛋白质研究方面取得成果
1994年	简悦威医生（Dr.Y.W，Kan）	三藩市加州大学，获该会十周年特殊优异奖，表扬他在遗传因子次序多性能的前驱成就
1995年	秦家懿教授（Dr.Julia Ching）	多伦多大学，在中国思想与宗教的研究方面取得成就
1996年	许竞鸣教授（Dr.J.M.Xu）	多伦多大学，在光电机体电路发展方面取得研究成果
1997年	李明教授（Dr.M.Li）	滑铁卢大学，在电脑科学理论方面取得研究成果
1998年	尹国声教授（Dr.Jeffrey Wan）	皇后大学，从事引用化学概念解决工业上各类问题的研究

资料来源：《华埠通讯》，1999年10月，第4卷第10期，第11页。

从上述表格来看，在加拿大的华人科学家、科技专家并不缺少顶尖人才，在各大学的科研中也不乏杰出人才。但从总体来看，这方面的人才显然没有美国多。其中一个重要的原因是，包括华裔在内，加拿大人才有"南流美国"的现象，因为美国有世界第一流的大学、第一流的研究机构、第一流的研究设备，以及将科技研究成果市场化的机制。由此可见，加拿大如果要留住顶尖人才，必须开辟国际合作的新途径，创造科学技术人才不去美国也能获取巨大成功的外部环境和市场机制。

当然，从加华专业基金会的评奖活动来看，如果华人社区能够筹集资金，创立与世界一流奖项水平相匹配（奖金额相当重要）的奖项品牌，也可以激励华人科学家和科技专家在加拿大勇于创新，创造更多的世界性研究成果。

第二节 科技社团和科技活动

随着科技领域华人移民的数量增加，这些领域的华人社团数量也随之增长。与传统的华人社团不同的是，这些社团成员都具有高学历、在科技领域工作、专业性质比较强的特征。这种社团除了专业对口、兴趣相投之外，还有互通就业信息、合作创业的特征，同时也形成了一个小小的人才库，为融入加拿大社会以及扩大加中科技交流，促进产业发展发挥作用。进入20世纪80年代之后，这类新兴的社团呈现出大量增加的趋势（参见表10.6）。

表 10.6 科技社团概览

成立时间	社团名称
1981 年	加拿大华人专业人员联会（The Federation of Chinese Canadian Professionals）
1992 年	加拿大中国专业人士协会（Chinese Professionals Association of Canada）
1992 年	渥太华华人科技协会（Association of Chinese-Canadian Science and Technology at Ottawa）
1993 年 5 月	爱城华人工程师学会（Edmonton Chinese Engineers Society）
1993 年 5 月	卡城华人专业技术协会（The Chinese Professional Association of Calgary）
1993 年	魁省华人专业联会（Federation of Chinese Canadian professionals Quebec）
1993 年	加拿大中国科学技术协会（Canada-China Society of Science and Technology）
1993 年	加华电脑商会（Canada Chinese Computer Association）
1997 年筹办，1998 年 5 月在阿尔伯塔省正式注册	卡尔加里华人专业及企业家人士协会（Chinese Professionals & Entrepreneurs Association of Calgary）
1998 年 4 月	加西玉山科技协会（Monte jade science and technology association-west coast）
1998 年	加拿大华人信息技术专业人士学会（Chinese Information Technology Professionals Association of China）
2000 年	中华电脑学会（The Edmonton Chinese Computer Society）

资料来源：History, http://fccpontario.com/education-foundation/history/，检索时间：2021 年 9 月 19 日；《加华电脑协会讯》，《加华侨报》1985 年 10 月 1 日；加拿大中国专业人士协会，https://cpac-canada.ca/introduction-cn/？lang=zh-hans，检索时间：2021 年 9 月 19 日；渥太华华人科技协会，http://www.chinaqw.com/hqhr/2014/05-22/4397.shtml，检索时间：2021 年 10 月 16 日；《爱城华人工程师学会》,《点问顿华人社区 100 周年特刊 1911—2011》,2011 年，第 72、82 页；《卡城华人专业技术协会》,《卡城华人社区百周年纪念特刊》，卡城中华协会刊行，1993 年，第 85 页；红枫传奇——刘聚富（Dr.Arthur Lau），https://easyca.ca/archives/67994, 2021 年 9 月 19 日；http://www.ccbestlink.com/zhuanti/16/hfcq/top_1/20161115/10702.html，检索时间：2021 年 9 月 19 日；《加拿大中国科学技术协会》，2012—2013 年，第 1 页；《加中科技协会人才多》,《世界日报》1999 年 3 月 5 日；About，加华电脑商会网站，http://www.theccca.com/AboutCCCA/，检索时间：2021 年 9 月 19 日；关于我们，卡尔加里华人专业及企业家人士协会网，http://www.chineseprofessionals.org/about-us/，检索时间：2021 年 9 月 19 日；资料来自现任会长陈静文和前任会长李波；卡尔加里中国专业及企业家协会简介；《加西玉山科技协会成立》,《世界日报》1998 年 4 月 13 日；《中华电脑学会》,《点问顿华人社区 100 周年特刊 1911—2011》,2011 年第 82 页。

这些科技社团举办了各种科技交流与合作活动，其中包括学术培训、学术交流、专题讲座、学术论坛、慈善事业、社区服务等，成为华人社团中一个重要的组成部分。

第三节 经贸社团和活动

经贸活动始终是华人社区精英最重视的一个领域。1967年之后，不少"有钱人"移民加拿大，他们带动了频繁的投资和商贸活动。尤其是中国香港来的移民，他们已经在香港国际化的经营中，积累了丰富的经验。移民后又把外贸经营、金融投资和企业生产等多种经验，投入到加拿大的移民生活之中，产生了一批懂得亚洲文化又善于市场经营的加拿大华裔精英，给加拿大的商贸版图和国际化视野，增添了宝贵的新内容。20世纪70年代末，中国大陆进入改革开放的历史进程。20世纪80年代末，大陆新的商贸精英也开始进入加拿大，为中加两国的经济发展架起了桥梁并产生了巨大影响。

值得关注的是，商贸精英并非"单打独斗"，而是因地制宜，审时度势，通过成立经贸协会、通过举办讲座和商贸交流等，将亚洲新兴国家的太平洋思路带进加拿大的商贸进程，拓展了加拿大传统意义上只重美国和欧洲的商业投资版图，给加拿大的经贸带来了一片新的天地。例如，与中国改革开放同步成立的加中贸易理事会就是一个成功的范例，在政府和民间两个渠道推动加中贸易，取得很大成就（参见表10.7）。

表10.7　中国和加拿大两国领导人参加加中贸易理事会活动

时间	地点	内容
1978年	加中贸易理事会（Canada China Business Council）正式成立	加中贸易理事会会员既包括加中两国的商业巨头，也包括众多中小型企业的、企业家和非营利性组织成员，囊括金融服务、法律服务、制造、建筑、运输、采矿、能源、信息和通信技术以及教育等众多行业。加中贸易理事会总部设在多伦多，并在温哥华、蒙特利尔、北京和上海设有办事机构。
1995年10月	加拿大	中国的李鹏总理在中加建交25周年之际访问加拿大，参加了加中贸易理事会年度会议。
1996年11月26日	中国上海	加拿大让·克雷蒂安（Jean Chrétien）总理参加加中贸易理事会午餐会。

续表

时间	地点	内容
1997年11月	加拿大多伦多	时任中国国家主席江泽民在出席温哥华APEC领导人非正式会议之后，对加拿大进行了国事访问，在多伦多出席加中贸易理事会晚宴时发表了重要讲话。
1999年	加拿大	4月13—20日，时任中国国务院总理朱镕基对加拿大进行了为期一周的访问，并在加中贸易理事会主持的晚宴上致辞。

资料来源：关于加中贸易理事会，https://ccbc.com/zh-hans/%e5%85%b3%e4%ba%8e%e6%88%91%e4%bb%ac/，检索时间：2021年10月16日；Chronology of Relations between Canada and China since Establishment of Diplomatic Relations, Canada-China Friendship Society web site，https://ccfso.org/chronology-canada-china-relations/，检索时间：2021年10月16日；The Canadian Prime Ministers Speech Database 1995—2017，http://capitalreport.ca/canadian-prime-ministers-speech-database-1995—2017/，检索时间：2021年10月16日；中国同加拿大的关系，中国新闻网，https://www.chinanews.com/gj/zlk/2014/01-16/385_2.shtml，检索时间：2021年10月16日；中加双边关系，中华人民共和国司法部网，http://www.moj.gov.cn/news/content/2005-09/09/660_111550.html，检索时间：2020年7月5日；Peg Tittle, *Ethical Issues in Business-Inquiries, Cases, and Readings*, Broadview Press, 2000, p.495.

由上表可以看出，加中贸易理事会受到了加中政府最高层的关注，成为两国推动经贸交流和政府交流的著名平台，为全球化时代两国的平等交往书写了重要的篇章。

当然，从民间的层面来看，加拿大各大城市的商会，其中包括华裔商贸界领袖牵头成立的商会，都发挥了重大的作用，促成了很多让加拿大和亚洲互惠互利的商贸项目。以下表格只列出其中一些商会（参见表10.8）。

表10.8 部分经贸社团

成立时间	社团名称
1968年	温哥华香港侨商会（Hong Kong Merchants' Association of Vancouver）
1984年	港加商会（The Hong Kong-Canada Business Association，HKCBA）
1984年	加拿大华人商业发展会（Canadian Chinese Business Development Association）
1993年	加中企业家协会（Sino Cann Entrepreneurs Association）
1994年	加拿大华人企业家协会（The Association of Chinese Canadian Entrepreneurs，ACCE）

续表

成立时间	社团名称
1995 年	加拿大台湾商会联合总会（Taiwan Chambers of Commerce in Canada，TCCCA）
2001 年	旅加回国创业协进会（The Developing and Progressive Association of Chinese Canadian in China）

资料来源：Hong Kong Merchants' Association of Vancouver，30th Anniversary，1968—1998，p.1.；港加商会网，http://www.hkcba.com/cpages/about，检索时间：2021 年 9 月 18 日；《华人商业发展会廿八周年庆 默默耕耘成绩有目共睹》，《环球华报》2012 年 2 月 17 日；资料来自加拿大华人商业发展会 27 周年庆典图片；加中企业家协会，http://web.archive.org/web/20060615110913/http://sinocann.org：80/index.html，检索时间：2021 年 9 月 19 日；加拿大台湾商会联合总会，https://mibiexpo.com/taiwan-chambers-of-commerce-in-canada/?lang=zh-hans，检索时间：2021 年 9 月 19 日；https://easyca.ca/archives/category/119/chamber/taiwan，检索时间：2021 年 9 月 19 日；《华人创进会成立，助移民回流发展》，《星岛日报》2001 年 10 月 15 日。

附录

一、主要地名和省市名中英文对照表

英文	中文
Fraser Street	菲莎街
False Creek	福溪
Kamloops	坎卢普斯
Kelowna	基隆那（基隆拿、基洛纳）
Harbin Road	哈尔滨路
Lethbridge	列城
Moose Jaw	穆斯乔
Morinville	莫林维尔
Nanaimo	纳奈莫
Prince George	乔治王子岛
Red Deer	红鹿市
Saskatchewan	萨斯喀彻温省
Spalding	沙斯卡寸旺
Saskatoon	萨斯卡通
Spadina	斯巴丹那
Strathcone	爵士克那
Southill Drive	南山路
Surrey	素里
Sudbury	湿比利市
Scarborough	士嘉堡（仕嘉堡）

二、主要人名中英文对照表

英文	中文
Adrienne Clarkson	伍冰枝
Art Lee	李侨栋
Andrew Wong	黄家正
Alan Chung Hung	钟横
Alex Chiu	赵春江
Allan Rock	艾伦·罗克
Arthur Chiu Fu Lau	刘聚福
Alan Lowe	刘志强
Alan McDonnell	艾伦·麦克唐纳
Arthur Lee	李俊棠
Alphonsus Faour	阿方索斯·福尔
Allan Koury	艾伦·库里
Anthony B. Chan	安东尼·陈
Bernard T.C.Liu	刘伯纳（刘天均）
Ben Lee	李本华
Bill Yee	余宏荣
Bob Wong（Robert Charles Wong）	黄景培
Betty Hackety	戴美吉
Bing Wing Thom	谭秉荣
Betty Granger	贝蒂·格兰特
Bobbie Jia	贾葆蘅
Belford Quan	关卑芙
Boxin Wanglin	王林尊馨
Bau-xi Huang	黄博施
Chia-ying Yeh	叶嘉莹

续表

英文	中文
Chen Johu	陈汉忠
Chow Johnson	周士心
Chan Tin Yan	陈田恩
Clara Yee Lim	林黄瑞仪
Chan Hon Goh	吴振红
Chan Feng Tzu	陈风子
Charles André Joseph Marie de Gaulle	夏尔·安德烈·约瑟夫·马里·戴高乐
Chit Chan Gunn	颜质灿
C.L.Hew	丘良才
C.Y.Suen	孙靖夷
Courtney Haddock	考特尼·哈多克
Carrie Cheng	郑琪丽
Cordon Chong	张金仪
Chao Lien	赵廉
David See-Chai Lam	林思齐
David Chuenyan Lai	黎全恩
David Lam	林文耀
Douglas Jung	郑天华
Denise Chong	郑霭玲
Donald Lee	李松
Daniel Lee	李思远
Derek Dang	邓伟雄
Daniel Chiu	招数荣
Danny yuen	袁洪基
George S.Dong	董守良
David Cheung	张卓良

续表

英文	中文
David Y.H.Lui	雷元熙
Dorothy Kastrzewa	张瑞银
David T.W.Lin	林建威
Dalton McGuinty	多尔顿·麦坚迪
Denzil Minnan Wong	王明伦
Dave Yee	余大卫
Deepak Obhrai	迪帕克·奥布拉
Ed Lum	林福来
Edgar Wickberg	埃德加·威克伯格（当地称魏安国）
Evenlyn Lau	伊芙琳·刘，刘绮芬
Emest C.F.Chan	陈籍扶
Eric Paulson	保罗森
Elaine Chan	陈杜绮玲
Francis K.K. Cheung	章建国
Fredrick Lames Wah	弗雷德·华（关富烈）
Fat-Fun Kwan	关发勋
Gordon Cambell	戈登·坎北尔（当地称金宝尔）
Gu Xiong	顾雄
Guo Ding	丁果
Gary Glen Mar	马健威
Gu zhong	古中
Graham Johnson	格雷厄姆·约翰斯顿（当地称詹森）
George Ho Len	何荣禧
Goh Poh Sen	吴宝星
George Wong	黄崇贯
Guo Shao Gang	郭绍刚

续表

英文	中文
Gurbax Singh Malhi	古尔巴克斯·辛格·马尔希
Gordon Earle	戈登·厄尔
Gurmant Singh Grewal	格曼特·辛格·格鲁瓦尔
George Wong	黄崇贯
Garry Engkent	应侃
Harry Con	简建平
Henry Woo	胡建华
Harry Poon	潘协华
Ho Tam	谭浩
Howe Lee	李悦后
Hung Lee	李杏源
Harry J.Huang（Freeman J.Wong）	黄俊雄
Hank Bull	卜汉克
Harvey Lowe	刘光锐
Henry Gan Wah Woo	胡建华
Hon.Sindi Hawkins	辛迪·霍金斯
Henry Fook Yuen Mah	马福炘
Harry Chow	周锦球
Hanson Lau	刘恒信
Howard McCurdy	霍华德·麦柯迪
Herb Dhaliwal	赫伯·达利瓦尔
Hedy Fry	海蒂·弗莱
Inky Mark	麦鼎鸿
Ida Chong	张杏芳
Joseph N.H.Du	余岳兴
James Ho	贺鸣笙

续表

英文	中文
John Hsu	徐新汉
Jan van Bruchem	简·范·布鲁赫姆
Jim Wong–Chu	朱霭信
Jack Mar	马福林
Jean Augustine	让·奥古斯丁
Jag Bhaduria	贾格·巴多里亚
Jingming Xu	许景明
Jan Walls	王健
Jason Kenney	贾森·康尼
James Moore	詹姆斯·穆尔
Jean B.Lumb	林黄彩珍
Jack Wai Yen Lee	李慧贤
Jack W.Lee	李植荣
Joseph Y.K.Wong	王裕佳
Julia Chia–Yi Ching	秦家懿
Jackie Ngai	魏志红
Judy Fong Bates	方曼俏
Jan Wong	黄明珍
John Howard–Gibbon	霍华
James Erston	詹姆斯·罗斯顿
Jari Osbourne	雷凤恩
Jonathan Dai	戴为群
Jason Luan	栾晋生
Joe N.Leong	梁毅洲
J.M.Xu	许竞鸣
Joseph Yuen	源汝中

续表

英文	中文
John Hums	谭振蕃
Jeffrey Wan	尹国声
Jean Chrétien	让·克雷蒂安
Kok Yuen Leung	梁觉玄
Ken Lum	林荫庭
Kok Wah Chang	章国华
Ken Wong	黄健荣
Kevin Chong	凯文·庄
Ken Eng	吴根
Karl.T. Chuang	卡尔·庄
Karen Tam	谭凯琳
Lap Chee Tsui	徐立之
Larissa Lai	黎熹年
Li Julia	李宁玉
Lo Jeffrey	劳允澍
Lau Wan Yin	刘渭贤
LiLy Chow	蔡小珊
Larry Mah	马立伟
Lori Fung	冯丽明
Lindsay Wong	黄绮莲
Li Xing Jiang	李行简
Laifong leung	梁丽芳
Lin Nan	林楠
Lowe Harvey	刘光锐
Lyndia Hundleby	赵莲蒂
Lincoln MacCauley Alexander	林肯·麦考利·亚历山大

续表

英文	中文
Mike Harcourt	迈克·哈考特（当地人称哈葛）
Milton K.Wong	黄光远
Maggie Ip	叶吴美琪
Marty Chan	陈泽桓
Mason Loh	乐美森
Mary Watson	玛丽·华特生
M.Li	李明
Mary S. Watterson	玛丽·沃特森
Mark Joseph Assad	马克·约瑟夫·阿萨德
Marlene Jennings	玛琳·詹宁斯
Marjorie Wong	马乔里·黄
Mac Harb	麦克·哈伯
Murray Moo-Young	默里穆·杨（音译）
Ma Ching	马寿山（马青）
Mary Kwong Lee	李黄瑞爱
Neville Poy	武卫权
Norman Kwong	林佐民
Oscar Wexu	奥斯卡·维克斯
Olicia Chow	邹至蕙
Ovid Jackson	奥维德·杰克逊
Osvaldo Nunez	奥斯瓦尔多·努涅斯
Pierre Trudeau	皮埃尔·特鲁多
Peter S.Li	李胜生
Philip S.Lee	李绍麟
Paul Wong	黄柏武

续表

英文	中文
Paul Ta Kuang Lin	林达光
Paul Yee	余兆昌
Peter Wing	吴荣添
Peter Bowah Wong	黄保华
Peter Wong	王景元
Pamela Madoff	帕梅拉·马多父
Paul Wong	黄锐光
Peter Lam	林志超
Pak Cheong Choo	朱白祥
Pierre de Bané	皮埃尔·德·巴内
Robert H.Lee	李亮汉
Ronald J.Con	简永坚
Pear McGonigal	珀尔·麦格纳格尔
Roger Langley	罗杰·兰利
Real Therrien	里尔·塞里恩
Richard Lee	李益
Raymond Chan	陈卓愉
Roméo LeBlanc	罗密欧·勒布朗
Ricardo López	里卡多·洛佩兹
Rey Pagtakhan	雷·帕格塔汉
Rahim Jaffer	拉希姆·贾弗
Raymond N. Yong	雷蒙德·N.杨（音译）
Sky Lee	李群英
Shi Guo Liang	史国良
S.Wah Leung	梁甦华

续表

英文	中文
Szeto Kei	司徒奇
Sophia Ming Ren Leung	梁陈明任
Stephen Lowe	刘允衡（刘云衡）
Sun Sunny	孙昌茵
Susan Sullivan	苏珊·沙利文
Sam Lam	林景山
Soo Wong	黄素梅
Sandra Wilking	黄月娥
Seto Kenson	司徒勤
Sun bob	孙博
So Siu-tong	苏少棠
Sam Lin	林士丹
Sal Vetro	韦德高
Shiu Loon Kong	江绍伦
Susie L. Tan	林婷婷
Sarkis Assadourian	萨基斯·阿萨杜里安
Sam Wakim	山姆·瓦基姆
Thomas Fung Wing Fat	冯永发
Tony C.Wong	黄志华
Tam Goossen	谭润棣
Terry Woo	胡功勤
Tan Kiuk Hoy	陈克辉
Thomas Ming Sui Chang	张明瑞
Tung Chan	陈志栋
Tak Wah Mak	麦德华

续表

英文	中文
Tony Clement	托尼·克莱门特
Vivienne Poy	利德蕙
Victor Ling	林重庆
Dr.W.K.Lu	卢伟高
William P.Wen	温维泮
Wayson Choy	崔维新
Wong Gam-oi	黄金爱
William W. Y. Chan	陈浩泉
William E. Willmott	维廉·维尔莫特（当地称云达忠）
William Norrie	威廉·诺里
Wah Jun Tze	谢华真
Wayne Mah	马怡羡
Wallace Chung	蒋北扶
Yang Shen Sum	杨善深
Yim Tse	谢琰
Yan Li	李彦
Yao Wen Kui	姚文奎
Ying Chen	应晨（陈迎）
Yukman Lai	黎沃文
Yvonne Chiu	赵邓人翘
Ying Hope	刘光瑛
Y.W. Kan	简悦威
Zheng Sheng Tian	郑胜天
Zheng Nan Chuan	郑南川

三、学校、报刊、艺术学院、电台电视台、中文图书馆、中医药学院中英文对照表

英文	中文
Ai-Cheng Mandarin Chinese School, Toronto	大多伦多爱正中文学校
Alberta Chinese Times	加中报
Alberta College of Acupuncture and Traditional Chinese Medicine, Calgary	加拿大阿尔伯塔省中医针灸学院
Brampton Chinese School	安大略省西北中文学校
Calgary College of Traditional Chinese medicine and Acupuncture	加拿大卡尔加里中医针灸学院
Grace Chinese Alliance Church	宣道会恩典堂中文学校
CEA Chinese Language School	加拿大中国教育协会中文学校
Calgary Chinese School	卡城中文学校
Chi Thanh Chinese School	志成中文学校
Calgary Chinese Private School	卡尔加里华侨中文学校
Chinese Cultural Society School	卡尔加里文化中心中文学校
Canadian College for Chinese Studies	加拿大中华学院
Culture Regeneration Research Society	文化更新研究中心
Chinese College of Canada	加拿大中文学院
Chinese Express	快报
Chinese Press	华侨时报
Calcary Chinese News	卡城爱华报
China Journal	神州时报
Canada Chinese Times	中华时报（原名中华导报）
Chinese Canadian Community News	加华侨报
CHMB AM 1320	汇声广播华侨之声
Cathay Television	国泰电视
Chinavision Canada Corporation	加拿大中文电视

续表

英文	中文
Chinese Voice	加国华声
Chinese Community Library Services Association	温哥华中文图书馆
Chinatown Newsletter	华埠通讯
Canada China News	中华导报
Cindy Yang Dance Academy/Association of Canada	加拿大杨小花民族舞蹈学院和舞蹈协会
College of Traditional Chinese Medicine and Pharmacology Canada	加拿大针灸暨东方医学院
College of Traditional Chinese Medicine and Pharmacology Canada	加拿大中医药学院
Canadian Institute of Traditional Chinese Medicine	加拿大卡尔加里中医科学院
Canadian Institute of Traditional Chinese Medicine and Acupuncture, Calgary	加拿大中医研究院
Dr.Sun Yat-Sen Chinese School	中加文化交流协会附设的多伦多逸仙中文学校
Dawa Business Press	大华商报
East Wind	东风
Eight Branches Academy of Eastern Medicine	八枝中医学院
Fo Kuang Shan Chinese School of Toronto	多伦多佛光中文学校
Fairchild Radio	加拿大中文电台
Fairchild Television	新时代电视
Goh Ballet Academy	吴祖捷芭蕾舞学院
Global Chinese Press	环球华报
Hamilton Chinese School	安大略省咸美顿中文学校
Health Times	健康时报
Huatuo Institute	华佗中医研究院
Hoi Seng Cantonese Opera Academy	杨海城粤剧学院
International Academy of Traditional Chinese Medicine	国际中医学院
John & Jenny Traditional Chinese Medicine College	约翰和珍妮中医学院

续表

英文	中文
Kitchener Waterloo Chinese School	KW中文学校
Kiu Do Chinese School	侨道中文学校
Les Nouvelles Chinoises	华侨新报
Luby Chinese Weekly News	路比华讯
Ming Hua Mandarin School	铭华中文学校
Ming Pao	明报
Maple Family	枫华家庭
Manitoba Academy of Chinese Studies	缅省中文学院
MacEwan University	亚省麦克文大学
MSGR Peter Chow Chinese School	温哥华圣方济周若渔中文学校
Manitoba Chinese Post	缅省华报
Modern Times Weekly	时代周报
Mississauga Chinese Heritage Language School	安大略省密西沙加中文学校
Manitoba Indochina Chinese news	缅省越棉寮华报
London Chinese School	伦敦中文学校
Oshio College of Acupuncture and Herbology	奥修针灸及中草药学院
Ottawa Xinhua Chinese Language School	欣华中文学校
Overseas Chinese Times	莎省华报
Oriental Weekly	东方报
Ontario College of Traditional Chinese Medicine Downtown Campus	安大略中医学院多伦多唐人街分校
Ontario College of Traditional Chinese Medicine	安大略中医学院
Ottawa Mandarin School	渥太华加京国语中文学校
Ottawa Chinese Community Newsletter	加京华报
Pui Ying Kerrisdale Chiese School	培英Kerrisdale中文学校

续表

英文	中文
Pui Ying Windermere Chiese School	培英 Windermere 中文学校
Pui Ying Carleton Chinese School	温哥华培英 Carleton 中文学校
Pui Ying Maple Grove Chinese School	培英 Maple Grove 中文学校
Pui Ying Laura Secord Chinese School	培英灵活中文学校
Pui Ying Trafalgar Chinese School	培英 Trafalgar 中文学校
Perspectives	瞻
Pacific Rim College	环太平洋学院
Popular Lifestyle & Entertainment Magazine	娱乐生活杂志
Quebec Institute of Traditional Chinese Medicine	魁北克中医学院
Richmond Chinese School	列治文中文学校
Renison University College	瑞纳森学院
Reeves College Acupuncture Program, Edmonton	里夫斯学院针灸专业
Red River Valley	红河谷
Simon Fraser University	西门菲沙大学
Sing Tao Daily	星岛日报
St.Catharines Chinese School	安大略省圣市中文学校
Shude Chinese School	树德中文学校
The Traditional Chinese Culture School of Oshawa	安大略省中华传统学校
The Dallas Overseas Chinese School	海华中文学校
The Langara First Mandarin School	温哥华兰加拉第一国语学校
The Vancouver Beijing Chinese School	温哥华北京中文学校
Toronto Chung Wah Chinese School	多伦多中华公立学校
The Montreal Chinese (Mandarin) School	蒙特利尔中华语文学校
The Halifax Chinese Language School	夏城华语学校
The Chinese Language School of Saskatoon	萨城中文学校
Toronto Chung Wah Chinese School	多伦多中华学校士嘉堡分校

续表

英文	中文
Tzu-Chi Academy of Toronto	佛教慈济多伦多人文学校
The Chinese Canadian Post	加华新闻
The Canadian Chinese Times	加华报
The Ottawa Weekend	渥京周末
Toronto Season	多伦多文艺季
Toronto Chinese Dance Company and Academy	多伦多中国舞蹈学院
The Institute of Traditional Chinese Medicine	传统中医学院
Talentvision	城市电视
The Toronto School of Traditional Chinese Medicine	大多伦多中医学院
The Michener Institute of Education at UHN	多伦多米切纳学院
Tzu Chi International College of Traditional Chinese Medicine	慈济国际中医学院
The Academy of Classical Oriental Sciences	古典东方科学研究院
Tzu Chi Institute For Complementary and Alternative Medicine	慈济传统医学中心
The Lorita Leung Dance Academy	梁漱华舞蹈学院
the Canadian College of Acupuncture and Traditional Chinese Medicine	加拿大针灸中医学院
Tai-e Institute of Traditional Chinese Medicine	太-e 中医学院
Vancouver Beijing College of Chinese Medicine	温哥华北京中医药学院
Voice of Huaxia	华夏之声
University of Manitoba	曼尼托巴大学
University of Montreal	蒙特利尔大学
U of Toronto Footprint Publication	足迹报社
World Chinese Medicine and Acupuncture College	世界中医针灸学院
World Journal	世界日报

四、艺术、中医药、华人政党、科技、经贸等社团

英文	中文
Asian Canadian Writers' Workshop	亚裔作家工作室
Alberta Association of Traditional Chinese Medical Doctors	亚省中医师公会
Annie Wong Art Foundation	梁洁华艺术基金会
Association des Ecrivains Chinois du Quebec du Canada	魁北克华人作家协会
Association of Traditional Chinese Medicine Brain Injury of British Columbia	中医脑伤科专科医学会
Association Traditional Chinese Medicine Practitioners and Acupuncturists of Ontario	安省中医师及针灸师公会
BC Chamber Or-chestra	卑诗室乐团
Bow River musical Instrument research club	弓河音乐社
British Columbia Qualified Acupuncturists &TCM Practitioners Association	卑诗省注册中医针灸师公会
British Columbia Association of Traditional Chinese Medicine and Acupuncture Practitioners	卑诗省中医针灸师公会
Chinese Artists Association	温哥华华人艺术家协会
Chinese Medicine and Acupuncture Association of Quebec	魁北克中医药针灸学会
Chinese Penjing Society	加拿大中华盆景协会
Chinese Calligraphy Association of Canada	加拿大中国书法协会
Chinese Canadian Writers' Association	加拿大华裔作家协会
Chinese Pen Society of Canada	加拿大中国笔会
Calgary Chinatown Art Society	卡加利美术会
Canada and Hong Kong Chinese Writers Associations	加拿大华人笔会
Chung Ai Photographic Society of Great Vancouver	中艺摄影学会
Calgary Harmony Art Association	雅韵轩乐社
Canadian Association of Acupuncture and Traditional Chinese Medidine	加拿大中医药学会
Cantonese Opera Music Research Edmonton Association	粤韵曲艺研究社

续表

英文	中文
Chamber of Chinese Herbal Medicine of Canada	加拿大中药商会
Canadian Chinese TCM and Acupuncturists Society	卑诗省加华中医师公会
Canada Acupuncturists & Traditional Chinese Medicine Headquarters Association	加拿大中医针灸师总会
Chinese Canadian Conservative Association	加拿大华人保守党协会
Chinese Canadian Liberal Association	加拿大华人自由党协会
Chinese Canadian Political Action Committee of Ontario	安省华人参政委员会
Canada Anit Cancer Rehabilitation Association	加拿大中医抗肿瘤学会
Calgary Chinese Herbal Medicine Association	阿尔伯塔卡城中医药协会
Chinese Professionals Association of Canada	加拿大中国专业人士协会
Canadian Chinese Society of Science and Technology	加拿大华人科技协会
Canada-China Society of Science and Technology	加拿大中国科学技术协会
Canada Chinese Computer Association	加华电脑商会
Chinese Professionals & Entrepreneurs Association of Calgary	卡尔加里华人专业及企业家人士协会
Canada China Business Council	加中贸易理事会
Chinese Information Technology Professionals Association of China	加拿大华人信息技术专业人士学会
Canadian Society of Chinese Medicine and Acupuncture	全加中医药针灸协会
Canadian Acupuncturists and TCM Alliance of British Columbia	加拿大中医针灸师联合会
Canadian Chinese Business Development Association	加拿大华人商业发展会
Edmonton Chinese Garden Society	点城中国花园协会
Edmonton Chinese Engineers Society	爱城华人工程师学会
Edmonton Chinese Herbal Medicine Association	埃德蒙顿中草药协会
Edmonton Chinese Philharmonic Association	爱城民乐团
Friendship Opera and Art Society	友好曲艺社
Federation of Chinese Canadian professionals Quebec	魁省华人专业联会

续表

英文	中文
Golden Phoenix Singing Club	埃德蒙顿金凤鸣曲艺研习社
Hong Kong Merchants' Association of Vancouver	温哥华香港侨商会
Lau Wing Chuen Chinese Performing Arts Associatio	刘永全戏曲学院同学会
Lorita Leung Dance Association	梁漱华民族舞蹈团
Lorita Leung Dance Academy	梁漱华舞蹈协会
Little Pear Garden Collective	小梨园
Le Centre montréalais de la Culture et des Arts chinois	蒙特利尔中华文化艺术中心
National Traditional Chinese Medicine Association of Canada	加拿大国家中医药学会
Oriental Brushes paint artist club	多伦多研艺书社
Ottawa Chinese Oriental Chorus Group	渥太华东方艺术团
Orchid Ensemble	兰韵中乐团
Ontario Association of Acupuncture and Traditional Chinese Medicine	安省传统中医针灸协会
Ottawa Rhythmic Gymnastic Club	渥太华艺术体操俱乐部
Ontario Association of Acupuncture and Traditional Chinese Medicine	安省传统中医针灸协会
Photographic Arts Society of Alberta	亚省摄影艺术学会
Peach Garden Art Society	桃园曲艺社
Vancouver Film Television Artists' Society	温哥华影视人协会
Sino Cann Entrepreneurs Association	加中企业家协会
Southern Sea Music Studio	南浦乐苑
Sacrificium Society of Production	祭作舍
Ship Toy Benevolent Society	多伦多涉趣园
Sound of Opera Society	乐风文娱曲艺社
Sunny Day Chinese Opera Club	炎阳天粤剧团
The Strathcona Chinese Dance Company	士达孔拿中国舞蹈团

续表

英文	中文
The Blue Cloud Artists Association	青云画会
The Chinese Canadian Photographic Society of Toronto	多伦多加中摄影学会
The Ontario Chinese Artists' Association	安省中国美术会
The Meeting Point Artists' Association	汇点画会
The Vancouver Cantonese Opera	燕凤鸣粤剧团
The Chinese Painters' Association of Calgary	卡城中国画学会
The Chinese Cultural Ventre Theatre Company	温哥华中华文化中心话剧团
The B.C.Chinese Music Association	卑诗中国音乐协会
The B.C.Chinese Orchestra	卑诗中国乐团
The Peking Opera Society of Richmond	加拿大列治文京剧社
The Vancouver Chinese Instrumental Music Society	温哥华中华乐器协会
Toronto Chinese Dance Academy	多伦多中国民族舞蹈团
Toronto Chinese Orchestra	多伦多中乐团
Toronto Chinese Dance Company	多伦多中国舞蹈团
Toronto Taiwanese Chamber Orchestra	多伦多台湾室内乐团
The Montreal Centre of Chinese Culture and Arts	蒙特利尔中华文化艺术中心中艺歌舞团
The Phoenix（HuaYun）Artistic Troupe	凤凰艺术团
The Calgary Wai Kiu Musical	卡城华侨音乐社
The Edmonton Opera Association	艺晋轩曲艺研习社
The Chinese Opera Development Society of Calgary	卡城振兴粤剧社
The Galaxy Performing Arts Society	卡尔加里星河艺术团
The Calgary Chinese Orchestra	卡城中乐团
The Calgary Chinese Music Development Association	卡城中乐推广曲艺社
The Chinese Medicine and Acupuncture Association of Canada	加拿大中医药针灸学会

续表

英文	中文
The Calgary Chinese Herbal Medicine Association	阿尔伯塔卡城中医药协会
The Federation of Ontario Traditional Chinese Medicine Association	安省中医学会联合会
The Committee of Traditional Chinese Medicine Practitioners & Acupuncturists of Ontario	安省中医师针灸师管理委员会
The Ontario Acupuncture Examination Committee	安省中医针灸考试委员会
The Canadian Association of Acupuncture & Traditional Chinese Medicine	加拿大中医学会
The Committee for Certified Acupuncturists of Ontario	安省合格中医针灸师委员会
United Acupuncturists Association of British Columbia	卑诗省中医针灸师联合会
TCM Practitioners & Acupuncturists Society	加拿大执业中医师工会
The college of physicians & surgeons of Ontario	安大略省内外科医生协会
The Canadian Society of Chinese Medicine and Acupuncture	全加中医药针灸协会
The Federation of Traditional Chinese Medicine Colleges of Canada	加拿大中医针灸高校联合会
Traditional Chinese Medicine Consumers Association of Ontario	安省中医消费者协会
The Acupuncture and Traditional Chinese Medicine Association of Nova Scotia	新斯科舍省针灸中医协会
The Chinese Professional Association of Calgary	卡城华人专业技术协会
The Federation of Chinese Canadian Professionals	加拿大华人专业人员联会
The Edmonton Chinese Computer Society	中华电脑学会
The Hong Kong–Canada Business Association	港加商会
The Association of Chinese Canadian Entrepreneurs	加拿大华人企业家协会
Taiwan Chambers of Commerce in Canada	加拿大台湾商会联合总会
The Developing and Progressive Association of Chinese Canadian in China	旅加回国创业协进会
Yangtze River Performing Arts Toronto	多伦多长江艺术团
Yuet Sing Cantonese Music Club	满地可粤声音乐社

鸣谢

在将近十年的编写《加拿大华侨移民史 1858—2001》书稿的过程中，我们得到了加拿大原省督、省市议员、各行业专家、教授、学者、图书管理员、侨领、华裔军人和华裔后代等的大力支持和帮助。遍布加拿大各地区的众多人士和社团，无论在提供史料、确认史实，还是在协助搜寻资料、穿针引线介绍历史当事人等方面，都给予过无私的帮助和诚挚的鼓励，在此，我们表示衷心的感谢。我们尽可能地按省份列出各位曾经帮助过我们的人士（按姓氏字母排名），如有遗漏，敬请谅解。

卑诗省（也称为 B.C.省、BC 省、不列颠哥伦比亚省）

新西敏博物馆原档案管理员阿奇（Archie）先生、幻影溪庄园有限公司董事长白计平先生、温哥华雪红艺苑创办人及粤剧名伶白雪红女士、卑诗省中医针灸联会永远的荣誉会长及加拿大广州中医药大学校友会会长蔡理平先生、旅加北京联谊总会原会长及加拿大昆特兰大学中医针灸学院顾问委员车飞先生、加拿大中华邮币学会理事长陈伯仰先生、新时代传媒集团副主席陈国雄先生、加拿大华裔作家协会会长陈浩泉先生、加拿大中华诗词学会会长陈良先生、温哥华中山同乡会原会长陈善猷先生、克里威廉神学院历史教授陈颂恩女士、著名画家陈田恩先生、加拿大社区情绪健康协会总监陈雅莉女士、温哥华华埠商会主席陈耀辉先生、加拿大陈颖川总堂理事长陈永全先生、温哥华市原市议员陈志动先生、维多利亚大学历史系陈忠平教授、振华声艺术研究社社长程爱琼女士、"轻歌唤早晨"电台广播节目创始人邓强庆先生和查普曼（Chapman）先生、世源有限公司董事长方君学先生、加拿大新时代集团主席冯永发先生、温哥华山景墓园经理格伦·霍奇斯（Glen Hodges）先生、著名金石书画家古中先生、卑诗大学艺术系教授顾雄先生、中国广州美术学院原院长及著名画家郭绍纲先生、温哥华泉州同乡会会长郭亚欣先生、温哥华中华会馆理事长郭英华先生、温哥华《健康时报》社长何瑞娜女士、书法家何思挚先生、家庭专科终身教授何仲伟先生（已故）、"华侨之声"董事长贺鸣笙先生、温哥华华人艺术家协会原会长洪子珺女士、卑诗省中医针灸管理局考试委员会原主席胡永辉先生、温哥华华人耆英会理事黄国相先生、已故二战华裔军人黄国雄先生、已故二战华裔军人黄金焕先生、温哥华黄氏宗亲会原会长黄景洋先生、已故著名粤剧艺人黄滔先生、吉姆·埃文斯（Jim Evans）先生、华裔医生及收藏家蒋北扶先生、加拿大华人参政议政促进投票联盟会长孔庆存先生、越棉寮华裔联谊会原会长蓝树河先生（已故）、卑诗省针灸管理局原主席及御用大律师乐美森先生、加拿大华裔海陆空退伍军人会原会长李保罗（Paul Lee）先生、加拿大华人联合总会老年协会原会长李保忠先生、加拿大温哥华中国大专院校校友会会长李卉女士、AOMA 现代艺术设计学院创始人李敏之女士、京剧表演艺术家李少华先生、温哥华市原市议员李思远先生、埃德蒙顿公立教育局原课程主任和现任高贵林孔子学院外方院长李伟先生、政府注册会计师李伟健先生、卑诗省注册中医师公会原会长李永洲先生、加拿大华裔军事博物馆名誉馆长李悦后先生、加拿大原国会议员梁陈明任女士、阿尔伯塔大学荣休教授梁丽芳女士、加拿大国家统计局梁挺先生、加拿大三院院士及卑诗大学电气与计算机工程系教授梁中明先生、温哥华中华会馆理事廖全享先生、温哥华廖武威堂原主席廖永腾先生、林丽珍女士、加拿大华人文学学会副主任委员及北美作家协会副会长林楠先生、媒体人刘国梁先生、恒信旅游公司总裁刘恒信先生、刘劲铮少林功夫学院院长刘劲铮先生、卑诗大学亚洲图书馆中文部主任刘静女士、温哥华中山同乡会副会长刘卢曼德女士、华裔后代刘少珍（Gail Yip）女士、加拿大河北同乡会会长刘书梅女士和刘堂玮先生、温哥华老年协会原秘书长刘行辉先生、维多利亚大学亚洲馆研究员柳颖女士、加拿大中国科学技术协会创会会长陆见明先生、摄影家马均耀先生、加拿大乐活传媒总编辑马麦先生、温哥华—广州友好协会及全加马氏宗亲总会会长马威廉先生、加拿大华人联合总会创会会长及加拿大云南联合会会长普翔先生、加拿大卑诗省省议员屈洁冰女士、加拿大华裔作家协会副会长任京生先生、国际佛教观音寺善慈法师及城市电视台节目主持人邵蔚华女士、Pin Communication 市场经理申衍先生、中国韵文学会顾问及加拿大中华诗词学会创会会长沈家庄先生、作家施淑仪女士、加拿大抗肿瘤康复会会长石精华先生、温哥华著名画家司徒勤参先生、兰加拉学院继续教育部主任苏棣根（Doug Soo）先生（已故）、《高度》周刊总编辑隋宏女士、慈济加拿大分会行政主任兼公关总监仝战云先生、卑诗省本拿比市市议员王白进先生、"加西网"原编辑王嘉楠女士、西门菲莎大学人文系终身教授王健先生、已故二战华裔军人黄国雄夫人魏小川女士、加拿大河北同乡会原秘书长温嬿女士、温哥华伍胥山公所顾问伍侠儒先生、《大汉公报》原董事长伍泽濂先生、加拿大《世界日报》原总编辑及加拿大华文作家协会会长徐新汉先生、加拿大温哥华禺山总公所中文秘书颜启星先生、加拿大西北同乡会名誉会长（系杨虎城将军的孙子）杨翰先生、加拿大华裔作家协会理事杨兰女士、温哥华华人耆英会及中医养生会会长杨铭发先生、原大温哥华文化中心文化节目总监杨裕平先生、温哥华中华会馆原理事长姚崇英先生、加拿大东莞（美洲）总商会会长叶建伦先生、华裔后代叶肯（Ken Yip）先生、加拿大温哥华禺山总公所原理事长叶良浩先生、温哥华市原市议员及中侨互助会创会主席叶吴美琪女士、卑诗省中医针灸管理局理事及天泉慈善基金会主席于卫东先生、温哥华市首位华裔市议员余宏荣先生、温哥华台山会馆理事长余黄月莲女士、加港华人笔会创会会长余玉书先生、抗战老兵曾祥文先生、大华笔会原理事张国瑞先生、康有为及康同璧研究专家张启礽先生、著名画家章金生先生、加拿大洪门民治党温哥华支部副主委郑炯光先生和郑敏耀先生、温哥华美术馆亚洲馆总监郑胜天先生、域多利洪门领袖周伯昌先生和周朝公先生、加拿大温哥华禺山总公所理事长周高文先生、温哥华华人艺术家协会创会会长及著名画家周士心先生、温哥华老年协会会长朱明明女士、温哥华中华会馆原理事长朱展伦夫妇、永广企业有限公司总裁庄永编先生等。

安大略省

加拿大中国书法协会荣誉会长陈汉忠先生、爱健会行政秘书陈巨端先生、安省陈颖川堂主席陈沐强先生、《渥京周末》社长陈诗慧女士、全加洪门民治党总主委邓家昌先生、多伦多华人作家协会副会长龚锦霞女士、孟尝会主席关永添先生、多伦多华人作家协会副会长郭丽娥女士、翰真文教基金会会长郭儒祯女士、《加拿大商报》副总编及《北美时报》总编黄学昆先生、加京越棉寮华人基金会主席李乃滨先生、滑铁卢大学瑞纳森学院文化及语言系中文研究室主任李彦副教授、《加华新闻》原总编林君先生、太华比奇伍德墓场经理林雷蒙德（Raymond Lam）先生、台山一中加东校友会永远的名誉会长伍刘彩芳女士、渥太华中青年联合会副主席刘天逸先生、加拿大渥太华华人社团联合会主席卢红民先生、渥太华佛光监寺妙遵法师、约克大学文学与语言学系合约教授石晓宁女士、加拿大中国笔会会长孙博先生、多伦多城北华人宣道会牧师谭文均先生、加拿大洪门民治党渥太华支部主委及加拿大渥太华中国和平统一促进会会长王辉先生、加拿大洪门民治党多伦多支部成员温素芳女士、加拿大安大略中医学院院长吴滨江先生、抗战老兵吴国焕先生、加拿大安省台山同乡会名誉会长伍伯良先生、加拿大渥太华中华会馆原主席薛金生先生、著名艺术家姚文奎先生、原渥太华佛光山住持永固法师、加拿大洪门民治党多伦多支部原主委余卓文先生、加拿大中医药学院院长袁晓宁先生、孟尝会第二副主席曾海华先生、加拿大洪门民治党多伦多支部原主委张汉贤先生、多伦多"中华门"牌楼筹建委员会主席张哲旋先生、渥太华《健康时报》社长张志刚先生、原渥太华中华会馆主席郑茂源先生、渥太华中国医药中心第一任店主周冯莲波的丈夫周树邦先生等。

萨斯喀彻温省

加拿大皇家学院院士及萨斯喀彻温大学社会学终身荣誉教授李胜生先生、加拿大萨斯喀彻温大学社会学教授宗力先生。

阿尔伯塔省

卡尔加里中国专业人士及企业家协会会长陈静文女士、加拿大中医科学院院长程霞女士、加拿大新传媒有限公司董事长邓瑞芬女士、卡尔加里中英双语教育协会创始人兼首任主席董守良先生、卡城抗日战争史实维护会荣誉会长杜融先生、中医师冯秀兰女士、卡城星河艺术团团长傅英先生、卡尔加里大学教育学院教授郭世宝先生、埃德蒙顿中华会馆副理事长洪陈美兰女士、卡尔加里著名画家黄定超先生、卡尔加里著名画家及卡城福建同乡会第一副会长黄国樑先生、加拿大麦克文大学档案技术员凯西·布拉斯科女士（kathy Blasko）、加拿大洪门民治党埃德蒙顿支部主委邝健民先生、卡加利铁城崇义会主席雷焕仪先生、《加华报》创始人及卡城城市地产发展集团总裁雷煜植先生、原卡尔加里中国专业人士及企业家协会会长李波先生、阿尔伯塔大学中国教授协会副会长李华周先生、《光华报》社长李惠琦女士、加拿大点问顿中华会馆主席李世昌先生、阿尔伯塔省议员栾晋生先生、前世界女子击剑冠军栾菊杰女士、加拿大卡城中医药协会原会长阮丽香女士、加拿大麦克文大学王九林教授、加拿大亚省中医针灸师管理局局长王林尊馨女士、阿尔伯塔省政府部门高级职员王露西（Lucy）女士、加拿大洪门民治党卡尔加里支部原主委文伟建先生、点问顿中华文化中心董事长吴耀荣先生、加拿大洪门民治党卡尔加里支部主委吴仪女士、加拿大亚省卡城越南华裔联谊会会长夏来和先生、加拿大华佗中医研究院院长许本彤先生、加拿大亚省中医针灸师管理局原主席严庆苹女士、国家中医药管理局中医药适宜技术加拿大推广基地主任杨公亮先生、加拿大阿尔伯塔省埃德蒙顿市警世钟剧社社长杨耀华先生、卡城注册针灸师仰锦红先生、卡城注册中医师叶秉三先生、卡城华埠发展基金会会长余策源先生、画家甄金雨先生、卡城抗日战争史实维护会会长周广遂先生、埃德蒙顿电影制作人兼导演朱勤达先生、加拿大《88 社区报》社长卓秉强先生等。

魁北克省

　　魁北克省台山同乡会主席及加拿大华侨历史文化研究会原会长陈超万先生、《路比华讯》原编辑陈菀婷女士、《路比华讯》创始人之一胡晓菡女士、魁北克经济文化交流中心主席李惠霞女士、满地可天主教堂刘占峰神父、魁北克中华诗词研究会"诗坛"主编卢国才先生、加华作家陆蔚青女士、Douglas HydraulicManufacturing Inc.公司液压机械制图工程师秦娜女士、满地可华人联合总会主席邵礼平先生、鹰格尔液压董事长王峰先生、抗战老兵吴永存先生、中国洪门民治党满地可分部原主委许伟安先生、《华侨新报》社长张健先生、魁北克华人作家协会主席郑南川先生等。

马尼托巴省

　　《缅省华报》原主编蔡衍泰先生、缅省越棉寮华侨协会理事长郭鹏先生、原马尼托巴省省督李绍麟先生、加拿大马尼托巴大学国际学生咨询师及《枫华之声》总编辑王虹女士、赢加国际移民与教育服务中心总裁王玉玲女士、缅省越棉寮华裔协会名誉理事长颜国华先生、温尼伯市中华文化中心原主席余岳兴先生（加拿大勋章获得者，已故）等。

中国

　　中国五邑大学广东侨乡文化研究院院长刘进教授、纪录片《二战加拿大华裔军人传奇》导演兼制片人王建军先生、华南农业大学人文与法学院徐燕琳教授、中国包装联合会团体会员张如新先生。

　　我们特别感谢维多利亚大学历史系的陈忠平教授、安省华文教育协会理事及教育工作者龚锦霞女士、卑诗大学顾雄教授、阿尔伯塔大学荣休教授梁丽芳女士、研究康有为和康同璧的专家张启礽先生、温哥华美术馆亚洲馆兼任总监郑胜天先生等学者在学术上的多次帮助。

　　此外，我们也感谢所有接受邀请、参加口述历史的先侨后代以及各界人士，各位读者可以在书中读到他们精彩的口述历史，在此不一一列名。

　　最后，我们要特别感谢华夏出版社副社长陈振宇先生。在黎全恩教授即将离世的关键时刻，陈振宇先生代表华夏出版社给我们发来了《加拿大华侨移民史》

出版合同，使我们三位作者得以在出版合同上共同签上名字，让黎全恩教授看到了多年的耕耘迎来了收获的希望。随后，陈振宇先生悉心指导，不断激励我们再接再厉。赵学静副编审全力以赴，严谨认真地审稿，细心修正，使本套图书顺利出版。

后记

《加拿大华侨移民史 1858—2001》四卷本杀青，字数过百万，写作时间跨 10 个年头，且是在无外来经费援助下完成的。用 10 年时间来写近 150 年的加拿大华人史，我们仍然觉得时间不够。因为华人社群在加拿大 150 年的奋斗史，可谓波澜壮阔；而华人社群在加拿大 150 年的遭遇，可谓跌宕起伏。因此，终稿的时候，虽然有卸下重担的轻快，但也有难言的惆怅。因为本书付梓后，遗憾便将定格。

我们可以说尽了全力，但仍会出现沧海遗珠。这四卷本，涵盖了加拿大华侨移民历史涉及的政治、文化、教育、经济、宗教、传媒等，也涵盖了各历史阶段华人从出生到丧葬的生活全史。

150 年的加拿大华侨移民史纷繁复杂，故而我们采取团队合作的方式来进行研究。黎全恩教授于 20 世纪 70 年代来加工作，地理专业出身，研究加华历史近 50 年之久，因对加拿大唐人街历史研究的卓越贡献，获奖无数，被称为"加拿大唐人街研究之父"；丁果是史学科班出身，先后在中国和日本深造，专攻近代史，20 世纪 80 年代末来加拿大，从事媒体工作近 30 年；贾葆蘅是工科出身，来加拿大 20 多年，后从事文学和历史创作，近 10 年来专门从事华侨华人移民历史研究与创作。三位作者年龄不同、专业各异，但在加华历史的研究上形成共识，故分工合作，辛勤耕耘，克服难以想象的困难，得以完成此四卷著作。

从写作的过程来看，此四卷本分为两个部分。一是 1858—1966 年的历史写作，一是 1967—2001 年的历史写作。前一部分可列入近代史研究的范畴，而后一部分则属于当代史研究的领域。从研究成果来说，也可分为两个阶段。

1858—1966 年这段加拿大华侨移民史，曾在 2013 年由人民出版社出版发行，当年被评为该社十大优秀学术专著之一。书出版后，作者和读者都发现了一些错误，我们自行做了勘误表。随后，作者进入下册的资料收集和写作准备。值得庆幸的是，在黎全恩教授于 2018 年因病去世前夕，华夏出版社及时与三位作者签订了新的出版合同，同意将叙述 150 年加拿大华侨移民历史的这部著作以完整的方式出版发行。为此我们重新修改了 1858—1966 年这部分，在修正错误的同时，亦增加了不少新的内容和第一手注解等。

黎全恩教授离世前表达了希望合作者完成全书出版的愿望，因此，丁果和贾葆蘅不敢稍有懈怠，心无旁骛地推动着前两册书的修订与增补，同时加快了后两册书的写作进度。

黎全恩教授离世后，他为加拿大华人立碑的精神依然是写作团队的支柱。他在离世前，参与了下两册书提纲的拟定，并参与了一部分章节的史料提供和初稿写作，其中包括开放的移民政策、中国香港移民对加拿大的影响、中国大陆移民对加拿大的影响、华侨华人反歧视斗争（人头税部分）、华人人口增减、分布及职业、旧唐人街的衰落与振兴及新唐人街的振兴、多元文化政策与华人参政、宗教与墓葬、文化艺术与牌楼和纪念碑、加华史学等。之所以列出黎全恩教授参与的章节，是要告诉专家、同仁和读者，他的离世并没有影响他作为这部著作的领衔作者地位。

本书的写作，我们采取分工合作的方式。四卷本的提纲由团队商讨确定，然后进入具体的写作过程。前两册研究的是华人早期在加拿大的历史，而加拿大早期华人历史其实就是唐人街历史，这方面最具权威的学者就是黎全恩教授。

后两册的史料铺陈以如下的方式完成：1. 黎全恩教授的史料以及部分初稿；2. 贾葆蘅在黎全恩教授史料的基础上，寻找出一些新的史料，并进行初稿的史料铺陈及部分初稿的写作；3. 丁果承担全书的学术撰写，在此过程中甄别和取舍铺陈的史料，并因理论叙述和史实阐释的逻辑需要，提出新的史料要求，或要求将史料归纳成表，由贾葆蘅再去寻找补充，以形成一目了然的纵向和横向比较坐标。这种史料收集和书稿撰写的分工合作模式一直延续到全书的终了。

在早期两册书的著述方式上，丁果提出纳入口述历史部分，由贾葆蘅负责采访整理。虽然不少被采访者没有亲历百年前的历史，但作为重要历史人物的后裔，他们的所见所闻证明加拿大华人历史是活的历史，具有社区传承的特征。但是，在当代史的两卷本中，丁果决定不采用口述历史的形式，这是因为当代华人社区的生活远较早期生活形态复杂，事件的见证者大都健在，一个人的口述难以完整体现事件的原貌，且容易引发争议。这是四卷本在书写体例上前后两卷唯一存在差异的地方。

在加拿大华人华侨移民史的写作上，最大的挑战是较为全面地搜集、整理移民史料（断代史和论文的史料搜寻范围就要小很多）和学术创新。而恰恰是这两个方面，形成了四卷本的重要特征。

华侨华人移民历史的资料和文献分散在加拿大各地，要想完整搜集并分门别类地整理，实属艰辛不易，需要大量的资金和时间进行调研、采访和原始文献寻找。幸运的是，黎全恩教授在华人社区和唐人街耕耘近50年，踏遍北美40多个唐人街。他在研究唐人街的同时，因为得到各地侨社的帮助，发现并收集了大量早期加拿大华人的珍贵历史资料，为撰写加拿大华侨移民历史学术著作奠定了坚实的基础。丁果曾深入卑诗省北部、卡加利、蒙特利尔、多伦多华埠等地实地调研考察，从未放过任何历史转折中唐人街的变化，并努力寻找新的学术增长点。

贾葆蘅先后跋涉加东和加西各大唐人街，努力与不同社区、不同社团人士沟通采访，在当地侨社的帮助下，也发掘和整理了一些新的历史资料和文献。对于学术创新来说，负责本书学术性撰写和全书定稿的丁果，以留学日本、加拿大的学术背景为支撑，以30年全球采访的经验为基础，从全球化历史阐述角度，对合作者的史料加以编排与整合，并在贾葆蘅的史料确认和图片制作的全力配合下加以重新论证，翔实分析了100多年来加拿大华侨移民在各个历史时期重大事件发生的缘由，以及它们在卑诗省和加拿大历史进程中的重要影响及意义，不但还原了华人历史的本来面目，还丰富了加拿大历史的集体记忆。可以这样说，本套书着重在东西方近代史联结的大框架下，突破单一性历史叙述的局限，开拓了全球移民视野中的当代华侨华人移民史研究的新面向，同时也在目前暗流汹涌的逆全球化历史浪潮中，阐述了华人社区本来就应该属于加拿大主流一部分的自我定位，为加拿大华人社区理直气壮地对抗种族歧视奠定了新的基础。

本套书的领衔学者黎全恩教授，是加拿大著名的华人历史研究专家。他具有扎实的理论基础和学术素养，以及地理学与历史学的交叉优势。在过去近50年的时间里，黎教授专门研究加拿大及美国的华埠发展，几乎走遍全加拿大华埠，实地考察和拜会各华埠侨领，赢得了华人社区的信任，由此取得了大量第一手翔实而又极其珍贵的资料。他亲手绘制的唐人街地图，更是唐人街沿革的铁证，迄今无人能出其右。黎全恩教授以实证研究为主，遍查中西英文历史档案、典籍和早期华人历史文献，实地调查与文献资料考证相结合，从宏观和微观的角度对华侨华人史的研究提供了基础框架，他的唐人街研究成为本书上卷最重要的史实基础。因为早期的加拿大华人史，在某种程度上，就是唐人街的发展史。黎教授除了长期从事唐人街、华侨移民史研究之外，还关注与华侨华人有关的其他方面，如华人参政、华文教育、华人墓地美化等，本次撰写我们也把黎教授精心收集的相关资料纳入相应章节。黎教授拥有的中英语言和中西文化背景优势，对本书全面把握加拿大华人移民史之精髓，可谓是重要的基石。

另一位领衔作者、全球华文媒体著名的时事评论家和专栏作家丁果，是报纸、电台、电视台三栖资深新闻人。他是史学科班出身,很早就涉及全球化与海外华人相关课题,其博古通今的知识架构,以及对北美华人历史现状及其所处的国内外环境的精湛把握,为本书突破以往同类移民史叙述的窠臼,并试图在理论上推陈出新,奠定了扎实的基础。他在战前华人社会的华文教育、宗教、戏剧,以及战后加拿大移民政策的变迁、华人参政和"假纸案"等重大历史案件的书写过程中,采取了个案调查与整体分析相结合、现状梳理与历史逻辑相印证的考据手法,去伪存真,开创了华人移民史研究的新领域。而在《加拿大华侨移民史 1858—2001》下卷的写作中,丁果在自己身体多病的情况下,对全书进行最后定稿,可谓对本书一字一句加以斟酌思考,使辛苦得到的文献与深度的理论探索和严谨的学术分析有机结合,主观上力争使本著作达到史论俱佳的最高学术境界。他在加华文学、加华史学、华人参政、华人传媒、华文教育等领域,都有推陈出新的观点,予后来的研究者以重大启发。总之,正是因为丁果敏锐地把握了各个时期华人移民史的脉搏,才把我们的华人移民史研究提升到一个新的高度。在本书的最后整合阶段,尤其是理论与文字叙述的整合上,丁果发挥了决定性的作用。

近十年来才踏入史学领域的贾葆蘅,思维活跃、勤奋踏实。在本书的启动和与出版社、作者之间的沟通中,她发挥了重要的桥梁作用。在本书写作开始至最终脱稿的十年里,贾葆蘅曾前往加拿大各大华埠进行实地考察,接触当地华人社团和侨领,并建立起长期联系,陆续收集和筛选华文文学、华文教育、华文参政、华人社团等多方面的资料作为本书的依据和补充,她还采访、搜集了一些有价值的口述材料。与此同时,她将历时跨越数十年的《大汉公报》《醒华日报》《洪钟时报》和《世界日报》等11份报纸加以收集和分类整理,为客观呈现历史提供翔实的依据。贾葆蘅还广泛查找了早期原始文献和加拿大政府相关部门的英文档案原件,充分运用各学术机构和社团的网络资源,使得书中的史料准确到位并具有公信力。另外,为了让华人移民历史资料呈现出时代的全貌,她努力向黎全恩教授和丁果学习,并在撰写移民史近十年的时间里得到了两位不辞辛苦的教诲。贾葆蘅还多次向权威专家和学者请教,为确认事件的原委,以避免某些史学著作中的误区出现在本书中。

我们三人的成长经历和移民生活足迹各异,学术背景、理解能力、掌握史料程度、实际调研情况、多学科交叉能力等均有不同,因此在很多事情上看法存在差异。但是我们总是在尊重历史、以学术为本的原则上,发挥每个人的特长,求同存异,相互取长补短,最后取得共识。这部通史具有多面向、交叉互补的优势,既填补了以往加拿大华侨移民史上的一些空白,提出了新概念,也纠正了关于加拿大研究著作中的一些错误。比如在加华文学发展历史中，有些学者认为加华文学起源于1908年维多利亚移民检疫所建成后，新登陆并被关押在检疫所里的华侨所刻的"壁诗"，这是不够严谨的。事实上，经我们反复调查确认，依照加华文学的定义，加华文学的萌芽早于20世纪，这在本书加华文学部分有具体介绍。又如很多文章和论文中提及烧腊风波，在论述温哥华市、卑诗省和联邦政府对烧腊等熟食设立温度限制所通过的法律时，并没有标注具体法律出处，以致错误地陈述了三级政府设立条例的年代，而我们通过海量查找政府文献，找出了法律权威出处。可以说，我们这套专著，引用的数据几乎都是政府统计数据和法律政策条文以及侨社历史原件，同时采用图、表、数据结合的方式，以口述历史为佐证，从各方面交叉印证加拿大华侨华人的真实生活记录，清楚地再现了加拿大华侨由被歧视、被欺凌到被接纳的融合过程。

另外一个值得关注的难点是地名和人名的翻译。一如黎全恩教授所言，由英文地名、姓名等翻译为中文，并没有规定方式，为最困难之处。因此我们在《加拿大华侨移民史 1858—2001》上卷中，考虑来自广东四邑的华侨居多，在地名处理上采用了早期华人习惯使用的地名翻译。例如"Victoria"，现在标准地名翻译为"维多利亚"（见黎教授序），但早期华文报刊均称域多利，我们就沿用此地名。"Montreal"一般翻译为"蒙特利尔"（见黎教授序），但本地老华侨及中文报章多沿用"满地可"，我们就采用该翻译。之所以这样做，是方便读者搜寻、核对本书所用史料，也表达作者饮水思源的朴素情感。

1967年之后，来自世界各地和中国各个省市的华侨不断增加，华文报刊在地名方面大都采用新的标准译法，例如"Victoria"译为"维多利亚"，因此我们在《加拿大华侨移民史 1858—2001》下卷中，采用报刊和华人社区公认的地名译法。举例而言，"Edmonton"译为埃德蒙顿（加拿大先侨称爱民顿或点问顿）。

当然，任何一本书都会有瑕疵，我们以求真求精为目的，以期不断接近历史的真实，尽最大努力减少错误，最大限度地希望和读者产生共鸣，并希望读者予以指正。